ENRIQUE CORREA

Una biografía sobre el poder

COLECCIÓN TAL CUAL
PERIODISMO UDP - CATALONIA

ANDREA INSUNZA Y JAVIER ORTEGA

ENRIQUE CORREA

Una biografía sobre el poder

EDICIONES
UNIVERSIDAD DIEGO PORTALES

Catalonia

udp Escuela de Periodismo

ANDREA INSUNZA Y JAVIER ORTEGA

ENRIQUE CORREA
Una biografía sobre el poder

Santiago de Chile: Catalonia, Periodismo UDP, 2025
556 pp. 15 x 23 cm

ISBN: 978-956-415-145-8

PERIODISMO DE INVESTIGACIÓN
CH 070.40.72

Este libro forma parte de la colección de periodismo de investigación desarrollada al alero del Centro de Investigación y Proyectos Periodísticos (CIP) de la Facultad de Comunicación y Letras UDP.

Dirección editorial: Arturo Infante Reñasco
Edición de textos: Andrea Palet
Edición periodística: Alberto Arellano
Diseño de portada: Trinidad Justiniano
Fotografía de portada: gentileza de Marco Ugarte, Fondo Diario La Nación ("La Moneda, ministro Correa", 24-09-1992), CENFOTO UDP
Retrato de la autora: Titi Santos
Composición: Salgó Ltda.

Primera edición: abril, 2025
ISBN: 978-956-415-145-8
RPI: 2025-A-1346

© Andrea Insunza y Javier Ortega, 2025

© Catalonia Ltda., 2025
Santa Isabel 1235, Providencia
Santiago de Chile
www.catalonia.cl - @catalonialibros
www.cip.udp.cl/investigacion - @cip_udp

A Carolina, por lo vivido
y lo que está por venir.
Y a Rodrigo, a quien extraño a diario.
A.

A Joanna, Camilo y Emiliano,
mis soportes e inspiraciones.
J.

Le había tocado una época en que todo el mundo, en todas partes, por todos los medios, tenía un solo objetivo: hacer la revolución. Qué suerte era estar vivo.

JUAN GABRIEL VÁSQUEZ, *Volver la vista atrás*

En la vida real, verdadera, en el radio de acción de la política, determinan rara vez –y esto hay que decirlo como advertencia ante toda fe política– las figuras superiores, los hombres de puras ideas; la verdadera eficacia está en manos de otros hombres inferiores, aunque más hábiles: en las figuras de segundo término.

STEFAN ZWEIG, *Fouché. El genio tenebroso*

Una de las preocupaciones de mi trabajo es el uso del poder económico para crear poder político.

ROBERT A. CARO

ÍNDICE

Nota de los autores 13

Introducción. Una biografía sobre el poder 17

I   Ver, juzgar, actuar 25

II   Seminario y Soledad 44

III   Quebrar a la DC 61

IV   La espada de doble filo 100

V   "Manuel" 125

VI   La piedra y el edificio 163

VII   La hoz y la cruz 193

VIII "Federico" 213

IX   La hora del pragmatismo 249

X   El miedo al miedo 274

XI   "La caja" y el flanco izquierdo 318

XII   *Il consigliere* 367

XIII El reino de este mundo 412

XIV Atendido por su propio dueño 464

XV   El ocaso 501

Agradecimientos 517

Referencias 519

Índice onomástico 543

NOTA DE LOS AUTORES

Este libro comenzó a proyectarse en algún momento de 2015, cuando sus autores éramos investigadores del Centro de Investigación y Proyectos Periodísticos de la Escuela de Periodismo de la Universidad Diego Portales. La idea surgió mientras conversábamos con una fuente sobre la elite empresarial chilena. Nuestro entrevistado, conocedor de ese mundo, comentó en un momento la influencia del exministro Enrique Correa entre algunos grandes hombres de negocios, quienes requerían casi con devoción sus lecturas sobre el entorno político.

Meses después comenzamos con las entrevistas. La idea era tratar de ilustrar, a través de una rigurosa reconstrucción de hechos relevantes de su trayectoria, cómo un político nacido en una familia provinciana y de clase media baja, identificado desde pequeño con la doctrina social de la Iglesia y luego con el marxismo-leninismo, acabó convertido en el principal lobista del país y en consejero de grandes fortunas, mandatarios, ministros y cardenales.

Como en muchas investigaciones periodísticas sobre asuntos o personajes del poder, en nuestras indagaciones nos guiamos por el método de "los círculos concéntricos", que consiste en partir entrevistando a testigos de la historia menos cercanos al personaje central, para avanzar así hacia su entorno más estrecho y culminar confrontando al protagonista. Las personas con información más directa y sensible se reservan para la etapa más avanzada, pues de esta forma su testimonio se puede contrastar y precisar con otras versiones. Eso permite afrontar mejor los testimonios de protagonistas, casi siempre marcados por sesgos e intereses evidentes, y que a veces no están dispuestos a que su historia o parte de ella salga a la luz.

En el caso de Enrique Correa, este plan de trabajo estuvo en cierta medida determinado por su trayectoria: buena parte de los primeros entrevistados pertenecía a los mundos que había dejado atrás, como el Ovalle de su infancia, la Juventud Demócrata Cristiana, el MAPU, los países en que vivió durante el exilio y el Chile de los 80 al que regresó clandestino. Para el tramo final quedaron reservados protagonistas y testigos de las décadas recientes, en las que ha tenido más poder, como su gestión como ministro de Patricio Aylwin, su privatización, su relación con grandes empresarios y las operaciones políticas que digitó como componedor en las sombras.

Entrevistamos a casi doscientas personas en lugares como Ovalle, la Región Metropolitana, Buenos Aires, Roma y Berlín. Muchas fuentes solo aceptaron hablar a condición de que su identidad se mantuviera en reserva. En todos los casos en que se usaron fuentes *off the record* procuramos precisar el origen del testimonio sin traicionar el compromiso de resguardo de la fuente. Como esa condición se fue haciendo más común a medida que la historia se acercaba al presente, en los últimos capítulos hay pasajes en que optamos por prescindir de la atribución de fuentes para protegerlas, por cuanto se trataba de información delicada y a menudo inédita, referida al personaje principal y a otras figuras que siguen ostentando poder.

Tal como lo dictan los parámetros del periodismo de investigación, los antecedentes entregados en la modalidad del *off the record* fueron debidamente contrastados con documentos y otros testimonios. Como regla para dar por chequeada una información obtenida por fuentes confidenciales usamos un criterio del periodismo anglosajón: que los datos fueran respaldados por al menos tres fuentes independientes entre sí. Cuando nos encontramos consistentemente con versiones encontradas, dimos cuenta de esas divergencias.

Pese al alto número de entrevistados, hubo muchas personas que se restaron.

Enrique Correa fue contactado en mayo de 2024 a través de su asistente personal, Jaime Meza. Nos reunimos con él y algunos de sus colaboradores a fines de ese mes, en las oficinas de Imaginacción, su empresa, para explicarle en qué consistía el proyecto y pedirle formalmente su testimonio. Correa se mostró respetuoso del derecho de dos periodistas de escribir una biografía no autorizada y pidió algunos días antes de responder. Lo hizo muy poco después, declinando participar.

Los autores tuvimos acceso a tres archivos documentales muy valiosos para esta investigación. Uno corresponde a una serie de registros de la actividad política del MAPU-OC en dictadura, que estuvo bajo reserva durante décadas y hoy está al cuidado de la Biblioteca Nacional. Otro es el archivo personal de un antiguo alto dirigente de ese partido, que contiene informes sobre las discusiones partidarias y orgánicas de esa tienda, especialmente en el exilio. Entre ellos hay varios textos escritos por Correa. El último corresponde al archivo personal de otra figura de la colectividad que contiene parte de la correspondencia entre dirigentes del MAPU-OC, tanto desde el exterior hacia Chile como desde el interior hacia afuera.

Como Correa fue representante del MAPU-OC en la República Democrática Alemana, solicitamos acceso a los documentos que sobre él existieran en el Comisionado Federal para los Archivos de la Stasi, los que no fueron encontrados. Más provechosa fue la búsqueda de documentos desclasificados por Estados Unidos sobre Chile, algunos de los cuales están relacionados con Correa y el gobierno de Aylwin.

Por último, revisamos cuatro archivos digitalizados: el Archivo Personal de Patricio Aylwin, reunido por la Fundación Patricio Aylwin; el Archivo Presidencial (1990-1994) Patricio Aylwin Azócar, administrado por la Universidad Alberto Hurtado; el Archivo Ricardo Lagos, al cuidado de la Universidad Diego Portales, y la hemeroteca de la Biblioteca Clodomiro Almeyda, alojada en el sitio socialismo-chileno.org. También consultamos el archivo de medios de circulación nacional como *Ciper*, *Diario Financiero*, *El Mercurio*, *El Mostrador*, *Interferencia*, *La Segunda*, *El Siglo* y *La Tercera*, así como de medios ya desaparecidos como las revistas *Apsi*, *Análisis*, *Caras*, *Cauce*, *Cosas* y *Hoy*, los diarios chilenos *La Época* y *La Nación* y medios editados en el exterior como las revistas *Bandera Verde*, *Chile-América* y *Resistencia Chilena*.

De gran ayuda resultaron libros como *MAPU o la seducción del poder y la juventud* y *El MAPU durante la dictadura* (ambos de Cristina Moyano), *Dios, Marx... y el MAPU* (Esteban Valenzuela), *El asilo contra la opresión* (Faride Zerán), *Disparen a la bandada* (Fernando Villagrán), *El sol y la bruma* (Jaime Gazmuri y Jesús Manuel Martínez), *Memoria de la izquierda chilena 1850-2000* (Jorge Arrate y Eduardo Rojas), *La historia oculta del régimen militar* (Ascanio Cavallo, Manuel Salazar y Óscar Sepúlveda), *La historia oculta de la transición* (Ascanio Cavallo), *Crónica de la transición* (Rafael Otano), *La igual libertad* (Margarita Serrano), *Ponce Lerou* (Víctor Cofré) y *Precht. Las culpas del vicario* (Andrea Lagos A.), por citar solo algunos. Una mención especial requiere el libro autobiográfico *Para no espantar la lluvia*, de Juan Carlos Correa Ríos, hermano de Enrique, que nos permitió contrastar y precisar información sobre la vida familiar del protagonista de estas páginas.

Enrique Correa es uno de los políticos más influyentes de las últimas décadas. Desde cargos formales y luego en la trastienda, con su influencia ha contribuido a modelar aspectos relevantes de nuestra vida en común. Contar su trayectoria es, por lo mismo, un asunto de innegable interés público. Como toda figura que ostenta poder, los ámbitos donde puede exigir su derecho a la privacidad son más restringidos que los de una persona anónima. Esta investigación respeta esos espacios restringidos. Si bien es un libro sobre poder e influencia, aborda en detalle aspectos de la vida privada de Enrique Correa solo en la medida en que se dan tres circunstancias. La primera, cuando se trata de episodios que son indispensables para entender al personaje público, como sus orígenes en Ovalle, la huella que dejaron en él sus padres o las tragedias que marcaron su infancia y juventud. La segunda, cuando sus propios compañeros de ruta convirtieron aspectos de su vida íntima en hechos políticos, que no solo marcaron su carrera sino que permiten ilustrar tabúes y prácticas discriminatorias del progresismo chileno que hoy serían indefendibles. Nos referimos al juicio político al que Correa fue sometido por sus correligionarios del MAPU-OC en Varsovia en 1980, y al veto del freísmo que le impidió ser senador designado en 1998. La tercera condición para abordar aspectos de su vida privada se cumple cuando ha sido el propio Correa el que ha hablado públicamente sobre ellos.

Al mismo tiempo, y en el entendido de que un libro como este expone en alguna medida a las familias del biografiado, optamos por utilizar solo el nombre de pila de las parejas de Enrique Correa que no son personajes públicos y no han ejercido cargos en el Estado o altas funciones en Imaginacción. El mismo criterio utilizamos respecto de sus hijos.

Desde que partimos con las primeras entrevistas, en 2016, hasta que terminamos con las últimas, en diciembre de 2024, esta investigación se extendió por ocho años, en parte porque la emergencia sanitaria del Covid-19 retrasó el reporteo y la búsqueda de archivos, en parte porque la alternamos con otros proyectos, pero también porque la trayectoria política de Enrique Correa, desde que ingresó a la JDC a los doce años en Ovalle, se ha extendido por más de seis décadas, durante las cuales prácticamente no hubo un momento en que el personaje no estuviera embarcado en acciones políticas, algunas de ellas de manera obsesiva. El protagonista de este libro se ha definido a sí mismo como un "animal político" y ha agregado que lo será hasta el final. Tal como coincidieron varios entrevistados a lo largo de esta investigación, si algún político chileno merecía una novela o una biografía periodística, ese era Enrique Correa.

INTRODUCCIÓN
UNA BIOGRAFÍA SOBRE EL PODER

El ingeniero civil Michel Jorratt estaba presionado por demasiados flancos. En los primeros meses de 2015 el llamado escándalo de las "platas políticas" amenazaba con hundir a los principales partidos del país y él, como director del Servicio de Impuestos Internos (SII), tenía la llave para que la investigación continuara, cayera quien cayera, o para desactivarla. Como un voraz incendio forestal, la trama estaba desnudando el financiamiento irregular y sistemático de grandes empresarios a políticos de derecha, centro e izquierda. Pero el avance de los fiscales a cargo dependía de que el SII aguantara las crecientes presiones para frenar la indagatoria, amenazas que venían desde sus superiores en el gobierno de Michelle Bachelet hasta la UDI en la oposición. Las pesquisas solo podían continuar si el equipo de Jorratt seguía presentando querellas por delitos tributarios contra todos los que resultaran responsables. Víctima de esas acciones penales ya estaba contra las cuerdas el holding Penta, con sus controladores, Carlos Alberto Délano y Carlos Eugenio Lavín, en prisión preventiva.

En uno de los momentos más complejos del escándalo, un amigo le propuso al atribulado Jorratt que fuera a cenar a su casa, para que ahí conversara con un experto en manejo de crisis, quien seguramente podría ayudarlo. Jorratt aceptó. Fue en esa velada que el ingeniero departió por primera vez con Enrique Correa, quien se mostró comprensivo y lamentó las presiones. Parecía dispuesto a aconsejarlo.

Un par de días después, Jorratt recibió el llamado de un senador de la Nueva Mayoría al que conocía y que supo del encuentro. Entonces el director del SII entendió el peligro. El amable invitado de esa noche era el cerebro detrás de las presiones que estaba recibiendo. Como asesor de dos empresas en el ojo del huracán –Penta y SQM– y cercano de varios de los políticos que estaban en la cornisa por recibir pagos ilegítimos –entre ellos el ministro del Interior, Rodrigo Peñailillo–, difícilmente Correa podría ayudarlo de forma desinteresada. El ministro estrella de la transición chilena, luego *consigliere* de grandes empresarios, el mayor lobista del país y uno de los políticos más talentosos y mejor conectados de las últimas décadas era, a sus sesenta y nueve años, el coordinador en las sombras de la estrategia para echar tierra a este caso de relaciones espurias entre la política y el dinero. Correa era en realidad su adversario.

Treinta y tres años antes de esa cena, en el Chile del dictador Augusto Pinochet, el mismo Correa era un militante clandestino del MAPU Obrero y Campesino tras haber regresado del exilio con una identidad falsa. Vivía con lo justo y andaba sumergido en el mundo popular, amparado de la represión por la Iglesia Católica y sus curas obreros. Se hacía llamar "Federico Martínez" y en el invierno usaba poncho y una larga bufanda. Pese al peligro y las apreturas, se sentía a sus anchas haciendo clases de marxismo a jóvenes pobladores y asesorando sindicatos de trabajadores, los que comenzaban a unirse para plantar cara a la dictadura. Con los años, calificaría esos días como algo muy parecido a la felicidad.

¿Qué había ocurrido para que ese católico de base e izquierdista clandestino defendiera ahora prácticas empresariales espurias y fuera visto como un personaje casi radiactivo por quienes trataban de destapar la influencia bajo cuerda de las grandes fortunas en los engranajes de nuestra democracia?

Auscultar su trayecto vital sirve para repasar procesos sociales y culturales que han dejado huella, como la revolución cubana, el Concilio Vaticano II, la Guerra Fría y la caída del muro de Berlín; la "Patria Joven", la Unidad Popular y la dictadura en Chile; el quiebre y el reencuentro entre laicos de izquierda y cristianos progresistas; la recuperación de la democracia y el ciclo de mayor crecimiento económico vivido por el país; el declive del Estado desarrollista, el ocaso de la Iglesia Católica y de los partidos de los años 50 y 60, así como el cambio de eje en los circuitos del poder en Chile, que se desplazaron desde el Estado hacia el empresariado y las lógicas del mercado a partir de los 90.

Con esos frescos de fondo, un muchacho de provincia, sin contactos ni dinero, pero con una temprana pasión por la política y el poder, logró convertirse en uno de los políticos más influyentes y atípicos de su tiempo. En todos estos procesos, primero desde roles tradicionales –militante, dirigente, ministro– y luego como *consigliere* y lobista, Correa se las arreglaría para ser protagonista, como un impulsor de los cambios o subiéndose a ellos a la carrera y en el momento justo. O, en el atardecer de su vida, como freno de ellos. Gracias a su talento y un liderazgo inicialmente solapado, fruto de una personalidad dada a la trastienda, se transformaría en rostro de la nueva democracia y, más tarde, como asesor de presidentes y de grandes empresarios, en símbolo de poderío. Su ascenso, participación y declive en los centros de toma de decisión están indisolublemente ligados a la historia reciente de este país.

*

Había nacido en una familia de clase media baja de Ovalle y creció cuidado por una madre a la que adoraba y que le inculcó su profunda fe católica. Esa fe lo atrajo a la parroquia de su pueblo y lo llevó más tarde al Seminario, donde estuvo un año discerniendo su vocación sacerdotal, cuando la Iglesia Católica era el motor de los cambios sociales y una sofisticada escuela en el oficio de influir. Eran los años en que la Juventud de Estudiantes Católicos reclutaba a niños provincianos como él, que pasarían a militar en la Juventud Demócrata Cristiana entusiasmados con el liderazgo de Eduardo Frei Montalva y su "Patria Joven".

Un poco más tarde, cuando el socialismo se erigía como una alternativa al capitalismo, lo influiría su padrino, responsable de su primer acercamiento al comunismo. Ya en Santiago, se ilusionó con la idea del "hombre nuevo" y llegó a definirse como un marxista-leninista "por los cuatro costados", aunque, salvo algunas interrupciones, no dejó de ir a misa y comulgar por el resto de su vida.

Cuando decidió estudiar Filosofía y sumergirse de lleno en la Juventud Demócrata Cristiana, ya tenía claro que quería ser un político profesional. Lo avalaban una aguda inteligencia orientada a lo práctico, una más que aceptable formación humanista y una capacidad sobresaliente para entender las lógicas del poder. Pero su proyecto de dedicarse a la política tenía una dificultad: cara a cara era un seductor, un conversador consumado, aunque no un gran orador, destreza relevante en esos días. Desde pequeño lidiaba con los resabios de una tartamudez que buscaba suplir siendo enfático, lo que lo hacía parecer enojado. Además era de provincia, gordo, de baja estatura y descuidado en el vestir. Mientras sus amigos brillaban en el podio, él, abajo, se convenció de que lo suyo era mantenerse en un segundo plano, en el manejo de la orgánica y la logística –una enorme fuente de poder en las décadas de oro de los partidos–, organizando a otros en proyectos liderados por otros.

A fines de los 60 protagonizó un decisivo choque entre la izquierda laica y el mundo cristiano al contribuir a quebrar a la DC para fundar el MAPU, con el que se sumó a la Unidad Popular y al gobierno de Salvador Allende. Luego, en medio de las tensiones entre la izquierda moderada y la ultra, se cuadró con la primera y fue de los fundadores del MAPU-OC, un partido pequeño al que dedicaría la siguiente década de su vida y que, años más tarde, sería mitificado como el origen de una red transversal de poder en las sombras.

A los veintisiete años sufrió la tragedia del golpe de Estado, la persecución y el exilio. Vivió en La Habana, Moscú y Berlín Oriental, donde primero se encandiló con los socialismos reales, para más tarde declararse decepcionado y unirse a la renovación, en un proceso que le costó más de lo que relataría en el futuro. Dos veces volvió a Chile clandestino. La primera, entre 1975 y principios de 1977, cuando tuvo que dejar el país sancionado por su partido. La segunda, a fines de 1981, cuando se quedó definitivamente con una identidad falsa. En el exilio debió enfrentar un juicio político por aspectos de su vida personal que algunos de sus correligionarios criticaban. Como en otros momentos de mucha tensión, ese trance afectó su salud.

En Chile, donde la resistencia a la dictadura se congregó inicialmente en las vicarías y parroquias católicas, Correa se reencontró con amigos sacerdotes que lo recibieron como al hijo pródigo. Documentos inéditos de la época muestran que venía con un plan político propio: volver a unir a socialistas y cristianos de avanzada para conformar una nueva fuerza popular de izquierda, aprovechando el ímpetu de las protestas callejeras. Quería reparar la herida que había dejado la creación del MAPU más de una década antes. Fue la única vez que se jugó por un proyecto diseñado por él mismo, en vez de secundar el de otros, y naufragó en su empeño.

Como dirigente de un partido en vías de extinción y con su proyecto político derrotado, supo reinventarse. De cara al plebiscito de 1988 se sumó al pragmático diseño del economista Edgardo Boeninger para dejar la dictadura atrás y se reconcilió con sus viejos adversarios de la DC, muy especialmente con Patricio Aylwin, su gran prócer de la infancia y su adversario de juventud.

Ese reencuentro marcó un antes y un después en su carrera, pues Aylwin lo eligió como su izquierdista de confianza y lo obligó a asumir el cargo más expuesto de su gabinete: la vocería. Desde esa posición fue la cara pública del primer gobierno democrático tras el golpe de 1973, pero también el negociador oficioso con el Ejército y la izquierda, dos de los flancos más delicados de Aylwin. Correa fue clave en destrabar las dos grandes crisis de la transición: el "ejercicio de enlace" y el "boinazo", lo que lo catapultó como ministro estrella. Pocos notaron por entonces que en el primero había cometido un grueso error de interpretación, mientras que en el segundo se sobregiró en sus gestos a Pinochet, lo que resintió su relación con el Presidente.

De pasar hambre y apreturas como militante clandestino a principios de los 80, y ver en el dinero algo casi pecaminoso, en el gobierno entendió de golpe el enorme poder de contar con grandes sumas, gracias al abultado presupuesto de gastos reservados con que contó su Ministerio, lo que cambió para siempre su manera de entender la política.

Lo más decisivo, sin embargo, fue que Aylwin lo sacó definitivamente del anonimato. Lo conocieron la derecha, los militares y los empresarios –los poderes fácticos de la época–, que lo habían recibido con desconfianza y desprecio. Así, pasó de ser el "comunista" de La Moneda a tener un nuevo apodo a sus espaldas: "el pebre", picante pero bien preparado.

*

El paso al lobby no fue directo ni planificado. Cuando dejó La Moneda al terminar el mandato de Aylwin, tenía toda la intención de seguir en la política formal desde el Senado, lo que no consiguió. Su última oportunidad en la política tradicional se abrió a fines de 1997, cuando el Presidente Eduardo Frei Ruiz-Tagle debió designar a tres de nueve senadores designados, un enclave autoritario introducido por la Constitución de 1980. Se daba por descontado que, por sus méritos, Correa sería uno de los elegidos. Sin embargo, fue descartado "por razones de índole personal". En un país más tolerante esa discriminación basada en rumores sobre su vida privada habría generado indignación, pero no ocurrió nada y allí se cerró su carrera política formal.

A lo que no renunció fue a su afán por participar e influir en los núcleos de toma de decisiones. Siguió prestando sus servicios al progresismo, especialmente ayudando a resolver crisis que a su juicio debilitaban la figura del Presidente de la República o el sistema político, cuando este cargo era ocupado por alguien de centroizquierda. Así ocurrió con todos los sucesores de Aylwin en La Moneda. En la acusación constitucional contra Pinochet cuando era Presidente Frei

Ruiz-Tagle; en el caso MOP-Gate de Ricardo Lagos; en el desastre del 27-F de Michelle Bachelet y en el escándalo de las "platas políticas" durante Bachelet II, la mayor crisis de todas, Correa se jugó a fondo como "bombero de la Presidencia". Poniéndose desde un principio a disposición de estos gobernantes, lo suyo era un servicio ad honorem y con dedicación total cuya marca de fábrica fue acoger al caído, reforzando el eslabón más débil de la coraza presidencial con una buena defensa legal y recursos para su subsistencia.

A esas alturas, había captado la potencia del poder informal, en manos del mundo privado. Tomó, entonces, un nuevo camino como lobista, en el que fue clave su valoración entre los empresarios como político agudo y pragmático, además de bien conectado con mundos ajenos a los negocios. El primero que le ofreció trabajar con él fue Andrónico Luksic Abaroa, patriarca de una de las fortunas más pujantes del país. Correa aceptó ser su *consigliere* y formó su propia empresa, que en 2002 se convertiría en el grupo Imaginacción, su mítica consultora de lobby y manejo de crisis.

La relación con Luksic Abaroa le abrió las puertas de otros grandes empresarios, como Álvaro Saieh y Julio Ponce Lerou. Los tres eran de provincia y ajenos a la elite económica tradicional, que los miraba con abierto desdén. Correa puso a su disposición lo que más buscaban: información de primera mano y su mirada estratégica sobre el tablero político. Sus servicios personales también incluían sugerirles a qué candidatos de la centroizquierda apoyar económicamente en alguna elección, lo que lo convirtió en un eslabón muy valioso, tanto para los financiados como para sus mecenas. Y a eso sumó la representación de los intereses de sus empresas, muchas veces en contra de reformas clave de gobiernos progresistas como los de Ricardo Lagos y Michelle Bachelet.

Una vez privatizado, siguió siendo un *consigliere* pro bono de la Iglesia Católica cuando a contar de 2010 la cúpula eclesial se vio remecida por una serie de escándalos de abusos sexuales cometidos por sacerdotes.

En resumen, gracias a sus servicios a grandes empresarios, a los gobernantes de turno y a la Iglesia Católica, así como a su rol de canalizador de fondos privados a campañas políticas, Enrique Correa llegó a ostentar una enorme influencia como el principal lobista del país. Hasta que en 2014, el primer año del segundo gobierno de Bachelet, estalló el caso "platas políticas", que dejó en evidencia el financiamiento irregular y sistemático de grandes empresarios a los principales partidos. En un principio el escándalo se circunscribió a la UDI y al grupo de empresas Penta, pero cuando los fiscales pusieron en la mira a SQM y a Ponce Lerou, pronto se hizo evidente que la práctica era transversal.

Cuando el escándalo entró al corazón de La Moneda y amenazaba con derribar la estantería completa, Correa llevaba semanas maniobrando para apagar la crisis. Por sus vínculos con el gran capital, tenía clarísimo que si el incendio no se acotaba arrastraría a otras empresas, por un lado, y a gran parte de la oposición y el oficialismo. En eso estaba cuando cenó con el director del SII, Michel Jorratt.

Su estrategia y la circunstancial alianza de fuerzas que complotaron para exorcizar el peligro funcionaron. Fue quizás uno de los mayores éxitos de sus más de sesenta años en la política. Paradójicamente, fue también el principio de su lento y solitario ocaso.

I

VER, JUZGAR, ACTUAR

Los estudiantes se miraban extrañados. Formados en el patio del Liceo de Hombres de Ovalle, esperaban escuchar tres o cuatro ideas tímidamente hilvanadas, acompañadas de una que otra medida concreta. La típica presentación de un candidato para encabezar el centro de alumnos en ese liceo entre los polvorientos cerros del Norte Chico. Pero lo que estaban oyendo era un discurso de político adulto. Una intervención a viva voz y apasionada, pese a algunos titubeos. El orador ni siquiera era de sexto año de Humanidades, el curso de los más grandes. Era de quinto. Y además era bajo de estatura y rollizo. Pero ahí estaba, imitando la entonación de los políticos de la radio.

Ocurrió en la primera mitad de 1961 y el postulante era Enrique Correa Ríos, de quince años. "Escuchar a un muchacho tan joven decir un tremendo discurso me marcó y no lo olvidé más. Los otros candidatos con suerte decían tres o cuatro frases", recuerda Octavio Salinas, quien en ese momento también estaba en quinto. "Todos lo quedamos mirando, extrañados".

A pesar de su desplante, de que montó con sus amigos una campaña apelando al futuro y de que ya militaba activamente en la Juventud Demócrata Cristiana (JDC) de Ovalle, Correa no ganó. En su primera incursión de campaña, quien llegaría a ser uno de los políticos chilenos más hábiles y con más sentido de poder de las últimas décadas fue derrotado por un compañero mucho más tímido, sin militancia ni discurso político, el futuro ingeniero Santiago Ríos Pacheco. "Todos pensaban que iba a ganar Enrique, porque era muy movido y conocido. Hasta ahora me pregunto por qué salí electo yo", cuenta Ríos, riendo.

Aunque perdió, Correa siguió siendo un estudiante influyente. Un líder dentro y fuera del liceo, a quien compañeros, profesores y vecinos reconocían por su inteligencia y capacidad organizativa. La derrota debió dolerle, pero es probable que en plena adolescencia comenzara a entender que no siempre es necesario ser el número uno para poner en marcha a sus pares. Si lo suyo no eran las elecciones populares, podía serlo contar con la confianza de quienes sí tenían dotes para ganarlas, en parte gracias a su ayuda. Ese mismo 1961, la revista del centro de estudiantes del liceo publicó una composición suya titulada "Nuestro llamado al estudiantado", donde reflexionaba sobre el sentido y los desafíos de ser adolescente y estudiante. Una etapa donde, señalaba, irrumpe el "descubrimiento del yo". En otra página hay una imagen de su curso, el quinto B de Humanidades. Los veinticuatro jóvenes posan junto a su profesor. A un costado, de chaqueta clara y camisa mal abotonada, Correa abraza a un compañero. Sonríe a la cámara con la barbilla pegada al cuello. Siempre será uno de sus gestos característicos.

La del futuro ministro y luego lobista llegaría a ser una destacada generación de ovallinos. Jóvenes de distintos orígenes sociales, algunos humildes, que gracias a la educación pública –el liceo y luego la universidad gratuita– se convertirían en abogados, médicos, ingenieros y otros profesionales destacados. Aunque algunos, como Correa, optarían por la vida pública, ninguno llegaría a ostentar su influencia y redes transversales. Tampoco su inusual capacidad para hacerse parte de los vertiginosos cambios que viviría el país a partir de esa década.

Pero antes que todo eso estuvo Ovalle, una familia de clase media esforzada, una madre a la que adoraba, el influjo de la doctrina social de la Iglesia y, como quedó en evidencia ese día de 1961 en su liceo, una temprana atracción por la política.

*

La pequeña Myriam solía jugar a las muñecas con su amiguita Cecilia en el espacioso huerto de su casa. Atraído por sus risas, a veces las dos niñas lo veían asomarse desde la vivienda vecina. El pequeño no tendría más de tres años. Entonces las dos niñas trepaban a un horno de barro, se sentaban arriba del muro de adobe y entre las dos lo alzaban y lo pasaban a su patio. La mamá de Myriam las retaba.

–¡Ya pasaron de nuevo por la muralla al Quiquito! ¡Se les va a caer ese niño, por Dios! ¿Cómo no lo traen por la puerta mejor?

En octubre de 2017, Myriam Gallardo era una profesora jubilada y vivía en Talagante. Haciendo memoria, calculaba que Enrique Correa, "Quiquito" como le decían, era un par de años menor que ella. En la segunda mitad de la década de 1940, sin televisión, con suerte con radio en algunas casas, los niños tenían que buscar cómo entretenerse.

"A veces lo poníamos a él de muñeco en unas cunitas que hacíamos, con unos cajones de té, porque en ese tiempo el té venía en cajones. Los almacenes vendían y pesaban el té en cajones", relata.

De pequeño, a Fernando Enrique Correa Ríos todos lo llamaban por su segundo nombre. O Quique o Quiquito. Había nacido en 1945, cuando el fin de la Segunda Guerra Mundial instaló un nuevo mundo, el de la Guerra Fría, con dos superpotencias, Estados Unidos y la Unión Soviética. Su familia vivía allegada en la casa de su tío abuelo materno, Eugenio Melo, zapatero, padrino del pequeño.[1] Cuatro años después, tras el nacimiento de Juan Carlos, los Correa Ríos se mudaron a una cuadra de la Plaza de Armas de Ovalle, a la subdivisión de una casa grande, con huerto y entrada independiente, que arrendaban a una señora de nombre María Polo.

"Era bien gordito", cuenta Gallardo. "Siempre tenía los zapatos con los cordones abiertos, para que le cupiera el pie, porque era muy alto de empeine. Y era tan simpático".

Por entonces Ovalle no tenía más de 16.000 habitantes; todos se conocían y saludaban. Un pueblo pobre, flanqueado al norte por unas lomas que no alcanzaban a ser cerros y al sur por el río Limarí. Las calles en torno a la plaza eran las únicas pavimentadas. Los pocos autos que circulaban eran de las familias adineradas, dueñas de las tierras agrícolas, de algunos yacimientos mineros o de los negocios más conocidos del pueblo, como el molino o el único cine. Manuel Cortés, un ovallino que se tituló de abogado, recuerda que incluso en los años 60 era "una aventura" viajar a Santiago, más de 400 kilómetros al sur. "Demorabas prácticamente un día entero. Tomabas el Andesmar Bus a las ocho de la mañana y llegabas a Santiago tipo seis de la tarde".

Subiendo las lomas hacia el norte, por caminos de tierra que en invierno eran lodazales, estaban los ranchos más pobres, en su mayoría de jornaleros o pirquineros. "Ahí no había casas bonitas como ahora, sino que puros ranchos. La gente vivía en una pobreza muy grande", señala Myriam Gallardo.

La familia de Correa era de clase media baja. El padre, Carlos Enrique Correa Padilla, era de San Fernando y llevaba el apellido de su abuela materna pues en el ocaso del siglo XIX ella había quedado

---

1 Juan Carlos Correa, *Para no espantar la lluvia*, 2018, 92, 94.

embarazada del hijo de un latifundista, sin estar casados.[2] Correa Padilla se había trasladado a Santiago, donde se casó por primera vez y tuvo dos hijos, Antonio y Angélica. Tras separarse, emigró a Ovalle siguiendo los pasos de un hermano mayor, que tras la muerte del padre se hizo cargo de la casa y llevó a todos sus hermanos al Valle del Limarí.

En Ovalle conoció a la joven Loreto Ríos, doce años menor que él, cuando ella trabajaba en la boletería del cine.[3] Se fueron a vivir juntos y tuvieron cuatro hijos. El mayor era Enrique, seguido de Juan Carlos, Loreto y Ximena. Los cuatro completarían sus estudios secundarios y llegarían a la universidad, como lo hacía parte de la clase media de provincia.

El piso de la casa de los Correa Ríos no era de tierra y tenían un living, radio y hasta un tocadiscos, todo un adelanto en esa época. El papá trabajaba como ayudante del abogado con más clientes de la zona, Sidney Stevens. Era lo que hoy se llama un procurador. Myriam Gallardo recuerda al papá de Correa como un señor siempre de traje, trabajador y de hablar educado. Germán Correa Díaz, primo de Enrique, apunta: "Mi tío era el que hacía toda la pega en esa oficina legal, porque aprendió mucho y era súper buen abogado sin tener título". Germán era seis años mayor que Enrique, vivía también en el pueblo y, como su primo, llegaría a ser dirigente político y ministro de Estado.

"Antes que clase media de esfuerzo, los Correa Ríos eran clase media pobretona, igual que mi familia", corrige Germán Correa: "Yo nunca tuve una chaqueta, hasta que empecé a trabajar. Mi mamá nos tejía las chombas. Los calcetines los usaba con tres o cuatro papas que me escondía por abajo. Me ponía cartones en los zapatos cuando se me hacían hoyos".

La madre de Enrique Correa era dueña de casa, como casi todas las mamás en Ovalle. Myriam Gallardo la recuerda callada, muy preocupada del aseo y la cocina, lavando la ropa a mano en una batea de madera. Enrique Morgado, amigo de infancia de Correa, agrega que la señora era alegre, pero muy estricta con las tareas escolares de sus hijos. "Mi madre era dedicada y tímida", escribiría décadas

---

2   J.C. Correa, 2018, 75.
3   Según la inscripción del Registro Civil, el nombre de la madre es Loreta Ríos Medina, pero todos los consultados se refieren a ella como "Loreto".

después Juan Carlos Correa. Hija de padres separados que la descuidaron, fue "acogida por su madrastra" y había tenido "una vida de muchas privaciones e inseguridades".[4]

En sus primeros años Enrique era inquieto. Solo se tranquilizó un poco cuando aprendió a leer, antes de entrar al colegio, y se interesó en la Biblia. Gracias a eso se saltó primero básico y entró directamente a segundo.[5]

Desde chico fue muy apegado a su madre, con la que mantuvo una relación muy cercana y cotidiana hasta que ella murió a fines de la década del 2010.[6] La mujer le inculcó una profunda fe católica, orientada a la doctrina social de la Iglesia. Según Correa, la familia de su madre era comunista, pero no es claro que ella lo haya sido.[7] Su hermano Juan Carlos dice que "no tenía ninguna convicción política" y que solo en 1970 votó por Salvador Allende, influida por él y su hermano Enrique.[8]

El padre, en cambio, era masón y laico, además de aficionado a la literatura y la música clásica. La discografía de la casa alternaba a Beethoven con discos de poemas de Pablo Neruda y del cubano Nicolás Guillén. Seguramente por influencia de la madre, en los 50 se sumarán discos de Los Perales, un grupo de seminaristas católicos que interpretaban canciones ligadas al Evangelio. Además de la Biblia, el pequeño Correa se sumergió en Shakespeare, Salgari, el Dumas de *Los tres mosqueteros* y otros clásicos. Hablando de ese tiempo, en los 90 definirá a su familia como "de clase media ilustrada, no me atrevería a decir culta".[9]

*

Cuando aún era niño la familia se cambió a otra casa, también arrendada. Quedaba a tres cuadras de la anterior, al norte de la Plaza de Armas, en la esquina de lo que en 2024 eran las calles Miguel Aguirre con Pescadores, a pocos metros del Liceo de Hombres y de la Iglesia de San Vicente Ferrer. Esos dos edificios, el liceo y la parroquia,

---

4   J.C. Correa, 2018, 69, 73.
5   Ana Rodríguez y Hugo Córdova, "Ochenta y cinco kilos de talento", 1993.
6   Ibíd.
7   En una entrevista dice que "la familia de mi padre era más bien de centro y la de mi madre era comunista, y sigue siéndolo". Cony Stipicic, "El 'Flaco' Correa", 2002.
8   J.C. Correa, 2018, 612-613.
9   Margarita Serrano, "La democracia es inseparable del liberalismo", 1998.

simbolizaban los dos grandes poderes que guiaban la vida diaria del pueblo: el Estado desarrollista de esos años, orientado a expandir el progreso, y la Iglesia Católica, preocupada de salvar almas y de socorrer a los más desposeídos. Ambas instituciones serían fundamentales en la formación del muchacho.

El Liceo de Hombres era un orgullo para los ovallinos. Había sido fundado en 1885 y dominaba la esquina norponiente de la Plaza de Armas. Partía con quinto y sexto de preparatoria, los dos últimos cursos de la educación básica en esa época (equivalentes a quinto y sexto básico en el sistema escolar actual), y culminaba con los seis niveles de Humanidades, la educación media de entonces. Además, tenía un internado para estudiantes de otras zonas atraídos por su buen nivel.

Enrique Correa entró a quinto de preparatoria en 1955, a los diez años, tras aprobar cuarto en una escuela pública. Terminada la preparatoria se integró a la minoría de jóvenes ovallinos que accedía a cursar las Humanidades. Los más pobres con suerte completaban el primer ciclo. Y si proseguían estudios lo común era que optaran por el Liceo Politécnico del pueblo. "Los que iban al Politécnico salían de técnico eléctrico, técnico mecánico", apunta Carlos Rojas, un exalumno del Liceo de Hombres que llegó a vivir a Ovalle en 1949.

Los estudiantes de Humanidades eran una minoría, pero una minoría diversa, que no alcanzaba a ser una elite. "A Humanidades llegaban el hijo del farmacéutico, el hijo del abogado, el hijo del médico, el hijo de la costurera, el que vivía en algún conventillo, el que andaba todo el año con el mismo paletó. Así estaban compuestos los cursos", describe Patricio Castro, quien iba un nivel más arriba que Correa. Cada nivel tenía tres o hasta cuatro secciones, con una veintena o algo más de estudiantes por sección. Un compañero de esos años, Hugo Olmedo, dice que era común que los profesores sacaran a Correa al pizarrón, porque gracias a su afición por la lectura era culto. La profesora de Castellano, Nelly Martínez de Videla, lo hacía recitar en voz alta. Olmedo recuerda que eran poemas largos, que declamaba sin leer.

También era bueno tejiendo simpatías y lealtades que iban de profesores a compañeros, incluso entre los jóvenes más desordenados, esos que en vez de leer clásicos preferían armar pichangas o agarrarse a piedrazos. Si su amigo Enrique Morgado, uno de los más revoltosos, le contaba que iba a copiar en una prueba, lo sermoneaba:

"No, poh, cómo vas a copiar. Estudia mejor". Correa era nulo en deportes y en dibujo; no tenía motricidad fina, producto de una dislexia que afectaba, en parte, su destreza corporal. Patricio Castro sostiene que "le costaba amarrarse los zapatos". Además, era desastrado. Pero era popular, simpático y proactivo. Se las arreglaba para estar entre los organizadores de las competencias deportivas. Era el presidente de facto del curso. El que invitaba a tomar onces a su casa y que en los cumpleaños infantiles incitaba a los más cohibidos para bailar con las niñas. "Él se paraba y decía: 'Ya, muchachos. ¿Qué pasa? ¡Vamos, todos arriba! ¡Vamos, vamos bailando!'. Y nos hacía bailar a todos", recuerda Morgado. Una vez que todos le hacían caso, él se quedaba sentado; era pésimo bailarín.[10] Pero era capaz de hablar sobre asuntos complicados, temas de gente mayor, con palabras desconocidas para sus pares. Y podía hacerlo con énfasis. Incluso si se trataba de coronar a la Reina de la Primavera, número puesto era que el niño Correa recitara algo bonito.

Curiosamente, en sus declamaciones no lo inhibía un defecto más notorio que la dislexia: tartamudeaba. "Era tartamudo, total y absolutamente", asegura Manuel Cortés, quien se convertiría en abogado. Su primo Germán acota: "Se le pegaban los platinos, como decíamos en esa época, porque además hablaba muy rápido". En medio de una exposición impecable, de pronto Correa se frenaba y quedaba por algunos segundos en silencio. Manuel Cortés recuerda un episodio en el salón de actos del Liceo, recitando ante estudiantes y profesores. "Enrique declamó y declamó todo lo que pudo, hasta que ya con la dificultad del tartamudeo se tupió y se retiró del escenario". Cortés afirma que no se dio por vencido y que siguió recitando poesía, hasta que con el tiempo superó en parte el problema. Durante una festividad, cuando desfilaban bomberos y estudiantes en la Plaza de Armas, la profesora Nelly Martínez seleccionó a los alumnos más diestros para que declamaran poesía en un escenario. Cortés no recuerda si fue un 21 de mayo o un 18 de septiembre, pero sí que Enrique Correa fue uno de los elegidos y que lo hizo sin gran dificultad. "Eran poemas extensos como 'Al pie de la bandera', de Víctor Domingo Silva, en su versión larga".

---

10 En 1991, compañeros de infancia decían *off the record* que "seguía sin aprender a bailar". María Angélica de Luigi, "Ministro: ¿cambió usted o cambió el país?", 1991.

"Era un gordito chico. Un cabro muy mateo, estudioso, desde niño. Y muy religioso, muy católico", dice Rabindranath Quinteros, quien estaba internado en el mismo Liceo e iba unos tres cursos más arriba.[11]

*

Además de la poesía y la literatura, el adolescente seguía muy interesado en las lecturas bíblicas inculcadas por su mamá. Así, fue casi natural que se integrara a la comunidad de la parroquia San Vicente Ferrer, a dos cuadras de su casa, y que esta se convirtiera en su centro de actividades. Con once años, organizaba charlas en sus dependencias para exponer sobre temas como el Espíritu Santo. Se hizo cercano del sacerdote Luis Vicente Rodríguez, quien hacía las clases de religión en el Liceo y del cual llegaría a ser acólito. Además, se sumó al coro de la parroquia. El canto también le ayudó a pulir su tartamudez, dice Paolo Castellani, uno de sus grandes amigos de infancia.

Pero lo que más lo marcó en esa parroquia fue que comenzó a vincularse con un movimiento juvenil que planteaba irradiar la fe católica, acompañada por un fuerte compromiso social, bajo la guía de sacerdotes y seminaristas menos tradicionales. Se trataba de la Juventud de Estudiantes Católicos (JEC), una organización secular que buscaba evangelizar a la sociedad partiendo por los jóvenes. Había surgido en Europa como el brazo estudiantil de un movimiento mayor, la Acción Católica, fundada por el sacerdote belga José Cardijn.

Aunque surgida al alero del clero, la JEC operaba con autonomía y tenía una línea, en lenguaje actual, "progresista". Los jecistas buscaban acercar la espiritualidad cristiana a la realidad de cada estudiante, tratando de superar la distancia entre la fe y el día a día. Con el tiempo, muchos de sus miembros derivarían hacia el Partido Demócrata Cristiano, fundado en 1957 como sucesor de la Falange Nacional, y luego a la izquierda política.

En la JEC, Correa se vinculó con jóvenes más grandes que él. Gente con ganas de hacer cosas y mirada crítica, como Patricio Castro, Myriam Gallardo, León Luna, Paolo Castellani y Eliseo Richards,

---

11 En 2000 Quinteros llegaría a ser alcalde de Puerto Montt, militando en el Partido Socialista, y más tarde senador por la Región de Los Lagos.

de quienes se hizo inseparable.[12] El líder era Luna, el único mayor de edad, aunque también despuntaba Richards, el más rebelde del grupo y casi tres años mayor que Correa. "Eliseo siempre estaba cuestionando a la autoridad. Siempre tenía conflictos con el rector del Liceo", recuerda Gallardo. Según Rabindranath Quinteros, Richards tenía ascendiente entre los estudiantes y se convirtió en una suerte de mentor para Correa. No solo porque era más grande, sino porque venía de una familia culta, católica y, muy importante, con vínculos políticos: su padre, el profesor y periodista Eliseo Richards Vásquez, había sido el primer regidor (concejal) falangista electo en Ovalle. A pesar de que falleció tempranamente en 1952, llegó a ser muy conocido en Ovalle y heredó a su hijo la adhesión por la Falange Nacional.

Con una veintena de integrantes, los amigos de Correa conformaron un Grupo de Acción Apostólica, como se llamaban las células de la JEC. Se juntaban en la parroquia los sábados después de almuerzo. Comentaban textos del Evangelio y los aterrizaban a su cotidianidad, usando una metodología inductiva propia de la JEC ("ver, juzgar, actuar"), que consistía en observar su realidad inmediata e identificar aspectos relevantes para ellos. Luego, preguntarse qué habría pensado Cristo sobre esa realidad, a la luz de sus enseñanzas. Y, finalmente, identificar cambios posibles para conciliar esa realidad con el mensaje cristiano. El último eslabón era hacer lo que habría hecho Cristo. Pasar a la acción.[13]

"Ver, juzgar, actuar" se convertiría en un sello de varios jecistas que luego derivaron a la política. "Es una marca que yo creo que nadie se sacó después", dice el sociólogo José Olavarría, quien llegó a ser presidente nacional de la JEC en 1961. "Si yo era fiel a la mirada de Cristo, mi obligación era actuar consecuentemente con ella. Esa era la tarea", resume Patricio Castro, quien a los catorce años conoció a Correa en la JEC. "Teníamos que ser levadura en la masa: fermentar y cambiar la sociedad".

Sin embargo, muy pocos alcanzarían la habilidad de Correa para analizar rápidamente un contexto, barajar posibles cambios y enseguida poner manos a la obra. "Lo más fuerte de Enrique es que es de

---

12 Poco antes, en sexto de preparatoria, a los once años, se había acercado a un grupo de jóvenes de niveles superiores, entre los que estaba Eliseo Richards. Rodríguez y Córdova, 1993.

13 José Aguilera, *Viaje al pasado en busca del futuro. Hechos de vida de un trabajador en la Iglesia*, 2009, 30.

los que mejor analizan la realidad: dónde estamos, qué hacemos, para dónde tenemos que ir", resume un exdirigente de la JEC de los 60.

En Ovalle, el grupo iba a evangelizar a las poblaciones callampas de la zona, llevando ropa y comida que juntaban entre conocidos. Myriam Gallardo recuerda a esas familias viviendo en sitios eriazos, muchas recién llegadas, buscando trabajo como temporeros agrícolas o en la minería. "Eso sí que era pobreza. Los niños andaban descalzos. Tocaban las puertas pidiendo un pedazo de pan duro".

Como jecista, Correa se imbuiría de la doctrina social de la Iglesia y comenzaría a pensar en ser sacerdote, a contrapelo de los deseos de su padre: que fuera abogado. Su primo Germán afirma que desde pequeño le atrajo esa tradición católica de compromiso con los desposeídos, cuyo hito inaugural fue la encíclica *Rerum Novarum* de 1891, cuando el papa León XIII se convirtió en el primer pontífice en alertar, en una carta solemne a todos los fieles del mundo, sobre las pésimas condiciones materiales de las clases obreras. "Desde su época en la JEC parten las diferencias entre Enrique y yo", acota Germán Correa. "Cada vez que nos juntábamos teníamos grandes discusiones por eso. Yo era ateo, él creyente, y de ahí derivábamos en una serie de posiciones políticas".

En el fondo, la JEC era una organización política, una especie de militancia apostólica. "Nosotros éramos la sal de la vida; o sea, buscábamos convertir a más jóvenes para integrarlos a este movimiento", afirma Olavarría. Además, era guiada por sacerdotes considerados de avanzada. Olavarría calcula que los curas asesores eran cerca de cincuenta en el país. Varios de ellos llegarían ser influyentes, como Roberto Bolton, emblemático defensor de los derechos humanos bajo la dictadura de Pinochet.

Cuando un dirigente de la JEC de Santiago visitaba Ovalle, no era extraño que Correa ofreciera su casa. El invitado podía dormir en la pequeña habitación que ocupaba con su hermano menor, con dos camas y una ventana chica. El grupo de Ovalle se vinculaba con otras células de la JEC a través de la diócesis de La Serena, a 90 kilómetros al norte. Allí se organizaban encuentros interprovinciales. A veces incluso viajaban a Santiago, lo que le permitió a Correa conocer a jecistas con los que volvería a coincidir, como Jaime Ravinet, Juan Enrique Miquel y María Antonieta Saa.[14] Tanto Ravinet como Miquel se enrolarían en

14 De Luigi, 1991.

la JDC y desde ahí iniciarían sus trayectorias políticas. Ambos llegarían a la presidencia de la emblemática Federación de Estudiantes de la Universidad de Chile, Miquel en 1965 y Ravinet en 1968.

En la JEC se valoraba mucho el contacto personal. Era una escuela sobre cómo tejer redes cara a cara. Y Correa tenía una habilidad innata para caer bien. Con el tiempo, también iría puliendo una destreza para saber qué esperar de sus interlocutores y de qué manera ganarlos para su causa. "Enrique tiene muy buen diagnóstico de la gente. La primera realidad con la que uno trabaja es la gente: qué va a decir este, cómo se va a comportar", dice un dirigente de la JEC de entonces.

"En todas las cosas de progresismo, como se dice ahora, Correa estaba metido", afirma Rabindranath Quinteros, quien recuerda que antes de que terminara la década de 1950 ambos participaron en crear una organización que agrupara a todos los estudiantes de cursos mayores de su pueblo, la Federación de Estudiantes Secundarios, Industriales y Agrícolas de Ovalle.

Patricio Castro dice que, en un principio, él y sus amigos ovallinos no estaban en la lógica de hacer proselitismo político. Menos de militar en algún partido. Sus historias personales, unidas al contraste de su realidad con el método de "ver, juzgar, actuar", hizo que algunos fueran, más adelante y poco a poco, abriéndose a esa opción.

Pero faltaba todavía para eso.

*

Por entonces Ovalle era un bastión del Partido Radical, como casi todo el Norte Chico. En los 50 costaba encontrar personas con otra militancia política, afirma Germán Correa. Radicales eran varios de los maestros de mayor trayectoria en el Liceo de Hombres. El otro espécimen político eran los socialistas, que habían fichado al propio Germán antes de que entrara a la universidad. "Pero socialistas había uno que otro; la gran mayoría eran radicales", dice.

Radicales y masones. O socialistas. Todos ateos y distantes de cualquier cosa que oliera a Iglesia Católica, cuando no abiertos "comecuras". No podía haber mucha afinidad entre ellos y los jóvenes de la JEC, por mucho que trajeran la "buena nueva" de un catolicismo socialmente comprometido. Incluso los masones tenían una organización que era directa competencia de la JEC, la Federación Laica Estudiantil Chilena. Respecto de los socialistas, Germán Correa dice que su primo discutía mucho con él por su militancia en la juventud de ese partido, pues consideraba que los socialistas eran contrarios a la religión.

Un referente político al que Enrique Correa y su grupo sí miraban con abierta simpatía era la Falange Nacional. Inspirados en la doctrina social de la Iglesia Católica, tal como la JEC, en 1938 los fundadores de la Falange se habían escindido del Partido Conservador y formado una colectividad que comenzó a ganar apoyo popular. Además, su gran amigo Eliseo Richards era de familia falangista.

En 1957, la Falange había obtenido catorce diputados, con lo que más que triplicó su presencia en la cámara baja desde su fundación. Uno de ellos era el abogado Renán Fuentealba Moena, electo por la región. Germán Correa dice que fue uno de los primeros falangistas que vio por su pueblo. "Todos lo mirábamos raro. Yo era estudiante del Liceo y lo veíamos como una especie de otro planeta". Ese mismo 1957, Renán Fuentealba fue uno de los fundadores de la Democracia Cristiana (DC), a partir de la fusión de la Falange Nacional con el Partido Conservador Social Cristiano. Una colectividad doctrinaria, distinta del radicalismo que era fundamentalmente pragmático. Si bien se definió como no confesional, en los hechos era la expresión política de un catolicismo renovado, lo que le permitió ganar rápidamente apoyo entre sectores medios, profesionales, obreros, campesinos, mujeres e incluso entre algunos empresarios.[15]

José Olavarría afirma que lo que los orientaba políticamente como JEC eran las encíclicas sociales. "En términos políticos, las encíclicas sociales eran lo mismo que la tercera posición tan característica de la Democracia Cristiana en ese tiempo, distante tanto del bloque soviético como del capitalismo", detalla. Esta simbiosis entre partido e Iglesia era evidente en situaciones cotidianas. A principios de los 60, cuando Olavarría era presidente del centro de alumnos del Liceo Manuel de Salas de Ñuñoa, viajó a Curicó para participar en las elecciones de la Federación Nacional de Estudiantes Secundarios. Luego de hacer alianza con los democratacristianos contra comunistas y socialistas, Olavarría y otros miembros de la JEC se alojaron en la residencia del obispo de Talca, Manuel Larraín Errázuriz, quien por entonces impulsaba el reparto de tierras de ese obispado entre campesinos de la zona. Un preludio de la reforma agraria.

---

15 Mariana Aylwin et al., *Chile en el siglo XX*, 1986, 242.

En 1958, solo un año después de la irrupción de la DC como partido nacional, se fundó la Juventud DC en Ovalle. Como hijo del primer regidor falangista del lugar, Eliseo Richards no tardó en enrolarse, arrastrando consigo a su amigo Enrique, quien tenía solo doce años.[16] Décadas después, Correa dirá que fue llevado poco menos que a la fuerza por Richards a fichar en el nuevo partido, que no calzaba con las ideas políticas de nadie en su familia. Todo indica que su afirmación no es literal. En términos políticos, Eliseo era para él un ejemplo, una suerte de hermano mayor. Y sus amigos más políticos de la JEC, León Luna, Patricio Castro y Myriam Gallardo, dieron el mismo paso.

Además estaba Marta Vitar, una profesora joven y muy católica, que también influiría decisivamente en la temprana vocación política del niño. Marta dictaba la clase de Filosofía en el Liceo de Hombres. Era una entusiasta democratacristiana y quedó impresionada con la inteligencia de Correa, a quien siempre invitaba a exponer delante de sus compañeros. Se hicieron muy amigos y ella allanó el camino para su militancia en la DC.

Aurora Zárate, una profesora de Biología que se afincaría en Ovalle en los 60, cuenta que conoció a Correa por intermedio de Marta Vitar, y que por insistencia de ella ambos fueron padrinos de bautizo de una de sus hijas. Afirma sin dudar que ella fue quien lo reclutó en la JDC, como hizo con varios con pasta de líderes en el pueblo: "Marta tenía carisma, era muy entregada a los principios democratacristianos y a todo el que pillaba lo quería para su partido".[17] "Que nos invitaran a la JDC era enteramente natural, era una secuencia lógica –dice Patricio Castro–. Porque nosotros nos sentimos desde temprano parte del mundo progresista de la DC".

Un segundo hito afianzó la vocación de Correa por la política. En 1959, cuando tenía trece años, a su pueblo llegó el abogado y presidente del partido Patricio Aylwin, quien encabezó un acto en el teatro. Por entonces la DC era firme opositora del gobierno del derechista Jorge Alessandri, contra quien había levantado la candidatura presidencial de su líder, Eduardo Frei Montalva, quien obtuvo el

16 Rodríguez y Córdova, 1993.
17 Marta Vitar falleció en noviembre de 2016 en La Serena. Luego de educar a generaciones de ovallinos, fue académica de la Universidad de La Serena. En honor a su trayectoria ese plantel creó en 2015 la Cátedra de Educación Marta Vitar Miranda.

tercer lugar en unos reñidos comicios donde también compitió el socialista Salvador Allende, que quedó segundo. La contienda inauguró el esquema de alianzas a tres tercios que regiría la política chilena por casi dos décadas.

En Ovalle, el presidente de la DC, entonces de cuarenta años, dio un discurso "muy combativo".[18] Correa y Richards lo abordaron a la salida del teatro y lo invitaron a dar una charla en la parroquia San Vicente Ferrer. Aylwin aceptó. Décadas después, en distintas entrevistas, Correa reconstruirá el episodio en detalle, como otros que según él marcarían su vida. A él y a otros jóvenes, seguramente jecistas en su mayoría, el dirigente les habló sobre el cristianismo como vocación de servicio a los más pobres. Lo hizo citando el ejemplo del abate Pierre, religioso francés y luego diputado, fundador de la orden laica de los Traperos de Emaús. "Fue una conferencia con mucho contenido", dirá Correa más de cincuenta años más tarde. "Incluso después pudimos tomar una bebida con él. Por primera vez me sentía cerca de una gran personalidad política. Estar en los actos de la Democracia Cristiana, ver a sus líderes, escuchar a don Patricio, era identificarse con lo que podríamos llamar el progresismo cristiano".[19]

Quedó impresionado con la sencillez del dirigente. En los seis años posteriores lo tendrá como a uno de sus principales referentes políticos, mucho más que a Frei Montalva.[20]

*

Cuando entró a la JDC, las discusiones políticas con su primo Germán ya eran un clásico, aunque siempre fueron amistosas. Germán había empezado a estudiar Sociología en la Universidad de Chile. En la capital se incorporó al Partido Socialista. Y casi siempre que iba de vacaciones a Ovalle se juntaba con su primo, simplemente para debatir. Su papá era contador y tenía una oficina en el centro del pueblo. "A veces yo le pedía la oficina a mi papá, para encerrarnos a discutir tranquilos y que nadie nos molestara", recuerda.

La militancia de Enrique Correa no interrumpió su actividad en la JEC ni en su parroquia. A los quince años era el gran planificador

---

18 Relato de Enrique Correa en *El poder de la paradoja*. Ascanio Cavallo y Margarita Serrano, 2013.

19 Ibíd.

20 Aurora Zárate dice que ya por 1965 Correa era un gran admirador de Aylwin, más que de Frei Montalva.

de sus actividades en terreno. Una de ellas era proyectar películas con temáticas religiosas en sectores pobres de Ovalle. "Llevábamos en bicicleta los carretes con las cintas –dice Enrique Morgado–. Enrique era el que mandaba, el coordinador. Siempre le gustaba planificar bien las cosas".

Uno de los principales panoramas de la juventud ovallina era, como en todo pueblo, juntarse en la Plaza de Armas apenas llegaba la noche. Los veranos se hacía ahí el Festival de la Challa, donde una de las entretenciones adolescentes era arrojarse papel picado. Para los jóvenes más grandes estaban los malones o fiestas bailables con cooperación voluntaria, que se organizaban en las casas. Partían cuando caía el sol y rara vez duraban más allá de la medianoche.

Carlos Rojas y Enrique Morgado recuerdan a Correa más hogareño en comparación con otros adolescentes. "El Gordo nunca fue muy de fiestas que digamos", dice Morgado. Sus padres no le permitían llegar a su casa más allá de las ocho de la noche,[21] lo que no le impidió tener sus primeras pololas. Un reportaje de 1993 dice que "se enamoraba apasionadamente y con gran rapidez".[22] Patricio Castro afirma que cuando era un quinceañero se encandiló con una joven jecista de nombre Anita, quien se convirtió en su polola. Sus amigos le hacían bromas con una canción de moda del grupo folclórico argentino Los Chalchaleros y le cantaban: "Un beso de luna me espera en Ovalle, mi rancho, mi Anita, todo mi sentir".

Le gustaba invitar a su casa. Y sus amigos iban porque siempre había buena mesa y eran bien recibidos por la mamá. La "tía Lolo" era una señora morena y agradable, que cocinaba platos como caracoles de tierra recogidos en un bosque de eucaliptos en las afueras de Ovalle. Y estaba el tocadiscos donde podían oír a los Beatles, uno de los grupos favoritos del joven.

Correa hablaba poco de su padre, quien cumplía un rol propio de su época: era un proveedor responsable, que apoyaba a sus hijos desde lejos, pero que tras llegar cansado a su casa se ponía a leer el diario o revistas. "Nunca se involucró en nuestros temas académicos ni tuvo que recordarnos nuestras responsabilidades. Tampoco se involucró en nuestros temas más personales", describirá Juan Carlos Correa en su libro de memorias.

---

21 Rodríguez y Córdova, 1993.
22 Ibíd.

En los primeros años de la pareja, cuando los Correa Ríos vivían en la casa de María Polo y tenían solo dos hijos, el padre tenía una vida social intensa en la masonería y el Club Social de Ovalle. "Muchas veces llegaba borracho", contará décadas más tarde su hijo menor. "Recuerdo buenos momentos, pero también recuerdo muchos momentos de tensión, de violencia verbal y física por parte de mi padre", escribirá sobre esa época.

Más tarde, Correa Padilla se sometería a un tratamiento y dejaría prácticamente del todo la vida social. Ese sería el recuerdo que guardarían los amigos de infancia de Enrique: el de un hombre serio y siempre volcado en el trabajo, que prácticamente no salía, salvo para ir a la oficina. De fondo, el problema era que el padre "padecía de depresión y sufría terribles episodios de angustia". Pero eso no aplacó la rabia que Enrique incubó hacia él, por el maltrato y la infelicidad que sufrió su madre. "No descarto que Enrique haya guardado una cierta porción de resentimiento hacia mi padre por ello, y ciertamente no lo culpo", señala el hermano.[23]

Él nunca se referirá a ello. Hablar de su madre, en cambio, era uno de los temas recurrentes del joven Correa. Le enorgullecía resaltar el origen humilde de ella, que también reivindicaba para toda su familia y para él mismo. Los Correa Ríos venían de abajo.

*

En los primeros años 60 los democratacristianos ya proliferaban en el pueblo. Al Liceo de Hombres habían llegado profesores jóvenes, católicos y declarados adherentes DC, mientras entre los maestros mayores seguía predominando la masonería y el viejo Partido Radical. Según Manuel Cortés, algunos profesores tenían una competencia "sana y republicana" por captar para sus filas a los mejores estudiantes. "Nos elegían sin que nos diéramos cuenta y tú terminabas en la parroquia San Vicente Ferrer, o doblando la calle y yendo para la logia, al taller de la masonería". De los profesores captadores para la DC, la más reconocida seguía siendo Marta Vitar.

Fue en 1961, en su penúltimo año de Humanidades, que Enrique Correa decidió formar una lista para disputar el centro de alumnos. La gran mayoría de los estudiantes entendía poco sobre partidos, ni tenía mucho interés por la política. Carlos Rojas recuerda que las

---

23 Las citas de esta parte proceden de J.C. Correa, 2018, 122, 251, 489, 613, 649.

competencias en torno al gobierno estudiantil eran amistosas, casi sin rivalidad. No obstante, Correa invirtió todas sus habilidades en encabezar una opción competitiva. Ese mismo año publicó el citado ensayo en la revista del plantel, donde recalcaba que ser adolescente y estudiante era una etapa clave para moldear la trayectoria personal. "Es aquí donde tienen su primer despuntar los ideales. Comienza la ambición por darle un rumbo a la vida. Se piensa en construir algo que quede".[24]

Enrique Morgado afirma que Correa eligió a los integrantes de la lista reservándose para sí la presidencia: "Era conversado todo, pero él era el líder". En la lista el futuro abogado Manuel Cortés postulaba a la secretaría de prensa. En una revista *Ercilla* reparó en una pequeña publicidad de una empresa nacional de plásticos, Plansa S.A., cuyo lema le pareció atractivo. Lo adoptaron como su lema de campaña: "El futuro entrando en el presente".

Competían dos listas. La otra la encabezaba Santiago Ríos, de sexto año, compañero de curso del jecista Patricio Castro y sin militancia. El sufragio era en urna y participaban solo los cursos más grandes. El sistema electoral era de lista abierta: se votaba por uno de los candidatos a cinco cargos, no por la lista completa. Parecía una carrera sin grandes sobresaltos. Ríos tenía un bajo perfil en comparación con Correa, a quien muchos daban como el seguro ganador. Incluido el propio Ríos. Hasta que ocurrió la sorpresa. De la nómina encabezada por Correa solo salió electo Manuel Cortés. Uno de cinco, y para un cargo secundario.

La trayectoria de Santiago Ríos como dirigente estudiantil terminó solo un par de meses después, tan sorpresivamente como había partido. Y en ello incidió una horrible tragedia que golpeó a todo Ovalle, en especial a Correa y a su círculo más íntimo.

*

Todos los miércoles en la tarde el Liceo realizaba su jornada deportiva en el estadio comunal. Después de las elecciones de su centro de alumnos, comenzó a prepararse para un campeonato escolar que ese año iba a realizarse en el pueblo. Jugarían de local, en disciplinas como fútbol y atletismo. Enrique Morgado afirma que Correa estuvo

---

24 Enrique Correa, "Nuestro llamado al estudiantado", 1961.

entre los que ayudaron en la organización, junto a un profesor de educación física. Otros entrevistados no recuerdan ese detalle.

Uno de los competidores era Paolo Castellani. Grande y corpulento, este hijo de inmigrantes italianos era uno de los mejores amigos de Correa, parte del grupo que lo había acompañado a integrarse a las JEC. Era especialista en el lanzamiento del disco y en una de esas tardes deportivas de los miércoles se preparaba para entrenar.

Santiago Ríos, el flamante presidente del centro de alumnos, estaba con Castellani en la cancha de pasto. Casi seis décadas después, este ingeniero civil industrial y exprofesor universitario recordaba vívidamente lo ocurrido esa tarde. Había estudiantes de varios cursos, dice, algunos entrenando y otros mirando las prácticas. No recuerda haber visto a Correa. Ríos estaba encargado de supervisar la prueba. Había un grupo de tres o cuatro estudiantes de no más de diez años, a los que varias veces les pidió alejarse y que no perdieran de vista el lanzamiento. Castellani lanzó. Cuando el disco caía, golpeó de lleno a uno de los pequeños, que se desplomó inconsciente, herido de gravedad.

Ríos conserva detalles de lo que vino después, a pesar del shock. Se acuerda de que le pasaron una toalla y que la usó para presionar la herida. Alguien trajo un vehículo y llevaron al niño al hospital. Ríos se subió vistiendo su uniforme de gimnasia y siempre haciendo presión con la toalla. Pero a las tres horas el niño había fallecido. El velatorio fue en el salón de actos del Liceo, con las principales autoridades del pueblo y ante toda la comunidad estudiantil demudada. "Fue una tragedia que conmocionó a todo Ovalle", cuenta Manuel Cortés.

Poco después, Ríos decidió hacer lo que venía aplazando desde hacía un año, cuando se convenció de que la formación en matemáticas del Liceo no era suficiente para sus planes de estudiar Ingeniería Civil en la Universidad de Chile. Habló con sus padres y les pidió que lo cambiaran al Liceo de Aplicación de Santiago. También emigró a la capital Manuel Cortés, el único de la lista de Correa que había resultado electo. Descabezado, el centro de alumnos de 1961 se disolvió.

Castellani estuvo una noche detenido en una unidad de Carabineros de Ovalle, donde fue interrogado. Morgado recuerda que Correa lo visitó y estuvo todo el tiempo con él. Si bien quedó claro que había sido un accidente, Castellani, entonces de dieciséis años, no regresó al Liceo. Se fue a Santiago y luego se tituló como abogado de la Universidad de Chile. "Paolo era tan buena persona, un chiquillo tan sano, que fue una lástima que le haya pasado eso", acota Myriam Gallardo.[25]

Varios testimonios indican que Correa también quedó muy golpeado con esa muerte, y que incluso, como uno de los organizadores, sintió culpa, dice Morgado. Se refugió en su fe. Luego de meditarlo, ahora estaba decidido: una vez que egresara del liceo, al año siguiente entraría al Seminario en Santiago para ser sacerdote. Tenía dieciséis años. Quienes lo conocían no se extrañaron. Manuel Cortés dice que era un camino lógico para alguien con su vocación. Patricio Castro cree lo mismo, aunque le añade a esa decisión un tinte político: "Si él entregaba su vida al Señor, como se decía en aquel entonces, no iba a ser para encerrarse en una sacristía. Era para contribuir a que su Iglesia se renovara, para que se volcara a la acción preferencial por los más pobres".

Antes de partir se despidió de su polola Anita. El adiós fue en una fiesta, con sus amigos entonando la canción favorita de la frustrada pareja. "El último verano" era la versión en español de un hit estadounidense, la interpretaba el mexicano Ricardo Roca y en su primera estrofa decía:

Me tendré que despedir, por el verano
Pues tengo que partir
Te mandaré, mi amor, cada día una carta
Que un beso sellará.

---

25 Paolo Castellani fue entrevistado para este libro en agosto de 2017. No alcanzó a ser consultado sobre este trágico hecho, porque murió tres meses después.

II

SEMINARIO Y SOLEDAD

Al pedir una copia del certificado de matrimonio de sus padres –un requisito para entrar al Seminario–, Correa se topó con un secreto de familia: supo que habían convivido de hecho desde mediados de los 40. "La postulación de mi hermano Enrique al Seminario obligó a mis padres a casarse. Lo hicieron en otro pueblo, probablemente para evitar el qué dirán", cuenta Juan Carlos.[1]

No fue la única dificultad. Convencido de que lo mejor para él era que estudiara Derecho, al padre no le gustó la decisión de su hijo,[2] y mucho menos que su opción fuese la orden de los jesuitas, porque esta contemplaba que los primeros tres años de formación prácticamente no hubiese contacto con la familia. Por eso le puso una condición: tendría que ser sacerdote diocesano.[3] En ese marco lo acompañó a entrevistarse con el sacerdote Carlos González Cruchaga, rector del Seminario Pontificio de la capital, el más prestigioso centro de formación diocesana del país. La entrevista era un requisito crucial para ingresar. Y el joven superó la prueba.

Entonces debió sortear el veto del arzobispo de La Serena, Alfredo Cifuentes Gómez, debido a su labor en la JEC y a que su padre era separado. Así lo sostuvo su amigo de juventud Paolo Castellani: "El arzobispo era tan reaccionario que ponía problemas para que los curas que nos guiaban en la JEC fueran a Ovalle". Hijo del prohombre del Partido Conservador Abdón Cifuentes, el arzobispo serenense había sido crítico de los fundadores de la Falange Nacional. En 1942 polemizó con el jesuita Alberto Hurtado, quien un año antes había publicado *¿Es Chile un país católico?*, libro que cuestionaba la falta de solidaridad de muchos creyentes, especialmente los más acomodados.[4]

---

1 J.C. Correa, 2018, 93.
2 Serrano, 1998.
3 J.C. Correa, 2018, 115.
4 San Alberto Hurtado fue el fundador del Hogar de Cristo y una de las figuras más destacadas de la Iglesia orientada a los más pobres. Pedro Espinosa, "¿Es Chile un país católico? Polémica en torno a un libro del padre Hurtado", 2005.

Lo cierto es que, a principios de los 60, el sector del clero al que pertenecía el arzobispo Cifuentes iba en declive. Entre 1955 y 1964 la mitad de los veintiocho obispos del país habrían de dejar sus cargos y serían reemplazados por líderes más jóvenes y progresistas. En el futuro, esta nueva generación será reconocida como la más brillante en la historia de la Iglesia Católica chilena. Por su bagaje intelectual, y en algunos casos gran carisma personal, la influencia de algunos de sus obispos marcará por décadas al país. Esta nueva cúpula eclesial, culta y comprometida con la realidad, dejará también una profunda huella en Correa. En la década de 1950, además, el Seminario de Santiago introdujo el servicio pastoral en las zonas periféricas, lo que acercó a los nuevos sacerdotes a las carencias de los más vulnerables.[5]

En 1961 llegó al Arzobispado de Santiago el salesiano Raúl Silva Henríquez. Un año después fue nombrado cardenal, el segundo en la historia de Chile. Silva Henríquez estrecharía amistad con Eduardo Frei Montalva, quien llegaría a la Presidencia de la República en 1964 como la máxima figura de la DC.[6] Esta colectividad, a su vez, estaba terminando de desplazar a los conservadores como el partido doctrinariamente más cercano a la Iglesia Católica. Bajo el liderazgo de Silva Henríquez y del obispo de Talca, Manuel Larraín, la entidad tomó nota de los avances de la izquierda socialista, graficados en el sorpresivo segundo lugar de Salvador Allende en las presidenciales de 1958, a menos de tres puntos de Alessandri, y de la victoria de la Revolución Cubana el 1 de enero de 1959.

Entonces, apostando por el reformismo, el episcopado nacional dio en 1962 un giro estratégico. Mediante dos cartas pastorales ("La Iglesia y el problema del campesinado chileno" y "El deber social y político en la hora presente"), dejó de apelar solo a la caridad cristiana de las clases dominantes como receta para superar las inequidades y comenzó a abogar por un programa de cambios estructurales, concretos y urgentes, como la reforma agraria. Era una apuesta tácita por la "tercera vía" democratacristiana, un programa de transformaciones sociales graduales, equidistante tanto del capitalismo como del socialismo. La nueva fórmula eclesial para detener al comunismo.

---

5   Sofía Correa et al., *Historia del siglo XX chileno*, 2001, 215-216.
6   Elodie Giraudier, "Los católicos y la política en Chile en la segunda mitad del siglo XX", 2015.

En mayo de 1962, el cardenal Silva Henríquez y el obispo Larraín anunciaron la entrega de algunos fundos de la Iglesia a los campesinos que trabajaban esas tierras. El gobierno de Alessandri siguió el ejemplo y ese mismo año dictó la primera ley de reforma agraria. Cinco años después, la administración de Frei Montalva le daría al proceso un impulso vertiginoso.

También al papa le atemorizaba la expansión del marxismo-leninismo azuzada por la desigualdad. Desde que fue entronizado en 1958, Juan XXIII había impulsado un nuevo rumbo para su grey con encíclicas de fuerte acento social como *Mater et Magistra*, de 1961, considerada uno de los documentos clave de la década. Y, más relevante aun, realizó una convocatoria histórica: el Concilio Vaticano II, la primera y única reunión de todos los obispos del mundo en el siglo XX. El objetivo era poner al día a la Iglesia en sus enseñanzas, disciplina y organización, acercándola a los fieles y conciliándola con los desafíos de la modernidad. "Abrir las ventanas de la Iglesia para que podamos ver hacia fuera y para que desde fuera pueda verse el interior", en palabras del propio Juan XXIII.[7]

Iniciado en octubre de 1962 y concluido en julio de 1965 por su sucesor, Pablo VI, el *aggiornamento* marcó un antes y un después en el catolicismo y en su relación con la política. Participaron más de tres mil obispos y el encuentro fue seguido con expectación por la prensa y las comunidades religiosas de todo el globo.

Esa fue la Iglesia que recibió a Enrique Correa cuando en marzo de 1963 ingresó al Seminario Conciliar de los Sagrados Ángeles Custodios de Santiago. Su padre sufrió intensamente su partida. "Había acumulado mucha ansiedad, especialmente por la partida de mi hermano Enrique, y estaba tomando mucho más de la cuenta", contará más tarde Juan Carlos Correa. Fue entonces cuando la madre logró que su marido, de cincuenta y un años, se sometiera a un tratamiento contra el alcoholismo en Santiago, hasta donde viajó toda la familia. Enrique, quien por primera vez viviría lejos de sus padres y de Ovalle, lo visitaba en una casona de Ñuñoa convertida en clínica. Una vez que el padre se recuperó, la familia regresó a Ovalle y el matrimonio inició una nueva etapa, en la que nació la menor del clan. Enrique se restaría de ese proceso mientras se formaba para ser sacerdote.[8]

---

7   Fundación Internacional Roncalli, "Angello Giuseppe Roncalli. Biografía".
8   J.C. Correa, 2018, 123-124.

*

Los cinco pisos del Seminario se alzaban en Apoquindo 7228, al llegar a Tomás Moro, en Las Condes, rodeados por campos, en los extramuros de la ciudad. Había sido construido en los años 50. Tenía más de trescientas habitaciones distribuidas en largos y oscuros pasillos. No todas estaban ocupadas. Cada dormitorio tenía una cama, lavatorio, ducha y escritorio. "En invierno hacía frío y nos entumíamos", cuenta uno de los seminaristas que ingresó el mismo año que Correa. Tiempo después el Arzobispado envió algunas estufas a parafina.

Era el equivalente a ingresar a la universidad, y a una de prestigio, por lo que para un joven de clase media provinciana implicaba un ascenso social. En sus aulas se cursaban los primeros tres años de formación sacerdotal, dedicados a la filosofía, y luego los siguientes cuatro centrados en la teología. La generación del ovallino la compondrían cerca de cuarenta jóvenes. Además de chilenos había estudiantes de Cuba, Puerto Rico, Perú y Bolivia. El plantel era considerado un modelo en América Latina, donde los obispos más progresistas enviaban a estudiar a sus elegidos.[9]

Correa destacó pronto por su empatía y capacidad para expresar sus puntos de vista. "Se veía contento con su vocación", recuerda su entonces compañero de curso Michael Neuburg. Otro afirma que conversaba con todos, aunque por su bagaje cultural y facilidad para el estudio pronto se le identificó con el grupo de los más intelectuales. También recuerdan sus ganas de testimoniar su religiosidad. Mientras algunos seminaristas de cursos mayores evitaban la sotana, que consideraban un atuendo pomposo, el ovallino la usaba, incluso para jugar fútbol con sus pares.[10] Un exseminarista afirma que lo vio luciendo sotana entre los que encabezaban una procesión de la Virgen del Carmen. "Era valiente en ese sentido: lo que él asumía le echaba para adelante".

Tal como en el Liceo, buscó vincularse con los estudiantes líderes. A poco andar reparó en un alumno de dos cursos más arriba. Aquel joven era sociable y muy buen organizador, como él, pero además tenía carisma y un dominio escénico fogueado en el Saint

---

9   Andrea Lagos, *Precht. Las culpas del vicario*, 2017, 62.
10   En una entrevista de 1990 se menciona que Correa alcanzó a jugar fútbol con sotana. Viviana Candia, "Enrique Correa: 'El socialismo es indispensable en la construcción de este país'", 1990.

George's, uno de los colegios privados más reconocidos de Santiago. Se llamaba Cristián Precht Bañados, medía 1,87 y era hijo de una familia católica acomodada de Providencia. "Yo era más chico que él e intenté acercarme y escucharlo. Donde iba Precht iba el resto. Eso siempre me atrajo. Era un líder natural, se le notaba", dirá Correa años después.[11] Precht se convertiría en uno de los sacerdotes más emblemáticos de la Iglesia Católica chilena postconciliar hasta su estrepitoso derrumbe en 2011, acusado de abusos sexuales, por lo que fue suspendido del sacerdocio por cinco años. Poco después una serie de nuevas denuncias llevaron al Vaticano a dictaminar su expulsión de la Iglesia. En ambos procesos, uno de los pocos que iría en su ayuda sería su amigo ovallino.

Precht era el organizador de las actividades extraprogramáticas, casi siempre en dupla con el talquino Miguel Ortega, otro interno popular. También se vinculó con Jaime Estévez, un joven egresado del Colegio San Ignacio de Santiago, larguirucho y estudioso, incluido en el grupo de los intelectuales por su facilidad para aprobar los ramos. "Igual que Enrique, era un hombre que expresaba sus opiniones con libertad. Y era muy escuchado por su entorno", cuenta un exseminarista de esos años, para quien Correa y Estévez eran los que más destacaban de su generación.

Correa se convirtió en un ávido lector de cuanta información le llegara sobre el Concilio Vaticano II, donde una de las voces más influyentes de América Latina fue el chileno Raúl Silva Henríquez. Como todos sus compañeros, tuvo la oportunidad de conocer al arzobispo porque este visitaba de cuando en cuando el Seminario. El vínculo sería gravitante para él décadas después.

Los profesores y seminaristas comentaban los alcances históricos del concilio. Había debates sobre hasta dónde ir con los cambios, y Correa participaba en ellos con entusiasmo.[12] "Estábamos muy atentos a eso y hacíamos muchas preguntas a los profesores", cuenta un entrevistado. En junio de 1963 Juan XXIII murió de un cáncer al estómago y los miembros del colegio cardenalicio debieron reunirse en Roma, esta vez para elegir al sucesor. Uno de los candidatos con más chances era el italiano Giovanni Battista Montini, levantado por el sector más favorable al concilio. Años más tarde, Correa contaría

11 Lagos, 2017, 59.
12 Serrano, 1998.

que, poco antes de que el cardenal chileno viajara al cónclave, él y otros seminaristas le preguntaron en broma si se inclinaría o no por el italiano. Según esta versión, Silva Henríquez los habría reprendido en un tono más paternal que molesto, ya que era sabido que la votación se regía por un riguroso secreto. Luego de seis votaciones, Montini fue entronizado y bajo el nombre de Pablo VI encabezó las siguientes tres sesiones del concilio.

El rector del Seminario, Carlos González, era primo del jesuita Alberto Hurtado. Tenía un gran ascendiente sobre profesores y estudiantes, una marcada espiritualidad y una aguda capacidad para transmitir sus convicciones. Muy atendidos eran sus sermones, donde fijaba las directrices del Seminario. "Don Carlos tenía una voz muy baja, muy apagada, que iba bien porque uno tenía que ponerle mucha atención –cuenta un seminarista de la época–. Y cuando había temas complejos uno decía: 'Preguntémosle a don Carlos'".

González no era el típico sacerdote progresista. Solía decir que "los curas no somos políticos", recuerda un discípulo de esos años. Pero era muy partidario del concilio y abierto a nuevas ideas. Correa quedó deslumbrado con la visión del rector sobre el catolicismo, una mirada renovadora, atenta al mundo, que veía a su Iglesia como motor de grandes transformaciones sociales. Le pidió que fuera su director espiritual, lo que implicaba confesarse con él y recibir sus consejos para discernir el camino correcto. El rector aceptó. "De alguna manera él era guía espiritual de todos; era confesor de muchos también", apunta un exalumno. En sus diálogos con el rector, el joven pudo ir desahogándose acerca de una creciente tensión interna: ser sacerdote u optar por la política, una idea que seguía aguijoneándolo. "Me resistía a tener que optar porque, para mí en esa época, esos no eran caminos diferentes. Me parecía que los ideales religiosos debían concretarse, materializarse, encarnarse en la actividad política", recordará casi tres décadas después.[13]

Más adelante dirá que el obispo González fue el primer adulto del que recibió una gran influencia.[14] Se referirá a él como "un padre para mí" y "uno de mis maestros más queridos".[15] Le seguiría pidiendo consejo en materias importantes hasta el final de la vida del

---

13 De Luigi, 1991.

14 Serrano, 1998.

15 Alicia de la Cruz y Luisa García, "El poder del ministro Correa, para muchos el hombre político de 1990", 1990. María Olivia Mönckeberg, "¿Sabe usted quién es Enrique Correa?", 1989.

prelado. Incluso promovería –sin éxito– su nombre como arzobispo de Santiago.[16]

Allegarse a personalidades de mayor bagaje intelectual será, desde entonces, una constante en la trayectoria del seminarista. Germán Correa las define como figuras "tutoras", "icónicas", a ratos "paternales", con las que su primo establecía una relación de discípulo-maestro. Si bien también lo había inspirado Patricio Aylwin esa epifánica tarde en que lo conoció, aquel fue un encuentro fugaz. Como su director espiritual en un momento de decisiones cruciales, en realidad su primera gran influencia fue González Cruchaga. Luego vendrían Jaime Castillo Velasco, Rodrigo Ambrosio, Clodomiro Almeyda, Edgardo Boeninger y, cerrando un círculo casi perfecto, ahora sí Aylwin.

De política contingente también se hablaba en el Seminario, aunque menos que de temas eclesiales como el concilio. El país estaba a un año de la presidencial de 1964 y el DC Frei Montalva y el socialista Salvador Allende se perfilaban como los principales contendientes. Michael Neuburg recuerda que la mayoría de los estudiantes se sentían identificados con la DC y su abanderado. "Democratacristianos de corazón, pero no de partido", resume, y dice que, cuando Frei Montalva triunfó holgadamente bajo los sones del himno a la Patria Joven, "todos saltábamos de alegría".

Esta creciente identificación con la DC de una parte de la Iglesia Católica, especialmente entre sacerdotes jóvenes y seminaristas, tuvo un hito relevante el mismo año en que Correa entró al Seminario. En 1963, el cardenal Silva Henríquez organizó en la Arquidiócesis de Santiago una Misión General, en la que más de mil religiosos y laicos se desplegaron durante meses por sectores marginales de la capital. El objetivo: irradiar el mensaje de una Iglesia comprometida con los cambios, como alternativa al comunismo.[17] El Seminario en pleno participó en esa cruzada.

Cuando tenía espacio los fines de semana, Correa visitaba a sus primos a pocas cuadras al poniente del Seminario, frente a unos campos en los que años después se emplazaría El Faro de Apoquindo. Como siempre, con Germán terminaban discutiendo de política. "Yo siempre le decía: 'Enrique, así como tú piensas vas a terminar

---

16   Carlos González Cruchaga moriría en 2008, víctima de un cáncer hepático, como obispo emérito de Talca.

17   M. Aylwin et al., 1986, 218, 242.

siendo socialista igual que yo'. Y me decía que no, porque 'los socialistas son ateos'", recuerda este último.

De los casi cuarenta seminaristas que ingresaron en 1963 con él, no más de cuatro acabarían siendo sacerdotes. Si bien seguía fuertemente tironeado por la política, Enrique alcanzó a hacer la promesa simple de pobreza, castidad y obediencia, anterior a los votos solemnes o perpetuos que se toman al ordenarse.[18] En algunos compañeros la crisis de vocación comenzaba a manifestarse en los primeros meses. En otros, tardaba años. Era común que se esfumaran de un día para otro. El paso era sin despedidas ni explicaciones, tras un silencioso proceso de discernimiento. "A los que se iban no los veíamos más, salvo que nos encontráramos casualmente en la calle", dice Neuburg, quien abandonaría el sacerdocio para convertirse en matemático y académico. Correa dejó el Seminario un año después de haber ingresado, entre la última semana de marzo y la primera de abril de 1964.[19]

La razón puntual, esgrimirá más tarde en algunas entrevistas, fue que su padre había enfermado y él debía preocuparse de sostener económicamente a la familia en Ovalle. Germán Correa lo confirma. Cuenta que el jefe de familia comenzó a tener problemas al corazón. Pero su hermano Juan Carlos desmiente esta versión. "Mi padre nunca tuvo muy buena salud. (…) Tuvo varios infartos cardíacos (…), [pero] entre fines de 1963 y 1970 estuvo bastante bien. Yo diría que fueron, en la relatividad de las cosas, sus mejores años". Trabajaba, tenía buenos ingresos y al año siguiente financiaría la vida de su hijo Enrique en Santiago.[20]

Juan Carlos evoca la alegría del padre la noche en que, de improviso, su hermano volvió a Ovalle. "Me salí del Seminario", les dijo. Según un futuro sacerdote, fue Cristián Precht quien lo invitó a retirarse, argumentando que tenía mayor vocación para la política que para ser cura.

Eran los meses en que la campaña de Frei Montalva se venía con todo para enfrentar a Allende. Y la elección presidencial más crucial de las últimas décadas le parecía más importante que nada. Lo suyo era jugarse por los cambios como laico. "Llegué a la conclusión, probablemente muy juvenil todavía, de que podía servir a

---

18 Raquel Correa, "Para bajar la adrenalina", 1990.
19 Patricia Arancibia, "Cita con la historia. Entrevista a Enrique Correa Ríos", 2003.
20 J.C. Correa, 2018, 613-614.

los demás también con mucha fuerza a través de la política, que me atrajo siempre".[21]

Por todo ese conflicto interno, la salida fue difícil. Pero no fue un quiebre. Correa nunca rompe con los mundos que deja. Menos con la Iglesia Católica. Al contrario: mantuvo y alimentó los vínculos que hizo en el Seminario. Con el tiempo profundizaría sus lazos con el cardenal Silva Henríquez y el futuro obispo Carlos González. Lo mismo haría con figuras que también llegarán al episcopado, como el director de estudios del Seminario, Jorge Hourton, así como con Antonio Moreno, Pablo Lizama, Alberto Jara y Alejandro Jiménez, y con sacerdotes influyentes como Cristián Precht, Miguel Ortega, Raúl Hasbún, Luis Eugenio Silva y el prefecto del Seminario, Mariano Puga. Estos y otros nombres serán sus llaves con el clero.[22]

Su paso por el Seminario fue gravitante para consolidar su comprensión del poder y su estilo para ejercerlo, a menudo tildado de "vaticano" por lo sutil y efectivo. Años después, él mismo dirá que, al estar llena de ajustes de cuentas, la Iglesia "es el lugar donde se puede estudiar más depuradamente el poder".[23] Ese mundo, compuesto por comunidades masculinas unidas por un singular sentido de hermandad y casi siempre enfrentadas unas con otras, en luchas tan soterradas como fratricidas, lo cobijará de la persecución durante la dictadura, en su momento de mayor apremio económico. Y él siempre sabrá devolver la mano. Lo hará especialmente tres décadas después del retorno a la democracia, con la jerarquía católica bajo asedio, cuando gravísimos escándalos por abusos sexuales, seguidos de un encubrimiento institucional sistemático, reduzcan a escombros su autoridad moral.

En lo personal, nunca dejará de comulgar ni de considerarse fruto de esa institución milenaria. Así lo planteó en 1990: "Soy hijo y producto de la Iglesia más que de los partidos políticos. Yo creo que hay dos elementos que me han acompañado toda la vida: la religión y la política, que es mi oficio fundamental".[24] De todos los talentos que la política arrebató en los 60 a la Iglesia chilena, la deserción de

---

21 Cherie Zalaquett, "La metamorfosis de Enrique Correa", 2002. En una entrevista de 1998 dijo que sentía que la campaña era "más importante" que su vocación sacerdotal. Serrano, 1998.
22 Serrano, 1998.
23 Lagos, 2017, 130.
24 Ibíd.

Correa será una de las más significativas. Sin embargo, incluso cuando se declare marxista-leninista "por los cuatro costados", seguirá siendo considerado un "hombre de Iglesia".

*

Con dieciocho años, el laico Enrique Correa estaba de vuelta en Ovalle. Como tenía que esperar hasta marzo de 1965 para ingresar a la universidad, se hizo locutor de Norte Verde, la única estación radial del pueblo. Entre otros, conducía el programa *Música y palabras en su hogar* apelando a uno de sus talentos: conversar.[25] Como en toda localidad chica, el locutor era un personaje. "El gordo Correa. Así le decía todo el mundo", recuerda Aurora Zárate. "Él era de conversar mucho rato y estaba muy al tanto de la contingencia". Trabajó también como profesor, en la jornada nocturna de su viejo Liceo de Hombres. Lo mismo hizo en el colegio de niñas Amalia Errázuriz, un establecimiento pagado de monjas que dominaba Ovalle desde una loma.[26]

Fue reportero del diario *La Provincia* y entrevistó al Presidente Alessandri cuando el gobernante viajó a Ovalle para ver los avances del futuro embalse La Paloma. También estaba atento a noticias más domésticas, como los viajes a Santiago de ovallinos conocidos, además de celebraciones y eventos que cubría para las páginas sociales. "Publicaba todo lo que pillaba", recuerda Zárate.

Se reintegró a la JEC como jefe de grupo. Ahí conoció a una muchacha tres años menor, jefa de la sección femenina y simpatizante democratacristiana. Se llamaba Soledad Rojas Villalobos y estaba en su penúltimo año de Humanidades en el Liceo de Niñas. Alta y delgada, era una estudiante aplicada e inquieta, que destacaba entre sus compañeras por sus buenas notas y liderazgo. Carmen Lisboa fue amiga y compañera de Soledad los seis años de las Humanidades en Ovalle. La recuerda participando en los debates estudiantiles organizados por Marta Vitar, que reunía a los liceos de Hombres y de Niñas. Los postulantes eran seleccionados en una prueba de contenidos y dominio escénico. Carmen no pudo con sus nervios y fue descartada. Pero su amiga Soledad sí quedó. "Ella tenía mucho desplante; manejaba temas que en esa época no se tocaban, como asuntos de género

---

25 De Luigi, 1991. Hasta abril de 2024, Norte Verde seguía transmitiendo en el dial AM, además de tener una señal online en https://radionorteverde.cl.

26 Lincoyán Rojas, *Diccionario biográfico Bicentenario. Provincia de Limarí*, 2011, 199.

y sexualidad, cosas así", afirma Lisboa, a cuyo testimonio se debe parte importante del perfil de Soledad Rojas.

La joven tenía pretendientes. Carmen dice que uno de ellos era un muchacho "muy buen mozo y deportista". A pesar de los consejos de sus amigas, Soledad nunca le correspondió. No era su tipo, decía. Las amigas dejaron de insistir cuando supieron que había comenzado a pololear con Enrique Correa.

Al igual que su pololo y como buena jecista, era una católica convencida de la línea más social y transformadora de la Iglesia. En una agenda escolar le dedicó un escrito a una compañera de curso, Graciela Toro. Una imagen del texto, a lápiz pasta azul, fue subida a Facebook por su dueña en un álbum con más de veinte dedicatorias similares, titulado "Agenda 1964". Está fechado como escrito originalmente en noviembre de ese año. Soledad cita a Michel Quoist, un sacerdote, teólogo y sociólogo francés, miembro de la Juventud Obrera Cristiana, quien planteaba vivir las enseñanzas del cristianismo en la vida cotidiana y al servicio de la justicia social:

Señor, líbrame de mí misma.
Hace tiempo que acecho tus persianas caídas. Ábrelas:
mi luz te iluminará.
Hace tiempo que aguardo ante tu puerta encerrojada.
Ábrela: me hallarás en el umbral.
Yo te estoy esperando, y te esperan los otros.
Solo hace falta abrir,
hace falta que salgas de ti mismo.
¿Por qué continuar siendo prisionero de ti mismo?
Eres libre.
No fui Yo quien te cerró la puerta
ni puedo ahora abrírtela.
Eres tú quien tiene echado el cerrojo por dentro.

Soledad le agrega al final a su amiga: "Chelita, lee y medita el trozo de la contesta de Jesús a un militante en un libro de Michel Quoist. Eso también te lo dice a ti, él y yo. Solo te pido que seas mi amiga y me consideres como tal. Porque si me llamo tu amiga será señal de que puedo dar amor a mis semejantes...". En el mismo álbum hay otra imagen con un manuscrito similar, firmado por Enrique Correa y dedicado también a Graciela Toro. Al igual que el texto de su polola, habla de encontrar a Jesús no en el interior de cada uno sino en el prójimo, para librarse de uno mismo y darle sentido a la vida:

> Señor
> ¿Dónde puedo encontrarte y ser feliz contigo?
> Desde siempre estoy en el corazón de los hombres que te rodean y allí a través de los siglos sigo siendo olvidado, pisoteado, rebajado y crucificado.
> Chela: Este es el eterno diálogo entre Dios y el hombre. Tú buscas la felicidad desesperadamente. Buscas como todos los solitarios un sentido a la vida, un algo que pueda transformarla y cambiarla de raíz. No busques la solución en ti misma. Ella está afuera, en tu prójimo, en tus semejantes. Ámalos, no tratando que ellos te amen a ti, sino olvidándote de ti misma para buscar la felicidad en tus hermanos.
> Con todo afecto,
> Enrique
> Enrique Correa Ríos.[27]

Antes de la firma de Correa hay una anotación en diagonal, casi al margen, destacado con lápiz pasta rojo:

> *Enrique*
> *y*
> *Soledad*

El problema era que los padres de ella no aprobaban la relación.

Soledad, de dieciséis años, era la mayor de cuatro hermanos, hija de un esforzado matrimonio ovallino. Los padres, Óscar del Carmen Rojas y María Filomena Villalobos, eran dueños de la Librería Rojas, una tienda de artículos de oficina a tres cuadras de la Plaza de Armas. Él había partido como empleado de otro local del rubro. Trabajó duro hasta que puso su propio negocio. Una tienda al principio pequeña, que de mañana a tarde atendía junto a su esposa. Así fueron creciendo hasta convertirla en la más grande de la ciudad.

---

27 En abril de 2024 ambos textos estaban publicados en modo de acceso público en el perfil de Facebook de Graciela Toro Ortiz, compañera de curso de Soledad Rojas y, al igual que ella, egresada del Liceo de Niñas de Ovalle en 1965. Pese a varios intentos, los autores no lograron ubicarla para contar con su testimonio.

Los Rojas Villalobos eran quitados de bulla, concentrados en su trabajo y estrictos con sus hijos. Especialmente el padre, sencillo y de pocas palabras, para quien debió ser difícil enterarse de que su primogénita había empezado a pololear con un joven casi tres años mayor. "Como todos los papás con hijas en esa época", apunta Enrique Morgado. Además, el pololo tenía una activa militancia política. Nada más ajeno a Óscar Rojas, a quien nunca se le escuchó opinar sobre temas contingentes.[28] "A los papás no les gustó nunca el pololeo con Enrique, no lo aprobaban", dice Carmen Lisboa.

Y llegaron las elecciones de 1964. Enrique colaboró en la campaña de Frei Montalva en sus meses decisivos. Soledad se afilió a la JDC, seguramente para lo mismo. A seis meses de los comicios ocurrió el "Naranjazo", cuando el 15 de marzo el socialista Óscar Naranjo Arias ganó por amplio margen las elecciones complementarias de Curicó para el escaño de su padre, un diputado recién fallecido. La derecha, que esperaba reconquistar uno de sus feudos tradicionales, había convertido esa elección en la antesala de la presidencial de septiembre. Con la inapelable derrota entró en pánico y, en una salida desesperada para frenar a Allende, se arrojó a apoyar sin condiciones a Frei Montalva, abandonando a su candidato, el radical Julio Durán.[29] En las presidenciales del 4 de septiembre Frei Montalva se impuso por una abrumadora mayoría sobre Allende. En parte gracias al apoyo de la derecha, el DC obtuvo el 56% de los votos, lo que le dio una sólida plataforma para impulsar desde La Moneda su "Revolución en Libertad".

Correa comenzó a prepararse para rendir el Bachillerato, como se llamaba entonces el examen de admisión universitaria. Estaba decidido a regresar al año siguiente a Santiago para estudiar Filosofía, ojalá en la Universidad Católica. Además, 1965 también iba a ser un año electoral, pues se renovaba toda la Cámara de Diputados y la mitad del Senado. Estaba a punto de cumplir diecinueve años. Si iba a dedicarse en serio a la política, no podía quedarse en Ovalle.

*

---

28 Carlos Rojas, compañero de Correa en el liceo y amigo de la familia Rojas, define a Óscar Rojas como "apolítico".

29 "La derecha había perdido su propio plebiscito, y a pesar de ser la segunda mayoría en dicha elección, ante el temor de un triunfo marxista en las presidenciales próximas, no vio más alternativa que plegarse a la candidatura de Frei". S. Correa et al., 2001, 244.

En marzo de 1965 entró a Filosofía en la Universidad Católica. Su Facultad quedaba en Dieciocho 102, en el antiguo Palacio Eguiguren, uno de los edificios más tradicionales del centro santiaguino. Vivía una cuadra más al sur, en la residencia universitaria Cardenal Caro, administrada por la Congregación de los Hermanos Maristas para estudiantes de provincia escasos de dinero.

Se sumergió en un intenso trabajo político en la JDC. Poco después se unió a las vertientes más izquierdistas de la Juventud. En las elecciones parlamentarias de ese mismo marzo la DC se convirtió en el partido más votado, con lo que Frei Montalva tuvo margen para su itinerario de cambios.[30] Por entonces Martin Luther King, reciente Premio Nobel de la Paz, organizaba la marcha por los derechos civiles de los afroamericanos estadounidenses entre las ciudades de Selma y Montgomery, Pablo VI se preparaba para concluir el Concilio Vaticano II, en la radio sonaba "A hard day's night" de los Beatles, la diseñadora británica Mary Quant popularizaba la minifalda como símbolo de liberación femenina y Estados Unidos bombardeaba masivamente Vietnam del Norte.

Sí, eran días agitados.

Cuando podía, se arrancaba a Ovalle para visitar a su familia y seguir participando en la JEC y la JDC locales. En esas visitas Aurora Zárate lo recuerda muy activo junto a Marta Vitar, organizando la "Promoción Popular", voluntariados de ayuda y concientización política en sectores pobres. Era uno de los ejes del gobierno de Frei Montalva, que buscaba fomentar las organizaciones comunitarias de base. En esas actividades nunca quedaban claros los límites entre el apostolado católico y el proselitismo DC, lo que evidencia la sincronía entre la Iglesia y el partido oficialista. Eran despliegues similares a los de la JEC en los 50 pero ahora, en Ovalle al menos, los más tradicionalistas los veían con un recelo creciente. Según Zárate, hubo gente humilde que se fue empoderando gracias a esta concientización y comenzó a exigir sus derechos. "Había gente que usaba una frase muy despectiva: 'Estos rotos están de lo más promovidos'", apunta.

También en esos viajes Correa veía a su polola. Soledad terminaba su último año escolar y se había entusiasmado con estudiar también Filosofía en la Universidad Católica. Una meta difícil, primero por el desafío económico: aunque la universidad era prácticamente

---

30 En la Cámara de Diputados la DC logró la mayoría con 82 de los 147 escaños.

gratis,[31] había que invertir en alojamiento, viajes, libros. Pero también porque en esos tiempos pocos padres ovallinos imaginaban a una hija joven viviendo sola en el efervescente Santiago. Zárate dice que era una de las razones por las que "un porcentaje muy pequeño" de sus alumnas aspiraba a algo así. No fue el caso de Myriam Gallardo, cuyos padres la dejaron marchar cuando quedó seleccionada en una universidad de Santiago, luego de inscribirla en un pensionado de las Monjas Teresianas, "con instrucciones de que fueran muy estrictas con mis horarios". Además, Soledad quería estudiar una carrera no tradicional. La idea no gustó a sus padres. Pero antes de jugarse por vencer esa oposición la joven debía obtener un buen resultado en el Bachillerato, así que se concentró en eso, junto a su amiga Carmen Lisboa y otras compañeras. Y en sus continuos viajes a Ovalle Enrique Correa les hacía reforzamiento en letras.

Gracias a ese esfuerzo, casi todas lograron entrar a la universidad. Soledad quedó en Filosofía en la Universidad Católica en Santiago. Según Juan Carlos Correa, "1966 comenzó siendo una etapa perfecta para la pareja: ambos vivían en Santiago, estudiaban en la misma escuela y hacían una vida en común increíble".[32]

*

A fines de julio de 2017 el matrimonio de Óscar Rojas y María Filomena Villalobos seguía atendiendo su librería en el centro de Ovalle. Con el mismo nombre tenían también una sucursal en La Serena. A sus ochenta y ocho años, la señora María atendía detrás del mesón, supervisando a varios vendedores. Su esposo, de ochenta y nueve años, administraba el negocio vestido de traje y corbata en una oficina fuera de la vista del público, rodeado de fotografías familiares. Cuando oyó el nombre de Enrique Correa, se puso de pie y sin alzar la voz ni perder un ápice de amabilidad dijo que no iban a hablar de ese tema. "Nosotros no tenemos nada que ver con política", se excusó. Pero la señora María alcanzó a confirmar que Soledad murió en

---

31 Hasta los años 70 las universidades eran casi gratuitas, pues el 80% del financiamiento de los planteles era estatal, salvo algunas cuotas por deportes, salud y otras conocidas como "cuotas de solidaridad" para quienes tuvieran capacidad de pagarlas. Recién en 1977 todas las universidades establecieron el cobro de un arancel único. El sistema de crédito fiscal nació en 1981.

32 J.C. Correa, 2018, 134.

1966 en un accidente de tránsito en Santiago, y que al expirar "él le tenía tomada la mano".

Con toda seguridad, Carmen Lisboa sitúa la muerte de su amiga en la primera mitad de 1966, porque si hubiera ocurrido después se habrían juntado en Ovalle en las vacaciones de invierno, asegura. Juan Carlos Correa, quien entonces estaba de paso por Santiago, recuerda: "Una fatídica mañana (…), al intentar cruzar una calle un bus la pasó a llevar. Aunque no murió instantáneamente, no pudo sobrevivir a las graves lesiones causadas por el atropello". Correa iba "un poco más atrás (…) en otro bus y al bajar vio la aglomeración de gente en la esquina y solamente cuando se acercó se dio cuenta de que la persona accidentada era su novia".[33]

Correa apareció desconsolado donde unos amigos. José Olavarría y Gonzalo Ojeda, dirigentes de la JDC, lo vieron llegar llorando. "Me acuerdo porque eso lo marcó mucho y fue muy duro", apunta Ojeda. El velatorio fue en la Casa Central de la Universidad Católica y el funeral en Ovalle. Olavarría recuerda que él y Juan Enrique Vega, otra figura de la JDC, acompañaron a Correa en su viaje más triste, siguiendo la carroza fúnebre. Carmen Lisboa estaba estudiando en Valparaíso y no pudo viajar. Sí supo que mucha gente asistió al funeral y que, en medio del dolor, los padres responsabilizaban a Correa por no haber protegido a su hija. "Si antes no lo querían, ahí ya no lo quisieron más".

Cercanos a Correa, quien nunca ha querido referirse a este tema, coinciden en que la muerte de Soledad lo dejó devastado. "Mi hermano Enrique la amaba profundamente y eso lo destrozó", escribe Juan Carlos.[34] "Fue la gran tragedia de Enrique, era su gran amor, tengo entendido", dice Germán Correa. Un amigo ovallino dice que el exseminarista perdió las ganas de vivir y que por un tiempo se refugió en el balneario de Tongoy. Otro tiene recuerdos difusos de que fue en El Quisco.

Más de dos décadas después, al evocar en un discurso otra muerte prematura que lo marcó, Correa sentenciará: "Viviremos la vida entera sin poder comprender la muerte. Esa parece ser la tragedia esencial de nuestro género humano".[35]

---

33 Íd., 135.
34 Íd., 136.
35 Enrique Correa, "Rodrigo Ambrosio", 1992.

Pasaron unos meses, aparentemente se repuso y regresó de lleno a la política en la JDC. Inmerso en la facción rebelde del movimiento, solo con sus más estrechos camaradas compartirá su tristeza y recuerdos sobre la muchacha. Uno de ellos confidencia: "Lo de Soledad era tan importante en su trayectoria que él decía que le había cambiado la vida".

Otro con el que hablará sobre su pena será un joven con fama de brillante, que venía llegando de estudiar en Europa. Poco después, este advenedizo fue coronado por los "rebeldes" de la JDC como su líder indiscutido. A sus veinticinco años, traía para ellos planes ambiciosos. Quería tomar el control de la Juventud, forzar la ruptura con los sectores más tradicionales del partido adulto y luego crear una colectividad que asumiera el liderazgo de toda la izquierda. Una refundación que daría por superada la "tercera vía" y al gobierno de Frei Montalva para impulsar una "verdadera" revolución, proletaria y socialista.

Su nombre era Rodrigo Ambrosio Brieva. Correa se transformaría en su brazo derecho.

III

QUEBRAR A LA DC

Lo vio parado en el andén, alto, de tez blanca, sin bigote todavía, y supo que algo pasaba. Su novio parecía afectado. Sin bajarse aún del vagón, la joven francoargentina de veinticinco años, estudiante de Pedagogía, pensó que él se había arrepentido de la vida que estaban a punto de iniciar como pareja. Y ella ahí, llegando desde Buenos Aires, luego de casi dos días en tren cruzando la pampa y después la cordillera, en un país que casi no conocía, mirando a la distancia la cara de funeral de Rodrigo Ambrosio en la Estación Mapocho de Santiago. "Si este se echó para atrás, yo dejo mi equipaje aquí y me vuelvo enseguida a la Argentina", pensó.

Michele Utard, quien se había enamorado de él conversando sobre marxismo y revolución en París, recuerda que se bajó del tren temiendo que el reencuentro fuera una despedida. Apenas se acercó, él le dio un abrazo.

–Perdóname –le dijo con voz quebrada.

–¿Perdonarte por qué?

–Perdóname, porque estoy muy triste. Hoy el gobierno mandó matar a unos trabajadores en el norte.

El sociólogo Rodrigo Ambrosio venía de Chillán y había mostrado desde muy joven una aguda preocupación por las desigualdades sociales. Por lo mismo había decidido militar en la JDC y cambiarse de Derecho a Sociología en la Universidad Católica de Santiago, donde se hizo un activo dirigente de la Acción Universitaria Católica (AUC), la versión para la educación superior de la JEC. Antes de todo eso, había trabajado un tiempo en los yacimientos de carbón en el sur y evaluado la idea de ser minero.[1] Ahora trabajaba en el Instituto

---

1   La escritora e intelectual marxista Marta Harnecker fue polola de Rodrigo Ambrosio hasta antes de su viaje en conjunto a París, en septiembre de 1963. En una extensa entrevista contó sobre este trabajo de Ambrosio en las minas de carbón y que pensó en ser minero. Rodrigo Ruiz, "Marta Harnecker, sobre sus obras y su evolución política", 2019.

Nacional de Desarrollo Agropecuario (Indap), uno de los organismos encargados de apoyar la reforma agraria.

Aquel viernes 11 de marzo de 1966 estaba devastado por una noticia que venía del desierto de Atacama. Ese mismo día, en la mina El Salvador, en la Provincia de Chañaral, durante una huelga por mejoras salariales que el gobierno consideraba ilegal, siete manifestantes habían sido acribillados por militares y policías con órdenes de frenar las protestas. El episodio sería conocido como "la matanza de El Salvador" y marcaría la primera gran crisis del gobierno democratacristiano con el movimiento obrero.

Ambrosio tenía una mirada muy crítica del gobernante y de la línea oficial del partido. Una visión que había madurado durante los más de dos años que pasó cursando estudios de posgrado en París, donde se había imbuido de algunas de las últimas corrientes marxistas. En privado, consideraba que Frei Montalva estaba irremediablemente preso de sus vínculos con el gran capital y el imperialismo estadounidense. Un gobierno así, pensaba, no podía ser motor de la verdadera revolución que a Chile le urgía, y que implicaba derribar el modelo capitalista.[2] A su juicio, lo ocurrido en El Salvador era una trágica señal de que, a la hora de las definiciones, el Presidente y su gabinete optaban por la defensa del *statu quo*.

Más de cincuenta años después de esa escena, Michele Utard recuerda que nunca había visto tan triste al hombre que se convertiría en su esposo. "Estaba realmente destrozado, apenadísimo". Había muerto gente humilde, bajo el gobierno de un mandatario cuyo triunfo ambos habían celebrado en Europa y de cuya administración era funcionario desde hacía unas semanas. "Al dolor por las pérdidas humanas se juntaba la pena por un desastre político", dice.

Cuando recogió a su novia esa tarde en la Estación Mapocho, el joven chillanejo llevaba solo dos meses de vuelta en Chile. No estaba ni siquiera cerca de ser una figura pública. En la JDC su nombre no significaba gran cosa. Sin embargo, entre los universitarios de la AUC en la Universidad Católica, su liderazgo y rigor analítico lo habían elevado a

---

2 Parte importante de esta visión la expondrá cinco meses después en "Las dos vías de la Revolución en Libertad", insumo para el Segundo Congreso de la DC, realizado en agosto de 1966. En él acusa al gobierno de impulsar un programa neocapitalista, en alianza con el Departamento de Estado y con la burguesía progresista. "El Partido Demócrata Cristiano podrá convertirse –con la conciencia tranquila– en el Partido Conservador del nuevo y floreciente *statu quo*".

niveles de leyenda. Antes de viajar a Europa habían sido muy comentados algunos de sus escritos e intervenciones en debates estudiantiles, con tesis audaces que acercaban el ideario DC al marxismo y que circularon en revistas de la Acción Católica latinoamericana.[3]

En París, mientras estudiaba en L'École Pratique des Hautes Études, un centro de posgrado que era parte de la afamada Universidad de París, había tenido como uno de sus profesores guía al sociólogo Alain Touraine, estudioso entonces de las organizaciones de trabajadores. Paralelamente se adentró en el pensamiento del filósofo marxista Louis Althusser, referente intelectual del Partido Comunista francés y a la vez una de sus voces más díscolas. Además, viajó por Europa y África, donde se especializó en experiencias de reforma agraria. "Rodrigo se rozó con los más célebres y mitológicos líderes de pensamiento de la izquierda marxista", resume Luis Maira, entonces dirigente de la JDC, quien se convertiría en uno de sus primeros adversarios políticos. "Cuando él volvió era una figura de otro tamaño, de otro nivel para lo que era la JDC de la época".

Tras su paso por un París que ya incubaba el germen de las protestas de mayo de 1968, Ambrosio llegaba alineado con una perspectiva marxista más moderna y flexible que la tradicional, aunque férreamente anclada en la lucha de clases, lo que rebasaba claramente la doctrina socialcristiana DC, que se inspiraba en la encíclica *Rerum Novarum* de 1891 como expresión de la preocupación católica por las desigualdades sociales. Además de un crudo diagnóstico sobre los límites de la "Revolución en Libertad" de Frei Montalva, traía un proyecto político propio. Con el fin de impulsarlo estaba decidido a apearse de la discusión meramente intelectual y concentrarse en la competencia interna de la JDC. Ahí se sumergiría de lleno en la política contingente, donde hasta entonces no había tenido ningún protagonismo.

Luis Maira, quien lo ubicaba de nombre desde 1959, cuando coincidieron en Derecho en la Universidad de Chile, califica su retorno como "un crujido" que recorrió a toda una generación de jóvenes democratacristianos, pero del que solo se percataron los mejor informados: "Su regreso no aparece en ningún diario; pocos saben quién

---

3   Luis Maira afirma que apenas llegó a Santiago para estudiar Ambrosio destacó nítidamente. "Sus colaboraciones, que se publican en la revista del Movimiento Internacional de Estudiantes Católicos, circulan por toda América Latina, provocan polémica y ganan importantes adeptos". Maira, "¡Adiós, Rodrigo!", 1972.

es, pero en la vida interna de la JDC es un hito extraordinario". En el sector de la Juventud más crítico de Frei Montalva, algunos núcleos buscaban articular un proyecto anticapitalista y que conciliara la doctrina socialcristiana con el marxismo, en una línea similar a Ambrosio. Apenas se enteraron de quién era y que estaba de vuelta en Chile, aparecieron los cuadros dispuestos a coronarlo como su líder. En un contexto en que el centro político empezaba a ser tironeado desde la izquierda –por la influencia de la doctrina social de la Iglesia y el fortalecimiento del marxismo en el mundo–, Ambrosio comenzará a impactar en la trayectoria de la DC, primero, y en la izquierda y el país después, en los años previos a la Unidad Popular.

También marcará un antes y un después en la vida de Enrique Correa, con el que hasta entonces no se había topado. Ambrosio se transformará en el mayor socio y referente político de su juventud. Cinco años mayor que él, no será un compañero de ruta cualquiera: antes de que el ovallino cumpla veintidós acabará sumándolo a un proyecto de alcances nacionales, que los llevará a ambos a las grandes ligas. Juntos articularán meticulosamente un nuevo partido y a una generación que dejará huella en la política chilena por las siguientes cinco décadas.

Pero a inicios de 1966 Correa estaba preocupado de la llegada de Soledad a la capital. Todavía faltaba para que él y Ambrosio se complementaran como pocas duplas políticas en la historia de la izquierda chilena.

*

Mejor conocido como "el IDEP", el Instituto de Estudios Políticos de la DC había nacido en 1965, pocos meses después del triunfo de Frei Montalva. Creado como centro de formación y difusión del ideario humanista cristiano,[4] buscaba convertirse en lo que hoy se llama un *think tank* de la tienda gobernante. Gracias a los recursos que recibía de una poderosa fundación de la entonces Alemania Federal, la Konrad Adenauer, ligada a la no menos poderosa Unión Demócrata Cristiana de ese país, el IDEP organizaba jornadas de debate y formación política. El director ejecutivo era Jaime Castillo Velasco, uno de los ideólogos más

---

4   El humanismo cristiano es una corriente filosófica inspirada en los principios del cristianismo y que nace con los precursores del filósofo católico francés Jacques Maritain.

escuchados del partido chileno, y contaba con una cincuentena de co-laboradores, en general universitarios y militantes jóvenes.[5]

El IDEP estaba en el segundo piso de un edificio en la calle Serra-no, una cuadra al sur de la Alameda. Una oficina perdida, con un par de salones, donde un grupo de veinteañeros organizaba actividades y confeccionaba material de apoyo. A mediados de 1965, poco después de que se echara a andar, Enrique Correa estaba a punto de cumplir veinte años y era casi un don nadie en los ajetreados circuitos de la JDC. Samuel Bello, un democratacristiano de veintidós años que venía de Concepción y estudiaba Filosofía en la Universidad de Chile, recuerda que la primera vez que se lo topó fue por esos días, en una reunión par-tidaria en el club Audax Italiano, en Lira 425. Según Bello, por entonces Correa no trabajaba con ninguna corriente interna de la JDC, mientras que él, dice, ya se había vinculado a uno de los núcleos más izquierdis-tas. "Conversamos muy poco, hasta donde recuerdo. Pero desde ahí en adelante me comencé a topar con él más o menos a menudo".

Todo indica que el exseminarista no tenía una gran red en la capital. Según describe un artículo de prensa décadas después, en esos primeros meses de vuelta en Santiago se iba a dormir al Semi-nario Pontificio de Apoquindo los fines de semana, pues "no podía dejar ese ambiente".[6]

En la JDC su carta de presentación era haber sido un jecista en-tusiasta y luego militante de provincia. Eso le bastó para tejer sus pri-meros nexos políticos. El expresidente de la JEC José Olavarría, quien apreciaba sus dotes organizativas, lo invitó a trabajar en el IDEP. El instituto se convirtió en su primera plataforma partidista y le per-mitió conocer a otros estudiantes DC, casi siempre mayores que él y vinculados a la izquierda del partido. Con ellos hizo sus primeras amistades en Santiago, pulió su bagaje teórico y dio sus primeros pasos en el oficio de las maniobras políticas.

Olavarría estudiaba Sociología en la Universidad Católica y, tal como Correa, había saltado de la JEC a la JDC. Tenía casi dos años más y había sido uno de los impulsores del IDEP junto a dos amigos y camaradas, los también estudiantes de Sociología Gonzalo "Fonolo"

---

5   El relato sobre la creación y actividades del IDEP, así como la labor que tuvo en ese organismo Enrique Correa, se basa en gran parte en los testimonios de José Olavarría y Gonzalo Ojeda, y en menor medida de Luis Eugenio Díaz, Jorge Leiva Cabanillas y Samuel Bello, además de otros testimonios entregados *off the record*.

6   Serrano, 1998.

Ojeda y Juan Enrique Vega. Este último, otro con pasado jecista, era muy querido entre la vieja dirigencia democratacristiana, pues su padre había sido uno de los fundadores del partido. "A Vega todos lo conocían", afirma Luis Eugenio Díaz, entonces un militante recién egresado de Derecho de la Universidad de Chile. Vega y Ojeda habían convencido a Jaime Castillo Velasco de que asumiera la presidencia ejecutiva del instituto, lo que junto al respaldo económico alemán convirtió al IDEP en un eficaz instrumento de difusión.

Olavarría, Ojeda y Vega solían andar juntos. Ninguno tenía más de veinticinco años, pero por sus inquietudes intelectuales eran considerados estrellas ascendentes en el firmamento oficialista. "Eran como los niños inteligentes y regalones de la DC, donde los veían como cartas de futuro", resume un testigo, futuro fundador del MAPU. Además, contaban con el aval de Castillo Velasco, a quien llamaban "maestro". Una vez que se integró al grupo, Enrique Correa empezó a tratarlo de la misma forma. Décadas después dirá que fue una de sus primeras influencias políticas.[7]

Olavarría, Ojeda y Vega conocían en detalle las ideas de Jacques Maritain, principal exponente del humanismo cristiano y lectura obligada de todo cuadro democratacristiano que se preciara de tal. Pronto comenzaron a interesarse en Marx y luego a aplicar algunos de sus conceptos, primero como herramientas de análisis y después como base para un proyecto de acción política. Así lo resume Ojeda: "Nos dimos cuenta de que Maritain no abría ningún espacio a la lucha de clases. Entonces terminamos concluyendo que Maritain y la doctrina social de la Iglesia no nos servían para la revolución y que, partiendo de las ciencias sociales y de Marx, la guía para la revolución era el marxismo". Bajo los moldes DC, esto era lo más parecido a una herejía.

A ese trío se sumó Correa, quien muy temprano había conocido a un "fiel militante comunista" importante en su vida: su tío abuelo y padrino Eugenio Melo, el patriarca de la familia de Loreto Ríos, que había acogido a su madre y más tarde a toda su familia en Ovalle. El regidor Melo había sido prisionero en Pisagua a fines de los 40, cuando el gobierno de Gabriel González Videla promulgó la "Ley Maldita", que proscribió al Partido Comunista. Aunque no se referirá a él públicamente, con los años Correa sí confidenciará a

---

7   En una entrevista afirma que cuando conoció a Jaime Castillo nació con él "una vinculación muy intensa que permanece hasta ahora". Mönckeberg, 1989.

algunos de sus cercanos la importancia de esa figura en su acercamiento al marxismo.

El grupo organizaba casi todas las actividades del IDEP. A las que destinaban los mayores fondos eran los seminarios de exposición y debate en la hostería Las Vertientes del Cajón del Maipo, dedicados a la reflexión ideológica tanto como a la revisión de políticas del gobierno.

Pero había otras actividades del IDEP menos llamativas, a las que el núcleo dedicaba un sigiloso empeño: las tareas de formación política, dirigidas primordialmente a militantes y adherentes juveniles. Se realizaban a lo largo del país y los cuatro amigos definían sus contenidos. Ellos mismos eran expositores, incluido Correa, quien debió pulir los resabios de su tartamudeo infantil. No es claro si esta dificultad reapareció por el estrés obvio de su nueva realidad en Santiago o si, en un ambiente tan competitivo como la JDC capitalina, se hizo más notoria para sus nuevos pares. "Yo me acuerdo de que era 'tatarita' y que se cuidaba de hablar", afirma un testigo de esa época.

Estos cursos eran su verdadera razón para haberse sumado al instituto. Les permitían esparcir la semilla de un proyecto que Olavarría, Vega y Ojeda trabajaban desde hacía algún tiempo. Con Correa como uno más del grupo y sin hacer mucho ruido, formaban militantes con ideas críticas de la línea oficial. Una visión anticapitalista y con elementos de la lucha de clases de Marx, aunque recubierta todavía de tintes humanistas y cristianos. "Nosotros hacíamos este recubrimiento como táctica, porque había que concientizar a trabajadores, campesinos y jóvenes que eran DC, no marxistas, de los intereses de clase", explica Gonzalo Ojeda. "Identificábamos como enemigos al imperialismo, la gran burguesía y los terratenientes, con los que no podía haber conciliación".

Su objetivo era articular una fracción interna que a mediano plazo disputara la hegemonía al sector tradicional para romper con la histórica tercera vía del partido, equidistante tanto de la derecha como de la izquierda, y conocida también como el "camino propio". El grupo del IDEP quería forzar a la colectividad a aliarse con socialistas y comunistas en las presidenciales de 1970. Otro anatema para la militancia clásica. "En ese sentido —explica Olavarría—, el IDEP fue el centro de formación de un nuevo partido dentro de otro".

Por entonces, a un año de la llegada de Frei Montalva a La Moneda, dos grandes posiciones internas se perfilaban en la DC. Por un lado estaban los freístas, el sector más alineado con el gobernante. Eran los partidarios de no azuzar las reformas más allá de lo que establecía el programa de gobierno. Y del "camino propio", que se traducía en guardar distancia de la derecha y, muy especialmente, de la izquierda marxista, a la que consideraban el adversario al que había que arrebatarle las banderas del cambio social. Además de los ministros más próximos a Frei, sus principales exponentes eran el senador Patricio Aylwin y Jaime Castillo Velasco, el "maestro" de los jóvenes del IDEP.

En contraposición, hacia la izquierda del partido había un sector que iría creciendo en influencia a medida que el gobierno se desgastaba. Una llanura amplia, pero todavía difusa, donde pastaban grupos más progresistas o de avanzada, partidarios de profundizar las reformas de la "Revolución en Libertad" y de un acercamiento con la izquierda. Sus principales voces eran los senadores Radomiro Tomic y Rafael Agustín Gumucio, los diputados Alberto Jerez y Bosco Parra, y el vicepresidente del INDAP, Jacques Chonchol.[8]

Ambos sectores se habían enfrentado en la Junta Nacional de junio de 1965, compitiendo por la dirección del partido. El diputado Jerez había sido derrotado por el ungido de Frei Montalva, el senador Aylwin, por 224 votos contra 188. En contraste, en la JDC la izquierda sí era mayoría: en 1965 llevaba tres periodos consecutivos ganando la presidencia.[9] Sin embargo, al igual que en el partido adulto, se trataba más de una sensibilidad que de una corriente con un proyecto definido. Estaba mucho menos aglutinada que el freísmo, cuyos cuadros más destacados ocupaban puestos relevantes en la administración del Estado. Autodenominados La Cosa Nostra por su dureza en el manejo del poder, el corazón del oficialismo en la JDC lo integraban funcionarios jóvenes como Claudio Orrego Vicuña (director del diario La Nación), Marco Antonio Rocca (encargado de Asuntos Juveniles de Frei Montalva), Raúl Troncoso (secretario general de Gobierno), Patricio Rojas (subsecretario de Educación) y Juan Hamilton (ministro de Vivienda).

Con una visión cada vez más filomarxista, los cuatro amigos del IDEP adherían a la amalgama izquierdista. Pero no pasaban de

---

8   Jorge Arrate y Eduardo Rojas, *Memoria de la izquierda chilena (1970-2000)*, 2003, 393.
9   Con Sergio Fernández Aguayo (1963-1964), Alberto Sepúlveda Almarza (1964-1965) y Pedro Urra Veloso (1965-1966).

III QUEBRAR A LA DC

ser un núcleo de intelectuales jóvenes sin gran peso interno. Lo que sí tenían eran recursos y una fachada perfecta para ir dotando a su proyecto de contenido y potenciales adherentes, a la espera del momento propicio para desplegarlo. Tenían claro que Jaime Castillo no iba a permitir que el IDEP se usara con fines facciosos. Menos, si el objetivo último era acercarse a socialistas y comunistas, un camino que el viejo ideólogo consideraba incompatible con la esencia y misión histórica de la DC.[10] Por lo mismo, idearon una argucia para no entrar en conflicto con él. Lo que hicieron fue replegarse de la política contingente para dedicarse exclusivamente a labores teóricas y de formación en el instituto.

Por su trabajo como núcleo coordinado y muy sectario, Olavarría, Ojeda, Vega y Correa empezaron a ser conocidos como "los sicilianos". El apelativo les hizo ganar identidad y dejar clara su oposición a los freístas de La Cosa Nostra. Sus adversarios también los llamaban así, en parte para mofarse de su espíritu conspirativo. "Yo no conocí mucho la vida interna del IDEP, pero los sicilianos siempre fueron los sicilianos, una cosa medio misteriosa", dice Jorge Leiva Cabanillas, quien en 1966 llegaría a la presidencia de la JDC.

A fines de 1965 Correa tenía una especial sintonía con Olavarría y Vega, más cercanos en edad que "Fonolo" Ojeda, que, con veinticinco años, era el mayor de los cuatro. Además, los unía la marca jecista de aplicar el "ver, juzgar, actuar" y convertirse en "levadura del cambio". Lo resume Olavarría: "Nos creíamos el cuento entero. Además, éramos militantes, íbamos a convencer a otros. Y no nos quedábamos tranquilos hasta lograrlo".

Eran críticos de su país, de su gobierno y de su partido. Y estaban impacientes por impulsar cambios. Según Olavarría, el más ansioso por echar a andar cosas era Correa. "Tenía buena inteligencia instrumental, en el sentido de que, como tenía una vocación de poder importante, su argumentación era en función de eso". Ojeda

---

10 En 1959, en "Esencia y misión del Partido Demócrata Cristiano", Castillo Velasco elaboró su tesis sobre la DC como un "partido de vanguardia". Un partido revolucionario, llamado a transformar la sociedad capitalista, aunque sin aliarse con comunistas ni socialistas. "Cuando el dominio de la burguesía se viste de democracia constitucional o cuando el totalitarismo deshumanizado se cubre con las ropas del pensamiento socialista, entonces no hay lugar ya para comprometerse con uno u otro, y participar a medias en el edificio que ambos construyen. Se trata de decir a todos los vientos que ha llegado el instante de estar contra uno y otro".

matiza lo de la mayor ansiedad, que considera una categorización muy subjetiva. Pero concuerda con lo de su vocación de poder: "Correa fue siempre un hombre de poder. Él aprendió desde muy joven a manejar el poder". Otro entrevistado, un exdirigente de la JEC que en los 60 se unió a la JDC, añade: "Es una persona que siempre piensa más por el lado de la acción que por el de la teoría".

*

Cuando Rodrigo Ambrosio volvió a Chile en 1966, venía decidido a entrar en la arena política. A poco de llegar reactivó su militancia en la JDC. El "crujido", como califica su retorno Luis Maira, comenzó a extenderse entre los jóvenes democratacristianos. Uno de los primeros contactos partidistas que retomó fue Gonzalo Ojeda, el mayor de los sicilianos. Se habían conocido semanas antes del viaje del sociólogo a Francia, y Ojeda lo visitó dos veces en París. Paseando por la plaza de Saint Michel, a orillas del Sena, hablaron del triunfo de Frei Montalva, de las contradicciones de la "Revolución en Libertad" y especialmente de las posturas que se iban delineando en la Juventud, donde algunos núcleos comenzaban a radicalizarse y a rebasar la doctrina comunitarista, el ideal DC orientado a reemplazar el capitalismo por una sociedad basada en "agrupaciones naturales y fraternas de personas".[11] Ambrosio estaba muy interesado en esas noticias.

En Chile volvieron a conversar. Las reuniones eran en cafés del centro de Santiago o en el departamento que Ambrosio arrendó en la primera cuadra de Amunátegui, en un pasaje sin salida frente al Teatro Camilo Henríquez. A ese departamento llegaría a vivir dos meses después su novia argentina. Desde allí Ambrosio podía caminar a las oficinas del Indap, donde comenzó a trabajar. A las reuniones pronto se sumó Juan Enrique Vega. Muy poco después, Ambrosio fue contactado por otro núcleo de jóvenes democratacristianos críticos de Frei Montalva. Eran universitarios, algunos de provincia, todos activos en sus bases comunales, y habían comenzado a articular un proyecto de izquierda en paralelo al de los sicilianos. Algunas de sus

---

11 Un documento de formación doctrinaria difundido por la JDC en 1969 define el socialismo comunitario como "una comunidad de comunidades" que "supone la formación de muchas agrupaciones naturales y fraternas de personas". Departamento Nacional de Formación Juventud Demócrata Cristiana, "¿Qué es la JDC?", 1969, 15-16.

figuras eran el consejero de la juventud Carlos Bau y los jóvenes llegados del sur Samuel Bello y Fernando Ávila.

El estudiante de Filosofía Samuel Bello fue mandatado para reunirse con Ambrosio, quien lo invitó a cenar. Michele preparó tallarines. Bello recuerda la velada como muy grata: partió sondeando coincidencias políticas y acabó en una alianza. "Tuvimos un gran entendimiento", dice. A partir de ahí, el joven de Chillán comenzó a aglutinar otros apoyos para convertirse en el candidato a la presidencia de la JDC del ala más izquierdista. Las elecciones eran en mayo y hasta donde se veía en el horizonte había buenas chances de ganar, dados los tres años seguidos de triunfos. A la plataforma de Ambrosio se sumaron entonces los sicilianos y otros grupos disconformes. En poco tiempo se convertirá en su líder indiscutido, secundado por un núcleo de dirección compuesto por sus discípulos más cercanos, al que muy pronto se incorporará Enrique Correa, quien al cabo de un año y medio se transformará en brazo derecho del nuevo guía.

¿Cómo se explica el rápido despliegue del liderazgo de Ambrosio? En un futuro balance sobre la experiencia del gobierno de la Unidad Popular, Alain Touraine, su exprofesor, señala que era uno de esos raros hombres "con sentido de la acción política y de sus exigencias".[12] Una afirmación que Jorge Arrate y Eduardo Rojas complementan: alguien capaz "de combinar movimiento social revolucionario y gestión política desde el poder".[13]

José Olavarría, uno de los que lo secundó políticamente tras su arribo, afirma que tenía a su favor un proyecto político claro y un desarrollado sentido del mando, además de inteligencia y herramientas teóricas convincentes para ganar adeptos. Sin embargo, pronto quedó claro que la competencia por el control de la JDC sería encarnizada. Se convertirá en el primer hito de una larga lucha por el liderazgo de la izquierda en el partido, incluido el estamento adulto.

*

De lentes con montura gruesa y peinado a la gomina, el contador público Jorge Leiva era un DC respetado en las bases. A sus veintiséis años, era uno los fundadores de la colectividad. En las presidenciales

---

12   Alain Touraine, *Vida y muerte del Chile popular*, 1974, 146.
13   Jorge Arrate y Eduardo Rojas, *Memoria de la izquierda chilena (1850-1970)*, 2003, 600.

de 1958 y 1964 había gastado las suelas haciendo campaña por Frei Montalva en Independencia, un bastión democratacristiano en la orilla norte del Mapocho. Gracias a esos galones y a una formación política tan esmerada como autodidacta, a fines de 1965 era miembro de la Junta Nacional.

Leiva se alineaba con la izquierda de la DC, igual que muchos de sus amigos. Dos de esos cercanos eran el estudiante de Derecho de la Universidad de Chile Jorge Donoso Pacheco y el egresado de esa misma facultad Juan Enrique Miquel. Donoso era un cuadro destacado de la JDC en la FECh, la más emblemática organización universitaria del país. Miquel era nada menos que el presidente saliente de la federación. Ambos consideraban inaudito que los democratacristianos de la FECh llevaran tres años consecutivos de derrotas en la JDC. Si bien el grupo adhería al ala progresista, desde 1963 sus candidatos habían sido derrotados por postulantes de esa misma sensibilidad y tan universitarios como ellos, pero levantados por las bases populares, lo que les daba pie para caricaturizar a los de la FECh como niñitos privilegiados y sin calle. Los "fechosos", les decían con sorna.

Los dos estaban seguros de que Jorge Leiva, quien no tenía formación universitaria y había construido su liderazgo desde abajo, podía romper esa mala racha. Por eso, en los primeros días de 1966 lo convencieron para que aceptara correr por la presidencia de la JDC. Solo quedaban cuatro meses para los comicios. Apenas Leiva dijo que sí, los tres amigos se dispusieron a afrontar la que sería una de las disputas más dramáticas en la historia de la Juventud. Apoyado por el núcleo de la FECh, Leiva estaba convencido de que podía unificar a la izquierda de la JDC bajo una sola lista. Con ese objetivo, una tarde invitó a conversar al dirigente Carlos Bau, una de las cabezas visibles de los grupos desafectos a Frei Montalva, con el que compartía varias posiciones. La principal era que tenían una mirada de izquierda, anclada en el socialismo comunitario.

La reunión fue una tarde en la casa de Leiva en San Miguel. Bau no estaba interesado en unir fuerzas y respondió que su grupo competiría con un abanderado y lista propios, y no agregó detalles. Leiva no se dio por vencido y replicó con vehemencia: "¿Por qué dos listas, Carlos, si somos lo mismo? Si quieres yo no soy el candidato y buscamos a otro. Pero no tiene ningún sentido dividir a la Juventud". Fue en vano. Bau se marchó igual de amigo, pero sin moverse de su postura. Leiva quedó con un sabor amargo. Captó que una negativa tan tajante implicaba el incipiente surgimiento de un proyecto distinto. También lo embargó una sospecha: que en el tablero estaba operando un nuevo jugador. Alguien cuyo nombre ignoraba: "Me di cuenta de que había otra mano detrás, que no era la de estos muchachos que yo tanto conocía".

Cuando al poco tiempo los grupos más izquierdistas de la JDC anunciaron oficialmente que su candidato era Rodrigo Ambrosio, Jorge Leiva supo que la pieza faltante era aquel joven llegado de Francia y sin trayectoria política visible. Más de cincuenta años después de esa contienda, cree que una de las claves del liderazgo de Ambrosio es que surtía a los suyos de instrumentos analíticos precisos y efectivos. "Venía con un esquema ideológico claro, althusseriano, marxista. Y con un proyecto político concreto". Elementos suficientes para aglutinar a descontentos como Bau, Bello y los sicilianos. "A ellos les cayó del cielo Rodrigo, porque no tenían candidato". Gonzalo Ojeda lo refuta: habrían tenido candidato igual. Además, matiza la idea de que el chillanejo llegó con una suerte de biblia ideológica: "Ambrosio traía un mensaje que calzó perfectamente con lo que estábamos discutiendo. Como diría Max Weber, hubo una vinculación entre un movimiento social y un líder, no un despliegue del líder hacia abajo, sino que una convergencia".

En marzo de 1966, la carrera entre Leiva y Ambrosio estaba desatada. La campaña exigía recorrer buena parte del país, para que cada candidato se reuniera con la dirigencia local y especialmente con los delegados a la Junta Nacional, quienes dirimirían la elección.

Todos los consultados coinciden en que Enrique Correa no fue una figura relevante en la elección. Una explicación es que el último tramo de la campaña haya coincidido con el duelo por Soledad. Otra lectura es que todavía no entraba al grupo más estrechamente ligado a Ambrosio.

Leiva tenía un grupo de análisis político que a poco andar concluyó que el rival representaba un proyecto político serio, pero no explicitado, y que buscaba terminar con la equidistancia de la DC para alinearse con socialistas y comunistas en una nueva colectividad marxista. A juicio de Leiva y su *petit comité*, si Ambrosio lograba imponerse, el quiebre con el partido sería inevitable.

Las juntas nacionales de la JDC eran eventos maratónicos. Se hacían un fin de semana, con delegados de todo Chile. Los mejores oradores de cada bando pedían la palabra. Se votaba el último día, justo después de la intervención final de los candidatos o expositores principales. La de mayo de 1966 se realizó en la sede de un sindicato en la calle San Isidro, en el centro de Santiago, con más de trescientos delegados reunidos en un salón central. Por sorteo, el domingo del cierre le tocó hablar primero a Ambrosio, quien planteó profundizar las reformas de la "Revolución en Libertad" para convertirla en una revolución verdadera. Un discurso intelectualmente lúcido, aunque a ratos algo formal y abstracto para un evento de ánimos tan caldeados.

Luego vino el turno de Leiva, quien aprovechó su mayor experiencia para apelar a las bases. Según recuerda, partió preguntándole a Ambrosio si su sector formaría otro partido en caso de ser derrotado. Cuando el interpelado respondió que no, Leiva señaló que entonces había una contradicción evidente. Primero, dijo, porque lo que su rival planteaba era hacer una revolución socialista, protagonizada por el proletariado, a pesar de que el proletariado ya estaba hegemonizado por comunistas y socialistas. Luego remató: "Entonces, eso quiere decir que la revolución de Rodrigo va a ser marxista. Apóyenlo si quieren. Pero sepan que en una revolución marxista ni los cristianos ni la DC tenemos ningún papel protagónico. ¡Yo me resisto a eso!".

Cuando la votación dio el triunfo a Leiva, sus partidarios lo abrazaron eufóricos. Leiva recuerda que uno de ellos era Juan Enrique Miquel, el presidente de la FECh, quien gritaba de alegría: "¡Al fin ganamos la JDC! ¡Al fin ganamos la JDC!". Al día siguiente, vencedor y derrotado se reunieron en un café cercano a La Moneda. Leiva quiso invitar a Ambrosio a aparecer juntos en la rueda de prensa de ese día, donde sería presentado como flamante presidente de la Juventud. Un gesto de unidad.

—Tenemos más coincidencias que diferencias —le dijo.

—Te agradezco mucho. Pero tú lo dijiste claramente ayer: yo estoy en otro proyecto —se excusó el sociólogo.

A pesar de la derrota, el creciente liderazgo de Ambrosio seguiría remeciendo al partido. Dos meses después publicó su primer manifiesto político como aporte a la discusión del Segundo Congreso Nacional de la DC, programado para agosto. "Las dos vías de la Revolución en Libertad" condenaba la tendencia del gobierno a restringir sus reformas y a neutralizar el movimiento popular, privilegiando —criticaba— el surgimiento de una nueva clase capitalista y con ello el *statu quo*. Apoyándose en un análisis cercano al marxismo, proponía una vía no capitalista de desarrollo, con un control estatal de las áreas estratégicas de la economía y dando protagonismo a los trabajadores y sus organizaciones.

Las tesis de Ambrosio indignaron a Frei Montalva, quien habría comentado entre sus cercanos: "Ese jovencito que estudió en Europa, no crea que vendrá a enseñarme a mí".[14] Poco después, el Segundo Congreso Nacional de la DC aprobó la vía no capitalista de desarrollo y definió que el gobierno de Frei Montalva era la primera etapa para consolidarla. Un fuerte golpe de timón hacia la izquierda.[15]

El Segundo Congreso evidenció, eso sí, la consolidación de dos tendencias en el ala más progresista de la colectividad. Dos polos que se habían aliado para imponer este giro anticapitalista, pero manteniendo sus diferencias. Por un lado estaban los "terceristas", encabezados por el exsenador Radomiro Tomic y los diputados Bosco Parra y Luis Maira, además del vicepresidente del INDAP, Jacques Chonchol. En la JDC eran secundados por el grupo de la FECh de Miquel y Leiva. Los terceristas abogaban por profundizar las reformas. Para ello estaban dispuestos a aliarse con la izquierda marxista, para ganar juntos un nuevo mandato presidencial, aunque resguardando tanto la identidad humanista y cristiana como la unidad partidaria.

Más a la izquierda se ubicaron los "rebeldes", que también eran partidarios de ahondar las reformas y entenderse con socialistas y comunistas. Sus principales figuras eran el senador Rafael Agustín Gumucio y los diputados Alberto Jerez y Julio Silva Solar. En comparación con los terceristas eran más frontales en sus críticas. Sin embargo, la diferencia fundamental estaba en sus juventudes. Lideradas por Rodrigo Ambrosio, habían asimilado el marxismo y la lucha de clases como cimiento de su acción política. Una vez que Enrique Correa se les unió, el ovallino acabaría dando a la tendencia una afiatada estructura orgánica. Juntos, Ambrosio y Correa urdirían un itinerario definido para lograr una alianza entre cristianos de avanzada y marxistas. Para alcanzar la "unidad del pueblo", incluso al costo de quebrar el partido.

Correa dedicó todas sus energías a este proyecto rupturista, aunque ello implicara sacudirse sus primeros referentes políticos,

---

14 Augusto Carmona, "Hay una izquierda insatisfecha en la propia DC", entrevista con Rodrigo Ambrosio, 1966.
15 Partido Demócrata Cristiano, "Acuerdos del 2do Congreso 1966".

dejar atrás su visión cristiana del cambio social y reemplazar las lecturas de santo Tomás por Marx.

*

La primera vez que Luis Maira se cruzó con Enrique Correa fue en 1967, cuando se convirtió en candidato a la presidencia de la JDC representando a los terceristas como continuador de Jorge Leiva. Su contrincante sería Rodrigo Ambrosio, en su segundo intento. Por entonces, Correa había dejado el IDEP y estaba comprometido a fondo con la segunda postulación del sociólogo.[16] Mantenía su bajo perfil, pero ya no era el tímido camarada llegado de provincia. Gracias a una inteligencia que conciliaba lo táctico con lo estratégico, se había transformado en un imprescindible para el líder de los rebeldes. Era el coordinador de su proyecto. El segundo al mando.

Maira, quien ya era diputado, se topó varias veces con Correa durante sus despliegues en provincias, donde el exjesuita llegaba para ordenar a sus huestes. Más de alguna vez, luego de los debates, compartieron un café. "Yo recuerdo a Correa como alguien muy eficiente, con mucho sentido del manejo de las cosas operacionales", apunta Maira. Aunque decir que era solo un buen organizador era quedarse corto: "Una cosa es ser bueno para organizar cosas y otra es ser una persona capaz de poner en marcha operaciones políticas: juntar gente de distintos lados, crear entidades temporales para ciertos propósitos, armar comités para esto, grupos para tal cosa". Alguien capaz de transformar en un hecho político algo que a simple vista no lo es. Al despuntar 1967, en eso se había convertido Correa en el apretado entorno de Ambrosio.

Por entonces, el país atravesaba los primeros embates de una pronunciada crisis económica, que hizo caer el crecimiento desde 10,1% en 1966 a 1,2% en 1967.[17] Avivado por las expectativas tras la ampliación de los beneficios sociales de años anteriores, el shock fue traumático, especialmente para los sectores medios y los más pobres, e incidió en la baja electoral de un 8% de la DC en las elecciones municipales de abril de ese año.[18] Ese mismo abril, la Junta Nacional

---

16   Gonzalo Ojeda y José Olavarría también se fueron del IDEP. Ojeda, porque se fue a estudiar a Europa con una beca, y Olavarría porque se dedicó a la docencia universitaria tras una serie de desavenencias con Correa.
17   Romy Rebolledo, "La crisis económica de 1967", 2020, 100.
18   Arrate y Rojas, I, 2003, 522.

del partido acordó dinamizar la "Revolución en Libertad": encargó a una comisión político-técnica un documento con las bases para implementar una vía no capitalista de desarrollo durante los últimos tres años de mandato. El texto estuvo listo en julio y se considera un hito en la historia del progresismo chileno.[19] Tenía la impronta de la alianza entre terceristas y rebeldes, y era una batería de políticas públicas para el segundo tiempo freísta, orientada a profundizar las transformaciones. Aprobado por la Junta Nacional de julio, encendió las alarmas del gobierno.

En esa misma Junta Nacional de julio de 1967 el freísmo perdió la conducción del partido. Los rebeldes y terceristas ganaron la presidencia con el senador Rafael Agustín Gumucio. El rápido desgaste del gobierno también dio munición a la candidatura de Ambrosio en la JDC, donde terceristas y rebeldes competían sin miramientos. El lema de Ambrosio era "No estamos dispuestos a envejecer en la ambigüedad". Una crítica directa al "camino propio" del gobernante y sus cercanos.[20] Maira era mucho menos confrontacional con Frei Montalva, quien le tenía aprecio. Además, el abanderado tercerista ya era diputado, lo que hacía que muchos lo vieran como parte del *establishment*.

Como Maira, varios jóvenes terceristas ya operaban en el mundo adulto y manejaban sus lógicas más realistas, distantes de la impaciencia rebelde. Maira tiene una interesante explicación sobre esta prisa. Dice que Ambrosio, Correa y Vega estaban marcados por su paso por la Universidad Católica, donde tenían un rival claro y compacto, el gremialismo, sin otras fuerzas de izquierda más que ellos. Por lo tanto, no tenían con quién ceder ni hacer alianzas, lo que les insufló un estilo más purista y monolítico, a diferencia del pragmatismo de los terceristas cuyo bastión era la FECh, donde se acostumbraba a negociar y matizar posiciones para aliarse con otros sectores progresistas.

Las diferencias entre terceristas y rebeldes se traspasaban a los gustos cotidianos. Leiva, Miquel y otros terceristas se juntaban con dirigentes mayores en el restaurante Nuria, foco de la bohemia santiaguina, que en el día ofrecía menú y por la noche shows bailables. Los rebeldes preferían Il Bosco, una fuente de soda en la Alameda,

---

19 Se tituló "Proposiciones para una acción política en el periodo 1967-1970 de una vía no capitalista de desarrollo". Arrate y Rojas, I, 2003, 522-523.
20 Manuel Francisco Daniel, "Correa:'Ningún funcionario de gobierno tiene garantizado su puesto por cuatro años'", 1991.

mucho más barata, donde podían comer pizzas o sopaipillas. Otra alternativa más económica era el popular Derby, al lado de Il Bosco. Por último, los estudiantes sin cobre como Correa siempre podían hacer política en sus residenciales universitarias.

Jorge Leiva recuerda que debía entregar la presidencia de la JDC en mayo de 1967, en una Junta Nacional fijada para elegir a su sucesor entre Maira y Ambrosio. Sin embargo, dice, los rebeldes le pidieron aplazar un mes y medio la votación, para que él alcanzara a asistir como presidente a un compromiso internacional fechado en junio (un congreso de la Juventud Demócrata Cristiana de América Latina en El Salvador), argumentando que él manejaba los temas que ahí se tratarían. Leiva y los terceristas aceptaron. Se acordó realizar de todos modos la Junta de mayo para que Leiva entregara la cuenta final de su mandato. Esta se aprobó por aclamación.

Ubicado a un par de cuadras de la Plaza de Armas de Santiago, el edificio de Merced 738 era un monumento histórico de dos pisos, con fachada de ángulos rectos y balcones. Había sido la casa del Presidente Manuel Montt durante todo su mandato. En 1967 el edificio era la sede del poderoso Frente de Trabajadores DC, que aglutinaba a la rama sindical del partido. Durante todo un fin de semana de junio acogió la decisiva Junta Nacional en que se enfrentaron Rodrigo Ambrosio y Luis Maira.

Leiva afirma que en esa Junta Correa demostró su fama como operador de los rebeldes, montando una impecable operación en su contra. Ocurrió al principio del encuentro, cuando el presidente saliente hizo un resumen de su cuenta, que ya había sido aprobada un mes y medio antes. Cuando terminó, algunos rebeldes exigieron que se votara la rendición de su mandato, pues se trataba de una Junta distinta. Leiva sospechó que era una maniobra para medir con cuánta fuerza llegaba Ambrosio y que el costo iba a ser su cabeza. Pero no se opuso. "Fue tan así que, cuando Ambrosio votó, levantó su papeleta para mostrar que él como candidato aprobaba mi cuenta. Pero era una forma de demostrar que él, como candidato, no estaba en la maniobra. El que estaba detrás era Correa, después lo supimos. Una maniobra que él organizó y llevó adelante".

Se rechazó su cuenta y la Junta quedó en silencio. Algunos delegados no entendían nada, dice Leiva. El rechazo lo convertía en una suerte de cadáver político. Sin mucho más que hacer, acató el resultado.

Un exdirigente de la JDC, testigo de esa Junta, dice que lamentó esa votación. Pero lo más relevante era que mostraba "un cambio en la correlación de fuerzas". Una victoria de Luis Maira se hacía cuesta arriba.

Gonzalo Ojeda no participó esa vez porque estaba estudiando en Lovaina, Bélgica. Afirma que desconocía los detalles, pero no se sorprende, porque "cuando nosotros íbamos a la pelea lo hacíamos con dureza". Agrega: "Entonces acá hay una satanización de Correa un poco injusta. Correa tenía muchas habilidades, pero él funcionaba siguiendo un interés colectivo".

Ambrosio acabó imponiéndose sobre Maira. Por primera vez los rebeldes conquistaban la JDC. Quedaba en evidencia que "ese jovencito" aprendía rápido. Y, además, que Frei Montalva estaba teniendo cada vez más zozobras con su partido, donde una corriente interna hacía todo lo posible por escorarlo a la izquierda.

Correa asumió una de las dos vicepresidencias en la flamante directiva de Ambrosio.[21] Así resumió la cercanía entre ambos Jacques Chonchol, quien trabajó estrechamente con el sociólogo en el INDAP y llegó a ser su amigo: "Ambrosio era el líder incondicional, y, entre los que estaban detrás, luego venía Enrique Correa".

*

Rodrigo Ambrosio le dio a la Juventud Demócrata Cristiana un peso político que hasta entonces no tenía. La transformó en "una poderosa organización dotada de un proyecto político de inspiración 'marxista'",[22] al tiempo que permitió a los rebeldes tejer una articulada estructura nacional. Con Ambrosio, el estamento juvenil pasará a ser el esqueleto orgánico de la tendencia.[23]

El nuevo presidente fijaba públicamente sus posiciones y no eludía las polémicas.[24] En los debates Ambrosio "aparecía crítico, seguro, casi desenfadado, rompiendo con la imagen dócil y conformista

---

21 La otra vicepresidencia la asumió Carlos Alberto Martínez.

22 Arrate y Rojas, I, 2003, 522.

23 Como presidente de la JDC, Ambrosio organizó los Centros de Coordinación Regional, entidades de base que respondían directamente al "núcleo de dirección" y que articulaban el verdadero poder de los rebeldes.

24 Jorge Leiva recuerda que, antes de asumir la presidencia de la JDC, Ambrosio expuso su tesis de la vía no capitalista de desarrollo ante el consejo nacional adulto. Dice que pidió tiza y usó una pizarra, para "explicar como un profesor a los viejos del partido sus ideas con esquemas".

que casi siempre habían tenido los dirigentes juveniles en la DC".[25]
Cinco décadas después, Luis Maira lo define como un personaje sorprendente, dueño de "una cultura política descomunal para América Latina, no digamos para Chile". Además, dice, imponía con fuerza sus puntos de vista. El suyo era un liderazgo basado en el rigor, que demandaba mucho de sus colaboradores, pero también era capaz de escuchar, trabajar en equipo y muy autoexigente, detalla otro testigo de su gestión en la JDC.

Entre sus cercanos generaba una fuerte adhesión. Correa lo describirá como "un amigo tierno", aunque dueño de un trato "franco y muchas veces duro e implacable con que trataba las diferencias". Según su descripción, practicaba la política como "un oficio descarnado, en el que la eficacia y la producción eran la única medida del éxito".[26] Un joven correligionario de esos días cuenta una anécdota de principios de los 70, durante el gobierno de la Unidad Popular, que lo retrata. Ocurrió cuando este militante participaba en una reunión sobre el manejo económico del gobierno. Encabezaba la reunión el líder máximo, quien no lo conocía. De pronto, cuenta, Ambrosio reparó en su presencia.

–Y este compañero, ¿qué está haciendo aquí? –preguntó en voz alta.

Otro de los asistentes le explicó de quién se trataba. Pero no bastó.

–El compañero se me va para afuera. No lo conozco y no puede escuchar lo que estamos hablando.

El aludido salió en silencio. Aunque al principio se enojó, terminó valorando la brutal honestidad. "En vez de decirle a alguien al oído 'oye, sácame a este huevón', me echó encarándome. Pero no por algo personal en mi contra, sino porque no me conocía. Ahí me ganó con eso. El tipo era de verdad".

Como líder de los rebeldes, desde un principio se rodeó de un eficiente grupo de colaboradores. Aunque pocos sabían de su existencia, el "núcleo de dirección" era la directiva en las sombras de Ambrosio. Un mando paralelo a la cúpula del estamento juvenil. Gente de su total confianza, con quienes discutía la implementación de su proyecto, cuyo primer paso había sido ganar la JDC. Tal como lo había descifrado un año antes Jorge Leiva, ese proyecto no era otro que

---

25 Maira, 1972.
26 Correa, 1992.

quebrar la colectividad, reuniendo fuerzas para formar con su ala más izquierdista un nuevo partido, marxista y proletario.

Desde sus días en la Universidad Católica, el sociólogo Tomás Moulian fue uno de sus amigos y consejeros más cercanos. Habían viajado en el mismo barco a Europa para cursar estudios de posgrado: Ambrosio en París y Moulian en Lovaina.[27] Según Moulian, fue tras conocer el pensamiento de Louis Althusser que "a Rodrigo se le metió en la cabeza la idea de llegar a quebrar a la DC". Eran contados los que en 1967 conocían esos planes más allá del "núcleo de dirección", que entre fines de ese año y comienzos del siguiente ya integraban tres de los que llegarían a ser sus miembros más gravitantes: Enrique Correa, Juan Enrique Vega y el universitario llegado del sur Fernando "Chico" Ávila.

Cuando ya presidía la JDC, a Ambrosio le hablaron de los conocimientos agrarios de un joven sin militancia, a quien ubicaba de su niñez en Chillán. Era el ingeniero agrónomo Jaime Gazmuri, quien tal como Ambrosio trabajaba en el INDAP.[28] Lo convocó para que entrara a la DC y se uniera a su equipo, pero Gazmuri se resistió. Dijo que se sentía más de izquierda y que era muy crítico de Frei Montalva. "Yo creo que nos vamos a ir de este partido", le confidenció Ambrosio. Entonces el agrónomo aceptó. Gracias al aprecio del líder rebelde, Gazmuri se fue acercando al "núcleo de dirección" que preparaba la ruptura. Llegaría a ser una de las piezas más importantes de esa cúpula en las sombras.

A mediados de 1967, si el rey Sol indiscutido de la JDC era Ambrosio, estaba claro que Correa era su segundo. El Gordo, como le decían amigos y conocidos, era el dueño del aparato, el que tenía la llave de la orgánica interna. "La logística era el reino de Enrique Correa", recalca Maira. Este liderazgo no hizo sino agudizar la distancia con Frei Montalva. Ismael Llona afirma que el gobernante nunca nombraba a Ambrosio. En cuanto a Correa, cuando tenía que

---

27 En ese barco viajaron Ambrosio y su exnovia, Marta Harnecker, además de Tomás Moulian, su esposa y el futuro estadístico Raimundo Beca y su mujer, Cristina Hurtado. "Todos ganamos beca y viajamos a París en barco en septiembre de 1963", cuenta Harnecker en una entrevista. Rodrigo Ruiz, "Marta Harnecker, sobre sus obras y su evolución política", 2019.

28 En su libro de memorias, el exmapucista Ismael Llona afirma que existía una foto familiar de Ambrosio tomada en el verano de 1946 en Cobquecura. En ella, dice, aparecían Ambrosio y Gazmuri niños, junto a sus familias. "Rodrigo tiene cinco años. Y Jaime tiene dos". Llona, *Los santos están marchando*, 2006, 77.

saludarlo usaba una táctica distinta: aunque lo conocía muy bien, "le decía muy serio 'gusto en conocerlo'".[29]

Michele Utard, la esposa de Ambrosio, dice que cuidaban mucho la intimidad de su hogar y que él hacía lo posible por dejar fuera su faceta pública. Aunque en política era tan machista como cualquier dirigente de esos años en que casi no había liderazgos femeninos, en su casa hacía lo posible por cooperar en los quehaceres. Su mujer era una convencida defensora de la igualdad de género. Una semana le tocaba cocinar a él y la siguiente a ella. "El que cocinaba se sentaba a la mesa y no movía más un dedo. Y si llegaba muy tarde en la noche tenía que preocuparse de toda la comida y del aseo". Solo los discípulos a los que Ambrosio apreciaba de verdad conseguían romper el cerco en torno a su intimidad. Utard dice que entre los más asiduos al departamento de Amunátegui estaban Correa y Vega, además de amistades históricas como Tomás Moulian y el ingeniero Raimundo Beca.

Moulian también era un cuadro rebelde, aunque con un perfil más intelectual que partidista. Junto al joven DC José Joaquín Brunner le resumían textos de Althusser y otros autores, pues Ambrosio ya no tenía tiempo para leer. Sus informes de lectura ocurrían los sábados en el departamento de Amunátegui. "Muchas veces después llegaba Enrique y nosotros nos íbamos. La presencia de Correa era decidora", señala Moulian, quien consideraba al ovallino la mano derecha del líder.

"Rodrigo escuchaba mucho; aprendía mucho conversando, se rodeaba de buenos intelectuales", resume un testigo de esos días. En comparación con él, Correa era más de acción, a pesar de que tenía una formación humanista sólida gracias a que era buen lector, a su paso por el Seminario y a que estudiaba Filosofía. Otro consultado sostiene que, cuando estaba en confianza, el sociólogo decía, medio en broma, que siempre quería tener a Correa cerca, para saber lo que estaba haciendo. "Decía algo así como 'donde mis ojos lo vean', por su fama de maquinero", dice un exmilitante de la JDC rebelde. Nadie, sin embargo, ponía en duda la subordinación de Correa a Ambrosio. Un entrevistado sostiene que sabía decir que no a todos, menos a él. Una opinión que luego matiza, ya que era más bien una característica de varios en el grupo, especialmente en los inicios: "No es que estuviera prohibido decirle que no a Rodrigo, pero no sabíamos cómo hacerlo".

---

29 Llona, 2006, 58.

Ambrosio estimaba el compromiso y talento de Correa. "Una vez recuerdo que dijo: 'Enrique es el más inteligente de nosotros'", afirma un testigo. Otro agrega que Correa siempre tuvo claro que el líder máximo era la principal lumbrera rebelde. "La única personalidad a la que él reconocía una inteligencia superior, por decirlo de alguna manera, era Rodrigo Ambrosio", dice un cercano de Correa.

Este reunía dos tipos de inteligencia, difíciles de hallar juntos y a menudo opuestos: astucia práctica y una apreciable capacidad teórica. Si bien en esta última estaba por debajo de la dotación conceptual de Ambrosio, era suficiente para convertirlo en un dirigente muy completo. Como figura política, solo estaba a la zaga en una cualidad por entonces valiosa: no era un orador destacado. Tampoco era malo; simplemente no estaba cerca de los más elocuentes retóricos de su generación.

A pesar de esta debilidad, el ovallino era una figura política en ascenso. Para Maira, es obvio que Ambrosio necesitaba a alguien como Correa. A su juicio, destacaba por su mirada estratégica, que lo ubicaba por sobre un organizador que cumplía órdenes. La suya, dice Maira, era una "mirada teleológica", que le permitía realizar los encargos pero siempre añadiendo un valor agregado que abría caminos de acción. "La de Correa con Ambrosio no era una relación entre un jefe y un ejecutor, sino que pasó a ser la coadministración de un camino sofisticado, lúcido, complejo, que Ambrosio propuso y Correa condujo por sendas insospechadas". "Tenía una gran capacidad de expresar la política en términos estratégicos-tácticos", apunta Fernando Ávila.

Michele Utard resume así la simbiosis entre su esposo y su segundo: el primero era el cerebro y el otro la energía. "Rodrigo sabía la música que quería tocar de principio a fin, y necesitaba gente que le pusiera la letra a esa música". Está segura de que, entre todos los del "núcleo de dirección", Correa era el mejor letrista.

*

La fuerte polarización política y las demandas de cambios no solo agitaban a la DC. El 11 de agosto de 1967 los estudiantes de la Universidad Católica se tomaron la Casa Central encabezados por el democratacristiano Miguel Ángel Solar, presidente de la FEUC. Exigían la renuncia del rector, el arzobispo Alfredo Silva Santiago, además de una universidad más participativa y no elitista.

Luego de una solicitud del Presidente, el cardenal Silva Henríquez intervino para terminar con la ocupación. Aceptó la renuncia del rector y propuso en su lugar a un democratacristiano de avanzada, el arquitecto Fernando Castillo Velasco, quien fue confirmado por el Vaticano e inició una profunda reforma del plantel. Otras universidades del país se sumarían a esta ola, en varios casos impulsadas por estudiantes democratacristianos de izquierda.

Frei Montalva no permanecería impasible ante la radicalización de su partido. La alianza entre terceristas y rebeldes había puesto en la presidencia de la colectividad al senador Gumucio, quien impulsaba las recomendaciones de la comisión político-técnica para implementar una vía no capitalista de desarrollo. Una rectificación de su programa que el mandatario consideraba alejada de la doctrina socialcristiana. Un intento por doblarle la mano que no estaba dispuesto a tolerar.

El inevitable enfrentamiento tuvo lugar en el sindicato de la fábrica de calzados Bata, en Peñaflor, durante una Junta Nacional que se extendió desde el sábado 6 al domingo 7 de enero de 1968. Formalmente, dos eran los puntos que debían votarse. Uno era la suspensión del derecho a huelga en el país, que el gobierno defendía y la directiva de Gumucio rechazaba. El otro era la política de reajustes salariales para los trabajadores públicos en medio de una inflación desatada, donde también había divergencias. El fondo, sin embargo, era la pugna entre la directiva del partido y el gobierno por la vía no capitalista de desarrollo. Y el meollo era qué sector impondría su postura respecto de la profundidad y ritmo de las reformas. Así lo dejó en claro el propio Gumucio al iniciar el encuentro, planteando que las propuestas de cambios habían sido "expresión de la voluntad unánime del partido", y que en todo momento habían buscado el acuerdo con La Moneda, pase a lo cual "los resultados han sido bastante modestos". Además, reafirmó el carácter anticapitalista de la DC: "La revolución es reemplazar el poder y la gran propiedad capitalista por el poder y la propiedad del pueblo, de los trabajadores. La sociedad comunitaria es una sociedad de trabajadores, no clasista, como la ha definido nuestro Segundo Congreso Nacional".[30]

Pero para el freísmo un cambio de rumbo era inviable y la única salida a la crisis de "dualidad de mando" pasaba por la renuncia de la directiva.

---

30 Cuenta política del senador Rafael Agustín Gumucio ante la Junta Nacional del PDC realizada en Peñaflor el 6 de enero de 1968, 20.

El entonces estudiante de Economía Fránex Vera había logrado entrar a la Junta como parte de los rebeldes de la JDC. Cuenta que escucharon las intervenciones en grupo, rodeando a Ambrosio. Vera se ubicó junto a Correa, a quien conoció esa tarde. Frei Montalva había sido uno de los primeros oradores, con una vehemente defensa de su mandato. Luego se retiró a una residencia vecina, donde se mantuvo atento al encuentro. El tercerista Jorge Leiva recuerda que con las horas la tensión se fue haciendo "terrible". Las intervenciones de uno y otro bando eran dramáticas. Entrada la noche parecía que terceristas y rebeldes inclinarían la balanza a favor de los críticos al gobierno.[31] Cuando eran cerca de las dos de la mañana del domingo, Frei Montalva regresó sorpresivamente tras ser alertado del posible descalabro. Leiva estaba sentado en las bancas del fondo, cerca de la entrada: "Nunca pensamos que iba a llegar el propio Presidente –detalla–. Se sentó delante mío y yo pensé: 'Hasta aquí llegó esta Junta'".

El gobernante pidió la palabra, caminó al estrado e improvisó un discurso corto y emotivo. Según los historiadores Gloria Guerra y Luis Moulian (hermano de Tomás), en un momento tuvo duras palabras contra los rebeldes. Dijo que usaban "un lenguaje marxista o filomarxista" y que "veía una coincidencia entre la juventud del partido con las juventudes comunistas y socialistas".[32] Su vigorosa intervención inclinó a su favor la Junta, que dio un espaldarazo al gobernante provocando la renuncia de la directiva y la elección de una nueva mesa, encabezada por Jaime Castillo Velasco. El voto político triunfante lo redactó el senador Aylwin. En uno de sus puntos señalaba que en caso de divergencias entre la colectividad y el gobierno, "el partido debe respaldar las decisiones que adopte el Presidente de la República en el ejercicio de sus atribuciones constitucionales".

Cuando se anunció que Castillo Velasco asumiría la presidencia, Ambrosio y los cerca de sesenta rebeldes que lo acompañaban se retiraron con rechiflas. "La Juventud experimentará una grave sangría, y un partido sin juventud es un partido sin futuro", advirtió el sociólogo a la prensa al salir.[33] Fernando Ávila dice que varios

---

31 Jacques Chonchol, otro participante de la Junta, afirmaba que "la tendencia era que iban a ganar las posiciones de aquellos que querían entenderse con la izquierda". Sergio Faiguenbaum, *Toda una vida. Historia de Indap y los campesinos (1962-2017)*, 2017, 106-107.

32 *Eduardo Frei (1911-1982). Biografía de un estadista utópico*, 2000, 171.

33 *El Mercurio*, "Pleno respaldo al gobierno del Presidente", 1968.

rebeldes querían irse enseguida del partido. "Pero Ambrosio sere-nó los ánimos y propuso volver a reunirnos después". Uno o dos días más tarde, se reunieron en una casita de un patio trasero de la sede DC de Alameda con Carmen: la oficina de la Juventud, a la que llegaron los cuadros de mayor confianza. Ahí, algunos insistie-ron en renunciar de inmediato. Otros, entre ellos Correa, defendían una ruptura planificada. Luego de escuchar argumentos por lado y lado, Ambrosio zanjó. Sería una salida organizada. Mientras, habría que acumular fuerzas. Y también agudizar las contradicciones con el freísmo, para hacer del quiebre un desenlace inevitable.

En marzo de 1968, dos meses después de Peñaflor, la directiva de Ambrosio en la JDC sacó una declaración donde asumía *de facto* el liderazgo de la disidencia en la tienda. Anunció que dejarían de ac-tuar como mero estamento juvenil, para aunar "a todos los sectores del partido que tienen una decidida voluntad de ruptura con el siste-ma capitalista y las clases que lo sostienen".[34] Tiempo después, en la misma casita trasera, el universitario Fránex Vera escuchó de Correa un adelanto de cómo debía ser la ruptura: "Enrique dijo: 'Cuando nos vayamos de este partido no lo vamos a hacer rompiendo los vi-drios; vamos a quebrar la base, para que se venga abajo completo'".

*

Entrado 1968, cuando Ambrosio se acercaba al final de su mandato, entre sus allegados estaba claro que quien debía aspirar a sucederlo era Enrique Correa, por entonces de veintidós años. Con 1,68 de altura, cejas frondosas, labios grandes, lentes ópticos de marco grueso y una melena corta con rizos que caían a un costado de la frente, el dirigente seguía destacando por su actitud inquieta, a veces impaciente, refleja-da en su forma de fumar con aspiradas rápidas y nerviosas.

El único con galones para disputarle la sucesión rebelde era Juan Enrique Vega. Pero el exjesuita declinó muy pronto y el cami-no quedó despejado. Su competidor era el tercerista Carlos Donoso, con quien se midió en una Junta Nacional a fines de julio de 1968. Donoso recuerda que Correa le ganó "por lejos", luego de una in-tensa campaña en que ambos recorrieron casi todo el país. Los otros integrantes de la directiva eran Patricio Pino, Fernando Ávila, Luis Eugenio Díaz y Carlos Bau.

---

34 Consejo plenario de la JDC, "Contra viento y marea seguir avanzando", 1968.

Apegándose a la estrategia de agudizar las contradicciones, la primera declaración pública de su directiva indignó a La Moneda. Bajo el título "¡A romper la ambigüedad para unir al pueblo!", acusó al gobierno de ser un instrumento del imperialismo y de la burguesía, apuntó a "un culto desmedido de la persona del Presidente" y criticó una "acelerada derechización, con visos autoritarios y represivos". Correa fue suspendido de su militancia y su llegada a la presidencia de la JDC quedó en vilo, pues aún no había sido formalmente ratificado. El caso fue llevado al consejo nacional del partido, donde debió presentar sus descargos. El presidente de la colectividad adulta, Jaime Castillo Velasco, describió el encuentro al que compareció Correa como "cordial y tenso al mismo tiempo". No obstante, su explicación fue aceptada y pudo asumir en propiedad.[35]

Públicamente, el nuevo timonel juvenil apuró el curso de colisión fijado por su antecesor. Sin embargo, en la interna partidista mantenía un trato amable con sus críticos, especialmente con freístas que lo habían inspirado, como Aylwin y Castillo Velasco. "Cuando era citado al consejo nacional, Correa iba y se defendía, sin ser agresivo", recuerda un testigo. Además, se apoyaba en dirigentes con los que, a pesar de las diferencias, había generado cercanía o complicidad. El nuevo presidente de la JDC conservaba intacta su facilidad para caer bien. Si en sus discursos públicos siempre aparecía severo, más incluso de lo que él mismo pretendía, en el cara a cara era atento. En palabras de Jacques Chonchol, "Correa era afable, simpático, bueno para conversar y gesticular. Era una persona con la que se podía, al margen de sus ideas, convivir de una manera agradable". Ambrosio era formal y directo, especialmente con los que no eran de su confianza. Correa, en cambio, lograba hacer amigos incluso entre adversarios. Uno de sus amigos de esos años señala que tenía la cualidad de mostrar mucho interés en sus interlocutores, incluso en conversaciones nimias. Un seductor innato, coinciden muchos entrevistados con los que se toparía en distintos periodos de su vida.

Fernando Ávila afirma que podía toparse con alguien por primera vez, conversar un rato y de ahí en adelante considerarlo amigo y saludarlo como tal. "Siempre decía: 'Yo soy amigo de fulano de tal'. Y uno sabía que solo lo había visto un par de veces". Se jactaba de

---

35 Cuenta política-administrativa del presidente del Partido Demócrata Cristiano, Jaime Castillo V., a la junta nacional, 3 de agosto de 1968.

tener relación con Luciano Cruz, uno de los fundadores del Movimiento de Izquierda Revolucionaria (MIR), y con Jaime Guzmán, el líder de los gremialistas de la Universidad Católica.[36] Como presidente de la JDC hizo amistad con la entonces diputada y secretaria general de las Juventudes Comunistas, Gladys Marín. En adelante sería uno de los rebeldes con mayor afinidad emocional y política con el PC, la colectividad a la que siempre adhirió su padrino.

En una de sus primeras entrevistas de prensa, a la revista *Punto Final*, vinculada al MIR, tomó distancia de la doctrina social de la Iglesia y definió así a los rebeldes: "Más que hijos de la Iglesia, somos hijos de la historia de nuestros días: hijos de Vietnam y de Cuba, hijos de los astronautas y de los guerrilleros, hijos de las rebeliones juveniles y del *black power*".[37] Tiempo después, en una reunión partidaria, Patricio Aylwin le enrostró la cuña, como muestra de su ruptura con el socialcristianismo y su adhesión a Mao y a Fidel Castro. "De allí son hijos", le espetó. Para Correa, el viejo inspirador de su infancia había mutado en una encarnación del conservadurismo. "Yo soy hijo de una parroquia de Ovalle", le respondió. El quiebre duraría dos décadas.[38]

A punto de cumplir veintitrés años, Correa rompía con lo que había aprendido de sus mayores y ponía en el centro la influencia de sus pares y los temas del presente. Lo que no cambiaba era su apariencia. Seguía siendo descuidado con su vestimenta y posesiones personales. Entre la militancia corrían bromas sobre su aspecto. "Se vestía mal, era despaturrado", acota Jacques Chonchol.

Como presidente de la JDC, una de sus tareas era preparar a los rebeldes para el quiebre. Eso implicaba mucho despliegue en terreno, para afinar la estructura interna y conocer personalmente a sus cuadros más fiables. Según Maira, Correa "fue clave en crear una organización que estuviera lista para ser desplegada para cuando eso ocurriera". Un documento interno de la JDC fechado en diciembre de 1968 muestra al "gordo Correa" –así lo llama el texto– recorriendo desde Arica a Los Andes. En esta última ciudad alabó la creciente organización y "disciplina revolucionaria" de la Juventud DC, aspectos que consideró necesarios para "terminar con los vicios actuales, las deficiencias orgánicas,

36 Con ellos había coincidido en un debate en 1967, a propósito de la toma de la Casa Central de la Universidad Católica. Daniel, 1991.
37 *Punto Final*, "Somos hijos de Vietnam y Cuba", 1968.
38 Loreto Daza, "Aprendí de Aylwin, y de nadie más, que el momento supremo de la política es en el acuerdo", 2016.

la ambigüedad ideológica".[39] Poco antes, el 2 de noviembre de 1968, había presentado un belicoso informe político con su firma. Su título, "¡A terminar con los momios estén donde estén!", se convirtió en la idea-fuerza de su gestión. Ahí planteaba que, agotado el gobierno de Frei Montalva y ante el reagrupamiento de la derecha, el dilema era claro: "revolución socialista o regresión derechista". La revisión de algunos párrafos permite apreciar su propio proceso de izquierdización:

La tarea de hoy es crear un garante social y político que asegure que la victoria popular no será entregada; esta garantía estará dada solo en la medida en que desde la base social se vaya construyendo un poder popular opuesto al poder burgués y capaz de enfrentarse en todos los planos y con todas las armas con el poder de la burguesía. [Respecto del MIR] queremos ver en la práctica su consecuencia y su consistencia; mientras no las veamos tenemos derecho a pensar que ellos no son sino "niñitos bien" adheridos a una moda interesante. Pero una advertencia no está demás: en la medida en que sigan haciendo el juego a la derecha, como fue por ej. su llamado abstencionista en la Universidad Católica, serán repelidos y agredidos por nosotros con la misma violencia con que nos enfrentamos a los enemigos del pueblo, estén ellos donde estén.

No nos arrinconarán los derechistas ni con mil editoriales de *El Mercurio*, ni con mil insidias de sus periodistas a sueldo. Hay en esta Juventud algo que ellos no pueden tocar: la voluntad de liberar a Chile junto a todos los que quieren su liberación. No los desmentiremos con palabras, nuestro único desmentido será nuestra eficacia para terminar con los momios estén donde estén.

Varios excamaradas coinciden en que la cordialidad de Correa en el trato tenía un límite: mientras se respetaran la disciplina y la línea de mando rebelde. Por ejemplo, quienes eran ajenos a su corriente no podían entrar a la sede de la JDC, la casita en el patio trasero del partido, cuyas llaves él manejaba. Cuando un puñado de rebeldes de la Universidad Católica renunció a la DC tras la Junta de Peñaflor, sin consultarlo con el "núcleo de dirección", él y Ambrosio se indignaron. No les perdonaron que se adelantaran a su cronograma. Según uno de los renunciados, ambos dieron órdenes de quitarles el saludo.

---

39 Juventud Demócrata Cristiana. "Correa visita el norte", 1968, 134.

Cierta vez, cuando Correa todavía era vicepresidente de la directiva de Ambrosio, un rebelde amigo suyo, estudiante de la Universidad Católica de Valparaíso, le anunció que se iba a las Juventudes Comunistas. Tenía diecinueve años, se llamaba Ernesto Ottone y consideraba que la ruptura con la DC estaba tardando mucho. Correa quiso disuadirlo. Tenía que esperar, le dijo. Pero Ottone ya había tomado la decisión. Correa explotó en reproches. "No me lo perdonó y estuvo enojado como dos años conmigo", recuerda Ottone.

Fernando Ávila, miembro de la directiva de Correa, afirma que podía caer en "ciertas tendencias arbitrarias". Cuenta que el presupuesto era muy estrecho y que él lo administraba. Un día, militantes de regiones con tareas en Santiago pidieron cubrir los pasajes de regreso. Correa aceptó. Pero Ávila se opuso a un gasto imprevisto. La discusión se puso áspera. En un momento, afirma Ávila, Correa le preguntó: "Bueno, ¿quién es el presidente?". Entonces, dice, le entregó las llaves de la caja con efectivo y se fue. "Cuando llegué a mi casa, mi mujer me dijo que me había llamado Correa. Lo llamé de vuelta y me pidió todas las disculpas del caso".

Mientras, la disputa con el freísmo proseguía. A consecuencia de la Junta de Peñaflor, en noviembre de 1968 Frei Montalva aceptó la renuncia de Jacques Chonchol, uno de los principales impulsores de la vía no capitalista de desarrollo, a la vicepresidencia ejecutiva del INDAP. Se sumaron las salidas de sus camaradas rebeldes en la misma institución: Rodrigo Ambrosio y Jaime Gazmuri. Sin muchas opciones laborales, Ambrosio ganó un concurso para trabajar como académico en la Universidad de Concepción, lo que implicaba delegar parte importante de su labor política en la capital. "Seguía al tanto de todo, pero no estaba en la contingencia diaria", señala Gonzalo Ojeda.

En Concepción, un bastión del MIR, los rebeldes eran débiles y Ambrosio podía apuntalar ese flanco. Pero la distancia con Santiago hacía más difícil liderar e influir en su sector, lo que fortaleció el rol de Correa. Según un entrevistado, el presidente de la JDC no solo fue partidario del traslado a la Octava Región, sino que operó activamente para que el líder máximo se convenciera. "Correa pidió expresamente que Ambrosio se alejara del área de mando", señala el exdirigente rebelde, que lo supo tiempo después por boca de Juan Enrique Vega.

*

La madrugada del domingo 9 de marzo de 1969, unos doscientos carabineros del Grupo Móvil –antecesor de las Fuerzas Especiales– irrumpieron en un baldío aledaño a Puerto Montt conocido como Pampa Irigoin. El terreno había sido ocupado por unas noventa familias sin vivienda, en total más de quinientas personas. El desalojo dejó ocho muertos y una cincuentena de heridos.[40] El operativo había sido ordenado por el intendente subrogante, Jorge Pérez Sánchez, luego de consultar al ministro del Interior, Edmundo Pérez Zujovic. Ese mismo día el gobierno decretó estado de emergencia en la provincia.

La matanza generó condenas y movilizaciones en la izquierda y en organizaciones sociales, que responsabilizaron políticamente a Pérez Zujovic. Encabezada por Correa, la directiva de la JDC publicó al día siguiente una durísima carta, en la que pidió la renuncia del ministro "como causante directo de estas nuevas muertes que sufre el pueblo". Además, comparó al gobierno con la dictadura militar argentina de Juan Carlos Onganía.[41]

Aunque también hubo críticas de dirigentes como Rafael Agustín Gumucio, Alberto Jerez, Jacques Chonchol y Julio Silva Solar, ninguno llegó tan lejos. Horas después, la directiva adulta pasó a Correa al Tribunal de Disciplina junto a tres integrantes de su mesa: Eugenio Díaz, secretario nacional; Fernando Ávila, primer vicepresidente, y el vocal Patricio Pino. La directiva DC, encabezada por Patricio Aylwin, pidió expulsarlos.[42]

El presidente del Tribunal de Disciplina era el tercerista Jorge Leiva, el mismo cuya cuenta como presidente saliente de la JDC había sido rechazada dos años antes, por una maniobra impulsada por Correa. Los otros cuatro miembros eran el tercerista Jorge Donoso, el rebelde Vicente Querol y los freístas Mario Cifuentes y Patricio Recabarren. En esos momentos, la instancia disciplinaria analizaba también el caso del joven militante Eduardo Díaz Herrera, expulsado de los rebeldes y acusado por la directiva de Correa de intentar dividir a la Juventud con financiamiento de la Presidencia de la República.[43]

Jorge Leiva afirma que había un acuerdo de todos los miembros del Tribunal para expulsar a Díaz Herrera. Sin embargo, justo

---

40 M. Aylwin et al., 1986, 255.
41 "Ante una tragedia", *Política y Espíritu* 309, febrero-marzo de 1969, 79.
42 El consejero juvenil Carlos Bau fue designado presidente interino de la JDC. Eduardo Labarca, "La peor crisis de su historia enfrenta la DC chilena", 1969.
43 Ibíd.

antes de zanjar ese caso llegó el de Correa y los tres miembros de su mesa. Entonces, dice Leiva, los dos oficialistas condicionaron la unanimidad a que estos últimos también recibieran la sanción máxima. Ni Leiva ni el otro tercerista, Jorge Donoso, estaban dispuestos a eso. "Correa y su grupo querían que los expulsaran y lo mejor era no hacerles ese favor", señala Leiva.

Para peor, ambos casos debieron fallarse en una misma sesión nocturna, en la sede del partido, que para entonces ya estaba en Alameda 1460. Luego de un largo debate hubo que votar. Díaz Herrera fue expulsado con los dos votos terceristas más el único rebelde, que dejaron a los dos freístas en minoría. En cuanto a Correa y su directiva, la misma votación dividida suspendió sus militancias por dos años.

Un solo sufragio dirimió ambos casos. A los ojos de cualquiera, era un golpe contra el freísmo.

Terminaron bien entrada la madrugada. Jorge Donoso recuerda que con Leiva estaban muy amargados y fueron a tomar una cerveza para tratar de calibrar lo ocurrido. Luego enfilaron en el auto de este último a la zona sur santiaguina.

En su casa de San Miguel, muerto de sueño, Jorge Leiva se acostó a dormir. Lo despertó el teléfono.

–Don Jorge, el Presidente le va a hablar.

–¿Qué presidente?

–El Presidente de la República.

Enseguida escuchó la voz inconfundible de Frei Montalva:

–Buenos días, Jorge. Quiero hacerle una pregunta: si es efectivo lo que estoy leyendo en la prensa de hoy.

–Buenos días, Presidente. Disculpe, pero no he leído nada.

–La prensa dice que anoche el Tribunal de Disciplina expulsó a Eduardo Díaz Herrera y solamente suspendió a la directiva de la JDC. Quiero que usted me diga si eso es efectivo.

–Así es, Presidente, lamentablemente.

–Ustedes echaron a una persona que estaba luchando por unir al partido, por terminar con los infiltrados. Y dejaron adentro a los infiltrados.

–Presidente, no es así. Yo tengo más antecedentes sobre Díaz Herrera de los que usted tiene.

–No, no, no. Solo quiero que usted sepa que me siento expulsado de mi partido. Y que no renuncio porque soy el Presidente de Chile. Eso es todo, muchas gracias.[44]

Correa ya estaba suspendido cuando el 28 de marzo de 1969 se casó por el civil con Catalina Bau, una militante de dieciocho años, hermana menor del dirigente de los rebeldes Carlos Bau. La celebración fue en San Miguel y asistieron, entre otros, Rodrigo Ambrosio y su esposa. Según Fránex Vera, la despedida de soltero la organizaron militantes de las Juventudes Comunistas amigos del novio, quien seguía profundizando sus lazos emocionales y políticos con esa colectividad.

Pocos días después, una Junta Nacional extraordinaria de la JDC dio una mayoría apabullante al rebelde Juan Enrique Vega, quien asumió la presidencia con una mesa casi totalmente afín.[45] La Juventud seguiría en manos rebeldes, al menos hasta la Junta Nacional adulta del 2 y 3 de mayo, donde la colectividad decidiría su estrategia para las presidenciales de 1970. Los defensores de la "unidad del pueblo", partidarios de una alianza con la izquierda, sabían que era su única carta a mano para derrotar, en una desesperada pulseada final, a los guardianes del "camino propio".

Ambrosio y Correa hacían sus propios cálculos.

*

La escena era incomprensible. Pasadas las 23:30 de ese sábado 3 de mayo de 1969, cuando supieron el resultado de la estrecha y dramática votación, la cincuentena de jóvenes rebeldes que esperaban frente a la sede de la DC en la Alameda, a una cuadra del palacio de gobierno, se apretujaron contra la reja del edificio cantando estrofas revolucionarias a todo pulmón y alzando los puños hacia el interior. Algunos gritaban. Pero otros también sonreían y hasta bromeaban.

---

44 Jorge Donoso dice que como presidente del Tribunal de Disciplina había recibido información sobre vínculos de Díaz Herrera con grupos de extrema derecha, y que, cuatro años después de esa conversación telefónica, cuando este apareció públicamente como dirigente del movimiento ultranacionalista Patria y Libertad, Frei Montalva le pidió disculpas.

45 Vega obtuvo 154 votos, contra los 84 del freísta Luis Pagrioli y 24 del tercerista José Miguel Insulza. Las dos vicepresidencias las asumieron Alejandro Bell y Ramón Molina, también rebeldes, lo mismo que Luis Lizana en la secretaría general.

"Perdimos, pero ganamos", decían, según cuenta Fránex Vera. Enrique Correa era uno más en medio de la algarabía.

La decisiva Junta Nacional, en la que el partido gobernante zanjaría su estrategia de alianzas con miras a la elección presidencial, había comenzado casi cuarenta horas antes. A las diez de la mañana del 2 de mayo el senador y presidente de la DC Renán Fuentealba había iniciado el cónclave con su cuenta política. Lo escuchaban 449 delegados y decenas de militantes distinguidos, entre ellos todos los ministros democratacristianos.[46] En un discurso de casi dos horas, Fuentealba puso sobre la mesa uno de los dos votos políticos que se enfrentarían en los dos días que duraría la reunión: ir a la presidencial en alianza con la izquierda marxista en torno a un candidato DC, cuyo nombre más obvio era Radomiro Tomic. La fórmula, llamada "de la Unidad Popular", era apoyada por terceristas y rebeldes. El freísmo llegaba con la idea de correr solos y elegir en sesenta días a su abanderado. El ya tradicional "camino propio".

Enseguida se leyó una carta de Frei Montalva alertando del peligro de que el partido quedara "maniatado" por la izquierda en caso de que triunfaran sus adversarios. A diferencia de lo que había ocurrido en Peñaflor, el gobernante no tenía planeado asistir al encuentro, aunque seguiría sus pormenores por teléfono.

Ese primer día la propuesta de Fuentealba acaparó el debate. Cada corriente apostó a sus mejores oradores a fin de convencer a los delegados indecisos. "Podías contar diez exposiciones brillantes solo en algunas horas", señala un delegado.

Por los rebeldes de la JDC participaban Ambrosio, Gazmuri y Vega, entre otros. Debido a que no podían ingresar, pues estaban suspendidos, Correa, Ávila, Pino y Luis Eugenio Díaz se quedaron afuera, en el bandejón central de la Alameda. Los acompañaba una cincuentena de adherentes. Según *El Siglo*, el diario del Partido Comunista que hizo una completa cobertura de la Junta, la noche del sábado las fuerzas estaban balanceadas. Los trascendidos recogidos por ese medio decían que hasta esa mañana el oficialismo era mayoría, pero que eso había cambiado gracias a gestiones de Gumucio, Vega y el tercerista Luis Maira.[47]

---

46 Eduardo Labarca, "A dos bandas comenzó junta democratacristiana", 1969.
47 Eduardo Labarca, "La Moneda buscaba anoche el control total del PDC", 1969.

El último en intervenir fue Tomic, en un encendido discurso a favor de la tesis de la "Unidad Popular". Según *El Siglo*, mientras Tomic hablaba el exministro Juan Hamilton llamó desde una oficina al Presidente para pedirle desesperadamente que asistiera a la Junta, tal como había hecho en Peñaflor. Pero eso no sucedió.[48] Mientras, terceristas y rebeldes también hacían gestiones de última hora.

Los 449 delegados votaron en urnas instaladas en el estacionamiento subterráneo. Pasadas las 23:30, el cómputo final fue 233 votos para el oficialismo y 215 para los partidarios de una alianza con la izquierda, más una sola abstención. Terceristas y rebeldes habían sido nuevamente derrotados. Más allá de la estrecha diferencia de 18 votos, para varios en el tercerismo el resultado fue un mazazo. No cuadraba con sus cálculos, que hasta el final daban como triunfadora a su postura. Hubo extrañeza. Y, más tarde, sospecha.

La mesa de Fuentealba renunció. Esa misma madrugada fue elegida una directiva encabezada por el oficialista Jaime Castillo Velasco. *El Mercurio* detuvo sus prensas para titular al día siguiente: "Candidato propio acordó Junta Nacional del PDC". *El Siglo* lo hizo con un encabezado más expresivo: "Gobierno logró anoche control total del PDC".

Ambrosio, Gazmuri, Vega y otros líderes rebeldes abandonaron inmediatamente el edificio en señal de protesta. En el trayecto a la calle, Gazmuri fue inquirido por el ministro Pérez Zujovic, uno de los halcones de Frei Montalva.

–¿Qué van a hacer?

–No sabemos. Pero yo creo que nos vamos.

–Es lo mejor. Quizás así podamos entendernos.

Afuera, la cincuentena de manifestantes encabezados por Correa, Ávila y otros suspendidos gritaba junto a la reja: "¡Atrás, atrás, gobierno incapaz!". Otra de sus consignas era una lóbrega mofa de Frei Montalva: "¡No afloje, Presidente, siga matando gente!".[49] Curiosamente, y pese a sus protestas, parecían estar celebrando. Pronto algunos terceristas descifrarían el porqué.

*

---

48 "Gobierno logró anoche control total del PDC", 1969.
49 Ibíd.

Era un edificio de ladrillo rojo en pleno barrio San Diego. Estaba en la calle Arturo Prat, casi esquina con Cóndor, a un costado de la Iglesia de los Sacramentinos. Funcionaba como un centro comunitario ligado a la Iglesia Católica. Allí se reunieron los rebeldes la madrugada del domingo 4 de mayo después de abandonar la Junta Nacional que dio la victoria al freísmo. Aunque formalmente venían derrotados, el ambiente era de una euforia casi eléctrica. Hubo discursos y arengas sobre el antes y el después de esa madrugada. "Estaba todo el mundo feliz, porque nos íbamos de la DC", dice Fránex Vera.

El centro comunitario había sido el cuartel rebelde durante toda la Junta. Lo siguió siendo en los días posteriores. El lunes 5 se congregaron ahí más de trescientos jóvenes democratacristianos, todos decididos a abandonar la colectividad.[50] Ese mismo día se hizo pública la renuncia al partido del senador Gumucio, lo que conmocionó a La Moneda, que no esperaba la salida de uno de los fundadores más destacados.

El martes los máximos dirigentes rebeldes seguían acuartelados en el lugar. A pesar de su hermetismo, se daba por descontado que renunciaría parte importante de la JDC, encabezada por su presidente, Juan Enrique Vega, junto a Ambrosio, Correa, Gazmuri, Ávila y otros. También se estimaban como seguras las salidas del senador Jerez, los diputados Julio Silva Solar y Vicente Sota, el Departamento Campesino casi completo y la mayoría del Departamento Sindical.[51] Todas estas renuncias se confirmaron en las horas siguientes. Para la DC el golpe fue durísimo.

En el tercerismo se unieron al quiebre Jacques Chonchol y el periodista Ismael Llona. El resto de la tendencia renunció a sus cargos partidistas, pero no a la militancia. Seguirían la pelea desde adentro. "Nosotros lamentamos que se fueran –dice Jorge Leiva–. Teníamos mucha cercanía y seguimos hablando. Pero teníamos también claro que nosotros nos íbamos a quedar".

Los desafectos se juntaron en San Martín 351, en el sindicato de la Empresa de Transportes Colectivos del Estado, a las diez de la mañana del domingo 18 de mayo, para dar vida a un nuevo referente político. Unos cuatrocientos delegados habían confirmado su asistencia, entre ellos veintidós regidores, más de ochenta dirigentes

---

50   Eduardo Labarca, "Éxodo rebelde se extiende en la DC", 1969.
51   Ibíd.

estudiantiles, sesenta figuras sindicales y una cincuentena de líderes campesinos.[52] Entre los convocados había varios compañeros de ruta de Correa. Estaban Eliseo Richards y Patricio Castro, dos de sus amigos ovallinos; Jaime Estévez, exseminarista; el núcleo de amigos que lo había acogido en el IDEP, su cuñado Carlos Bau y el también universitario de provincia Samuel Bello. Por cierto, en el centro de la escena estaban Ambrosio y su "núcleo de dirección".

Como nombre de la nueva agrupación se escogió el de Movimiento de Acción Popular Unitario, reducido a una sigla: MAPU. "Tierra" en mapuche. En sus memorias, Ismael Llona sostiene que el nombre lo propuso Jacques Chonchol. Décadas después, como testigo de ese día, Vicente Sota atribuirá la idea a Correa. "Me parece estar viendo a Enrique Correa que se paró de una mesa y dijo: 'Movimiento que quiere decir Tierra'".[53] Lo cierto es que no fue una inspiración repentina. El nombre había sido zanjado antes por Ambrosio y sus cercanos, y ese mismo domingo El Siglo lo publicó como trascendido.

Como emblema se eligió una bandera con fondo verde y una estrella roja de cinco puntas en el centro.[54] Chonchol asumió como secretario general, secundado por quince consejeros nacionales, entre ellos Correa, Jerez, Silva Solar y Vega. Ambrosio se abstuvo de integrar la directiva. La subsecretaría general, el segundo cargo más importante, recayó en Jaime Gazmuri. El agrónomo consagró así su ingreso al desconocido "núcleo de dirección". Según un consultado, Ambrosio lo escogió por su estilo dialogante y menos frontal que los de él y Correa. Sería más fácil para Gazmuri entenderse con "los viejos", como se referían a Chonchol y a los parlamentarios que se les unieron en el quiebre.[55] Un entrevistado, colaborador estrecho de Ambrosio, atribuye a Correa la maniobra de poner a Gazmuri como segundo en la directiva desplazando a Juan Enrique Vega, debido a que ideológicamente este era el más izquierdista del grupo, lo que podría dificultar la convivencia.[56]

---

52 Emilio Rojo, "A la palestra movimiento de ex militantes del PDC", 1969.
53 De Luigi, 1991.
54 Según Llona, la bandera fue idea de Ambrosio, inspirado en el emblema de Vietnam del Norte. Llona, 2006, 66.
55 Ibíd. Sus edades fluctuaban entre los cuarenta y dos y los sesenta años.
56 Según este consultado, Vega supo que no sería el segundo del MAPU al volver de un viaje que hizo con Ambrosio a Montevideo, después de la Junta DC del 2 y 3 de mayo y antes de la fundación del nuevo partido.

Los "viejos" (Gumucio, Jerez, Silva Solar, Sota y Chonchol) eran figuras nacionales, cada uno con un prestigio que desbordaba la izquierda, a la que querían unir para derrotar a la derecha. Pero seguían siendo humanistas cristianos, a diferencia de Ambrosio y sus cercanos, marxistas convencidos, que hablaban de "todas las formas y métodos de lucha" para llegar al poder.[57] Los "viejos", además, no habían sido los arquitectos de la ruptura, que Ambrosio y su entorno venían trabajando desde hacía al menos un par de años. Tampoco tenían control sobre el aparato interno. La orgánica había sido pulida trabajosamente por Correa y estaba a disposición de Ambrosio. Según Luis Maira, quien como tercerista se mantuvo en la DC, el ovallino fue clave para que el nuevo referente estuviera listo para desplegarse apenas ocurriera la escisión. "El MAPU era como un partido metido en una caja. Cuando la caja se destapó, salió orgánicamente el cuerpo completo".

Correa había sido, además, uno de los que urdió y puso en práctica la maniobra que precipitó el quiebre. Una operación política ejecutada al filo de la dramática votación de la Junta Nacional DC de principios de mayo, cuando varios cálculos apuntaban a un triunfo de rebeldes y terceristas. Un audaz movimiento basado en la lógica de perder para ganar: en vez de apoyar la unidad con la izquierda, la jugada consistió en votar por el "camino propio" para dar cauce así al quiebre con el partido.

Pocos meses después de la escisión, en el tercerismo ya contaban con testimonios de algunos delegados rebeldes que esa noche habían recibido la instrucción de votar por la postura del freísmo para gatillar la salida. "Testimonios confirmados", recalca un entrevistado. "Enrique estuvo en esa cocina, que fue una cocina chica, donde se prepararon los ingredientes", agrega un fundador del MAPU. "Esa era la típica operación que se hacía", dice Jorge Leiva, quien también dice haber escuchado a testigos relatar lo anterior. "Para que tú pudieras cumplir tu itinerario tenía que darse cierto contexto, el que si no se daba había que forzarlo. Y para ellos una manera de forzarlo era perder la Junta".

---

57 En una entrevista en *Punto Final*, Gazmuri dice que el poder se alcanza en la medida en que las fuerzas revolucionarias cuentan con un núcleo de dirección que las sitúe en la perspectiva del poder. "Este núcleo de dirección debe tener la flexibilidad suficiente para utilizar todas las formas y métodos de lucha que aseguren el triunfo final". "El Mapu y su papel en la campaña electoral", 1970.

"He escuchado sobre eso", afirma Gonzalo Ojeda, en Lovaina por entonces. "Y creo que es perfectamente posible, porque ideológicamente para nosotros algo así era justificable". Casi una década después, en el exilio en Europa, un exdirigente rebelde coincidió en un viaje en tren con el exsenador Gumucio. En un momento, este volvió sobre lo ocurrido en esa votación de mayo de 1969.

–Te quiero hacer una pregunta. ¿Ustedes fabricaron el quiebre con la DC?

–Mire, don Rafa, no me consta, pero tampoco lo descarto. Es una posibilidad, porque en la JDC rebelde se nos metió la idea de que había que separarnos. Porque éramos dos sensibilidades muy distintas, en direcciones demasiado opuestas.

IV

LA ESPADA DE DOBLE FILO

Autodenominado "movimiento" en vez de partido, el MAPU había nacido crítico de las colectividades de la izquierda chilena, a las que Ambrosio consideraba desgastadas y proclives a la componenda. Había que renovarlas, sostenía.[1] Una apuesta audaz, que a mediados de 1969 el dirigente defendía con ahínco, aunque pronto supo que ya no era del todo compartida por sus más cercanos. Incluso Enrique Correa, su brazo derecho, tenía una visión distinta.

Desde antes de romper con la DC Ambrosio enarbolaba la idea del frente revolucionario, un movimiento que debía levantarse desde las entrañas proletarias, trascendiendo militancias y sin descartar métodos insurreccionales. Así lo planteaba en mayo de 1969 Juan Enrique Vega en su corto paso como presidente de la JDC, justo en los días del quiebre con ese partido: "La tarea de constitución del frente revolucionario es larga y hay en ella espacio para todos los grupos y militantes que creen en la necesidad del socialismo. La primera de esas tareas es la constitución de una sólida base obrera y campesina. Eso implica consolidar las organizaciones existentes, aguzar y agilizar sus instrumentos de lucha y combatir en su interior para reforzar las orientaciones correctas".[2]

Pero a mediados de 1969 los principales partidos de la izquierda, aquellos que Ambrosio quería desanquilosar, no estaban para experimentos como ese. Socialistas y especialmente comunistas, que habían saludado el nacimiento del MAPU como un aliado natural, se preparaban para las presidenciales de septiembre de 1970. Tenían que acordar rápido una estrategia para enfrentar a una derecha a la defensiva y a una DC desangrada. Para el Partido Comunista y el Partido Socialista, dos colectividades marxistas y revolucionarias, era

---

1 Fernando Ávila afirma que una de las premisas iniciales del MAPU era que "la izquierda estaba agotada". "No era nuestra pretensión sustituirla, sino abrir la puerta para que entrara aire fresco".
2 *Punto Final*, "Los 'Rebeldes' plantean un Frente Revolucionario", 1969.

una oportunidad inédita en el mundo de llegar al poder por la ancha avenida de los votos. No era el momento para ensayos extrapartidistas sino la hora de la unidad de las tiendas de izquierda, que debían aprovechar esa coyuntura con una alianza programática, un frente amplio de partidos y un candidato presidencial único.[3]

En el "núcleo de dirección", solo Vega seguía teniendo el mismo entusiasmo que Ambrosio por el frente revolucionario. Gazmuri, Ávila y especialmente Correa eran partidarios de plegarse a la línea del PC y el ala más moderada del PS. Correa ya despuntaba como el más procomunista del grupo, lo que en el MAPU se consideraba una posición conservadora. En la directiva se decía que, si había que redactar un voto político sobre la Unión Soviética, Correa se aseguraba de escribirlo. "Enrique estaba bien vinculado con la embajada soviética en Santiago y tenía cercanía emocional y política con los comunistas", señala Fránex Vera, uno de sus más cercanos en ese tiempo. Décadas después, en una entrevista con Patricia Arancibia Clavel, Correa lo explicará así: "Los soviéticos representaban una combinación que me resultaba atractiva. Por un lado cambio y por otro lado moderación. Cambio y moderación, con un cierto pragmatismo en política".[4] Por el contrario, Ambrosio y Vega desconfiaban del PC y de su prosovietismo.

En agosto de 1969, durante la primera asamblea del MAPU, quedó en evidencia que la posición de Ambrosio y Vega era minoritaria. La colectividad decidió integrarse al proceso de formación de la Unidad Popular, como sería conocida la alianza de la izquierda. Descontento con una vía que consideraba demasiado institucional, Ambrosio nuevamente se abstuvo de integrar la directiva. Chonchol fue confirmado como secretario general y Gazmuri como su segundo.[5]

Fundada en octubre de 1969, la Unidad Popular expresó el triunfo de la tesis del frente amplio sobre la del frente revolucionario. Incluyó a comunistas, socialistas, mapucistas y hasta a radicales y socialdemócratas. El PC levantó como precandidato presidencial al poeta Pablo Neruda, el PR al académico Alberto Baltra, el MAPU a

---

3 El senador Carlos Altamirano y el sector más izquierdista del PS también defendían la tesis del frente revolucionario. Pero, en agosto de 1969, cuando se impuso la precandidatura presidencial de Allende, la colectividad se plegó a la tesis del frente amplio. Arrate y Rojas, I, 2003, 546.
4 Arancibia, 2003.
5 Arrate y Rojas, I, 2003, 546-547.

Jacques Chonchol y los socialistas a Salvador Allende, en su cuarto intento por llegar a La Moneda.

Chonchol recuerda que Correa, como el hombre a cargo de la organización partidaria, lo acompañaba a los actos de campaña que realizaron en provincias. A pesar de ese despliegue, el MAPU fue el primero en bajar a su abanderado. El gesto convirtió a la agrupación en pieza clave de las tratativas por consensuar un candidato único. Para Ambrosio y su círculo era obvio que el candidato debía ser socialista, aunque Allende no le gustaba a ninguno. Lo consideraban un político clásico y desgastado. "Levantar la figura de Allende era repetir experiencias anteriores no exitosas", resumiría Gazmuri en sus memorias.[6]

Ambrosio, a quien Allende entusiasmaba menos que a nadie, convenció al MAPU de proponer una primaria presidencial. Pero eso tampoco estaba en los planes de socialistas y comunistas. Entonces planteó que si el candidato era elegido entre cuatro paredes el MAPU no debía concurrir a su designación, limitándose a apoyar desde afuera. Una vez más lo secundó Vega. Sin embargo, Gazmuri, Ávila y Correa estuvieron en desacuerdo. Fue la única vez que Ambrosio y la dirección nacional, incluido su "núcleo de dirección", zanjaron una discrepancia votando. El chillanejo quedó en minoría.

Con Ambrosio mascullando su derrota en Concepción, Allende acabó ganándose al MAPU luego de una reunión en su casa de la calle Guardia Vieja, en Providencia. Del "núcleo de dirección" el único invitado fue Gazmuri, quien asistió junto a Chonchol, Gumucio, Jerez y los otros "viejos" que, a diferencia de Gazmuri, de veintiséis años, conocían a Allende personalmente. En la cita, Gazmuri y Jerez argumentaron que el partido lo consideraba un político tradicional. Allende respondió echando mano de su aplomo: "Me llama la atención que no entiendan bien que la única candidatura posible de la UP es la candidatura de Allende".[7]

El médico y senador socialista fue proclamado por la Unidad Popular a fines de enero de 1970, tras las renuncias de Baltra y Neruda. Ocho meses después, el 4 de septiembre, tras una dramática campaña a tres bandas contra el DC Radomiro Tomic y el derechista Jorge Alessandri, Allende se impuso con el 36,3% de los votos, seguido por

6 Jaime Gazmuri y Jesús Manuel Martínez, *El sol y la bruma*, 2000, 76.
7 Íd., 79.

Alessandri (34,9%) y Tomic (27,8%). Luego de suscribir un acuerdo de garantías democráticas con la DC, su triunfo fue ratificado por el Congreso Pleno.

El MAPU fue una activa pieza de la campaña presidencial, lo que permitió a su dirigencia más joven conocer y valorar al futuro mandatario. Con los años, sin embargo, Gazmuri situará el inicio de su aprecio por Allende en la tarde en que lo visitaron en Guardia Vieja. Esa vez, en el despacho del médico socialista, ante una galería de fotografías suyas con revolucionarios como Che Guevara, Fidel Castro y Ho Chi Minh, Gazmuri, dice, comenzó a ser allendista.[8]

Varios mapucistas asumieron cargos en el gobierno y tres de sus militantes llegaron a ser ministros: el doctor Juan Carlos Concha en Salud, el agrónomo Jacques Chonchol en Agricultura y el economista Fernando Flores en Economía, Hacienda y la Secretaría General de Gobierno, sucesivamente. La decisión de Ambrosio fue que el "núcleo de dirección" siguiera concentrado en la conducción partidaria, por lo que ni él ni dirigentes como Correa asumieron cargos en la administración del Estado. El ovallino, eso sí, trabajó como asesor del canciller Clodomiro Almeyda, figura clave del Partido Socialista.

*

Rodrigo Ambrosio amaba el barrio Bellavista. En algún momento de 1970, cuando dejó de hacer clases en Concepción, se fue a vivir a ese sector de Santiago junto a su mujer y a su primer hijo, nacido en julio de 1969. La residencia estaba en un estrecho pasaje de adoquines, una callecita sin salida a los pies del cerro San Cristóbal. Justo al lado se empinaba La Chascona, la singular casa que Pablo Neruda había mandado a construir, casi colgando de la ladera, para vivir con su nueva pareja, Matilde Urrutia.

Rodrigo y Michele fueron llenando de colores su hogar, que se convirtió en centro de reunión de los colaboradores más estrechos del sociólogo, aquellos a los que consideraba amigos y copilotos de su ruta política. Los fines de semana se realizaban allí las reuniones más importantes del "núcleo de dirección". Según Michele, Correa era uno de los visitantes más recurrentes y queridos. Ambrosio también hacía asados y encuentros más informales. En la intimidad era afectuoso, muy distinto de su estilo político frontal y estricto. José Olavarría

8   Id., 79.

señala que cierta vez Neruda se asomó desde su casa, atraído por el olor a carne asada. "Así que está haciendo un asado, vecino. Ojalá se le caiga un choripán", le dijo con complicidad al líder del MAPU, cuya esposa ayudaba a cuidar La Chascona cuando el poeta viajaba.

Así, Bellavista se convirtió en uno de los barrios favoritos de Correa, el lugar donde buscaría refugio en varios momentos. Allí sufrió un percance automovilístico, cuando había comenzado a manejar y se dirigía a la casa del líder en un Fiat 600. "Enrique se las ingenió para chocar contra no sé qué cosa", relata la mujer de Ambrosio. No sufrió lesiones serias ni hubo terceros afectados, pero el accidente le dejó una enseñanza: debido a su dislexia, el volante no era lo suyo. Nunca más volvió a conducir.[9]

Cuando las reuniones no eran en la casa de Ambrosio, ahí estaba a pocas cuadras el Venezia, un boliche de comida chilena ubicado en Pío Nono con Antonia López de Bello, popular y de platos abundantes. Ambrosio valoraba la buena mesa sin ostentaciones, y casi por simbiosis se transformó en uno de los panoramas predilectos de Correa. Su amigo sociólogo era mucho más que el máximo referente político de entonces. Casi cinco años mayor que él, Ambrosio, un tipo con mundo pero sencillo, espartano y a la vez culto, era una suerte de modelo de vida.

Disfrutando del menú del Venezia el líder del MAPU y su círculo fraguaron algunas de las decisiones más relevantes de la agrupación. Michele Utard afirma que era común que fueran a comprar ahí el almuerzo para amenizar las reuniones políticas en su casa. Los dependientes les prestaban una olla para llevarse la comida humeante. "El Venezia era como nuestra casa. A Rodrigo le gustaba mucho", agrega. Muy probablemente fue en una de esas reuniones cuando Ambrosio y su *petit comité* afinaron la toma de control de la directiva del MAPU para echar a andar el siguiente paso del itinerario: sacudirlo de sus raíces cristianas y transformarlo en el tercer partido proletario de la izquierda chilena. Y eso pasaba por que él accediera a la secretaría general durante el primer congreso que celebraría la agrupación, a fines de octubre de 1970. Solo cuatro días antes de la investidura de Allende.

---

9 Se referirá a este episodio en una entrevista: "Debe ser porque soy disléxico", explicó. De la Cruz y García, 1990.

El secretario general en funciones era Chonchol. Si él y los demás "viejos" levantaban su propia lista, serían arrollados por la aceitada máquina a cargo de Correa.

Las tensiones con la vieja guardia habían comenzado poco después de la fundación. Los dirigentes más adultos insistían en que el MAPU fuera un espacio para los cristianos revolucionarios, mientras que Ambrosio consideraba esa vertiente superada por el marxismo. Chonchol, entonces ministro de Agricultura de Allende, lo resumió así: "Ambrosio, Correa y los demás eran partidarios de crear un nuevo partido marxista-leninista y nosotros decíamos que se iba a perder todo el valor de la especificidad cristiana".

El Primer Congreso del MAPU partió el viernes 30 de octubre en la Universidad Técnica del Estado (hoy USACH). Dos listas compitieron. Una, encabezada por el senador Jerez, alineaba a los "viejos" comunitaristas cristianos. La otra, liderada por Ambrosio y secundada por su "núcleo de dirección", valoraba el aporte de los cristianos revolucionarios pero los consideraba una desviación pequeñoburguesa que no perseguía una verdadera revolución socialista. Titulada "Elementos para la autocrítica", la propuesta redactada por Ambrosio planteaba transformar al MAPU en un partido proletario.[10]

Además, tomaba distancia de la tesis del frente revolucionario, sin renegar de ella. Trataba de conciliar la participación en el gobierno de Allende para aprovechar el Estado burgués para transformarlo, sin descuidar la construcción del poder popular.[11] Una estrategia que Ambrosio bautizó como la "espada de doble filo". Enrique Correa la sintetizó mejor, en lo que sería la principal consigna mapucista durante la UP: "A convertir la victoria en poder y el poder en construcción socialista".[12]

---

10 Allí criticaba el empeño "por vincular directa o indirectamente la ideología del MAPU al pensamiento cristiano y por convertirlo en el cauce de radicalización política de los católicos". Esteban Valenzuela, *Dios, Marx... y el MAPU*, 2014, 108.

11 El entonces subsecretario general Jaime Gazmuri había adelantado parte de esta tesis en una entrevista meses antes: "Reconociendo las fallas que la Unidad Popular tiene y luchando por corregirlas, el MAPU considera que es hoy la alternativa que mejor sirve los intereses de los trabajadores, por cuanto fortalece la unidad de la clase obrera, abre la posibilidad de elevar el nivel de conciencia, organización y combate de las masas y señala una perspectiva de poder para el pueblo". *Punto Final*, "El MAPU y su papel en la campaña electoral", 1970.

12 Valenzuela, 2014, 119.

Ambrosio se impuso categóricamente sobre los comunitaristas de Jerez. La nueva comisión política quedó integrada por gente de su total confianza, con las excepciones del exdiputado Vicente Sota y la exjecista María Antonieta Saa, la única mujer, aunque no la tomaban mucho en cuenta. "¿Qué les importaban las mujeres? Pocazo", dice.

"A Gumucio, Chonchol, Jerez y Julio Silva, Ambrosio les ofreció lugares en la comisión política, pero ellos los rechazaron, porque desconfiaban de él y de su línea marxista", recuerda Gonzalo Ojeda.

En Correa recayó la primera subsecretaría general, el segundo cargo en importancia. María Antonieta Saa, quien lo conocía desde la JEC, lo recuerda como uno de los grandes sustentos de Ambrosio. Dice Ojeda que Correa fue clave en el triunfo, pues "hizo todo el trabajo de vinculación con los regionales, donde se compartió la información de lo que iba a ser el partido con Ambrosio al mando". Durante el congreso, su mano también estuvo detrás de los efusivos aplausos y manifestaciones a favor del sociólogo en desmedro de Jerez.

La elección sinceró a Ambrosio como astro del firmamento mapucista, su figura rectora y principalísima. Así lo describe Luis Maira: "Rodrigo Ambrosio era el líder nacional, aquel que algún día iba a ser el jefe de toda la izquierda y eventualmente el jefe del país".

Por su juventud y desenfado, en la izquierda su liderazgo solo era comparable al de Miguel Enríquez, el carismático líder del MIR. Pero eran enconados adversarios. El MIR no era parte de la UP y estaba empeñado en ser la vanguardia de una insurrección armada, mientras que Ambrosio enarbolaba su "espada de doble filo": avanzar desde el gobierno en la superación del capitalismo, mientras en la base social se construía poder proletario, para él la verdadera vanguardia revolucionaria. Sostenía que el "guerrillerismo" del MIR desdeñaba los avances del movimiento popular, varios de ellos logrados dentro del sistema burgués, y caía en el mesianismo de creer que "la revolución comienza cuando nosotros llegamos".[13]

Algunos metros más atrás del líder en importancia venía Correa, el jefe de la orgánica. No había dirigente del MAPU, de cualquier lugar de Chile, joven o viejo, destacado o promedio, que no supiera

---

13 En un documento de fines de los 60 titulado "Las tres estrategias para el movimiento popular", Ambrosio critica al "guerrillerismo" por su mesianismo y poca elaboración teórica, aunque sin mencionar al MIR. Manuel Acuña, *In memoriam. Rodrigo Ambrosio, constructor del MAPU*, 2010, 280-290.

su nombre y relevancia. Si en alguna universidad de regiones se levantaba una lista estudiantil para competir con los colores verdirrojos, debía contar con su venia. Y si en su conformación surgía algún conflicto, quien usualmente mediaba era él.

Maira cuenta que por entonces el dirigente tenía a su cargo los tribunales de disciplina, además de las tareas asignadas a cada grupo. "Toda la gente del MAPU lo conocía y le temía. Porque Correa era muy duro, muy exigente, muy riguroso. La personalidad posterior de Correa, esa suerte de bonhomía, de trato universal y horizontal, es la antítesis del dirigente orgánico que era en esa época".

Gonzalo "Fonolo" Ojeda comenzó a trabajar como académico en la Universidad Católica de Valparaíso (UCV) a su regreso de Lovaina en 1969, y fue también dirigente mapucista. Dice que le sorprendió la antipatía que Correa despertaba en algunos militantes del puerto, que lo consideraban procomunista y burocrático. Esas críticas le parecían injustas, aunque hoy le parece normal que en una organización política algunas figuras no sean queridas. "Salvo, claro, cuando el dirigente se sabe ganar el cariño de la base, y Correa había perdido eso".

Impopular y temido, lo que nadie desconocía era su eficacia. Muy pocos contaban con una agenda tan nutrida. Para quien no era parte de la cúpula, un llamado de Correa era siempre para transmitir información relevante o instrucciones perentorias. Ojeda menciona lo ocurrido en las horas siguientes al 26 de junio de 1970, en las postrimerías de la administración de Frei Montalva. Ese día el estudiante secundario Claudio Pavez Hidalgo se manifestaba en apoyo de una huelga de trabajadores del Ministerio de Educación cuando fue acribillado por Carabineros en Puente Alto. Al día siguiente, también en Puente Alto, murió Patricio Núñez Palma, de dieciséis años, en otro operativo antidisturbios de la policía uniformada.[14] Ojeda recuerda que él, junto a algunos profesores y unos cincuenta estudiantes de la UCV, estaban a punto de asistir a una conferencia sobre derecho y justicia de clase cuando recibió un llamado de Correa desde Santiago. Luego de un sucinto relato de lo ocurrido le instruyó: "Hay que organizar todo lo que se pueda hacer en la calle, frente a la universidad, en protesta".

Según cuenta Ojeda, al menos 150 universitarios los siguieron, interrumpiendo el tránsito y montando barricadas en el frontis de la casa central. Incluso usaron vehículos para bloquear las vías, hasta que

---

14 *Puente Alto al Día*, "Revolución en la Plaza Bernardo O'Higgins", 2011.

llegó Carabineros. "El Gordo tenía esa influencia. Él me llamaba a mí y yo confiaba plenamente en él, porque él estaba en la dirección".

Durante el Primer Congreso, cuando Ambrosio ganó la secretaría general, el MAPU se declaró un partido proletario. Sin embargo, la colectividad siguió practicando la tolerancia religiosa y la apertura a los cristianos revolucionarios. Valorando, como dicen las conclusiones del encuentro, el "apoyo de la mediana y pequeña burguesía al Gobierno Popular".[15] La agrupación evitó definirse como marxista-leninista. No obstante, un mes después, Correa declaró que "el MAPU no es un movimiento cristiano de izquierda, sino que un nuevo grupo marxista-leninista".[16] Y antes, la noche del 4 de septiembre, cuando celebraba el triunfo presidencial de Allende, el exseminarista había sido enfático durante una arenga a otros mapucistas desde las escalinatas de la Biblioteca Nacional: "Somos marxistas-leninistas por los cuatro costados".[17]

Décadas más tarde, en varias ocasiones el ovallino hablará sobre cómo, en cinco años, pasó de ser un socialcristiano de avanzada a un leninista sin fisuras. Así se refirió a este cambio en 1991, cuando era ministro de Aylwin, en entrevista con *El Mercurio*:

No es tan sorprendente. Porque en ese tiempo, buscábamos una ideología completa que nos explicara el mundo. Y el marxismo leninismo, que nos llegaba a través de los pensadores de Europa Occidental, especialmente Louis Althusser, nos daba esa explicación coherente. Ese anhelo integral tuvo mucho que ver con nuestra formación religiosa. Porque, fíjese, nos formamos, desde pequeños, dentro de la cosmovisión católica que nos explicaba el mundo completo. Y, luego, intelectualmente, bajo el influjo de Santo Tomás que nos entregaba también una síntesis global. Y aunque, cuando fundamos el MAPU, ya habíamos abandonado la explicación tomista de la historia, de la vida y de la sociedad, lo cierto es que seguíamos siendo nostálgicos de esa explicación integral. Y el marxismo leninismo se nos apareció como esa síntesis, como la explicación más coherente de la historia contemporánea...[18]

15 "MAPU: Conclusiones del primer Congreso Nacional", 1970, 2.
16 *La Prensa*, 25 de noviembre de 1970. En Valenzuela, 2014, 125.
17 Llona, 2006, 81. Correa nunca ha desmentido esa declaración.
18 De Luigi, 1991.

Fernando Ávila señala que Correa tenía una gran facilidad para adoptar y defender con ardor posturas políticas funcionales a su entorno. Recuerda, por ejemplo, que leyendo *Auge y caída del Tercer Reich*, del corresponsal estadounidense William L. Shirer, testigo directo del ascenso del nazismo, entendió por qué Stalin firmó un pacto de no agresión con Hitler, lo que en definitiva le dio tiempo a la Unión Soviética para prepararse y ganar la guerra. Poco después, dice, se topó con un correligionario, quien le mencionó que Correa había hablado de su admiración por Stalin. "Fue tanto que yo le pregunté. Y me dijo que había leído el mismo libro, poco después que yo".

En junio de 1971, bajo las directrices de Ambrosio, la Comisión Política del MAPU lanzó un documento de formación. Se titulaba "El carácter de la Revolución Chilena" y mostraba la historia de Chile como una constante lucha de clases, en la que el aporte de los socialcristianos de izquierda ni siquiera aparecía.[19] Decepcionados por la rápida leninización del partido, a principios de agosto renunciaron Chonchol, Gumucio, Jerez y Silva Solar. Poco antes, pero por razones distintas, habían hecho lo mismo en la DC parte importante de los terceristas, encabezados por los diputados Bosco Parra y Luis Maira, además de dirigentes como Jorge Leiva y Juan Enrique Miquel. Ambos grupos de escindidos, que venían conversando hacía algunos meses, se unieron para fundar una nueva tienda: la Izquierda Cristiana.

La salida de los "viejos" fue una suerte de divorcio por mutuo acuerdo, alentado bajo cuerda por Ambrosio y su entorno. Poco antes, en el Venezia, se reunieron los involucrados y el líder del MAPU no puso trabas para la despedida. Según Maira, junto a su argumento de preservar la raíz cristiana, los viejos comunitaristas dejaron el MAPU porque fueron "maltratados" por Ambrosio, Correa y compañía. "Rodrigo era la esencia del leninismo. Entonces, su razonamiento fue así: 'Aquí no puede haber facciones, ni menos protagonismos mediáticos. Esto lo dirige una Comisión Política con un secretario general, que son los que fijan la línea y los demás obedecen. Y, si no, esto se depura para que sea un movimiento de cuadros y no un grupo de militantes afiliados'".

Mientras tanto, el gobierno de Allende estaba lanzado en avanzar con su programa a pesar de que no tenía mayoría parlamentaria. Una de las bases del plan era estatizar áreas clave de la economía. Mediante el uso de resquicios legales, compra de acciones y huelgas obreras, al

---

19 Secretaría Nacional de Educación Política MAPU, 1971.

cumplir su primer año el Estado controlaba 62 industrias y tenía bajo su administración 39 empresas requisadas. El costo fue la agudización de la polarización política, con un sector de la UP presionando por acelerar las transformaciones y una oposición decidida a bloquearlas, pues consideraba que las expropiaciones transgredían la legalidad.

Con la caída de la producción interna, el bloqueo económico impuesto por Estados Unidos y una creciente inflación, 1972 iba a ser un año difícil para Allende.

*

La noche del jueves 18 de mayo de 1972, Ambrosio y tres mapucistas regresaban a Santiago de una actividad política en Valparaíso, enfilando por la Panamericana Norte en medio de la niebla. Manejaba el pequeño Fiat 600 blanco el militante Carlos Arévalo. Ambrosio pidió detener el auto a un costado de la carretera, a la altura de La Ligua. Se bajó a comprar los tradicionales dulces de la zona. Regresó con el paquete y luego, con el Fiat enfilando a Santiago en la oscuridad, se durmió profundamente.[20]

Atrás iban el segundo subsecretario general Eduardo Rojas y la periodista Bernardita Aguirre. Venían de un acto de campaña en favor de Rojas, candidato a la presidencia de la CUT. "Me voy adelante, chiquillos, para dormir con las piernas estiradas", les había dicho Ambrosio al ubicarse junto al conductor.

Cuando pasaron Llay Llay, cerca del kilómetro 60 de la Panamericana Norte, el Fiat, que iba a alta velocidad, se encontró de sorpresa con un camión que avanzaba muy lentamente por el mismo carril. Arévalo intentó sobrepasarlo. El chofer del camión sintió un impacto menor, como si se hubiese aflojado una de las carpas que cubrían la carga. Se detuvo y bajó. Las carpas estaban en su lugar, pero el parachoques trasero tenía un impacto. A pocos metros vio la carrocería retorcida de un pequeño vehículo.[21] El Fiat se había estrellado contra el parachoques.

Hubo que hacer un forado para sacar a los cuatro pasajeros. El más grave era Ambrosio, quien recibió de lleno el impacto en la cabeza. Arévalo estaba fuera de peligro. Rojas y Aguirre, graves aunque sin riesgo vital. Pero Ambrosio dejó de existir a las 0:55 de la

---

20 Acuña, 2010, 171-172.
21 *Qué Pasa*, "Muere líder marxista", 1972.

madrugada del viernes 19, cuando era trasladado en ambulancia al Hospital de Llay Llay. Tenía treinta y un años.

El primer mapucista en ser informado de la tragedia, esa madrugada, fue el entonces ministro de Salud, el doctor Juan Carlos Concha, quien recuerda que inmediatamente se comunicó con la Comisión Política del partido. Recibió la llamada Fernando Ávila, quien a su vez avisó a los demás. Antes de que amaneciera, Gazmuri fue el encargado de dar la noticia a Michele, que estaba embarazada, esta vez de una niña. "Toqué el timbre y cuando ella abrió la puerta supo inmediatamente que traía malas noticias", recordaría Gazmuri años después.[22]

Juan Enrique Vega se enteró por teléfono en La Habana, donde había asumido como embajador. Allí estuvo por última vez con su amigo, cuando dos meses antes Ambrosio llegó para reunirse con Fidel Castro en la última escala de una gira de más de ocho semanas que incluyó Vietnam del Norte, China y Corea del Norte.[23]

La muerte de uno de sus dirigentes más prometedores remeció a la UP. Todos los exmapucistas entrevistados coinciden en que fueron horas terribles, debido a la pérdida del más admirado de sus filas, y también por el enorme vacío de liderazgo que dejaba. Varios sintieron que Ambrosio era tan imprescindible que un partido de solo tres años de vida, moldeado y conducido por él incluso antes de su nacimiento, simplemente no podría resistirlo.

A petición de la Comisión Política, el doctor Concha asistió a la autopsia. "En esos tiempos de grandes agresiones, una conjetura era que podría haber sido un atentado", explica. Pero la pericia descartó cualquier tesis distinta de un accidente. "Rodrigo aterrizó con su cabeza en el chasís del camión", apunta Concha.

Sus restos llegaron la tarde de ese viernes 19 de mayo a Santiago. Fueron velados en la sede del Regional Centro del partido, en San Isidro 458, cubiertos por una bandera chilena y otra del MAPU. Llegaron a homenajearlo representantes de los tres poderes del Estado, además de dirigentes de toda la UP, más el MIR y la DC. Al día siguiente, encabezado por el Presidente Allende, desde ahí partió el cortejo hasta el Cementerio General.[24]

22 Valenzuela, 2014, 140.
23 Juan Enrique Vega, "Llamado desde Chile", 1972, 9-10.
24 *La Nación*, "Interminable desfile ante el féretro de Rodrigo Ambrosio", 1972. "A las 15 horas saldrá cortejo desde el regional de San Isidro", 1972.

Gazmuri quedó a cargo de recibir al gobernante y hablar en el camposanto. La Comisión Política había dispuesto que él fuera la cabeza visible de las exequias, a pesar de que el segundo detrás de Ambrosio, como primer subsecretario general, era Correa. El segundo subsecretario, Eduardo Rojas, seguía hospitalizado. Fránex Vera afirma que, antes de la partida del cortejo, un muy afectado Enrique Correa leyó un extracto del poema de Neruda "Oda a Stalingrado", que unió con pasajes del discurso pronunciado por Friedrich Engels ante la tumba de Marx. Aunque otros asistentes no recuerdan esos detalles (y otros descartan que haya sido así), es claro que el ovallino estaba golpeadísimo. Ambrosio no solo era su máximo referente político, además se había convertido en un soporte emocional: cuando se separó de Catalina Bau, a fines de 1971, casi un año después del nacimiento del hijo de ambos, Carlos, lo habían acogido durante un tiempo en su casa de Bellavista.

A seis años de la trágica muerte de su novia ovallina, Soledad Rojas, también en un accidente de tránsito, el máximo líder del MAPU era uno de los pocos con los que Correa hablaba sobre cómo lo había golpeado esa tragedia.

Por iniciativa de Fernando Ávila, en adelante la fecha de fundación del MAPU se retrasó un día, del 18 al 19 de mayo de 1969, para hacerla coincidir con la fecha de la desaparición de su líder. "Una decisión leninista", explica Ismael Llona en sus memorias.

En mayo de 1992, cuando se cumplieron veinte años de la muerte de Ambrosio, Correa, entonces ministro secretario general de Gobierno de Patricio Aylwin, llegó junto a varios exmapucistas a la tumba del fundador. En un discurso donde hizo una semblanza personal y política de su camarada, lo retrató como "un amigo tierno, un intelectual lúcido y un dirigente firme que hizo uso intenso del don de la autoridad", que había encarnado con más carisma y lucidez que ninguno de sus compañeros la convicción de que eran parte de una "generación escogida", portadora del camino de la liberación. Sin embargo, evitó catalogarlo como un soñador, pues según él Ambrosio supo combinar los sueños con la pasión fría y un realismo a toda prueba.

*

Ni siquiera la muerte de Ambrosio podía frenar las tareas revolucionarias. La noche anterior al funeral la Comisión Política se reunió en la sede central del partido, ubicada en una vieja casona de tres pisos

IV LA ESPADA DE DOBLE FILO

en el pasaje Príncipe de Gales, a dos cuadras de La Moneda, para dirimir la sucesión.[25] Había dos nombres sobre la mesa. Como primer subsecretario, fundador, jefe del aparato y brazo derecho del principal constructor, uno era Enrique Correa. El otro era Gazmuri, quien había subrogado a Ambrosio a principios de 1972, durante su larga gira por el exterior, por la falta de tiempo de Correa, quien trabajaba como asesor del canciller Almeyda.

En la reunión participaron entre doce y quince dirigentes, recuerda Ávila. Gazmuri planteó que por su cargo correspondía que asumiera Correa, respetando así la línea de sucesión fijada por Ambrosio. Pero Correa se excusó con una frase que Tomás Moulian recuerda así: "Yo no soy para primero, yo soy para segundo". Ávila no recuerda la frase, aunque le cuadra con la personalidad del ovallino. Vicente García-Huidobro, miembro de la Comisión Política y presente en la reunión, dice que Correa tenía poca disposición a competir. Otros entrevistados que estuvieron en la cita confirman esta actitud.

Fránex Vera sostiene que en un momento pidió la palabra y dijo que Correa, debido a su trabajo con Almeyda, estaba alejado del partido y por eso había que elegir a Gazmuri. Su argumento, según Vera, ofendió profundamente a Correa, quien habría respondido: "El compañero Vera se ha permitido decir que yo he estado alejado del partido y eso no puede ser. Así que dejemos esto hasta acá: que el elegido sea Jaime". A pesar de su dureza como dirigente, en ocasiones Correa podía sentirse muy desairado por alguna crítica o comentario de alguien a quien estimaba. La política era su pasión y una de sus reglas para afrontarla era la racionalidad, pero en ella también habitaban sus afectos.

Según Ávila, igualmente hubo que votar, porque otros asistentes insistieron. Y todos debían pronunciarse, uno a uno, en voz alta. Ávila dice que él estaba por Gazmuri, debido a una "cierta tendencia a la arbitrariedad" que ya había visto en Correa. Sin embargo, dejó su voto para el final. Había sido parte de la directiva de Correa en la JDC hasta poco antes del quiebre, lo que le daba un cierto ascendiente. Decidió que si la elección era estrecha votaría por Gazmuri, pero que si este se iba imponiendo con holgura daría su apoyo a Correa. Así,

---

25 En su libro de memorias Fernando Ávila dice que la reunión fue la noche siguiente a la muerte de Ambrosio. Ávila, *Desde el interior*, 2021, 40. Ismael Llona (2006, 77) confirma el dato.

dice, en caso de cualquier conflicto posterior podría decirle: "Mejor paremos la tontera; te lo digo yo, que voté por ti". Correa votó por Gazmuri; Gazmuri, por Correa.

El resultado fue ampliamente favorable al ingeniero agrónomo. Correa solo tuvo dos votos. Uno de Gazmuri. El otro de Ávila.[26]

*

El grupo rodeó peligrosamente a Enrique Correa, cerrándole el paso con garabatos y amenazas. En diciembre de 1972, el MAPU realizaba su Segundo Congreso Nacional en el Gimnasio Nataniel de Santiago y el ambiente estaba muy crispado, con descalificaciones y pugilatos. Ahora, luego de una dramática votación, el jefe del aparato partidista estaba a punto de ser agredido por compañeros de la tendencia opuesta. Así al menos lo temió Gonzalo Ojeda, quien rápidamente intervino para que Correa no fuera golpeado. A pesar de estar en bandos distintos, "Fonolo" lo estimaba. Además, tenía claro que lo que menos le convenía a su sector era dejar herido a un dirigente contrario.

El conflicto se arrastraba desde hacía meses, antes incluso de la muerte de Ambrosio, cuando el sector más izquierdista de la colectividad empezó a cuestionar la línea oficial de apegarse al programa de Allende. El secretario regional de Concepción, Eduardo Aquevedo, era una de las principales voces disidentes. En su ciudad, donde ejercía una fuerte influencia, apoyaba las movilizaciones del MIR, y defendía la toma del poder por la vía insurreccional.[27]

Apenas asumió como sucesor, Gazmuri y la directiva se abocaron a la preparación del Segundo Congreso. La previa duraba varios meses, pues el debate debía iniciarse en las bases de cada provincia, hasta desembocar en una asamblea plenaria nacional en Santiago. Dos posiciones se fueron perfilando. La primera, enarbolada por Gazmuri y su mesa, era la "reformista", pues abogaba por la gradualidad de los cambios, a través de la vía institucional fijada por Allende. El reformismo, la tesis defendida por el gobierno y el Partido Comunista, tenía una mayoría aplastante en el Comité Central, controlaba sin contrapesos la organización partidaria –gracias al celo

---

26 Llona, 2006, 77.
27 Gazmuri recuerda en sus memorias que en 1971, antes de la muerte de Ambrosio, Aquevedo criticó el informe del dirigente máximo al tercer pleno del MAPU. "Un asunto que a Rodrigo le preocupó mucho y también a nosotros". Gazmuri y Martínez, 2000, 65.

de Correa– y ostentaba el apoyo de numerosos regionales pequeños. La otra posición, autodenominada del "poder popular", planteaba radicalizar las reformas para derribar el orden capitalista, y tenía un fuerte apoyo en tres de los regionales más grandes: Concepción, Valparaíso y Santiago Sur.[28] Con el desafío de derrotar a esta oposición izquierdista, a mediados de 1972 Correa dejó sus funciones como asesor de Almeyda y reasumió en plenitud su rol como segundo al mando.

Estas contradicciones internas no hacían más que expresar la agudización de las discrepancias en el seno de la UP respecto de hasta dónde avanzar con la vía chilena al socialismo. Se sumó que la derecha comenzó a pasar a la ofensiva, con protestas callejeras y acciones de sabotaje, y endureciendo sus posiciones en el Congreso.[29] Por su parte, el gobierno de Estados Unidos aumentó la presión, boicoteando el comercio exterior y las potenciales fuentes de crédito para Chile. Amplificadas por la paralización de la inversión privada y el mercado negro, las medidas de Washington recrudecieron las dificultades económicas y políticas del gobierno. A fines de agosto de 1972, en una cadena radial, Gazmuri calificó la situación como "la más grave y difícil" desde la asunción de Allende.[30]

Un por entonces joven mapucista de Santiago recuerda que, en esos días turbulentos, Correa seguía fiel a su estilo de montar acciones políticas visibles. A fines de 1970 Ambrosio había iniciado una fluida relación con el comandante en jefe del Ejército, Carlos Prats, en el entendido de que la tradición constitucionalista de los militares podría frenar cualquier aventura sediciosa. Siguiendo esa línea, Correa aprovechó la Parada Militar de 1972 en el Parque O'Higgins y, por órdenes suyas, piquetes mapucistas avivaron a las tropas con gritos como: "¡Soldado, amigo, el pueblo está contigo!".

Cuando partió el Segundo Congreso Nacional, en diciembre de 1972, la situación del MAPU era paradójica. Acababa de sorprender

---

28 Íd., 68.
29 La formación del Área de Propiedad Social de la Economía, un sector productivo que pasaría de privados al control del Estado, fue una de las principales controversias del periodo, polarizando el debate entre gobierno y oposición. Una de las refriegas más conocidas fue por el intento del gobierno de tomar el control de la Compañía de Papeles y Cartones. La derecha y *El Mercurio* levantaron la consigna "La Papelera no". S. Correa et al., 2001, 266-267.
30 MAPU-OC, "Cronología política del partido", 1979, 58.

a todos con la tercera mayoría en las elecciones de la CUT y su militancia vivía una expansión, gracias a su perfil juvenil y novedoso.[31] Sin embargo, la temprana muerte de su máxima figura había acelerado la irrupción de una fuerte disidencia interna, la que estaba a punto de poner a prueba la unidad del "destacamento proletario" construido por Ambrosio.

El congreso se inauguró el primer fin de semana de diciembre. En las graderías en torno a una multicancha del Gimnasio Nataniel se ubicaron los 1.500 delegados con derecho a voto. En un sector se apiñaron los partidarios de Gazmuri, que gritaban consignas sobre "consolidar" los cambios. Justo enfrente lo hicieron sus detractores, que respondían con "crear, crear, poder popular".[32]

En el cónclave se enfrentaron el "Voto 1", una defensa del reformismo redactado por Correa, y el "Voto 2", de Aquevedo y los partidarios del "poder popular". En una sorpresiva jugada, estos últimos habían sumado al economista Óscar Guillermo Garretón, miembro del sector de Gazmuri y exsubsecretario de Economía de Allende, para que encabezara su propuesta.

La directiva confiaba en retener el mando. Pero un par de semanas antes el secretario general supo que algo no andaba bien. Gente que suponía cercana tenía dudas o, como Garretón, había saltado al otro bando. Según Gazmuri, el encargado de las proyecciones electorales era Fernando Ávila, quien estaba optimista.[33] Pero Ávila lo refuta y afirma que le hizo ver que con suerte contaban con el 40% del Congreso, y que lo único que quedaba era montar la "máquina" para acortar al máximo la distancia.[34]

Como parte de la disidencia, Gonzalo Ojeda era uno de los redactores del "Voto 2". Según cuenta, apenas partió el congreso la directiva sufrió un primer revés: la asamblea aprobó un informe denunciando que algunas zonas afines al secretario general estaban sobrerrepresentadas, lo que debía corregirse. Carlos Sottolichio era un militante de Concepción de veinte años, miembro de la disidencia. Dice conservar la imagen de Correa en las últimas gradas, serio y en silencio: "De Correa me acuerdo perfectamente que se paraba atrás,

31 Gazmuri y Martínez, 2000, 67.
32 Valenzuela, 2014, 141.
33 Íd., 69.
34 Ávila, 2021, 44.

con terno y corbata, rodeado por dos o tres que lo estaban cuidando", probablemente miembros de la Secretaría de Asuntos Especiales, la sección a cargo de los temas de seguridad.

En la víspera de la jornada de votación final, tarde en la noche, conduciendo de regreso a sus casas por Américo Vespucio, el mapucista Jesús Manuel Martínez le oyó decir a Gazmuri una frase que lo sorprendió por su pesimismo: "Está faltando Rodrigo Ambrosio".[35]

Uno de los momentos más dramáticos vino en la jornada siguiente. Garretón había enviado una carta a Gazmuri explicando sus motivos para unirse al otro bando. Después se sabría que también habría deslizado fuertes críticas a sus nuevos aliados. En su discurso final, Gazmuri mostró la carta ante la asamblea, aunque dijo que no la leería, "por lealtad". Dicho eso, se acercó al aludido y se la devolvió. La mitad de la asamblea comenzó a increpar a Garretón. "Los de Gazmuri le gritaban que leyera la carta, pero Garretón se negó y nosotros lo apoyamos. Ahí hubo algunos pugilatos incluso", detalla Ojeda.

María Antonieta Saa, afín a Gazmuri, afirma que estaba a cargo de cuidar el ingreso a una dependencia cuando llegó Ojeda y le exigió que lo dejara entrar. "No vas a pasar", respondió ella. Cuando el disidente insistió, Saa le dio una cachetada, acompañada del peor insulto que se le vino a la cabeza: "¡Pequeñoburgués!". Saa cuenta que estaba tan avergonzada por la agresión que corrió a esconderse hasta que las cosas se calmaran.

La votación final fue una estrepitosa derrota para el sector de Gazmuri. De los 65 miembros del Comité Central, la disidencia ganó 38, rozando el 60%. La nueva mayoría eligió cómodamente a Garretón como nuevo secretario general y a nueve de los quince miembros de la Comisión Política.[36] Los vencedores celebraban a todo pulmón. Los reformistas quedaron mudos. Hubo más forcejeos. Exaltados del sector triunfador, no más de siete u ocho, rodearon a Correa y comenzaron a insultarlo. Como guardián de la disciplina interna, y debido a su cercanía con el PC –el máximo defensor del gradualismo en la UP–, era uno de los dirigentes más despreciados por la corriente izquierdista. Ojeda terció para aplacar los ánimos y pedirle que se

35 Gazmuri y Martínez, 2000, 68.
36 *Punto Final*, "Algunos antecedentes acerca del desarrollo histórico del MAPU", 1973, 11.

retirara. "Correa estaba bastante choreado, compungido, porque ese no era un trato habitual entre nosotros", recuerda.

Pero faltaba el epílogo. Confiados en su victoria, Gazmuri, Correa y el "núcleo de dirección" habían previsto cerrar el congreso con un apoteósico acto en el Estadio Santa Laura, en Independencia, con capacidad para más de veinte mil personas. Estaban convocados representantes de los demás partidos de la UP y del gobierno, además de figuras de países amigos como Vietnam del Norte, China y la Unión Soviética. Un rito de puños en alto y consignas revolucionarias diseñado a la medida de Gazmuri y los suyos.

El problema era que el podio ahora esperaba la llegada de Óscar Guillermo Garretón y su flamante directiva. Rompiendo con las más elementales nociones de los partidos marxistas-leninistas y obreros, los fundadores del MAPU habían organizado un congreso para perderlo. Y la victoria de Garretón y el sector más izquierdista era una mala noticia para Allende, que veía cómo los partidarios del "avanzar sin transar" le arrebataban una de sus fichas predilectas.

Así recuerda Sottolichio el ambiente en el Santa Laura: "Ellos estaban muy golpeados y nosotros muy agresivos: nos reíamos en su cara". Agrega que él y la militancia de Concepción, abrumadoramente afín a los vencedores, debían tomar el tren de regreso tipo ocho de la noche. Como estaba previsto que el acto partiera a las siete, tenían el tiempo justo para escuchar a Garretón antes de retirarse. Sottolichio y Ojeda coinciden en que el sector de Gazmuri retrasó a propósito la ceremonia. Así, cuando el nuevo secretario general comenzó a hablar, muchos de sus partidarios se retiraban. Según Sottolichio, cuando iban saliendo sus rivales les gritaban: "¡Váyanse, conchesumadres!".

En el escenario, los circunspectos invitados de países socialistas no entendían nada.

*

Ahora era Gonzalo Ojeda quien estaba a punto de ser agredido. La mañana del 7 de marzo de 1973 había llegado a la sede de Príncipe de Gales. El edificio estaba tomado por militantes del sector de Gazmuri, armados con palos y cadenas. Ojeda, miembro de la directiva de Garretón, afirma que cuando se acercó intentaron reducirlo. Fernando Ávila lo salvó de una golpiza. "A Fonolo no lo toquen", ordenó.

La escena grafica el nivel al que habían llegado las diferencias entre las dos almas de la UP. La crisis se había agudizado por la debacle económica, las tomas de predios y empresas, y los enfrentamientos callejeros. Allende no lograba alinear a su coalición bajo su objetivo de acotar las reformas para buscar un entendimiento con la DC y alejar el fantasma de un golpe de Estado. Aunque en ese afán tenía el apoyo del PC y del sector del PS de Clodomiro Almeyda, quien controlaba esta última tienda era Carlos Altamirano, partidario de avanzar sin transar y de preparar la defensa popular del proceso. Para complicar más las cosas, el gobernante y su línea moderada habían perdido formalmente el apoyo del MAPU, ahora en manos de Garretón y los ultras.

El Presidente sabía que tenía poco margen. El gigantesco paro camionero de octubre de 1972 lo había puesto en jaque. La movilización, a la que se unieron el comercio y gremios profesionales, frenó el transporte de carga durante un mes, en parte gracias al financiamiento de Estados Unidos.[37] El gobernante optó por llamar a los militares al gabinete. El 2 de noviembre, en el Ministerio del Interior asumió el comandante en jefe del Ejército, Carlos Prats, lo que acabó con el paro y dio una tregua al crispado ambiente político. Con el fracaso de su estrategia insurreccional de octubre para derrocar al gobierno la derecha se concentró en las elecciones parlamentarias de marzo de 1973, apostando a lograr la mayoría de la Cámara de Diputados y los dos tercios en el Senado para acusar constitucionalmente a Allende y destituirlo. Era el turno de la vía electoral.

Para el mandatario era vital prolongar la tregua más allá de marzo. Y eso implicaba mantener a Prats en Interior luego de las elecciones. Pero el general estaba reticente. El sector de Gazmuri, que tenía una fluida relación con él, intentó convencerlo. Una de las condiciones del general fue que todos los partidos de la UP se cuadraran con la línea moderada de Allende, para distender las relaciones con Estados Unidos y abrir un diálogo con la DC. Gazmuri y los suyos aceptaron. Pero como ni la directiva del PS ni la nueva mesa del MAPU estaban en esa postura, había que hacer algo. Y eso, afirma Gazmuri, "pasaba por el cambio de las direcciones; en el fondo, por la sustitución de Carlos Altamirano y Óscar Guillermo Garretón".[38]

---

37 S. Correa et al., 2001, 270.
38 Gazmuri y Martínez, 2000, 93.

La operación para sacarlos "la trabajamos mucho con los socialistas que estaban en esa línea, sobre todo con Clodomiro Almeyda y Rolando Calderón", cuenta Gazmuri.[39] La reunión principal fue en casa de Almeyda y a ella asistió Enrique Correa. No se avisó a los comunistas, se dio por descontado su apoyo. Tampoco a Allende, para no comprometerlo en algo tan riesgoso. Se acordó reemplazar a Altamirano por Almeyda en el PS, articulando una nueva mayoría en el Comité Central de ese partido. Respecto del MAPU, Garretón acababa de ser proclamado en un congreso nacional del partido celebrado para ese fin, triunfo legítimo por donde se lo mirara. Como no había tiempo, la única salida en este caso era dar un golpe interno. En palabras simples: para conservar la alianza con Prats y los militares, y así evitar un golpe en ciernes que todos intuían, había que asumir el costo de quebrar el MAPU.

Almeyda le pidió a Gazmuri que actuaran ellos primero. El acuerdo se cerró con que lo harían después de las parlamentarias del 4 de marzo, donde se jugaba el control del Congreso. Contrariando todos sus cálculos, en esos comicios la derecha y la DC, agrupadas en la Confederación Democrática (CODE), obtuvieron un 54,7%, alcanzando 30 de 50 senadores y 87 de 150 diputados. Un fracaso en el sentido de que no bastaba para acusar constitucionalmente a Allende. En cambio, los partidos de la UP obtuvieron el 43,4%, subiendo su representación en seis diputados y dos senadores. El MAPU, pese a estar desgarrado, eligió a dos diputados, Alejandro Bell, reformista, y Óscar Guillermo Garretón.

Para Gazmuri, Correa y su grupo, había llegado el momento de actuar. Decidieron avisarle a Allende: la misma tarde del domingo de las elecciones, Correa y Gazmuri lo visitaron en su casa de Tomás Moro para explicarle el plan. El líder de la UP vivía tensionado por las dos almas de su coalición, una de las cuales lo desautorizaba a menudo, al punto de erosionar gravemente la gobernabilidad. Zanjar ese problema de una vez, con una coalición ordenada y gradualista, parecía un buen plan. Era claro que el objetivo principal era cuadrar al PS y en eso los jóvenes mapucistas podían ayudar. "Pedimos su apoyo y nos lo dio", recuerda Gazmuri en sus memorias.[40] El gobernante

---

39 Ibíd.
40 Gazmuri y Martínez, 2000, 94.

comprometió, además, el respaldo de los medios de comunicación cercanos a La Moneda.

A las tres de la mañana del miércoles 7 de marzo, piquetes mapucistas afines a Gazmuri se tomaron las dependencias del partido en Santiago. La acción, rápida y simultánea, la encabezaron Gazmuri, Correa, Eduardo Rojas y Fernando Flores.[41] Días antes, en una parcela de Talagante, Correa había afinado personalmente los detalles con militantes a cargo del copamiento. Uno de los presentes, el estudiante de Medicina Juan Pablo Jiménez, recuerda que fue asignado a asaltar la sede de Príncipe de Gales. Hasta ese lugar llegaría horas después Gonzalo Ojeda, del sector de Garretón, y entonces Fernando Ávila lo salvaría de una golpiza.

La instrucción era copar los locales con gran cantidad de gente, armada con palos y otros elementos, para inhibir cualquier resistencia, aunque evitando víctimas fatales y heridos graves. Inspirándose en las lecturas del estratega militar prusiano Carl von Clausewitz, la apuesta era quebrar la moral adversaria, apelando a la sorpresa, la superioridad numérica y el copamiento en varios frentes. Así, el enfrentamiento sería rápido y limitado, en ningún caso un choque total. Gracias a ello, y a que el sector de Gazmuri controlaba casi la totalidad de la Secretaría de Asuntos Especiales (SAE), el equipo de autodefensa del MAPU, el asalto tomó a la directiva de Garretón totalmente desprevenida. El secretario general tuvo que regresar desde Concepción ese mismo día.

La acción quebró amistades de años. Un mapucista se recuerda a él y a otros seguidores de Garretón huyendo por la céntrica calle Ahumada, perseguidos a cadenazos por miembros de la SAE. El entonces dirigente juvenil Gastón Rojas fue golpeado en Huérfanos por militantes que hasta ese día eran sus amigos, incluyendo, dice, "un compañero de curso de toda la infancia".[42] El bando de Gazmuri se apoderó de la radio Sargento Candelaria, de propiedad del partido, y de una decena de autos Fiat asignados a la dirigencia. Los conductores eran bajados a patadas. En represalia, un grupo garretonista intentó arrojar al canal San Carlos el vehículo de un dirigente rival.[43]

---

41 Óscar Guillermo Garretón, "La crisis del MAPU. Cómo y de qué manera se divide a un partido de izquierda", 1973, 2.

42 Valenzuela, 2014, 146.

43 Ibíd.

De todas las sedes importantes en Santiago, para la directiva de Garretón solo quedó intacto un local frente al cerro Santa Lucía. Sus adversarios lo dejaron para que el sector más radical tuviera donde reunirse. El objetivo era quitarles infraestructura, no destruirlos como referente político. Guerra limitada, no total.

Antes del mediodía, con locales y vehículos en poder del sector de Gazmuri, varias radioemisoras difundieron que un pleno extraordinario del Comité Central del MAPU había expulsado del partido a quince miembros de la Comisión Política acusados de "ultraizquierdistas". Entre ellos estaban el subsecretario general, Eduardo Aquevedo, y Gonzalo Ojeda. Al día siguiente, la facción golpista anunció la expulsión de Garretón y su reemplazo por Gazmuri. La respuesta de la directiva oficial, con Garretón ya en Santiago, fue expulsar a Gazmuri, Correa y otros líderes adversarios.[44]

Las reacciones de cada sector de la izquierda se ciñeron a las dos posiciones en juego. Si bien el PC guardó silencio, su órgano de prensa, el diario *El Siglo*, se alineó con Gazmuri y los suyos. En la otra vereda, la directiva socialista de Carlos Altamirano, la Izquierda Cristiana y el MIR condenaron abiertamente lo que calificaron como el golpe de una facción interna. Almeyda apoyó al grupo de Gazmuri.

Por la audacia y seguridad en la planificación, además del apoyo de los medios de prensa afines a La Moneda, para la directiva de Garretón fue evidente que el copamiento había sido visado por Allende en el marco de una maniobra mayor para neutralizar al "polo revolucionario" de la UP. "Nosotros somos el aperitivo; el banquete está por venir al interior de la izquierda", advirtió el secretario general.[45] Su sector siguió llamándose MAPU, mientras que la facción escindida adoptó el de MAPU Obrero Campesino (MAPU-OC), con los cuatro principales escuderos de Ambrosio a la cabeza: Gazmuri, Correa, Vega y Ávila. Ambas tiendas coexistirían al interior de la UP.

A pesar de su éxito operativo, el plan no logró sus objetivos políticos. La división del MAPU causó impacto al interior del PS, donde la mayoría simpatizó con Garretón, lo que tuvo el efecto no buscado de fortalecer a Altamirano, quien se mantuvo como secretario general. Las diferencias entre las dos almas de la UP se agudizaron.

---

44 Garretón, 1973, 2.
45 Ibíd.

Con los años, Correa se arrepentiría profundamente de haber dividido al MAPU. Lo considerará una nueva grieta en el desencuentro del mundo progresista. "Él decía que si había un error en su vida era ese", apunta Carlos Sottolichio, quien se reencontraría con el dirigente en la primera mitad de los años 80.

A fines de marzo, Prats y los otros mandos militares dejaron el gabinete. Clausurada la vía electoral para sacar a Allende, la derecha se lanzó de lleno a la conjura de un golpe de Estado, con el apoyo del ala más dura de la DC. Las manifestaciones y protestas callejeras aumentaron, lo mismo que los atentados terroristas. El 29 de junio se alzó el Regimiento Blindados N°2 del Ejército, que avanzó con sus tanques hacia el centro de Santiago. La intentona, conocida como "el tanquetazo", dejó varios muertos y fue anulada en persona por el general Prats.[46]

El país olía a pólvora. El 23 de agosto, agobiado por las presiones internas para quebrar la tradición constitucionalista del Ejército, Prats renunció a la Comandancia en Jefe. Allende nombró en su reemplazo al segundo en la línea de mando, Augusto Pinochet, un general de la total confianza de Prats, quien lo recomendó como sucesor. Pero, como se sabrá después, el cambio de la cabeza del Ejército fortaleció a los mandos sediciosos.

Ya en mayo, como jefe del aparato del flamante MAPU-OC, Correa comenzó a apurar los planes ante la eventualidad de un golpe. Ese mes regresaron al país cinco mapucistas que habían viajado a Moscú para instruirse en técnicas conspirativas. Según uno de ellos, Correa les encargó que prepararan a otros cuadros de confianza para que sirvieran como enlaces secretos en caso de que el partido se viera obligado a pasar a la clandestinidad. Una tarea muy riesgosa, pues debían conectar a la cúpula con la estructura en todo el territorio.

A principios de septiembre, en sesión del Comité Central en la nueva sede del partido en la calle José Miguel Carrera, Correa entregó el informe político –un análisis de coyuntura– elaborado por la directiva. "Dijo que iba a haber una guerra civil, pero que la íbamos a ganar", señala Tomás Moulian, miembro de esa instancia. Moulian y José Antonio Viera-Gallo refutaron su pronóstico: aseguraron que

---

46 S. Correa et al., 2001, 272-273. Entre el 27 de julio y el 3 de agosto de 1973, el gobierno consignó la realización de 180 atentados terroristas, entre ellos el asesinato del edecán naval de Allende, Arturo Araya Peeters.

si había una guerra civil iban a ser aplastados. Fernando Ávila afirma que Correa los trató de derrotistas.[47] Moulian recuerda que Gazmuri guardó silencio.

Cuando terminaba la reunión se cortó la luz, producto de un atentado. Los asistentes se retiraron en penumbras. Viera-Gallo lo recordará como un lóbrego presagio. En las primeras horas de la madrugada del martes 11 de septiembre, una noche cubierta en Santiago no dejó ver la luna, que estaba en su última fase creciente.

Se iniciaba un día nublado, muy frío. Una jornada que marcaría la historia del país como un parteaguas.

---

47 Ávila, 2021, 49.

V

"MANUEL"

–¡Despierta, despierta! Parece que hay golpe.

Cerca de las siete de la mañana del martes 11, Correa despertó a su hermano Juan Carlos, estudiante de Historia en la Universidad Católica y militante del MAPU-OC, quien vivía con él en un departamento en la Villa Los Presidentes, en Ñuñoa.

–Hay movimiento de tropas en Valparaíso –le advirtió.[1]

El día antes, Correa, de veintiocho años, había estado en La Moneda, hasta donde también llegaron Viera-Gallo y Gazmuri. Tarde en la noche, solo este último pudo reunirse con el Presidente Allende, a quien le transmitió una arriesgada propuesta del MAPU-OC: descabezar a la Armada, el centro neurálgico de la preparación del derrocamiento del gobierno. "Suponíamos que habría resistencia, pero esperábamos el respaldo de los militares leales a la Constitución", explicaría Gazmuri años más tarde.[2]

–¿Qué quiere, Jaime? ¿Que le preste el sillón por un rato?

–Presidente, si me lo presta por doce horas solo para hacer esto, yo no me opondría.

El mandatario, sin embargo, ya había resuelto otro camino para encausar la grave crisis: llamar a un plebiscito que resolviera la continuidad o el término de la Unidad Popular, decisión que Gazmuri desconocía.[3] Este dejó el despacho presidencial con ánimo sombrío. Bajó las escaleras que daban a la calle Moneda y partió a su departamento en Las Condes. Temprano en la mañana del martes

---

1   J.C. Correa, 2018, 611, 639. Salvo que se indique lo contrario, el resto del relato en esta sección se basa en la misma fuente.

2   Gazmuri y Martínez, 2000, 149-164. Salvo que se indique lo contrario, el resto del relato sobre lo ocurrido con Gazmuri en esas horas se basa en la misma fuente.

3   Como Allende nunca pudo proponer pública y formalmente la idea de realizar un plebiscito, no está claro sobre qué exactamente llamaría a pronunciarse. Pero sí que el efecto político de una derrota implicaría poner fin al proyecto de la Unidad Popular.

11, el teléfono comenzó a sonar, alertando que la Armada tomaba el control de Valparaíso.

El golpe estaba en marcha.

Gazmuri llamó a la casa del Presidente. No pudo hablar con él, pero sí con una de sus hijas, Beatriz. Sí, sabían lo de Valparaíso. No, no habían confirmado movimientos de tropas en Santiago, pero estaban averiguando. Allende se aprontaba a salir a La Moneda.[4] El dirigente citó entonces a una reunión de la Comisión Política en la sede del partido.

Correa recibió el aviso, habló con su hermano y le pidió que escuchara la radio mientras se duchaba. Juan Carlos oyó un bando que mencionaba a Augusto Pinochet como uno de los golpistas. Le costó creerlo y a su hermano también: "Su primera reacción fue de extrañeza", recordaría cuarenta y cinco años más tarde. Comentaron que quizás el general estaba detenido y los conjurados usaban su nombre para no dividir al Ejército. "Confiábamos en que quien iba a defender al gobierno constitucional iba a ser el general Pinochet –dijo Correa en 2003–. Esa era nuestra convicción y así se lo habíamos escuchado, así lo había prometido".[5]

Antes de partir al centro de Santiago, le pidió a su hermano que dejara el departamento "cuanto antes". No habría bando constitucionalista, ni guerra civil. Sus compañeros tenían razón: si no actuaban rápido serían aplastados.

*

No hubo reunión en la sede de la calle Carrera. Los dirigentes empezaron a llegar al local, pero el amplio despliegue militar alteró las prioridades: había que deshacerse de cualquier información que pusiera en riesgo a los militantes y rescatar lo que sirviera para el futuro. Era obvio que no iban a volver. La Moneda había sido cercada. No había fisuras en el Ejército ni en el resto de las Fuerzas Armadas y Carabineros. El golpe era total.

---

4   Jaime Gazmuri, "Allende: de la esperanza a la tragedia", 2020, 373-389. Gazmuri también ha dicho que Beatriz Allende sí le mencionó que una columna militar iba desde San Felipe camino a Santiago. Francisco Artaza, "Jaime Gazmuri: 'No necesité escuchar el bando número 10 para saber lo que se vendría para mí'", 2023.
5   Arancibia, 2003.

En el partido habían empezado a barajar ese escenario, el peor de todos, apenas días antes. La evaluación en los meses previos apuntaba a un alzamiento menos contundente y brutal. El diagnóstico se sustentaba en dos tesis que resultaron erradas. Por un lado –explica un exdirigente mapucista que durante la dictadura fue miembro de la Comisión Exterior del partido–, esperaban que los países del campo socialista, especialmente la Unión Soviética, presionaran para abrir una negociación con Estados Unidos. "Como ocurrió con Cuba y la crisis de los misiles". Al fin y al cabo, la "vía chilena" era un intento institucional y pacífico por llegar al socialismo. Sin embargo, el apoyo de la URSS a la Unidad Popular fue más limitado de lo que esperaban en la coalición izquierdista, algo que entonces no se comentaba en voz alta pese a ser una opinión compartida en el gobierno y los partidos de la UP.

Por otro lado, continúa el exdirigente, confiaban en que si se producía un alzamiento las Fuerzas Armadas –o, al menos, el Ejército– se dividirían entre golpistas y constitucionalistas. Esa idea se fundaba en la confianza que algunos mapucistas tenían en generales como Carlos Prats, y en la buena opinión que este tenía de Pinochet y otros oficiales.[6] Jaime Estévez, entonces jefe del MAPU-OC en la Región Metropolitana, recuerda que "la idea original era que a lo mejor iba a haber un territorio o una zona leal al gobierno constitucional, y se suponía que eso iba a estar en las poblaciones".[7] Pero ya en la mañana era evidente que no habría capacidad para impedir el derrocamiento de Allende. "Había que pasar a la clandestinidad. No había ninguna condición de resistencia", resume Gazmuri.[8]

Ante esa realidad, el MAPU-OC contaba con una infraestructura precaria: ni tenían suficientes casas de seguridad ni estaban listos los documentos falsos que habían comenzado a fabricar días antes. En los pocos casos en que fue posible, a algunos integrantes del Secretariado –el núcleo directivo más pequeño– se les entregó dinero

---

6   Gazmuri cuenta en sus memorias que su correligionario Fernando Flores, entonces ministro secretario general de Gobierno, fue el único en el partido que anticipó que Pinochet participaría del golpe. En esos días le transmitió esa "intuición" y le pidió que la informara a Allende para que lo destituyera. Pero Gazmuri se negó, pues no tenían prueba alguna. Gazmuri y Martínez, 2000, 88.

7   Faride Zerán, *O el asilo contra la opresión. 23 historias para recordar*, 1991, 36.

8   Gazmuri y Martínez, 2000, 152.

y se les informó en las jornadas previas a dónde debían acudir en la eventualidad de un alzamiento.[9]

En la sede del partido, a la que llegó Enrique Correa, unos limpiaban oficinas y rescataban aparatos telefónicos y sacos de dormir mientras otros quemaban documentos. "Teníamos fichas, listas de compañeros con sus datos. Mi libreta de teléfonos y mi agenda estaban en el escritorio", recordaría Gazmuri.[10] Estévez, quien vestía terno y corbata, dirá que "tomé rápidamente todos los kárdex, los papeles, los listados, todos los documentos que podían comprometer a personas, y los quemé en el patio".[11] Ávila coincide: "Nos quedamos ahí, quemando todo lo que podíamos quemar". María Antonieta Saa se preocupó especialmente de llevarse un registro de adhesiones a favor de una veintena de marinos acusados de planificar una sublevación en la Armada.[12]

En un momento, Gazmuri propuso incendiar la sede para no dejar ningún rastro, pero la idea fue descartada porque en el último piso del edificio vivían unas monjas.[13]

El bombardeo al palacio de gobierno era inminente. Había que salir de ahí. Gazmuri llamó a La Moneda para despedirse del Presidente, quien en ese momento liberaba a sus edecanes de sus funciones. No pudo hablar con él, pero sí con Ricardo "Máximo" Pincheira, el jefe del GAP, con quien le dejó un recado:

—Dile al Presidente que estoy con él y que lo llamo para despedirme.

Al salir de la sede se topó con Luis Sánchez Castellón, quien encabezaba un "grupo de choque" del MAPU-OC, integrado por unos cincuenta estudiantes de la Universidad de Chile. Aunque sin armas ni formación militar, Sánchez estaba dispuesto a combatir ahí donde le indicaran. "Debemos replegarnos, ya recibirás instrucciones –le

---

9 Ávila, 2021, 51.
10 Artaza, 2023.
11 Zerán, 1991, 36.
12 Una veintena de marineros del crucero *Almirante Latorre* y del destructor *Blanco Encalada* fueron detenidos en agosto de 1973, tras reunirse con Carlos Altamirano (PS), Miguel Enríquez (MIR) y Óscar Guillermo Garretón (MAPU) para advertirles que había oficiales de la Armada planificando un golpe. Los marineros pidieron apoyo para tomarse los buques, cuestión que al menos Altamirano y Garretón descartaron. No obstante, luego la Armada presentó estas reuniones como prueba de un foco de sublevación y de infiltración desde la Unidad Popular. Mónica González, *La conjura. Los mil y un días del golpe*, 2011, 231-238.
13 Artaza, 2023. Otra versión sostiene que las monjas vivían al lado.

dijo el líder–. Nos vemos dentro de quince años". Sánchez no podía creerlo.[14]

De emergencia, esa tarde el Secretariado se reunió en la casa del militante Reinaldo Sáez, cerca del Estadio Nacional. María Antonieta Saa recuerda que llegó junto a Gazmuri y Correa, quienes desde ese día adoptaron "chapas" para ocultar su identidad: "Joaquín" y "Manuel".

Con la claridad de que el golpe era demoledor, el MAPU-OC se restó de los focos de resistencia. En esa reunión a media tarde, los miembros del Secretariado entregaron las pistolas que cargaban para su defensa personal y las metieron en una bolsa de pan. Entonces partieron a esconderse. "Resolvimos que la dirección se quedaba en Chile", recordó años más tarde Gazmuri. La orden fue fondearse. Solo debían salir del país los militantes con alto perfil público o con dificultades mayores para encontrar refugio y pasar a la clandestinidad. Esa primera determinación, que, según Gazmuri, se dio en medio de mucha confusión, pero "sabiendo que la derrota había sido grande y que se venía un periodo largo por delante",[15] terminaría abriendo paso a una hazaña: él fue el único de los jefes de partido de la Unidad Popular que logró vivir clandestinamente en Chile los años posteriores al golpe sin ser capturado, al igual que parte de la dirección del MAPU-OC.[16]

Nada de esto sería fácil ni indoloro.

*

Juan Moreno, más conocido como "Javier", conducía el auto en dirección al sur de Santiago. Con veinticinco años, era parte del equipo de seguridad del MAPU-OC y esa jornada tuvo la delicada misión de proteger a los dos principales dirigentes de la colectividad: el secretario general, Jaime Gazmuri, y el primer subsecretario, Enrique Correa. Trasladó primero a Gazmuri y a Luis Alarcón, "el Negro Alejandro"–a cargo de la protección del secretario general–, a la casa de este último, ubicada cerca del Paradero 10 de Santa Rosa, en lo que

14 Testimonio de Luis Sánchez Castellón en Gazmuri y Martínez, 2000, 152-153.
15 Eugenio Ahumada et al., *Chile. La memoria prohibida*, 1989, Vol. I, 191.
16 Gazmuri vivió clandestinamente en Chile entre el 11 de septiembre de 1973 y fines de 1983. En ese periodo salió del país en distintas ocasiones para cumplir tareas políticas o por razones de seguridad. Su ausencia más larga ocurrió entre agosto de 1976 y marzo de 1979.

entonces era la comuna de San Miguel (hoy San Joaquín). Iban en un Fiat 125 rojo, colmados de preocupaciones: la bolsa de pan con las pistolas que habían recogido entre los miembros del Secretariado, los controles militares –lograron eludir un par– y el anuncio de toque de queda, que partía temprano, a las seis de la tarde.

Una vez que Gazmuri y Alarcón estuvieron seguros, "Javier" partió a su hogar, ubicado a un par de cuadras. Hasta ahí llegarían Correa y su pareja Ana María, "Nina", una activa militante de la Escuela de Servicio Social de la Universidad de Chile, pues ya no podían seguir viviendo en el departamento de la Villa Los Presidentes. La casa de "Javier", de un piso y fachada continua, estaba emplazada en una calle perpendicular a Santa Rosa, en La Legua. El living comedor y un dormitorio daban a la calle. Hacia atrás, a un lado y otro de un largo pasillo que dividía el lugar, se repartían la cocina, el baño y otro par de habitaciones. Al final, al fondo de un patio interior, había una última pieza: ese sería, durante algunas semanas, el refugio del segundo hombre del MAPU-OC.

En el día, Correa permanecía sentado o de pie apoyado en el canto de la puerta, atento a la radio, que mezclaba marchas militares y la lectura de los bandos con que la Junta Militar comenzaba a gobernar el país. Así trataba de mantenerse informado. No salía. Con Gazmuri se comunicaba a través de mensajes escritos que intercambiaban gracias a personas que, como "Javier", hacían las veces de correos. En las noches se escuchaba el vuelo rasante de los aviones que iban y venían desde la Base Aérea El Bosque, ubicada a unos diez kilómetros. Con todo, en esas primeras horas las poblaciones de la zona sur parecían seguras, pues ahí los mapucistas tenían aliados dispuestos a acogerlos. Pronto, sin embargo, comenzaron los allanamientos.

A la casa donde se escondía Gazmuri llegaron en un pésimo momento: este revisaba, junto al "Negro Alejandro", unas fichas con nombres de militantes de base que habían ofrecido sus hogares como casas de seguridad. Apenas sintieron a los efectivos de la Fuerza Aérea, uno cerró la carpeta, otro tomó una pistola y juntos saltaron por una pandereta a una casa vecina. Cuando los uniformados amenazaron con hacerle daño a la mamá del "Negro Alejandro", este cruzó de vuelta, se entregó y se lo llevaron detenido.[17] Así salvó a Gazmuri,

---

17 Luis Alarcón fue llevado a la Base Aérea de El Bosque, luego trasladado al Estadio Nacional y finalmente al campo de prisioneros de Chacabuco. Fue

quien volvió a la casa de su amigo y a primera hora del día siguiente fue conducido por el padre del "Negro Alejandro" hasta donde se escondía Correa. Era la primera vez que se veían desde el golpe. Poco después, Gazmuri saldría de ahí hacia un nuevo refugio.

Una versión indica que cuando Gazmuri llegó a la casa de "Javier" el lugar también había sido allanado, pero, cuando los militares ingresaron, Correa y Nina estaban acostados y el pudor los frenó. Otro relato apunta a que el allanamiento se produjo después de que la pareja había dejado esa casa de seguridad. Lo que estaba claro al finalizar septiembre de 1973 es que el soplonaje estaba a la orden del día. Y que Gazmuri y Correa habían tenido una suerte enorme.

Tenían que salir de ahí.

*

Al momento del derrocamiento del gobierno el MAPU-OC era un actor secundario en la Unidad Popular. Contaba con un solo ministro, Fernando Flores; un diputado, Alejandro Bell, y ningún senador; sí tenía presencia en el mundo campesino y sindical: en 1972 Eduardo Rojas había ganado la vicepresidencia de la CUT. En lo grueso, se contaba una docena de dirigentes de alto perfil. La mañana del martes 11 Flores estuvo en La Moneda. Cuando ya había sido bombardeada y se incendiaban algunas de sus instalaciones, Allende lo mandató a él, a su secretario personal Osvaldo Puccio Giesen y al subsecretario del Interior Daniel Vergara para que cruzaran al Ministerio de Defensa y les ofrecieran a los militares su capitulación a cambio de que se formara un gobierno provisional.[18] El trío, sin embargo, fue detenido (junto con Osvaldo Puccio Huidobro, de veintiún años, quien esa mañana acompañaba a su padre). Los golpistas solo aceptarían una rendición incondicional.

Flores –cuyo nombre aparecía en el Bando N° 10, el primero en que la Junta Militar identificó a funcionarios y dirigentes que debían entregarse, convirtiéndolos en un blanco– se transformó así en el primer prisionero del partido en manos de la dictadura. Otros dos dirigentes que aparecían en ese bando eran Gazmuri y Carmen Gloria Aguayo, la candidata a encabezar el que debió haber sido el

---

liberado y murió en la segunda mitad de los 90. Gazmuri y Martínez, 2000, 163.

18 M. González, 2011, 361.

nuevo Ministerio de la Familia.[19] En una muestra del desconcierto y la confusión que reinaban, Aguayo esperó instrucciones durante horas y esa tarde terminó escondiéndose en un convento por iniciativa de su familia.[20] Más adelante, el Secretariado les ordenaría a ella y a autoridades como el exministro de Salud Juan Carlos Concha, el vicepresidente de la CUT Eduardo Rojas o el director de la radio Candelaria, Ismael Llona, que se asilaran. Aguayo lo hizo en la Nunciatura Apostólica, Llona en la Embajada de Honduras, y Concha y Rojas en la Embajada de Finlandia.[21] Al menos a Rojas y Llona la orden se las transmitió el propio Correa: "Ustedes salen porque están muy expuestos. Joaquín (Gazmuri) y yo pasamos a la clandestinidad".[22]

Hubo otros, como el exsubsecretario de Justicia, José Antonio Viera-Gallo, que pusieron en marcha un plan propio. Cuando la mañana del 11 escuchó que la proclama de la Junta Militar incluía a Pinochet, Viera-Gallo desistió de acudir al local de Carrera, se vistió con "ropa que me hiciese pasar por empleado público" y se escondió en el departamento donde vivía el sacerdote José Vial. "Me pareció absurdo no tener un lugar partidario de escondite. Varias veces pedí instrucciones. Nunca quedó claro el asunto. Por eso tuve que optar por una opción individual. Esta circunstancia me molestaba", escribió en esos días en un diario de vida publicado en 1991.[23] "Mis compañeros intentan vanamente reanudar el circuito", seguía. El miércoles 12 logró hablar telefónicamente con el cardenal Raúl Silva Henríquez y el obispo Bernardino Piñera, quien le consiguió asilo en la Nunciatura. Al día siguiente, el sacerdote y un cercano lo pasaron a buscar en auto y lo trasladaron a la sede diplomática. Ahí esperaría cuatro meses hasta partir al exilio.[24]

---

19 Aguayo, directora de Promoción Popular y esposa de otro militante, Vicente Sota, quien fue detenido ese 11 de septiembre y estuvo prisionero en el Estadio Nacional y en Chacabuco, no pudo asumir como ministra porque el Congreso se negó a aprobar la creación de la cartera, como parte de su política de impedir el funcionamiento del gobierno.
20 Ignacio González, *El día en que murió Allende*, 2013, 233-236.
21 Tras el golpe, la República Democrática Alemana rompió relaciones con Chile y le pidió a Finlandia que fuera su Estado protector. Finlandia aceptó y se convirtió en una de las legaciones que más chilenos perseguidos acogió en las dependencias que quedaron a su cargo, a la espera de que obtuvieran asilo. En 1977 cerró sus puertas y las reabrió en 1991.
22 Llona, 2006, 116.
23 Zerán, 1991, 54-57.
24 Íd., 1991, 61-65 y 148.

El perfil público de Viera-Gallo lo transformaba en candidato para el asilo y su actuar no fue cuestionado por el partido. Pero otros militantes que promovieron y tomaron la decisión de buscar refugio en alguna embajada fueron sometidos a "procesos de control y cuadros para juzgar su conducta militante".[25] En cualquier caso, se trató de casos aislados. La mayoría de los mapucistas se camufló para permanecer en Chile. Alejandro Bell, su único diputado, pasó a la clandestinidad. Además de Gazmuri y Correa, lo mismo hicieron Ávila, Saa y el consejero de la CUT Daniel San Martín, todos integrantes de la dirección clandestina.

En los días posteriores al golpe también hubo funcionarios, dirigentes y militantes que fueron ejecutados o hechos desaparecer. Así ocurrió con Eugenio Ruiz-Tagle, de veintiséis años, gerente de la Industria Nacional de Cemento, torturado salvajemente y fusilado por la "Caravana de la Muerte" el 19 de octubre de 1973 en Antofagasta.[26] También con José Córdova, administrador de la Empresa Portuaria de Chile, ejecutado en el campamento de Pisagua. El primer mes varios dirigentes campesinos fueron detenidos y hechos desaparecer, como René Burdiles, Hernán Angulo y Juan Bautista Bastías. Otros, como Hernaldo Aguilera, fueron ejecutados. Lo mismo ocurrió con Sergio Maureira Lillo, dirigente agrícola y líder católico, quien fue asesinado y desaparecido junto a sus hijos Sergio Miguel, José Manuel, Segundo Armando y Rodolfo Antonio Maureira Muñoz. Sus cuerpos fueron lanzados a los hornos de Lonquén, donde en 1978 serían descubiertos, transformándose en la prueba irrefutable de la existencia de detenidos desaparecidos.[27] En regiones fueron detenidas direcciones completas del partido: así ocurrió en Los Ángeles, Valdivia y Llanquihue.[28]

Jaime Estévez describe así el estado de ánimo en esos días: "Eran tiempos de angustia y uno tenía información de todas partes y

---

25 *Bandera Verde*, "Proposiciones de sanciones a miembros del Comité Central", sin fecha clara.

26 Comitiva del Ejército encabezada por el general Sergio Arellano Stark que se trasladó a cinco regiones para ordenar ejecuciones de opositores, muchos de los cuales siguen desaparecidos. Su historia fue contada por la periodista Patricia Verdugo en *Los zarpazos del puma* (1989) y *Pruebas a la vista* (2000).

27 Considerando a los militantes del MAPU-OC y el MAPU, en total fueron asesinados o hechos desaparecer más de cuarenta dirigentes de ambas colectividades.

28 Gazmuri y Martínez, 2000, 174.

todo lo que llegaba era malo. Gente que estaba presa, las condiciones en el Estadio Nacional eran graves, y empezamos a saber de inmediato de fusilamientos o sumarios sin juicio. Había un clima orientado a producir ese terror. Creo que todos teníamos una enorme angustia por la destrucción de un proyecto de vida, pero principalmente por tanta gente que estaba presa y en condiciones brutales y que estaba siendo asesinada. (…) La reacción natural era salir a la calle a gritar, o a enfrentar esas fuerzas represivas; pero con eso, obviamente, la gente terminaba muerta".[29]

En Santiago, de hecho, a los pocos días del golpe, el equipo del MAPU-OC a cargo de organizar la infraestructura clandestina sufrió un golpe casi letal. El viernes 14 de septiembre, Fernando Villagrán y Felipe Agüero llegaron en auto hasta el Paradero 9 de Santa Rosa y caminaron a la casa de Luis Alarcón, donde se refugiaba Jaime Gazmuri. Estudiantes universitarios de veinticuatro y veintiún años, encabezaban la SAE, cuyo trabajo era supervisado directamente por el líder del partido y que en la Unidad Popular tenía a cargo las "tareas de autodefensa".[30] La SAE se había creado a principios de los 70 y la lideraba el extupamaro uruguayo Juan Pablo Schroeder.[31] En *Los santos están marchando*, Ismael Llona la describe como la estructura "especializada en inteligencia, contrainteligencia, protección de dirigentes, trabajo clandestino en ciudades y preparación militar ante la eventualidad segura del golpe".

Sus integrantes contaban con instrucción militar básica. Durante la UP, algunos habían asistido a cursos en el extranjero, por lo general en La Habana, mientras otros habían sido entrenados en Chile, generalmente en zonas costeras donde dirigentes campesinos les facilitaban el ingreso a terrenos seguros, alejados de la vista de los lugareños. En ese periodo, la principal tarea de la SAE era proteger a los dirigentes del partido. Más adelante, cuando el MAPU-OC

29 Zerán, 1991, 103.
30 A menos que se indique lo contrario, el siguiente relato se basa en el testimonio que Fernando Villagrán entrega en *Disparen a la bandada* y en los recuerdos de Jaime Gazmuri en *El sol y la bruma*.
31 Llona, 2006, 69. El movimiento de Liberación Nacional Tupamaros fue una guerrilla urbana de izquierda que operó en Uruguay entre mediados de los 60 y 1973, cuando fue desbaratado. Sus principales dirigentes estuvieron encarcelados hasta 1985, mientras Uruguay vivió bajo una dictadura. Luego se sumaron a la política democrática y José Mujica, uno de ellos, llegó a la Presidencia de ese país.

comenzó a prepararse para el golpe, la SAE fue la encargada de tejer una red de militantes de base dispuestos a facilitar sus domicilios como casas de seguridad. También consiguieron decenas de matrices para confeccionar carnés de identidad falsos, en las que bastaba completar los datos y acompañar una fotografía.

Villagrán y Agüero sostuvieron una reunión con una quincena de integrantes de la SAE en un departamento en La Legua. Los asistentes llegaron armados. Y pese a que la decisión del MAPU-OC era replegarse, en esa reunión planificaron algunas acciones de sabotaje contra patrullas militares.

–Pido permiso para retirarme –dijo solo uno de los asistentes–. Esto es una locura.

"Lo miramos feo, pero era el único que estaba pensando de forma inteligente", relata un asistente, casi cincuenta años después.

El encuentro terminó antes del toque de queda. Villagrán y Agüero se reunieron más tarde con Gazmuri y Saa en otra casa del sector. En *Disparen a la bandada*, Villagrán rememora que se escuchaban helicópteros y el sonido de las ruedas de los vehículos militares. Relata que, en la reunión, trabajaron "en la revisión del funcionamiento de la estructura partidaria y en los mecanismos para proteger a los dirigentes que serían buscados por los militares". Luego, "nos concentramos en la redacción de un primer instructivo a la militancia y a los amigos del partido que daba cuenta de lo sucedido el 11 de septiembre y entregaba algunas pautas de acción para resistirse a la instalación de la dictadura militar".

Ese documento se llamó *Bandera Verde* –en adelante, así se llamaría el boletín de informaciones del partido– y su primer número fue escrito a máquina. Villagrán guardó una copia para reproducirla con esténcil y mimeógrafo. La reunión siguió hasta tarde. Todos durmieron poco. Muy temprano en la mañana del domingo 16, Villagrán y Agüero partieron a buscar el Peugeot celeste que habían dejado estacionado a algunas cuadras. Zafaron de un primer control realizado por funcionarios de Investigaciones, pero cuando se internaron en La Legua, donde los militares realizaban un allanamiento, un grupo de soldados los detuvo y los hizo bajar del auto.

–¿Dónde tienen las armas? –les preguntaron.

Tras revisar el auto, un soldado encontró la copia de *Bandera Verde Nº1*. Un sargento comenzó a leer el boletín en voz alta, pateó en los testículos a Villagrán e inauguró así una golpiza a la que se sumaron otros uniformados y que dejó malheridos a los jóvenes. Luego los trasladaron a la Escuela de Especialidades de la Fuerza Aérea, en El Bosque, donde fueron torturados mientras los interrogaban. Maltrechos, horas después partieron en un camión militar con destino al Estadio Nacional.[32]

La cabeza de la SAE había rodado. Gazmuri se enteraría en las horas siguientes. El plan de hostigar a las patrullas militares fue desechado de inmediato. Había que volver a empezar, prácticamente desde cero. En eso estaban Gazmuri y "el Negro Alejandro", de hecho, cuando en los días siguientes allanaron la casa de este último y él se entregó para salvar al líder. Vino entonces el encuentro de Gazmuri con Enrique Correa en la casa de "Javier". "La preocupación del momento era rearmar la red, tener el cuadro con los compañeros que habían caído, armar un sistema de apoyo a las familias de los presos", ha contado Gazmuri. "[Con Correa] intentamos montar otra vez el sistema del aparato clandestino del partido. Una tarea que nos tomó tres a cuatro meses".[33]

En las semanas siguientes, Gazmuri salió desde la zona sur hasta la casa de un mapucista que vivía al otro extremo de la ciudad. Luego se escondió en el barrio alto, que se transformó en un sector más seguro.

Los dirigentes comenzaron a leer manuales sobre vida clandestina. Aprendieron a llevar rutinas e inventar "leyendas"–quiénes eran, qué hacían– sobre cada uno. Mientras más alto fuera el nivel de vida que podían mostrar, mejor. Veían a contadas personas y se comunicaban a través de un sistema de "enlaces", es decir, militantes de confianza que hacían informes verbales o trasladaban notas y documentos de un lado a otro. Gazmuri apenas salía, pero se juntaba con los vecinos a jugar bridge. Cuando tenía que movilizarse lo hacía en auto y siempre acompañado de un chofer, que además estaba a cargo de su seguridad.

Después de la caída de Villagrán y Agüero, cuando la nueva SAE consiguió recuperar las matrices perdidas de los carnés, fueron repartiendo las nuevas identidades a los dirigentes. Gazmuri fue "José Manuel Vial Uribe". Pero más adelante usó un "socías", es decir, el nombre verdadero de un militante que prestaba su identidad

---

32 Iban a ser fusilados, pero el capitán de la Fuerza Aérea Jorge Silva logró colarlos en el grupo que partió al Estadio Nacional. Más tarde, Silva sería detenido por sus compañeros de la Fuerza Aérea y se toparía con los dos jóvenes mapucistas en la Cárcel Pública, donde prefirió desconocerlos. Años después se reencontrarían. Villagrán, 2002.
33 Artaza, 2023.

con ese fin. Entonces el secretario general del MAPU-OC pasó a llamarse Marcial Edwards: de él no solo tenía un carné de identidad falso sino que documentos reales, como la credencial de socio de un club de fútbol y hasta cheques firmados.

Pese a las dificultades, el MAPU-OC se adaptó a la clandestinidad y no tuvo víctimas fatales que lamentar en el equipo de dirección. Influyeron dos factores: se trataba de una estructura pequeña y joven y, por ende, dúctil; y no era prioridad para la Dirección de Inteligencia Nacional (DINA), encabezada por Manuel Contreras, que persiguió con ahínco primero al MIR y al PS, y después al PC. "El foco de la represión eran el MIR y el PS. Parecía que los aparatos represivos habían constituido equipos especializados. Nosotros no teníamos fuerza de masas ni grupos armados, estábamos recién divididos y no éramos objetivo principal. Eso nos facilitó las cosas. Entonces iniciamos los contactos posibles con otros partidos", escribe Ávila.[34] "A fines de 1973 estabilizamos una estructura clandestina que para el periodo no era pequeña", rememora Gazmuri.[35]

*

"Soy un periodista uruguayo y quiero entrevistar a Manuel".[36]

Ese fue el santo y seña que el abogado argentino Ricardo Koolen, el "Flaco Lorenzo", utilizó en septiembre de 1973 para tomar contacto con la dirección del MAPU-OC. Venía desde Buenos Aires, enviado por José Miguel Insulza y Juan Enrique Vega –quienes quedaron a cargo del partido en el exterior–, y buscaba reunirse con Enrique Correa. Su contacto lo llevó a conversar con "Manuel" y desde ese minuto Koolen se convirtió en un sostén indispensable para el aparato clandestino del partido en Santiago. Gracias a él, Correa y Gazmuri comenzaron a retomar vínculos con otros dirigentes en el interior del país.

A Correa, sin embargo, no era fácil ocultarlo. No aparecía en el Bando N° 10, reservado para altos dirigentes de la UP, pero a sus veintisiete años era una de las figuras públicas del partido, una voz radical en el debate político y, sobre todo, con 120 kilos, cejas frondosas y labios gruesos, era muy reconocible. "De algunos de nosotros

34 Ávila, 2021, 55.
35 Gazmuri y Martínez, 2000, 173.
36 Llona, 2006, 143.

había una o dos fotos tomadas antes del golpe, pero Enrique aparecía en decenas", grafica un integrante de la entonces dirección clandestina. Gazmuri buscó mimetizarse usando bigotes y anteojos, y vistiendo como los hombres de clase alta. Ávila adoptó el traje y la corbata para adquirir un aspecto formal. Alguien propuso que Correa usara las vestimentas de un cura franciscano, pero, más que una solución, eso hizo más patente el problema.

Urgido por encontrar un nuevo refugio, desde la casa de "Javier" en La Legua Correa partió más al sur: los recibió en La Cisterna una tía de Ana María. Ahí se movía lo justo y necesario. Si las condiciones de seguridad lo permitían, asistía a la reunión del Secretariado que se realizaba bimensualmente si las condiciones de seguridad lo permitían. Estos encuentros eran en casas del barrio alto facilitadas por militantes, simpatizantes o ayudistas. Los dirigentes llegaban con diez o quince minutos de desfase. Algunos, como Gazmuri y Correa, iban acompañados.

Fruto de esos primeros debates, en noviembre de 1973 el MAPU-OC publicó el documento "Sobre el carácter democrático de nuestra revolución", donde definió como objetivo político primordial la conformación de un frente antifascista para derrocar a la dictadura, basado en "la unidad de la UP, la DC y el MIR". Se trataba de la misma política que impulsaban el PC y la dirigencia del PS en Chile. El documento advertía que "no es una tarea fácil", por los recelos, desconfianzas y críticas de la DC hacia la UP y viceversa. Se asumía que entre los democratacristianos había "sectores más reaccionarios" que no se sumarían a una alianza de este tipo, por lo que "se impone un trabajo perseverante, paciente, flexible y sistemático del movimiento popular hacia la DC en todos sus niveles, con el objeto de disipar las barreras subjetivas que la separan de nosotros".

En eso estaba Correa cuando recibió un recado de su familia: querían saber de él. Su hermano Juan Carlos lo había visto por última vez la mañana del 11 y a fines de septiembre había viajado a Ovalle para refugiarse junto a sus padres y hermanas, a la espera de garantías para retomar sus estudios. El padre, que no calibraba aún cuán represivo era el nuevo régimen, no comprendía que Enrique no se entregara "para regularizar su situación".[37] Afligido, a fines de noviembre le pidió a Juan Carlos que viajara a Santiago para averiguar

---

37 J. C. Correa, 2018, 193. Las siguientes citas proceden de la misma sección de su libro.

qué pasaba. "Tomé contacto con algunos amigos del MAPU, quienes me dijeron que mi hermano estaba bien, pero que de vez en cuando se veía obligado a cambiarse de casa por motivos de seguridad. Se comprometieron a contactarlo", relata en sus memorias.

Unos días después almorzaron en La Cisterna. Juan Carlos se encontró con un Enrique que había perdido algo de peso, usaba bigotes y estaba "tranquilo, expansivo". "Yo me quiero quedar a vivir en Chile clandestinamente –le dijo–. No quiero exiliarme".

Al terminar, Enrique acompañó a Juan Carlos al paradero. "Una persona que pasaba saludó a mi hermano y siguió su camino. Mi hermano se inquietó y me dijo que desde el 11 de septiembre esa era la primera persona que lo reconocía en la calle". Días después, Correa se enteró de que habían allanado el departamento de la Villa Los Presidentes. Entonces le envió una nota: "Vuelve a Ovalle".

Por esas fechas Correa se trasladó a una parcela en la calle Pedro Fontova en Conchalí (hoy Huechuraba), en la zona norte de la capital. Se escondió en una amplia casa de campo dividida en dos y rodeada de huertos. Una de las alas pertenecía al militante Arturo Montes, quien había sido asesor en el Ministerio de Economía de Allende. Hasta que se presentó un nuevo problema. Hubo una fiesta y una de las invitadas, pariente de la familia y de derecha, lo divisó. "Es un amigo de la empleada", le dijeron. De nuevo asomó el peligro y esta vez el partido resolvió que debía dejar el país. La alternativa era arriesgar a "Manuel" y, tras de él, al resto de la colectividad.

El dirigente no compartió la decisión. Fue una etapa particularmente difícil: había caído el gobierno y estaban en riesgo su partido y sus amigos. Separado de Catalina Bau, había dejado de ver a su hijo Carlos y no sabía cuánto tiempo pasaría antes de retomar el contacto. Para rematar, ahora estaba en peligro su vida. Militante convencido, acostumbrado a la actividad política cotidiana, pasó de querer cambiar el mundo a tener que reconstruirlo. Para alguien con su función y personalidad, acostumbrado a llevar el contacto con la militancia a lo largo del país, lo natural era estar en Chile y operar desde la clandestinidad. Pero Correa era entonces disciplinado y acató. "Enrique no quería asilarse, pero al final lo convencimos", recuerda Mario Valdivia, que lo reemplazó en el Secretariado y tomó el control del frente de Organización.

Lo que quedaba, entonces, era diseñar un plan para sacarlo del país. Y eso partía por buscar asilo.

Carlos Portales, quien décadas después llegaría a ser director general de Política Exterior de la Cancillería, era entonces un mapucista de veinticuatro años que había trabajado en el Ministerio de Relaciones Exteriores como asesor del ministro Almeyda hasta el 14 de septiembre, cuando fue despedido. A fines de 1973 fue contactado por alguien de su partido. "Me dicen: 'Estamos con problemas con Enrique y quiere que hables con el embajador de Perú'". Arturo García y García, el representante diplomático del país vecino, conocía a Correa por su trabajo en la Cancillería desde abril de 1971 y hasta mediados de 1972. El diálogo era fluido, no solo porque se respetaban sino por la cercanía que existía entre la UP y la dictadura izquierdista de Juan Velasco Alvarado.[38] A esto se sumaban los propios lazos de la colectividad con el país vecino: Gazmuri era amigo del único civil del gobierno, casado con una prima, y Juan Enrique Vega, del canciller de ese país.[39] Y en los años previos dirigentes como Correa habían trabado amistad con líderes de la Juventud Demócrata Cristiana peruana que luego formarían un movimiento a la siga del MAPU, el Partido Socialista Revolucionario.[40]

A fines de 1973, sin embargo, la Embajada de Perú no estaba acogiendo a opositores. El país vecino, de hecho, concedió pocos asilos, pues Velasco no quería problemas con Pinochet y "que le metieran *paquetes* [infiltrados o espías]".[41] Además, la sede diplomática, ubicada en la costanera Andrés Bello, era constantemente vigilada.

Portales consiguió una entrevista con el embajador García a través de una prima que trabajaba en la embajada: "Mire, no estamos dando asilo, pero tratándose de Enrique no puedo sino decirle que sí", recuerda que le dijo. "Él fue muy amable. Conocía mucho a Correa y tenía muy buena relación con él, porque más allá de sus posiciones ideológicas Enrique era un personaje importante, razonable y muy inteligente", explica Portales. García definió el día y hora en

---

38 La dictadura de Juan Velasco Alvarado (1968-1975) era de corte nacionalista y antiimperialista, y estrechó vínculos con la Unión Soviética.
39 Gazmuri y Martínez, 2000, 211.
40 *La Tercera*, "El canciller de Perú y sus andanzas con los ex MAPU", 2011.
41 Llona, 2006, 129. Tras refugiarse en la embajada de Honduras, Ismael Llona fue de los pocos chilenos que consiguió asilo en Perú (junto a su mujer y sus dos hijos). En sus memorias recuerda que Perú concedió asilo por decisión propia a apenas una decena de chilenos y sus familias, entre ellos al embajador de Chile en ese país, Luis Jerez, al exministro Jaime Suárez y a la senadora María Elena Carrera.

que lo recibirían, y el MAPU-OC puso en marcha un operativo que ya daba muestras de cómo se adaptaban a la clandestinidad.

Paulina Elissetche tenía entonces veintidós años, estudiaba Historia en la Universidad de Chile y se había involucrado de lleno como enlace del partido. A fines de 1973 le instruyeron trasladar a una pareja desde una parcela en Conchalí hasta Providencia. Al llegar se encontró con Correa. "Creo que fue la primera vez que lo vi después del golpe. Yo había sido amiga suya. La felicidad de verlo fue grande. Estaba vestido con terno, corbata, muy elegante", recuerda en *O el asilo contra la opresión*.[42] Elissetche y otra militante lo trasladaron en una Citroneta AX330 a un departamento ubicado en la calle Holanda, en Providencia. Hasta ahí llegaría también Ana María, pareja de "Manuel".

El día definido para el traslado a la embajada llegaron al departamento los mapucistas Paulina Elissetche y Rafael Estévez, además de Carlos Portales y su prima, la funcionaria de la embajada peruana. Elissetche manejó la misma citroneta, con Estévez como copiloto y Correa –de terno y corbata– sentado atrás. "Habíamos trazado todo un recorrido. Enrique iba tranquilo. Creo que conversábamos", sigue Elissetche.[43] Adelante, en un vehículo con patente diplomática, iban Portales y su prima. Enfilaron rumbo a la costanera Andrés Bello. Al llegar, se abrió el portón y el auto de Portales ingresó a la legación. Correa se bajó. "Los asientos de atrás de las citronetas eran altos, pero él da un salto, rápido, y entra caminando paralelamente al auto. Vimos que entró, me fui y doblé por La Concepción", recuerda Elissetche. Una pareja de mapucistas había observado todo desde el parque al otro lado de la costanera. A través de una serie de enlaces, la directiva supo que Correa estaba a salvo. En los días posteriores, gracias a un plan casi calcado, Ana María también se asiló en la legación peruana. "Me asilé a fines de 1973, me salvaron la vida Carlos Portales, actual director general de la Cancillería, y Arturo García, el embajador del Perú. Tuve una estancia breve, aunque grata en Perú", contó Correa en 2002.[44]

El dirigente se reencontró en Lima con Juan Enrique Vega y José Miguel Insulza, encargados de organizar el partido en el exterior.

---

42 Zerán, 1991, 272-273.
43 Ibíd.
44 Zalaquett, 2002.

También con Ismael Llona, que se transformaría en el encargado del MAPU-OC en ese país. Todos celebraron el Año Nuevo en su casa. Cinco minutos antes de las diez en Perú, cuando en Chile se acercaba la medianoche, el periodista pidió hacer un brindis por un año "con más logros democráticos".[45] Correa tenía un deseo propio: volver a Chile lo antes posible.

*

Un documento interno del Partido Comunista, fechado el 6 de enero de 1974, hasta ahora inédito, confirma que Correa estuvo en Lima ese mes. La minuta, que alude a un mensaje recibido desde la "Emb. en Lima" –presumiblemente la sede diplomática de la Unión Soviética– recoge las impresiones de Correa después del golpe. Tras dar cuenta de la situación del MAPU-OC en el "interior", se detiene en el derrocamiento del gobierno:

> 2. MAPU[-OC] opina que errores UP fueron razones de la caída. Una de las debilidades mayores fueron las concesiones a posiciones ultraiz., por lo cual no se consiguió línea única.
> PS sin formación ML [militar] se movía a posiciones ultra. UP no era capaz de establecer alianza con pequeña burguesía.
> Otro factor fue la imposibilidad de establecer alianza con las FF.AA. Esto no podía establecerse sobre la base subjetiva, sino objetiva de clases. Para ello era preciso resolver alianza con PDC. A partir de junio 1973, la UP perdió iniciativa política.

Luego aborda las fortalezas y debilidades de la Junta Militar, y califica a las Fuerzas Armadas como una "fuerza de ocupación":

> Sería ilusorio despreciar la capacidad de maniobra de la Junta. Su fuerza [radica] en:
> a) Unidad de las FF.AA., sobre todo luego de la purga interna. Son una fuerza de ocupación que no tiene alternativa a retirarse, por tanto, lucharán hasta el final por su existencia.
> b) Debilidad de la Junta reside en que la mayoría del pueblo está en la oposición. Situación económica empeora. 20% de las empresas está en bancarrota.

---

45 Llona, 2006, 125-126.

Debido a la represión brutal y a la no reconstrucción de las fuerzas UP, aún no se inicia la lucha contra la Junta.

c) Algunos como [el general Óscar] Bonilla se dan cuenta de la debilidad de la Junta y tratan de corregir. Ellos opinan que el apoyo de las masas es más importante que la fuerza militar. Tratan de impedir la acción común de UP y PDC. Bonilla recomienda una política discriminatoria respecto de la DC.[46] La política de Bonilla es rechazada por la mayoría de la Junta y se discute destitución de Bonilla. (…)

d) Actitud de la Iglesia es positiva, entre ellos el cardenal [Raúl Silva Henríquez], quien apoya directa o indirectamente la oposición a la Junta.

e) Partidos de la UP, PS y MAPU[-OC] están en permanente contacto y elaboran las tesis para la formación de un frente antifascista amplio.

Sobre la estrategia con que la oposición debe enfrentar a la dictadura y los obstáculos que visualiza, el documento recoge el siguiente análisis de Correa:

Puntos esenciales

a) Incluir al PDC. PS quiere solo ala progresista.

b) Aplicación de todas las formas de lucha. En principio existe opinión que por ahora acciones armadas serían solo provocaciones.

c) Punto más delicado es actitud ante Fuerzas Armadas.

d) Formación de un partido único de la clase obrera. Correa opina que, si eso no se realiza próximamente, el MAPU[-OC] se uniría con el PC.

e) (…) PS ha tenido muchas dificultades para reorganizarse y eso dificulta la elaboración de línea conjunta. PS está bajo la dirección de Exequiel Ponce y quiere expulsar a fracción trotskista.

Por último, sobre la posición de la Democracia Cristiana, entonces presidida por Patricio Aylwin, Correa comunica hasta dónde avanzaba la estrategia de acercarse a ese partido para convencerlos de unirse a un Frente Antifascista:

PDC

Se muestran 3 líneas:

---

46 El general Bonilla propone entenderse con la DC, marginando a los partidos de izquierda.

a) A la izquierda Jorge Donoso y Belisario Velasco, que están por frente único con la UP y estarían dispuestos a salir del PDC.
b) Grupo de centro con [Bernardo] Leighton, [Renán] Fuentealba y [Radomiro] Tomic, que se dan cuenta que una resistencia eficaz no se puede sin UP. Estos círculos quieren eludir una alianza pública, aunque están dispuestos [a] acciones comunes. Ellos temen represión de la Junta, pues no la podrían resistir. (…)
c) Los colaboradores alrededor de Frei, quienes están en favor de una cooperación en el seno del Gobierno para asegurarse posiciones. (…)

Como deja claro el documento, al despuntar 1974 el MAPU-OC estaba muy cerca del Partido Comunista y del sector más moderado del Partido Socialista, encabezado por Exequiel Ponce y Carlos Lorca, quienes se habían hecho cargo de la conducción de la colectividad en Chile y tenían una visión muy crítica de Carlos Altamirano, el secretario general, que ya estaba en el exterior. En ese periodo, los tres partidos comenzaron a trabajar coordinadamente.

La idea del "trío", según un mapucista, surgió en un encuentro entre Gazmuri y Ponce.[47] "Establecimos lo que llamamos el 'trío', que era como el núcleo duro de reconstrucción de la Unidad Popular: socialistas, comunistas y mapucistas. Los tres grupos contábamos con direcciones legítimas, que venían del periodo anterior. Entre 1974 y 1975 estos tres partidos trabajan en la misma perspectiva política".[48] Gazmuri relata que por entonces se reunía periódicamente con el dirigente comunista Jorge Insunza, mientras la relación cotidiana con los socialistas, especialmente con Lorca, la llevaba Fernando Ávila.[49] Todos los contactos eran clandestinos.

Correa salió al exterior con este cuadro en la cabeza. En lo personal, seguía siendo muy cercano a los comunistas. Desde temprano había suscrito la tesis de la "vía chilena al socialismo", cuyo eje en el gobierno de Salvador Allende era el PC, y había sido crítico de las expresiones ultraizquierdistas del PS, el MAPU-Garretón y algunos sectores de la Izquierda Cristiana, además del MIR. Tenía una buena relación con el secretario general del PC, Luis Corvalán, y era muy

47 Ávila, 2021, 55.
48 Gazmuri y Martínez, 2000, 179.
49 A esas reuniones de coordinación acudían también los dirigentes comunistas José Weibel y Jorge Montes, además de Vicente García-Huidobro por el MAPU-OC.

cercano a la líder de las Juventudes Comunistas, Gladys Marín. Después del golpe le parecía natural una posible fusión del MAPU-OC con el PC, y en algún momento incluso consideró dar ese paso individualmente. Todo esto influyó, en definitiva, en que el segundo hombre del MAPU-OC saliera al exilio convencido de que era en los países socialistas donde debía organizarse la oposición a Pinochet: el PC se había instalado en la URSS y el PS en la RDA. Esto, sin embargo, repercutió en que su incorporación al trabajo del partido en el exterior fuese muy compleja.

El equipo del MAPU-OC en el extranjero, liderado por Vega e Insulza, se empezó a conformar inmediatamente después del golpe. Ambos dirigentes estaban fuera del país el 11 de septiembre –Vega en Buenos Aires e Insulza regresando desde Argel a la capital argentina– y se les encomendó crear lo que más tarde se conocería como la Comisión Exterior (CEX) del partido, cuyo primer encargado fue Vega. Para eso se apoyaron en dos argentinos que habían militado en el MAPU: Ricardo Koolen y "el Pelusa", un mediano empresario cuyo nombre permanece en secreto.[50] Gazmuri tomó la decisión de que la sede del MAPU-OC en el exterior no se instalara en un país de la órbita soviética, influenciado por un consejo de Santiago Carrillo, líder del PC español. "Es fácil entrar, pero difícil salir", le dijo. La decisión significaba mayores costos, pues debían convertir a dólares los fondos que reunían para la supervivencia partidaria. Ni Vega ni Insulza eran prosoviéticos, así es que no fueron un obstáculo, a diferencia de Correa, empeñado en instalar la sede exterior detrás de la Cortina de Hierro. En un principio operaron desde Buenos Aires. Meses más tarde la CEX fijó también un centro de operaciones en La Habana y finalmente instaló su sede definitiva en Roma. Pero a principios de 1974 nada de esto estaba resuelto y la decisión daría paso a un duro enfrentamiento entre Correa y la CEX.

En una carta que escribió años después desde Berlín Oriental, recapitulando lo que había ocurrido desde su salida del país,[51] cuenta que se reunió con Vega en La Habana, a donde viajó después de su breve estadía en Lima. Ahí se instaló, con ayuda de los cubanos, en el

---

50 Ávila, 2021, 43.
51 Carta de Enrique Correa a Fernando Ávila, enviada en julio de 1976. Este pasaje se basa en la carta y en entrevistas con militantes de entonces, y que en algunos casos eran integrantes del Secretariado o la CEX.

Hotel La Habana. Las versiones difieren sobre cuánto tiempo estuvo
–si semanas o meses–, pero poco a poco Correa se formó un juicio
muy crítico sobre la labor del mapucismo en el campo internacional.
Desde su perspectiva, Vega había cometido graves errores políticos.
Entre ellos: no tomar rápido contacto con el Partico Comunista de la
Unión Soviética (PCUS) y otros "partidos obreros", negarse a instalar
la Comisión Exterior en Europa y privilegiar en cambio La Habana
como centro de operaciones, así como relacionarse con torpeza con
el resto de los partidos de la UP, que se habían reunido en Cuba a
fines de 1973, lo que según Correa dejó inicialmente aislado al MA-
PU-OC en el exterior. "[Había una] ausencia absoluta de una línea de
clase en la determinación de nuestras prioridades en las relaciones
internacionales que debíamos establecer", sentenciaba.

En el plano organizativo, criticaba a Vega –de chapa "Pablo"–
por clasificar a los militantes en categorías según su "grado de he-
roísmo" posterior al golpe, por dar orientaciones contradictorias y
hacer promesas que después no cumplía, además de ser descuidado
en la selección de mapucistas para tareas delicadas y no mantener en
reserva información sensible. En definitiva, consideraba que era necesario dar un golpe de timón. Y, sin tratar el tema con Vega o Insulza
–el otro hombre fuerte de la CEX, de chapa "Francisco"–, hizo llegar
una petición a la dirección en Chile para "que se me autorizara para
hacerme cargo del trabajo exterior durante un tiempo".

Pero en Santiago no lo apoyaron. Según relata el propio Correa
en la carta, cuando se realizó la primera reunión de la dirección exterior en La Habana, Vega le informó que había recibido pleno respaldo
del secretario del partido en Chile.

El choque entre Correa y Vega era político y de estilos. Para Correa era prioritario que el MAPU-OC estableciera una relación privilegiada con la URSS, el país líder del socialismo, que había sido clave
en la derrota del nazismo, que había enviado al primer ser humano
al espacio y que competía mano a mano con Estados Unidos en la
carrera armamentista. Ese país era la punta de lanza del futuro que
Correa imaginaba. Y, en esos momentos de agonía, era la nación que
ordenaba el apoyo logístico y financiero para la UP en el exterior. Vega,
en cambio, como Rodrigo Ambrosio, siempre había sido partidario de
no alinearse con el socialismo soviético. "Por algo la primera gira de
Ambrosio es a China, entre otros países", apunta un exmiembro de la
Comisión Política. Pero las relaciones con China se quebraron después

del golpe, pues ese país reconoció a la dictadura. "Ahí la equidistancia se fue a la cresta", agrega el mismo dirigente. Pero acota que Vega "tenía una visión más crítica del socialismo real, decía que el socialismo estaba muy bien, pero que era gris". Además, se sentía cómodo con los cubanos pues había sido embajador de la UP en ese país.

Y era una cuestión de personalidades. Correa era disciplinado, apegado a los acuerdos y respetuoso de la jerarquía y la estructura partidaria. Y había salido de Chile con la misión de estrechar relaciones con el PCUS, una tarea encomendada por el Secretariado. Vega era más llanero solitario: en 1970, por ejemplo, quiso restarse de apoyar la conformación de la Unidad Popular. Por todo eso, lo que probablemente Correa no se esperaba era que la dirección lo desautorizara a él. Y menos que eso se tradujera en que Vega pasara a encabezar una gira por la Europa socialista, gira que inicialmente haría Correa para radicarse en Moscú, donde se haría un tratamiento para bajar de peso y volver a Chile. Vega le señaló que eso podía hacerlo en La Habana. "La expresé mi acatamiento a esta orientación", escribió Correa al reconstruir los hechos desde su perspectiva.[52]

Dos cuestiones terminaron compensando su posición en el partido. Según el relato de Correa, la gira de Vega resultó "decepcionante" a ojos del propio encargado exterior. Y, paralelamente, recibió una carta de "Joaquín" (Gazmuri), "en la que manifestaba que era necesario un pronto regreso, que mi presencia en el país se juzgaba indispensable y que ello seguiría siendo una cuestión de absoluta prioridad".

Por fin, Vega le ordenó que viajara a la URSS: "Me instruyó que partiera a Moscú a hacerme el tratamiento y tratar de hacer avanzar las cosas allá".[53] Así llegaría a inaugurar la "estación" del MAPU-OC en la capital de la URSS.

*

Enrique Correa llegó a la Unión Soviética cuando Leonid Bréznev, secretario general del PCUS, estaba embarcado en su política de

---

52 Carta de Enrique Correa a Fernando Ávila, 1976.

53 A la larga, Vega, quien también pretendía regresar a Chile, tuvo que quedarse en el extranjero. Según Llona, en 1975 Vega "bajó de peso y se operó el rostro para entrar a dirigir clandestino, llamado por 'el interior', pero cuando estaba listo, con todos sus papeles camuflados, sin papada y con ciertas facciones alteradas, le ordenaron quedarse afuera. Mantuvo las cicatrices toda la vida". Ismael Llona, "Juan Enrique Vega, chao viejito", 2012.

distensión con Estados Unidos en medio de la Guerra Fría, algo que explica, en parte, por qué ese país no respaldó más decididamente a la UP.[54] Después del golpe, y en un gesto que los chilenos que entonces residían en la URSS interpretan como una forma de reparar esa falta de apoyo, el gobierno soviético desplegó una amplia solidaridad con la oposición chilena, especialmente con los "partidos hermanos": el Socialista y el Comunista. Aunque no estaba en la misma categoría, el MAPU-OC también contó con ayuda sustancial.

A fines de 1972 Gazmuri había viajado a Moscú para establecer relaciones formales entre el MAPU y el PCUS. Pero luego vino el quiebre del partido y el derrocamiento de Allende, y entonces se hizo indispensable retomar ese vínculo. Fernando Ávila explica que Correa fue el encargado de "abrir" esa puerta.

Durante la UP Correa había cultivado una relación con funcionarios de la embajada. Es muy probable que haya conocido en Santiago a Igor Rybalkin, el especialista soviético en el país, quien oficiaba como traductor del embajador Nikolái Alexéiev.[55] Después del golpe Rybalkin fue uno de los interlocutores de los partidos chilenos en Moscú como funcionario de la sección América Latina del Departamento Internacional del PCUS. Ese equipo estaba a cargo de Mijaíl Kudashkin, héroe de la Segunda Guerra y quien había sido segundo secretario de la embajada durante el gobierno de Frei Montalva.

Además, según el periodista Ascanio Cavallo, los principales ideólogos soviéticos, como Borís Ponomariov o Mijaíl Suslov, confiaban en Correa.[56] Ponomariov y Suslov tenían interés en Chile: en 1973, cuando la crisis de la UP se agudizó, habían intentado, sin éxito, que la Unión Soviética le entregara apoyo financiero.[57] Correa también contaba con el aprecio de Volodia Teitelboim, entonces el principal dirigente del PC chileno en Moscú. "En esa época, el Gordo era un hombre que concitaba mucha simpatía. Era muy rápido en dar opiniones certeras. Ideas vivas, ágiles, nuevas, a veces novísimas. Además, era un hombre muy agradable de trato, capaz de hacer muchísimos amigos. Y era un muy buen compañero. Esta era una época

54 *La Tercera*, "La Unión Soviética: el informe Andrópov", 2013.
55 Jonathan Haslam, *The Nixon Administration and the Death of Allende's Chile: A Case of Assisted Suicide*, 2005, 73.
56 Ascanio Cavallo, *Los hombres de la transición*, 1992, 118. Borís Ponomariov era jefe del Departamento Internacional del PCUS.
57 *La Tercera*, "La Unión Soviética: el informe Andrópov", 2013.

de fuerte compromiso, de respeto, contribución, colaboración, solidaridad. Y Correa era un buen camarada. Esto lo decían incluso los más jodidos de los nuestros", recuerda un militante comunista, exintegrante del equipo de inteligencia de su partido.

Pero lo más importante es que Correa seguía siendo, en esa época, "el más comunista de todos nosotros y el más prosoviético de todos nosotros", explica un exmapucista que integró la Comisión Exterior. Según algunos de sus entonces compañeros, en esa época Correa incluso fue influenciado por la crítica del PCUS a la UP por no haber contado "con fuerzas armadas del pueblo verdaderamente revolucionarias", tal como escribió Kudashkin a comienzos de 1974. Y, por lo mismo, en esa primera etapa abrazó la idea de prepararse para "todas las formas de lucha".

Instalado en Moscú en 1974, se mudó con Ana María a un departamento en Просторная улица (Calle Espaciosa), en un condominio de edificios de ladrillo a la vista al que le decían "la Bastilla" pues parecía una fortaleza. En un amplio patio interior, los niños patinaban sobre hielo durante el invierno o jugaban fútbol en el verano. El departamento estaba ubicado en un décimo piso, en una torre con ascensor. "Era pequeño, pero cómodo", describe una persona que lo conoció. Tenía living comedor y un balcón, además de cocina, un dormitorio y un baño que, a la usanza soviética, se dividía en dos: el retrete por un lado y el lavamanos, la tina y la ducha por otro. En el pasillo había clósets.

El condominio quedaba en el nororiente de la ciudad, en un barrio residencial sin fábricas, a unos cuarenta minutos en metro de la Plaza Roja. Alrededor había almacenes que vendían productos semielaborados como masa de hoja o de kuchen, carne cortada y adobada, productos lácteos. Al otro extremo, en el surponiente, estaba el Mercado Central, y cerca de ese barrio vivían los chilenos que, como el escritor José Miguel Varas, comenzaron a trabajar en Radio Moscú, la emisora oficial del PCUS.

–Enrique, a mí me gusta aquí –le comentó alguna vez Ismael Llona, miembro de la CEX, en una visita.

–A mí también, y mucho –le respondió Correa.[58]

---

58 Llona, 2006, 107. Llona agrega: "A Gazmuri, a Insulza, a Vega, les gustaba menos. En ese orden decreciente del gusto".

A sus veintiocho años, la tragedia chilena lo había llevado a un mundo que entonces él idealizaba. Ahí había triunfado la revolución. Ahí estaba la prueba de que el socialismo era la alternativa al capitalismo. Día a día, despertaba en una de las dos potencias que regían el mundo, con "la certeza [de] que los países socialistas, especialmente la Unión Soviética, constituían el anticipo del futuro y que el capitalismo estaba condenado a su crisis terminal".[59]

"Grandes pensamientos y grandes poderes luchaban, casi hasta el punto de la guerra, por el dominio absoluto del escenario global. Cada fuerza en pugna abrigaba la convicción de ser portadora de la verdad en lucha contra el error. Era el tiempo en que nos creíamos protagonistas de la lucha secular del bien contra el mal. De fieles contra impíos. Unos y otros, frente a frente, radicalmente opuestos y mortalmente parecidos", agregaría.[60]

Correa y su mujer tomaron clases de ruso y comenzaron a relacionarse con la comunidad chilena que empezaba a conformarse en Moscú, y que se organizó al alero del Comité de Solidaridad con Chile. El grupo se reunía para realizar actividades en pro de los perseguidos por la dictadura, para apoyar a sus partidos y también para celebrar festividades como el 18 de septiembre, la Navidad o el Año Nuevo. "Enrique era bien dicharachero, hablaba bastante –recuerda una chilena que vivía en Moscú–. Era muy amistoso. Se notaba porque trataba de conversar con todos los adultos".

Como el principal dirigente del MAPU-OC en la URSS, tuvo un espacio en el programa *Escucha, Chile* de Radio Moscú, que se transmitía en onda corta y que los dirigentes y muchos chilenos escuchaban todas las noches. El programa, que informaba sobre lo que ocurría en el "interior", incluía una sección regular en que dirigentes del PC, el PS y el MAPU-OC realizaban un comentario político. Correa fue el primer mapucista en asumir esa tarea.

En vista de la desautorización que había sufrido en su disputa con Vega, estando en Moscú se desconectó del resto de la CEX. "Me alejé por unos meses de todo trabajo activo que no fuera realizar todos los esfuerzos por mejorar nuestros lazos con el PCUS", relata en su carta a Fernando Ávila. "Me dediqué a desarrollar, no sin dificultad, mi trabajo con los países socialistas: para aclarar todo y no dejar

---

59 Enrique Correa, "Corvalán y su tiempo", 2010, 11.
60 Ibíd.

nada en ambigüedad, digo no sin dificultad porque ese trabajo debí realizarlo sin ninguna información política". Según Correa, además de las fallas logísticas –pasaban meses antes de que se distribuyera información e instrucciones desde Chile–, en alguna ocasión Vega le prohibió acceso a un correo enviado desde Santiago a La Habana y en otra prácticamente boicoteó su viaje a la RDA para establecer contacto con el Partido Socialista Unificado Alemán (PSUA). Todas "humillaciones inmerecidas", escribía Correa.

Durante su estadía en Moscú el dirigente se concentró, además, en cambiar su apariencia física, bajando sustancialmente de peso. Con la supervisión de médicos soviéticos, se internó en un hospital, muy probablemente el Clínico Central, en una zona conocida como Kuntsevo. Según cuenta el exministro de Salud Juan Carlos Concha, siguió una dieta estricta "con un sostén por vía intravenosa para controlar los desequilibrios que se producen". Una persona que lo vio mientras estuvo internado recuerda que el dirigente seguía las instrucciones al pie de la letra. Luego cumplió una estricta rutina de ejercicios que incluía correr varios kilómetros.

Cuando a principios de 1975 llegaron Fernando Ávila y Juan Enrique Vega para formalizar un acuerdo de apoyo político entre el PCUS y el MAPU-OC, Correa había bajado de 120 a 75 kilos. Es probable que se haya encontrado con sus compañeros en el Гостиница Октябрь (Hotel Octubre), un edificio antiguo, de unos seis o siete pisos, sin señas en el exterior, en el que se alojaban dirigentes de partidos extranjeros. Al recinto le decían el *Spasiba* ("gracias"), pues el alojamiento, las comidas y la atención eran gratuitos.

El apoyo de la URSS al partido, que implicaba recursos económicos y logísticos, fue una excepción a la regla, que reconocía la naturaleza más "comunista" de este partido: Moscú nunca tuvo relaciones con el MIR o el MAPU-Garretón, pero los mapucistas de Gazmuri consiguieron apoyo permanente para un representante en Moscú y para instalar otra "estación" en la RDA, donde el doctor Concha asumió como representante del partido. Así, soviéticos y alemanes les proveyeron una ayuda invaluable: Ávila, por ejemplo, quien al inicio de su periplo había demorado meses en conseguir documentación para viajar, obtuvo rápidamente un pasaporte argentino falso para retornar al país.

Tal como ocurría con el resto de los partidos chilenos con representación en la URSS, el PCUS se relacionaba con el MAPU-OC a través de un "encargado" que en este caso era Feodor, un hombre alto, corpulento, de facciones rectas, marcadas, y dentadura dispareja. En privado, los mapucistas le decían "Feolor", pues fumaba mucho y siempre olía a tabaco.

Como resume Gazmuri en *El sol y la bruma*, en la URSS el MAPU-OC llegó a estar bastante alto en la categoría de "partido demócrata revolucionario", aunque no de "partido obrero", rango que sí ostentaba el PC chileno.[61] Correa había aportado su parte para que el mapucismo tuviese ese estatus en la órbita soviética.

*

"El miércoles 25 de junio, Radio Moscú informó que el secretario general del MAPU-OC había llegado a dicha capital procedente de Chile", dice el tercer *Boletín Informativo Exterior* de la colectividad, un librillo rojo que en su encabezado luce un listón verde y una estrella roja rodeada de un círculo blanco, en alusión a la bandera partidaria. A mediados de 1975, Gazmuri salió clandestinamente del país para reforzar el trabajo exterior. Una de sus misiones era mejorar la coordinación del "trío"–su partido, el PC y el PS–, algo que en el extranjero se había trabado a raíz de las diferencias entre Carlos Altamirano y la directiva de los socialistas dentro de Chile.[62] El otro objetivo era sumar fuentes de financiamiento.

En Moscú se reunió con dirigentes del PCUS y con Ponomariov. Con la CEX de su partido, y como se estilaba en la época, compartió el informe político, que entonces partía con un análisis de la Guerra Fría y luego abordaba la situación de Chile, la posición del régimen militar y el trabajo de la oposición. Después se analizaban las iniciativas de solidaridad –que en el caso del MAPU-OC se centraban en exigir la liberación de Fernando Flores, todavía detenido en el campo de prisioneros de Tres Álamos–,[63] y finalmente se abordaba el esencial ítem del financiamiento.

---

61 Gazmuri y Martínez, 2000, 228.
62 Semanas después de la salida de Gazmuri los principales integrantes de la dirección clandestina del PS en Chile fueron secuestrados por la DINA: Exequiel Ponce, Carlos Lorca y Ricardo Lagos Salinas, entre otros. Fueron llevados a Villa Grimaldi y hechos desaparecer.
63 Antes de ser trasladado al campo de prisioneros de Tres Álamos, Fernando Flores estuvo preso en Isla Dawson y en Ritoque.

Gazmuri alojaba en un hotel y contaba con chofer e intérprete. Como dueño de casa, Correa conocía ya algunas "picadas" donde saborear buen caviar, la comida favorita del número uno del partido. Es muy probable que en una ocasión como esa los dos hayan abordado los conflictos que tuvo Correa con la CEX. En la carta donde repasa su exilio, él relata que fue durante ese viaje cuando buscó "aclarar las cosas". "Sin dudas cometí errores en mi estadía en el exterior, el primero de los cuales fue guardar silencio (…) y el segundo fue dejarme llevar por el entusiasmo de los primeros pasos de nuestras relaciones con los países hermanos y hacer evaluaciones más optimistas que lo que fueron en realidad", escribe. "Pienso sinceramente que fueron delitos menores. Mi único objetivo era el regreso y guardaba para ello lo mejor de mis energías sin querer hacer nada que pudiera postergarlo".

En Moscú, Gazmuri le comunicó que el MAPU-OC había dado luz verde para que regresara a Chile como miembro del Secretariado. "La idea básica era que la dirección estaba en el país. Y él quería volver", resume un exdirigente que integró el Secretariado clandestino en Chile.

No se conocen todos los detalles sobre la preparación que recibió antes de regresar, pero, además del tratamiento para bajar de peso, los soviéticos realizaron un procedimiento para sacarle pelo y despejarle la frente. Un chileno que participó en operaciones similares señala que en la URSS les entregaban una nueva identidad, con el pasaporte correspondiente –que era de países extranjeros– y entrenaban al viajero para que se aprendiera una historia de vida y adoptara su nueva personalidad. "A veces había que aprender un idioma o una jerga. También te acostumbraban a usar la ropa que correspondía", recuerda. Los dirigentes de mayor jerarquía podían dedicar meses a estos preparativos. "Los primeros días te podía ir a ver tu esposa, pero luego se cortaba ese contacto y solo veías al equipo a cargo y a algún dirigente partidario".

Correa ha dicho que vivió en Moscú hasta "el otoño del hemisferio norte", es decir, los últimos meses de 1975.[64] Pero es probable que haya partido antes. Se sabe que desde Moscú viajó a la RDA. No está claro si allí participó en el encuentro que la delegación del MAPU-OC, encabezada por Gazmuri, sostuvo con Erich Honecker, el jefe de gobierno de la RDA, en julio de 1975. Tampoco si estuvo presente

---

64 Arancibia, 2003.

en la cumbre de dirigentes de la UP, una suerte de relanzamiento de esa alianza, en Berlín Oriental. De lo que no hay duda es que aterrizó en el aeropuerto Berlín-Schönefeld, a donde lo fue a buscar el cantautor chileno Gonzalo "Payo" Grondona. Al verlo, con cuarenta kilos menos y la cara estilizada por la frente amplia y las cejas depiladas, el músico soltó una broma en referencia a un clásico galán de Hollywood:

–¿Y este no es Cary Grant?

*

El éxito de una operación de este tipo dependía, en parte, de borrar las huellas del viajero y así evitar dos riesgos: seguimientos y que se estableciera un vínculo con países como la URSS, la RDA o Cuba. Por eso, quien ingresaba clandestinamente a Chile solía pasar primero por países de Europa occidental y América Latina. En el caso de Correa se sabe que llegó a Santiago desde Perú el segundo semestre de 1975. En la primera etapa del viaje estuvo acompañado por Ricardo Koolen, "Lorenzo". Con él aterrizó en el aeropuerto Jorge Chávez de Lima, a donde fue a buscarlos Ismael Llona, el encargado del partido en Perú.[65] "Manuel" y "Lorenzo" se hacían pasar por dos jóvenes empresarios que iban a Chile a concretar negocios de exportación desde Argentina.

En la capital peruana Correa estuvo apenas tres días y alojó en "una buena casa de una vieja amiga suya en Miraflores".[66] Solo vio a Llona, a Martín Mujica y a sus esposas, quienes lo ayudaron a depilarse con pinzas y maquillar las entradas de la frente para mantenerlas despejadas. El dirigente, ahora esbelto, usaba terno y corbata. "No se veía como Correa. No era Correa. Era un hombre delgado, buen mozo, elegante, con anteojos oscuros y un traje impecable", dice alguien que lo vio durante el viaje. Otra persona que se topó con él en Santiago lo describe así: "Lo más llamativo era su flacura y su peinado hacia atrás. No era pelado, pero sí tenía la frente amplia y entradas. Además andaba vestido de traje y eso contrastaba con lo desguañangado que era antes. Este era un caballero". "El diaguita de Ovalle venía transformado en una especie de europeo", resume otro dirigente.

---

65 Llona, 2006, 143-144. A menos que se indique lo contrario, las citas de esta sección corresponden a su libro.
66 Llona, 2006, 143.

Correa había dejado grabadas sus intervenciones en Radio Moscú para que nadie advirtiera su ausencia. Y ahora iniciaba la última etapa del viaje acompañado de un "ángel": una persona –en este caso una mujer– que tomó el mismo vuelo y en el aeropuerto supervisó a distancia que los funcionarios de Policía Internacional timbraran el correcto ingreso del mapucista al país.

"Manuel" ya estaba en Chile, de donde nunca había querido salir.

*

"Pasó por el lado y no lo reconocí", dice Mario Valdivia al recordar el día en que fue al aeropuerto Arturo Merino Benítez a recogerlo. "Venía muerto de miedo, porque estaba entrando por la aduana, por Policía Internacional, con un pasaporte muy bien hecho pero hechizo". Valdivia, quien integraba la directiva del MAPU-OC, prefirió trasladar personalmente a Correa hasta el punto en que los esperaba un mapucista del equipo de seguridad, la SAE, liderada entonces por Vicente García-Huidobro. Esa persona llevó a "Manuel" a su nueva casa y así se respetó la compartimentación: solo uno de ellos conocía el destino final.

En esa casa en Ñuñoa, de construcción sólida, de un piso y con jardín, cerca del Campus Oriente de la Universidad Católica, vivía un matrimonio que lo acogió. Después llegó Ana María, y para evitar ser descubiertos pasaban allí la mayor parte de los días y noches. La "leyenda" de Correa era la de un funcionario de un organismo internacional que estaba en Chile para escribir un libro.[67] Escribía y leía, y para matar el tiempo veía teleseries.[68] Cuando salía, lo hacía acompañado de un militante.

Se integró rápidamente a la directiva. El partido había resuelto que Gazmuri seguía al mando, aunque estuviese en el exterior, pero comunicarse era complejo y tomaba semanas, por lo que, según los testimonios de varios mapucistas, por esos días Fernando Ávila, "Héctor", dirigía la colectividad en Chile. Apenas se instaló, Correa se reunió con Ávila. En ese encuentro se interiorizó de la realidad del partido y la oposición en el país. Eran tiempos de reorganización en

---

67 Otra versión apunta a la de "un sociólogo que trabajaba en un estudio de arquitectos". Rodríguez y Córdova, 1993.
68 Jacqueline Tichauer, "Enrique Correa, director de Flacso: 'El poder tiene algo de seducción'", 1994.

los que el objetivo de conformar un frente antifascista se veía muy lejano, pues aún no había contactos significativos con una Democracia Cristiana que se resistía a un acuerdo con la izquierda. Además, la DINA había descabezado a la dirección interior del PS, la más comprometida en ese partido con la idea de articular el frente. Eso desarticuló al "trío".

Hay dos versiones sobre el rol de Correa en el MAPU-OC en esa época. Una apunta a que asumió la dirección interior del partido. En sintonía con esa versión, en la primera reunión "el compañero Manuel" habría tomado el mando de la organización de manos "del compañero Héctor". Pero otros insisten en que en esa etapa fue Ávila quien lideró el partido en ausencia de Gazmuri.[69] Lo que sí está claro es que la presencia de Correa en Chile se notó. En esos años, el Secretariado estaba integrado por Gazmuri, Ávila, Correa, José Perelli, Daniel San Martín –exdirigente nacional de la CUT–, Óscar Torres –dirigente campesino– y Mario Valdivia. Salvo por Torres, que tenía un rol semipúblico, el resto eran dirigentes clandestinos que participaban de la "dirección colectiva" del partido y que debían seguir una serie de reglas para comunicarse y reunirse.

Ni el debate interno ni las limitaciones propias de la clandestinidad calzaban con el ímpetu de Correa. En un país en que colectividades tradicionales de izquierda, como el PC y el PS, estaban debilitadas por la represión, "Manuel" visualizaba un espacio para que el MAPU-OC tomara la iniciativa. "Él tenía la impresión de que el trabajo en serio, el trabajo político, había que hacerlo en Chile. Como las direcciones de los partidos más gordos estaban complicadas, había un tremendo espacio de responsabilidad para el MAPU-OC", explica Valdivia.

Correa, entonces, requería mando y autonomía. Al comienzo impulsó una propuesta que tuvo éxito y no generó resistencias:

---

69 En *El sol y la bruma*, Gazmuri recuerda que Correa quedó a cargo del partido en el interior pero fecha ese hito el año 1976, cuando el secretario general debió ausentarse del país por segunda vez. Sin embargo, hay documentos de la época, entre ellos la carta que Correa le envió a Fernando Ávila en mayo de ese año, que descartan esa posibilidad. En *Dios, Marx... y el MAPU*, Esteban Valenzuela sitúa a Correa como encargado del MAPU-OC en 1975, cuestión con la que coinciden algunos militantes. La misma versión apoya la historiadora Carolina Torrejón en su tesis "Brumas: El MAPU-OC bajo el autoritarismo y en clandestinidad". Sin embargo, hay otros mapucistas que entonces cumplían altas responsabilidades y que aseguran que Ávila fue quien asumió la conducción.

formar el brazo juvenil del MAPU, la Unión de Jóvenes Democráticos (UJD). Según Esteban Valenzuela la decisión se adoptó en noviembre de 1975 y entre los fundadores estuvieron Hermann Mondaca, Luis Gouthier, Cristián Parker, Jorge Marshall y Coke Gutiérrez.[70] Pero quien quedó a cargo de liderar la organización fue Rafael "Pollo" Guilisasti, el hijo rebelde de los dueños de la viña Concha y Toro, de entonces veintidós años, quien había ingresado al MAPU al despuntar los 70 junto a otros estudiantes del colegio Saint George, estudiaba Historia en la Universidad Católica y era muy amigo de Juan Carlos Correa.[71] Desde esa posición, Guilisasti –de chapa "Pedro"– colaboraría con el aparato clandestino para ayudar en la salida e ingreso ilegal de dirigentes. Y estaría a cargo de promover la formación de miembros de la UJD en Moscú.[72]

Hasta ahí, "Manuel" se impuso. Pero a poco andar chocó con el estilo de "dirección colectiva". Aunque entonces el MAPU-OC era un partido jerárquico y, algo nuevo, más dogmático ("Las cosas ya no se discutían, sino que se recibían instrucciones de arriba hacia abajo", resume un militante de base), en el Secretariado sí debatían. Circulaban documentos, propuestas y réplicas, que luego eran abordadas en las reuniones mensuales o quincenales en las que se encontraban los miembros de la dirección. Un procedimiento que privilegiaba la seguridad y que, por lo mismo, tomaba tiempo. Pero Correa tenía prisa.

Mario Valdivia recuerda: "Enrique siempre tuvo dificultades para trabajar en grupo. Él era un compañero de una gran energía –y yo lo quiero poner así en el recuerdo–, de una gran capacidad de iniciativa, con una impaciencia por que las cosas ocurrieran. Todo eso te lleva a actuar solo. Y nosotros teníamos este aprecio por el trabajo colectivo y de repente lo convertíamos en un mandamiento católico". "Enrique era mandón, pero porque era un tipo muy capaz: en general los que trabajaban con él eran sus subordinados porque era difícil llegar a ser su par", recuerda María Antonieta Saa, la única mujer de la directiva.

70 Valenzuela, 2014.
71 Eran compañeros de carrera y cuando se produjo el golpe se escondieron juntos en el departamento de un amigo. Poco después, Guilisasti citó a Juan Carlos en la Plaza Ñuñoa para entregarle un informe sobre la situación del partido y le informó que su hermano estaba bien. J.C. Correa, 2018, 188-190.
72 Ibíd.

Desde antes de la fundación del partido había estado acostumbrado a dar órdenes y se le reconocía autoridad. Ese había sido su rol como líder de la JDC, como integrante del Secretariado del MAPU o como subsecretario del MAPU-OC. Además, como encargado de Organización, impartía instrucciones y lineamientos; marginaba y castigaba. Y cuando era necesario doblegar, lo hacía. Ese era el estatus que quería recuperar en Chile, fortalecido tras su paso por Moscú, así es que avanzó a su ritmo acelerado y, jefe o no, se dispuso a dirigir en solitario.

Su actitud irritó a la directiva y a algunos militantes, al punto de que recibió un fuerte cuestionamiento por su estilo "autoritario". La historiadora Carolina Torrejón, que señala que Correa quedó a cargo del partido mientras Gazmuri realizaba su gira por el exterior, agrega que "el relevo generó diversas dificultades de dirección". Las críticas se hicieron públicas en el documento "Crítica y autocrítica del compañero Manuel", fechado en mayo de 1976: "El 'exceso de personalismo', la dificultad para respetar las 'atribuciones de cada uno y para delegar funciones, fueron los reproches que se le hicieron (…) en un ejercicio de discusión partidaria típicamente leninista", escribe Torrejón. Para la historiadora el hito fue relevante porque mostró que "la verticalidad tenía límites".[73]

"Recuerdo las quejas por su autoritarismo", señala Pablo Martelli, quien a mediados de los 70, con veinticuatro años, era el encargado de trasladar a Correa en un Volvo azul que el partido compró a su nombre.[74] "Él me lo mencionó, en el auto o en su casa, buscando que yo me plegara a su posición. Pero era poquitito lo que influían las bases en lo que pasaba más arriba".

No fue el único motivo de tensión. Correa, explica Valdivia, se integró al equipo de "relaciones políticas", encargado de establecer contacto y coordinar iniciativas con el resto de la UP, con la DC y con la Iglesia Católica. Y esta vez su personalidad chocó con la dirección. Correa era de tejer relaciones. De hacer política conversando.

---

73 Torrejón, "Brumas: El MAPU-OC bajo el autoritarismo y en clandestinidad", 2000, 52.

74 Martelli se vinculó al MAPU-OC a fines de los 60 cuando todavía era un escolar en el colegio Saint George. Después del golpe fue uno de los militantes de base a los que el Secretariado contactó para que asumiera labores de enlace. Entonces trabajaba en una compraventa de autos, labor que siguió realizando en paralelo a sus tareas partidarias.

Privilegiaba el diálogo uno a uno y buscaba ser el centro que conecta distintos puntos. Así iba forjando alianzas. Pero en la clandestinidad eso significaba pasar a llevar la compartimentación, una regla que dividía al partido en grupos estancos de modo que cada militante conociera solo la información relativa a sus tareas y no tuviese el cuadro completo del funcionamiento orgánico. Lo mismo corría para el contacto con otras colectividades, que solía quedar en manos de dirigentes distintos. Así, si algún mapucista era detenido, el riesgo quedaba acotado a sus nexos y no se expandía al resto.

"Enrique no era un hombre para meterse en una disciplina y quedarse sentado –explica Mario Valdivia–. Era un tipo que tenía iniciativa y tenía amigos en Chile: entre la Iglesia, los comunistas, la izquierda, la derecha, el centro. Eso pudo molestar a más de alguien".

"Manuel" comenzó a visitar a dirigentes o militantes más allá del ámbito que le correspondía. Y lo mismo hizo para coordinar el trabajo con el resto de la oposición. Pablo Martelli recuerda que Correa y Ana María sufrían por las horas de encierro en la casa de Ñuñoa. Los temas de conversación se agotaban. Las horas de televisión cansaban. Muchas veces Correa le pedía al joven "chofer" que se quedara con ellos, para distraerse. Y cuando Martelli aparecía con alguna visita el estado de ánimo de "Manuel" mejoraba. Poco a poco comenzó a salir más a menudo que dirigentes como Ávila o Gazmuri. "Las actividades de Correa empiezan a ser un poco más frecuentes y más de las que normalmente debieran haber sido. Había un esfuerzo por controlar que no saliera tanto de la casa, porque nos exponíamos más", explica Martelli.

En todo caso, la mayoría de los dirigentes rompía las reglas de la compartimentación, al menos encontrándose en circunstancias que no debían. Gazmuri y Ávila, por ejemplo, solían jugar fútbol con un grupo de mapucistas –entre ellos Martelli– en unas canchas cerca de la calle Seminario. Correa nunca fue bueno para la pelota, pero le gustaba conversar y pasar un buen rato acompañado. Más de alguna vez fue a una casa de seguridad en la calle República, donde vivía María Antonieta Saa, a disfrutar un curanto en olla hasta poco antes del toque de queda. Valdivia recuerda alguna ocasión en que estuvo en su casa: "Estaba muy contento de conversar, de sentarse a hablar, de tomarnos unas cervezas y reírnos".

Que cruzara la línea con militantes que cumplían tareas delicadas y vivían con miedo a ser descubiertos generó una crisis interna.

Ávila recuerda que "hay por lo menos un par de compañeros, de diversas áreas, que reclaman porque Correa llega a sus casas, a echar la lata o a informarse, en circunstancias que uno llegaba concertadamente (…). Él llegaba sin previo aviso. O llegó, por lo menos, dos veces, tres veces, y no sé a cuántas partes más. O sea, se estaban violando las normas de la compartimentación". El problema, continúa Ávila, es que la compartimentación no le servía a Correa, "porque lo obligaba a tener solo una porción de la información y él quería tener toda la información". Pero eso era intolerable, como explica crudamente otro dirigente de la época: "Cuando no sabes nada, te pueden matar pero no te pueden sacar lo que no sabes. Por eso hay que saber lo menos posible. Ese es el sentido de la compartimentación: el que no sabe, no habla".

A raíz de los reclamos el Secretariado analizó el asunto y lo marginó de la directiva, ordenándole que trabajara al alero de "Héctor". "Él queda a cargo mío", recuerda Ávila, mientras se iniciaba un proceso de revisión de su conducta.

A principios de 1976, además, Rafael Guilisasti invitó a Juan Carlos Correa a un asado en la casa de su abuela en Talagante. En el camino, José Perelli —otro mapucista que los acompañaba en el auto— le contó que en realidad iban a reunirse con su hermano, quien había regresado clandestinamente. "No le puedes decir nada a tu familia", le advirtieron. Y Juan Carlos guardó el secreto, para siempre. "Si la seguridad al interior del MAPU hubiera sido más rigurosa yo tampoco debería haber sabido", acota en sus memorias.[75]

Además, Correa había iniciado una relación sentimental paralela con la militante María del Carmen, más conocida como Maricarmen, lo que aumentó sus salidas de la casa en Ñuñoa, cuestión que no informó a la directiva. Cuando el Secretariado se enteró de estos desplazamientos hubo indignación, pues arriesgaba a su equipo de seguridad. El propio Martelli, quien se enteró de la relación tiempo después, lo recuerda así: "Yo me enojé un poco, porque me parecía que todos estábamos exponiéndonos cualquier cantidad y acá corríamos riesgos por una cuestión que no era trabajo político".

La brutal represión les dio la razón. El 29 de marzo de 1976, el subsecretario general de las Juventudes Comunistas, José Weibel, fue violentamente detenido en una micro y hecho desaparecer. Correa

75 J. C. Correa, 2018, 253-254.

–quien lo conocía hacía años y se había hecho su amigo en el marco del trabajo político– se había reunido con él un par de semanas antes, para "tomarse una cerveza, hablar de los viejos tiempos, recordar días mejores".[76] Un par de meses después, entre el 4 y el 12 de mayo, la DINA descabezó a la primera dirección clandestina del Partido Comunista en el interior.[77] En agosto caerían varios dirigentes comunistas de las estructuras intermedias. Y entre el 13 y el 15 de diciembre la DINA detuvo e hizo desaparecer a los integrantes de la segunda dirección clandestina del PC, esta vez al mando de Fernando Ortiz.[78]

En ese contexto explotó el conflicto entre Correa y el Secretariado. Después de haber sido marginado de su cargo de dirección, "Manuel" llegó a una reunión con "Héctor", pero este no se presentó. Según el relato de Ávila, en el siguiente encuentro Correa le reprochó su "descuido" y le pidió que entregara una carta para la directiva, donde relataba lo ocurrido y acusaba a Ávila de "no cumplir con las tareas". "De acuerdo, pero te informo que los compañeros saben por qué yo no pude asistir", le respondió "Héctor". Entonces Correa quiso retirar la carta, pero "Héctor" se negó. "Ese tipo de arrebatos tenía", resume Ávila.

La directiva discutió su indisciplina. "Él dijo bueno, me reuní con este y con este otro, con gente que estaba haciendo actividades, muy dentro de las líneas del partido –relata Mario Valdivia–. Nosotros teníamos demasiado respeto por los rituales, éramos muy conservadores en la manera en cómo entendíamos la clandestinidad. Y ese ritualismo se resintió con esta cosa". Los dirigentes estuvieron de acuerdo en sacar a Correa del país. "La decisión la tomó el Secretariado", apunta Valdivia. Fernando Ávila fue mandatado para comunicársela.

Correa estaba "choreado", recuerda Martelli. "Me decía que no lo entendían, que él seguía las reglas, pero que tenía una posición

76 Cavallo, 1992, 119.
77 La DINA logró capturar a cuatro de los seis integrantes de la dirección clandestina del PC: Víctor Díaz, Mario Zamorano, Uldarico Donaire y Jorge Muñoz, además de a dos enlaces –Elisa Escobar y Eliana Espinoza– y a los integrantes del Comité Central Lenin Díaz y César Cerda. Víctor Canteros e Inés Cornejo, sobrevivientes de la primera dirección clandestina, salieron al exilio por orden de su partido. Rolando Álvarez, *Desde las sombras*, 2003, 174-181.
78 La segunda dirección clandestina del PC estuvo integrada por Fernando Navarro, Horacio Cepeda, Fernando Ortiz y Waldo Pizarro. Álvarez, 2003, 181.

distinta respecto a su forma de actuar y respecto de cómo tenía que ser este trabajo". En mayo, de hecho, su padre había muerto de un infarto y él cumplió con la norma de no asistir al funeral ni tomar contacto con su madre o sus hermanos.

La operación para que saliera del país fue compleja por motivos logísticos y políticos. Por un lado, el MAPU-OC debía iniciar el trámite burocrático de conseguir una casa y un estipendio en un país de la Europa socialista, algo que sin duda lograrían, pero que podía tomar meses. Por otro, era un problema que el planificado ingreso de Correa se tachara en el exterior como un fracaso. Un retorno a Moscú, por ejemplo, estaba descartado: Jaime Estévez lo había reemplazado como encargado del partido en la URSS. Así, a fines de 1976 o principios de 1977, poco más de un año después de volver, "Manuel" partió clandestinamente a Roma, sede de la Comisión Exterior, entonces encabezada por José Miguel Insulza. El partido también se hizo cargo de instalar allí a Ana María, quien se sumaría a la dirección de la juventud mapucista en el exterior.

Antes de partir, Correa pidió a Martelli y Saa, quizás sus amigos más cercanos en ese momento, que en Chile acompañaran a Maricarmen, su otra pareja. Los mapucistas partieron de vacaciones con ella al sur, hasta que ese verano de 1977 la joven se despidió del grupo para volver a Santiago y dejar el país. Tiempo después se reencontraría con Correa en la RDA.

"Creo que para él fue muy duro tener que salir", dice Mario Valdivia, quien, cuarenta y cinco años después, ve con otros ojos la medida que apoyó entonces. "Mirado hoy, con más tranquilidad, yo no diría que Correa haya puesto en riesgo nada".

VI

LA PIEDRA Y EL EDIFICIO

París. Allí reapareció Enrique Correa en el exilio. Así quedó consignado en el octavo número del *Boletín Informativo Exterior* de su partido: "Entre los días 20 y 27 de febrero de 1977, en París, se reunió la Comisión Exterior con la presencia del secretario general, Jaime Gazmuri, y un miembro del Comité Central llegado desde Chile".[1] Aterrizó en la capital francesa con setenta kilos –lo más delgado que llegó a estar–, patillas largas y unos frondosos bigotes como los de Ringo Starr.

Un mes después acompañó a Gazmuri en una "gira oficial" a la RDA, donde se reunieron con el hombre fuerte de ese país, Erich Honecker. Aunque en principio se trató de una visita, poco después Correa se radicó en Berlín Oriental. "Mi propósito era vivir en Roma, en Italia, pero don Clodomiro (Almeyda) estaba en Berlín y habló con José Miguel Insulza y con los dirigentes del partido en el exterior para plantearles si yo podía trabajar con él. Y partí para allá".[2] Así comenzó el segundo exilio de Correa, uno cuyo centro de operaciones estaría primero en Berlín Oriental y luego en Roma, en el que enfrentaría un juicio político para marginarlo de la cúpula del partido y durante el que transitaría lentamente desde su defensa del modelo soviético hacia posiciones más cercanas a la renovación socialista.

Pero en 1977, en la RDA, todavía era un defensor de la Unidad Popular y del campo socialista, lo que lo convertía en un aliado de Almeyda. El excanciller y exministro de Defensa había sido detenido el 11 de septiembre de 1973 y había estado preso durante más de un año en recintos como Isla Dawson, la Academia de Guerra Aérea y el campo de prisioneros de Ritoque. A principios de 1975 fue expulsado y, aunque inicialmente se radicó en México, a fines de 1976 terminó instalándose en Berlín Oriental tras ser nombrado secretario ejecutivo de la Unidad Popular.

---

1   MAPU-OC, *Boletín Informativo Exterior* 8, 1977, 38.
2   Arancibia, 2003.

La alianza de izquierda requería conducción. El 11 de septiembre de 1976 la UP había publicado "Por la unidad antifascista hacia la derrota de la Junta", un documento que había costado consensuar entre todos sus partidos, pero que finalmente entregaba una señal de unidad. Tres meses después, en diciembre, altos dirigentes de la coalición se habían reunido en Chile –en plena clandestinidad y luego de una intensa ola represiva– para dar otra muestra de recomposición. A eso se sumaba cierta expectación porque la Democracia Cristiana iniciaba un paulatino giro hacia la oposición. Y, aunque aún lejana, la idea de un amplio frente antifascista dejaba de ser una quimera.

Almeyda era cercano al MAPU-OC y Correa, exasesor suyo en la Cancillería, lo veía como un mentor con el que tenía sintonía política. Todas cuestiones que facilitaron su llegada a la RDA. También hubo consideraciones prácticas. Desde el punto de vista financiero, la principal tarea del MAPU-OC era levantar recursos para sostener su estructura clandestina en Chile. Pero, además, necesitaba divisas para costear la sede de la Comisión Exterior en Roma. Por lo caro, ese era un equipo pequeño que no estaba en condiciones de acoger a otro dirigente, pues cada peso que se le destinaba era un peso que no llegaba a Chile. El régimen de Honecker, en cambio, estaba disponible para financiar la estadía de Correa en Berlín. La RDA había acogido a cinco mil chilenos[3] y Berlín era donde se instalaban los altos dirigentes de la UP, mientras que el resto de los exiliados iba a vivir a otras ciudades de Alemania Oriental.

El MAPU-OC ya tenía un encargado allí, el doctor Juan Carlos Concha, representante del partido ante Chile Antifascista,[4] que funcionaba en la que había sido la sede de la Embajada de Chile. Correa se sumó a Concha como representantes del MAPU-OC, pero en un rol más político. Mientras el CHAF coordinaba las tareas de solidaridad con los exiliados y con los perseguidos en Chile, el comité ejecutivo de la UP se volcaba a la relación con los partidos y con los países que

---

3   Sebastian Koch, *Zufluchtsort DDR? Chilenische Flüchtlinge und die Ausländerpolitik der SED*, 2016.

4   El Comité Chileno Antifascista u Oficina Chile Antifascista (CHAF) se creó en la RDA después del golpe con el apoyo del régimen de Honecker. Lo presidía el exsenador comunista Carlos Contreras Labarca, quien había sido nombrado embajador ante la RDA cuando Allende resolvió establecer relaciones diplomáticas con ese país. El Secretariado del CHAF estaba integrado por dirigentes de los partidos de la Unidad Popular con presencia en la RDA.

sostenían a la oposición en el exterior. Concha lo recordó así: "Yo estaba encargado más bien de las tareas de solidaridad con los militantes del MAPU-OC, mientras Enrique Correa llevaba las relaciones políticas con el Partido Socialista Unificado Alemán". Y a él "le acomodaba esta relación con la jerarquía del PSUA", dice Luis Maira, el exdiputado de la IC que lideró el exilio chileno en México, donde se radicó en 1974.[5]

Otro dirigente en Europa recuerda que la posición de Correa en el partido era especial, pues había integrado el Secretariado que funcionaba en Chile. "Él era del interior, nada menos. Le consultábamos todo".

Correa y Concha vivían a pocas cuadras, en Prenzlauer Berg, en departamentos facilitados por el gobierno alemán. Separado de Ana María, se instaló ahí con su nueva pareja, Maricarmen, de veintiocho años, militante del MAPU-OC desde que estudiaba Servicio Social en la Universidad de Chile. Su edificio en la calle Pieskower Weg, a unos tres kilómetros de la emblemática Alexanderplatz, estaba en un conjunto de torres de quince pisos con comercios abajo. "Era un típico barrio de empleados y obreros. Ahí estaban las llamadas Neubau o 'nuevos edificios', que no tenían mucha gracia: todos los departamentos eran iguales, aunque eran grandes, lo que era un cierto privilegio", relata un exmapucista que frecuentó Berlín durante esos años. El departamento tenía dos dormitorios y un estar. En los 70 era común que las familias contaran con televisor, radio y tocadiscos. También, con muebles similares para todos los departamentos. Correa tenía dos "lujos": teléfono y un auto, que conducía Maricarmen. Cerca del lugar había una iglesia, algo que a la larga resultaría importante.

Correa fue conociendo los distintos barrios de la ciudad y eligiendo sus restaurantes favoritos. Solía ir al teatro y también a la ópera,[6] aunque el centro de su cotidianeidad era la vida partidaria. Como muestra del buen trato que la RDA le otorgó al MAPU-OC, recibía un "sueldo" mensual. Y, muy importante, contaba con una "visa múltiple" para salir y entrar a la RDA sin restricciones, además de un talonario con tickets aéreos de Interflug –la línea aérea local– para viajar

---

5   Maira fue el primer jefe de la Secretaría para América de Solidaridad con el Pueblo de Chile, un organismo fundado en México, con carácter supranacional, que coordinaba las actividades de solidaridad y denuncia desde el exilio.
6   Odette Magnet, "Socialistas chilenos: cómo vivieron en la RDA", 1995, 16.

a los países del Este, y otro para tomar el tren. No solo le permitía
viajar a otras naciones socialistas sino que también cruzar el Muro de
Berlín. Y eso lo dejaba a las puertas de la Europa capitalista. "Él vive
muy bien y se acomoda muy bien a la RDA", recuerda Luis Maira,
quien viajó mucho a ese país en los 70.

El MAPU-OC no contaba con una oficina propia, eso sí, por
lo que Correa trabajaba en su departamento, transformando el estar en sala de reuniones. A veces asistía a la sede del CHAF, donde Concha tenía su propio despacho. En ese edificio de dos pisos
ubicado en Pankow –un barrio de embajadas cercano a Prenzlauer
Berg– se notaba, en los detalles, que la RDA era el país tecnológica-
mente más avanzado del campo socialista: había, por ejemplo, una
fotocopiadora.

Por sus funciones, pasaba más o menos la mitad del mes fuera
de Berlín. Nunca aprendió alemán (a diferencia de Almeyda, que lo
estudió en el liceo) y eso lo hacía pasar malos ratos. Se enojaba cuando
iba al supermercado o a la farmacia y no le entendían. "A él le molestaba sentirse amenazado en situaciones de la vida cotidiana", explica un
exmapucista que compartió con él en la RDA. Cuando tocaba realizar
alguna reunión de la Comisión Exterior, contaba con una *Gästehaus*
(casa de huéspedes) facilitada por el PSUA. Ahí se reunía con sus compañeros y hacían un alto en el debate para almorzar sopa de cola de
buey y bife de vacuno, carne de jabalí o ciervo con champiñones.[7]

Tal como le había ocurrido en Moscú, y pese a las dificultades
con el idioma, se adaptó con facilidad a su vida en la RDA, un país
"organizado, austero y jerárquico" en palabras de Maira. En Berlín,
una ciudad con muchos parques, se sentía a gusto. Maira lo describe
así: "Enrique allá era un baqueano, como se decía en Chile en esos
años, un conocedor profundo de los rincones y del paisaje de Berlín
Oriental".

Se transformó en un importante dirigente en el exilio. "La RDA
era uno de los centros internacionales de la lucha antifascista en Chile –explica un exmapucista que trabajó con Correa–. Y él intervenía en
eso". Un exdirigente que también fue representante de la colectividad en un país europeo describe la tarea que le tocó realizar a Correa
como la de un "embajador". "La relación era de carácter diplomático
–explica–. Los partidos chilenos tenían representantes en cada país".

---

7   Llona, 2006, 176.

Desde esa posición se relacionaban con los encargados de los países socialistas para América Latina o Chile. "Nosotros le informábamos a nuestra contraparte qué pasaba en Chile y ellos nos entregaban información sobre la política de sus partidos: el PCUS, el PSUA, etc. En ambos casos se trataba de representaciones políticas y cada una tenía una tarea". La periodicidad de estos contactos dependía de la contingencia: "Si en Chile ocurría algo urgente o importante, se concretaban reuniones con rapidez. El resto del tiempo podían pasar un par de meses sin contacto".

El Departamento de Relaciones Internacionales del PSUA estaba encabezado por Hermann Axen, miembro del Politburó y muy cercano a Erich Honecker. El subdirector era Friedel Trappen, quien había sido embajador de la RDA en Chile hasta el golpe de Estado, y justo debajo en el organigrama estaba Edgar Fries, jefe de la sección América Latina y quien se relacionaba directamente con altos dirigentes chilenos. Fries era muy cercano a Karlheinz Möbus, embajador adjunto de la RDA en Chile hasta septiembre de 1973 y quien se hizo cargo de la relación cotidiana con los partidos chilenos en la RDA. Correa llegaría a tener una relación estrecha con Möbus. También se relacionaría con frecuencia con Fries y en ocasiones con Trappen. A Honecker lo vio un par de veces: "Lo recuerdo como un hombre bastante preciso, con convicciones profundas, bastante severo".[8]

Años después, Möbus se referiría al apoyo de la RDA a los partidos chilenos: "La idea era darles todo (recursos), de tal manera que se dedicaran tranquilamente a la política sin tener que sufrir necesidades materiales".[9] Correa trabajaría así en construir otras y variadas relaciones para el MAPU-OC en el mundo. Maira explica: "Enrique empieza a desplegar capacidades tácticas de alcance nacional e internacional, empieza a identificar grupos con los cuales les conviene establecer una comunicación, con los cuales conviene tener un debate, cuyos documentos hay que seguir, a los cuales hay que nutrir y alimentar con las posiciones propias". Así "creó un mundo que incluyó a Kim Il-sung, el fundador de la dinastía norcoreana, y al PC italiano, que era un partido reformador y padre del eurocomunismo, completamente lejano de Washington y de Moscú. Todo eso era parte de un

---

8   Magnet, 1995, 15.
9   Víctor Herrero, "Altamirano y los documentos secretos de Honecker sobre Chile", 1998.

universo que empezó a barajar". En definitiva, para Maira, "Correa era el canciller del MAPU-OC en el exilio".

En la RDA, el MAPU-OC era un partido muy pequeño, con apenas un par de decenas de militantes. Correa fue tomando contacto con sus compañeros para organizar el trabajo de forma estructurada: le importaba que cada cuadro tuviese responsabilidades y tareas claras, que se realizaran encuentros periódicos y se generaran informes. En esas reuniones fue recogiendo la inquietud o malestar que provocaban algunos aspectos de la vida cotidiana entre los exiliados chilenos en ese país: la proletarización –que, en una primera etapa, obligó a los militantes, muchos de ellos profesionales, a trabajar en fábricas o ejerciendo oficios que no conocían–, las restricciones para salir y entrar del país o para vivir en una ciudad distinta de la asignada, y la falta de libertad para criticar al régimen. Años después resumiría así la experiencia de los chilenos en Alemania Oriental: "La acogida fue buena, la simpatía era espontánea, pero la convivencia no fue fácil".[10]

A esas alturas los mapucistas en el país ya habían superado una primera etapa de autocensura, en la que medían cada una de sus palabras, hasta asegurarse de que podían opinar con confianza. "A mí recién al año y medio de llegar me decían algunas cosas que les parecían mal, porque se dieron cuenta de que no era un soplón", relata un exmapucista que empezó a cumplir responsabilidades partidarias antes de que llegara Correa. Este último estableció un vínculo de confianza con los militantes de base y escuchó relatos sobre las restricciones que vivían, una experiencia que contrastaba con la suya. Se trataba de mapucistas radicados mayoritariamente fuera de Berlín, que vivían en edificios con otros exiliados extranjeros, y en los que sentían la vigilancia de algunos "vecinos" alemanes. La Stasi, la policía política de la RDA, contaba con miles de informantes de planta, que vigilaban e interrogaban a alemanes y extranjeros, y reclutaban colaboradores que debían reportar sobre las actividades de sus colegas, compañeros de partido y hasta familiares. Como grafica la película *La vida de los otros* (2016), de Florian Henckel von Donnersmarck, en ese Estado policial se utilizaban métodos intrusivos como micrófonos en los hogares de "sospechosos". En esta categoría cabían los disidentes políticos. Y también los extranjeros.

---

10 Magnet, 1995, 12.

A algunos exiliados chilenos les parecía natural en medio de la Guerra Fría, pero a otros les chocaba. "Correa tocaba abiertamente estos temas. Siempre nos dio espacio para hablar sobre todo lo que quisiéramos. Nunca hubo un clima opresor", recuerda Jorge Gillies, que vivió parte de su exilio en la RDA.

Gracias al acceso que tenía a las autoridades alemanas, Correa consiguió que los mapucistas trabajaran en lo que sabían y que pudiesen viajar al exterior. En una ocasión, cuando cruzaba la frontera hacia Berlín Occidental, a un militante que lo acompañaba lo revisaron más de lo usual. Correa se puso a alegar. "Ich bin Kommunist! Ich bin Kommunist! (¡Soy comunista!)", repetía, alzando la voz.

Pero estaba consciente de que había una línea que no podía cruzar: hacer críticas abiertas a la RDA. Sus gestiones ante las autoridades eran privadas –algunos apuntan específicamente al encargado de América Latina, Edgar Fries–, y se guardaba su opinión sobre las instituciones políticas de la RDA. El socialista Hernán del Canto, que vivió exiliado en Berlín entre 1974 y 1988, recuerda así este límite autoimpuesto por los chilenos: "Nosotros no éramos los indicados para hacer cuestionamientos públicos. No solo porque habíamos sido recibidos por ese país, sino que porque, además, veníamos saliendo de una derrota. No éramos los que podíamos dar lecciones de cómo se conducía una sociedad... Pero, obviamente, a nivel privado, teníamos nuestro juicio sobre la libertad de prensa y política, que eran evidentemente limitadas".[11]

A su arribo a la RDA, en todo caso, Correa no tenía críticas que callar.

*

"¿Para qué voy a hablar con usted, si ya conversé con el Partido Comunista?", le decía Carlos Altamirano –también exiliado en la RDA– cuando Correa le pedía una reunión. La anécdota refleja cuán identificado con el PC se sentía Correa en su segundo exilio. Y, también, cuán cerca estaba del campo socialista encabezado por la Unión Soviética.

En marzo de 1977, poco después de regresar a Europa, publicó "Lucha de masas, clase obrera y perspectiva democrática". Ahí se refería con admiración a la Unión Soviética, que para él seguía siendo

---

11 Nelly Yáñez y Andrea Sierra, "La verdadera vida en la RDA: oportunidades sin libertad", 2007.

un referente exitoso y al alza: "El régimen de Pinochet camina exactamente en el sentido inverso del que evolucionan los acontecimientos mundiales. La fuerza de la Unión Soviética, del campo socialista, del movimiento obrero en el seno de los países capitalistas, de los movimientos nacionales de liberación y del conjunto de las fuerzas democráticas mundiales, obliga al fascismo chileno a enfrentar una hostilidad mundial que conoce pocos precedentes".[12] El dirigente afirmaba que el régimen de Pinochet atravesaba una "crisis de grandes proporciones". A su juicio, la "dictadura militar de los monopolios" pretendía imponer su "hegemonía", lo que obligaba a la Junta Militar a enfrentarse "con todas y cada una de las clases, organizaciones y corrientes que se orienten por una definición democrática". A eso, decía, se sumaban las dificultades económicas y el aislamiento internacional del país.

Correa, que había vivido en Santiago hasta semanas antes, tenía una visión extremadamente optimista, algo raro en él. Aseguraba que "la actual fase de la lucha antifascista (…) no se da ya ante un país inactivo y paralizado por el terror", sino que en uno donde la UP había vuelto a funcionar y la "actividad de masas" crecía, gracias al movimiento sindical chileno y a la Iglesia Católica.[13] También valoraba el giro de la DC hacia la oposición, pese a que ese partido tenía, a su juicio, "la ilusión de derrotar a la dictadura sin un entendimiento con la UP". En todo caso, moderaba en algo esta visión, que ponía el acento en la incipiente rearticulación antipinochetista, en un país donde la dictadura gobernaba sin contrapesos y Pinochet concentraba cada día más poder. "La dictadura está en crisis, pero, aunque sea de Perogrullo –advertía–, ella no caerá sola como producto de sus propias contradicciones". Y, en sintonía con la que había sido su posición desde el golpe, insistía en la conformación de "un amplio frente antifascista como única forma de ofrecer un largo y estable destino democrático".

Germán Correa militaba entonces en el Partido Socialista en Chile y era parte de la corriente liderada por Almeyda. En un viaje que realizó clandestinamente a la RDA en 1978 para reunirse con el

---

12 MAPU-OC, 1977, 8-16.
13 El optimismo de Correa era compartido por el MAPU-OC, que valoraba la realización de actividades como el Festival de la Solidaridad en septiembre de 1976 y el Caupolicanazo de Navidad en diciembre del mismo año, movilizando a jóvenes y trabajadores. Además, para este partido había sido "un año de expansión". Torrejón, 2000.

excanciller, pidió encontrarse con su primo. Lo hicieron en el Tierpark, el zoológico de Berlín Oriental. "Nos juntamos con Enrique tipo diez de la mañana y estuvimos como hasta las cinco o seis de la tarde. Y hablamos de pura política", recuerda. Nada los distraía, al punto de que casi los orina una pantera. "Era el periodo procomunista de Enrique. Me acuerdo muy bien porque esa conversación estuvo marcada por esta línea tan oficialista, tan ordenadita, del PC: el análisis que hacían de la dictadura, las posibilidades de alianza con el centro, la idea del frente antifascista que nosotros en Chile habíamos seguido. Enrique era muy de la idea del frente antifascista".

Esta última posición era la que prevalecía entonces en el MAPU-OC, tanto en Chile como en el extranjero. Y era la postura de Almeyda y el PS en Chile, pero sobre todo del PC y la URSS. "Ustedes son los mejores amigos de nuestros mejores amigos", le dijo una vez un funcionario del PCUS a Correa, para resumir cuán cerca veían en Moscú al MAPU-OC del PC. Un exmapucista que integró la CEX dice: "El Guatón era lo más procomunista que uno se puede imaginar". Eduardo Rojas, quien encabezó la dirección en Europa, agrega: "Él seguía siendo marxista-leninista por los cuatro costados".

Y así lo veía entonces Altamirano. Aunque durante la Unidad Popular había sido parte de la ultraizquierda y defensor del "avanzar sin transar", el socialista partió muy tempranamente su proceso de renovación: se resistía a la influencia de Moscú y tenía una visión crítica de los socialismos reales, cuestión que se acentuó al vivir su exilio en la RDA. Jaime Gazmuri recuerda en sus memorias que Altamirano entró tempranamente en conflicto con otros partidos de la UP cuando se manifestó en contra de formar militantes en las escuelas de cuadros de la URSS y la RDA.[14] El MAPU-OC, en cambio, no solo apoyó esa política sino que Correa fue parte del grupo de dirigentes que recomendaba a qué militantes formar. "Nos veían principalmente como un apéndice del Partido Comunista", resume Gazmuri. Algunos, de hecho, les decían el "MAPU-PC".[15]

En eso estaban cuando los exiliados chilenos en Europa iniciaron dos debates que serían trascendentales: por un lado, sobre el nivel de adhesión al proyecto socialista desplegado en el Este (que repercutiría en una revisión del marxismo-leninismo y el valor

---

14 Gazmuri y Martínez, 2000, 289.
15 Valenzuela, 2014.

otorgado a la democracia "burguesa"), y por otro el tipo de alianza que debía construirse en Chile, en especial con la Democracia Cristiana. Los chilenos fueron tomando posición bastante influidos por su lugar de residencia: los dirigentes en Europa del Este apoyaban los socialismos reales, cuestión en la que sintonizaban con sus pares del Chile clandestino, perseguidos por una dictadura brutal. En cambio, los exiliados en la Europa occidental empezaban a distanciarse del campo socialista y tenían una visión crecientemente crítica sobre la UP, su estrategia y su proyecto para enfrentar a Pinochet.

Holanda, Francia, España e Italia fueron los países en que los chilenos iniciaron esta discusión. Y Roma fue el epicentro,[16] cuestión que para el MAPU-OC tendría particular trascendencia. A la capital italiana llegaron, por casualidad, varios dirigentes exiliados. El exsubsecretario José Antonio Viera-Gallo fue de los primeros y a poco andar estuvo entre los fundadores de la revista *Chile-América*, el primer espacio formal de debate entre la Unidad Popular y el progresismo de la Democracia Cristiana.[17] José Miguel Insulza, el encargado de la Comisión Exterior, vivió ahí hasta 1980. Fernando Martínez, presidente de la Unión de Jóvenes Democráticos, la juventud mapucista, también se radicó en Roma. Y Jaime Gazmuri se refugió allí entre mediados de 1976 y marzo de 1979, cuando permaneció fuera de Chile por razones de seguridad.

En Roma comenzaron a leer a Antonio Gramsci y se acercaron a Enrico Berlinguer, el secretario general del Partido Comunista Italiano (PCI), uno de los principales promotores del eurocomunismo. Esa corriente, apoyada también por los comunistas españoles y franceses,[18] se inspiraba en parte en las lecciones dejadas por la experiencia de la UP y la "vía chilena al socialismo". Lejos de considerar la derrota de ese proyecto como una confirmación de que el socialismo solo podía alcanzarse a través de una revolución y la toma del poder, el eurocomunismo

---

16 Ignacio Walker, *Socialismo y democracia*, 1990, 183-184.

17 *Chile-América* fue fundada en 1974 por Julio Silva Solar (Izquierda Cristiana) y José Antonio Viera-Gallo, más dos democratacristianos, Bernardo Leighton y Esteban Tomic. Se editaba en Roma, llegó a tener suscriptores en 66 países y se leía en Chile. Su último número se publicó en 1983. Danny Monsálvez y Nicollet Gómez, "*Chile-América* 1974-1983: una revista del exilio chileno", 2018, 49-67.

18 El hito formal que da inicio al eurocomunismo ocurrió el 7 de marzo de 1977, en Madrid, donde se reunieron los secretarios generales de los partidos comunistas de España (Santiago Carrillo), Italia (Enrico Berlinguer) y Francia (Georges Marchais).

se distanció de la URSS y el bloque socialista en Europa: renunció a la dictadura del proletariado y a la economía planificada, se opuso a los regímenes de partido único y reivindicó la democracia como un requisito previo a la construcción del socialismo. Además, expresaba que cada país debía encontrar su propio camino hacia el socialismo y, en ese sentido, el PCI hacía explícita su tesis del "compromiso histórico" en favor de la unidad comunista-democratacristiana en Italia.

Viera-Gallo fue de los primeros en plegarse a este giro, junto a otros mapucistas en Roma –según recuerda– como Carlos Catalán, Germán Rojas y Stefano Rossi, amigo de Correa. "Un grupo nos fuimos [de Chile] con la idea de que el gran error de la UP fue no haber alcanzado un acuerdo con la DC. Y ahí nos topamos con una discusión similar en el PC italiano. Entonces era natural que hubiera simpatías hacia esa posición", explica Viera-Gallo. Paulatinamente, Insulza y Fernando Martínez también se sintieron identificados con esta aproximación.

"Se produjo un choque con el interior, que era completamente prosoviético, entre ellos Correa. Nosotros recibíamos los correos del interior, que se esforzaban tanto en hacerlos, y en la página 15 dejábamos la lectura. Ahí se empezó a producir un problema. Cuando los compañeros del interior pasaban por nuestras casas en Roma, las discusiones eran crispadas", recuerda Viera-Gallo. Gazmuri estaba en una posición intermedia, pero el eurocomunismo lo influyó. En el MAPU-OC se repite una historia sobre cómo, cuando discutían con Correa el vocabulario de los informes que elaboraban en el exterior, al dirigente máximo este debate le hacía mella y cómo a Correa no:

"Cuidado, Jaime, que cuando uno mueve una piedra se cae todo el edificio".

*

A fines de 1978, el socialista italiano Lelio Basso convocó a dirigentes del exilio chileno al seminario "Socialismo chileno. Historia y perspectivas", que se realizaría en marzo de 1979 en Ariccia, al sur de Roma. La actividad fue organizada por el exsenador PS Raúl Ampuero, encargado del Departamento Latinoamericano de la Liga Internacional por los Derechos y la Liberación de los Pueblos.[19] Aunque

---

19 Wilfredo Baraona, "Chile: La convergencia socialista", 1981, 32-34. Basso falleció el 16 de diciembre de 1978, por lo que no pudo participar de la actividad. Pero

Ampuero ya no militaba en el PS, quería reunir a ese mundo para que consensuara un proyecto distintivo en la izquierda chilena. El PC chileno no fue invitado.[20] En ese primer encuentro en Ariccia, varios compartieron la idea de formular un proyecto socialista más amplio, que incluyera a la clase obrera y a las capas medias, y que fuese autónomo internacionalmente, es decir que se distanciara de los partidos comunistas y de la órbita soviética. Además, hubo un llamado a iniciar un proceso gradual de convergencia de las distintas corrientes socialistas y afines, para formar un nuevo bloque político.[21]

Con la perspectiva de los años, se apunta a esta reunión como la génesis de la renovación socialista que dio paso, casi una década más tarde, a la Concertación de Partidos por la Democracia. Pero ese proceso estuvo lejos de ser una línea recta. Y en el MAPU-OC, que no participó de ese primer encuentro, el debate fue complejo y desgarrador.

El que movió la primera piedra fue Insulza. En abril de 1979 escribió un texto de 23 páginas publicado ese primer trimestre en *Resistencia Chilena,* la revista de la CEX, donde criticaba abiertamente a la Unidad Popular, un hito que para algunos inició la renovación del partido.[22] El encargado exterior afirmaba que la alianza de izquierda enfrentaba una serie de problemas: falta de iniciativa, carencia de programa, ausencia de discusión y escaso funcionamiento colectivo en Chile. "La UP es crecientemente un colectivo donde no se discute sino formalmente, donde los problemas de fondo no son examinados, en aras de un concepto de unidad estático que al final terminará por ser contraproducente", escribió.

Insulza afirmaba que "nuestra derrota fue primero política que militar", apuntando a que el gobierno de la UP se había concebido como una opción de izquierda conducida con "hegemonía obrera"

---

el hecho de que él convocara fue útil para reunir a personas identificadas con distintos partidos, sectores o pensamientos.

20 La historiadora Cristina Moyano, quien ha estudiado las dos vertientes del MAPU, señala que Ariccia "rompía así con una alianza estructurada históricamente desde la década de 1950". Moyano, *El MAPU durante la dictadura,* 2010.

21 Mariana Perry, *Exilio y renovación. Transferencia política del socialismo chileno en Europa Occidental (1973-1988),* 2022.

22 Valenzuela, 2014. El texto fue publicado al menos dos veces más en órganos de propaganda del MAPU-OC. En septiembre de 1979 apareció en el número 6 de la revista *Resistencia,* que circulaba en Chile. En 1980 apareció en *Cuadernos en Marcha,* con el título "Del Mapu Obrero Campesino: El futuro de la Unidad Popular".

que no priorizó "la alianza con los sectores medios" y que, pese a las coincidencias programáticas, en un principio tampoco buscó activamente una alianza con la DC. Además decía que una de las insuficiencias más graves de la UP había sido su "actitud prácticamente vergonzante ante la democracia". El documento llamaba a la renovación ideológica, política y orgánica de la UP, dando por superado su programa. Y proponía no postergar el debate para "definir un proyecto social común", que diera paso a un nuevo proyecto "aceptable para todos los chilenos" y "en diálogo con todas las fuerzas democráticas", a partir de lo que llamaba *nuestro* proyecto socialista".

El texto de Insulza cayó mal en Chile y en el exterior. En el siguiente número de *Resistencia Chilena*, publicado en julio de 1979, Enrique Correa lo retrucó indirectamente. En "La necesidad de una nueva alternativa", describía a la UP como un proyecto que sí había buscado "una alianza entre el movimiento obrero, los sectores medios y capas industriales" y que, sin embargo, "no logró (…) una mayoría política que le diera perspectivas claras de victoria". Reivindicaba "el claro valor histórico del gobierno popular y la vigencia de la línea sustancial de transformaciones". Y agregaba: "Nunca el país conoció, al fin de cuentas, un periodo más democrático y con una mayor riqueza política transformadora que el que vivió en los 1000 días del gobierno de Salvador Allende".

Eso sí, Correa coincidía con Insulza en la necesidad de renovar la UP. Pero si Insulza proponía iniciar un debate, Correa ya tenía respuestas. Tras resaltar la "rearticulación" de los trabajadores en el movimiento sindical y el rol jugado por la Iglesia Católica en Chile durante esos primeros años de dictadura, llamaba a derrocar al régimen para elegir una Asamblea Nacional Constituyente, donde las "fuerzas democráticas" escribieran una nueva Constitución. Y reivindicaba el socialismo con mayor énfasis que Insulza:

… la lucha por la democracia está, en la época actual, íntimamente vinculada a la lucha por el socialismo.

La experiencia del país demuestra que en el capitalismo, por su inevitable tendencia a la concentración del poder en círculos cada vez más reducidos, la democracia siempre es inestable y sujeta a restricciones, interrupciones y feroces regresiones.

Solo en el socialismo ella puede alcanzar un ámbito real de expansión ininterrumpida.

Hombre de certezas antes que de dudas, estas eran sus verdades a fines de los 70. "Fui muy tardío para hacerme un cuestionamiento más ideológico, más que otros", reflexionaba tres décadas después.[23]

El debate en el MAPU-OC reflejaba las tensiones en la izquierda de la época, cuya expresión más dramática derivó ese mismo año en el quiebre del Partido Socialista, cuarenta y seis años después de su fundación en 1933. Por un lado estaba la corriente de Almeyda, la más fuerte en Chile y en los países de la órbita soviética, y por el otro el sector de Altamirano, que concitaba más respaldo entre los exiliados chilenos en Occidente. Los primeros apoyaban el marxismo-leninismo y estaban en sintonía con Moscú, mientras los segundos, entre corrientes diversas y a veces contradictorias, apuntalaban la renovación. Almeyda era, además, partidario de una alianza con el PC, mientras Altamirano la resistía.[24]

La ruptura se produjo en Berlín Oriental, el 26 de abril de 1979, en una reunión entre los dirigentes del PS clandestino en Chile y en el exilio, en que la mayoría designó a Almeyda como secretario general en reemplazo de Altamirano.[25] Este último y los miembros del Secretariado Exterior Jorge Arrate, Jaime Suárez y Luis Meneses desconocieron la determinación. En respuesta, el sector de Almeyda decidió expulsarlos y entonces se produjo la escisión. También fue expulsado Erich Schnake, miembro suplente del Secretariado Exterior.

Naturalmente, Almeyda esperaba el respaldo del MAPU-OC. El excanciller era cercano a Insulza y Correa, y tenía una vieja alianza con el partido conducido por Gazmuri. Si en 1973 él había reconocido el nacimiento del MAPU-OC, lo lógico –pensaba– era que los mapucistas hicieran lo mismo con su sector del PS, declarándolo único interlocutor válido y miembro de la Unidad Popular. Pero el MAPU-OC optó por la neutralidad.

"Ustedes son un partido maricón", le reclamó el socialista Hernán del Canto a Correa en una reunión en el departamento de este en Berlín. "Nosotros pensábamos que era ridículo pelearse en la

---

23 Serrano, 1998.
24 Arrate y Rojas, II, 2003, 287-290. Más tarde su sector privilegiaría un entendimiento con un rol protagónico para la DC.
25 *Chile-América*, "Jorge Arrate:'La crisis del partido no es una disputa por el poder; existen serias diferencias en aspectos de importancia cardinal'", 1979, 99. Tanto Altamirano como Almeyda se arrogaron la dirección del PS.

situación de exilio que vivíamos", explica un exmapucista que militó en Europa. "Después de la gran división del PS, la dirección que encabezó Clodomiro Almeyda desde Berlín se distanció mucho de nosotros, por un largo periodo", señala Gazmuri en sus memorias.[26] "Encontró que éramos últimos. Y con razón", afirma hoy un exintegrante del Secretariado clandestino en Chile.

Con el PS partido en dos, Almeyda tuvo que renunciar a la secretaría ejecutiva de la UP, que quedó en manos de un comité integrado, entre otros, por Correa.[27] El vínculo político entre ellos se enfrió, aunque, según el mapucista, pese al "gran enojo" de Almeyda conservaron la amistad.[28] Altamirano, Arrate y Ricardo Núñez, líderes de los expulsados del PS, dejaron Berlín Oriental. Antes de que el primero viajara a París, donde se radicó, Correa lo visitó y sostuvieron una larga conversación. "Humanamente yo estaba más cerca de don Clodomiro Almeyda, pero cuando se produjo la división del PS, pese a esa cercanía personal que tiene que ver con otro nivel de la vida, me sentí más próximo a la tesis de Altamirano. (…) Pero todavía no desarrollaba un distanciamiento crítico del socialismo del Este, que produjo durante décadas una fascinación muy grande en la intelectualidad progresista del mundo", recordaría Correa casi veinticinco años después.[29]

En medio de la tempestad que azotaba a la izquierda, en enero de 1980 –y a diferencia de lo ocurrido en 1979– los dirigentes mapucistas fueron invitados a la segunda parte y final del seminario de Ariccia, que proponía "impulsar decididamente un proceso de convergencia socialista", diferenciándose de la "corriente comunista".[30] Aunque valoraron el encuentro, oficialmente los mapucistas no compartieron las conclusiones de los organizadores, pues estos "suscriben una tesis que ve a la izquierda chilena dividida en dos vertientes, la comunista y la socialista, sustancialmente diversas, y de cuya organización, desarrollo y relación dialéctica depende el avance de la izquierda. Nosotros pensamos que la realidad es más compleja y fluida", señalaban. Además, los dirigentes del MAPU-OC todavía no desahuciaban del todo a la UP

---

26 Gazmuri y Martínez, 2000, 289.
27 También lo conformaban Rafael Martínez de la Izquierda Cristiana y Jorge Insunza del Partido Comunista. No había representantes de ninguna de las corrientes del PS.
28 Arancibia, 2003.
29 Ibíd.
30 "Acta de Ariccia", *Chile-América* 54-55, 1980.

e insistían en su "renovación profunda", buscando "la más amplia unidad de todas las fuerzas democráticas y antifascistas".[31]

En los hechos, sin embargo, el quiebre del PS redundaría en el fin de la Unidad Popular. Pero esa era una muerte que nadie quería anunciar.

A pesar de sus reparos, Ariccia terminaría siendo recordado por muchos mapucistas como el inicio de un camino sin retorno hacia la renovación. Una marcha a la que Correa se sumaría lentamente.

*

A lo largo de los años, Correa ha dicho que, para él, un primer distanciamiento con los socialismos reales ocurrió cuando el 27 de diciembre de 1979 la Unión Soviética invadió Afganistán.

La acción militar –que buscaba sostener al régimen comunista afgano ante la sublevación de guerrillas musulmanas anticomunistas–[32] dividió a la izquierda chilena. El mes siguiente la revista *Chile-América* incluyó una breve nota titulada "Afganistán repercute en los partidos chilenos", recogiendo la posición que las distintas colectividades adoptaron frente a la invasión: el PC la apoyó, mientras el PS-Altamirano la condenó. Sobre la posición del MAPU-OC no había información, pese a que el MAPU-Garretón y la Izquierda Cristiana, sus principales aliados en ese momento, manifestaron su desacuerdo.

Resistencia Chilena, la revista de la CEX, tampoco incluyó alguna alusión a la invasión en la edición de marzo de 1980, la primera después de ocurridos los hechos. Viera-Gallo sí escribió un artículo en *Chile-América,* apuntando que "la acción soviética ha despertado un rechazo prácticamente universal". Cuatro décadas después, al recordar el contraste con el silencio de su partido en el exterior, señala: "El MAPU-OC seguía con la tesis vinculada a Moscú. No condenó lo de Afganistán porque todavía era un partido muy prosoviético. Y recibía ayuda de la URSS". Esa ayuda, además de financiar al representante del partido en Moscú, incluía un aporte monetario periódico que ayudaba a costear buena parte de la actividad partidaria.

---

31 El MAPU-OC hizo una declaración enfatizando "nuestra convicción de que la Unidad Popular, con todos sus problemas, constituye aún la vanguardia válida de las fuerzas de izquierda chilenas". "La renovación y convergencia en los marcos de una política unitaria", 1980, 5-8.
32 La guerra en Afganistán se extendió entre 1978 y 1982, y fue uno de los escenarios de la Guerra Fría.

En Chile, el Secretariado del Comité Central redactó una declaración, señalando que "la intervención soviética constituye un serio error político", pues dividía a las fuerzas progresistas del mundo, fortaleciendo el "imperialismo". Pero al mismo tiempo justificaba la invasión o al menos respaldaba a la URSS, argumentando que el apoyo del imperialismo a la contrarrevolución había obligado a la acción soviética, y que "nos parece evidente que, respecto de la situación de Afganistán, el objetivo de la participación soviética es apoyar un auténtico proceso de liberación nacional y social y, por lo tanto, tiene un carácter esencialmente diferente a las intervenciones del imperialismo".

En 1998, al recordar ese periodo y las razones de su propia renovación, Correa le dijo a Margarita Serrano: "Me produjo un impacto muy negativo la ocupación de Afganistán". Repitió la idea en 2003 frente a Patricia Arancibia, señalando que esa acción militar fue lo primero que alejó al MAPU-OC de los países de Europa del Este. Sin embargo, hay más de una versión sobre la postura que asumió como el principal dirigente mapucista en la RDA. Y, por ende, sobre cuándo inició realmente el camino de la renovación ideológica.

Jorge Gillies, entonces dirigente de la UJD, el brazo juvenil del partido, vivió hasta abril de 1981 en la RDA, donde trabajaba periódicamente con Correa: "Enrique fue muy crítico de la invasión. Dijo que podía ser el principio del derrumbe del campo socialista", recuerda.[33] Otros mapucistas, como el doctor Concha o Eduardo Rojas, no recuerdan esas críticas. Concha comparte una impresión que ratifican otros exmilitantes del partido radicados entonces en la RDA: Afganistán no fue un tema de debate en la colectividad. "Yo no recuerdo que haya habido una crítica en esos años respecto de la invasión en Afganistán. Tampoco fue una discusión. Incluso yo diría que no hizo mucho ruido dentro del MAPU-OC". Más allá va Rojas, quien descarta que Correa haya sido crítico de la intervención de la URSS. "Eso no es así. Es una relectura. Él se distanció del socialismo real algunos años después".

"Nos demoramos bastante en exteriorizar opiniones distintas o más independientes respecto de la Unión Soviética en materia

---

33 Según *Los hombres de la transición*, de Ascanio Cavallo, los representantes del PC, el PS y el MAPU-OC fueron citados a la sede del Comité Central del PSUA, donde les informaron sobre la invasión, que había sido la noche anterior. Según esta versión, solo Correa manifestó que la acción era "un error, una acción indebida e impresentable". Los autores de esta biografía no lograron confirmar este relato.

internacional –ha reconocido Gazmuri–. Las primeras discusiones internas surgieron tras la intervención soviética a Afganistán. No nos gustó, no entendimos mucho, pero nos quedamos callados: debíamos estar divididos o es posible que el asunto nos pareciera muy lejano".[34]

Meses después comenzó otro proceso que Correa ha mencionado como crucial en su quiebre con el bloque soviético: a mediados de 1980, en Polonia, el movimiento sindical, con un fuerte componente católico, inició una serie de huelgas en contra del régimen comunista. Un año y medio después, en diciembre de 1981, las autoridades dieron un autogolpe, sacando los tanques a la calle, y en 1982 proscribieron los sindicatos autónomos, incluyendo al principal de ellos, Solidarność (Solidaridad), liderado por el católico Lech Walesa. En 1990, en una entrevista con la periodista Raquel Correa, Correa dijo: "Mi conocimiento de los países socialistas me terminó de convencer que el socialismo, para sobrevivir, requería reformas radicales. Tuve dos momentos de discrepancia muy fuertes: uno, la ocupación de Afganistán; después, con más fuerza todavía, los sucesos de Polonia".[35] En 2003 señaló que lo había marcado especialmente la crisis polaca "por la fuerte presencia en la rebeldía polaca contra el régimen de dos elementos para nosotros muy queridos: la Iglesia –el cristianismo– y los sindicatos".[36]

Entre las huelgas iniciadas a mediados de 1980 y la aplicación de la ley marcial en Polonia, tras el autogolpe de fines de 1981, pasó un año y varios meses. Y, según recuerdan sus compañeros, la renovación de Correa fue gradual. En ese entonces Eduardo Rojas era quizás el mapucista más en sintonía con el movimiento sindical europeo. Había sido vicepresidente de la CUT, y en el exilio organizó junto a otros dirigentes la CUT en el exterior. Desde París siguió con atención la crisis que sacudía a Polonia, la más aguda en ese país desde la Segunda Guerra. A mediados de 1980, cuando se habían iniciado las huelgas de los portuarios por el alto costo de la vida, se mostraba optimista por la "flexibilidad y apertura"del régimen de Edward Gierek y la "sensatez y realismo" de los obreros a la hora de negociar.[37] En *Chile-América* escribía con simpatía sobre el sindicalismo polaco,

34 Gazmuri y Martínez, 2000, 274-275.
35 Raquel Correa, 1990.
36 Arancibia, 2003.
37 Eduardo Rojas, "Polonia: ¿Esperanza o retroceso?", 1980a, 15-17.

cuya principal expresión era entonces Solidarność. Alejándose de las posturas más oficialistas, descartaba que estuviese en marcha una operación de "agentes provocadores". Las huelgas, apoyadas transversalmente por la sociedad polaca, sostenía, eran el reflejo de una oposición con presencia real en una sociedad diversa, muy marcada por el arraigo cultural de la Iglesia Católica. Eso y no otra cosa, argumentaba Rojas, explicaba que lo que había partido con un petitorio sindical desembocara en un movimiento político más amplio que exigía autonomía sindical, derecho a huelga, fin a la censura y libertad de los presos políticos.

Un par de meses después exponía una visión más crítica.[38] Ahora afirmaba que el sistema político polaco estaba debilitado y que las masas habían perdido confianza en la dirección, por tres motivos: primero, porque el régimen había sido incapaz de recoger y reflejar la diversidad de la sociedad polaca, marginando a una iglesia enraizada en la población; segundo, porque la alianza de gobierno había enfrentado crisis pasadas "usando principalmente la fuerza", sin rectificar errores, y, tercero, por "la existencia de ciertas prácticas de corrupción en el Estado y en el partido". El texto era, de todos modos, cuidadoso en el tono. El dirigente destacaba los acuerdos de Gdansk alcanzados entre el régimen y los sindicatos, y valoraba la "renovación que emprende el socialismo en el país", gracias a "la profunda y valiente autocrítica emprendida por la dirección del partido".

Hoy Rojas recuerda que, al menos en esa primera etapa, Correa no estaba cerca del sindicalismo polaco. "Él más bien me criticó el artículo porque no era marxista-leninista por los cuatro costados", recuerda con humor. "Él fue súper cariñoso, pero matizaba, diciendo 'el artículo está bien, pero...'". Una versión distinta recoge *Los hombres de la transición*: "La ola anticatólica y antipolaca que se extiende por la RDA sobrecoge e impresiona al antiguo seminarista que hay en Correa. (...) Comienza por primera vez a desconocerse en medio de esta libertad ahogada que palpita en los callejones de la RDA. Algo profundo que está ocurriendo en los subterráneos del mundo empieza a transformarlo a él".[39]

Lo que sí es claro es que el régimen de Honecker manifestó formalmente su molestia por la postura de Rojas. En el caso de

38 Eduardo Rojas, "Polonia: una crisis en el socialismo", 1980b, 18-28.
39 Cavallo, 1992, 121.

Correa, no hubo reproches. El dirigente, además, no parece haber estado bajo la vigilancia de la policía política en la RDA: en 2021, ante una petición formal de desclasificación de archivos para esta investigación y tras una búsqueda que tomó meses, el Archivo de la Stasi respondió que no había documentos sobre él.

Como sea, al dirigente –que en la RDA asistía a una parroquia–[40] lo impactaron el peso del catolicismo en Polonia, su presencia e imbricación en la sociedad de ese país, y el rol de la Iglesia Católica como aliada de los trabajadores e interlocutora del régimen comunista.

Y es que lo que ocurría en ese país le hacía eco en Chile.

✳

La Iglesia Católica chilena, con el cardenal Raúl Silva Henríquez a la cabeza, se transformó en el único bastión que cobijó a los perseguidos por la dictadura inmediatamente después del golpe de Estado. "La institución pasará a la historia como el único refugio de la democracia y la libertad durante esos años oscuros", señalan Jorge Arrate y Eduardo Rojas en *Memoria de la izquierda chilena*.[41]

A través del Comité Pro Paz, fundado en octubre de 1973, y la Vicaría de la Solidaridad, creada en 1976, la cúpula eclesial ordenó socorrer a las víctimas y familiares de los oprimidos. Sus sacerdotes establecieron estrechos vínculos con abogados, asistentes sociales, médicos y otros profesionales que comenzaron a colaborar con estos organismos, y que en muchos casos militaban en partidos de izquierda. Desde 1977, además, la Vicaría de la Pastoral Obrera empezó a rearticular el sindicalismo, también proscrito por el régimen. El hecho es que, poco a poco, la Iglesia Católica se transformó en un dinámico actor político, algo que el MAPU-OC comenzó a registrar paulatinamente en sus informes.

A mediados de 1979, cuando realizó su IV Pleno –el primero después del golpe de Estado y en plena clandestinidad–, el partido hizo un reconocimiento a esa institución "en la defensa de los derechos humanos" y llamó a generar un consenso opositor entre distintas fuerzas, "sean de inspiración marxista, cristiana o laica". Casi una década después de que Rodrigo Ambrosio renegara del cristianismo

---

40 Magnet, 1995, 16.
41 Arrate y Rojas, II, 2003, 296.

de avanzada por considerarlo una desviación pequeñoburguesa, en el MAPU-OC marxistas y cristianos pasaban a ser potenciales aliados.

A Correa la búsqueda de ese entendimiento le interesaba en lo personal y en lo político. Eran dos mundos que conocía bien y en los que tenía vínculos significativos. En esa época ya había retomado contacto con autoridades de la Iglesia. Un amigo del cardenal Silva Henríquez, el empresario Reinaldo Sapag, sostiene que el prelado tuvo contacto con Correa en Europa. Viajaba con frecuencia a Roma y en ocasiones se reunía con dirigentes de la oposición en la sede de Chile Democrático, quizás la principal organización del exilio. Cuando iba a Roma, Correa asistía al mismo lugar, ubicado en la Via di Torre Argentina, y es posible que se hayan encontrado.

Más concreto es que a fines de 1979 se reunió en Roma, junto a José Miguel Insulza, con el obispo de Talca, Carlos González, su mentor en el Seminario. Tras esa reunión, en algún momento de 1980 le envió una carta para organizar un encuentro de autoridades y sacerdotes católicos con exiliados chilenos: "Ud. me planteó que estudiase la posibilidad de producir en el exterior un diálogo entre un grupo de amigos nuestros (…) con el objeto de conversar acerca de nuestro país, de nuestra perspectiva respecto a la situación que hoy día Chile vive y acerca de nuestro proyecto de construir, a partir del MAPU, la IC y el MAPU-OC, una fuerza popular que articule en un proyecto democrático y socialista a cristianos y marxistas".[42]

Los posibles asistentes, proponía Correa, serían Gazmuri, Insulza, Julio Silva Solar, Vicente Sota, Viera-Gallo y él por el MAPU-OC, y Jacques Chonchol, Rafael Agustín Gumucio, Luis Maira y Bosco Parra por la IC. Además, consultaba si sumar a un último invitado, conocido hasta hacía poco por su ultraizquierdismo: "Habíamos pensado en Óscar Guillermo Garretón, pero quisiéramos conocer su opinión".

Correa proponía concretar en Bruselas este "encuentro privado con todos los resguardos". Había conseguido el apoyo de la fundación belga Entraide et Fraternité, que enviaría cinco pasajes aéreos a quienes González dispusiera. Formalmente la invitación sería para "asistir a un seminario sobre problemas pastorales de América Latina". El tema real sería otro:

---

42 "Carta de Enrique Correa a 'Don Carlos'".

Le propongo que fijemos un tema central que podría ser: el nuevo consenso nacional que es preciso proponer al país y las posibilidades que tenemos de articular, en un nuevo proyecto histórico, a cristianos y marxistas. (…)

Quisiera manifestarle, además, mi opinión de que un diálogo de este tipo es necesario y urgente en momentos como este, en que la esperanza de los chilenos parece agotarse, sin que nadie pueda decir una palabra clara, mostrar un camino nítido que entusiasme a tantos y tantos que quieren transformar Chile y convertirlo en un país humanamente habitable.

Una palabra clara. Un camino nítido. El Correa marxista-leninista retornaba de lleno al catolicismo preocupado de las desigualdades sociales, el mismo que había despertado su interés por la política. Y se proponía unir a marxistas y cristianos.

En eso estaba empeñado cuando, en octubre de 1980, en una reunión de la Comisión Exterior realizada en Varsovia, fue sometido a un sorpresivo juicio político.

*

Cuando se radicó en Berlín tenía un hijo de seis años, Carlos, que vivía en Cuba con su madre, Catalina Bau, y la pareja de esta, Ricardo Barros, dirigente del MAPU-OC en ese país.[43] El niño desconocía entonces el parentesco que lo unía a Correa, un dirigente político que, a raíz de sus viajes de trabajo, un par de veces lo visitó en La Habana.

El golpe había dejado a sus padres a muchos kilómetros de distancia: mientras ella se radicaba en la isla en 1974,[44] él se preparaba para partir a Moscú. Entonces Catalina tenía veinticuatro años, y su hijo, dos y medio. Tal como les ocurrió a centenares de familias con dirigentes que pasaron a la clandestinidad, Correa y Bau no tenían idea de cuándo volverían a verse. Así, el pequeño Carlos jugaba fútbol en las calles del barrio, hinchaba por Los Industriales en el béisbol y, al igual que otros chilenos, estudiaba en la escuela Solidaridad

---

43 Llona, 2006, 155.
44 Paula Pincheira, "Catalina Bau, gerenta de Asuntos Públicos de Imaginaccion: 'No llegué acá por ser ex mujer de Enrique Correa'", 2018.

con Chile.[45] La última vez que Correa lo visitó fue en 1981, siempre de incógnito.

Correa fue padre por segunda vez en 1979, en Berlín. Maricarmen dio a luz a Manuel, bautizado así por la chapa de su padre. No fue fácil la vida en común en la RDA. Correa estaba dedicado de lleno a la política, viajaba con frecuencia y las responsabilidades familiares recaían principalmente en ella. En algún momento, además, él retomó su relación con Ana María en Roma. Se habían separado a fines de 1976, luego de que él iniciara su vínculo con Maricarmen y el MAPU-OC le ordenara dejar Chile. Desde entonces, Ana María había viajado a la URSS para asistir a la escuela de cuadros del Komsomol durante algunos meses, y se había integrado en Roma a la ONG feminista ISIS y a la directiva de la UJD. En las periódicas reuniones de esta última instancia, alrededor de cuatro al año, se reencontraron.

El hecho es que en 1980 ambas mujeres estaban embarazadas de Correa –Ana María del único hijo entre ambos y Maricarmen del segundo de la pareja–, y algunos dirigentes del partido consideraron que ese asunto, propio de su vida privada, merecía ser debatido como un hecho político. Cuatro décadas después, aún hay dos interpretaciones sobre qué los motivó: mientras todos coinciden en que pesó la beatería de algunos militantes, otros –los menos– creen que hubo quienes vieron una oportunidad de mermar el poder de Correa e impedir que regresara secretamente a Chile para comandar el partido junto a Gazmuri.

El asunto se trató con mucha formalidad en lo que se conocería como el "Juicio de Varsovia", durante la reunión que la CEX sostuvo entre el 6 y el 12 de octubre de 1980 en la capital de Polonia, y a la que Correa no pudo asistir. Los dirigentes fueron llegando a la Varsovia del recién asumido Stanislaw Kania meses después de que se iniciara la serie de huelgas y protestas lideradas por Solidarność. Las avenidas de la ciudad lucían las "inmensas cruces de madera" instaladas hacía décadas por creyentes católicos, mientras en la televisión, al inicio de la programación, había vuelto a aparecer el mensaje "A Dios queremos en nuestras leyes, en las escuelas y en el hogar".[46] En ese entonces los acuerdos entre las partes hacían pensar que las

---

45 *El Mercurio*, "Los niños chilenos que crecieron y se formaron en la Cuba de Fidel Castro", 2022.
46 Llona, 2006, 180.

demandas podían ser procesadas por el régimen y, más importante aun, que catolicismo y comunismo podían convivir en una síntesis única. "Polonia en esos días era la sensación de liberación colectiva", describiría Ismael Llona.

En la reunión de la CEX, eso sí, se impuso el conservadurismo.

"Tenemos que tratar un tema delicado", anunció José Miguel Insulza, encargado del partido en el exterior, en una de las sesiones de la CEX. Lo escuchaban dirigentes como Carlos Bau, Jaime Estévez, Ismael Llona, Gabriel Rodríguez y Fernando Martínez. "Insulza explicó que se había producido una crítica muy fuerte en Berlín por lo que estaba pasando con Enrique", recuerda uno de los asistentes. Pese a su laicismo –o quizás por eso mismo–, la izquierda chilena promovía los valores propios de la moral tradicional y esperaba que sus militantes y dirigentes se apegaran a ella. En el caso de Correa, coinciden algunos exmapucistas, el PC chileno manifestó su malestar. "El PC tenía una estrictez muy fuerte en estos temas", explica uno de ellos. Pero un miembro del Secretariado del MAPU-OC señala que esa visión caló también en el partido: "En general les pasó a los compañeros afuera, no sé por qué, que se empezaron a poner rígidos". Así, lo decisivo fue que hubo críticos dentro del MAPU-OC, tal como quedó claro en Varsovia.

El más categórico esa jornada fue Estévez, quien en 1974 había sucedido a Correa como encargado partidario en Moscú y continuó su exilio en Roma y después en México, donde se plegó tempranamente a los renovados. Estévez, formado en el Seminario tal como Correa, pidió formalmente sancionar a su compañero, marginándolo del partido. "Hubo gente muy beata, entre ellos Jaime", resume un exmapucista. "Él era muy duro", dice otro.[47] Estévez, de hecho, se caracterizaba por un estilo más autoritario en el trato a los militantes. Se enojaba, por ejemplo, cuando alguien llegaba tarde a una reunión o fallaba en el cumplimiento de una tarea. "Más de alguna vez le llamó la atención a los compañeros, aludiendo a la disciplina partidaria", agrega el exdirigente.

"Que el Gordo tuviera más de una mujer, una en Berlín y otra en Roma, y que tuviera la mala idea de que las dos se embarazaran

---

47 Estévez también pidió que se siguiera un proceso disciplinario en contra de José Joaquín Brunner, entonces militante de la colectividad, porque este último inició una relación con la viuda de Eugenio Ruiz-Tagle, mártir del partido.

al mismo tiempo, a algunos compañeros les pareció una cosa que iba más allá del límite", explica otro directivo.

Correa, integrante de la CEX, no estuvo en Varsovia para defenderse. Afectado por la tensión que vivía, había sido hospitalizado en Berlín a raíz de una úlcera que le perforó el estómago. "Una úlcera de amores paralelos", la definió Ismael Llona en su libro. Según el periodista, era posible que hubiese quedado atrapado en la pérdida de Soledad Rojas, su primer amor. "Enamorado del amor que no es posible. Puede ser".[48] Fue una época en que Correa sufrió pesadillas y a veces despertaba gritando o tratando de golpear algo. "Fue muy difícil para él. Fue un trance. No creo que le haya gustado estar corriendo de Roma a Berlín, delante de todos los compañeros, inventando huevás", acota otro exdirigente.

Para Correa, el MAPU-OC se había sobrepasado. En las contadas conversaciones que tuvo sobre el tema con sus compañeros más cercanos expresó un profundo malestar por que su partido se entrometiera en su vida privada. Le parecía impropio. A un militante en Berlín le advirtió que si era sancionado renunciaría. "Yo siempre he sido responsable con mis hijos y lo voy a seguir siendo, pero el partido no tiene autoridad para intervenir en mi vida privada", le dijo a uno de sus amigos que vivía exiliado en Europa.

Hay distintas versiones sobre qué opinaron los correligionarios en Varsovia tras la moción de Estévez. La mayoría coincide en que Insulza estuvo de acuerdo con aplicar un castigo. Las opiniones se dividen respecto de Carlos Bau, excuñado de Correa: mientras unos señalan que estuvo en el origen de la acusación, otros lo descartan. Hay coincidencia en que Gabriel Rodríguez y Fernando Martínez rechazaron la idea de castigarlo. Y también en que Llona propuso una salida intermedia: suspender la militancia de Correa hasta que nacieran sus dos hijos. Al final se impuso la idea de proponer una sanción.

Los antecedentes fueron enviados a Chile en diminutas fotografías, en la sección "Situación de cuadros de dirección", junto al resto de la información partidaria. Era una especie de expediente a partir del cual el Secretariado del interior –el único órgano con facultades para sancionar a Correa– debería zanjar el asunto. Un integrante de él explica: "El interior era mucho más flexible. Nosotros teníamos una tradición en la que algo tuvo que ver Rodrigo Ambrosio y era

---

48 Llona, 2006, 178.

que la vida privada era más bien privada, siempre que no interfiriera con la militancia. Porque lo más importante era militar, estar por la revolución. Y si eso lo hacías bien...".

Como militante y dirigente, Correa destacaba. En Santiago, la idea de sancionarlo fue desechada rápidamente. El Secretariado solo intervenía, recuerda uno de sus integrantes, "si había una falta política o financiera. En esos casos éramos súper estrictos". "Acá opinamos que cortaran el hueveo y arreglaran esto maduramente", sentencia otro miembro del Secretariado en el interior. Correa no fue sancionado.

El episodio, eso sí, quedaría en el recuerdo del "enjuiciado". Para siempre.

*

Un mes antes del "Juicio de Varsovia", a 13.000 kilómetros de Berlín Oriental, en Chile se produjo un hito que sería decisivo en la renovación de Enrique Correa: el plebiscito constitucional de 1980.

Los comicios habían sido convocados a principios de agosto y el proceso se realizó con todos los partidos políticos proscritos, los medios de comunicación controlados y las libertades públicas, como el derecho de reunión, severamente restringidas. Tampoco hubo un periodo de campaña legal, ni tribunal calificador de elecciones, y menos registros electorales.

Con todo, en la oposición hubo definiciones importantes. Por un lado, la Democracia Cristiana –el único partido que, aunque proscrito, seguía funcionando públicamente con un margen de libertad– lideró la campaña por el No, opción apoyada por el conjunto de la oposición. Y el 27 de agosto, en el Teatro Caupolicán, Eduardo Frei Montalva fue el principal orador en un acto masivo que unió a democratacristianos con militantes de toda la izquierda. Frei Montalva llamó a iniciar una transición a la democracia y elegir una asamblea constituyente.

Por otro lado, una semana antes de los comicios, el Partido Comunista dio un giro estratégico en su política para enfrentar a la dictadura y llamó a utilizar "todas las formas de combate", incluida la "violencia aguda".[49] Luis Corvalán, secretario general del PC, lanzó así la "política de rebelión popular de masas" que en el futuro daría origen al Frente Patriótico Manuel Rodríguez.

---

49 Arrate y Rojas, II, 2003, 296.

Ganó el Sí con el 65,7% de los votos, en un proceso fraudulento que permitía a la dictadura institucionalizar su proyecto imponiendo la Constitución de 1980.[50] En la oposición despuntó el debate sobre cómo derrotar a la dictadura: si por dentro o por fuera del nuevo orden. Esta vez, Correa no suscribió la línea del PC.

Así lo recuerda Juan Carlos Concha, quien había coincidido en amplia sintonía con Correa durante cuatro años en Berlín Oriental. Hasta que después del referéndum sus posiciones se distanciaron. "Él comienza un proceso en el que ya no logra tener una continuidad ideológica", sostiene el exministro, quien se mantuvo en posiciones más izquierdistas (y en 1985 pasó a integrar las filas del Partido Comunista). "Su argumento era que íbamos a vivir una situación nueva, que había que enfrentarla con una herramienta política diferente y que esa era la unidad con la DC por un lado y la exclusión de los comunistas por el otro. Entonces no hay más que hablar. Él ha tomado un camino tan propio… Yo no lo voy a juzgar", dice Concha.

Aunque la imposición de la Constitución de 1980 se produjo mediante un fraude, para Correa lo relevante era que eso reflejaba una realidad que a la oposición le costaba aceptar: lejos de estar en crisis, la dictadura había dado una demostración de fuerza. Y no una cualquiera. Pinochet ya no tenía contrapesos en la Junta Militar después de haber forzado la renuncia del general Gustavo Leigh a la comandancia en Jefe de la Fuerza Aérea en 1978, luego de que este lo desafiara. Más todavía, pasaba a ser el Presidente de un país con una nueva institucionalidad diseñada por sus principales aliados civiles, los gremialistas, un grupo de ultraderecha liderado por Jaime Guzmán, y los Chicago Boys, un equipo de economistas ultraliberales. En marcha estaban, además, reformas estructurales como la desregulación del trabajo (1979) y la privatización del sistema de pensiones (1980), lideradas por el economista libertario José Piñera.[51]

Al otro lado, habían quedado al desnudo las debilidades de la oposición.

Aunque desde la RDA era difícil influir en el debate que ocupaba a la izquierda chilena, que se desarrollaba con más regularidad y apertura en la Europa occidental, Correa se encerraba en su

---

50 Íd., 299. Claudio Fuentes, *El fraude*, 2013.
51 Es el propio José Piñera quien se refiere a una "verdadera revolución libertaria" en 1980. Memoria Chilena, "Las siete modernizaciones".

departamento, durante horas y días, a escribir sendos documentos políticos. Algo estaba cambiando en él y quería contagiar a otros. En diciembre de 1980 publicó un texto dirigido primordialmente a sus correligionarios, donde acogía una de las ideas-fuerza surgidas de un grupo de intelectuales del MAPU-OC que, alojado en la Facultad Latinoamericana de Ciencias Sociales (Flacso), desde temprano bregaba por la renovación: "Lo concreto es que Pinochet impuso una Constitución que se inserta en el marco de la profunda revolución capitalista encabezada por el fascismo hecho dueño del Estado".[52]

Para Correa el cuadro político había cambiado de forma dramática: lejos de ser un paréntesis, la dictadura había "transformado las bases materiales de nuestra sociedad" y, gracias a su "poderío militar" y "al poder económico multiplicado de los grandes grupos financieros", se encaminaba "a establecer su hegemonía política duradera". Peor, el terreno en que las fuerzas democráticas solían desplegarse había desaparecido, pues "para alcanzar su nivel actual de poderío, el régimen dictatorial destruyó el tipo de democracia que el país conoció". En su lugar, quedaba "un país profundamente dividido, fragmentado y desarticulado" que la dictadura buscaba "despolitizar para reducir la resistencia a su poder, a una mera disidencia" y, en su versión más aperturista, "abrir espacios institucionales para la actividad partidaria restringida, sin condiciones de influir de modo real en un país reorganizado por el mercado capitalista y sometido a la vigilancia constante de los militares, ubicados sólidamente en la cima del poder político".

¿Estaba todo perdido? No, pues "existe en Chile una inmensa potencialidad opositora susceptible de ser transformada en resistencia generalizada al fascismo". Pero, advertía:

Tal como estamos y tal como somos es difícil que lo alcancemos. El país se ha modificado profundamente y sus fuerzas políticas, que durante décadas lo dirigieron y lo construyeron, permanecen, sin embargo, igual a sí mismas, enfrentando el presente con armas de un pasado que ha dejado de existir irremediablemente.

Esta vez Correa asumía una postura crítica sobre la Unidad Popular. Con crudeza, advertía que los partidos se habían alejado de la

52 Enrique Correa, "Un nuevo punto de partida", 1980, 8-17.

realidad, al punto de que, pese a "desarrollar una heroica acción"y al "mérito histórico"de haber resistido la implacable represión en muy precarias condiciones y en la clandestinidad, nada de eso bastaba para "reclamar el derecho a conducir a un pueblo". Así, en vez de defender un equilibrio entre continuidad y cambio como lo había hecho en el pasado, abogaba por "un viraje sustancial". Sin ser aún el tema central, al final del texto hacía explícito su apoyo a la renovación: "La izquierda podrá jugar su rol, por lo demás insustituible, solo si abre curso de una buena vez por todas a su renovación teórica, estratégica, táctica y orgánica".

Unos meses después, en marzo de 1981, en un documento interno, afirmaba que en Chile se vivía una profunda crisis a raíz del "fracaso de una política que terminó en derrota", por lo que había llegado el momento de someter la experiencia de la UP "a una crítica despiadada".[53] En un sentido, aunque vivía en la RDA, empezaba a acercarse a las posturas de sus compañeros en Roma, ciudad a la que viajaba con regularidad. Si un par de años antes había retrucado a Insulza por iniciar este debate, ahora lo secundaba.

Por esa misma época, en la revista *Chile-América*, abordó de lleno los debates propios de la renovación y ya se notaba la influencia del eurocomunismo en su pensamiento. Esta vez partía su artículo haciendo un llamado a "una renovación tan o más de fondo en nosotros mismos y en nuestra forma de pensar y de actuar".[54] Llamaba a "fundar una nueva política", en contenido y en forma, para sintonizar con el país. Celebraba que "hoy se discute lo que ayer era indiscutible, se cuestionan afirmaciones que antes nos parecían asentadas para siempre". E invitaba a no temerle a la "nueva realidad" que comenzaba a emerger:

> Como todo lo nuevo, ella es todavía indefinida, múltiple y contradictoria. Responder a esa búsqueda poniendo el centro en sus imprecisiones, en sus peligros y en sus errores es, sin duda, la peor de las conductas posibles.

Y en un tono mucho más enfático que apenas meses antes, sentenciaba:

---

53 "Una situación de extremo peligro", 1981, 3.
54 "La necesidad de una nueva corriente popular", 1981, 59-65.

El único camino para llegar a dirigir el país pasa por la más clara, valiente y desprejuiciada crítica a nuestro modo de pensar. (…) sin temor a los riesgos que ello implica y a los errores que podamos cometer.

En la RDA, su postura generaba resistencias entre sus compañeros. Como partido pequeño que era, en la vida cotidiana y social era frecuente el intercambio con militantes del PS Almeyda y el PC, que se resistían a la renovación. Así lo recuerda un exmilitante que vivió en Berlín Oriental: "Enrique era un gran conversador. Era muy seductor y convincente. Pero en los encuentros familiares o las reuniones en que nos juntábamos a comer empanadas con otros exiliados, comunistas y socialistas, surgían reservas a lo que él planteaba".

Correa proponía abrazar un mínimo común denominador en el ideario de la izquierda: "Ese punto de partida debe ser obvio para todos: la democracia", escribía a fines de 1980. Y a principios de 1981:

Se empieza a abrir paso a una concepción nueva y distinta de las relaciones entre la democracia y el socialismo. (…) Se ha revalorizado de otro modo la democracia que todos consideramos ahora un valor permanente que hay que conquistar, defender y desarrollar.

Para el mapucista ya era evidente que su mundo no podría eludir una revisión crítica de sus postulados ideológicos. Y lo más importante era que el debate no se agotara en las ideas, sino que se reflejara de manera concreta en la vida política: "La izquierda para recomenzar su camino debe alterar no solo su propuesta, sino también su composición".

Correa estaba dispuesto a ver caer un edificio –que había sido el suyo– para construir otro.

LA HOZ Y LA CRUZ

"Me parece indispensable tu regreso". Ese fue el mensaje que Jaime Gazmuri le envió, desde Chile, a principios de 1981.[1] Habían pasado dos años desde que el secretario general del MAPU-OC se había instalado en el país, y el partido empezaba a vivir la peor crisis de su historia.

Los problemas se habían originado en 1979. Ese año el partido no pudo contener el debate interno que venía incubándose hacía tiempo entre renovados y ortodoxos. El quiebre del PS había paralizado a la Unidad Popular como alianza política, cambiando el escenario en la izquierda. Y en el MAPU-OC se empezaron a preguntar qué rol tendría el partido, qué proyecto proponer y qué alianzas forjar. Esa discusión se prolongaría por años y despertaría en Correa el deseo de idear y liderar un proyecto propio. Pero a fines de los 70 faltaba para eso.

El MAPU-OC contó desde el inicio de la dictadura con un grupo de intelectuales que, al alero de la Flacso, inició una reflexión autocrítica sobre la experiencia de la UP, teorizó sobre la relación entre socialismo y democracia, exploró las diferentes vertientes del marxismo y desentrañó la singular naturaleza de la dictadura chilena. Estos debates serían el germen de la renovación en el MAPU-OC y en otros partidos de la izquierda chilena.[2]

---

1 En carta de Enrique Correa a José Miguel Insulza, 1981. Los autores confirmaron que la carta fue enviada desde Roma o Berlín a México, donde se había radicado Insulza. En la carta, Correa alude a una misiva enviada por "Joaquín" a "Manuel", resumiendo su contenido y citando textualmente algunos pasajes. A uno de estos extractos corresponde la cita que aquí se reproduce. Los autores utilizan el mismo recurso en las citas de Gazmuri atribuidas a esta carta.

2 Torrejón, 2000, 62. La autora menciona a Ángel Flisfisch, Manuel Antonio Garretón, Tomás Moulian y Augusto Varas como los puntales iniciales de la renovación, y suma después a José Joaquín Brunner. "[Ellos] comienzan una reflexión muy unida a las preocupaciones del partido, pero con una gran independencia. Ahí se forjan muy tempranamente discusiones que serán cruciales más adelante, en especial la articulación teórica entre democracia y socialismo".

La actitud de Correa respecto de las reflexiones del sociólogo Tomás Moulian grafica bien el cambio que fue sufriendo el partido. Moulian recuerda que en 1976, mientras Correa estuvo en Chile, puso reparos a la publicación de un artículo suyo en *Umbral*, una revista académica creada por mapucistas y democratacristianos que se hacía secretamente en la Flacso.[3] A mediados de 1981, en cambio, el propio Correa escribió un artículo defendiendo a Moulian de las críticas del Partido Comunista, que lo acusaba de hacer una revisión ideológica equivocada y funcional a la dictadura.[4] Si cinco años antes le parecía lógico el centralismo democrático (la práctica de los partidos revolucionarios según la cual, después de debatir y votar, todos debían supeditarse a la mayoría y no ventilar públicamente sus desacuerdos), a principios de los 80 aceptaba que pudiesen expresarse de manera abierta opiniones distintas, incluso si provocaban conflictos con otras colectividades o si se alejaban del bloque soviético. Era un momento en que el debate sobre la renovación de la izquierda se hacía ineludible y él mismo se encontraba a veces siendo una voz disidente. "Somos revolucionarios y no guardianes doctrinarios", sentenciaba.[5]

No todos en el partido compartían esa apertura. A mediados de 1979 la colectividad realizó su IV Pleno en Chile –la primera reunión del Comité Central en la clandestinidad tras el golpe–,[6] donde se manifestaron hondas diferencias, lo que dio paso a un 1980 particularmente tormentoso. En enero se inició el V Pleno, que tendría entre sus tareas iniciar la discusión del programa del partido. Gazmuri decidió empujar decididamente la renovación, pero chocó

3 Torrejón, 2000, 59.
4 "A propósito de 'desajustes ideológicos'", 1981, 104. Correa sale al paso de un artículo publicado por un integrante del Comité Central del PC en el *Boletín del Exterior* de esa colectividad, en su edición de mayo-junio de 1981, titulado "Desajustes ideológicos en la lucha contra el fascismo", donde critica a Moulian por "revisar justamente lo que no está en crisis, la teoría del marxismo-leninismo" y por "caricaturizar" las posiciones del PC chileno. Correa señala que no pretende defender las tesis de Moulian, pero sí reivindica el derecho del sociólogo a plantear públicamente sus diferencias. "Porque somos marxistas estamos lejos de cualquier tipo de conservantismo y no creemos por tanto en ningún demonio que nos pueda condenar a la hoguera porque nos atrevemos a pensar con nuestra propia cabeza", escribe.
5 Ibíd.
6 Las fechas de los plenos del MAPU-OC se basan en los documentos internos del partido revisados para esta investigación: el fondo Flacso de la Biblioteca Nacional, el archivo personal de un exintegrante de la Comisión Exterior y el archivo personal de otro exdirigente.

con una férrea resistencia interna, al punto de que en el Secretariado quedó en minoría frente al sector continuista liderado por Fernando Ávila, un imprescindible del MAPU-OC en la clandestinidad.

En sus memorias Gazmuri recuerda que el debate interno fue "muy complicado", en especial para un partido que ya había vivido una división y, una década después de su nacimiento, se aproximaba a otra. "Fue la parte más compleja y más penosa, para mí por lo menos, de la experiencia clandestina. Porque la verdad es que se produjeron una vez más entre nosotros diferencias muy profundas, relativamente insalvables, entre aquellos que estábamos por impulsar todo el proceso de renovación socialista, por apuntar a la construcción de una nueva fuerza (…) y una mayoría de la dirección que se mostraba muy en contra de la línea que yo venía impulsando".[7]

Los renovados cuestionaban la adscripción al marxismo-leninismo. El sector liderado por Ávila seguía en esa línea. Así lo recuerda este en sus memorias: "Había un cuestionamiento teórico. (…). '¿A dónde van?', preguntaba. 'El marxismo es un método, pero ¿ustedes sostienen que no está vigente? Para mí es un método. Por eso me inscribí al marxismo leninismo'. Me servía Lenin. Si me dices que había que estudiar a Gramsci no tenía problemas, pero no se podía echar todo por la borda".[8]

Esto repercutía en la discusión sobre el carácter obrero del partido. Mientras los renovados enfatizaban que era necesario ampliar y apuntalar el trabajo del MAPU-OC en distintos frentes (juvenil, feminista, cultural e intelectual, entre otros), sus contradictores argumentaban que estaba en la naturaleza de la colectividad privilegiar el trabajo sindical. También había diferencias respecto del valor de la democracia. Los intelectuales reivindicaban su importancia y entre los renovados del exterior crecían las críticas a los socialismos reales, por su falta de libertad. Entre los ortodoxos, que eran mayoría en Chile y minoría en el exilio, el énfasis estaba en que la democracia otorgara un lugar de privilegio a los trabajadores y sus necesidades. El hecho es que, a principios de los 80, en el interior las ideas que empujaban los renovados eran minoritarias. Y quien lideraba a la mayoría que quería darle continuidad al proyecto original gozaba de una enorme legitimidad partidaria.

---

7   Gazmuri y Martínez, 2000, 331-332.
8   Ávila, 2021, 75.

Fernando Ávila, de chapa "Héctor", tenía entonces treinta y cinco años y gran peso en el partido. Había integrado el "núcleo de dirección" liderado por Ambrosio y tras el golpe había oficiado de número dos: cuando Gazmuri se ausentaba del país, él solía quedar a cargo. Fogueado en la clandestinidad, contaba con el apoyo de otros dirigentes relevantes en Chile: el dirigente de los profesores Samuel Bello, el sindicalista Daniel San Martín y el economista Mario Valdivia, quien años antes había reemplazado a Correa como encargado de la estructura partidaria.

En la carta que Gazmuri le envió a Correa a principios de 1981 señalaba: "El peso de la concepción cerrada del marxismo leninismo, propia del partido por largos años, ha resultado ser mayor de lo previsto en un sector de la dirección y también en una parte de las direcciones intermedias y de la base. Dicho de otra manera: nuestra capacidad para hacer hegemónicos los contenidos nuevos de nuestra línea, sobre todo en el país, ha resultado precaria". En efecto, el V Pleno puso un alto a la renovación y dejó a Gazmuri personalmente muy debilitado con una acción inédita en la historia de la colectividad: contra su opinión, el resto del Secretariado suspendió la discusión programática, desautorizándolo. A mediados de 1980 hubo un VI Pleno Extraordinario, que no resolvió la crisis, y a principios de 1981 las diferencias dieron paso a una "confrontación abierta".[9]

"En muchos momentos estuve políticamente muy aislado de la dirección del partido, cosa que nunca me había pasado. Imagínate: en un partido con toda esta tradición de centralismo democrático, que el secretario general estuviera en minoría era una cosa realmente insólita", describe Gazmuri en sus memorias.[10]

Para destrabar el nudo, en algún momento el Secretariado acordó que viajaran al extranjero dos dirigentes: Mario Valdivia, "Andrés", y Fernando Villagrán, "Simón", uno más escéptico y otro más convencido de renovar el socialismo. Afuera los esperarían dos representantes que daban garantías a cada una de esas sensibilidades en el exterior: Correa e Insulza. En la nomenclatura del MAPU-OC, Valdivia, cercano a Ávila, era el único integrante del Secretariado y quedó al mando de ordenar la discusión. Al pasar por Roma se alojó en el departamento de José Antonio Viera-Gallo. "¿Por qué no te vas

---

9 Enrique Correa, "Una situación de extremo peligro", 1981, 1.
10 Gazmuri y Martínez, 2000, 332.

a dormir a la embajada soviética que está acá al lado?", le decía el anfitrión, medio en broma, para distender las discusiones, que por momentos eran desgarradoras.

El grupo se reunió primero en Berlín Oriental y luego en Roma. En la capital de la RDA se juntaron con militantes, en grupo y en bilaterales, y los renovados quedaron en clara minoría. "Para ellos eran inaceptables los niveles de revisión que se planteaban", recuerda uno de los participantes. Pero la idea era proponer un camino intermedio. Así lo resume un exmiembro de la Comisión Política: "Había una configuración socialista más de centro, dirigida por José Antonio Viera-Gallo. Nosotros cuatro tratamos de armar una suerte de plataforma política renovada de izquierda".

Valdivia y Correa, de hecho, habían dejado sus posiciones más dogmáticas y estuvieron de acuerdo en avanzar en la idea del "partido programático" –que dejaba atrás al partido ideológico y, por ende, permitía convocar a personas con distintas ideas que coincidieran en un programa– que había surgido en el exilio.

Para materializar esta idea, Correa, Insulza, Valdivia y Villagrán se trasladaron a Italia y se instalaron en una casa que les facilitó el Partido Comunista italiano, nuevamente en Ariccia, en las afueras de Roma. Ahí fueron atendidos por un matrimonio y disfrutaron de los platos de un buen cocinero. Cada uno tenía una pieza. Se levantaban, desayunaban, caminaban y luego trabajaban. En las mañanas discutían y escribían, y en las tardes revisaban y pulían. "Fue como un retiro. Ahí se dio el trabajo más intenso y reposado, con papel y lápiz", recuerda uno de ellos. Esa fue la instancia, dice Valdivia, en que "se acabó el marxismo-leninismo como fundamento de la verdad".

En el vocabulario del MAPU-OC, eso se traduciría en llamar a la creación de "una nueva corriente popular".[11] "Nos proponemos ser generadores de un nuevo movimiento que integre y articule masas de distinta procedencia en torno a un programa común que recoja y asuma la realidad del país de hoy", explicaría Correa meses después.[12] En Ariccia, esa idea central se volcó en un extenso y sesudo texto, un "ladrillo" que el Comité Central debía discutir en Chile. Con la tarea terminada, el grupo se separó y cada dirigente partió a su respectivo destino.

---

11 Arrate y Rojas, II, 2003, 309.
12 "Carta a los militantes del Partido", 1981, 4.

Pero este entendimiento no dio paso a una tregua.

En febrero de 1981 Fernando Ávila renunció al Secretariado, aunque no al MAPU-OC. Tres integrantes del máximo órgano del partido lo apoyaron abiertamente. Además, fue respaldado por Raúl Aravena y Óscar Valladares, dirigentes del brazo campesino, que también seguía siendo fiel al proyecto original. Se conformó así una tendencia o facción, según quién la mirara.

El MAPU-OC quedó a un tris del quiebre.

*

En 1981 Correa estaba más cerca de los renovados que de los ortodoxos, aunque todavía se declaraba marxista y revolucionario, y aspiraba a construir el socialismo en Chile. "Queremos que el socialismo sea una tarea de nuestra generación", escribía en los primeros años de la década. "No somos ni milenaristas ni nostálgicos del pasado glorioso. Somos revolucionarios y queremos hacer la revolución en estos tiempos".[13]

Pero no cualquier revolución.

Se estaba alejando del bloque soviético, del PC chileno y de sus compañeros que defendían el proyecto original del MAPU-OC, pero no se identificaba entonces con la socialdemocracia, un ideario que ya abrazaban algunos de sus compañeros más renovados en Europa. Él visualizaba un proyecto distinto y nuevo: uno que uniera a marxistas y cristianos. No era una idea únicamente suya, por cierto. En su elaboración habían participado otros como el secretario general Jaime Gazmuri.

Lo relevante y novedoso era que, como nunca, Correa era uno de los padres de esta idea y estaba dispuesto a liderar su concreción. Hasta entonces, en tres décadas de carrera política, se había puesto, con convicción, al servicio de las concepciones y proyectos encabezados por otros. Ahora tenía una propuesta con la que creía que podía influir decisivamente en el cuadro político chileno. Según varios de sus escritos, visualizaba que su colectividad podía terminar conduciendo al resto de la izquierda y al conjunto de la oposición.

---

13 Federico Martínez (Enrique Correa), "Intervención al pleno ordinario", s/f, 5. El documento está firmado con la chapa que Correa ocupa durante su segundo periodo clandestino en Chile, lo que indica que muy probablemente se trata de una intervención realizada en 1982.

En marzo de 1981 expuso su proyecto en un artículo en *Chile-América*.[14] Defendía la renovación del MAPU-OC y planteaba que debía "concretarse de un modo claro en nuestra vida política", a través de la "la conjunción estratégica de marxistas y cristianos", que él calificaba como el "elemento principal". Si no daba este paso, afirmaba, la izquierda nunca sería mayoría:

> Mientras sigamos pensando que por ser marxistas somos, *per se*, la vanguardia del pueblo y, en cambio, los cristianos, por serlo, serían parte de los sectores políticamente "retrasados", seguiremos cultivando nuestra parcela política y desarrollando nuestra subcultura coherente, pero inevitablemente minoritaria.
> Incluso más: si no superamos la concepción de que solo los cristianos por el socialismo o tendencias análogas tienen cabida en la *dirección* del movimiento popular, seguiremos, por nuestra responsabilidad, manteniendo un cuadro de fuerzas que condena a lo sustantivo del mundo católico a una dirección reformista, ineficaz y sin condiciones de generar una propuesta de transformaciones que abra horizontes nuevos a Chile.

El dirigente se hacía cargo de que la Unidad Popular había intentado reunir a marxistas y cristianos –en su momento el ingreso del MAPU y la Izquierda Cristiana a la coalición había sido celebrado por los partidos de izquierda por esa razón–, pero planteaba que esa reunión había fracasado. "El problema principal –anotaba con tono autocrítico– residió en la estrechez de nuestras propias concepciones y, particularmente, en la forma histórica en que se ha estructurado el movimiento popular": "A la lejanía mutua [entre marxistas y cristianos] que ha caracterizado su historia debemos atribuir gran parte de la fragilidad de todos los proyectos transformadores que el país ha experimentado".

Correa quería cambiar esa historia. Así de ambiciosa era su propuesta.

El propósito calzaba con la nueva alianza que el MAPU-OC estaba tejiendo desde hacía un par de años: una convergencia con la Izquierda Cristiana y el MAPU-Garretón, los otros partidos de izquierda de raíz cristiana. Una sociedad marxista-cristiana.

---

14 Enrique Correa, "La necesidad de una nueva corriente popular", 1981, 59-64. Las cursivas en las citas siguientes son nuestras.

Tras la división del PS en abril de 1979 y la paralización de la Unidad Popular como coalición, el MAPU-OC había hecho un primer gesto de independencia: el 24 de mayo de ese año, en México, el encargado exterior José Miguel Insulza había suscrito una declaración conjunta con la IC –representada por su encargado exterior Luis Maira– y el MAPU-Garretón, representado por su secretario general, Óscar Guillermo Garretón. Aunque en el texto, de diez puntos, todavía valoraban a la UP como la "expresión política más alta alcanzada por la unidad de la clase obrera y el pueblo", y señalaban que solo esa coalición era "capaz de encabezar con consecuencia, autonomía y eficacia la lucha por la democracia y por el socialismo", llamaban a la autocrítica y a la renovación programática y orgánica: "Nuestro objetivo histórico socialista está plenamente vigente (…). Para alcanzarlo debemos aglutinar fuerzas mayores que las que actualmente se contienen en la Unidad Popular".[15]

Un año después, los tres partidos hacían pública una nueva declaración, acordada en La Habana entre Gazmuri, Maira y Garretón,[16] que, a diferencia del primer pronunciamiento, marcó una distancia clara y crítica de la UP. El documento apuntaba al "agotamiento" de su proyecto político, a "los vacíos en nuestra estrategia para derrocar a la dictadura", a "las dificultades para establecer una nueva relación entre los partidos y las organizaciones de masas" y a la ausencia de una renovación teórica y cultural colectiva:

"[Esta] se refleja en el peso de una visión dogmática del marxismo y en las limitaciones para integrar nuevos aportes como los del cristianismo revolucionario".

Esta vez el trío de colectividades anunciaba que no esperaría al resto de la UP para avanzar. Más aun, explicitaba su pretensión de liderar el proceso de renovación y articulación de la izquierda chilena. Así surgía la "Convergencia socialista"[17] o el intento de aglutinar a la izquierda alrededor de este eje marxista-cristiano en una "nueva

15 "Declaración pública del MAPU-OC, la Izquierda Cristiana y el MAPU", 1979, 91.
16 La declaración aparece suscrita en México en junio de 1980 por razones de seguridad, pero el acuerdo se trabajó en mayo en la capital cubana. "Nuestro acuerdo para la lucha. Declaración conjunta del MAPU, Izquierda Cristiana y MAPU-OC", 132-134.
17 Arrate y Rojas, II, 2003, 308-309. A diferencia de lo que suele afirmarse, esta investigación afirma que la "Convergencia socialista" surge de los tres partidos de izquierda de raíz cristiana y posteriormente se suma a ella el PS-Altamirano.

corriente popular"que, según este diseño, debía ser conducida por el trío original. En el MAPU-OC la idea contaba con el apoyo de Gazmuri, que por lo mismo había asistido personalmente a Cuba para cerrar el acuerdo, y de su encargado exterior, Insulza, además de otros renovados. A ellos se sumaba Correa, hombre fuerte del mapucismo en el exilio y en particular en Europa del Este. Toda la cúpula del exterior estaba comprometida en este esfuerzo.

Eso sí, no todos los dirigentes estaban pensando en lo mismo. Gazmuri y los más renovados consideraban que en algún momento sería posible fusionar a los tres partidos. Tras la reunión en La Habana en mayo de 1980 Gazmuri se manifestó públicamente en esa dirección: "Hoy día sería prematuro, sin perjuicio de que personalmente crea que es posible –y necesario– trabajar en esa dirección. Solamente añadiría que no solo estos tres partidos, sino muy amplios sectores pueden concurrir en este proceso".[18] Fue un paso en falso. Al volver a Chile encontró una fuerte oposición.

Meses después, a inicios de 1981, Gazmuri informó desde Santiago que ni la fusión ni la convergencia calaban en el interior. "En Chile ha sido más fácil entenderse con los viejos del PC que con la IC y el MAPU-Garretón", le explicaba a Correa en un "informe verbal" que le hizo llegar a través de un mensajero.[19] Gazmuri agregaba que el exterior se equivocaba al medir los avances de la renovación únicamente a partir del desarrollo del eje marxista-cristiano. "La renovación partidaria es previa a la convergencia. Hoy día hay que empujar todo lo que sea el quehacer conjunto, pero la fusión dejarla para después", continuaba.[20]

De nuevo Fernando Ávila era un obstáculo. En sus memorias recuerda que él y otros dirigentes del interior seguían propiciando la idea del frente antifascista: "Queríamos un entendimiento para propiciar la lucha de masas desde y por el FA".[21] Para Correa, en cambio, el "trío" era la pieza maestra de su proyecto para ampliar y liderar a la izquierda uniendo a marxistas y cristianos. Quería

18 *Chile-América*, "Acerca de una acción común y de convergencias políticas con el MAPU Obrero Campesino, el MAPU y la Izquierda Cristiana. Entrevista a Jaime Gazmuri", 1980, 117-125.
19 Carta de Enrique [Correa] a José Miguel [Insulza], 1981, 4.
20 Ibíd.
21 Ávila, 2021, 75.

superar a la DC por un lado y al PC y al PS por otro. Ya no estaba dispuesto a ser vagón de cola.

*

En el exterior el MAPU-OC vivía otra crisis, una financiera, que obligó a rediseñar por primera vez la dirección exterior.

En 1980, el Secretariado resolvió que "dados los problemas de financiamiento existentes en el país, el gasto exterior debía ser drásticamente disminuido", lo que obligó al cierre de la sede romana del partido: "La mayoría de los compañeros del centro en Roma deben disminuir su tiempo para el partido, ya que no cuentan con más financiamiento".[22] Así, en 1981 Insulza se radicó en Ciudad de México después de vivir seis años en la capital italiana como jefe de la CEX. En su nuevo destino comenzó a trabajar como investigador del Instituto de Estudios de Estados Unidos en el Centro de Investigación y Docencia Económica (CIDE), del que llegaría a ser director. Ahí se reencontró, entre otros, con Jaime Estévez, su compadre, amigo y aliado. Ambos eran entonces parte del grupo pro-renovación del partido.

Con Insulza en México, Correa, quien seguía viviendo en la RDA, asumió como encargado exterior. El primer semestre de 1981 la CEX no tuvo sede central, hasta que en agosto se trasladó formalmente a Berlín Oriental gracias al apoyo del régimen de Honecker. El PSUA, eso sí, no estuvo dispuesto a costear una oficina ni una secretaria, aunque sí aceptó el traslado a la capital del mapucista uruguayo Juan Trímboli desde Jena –una pequeña ciudad ubicada unos 300 kilómetros al sur–, para sumarse al trabajo de Chile Antifascista. Trímboli se había sumado al MAPU en 1971 tras haber sido apresado y exiliado por su participación en la guerrilla de su país.[23] Después del golpe vivió su segundo exilio en la RDA. Y ahora, una década más tarde, era llamado a apoyar la conducción del partido en el exterior, en el momento más delicado de la historia partidaria desde el derrocamiento de Allende.

El nuevo encargado exterior asumió sus funciones meses después del plebiscito que aprobó la Constitución de 1980, cuando los partidos opositores proponían distintas estrategias para enfrentar a

---

22 "Cuenta del Secretariado Regional Europa al pleno de secretarios locales", 1982, 2.
23 Trímboli fue militante del Movimiento Revolucionario Oriental (MRO). Jimena Alonso, "Uruguayos en Chile: de la solidaridad al exilio", 2016.

la dictadura. Entonces Correa criticaba tanto el camino propuesto por la Democracia Cristiana como el planteado por el Partido Comunista.

La DC se había situado claramente en la oposición durante la campaña contra la Constitución de Pinochet, con Frei Montalva a la cabeza. Era evidente que ese partido comenzaba a tener un rol distinto. Insulza tomó nota de este cambio tempranamente, al punto de que en una carta que le envió a Estévez antes del referéndum, siendo aún encargado de la CEX, afirmaba: "Sea que la DC quiere colaborar, o que llame, como parece, a un frente objetivo, es decir, no acordado, no hay dudas de que el tipo de relación con ellos cambia".

Gazmuri agregaba otro elemento: pese a los esfuerzos que habían hecho partidos como el propio MAPU-OC para disputarle a la DC su influencia en "vastos sectores populares", no habían tenido éxito. "Sigue hoy día abierta para la izquierda la cuestión de la existencia en Chile de una fuerza como la Democracia Cristiana, con un apreciable arraigo popular y a la que se debe tener en cuenta para cualquier proyecto democrático, nacional y popular".[24] Poco más de una década después de haber dejado la DC, parte de la dirigencia del MAPU-OC reconocía que, tarde o temprano, tendrían que llegar a un acuerdo con el partido del que habían renegado.

En los documentos de la época, por su parte, Correa criticaba a los democratacristianos por su papel durante el gobierno de la UP y les reprochaba que, pasados ya siete años de dictadura, siguieran empeñados en recorrer un "camino propio" negociando con la dictadura, para arrastrar luego a la oposición a ese acuerdo.[25] En marzo de 1981 calificaba como "dramática" la situación de la DC, "que se debate entre el enfrentamiento al régimen y el entendimiento con sectores del mismo con vistas a su reemplazo gradual y desde dentro".[26] Lo consideraba un "error capital".[27]

En todo caso, era partidario de llegar a un acuerdo con el partido de Frei Montalva y Aylwin, aunque sin renunciar a atraer al mundo popular cristiano hacia la "nueva corriente" que proponía fundar. En el papel, al menos, el contexto era favorable: en ese momento la izquierda estaba más cerca de la Iglesia Católica en organismos como

---

24 *Chile-América*, "Acerca de una conjunción común...", 1980, 119.
25 "Un nuevo punto de partida", 1980, 8-17.
26 "Una situación de extremo peligro", 1981, 8.
27 "La necesidad de una nueva corriente popular", 1981, 61.

las vicarías de la Solidaridad y de la Pastoral Obrera, y las parroquias se estaban transformando en articuladoras de la oposición. Con los partidos de izquierda perseguidos y los sindicatos desarticulados, la Iglesia Católica mantenía una arraigada inserción popular y era la única fuerza capaz de hacer frente al dictador. Una realidad que calzaba bien con el proyecto de Correa.

Respecto del otro extremo del arco político opositor, Correa proponía superar el histórico eje comunista-socialista, que se había expresado en el Frente de Acción Popular (FRAP) en los 50 y la UP en los 70. En 1981, el dirigente criticaba tanto al PC como al PS por adjudicarse "un rol de vanguardia".[28] "Así lo han hecho de nuevo ahora –reprochaba al PC– cuando se han pronunciado por introducir en la lucha formas de violencia aguda". Quien había tenido una enorme cercanía con los comunistas (con quienes nunca rompería del todo) esta vez tomó clara distancia del giro de ese partido en favor de la vía insurreccional.[29]

Correa dedicó parte de un documento a analizar este tema: "La dictadura no es solo un poder político y económico, ella es en lo fundamental un poder militar", por lo que "enfrentarla hoy militarmente es partir al revés, ya que significa enfrentarse con ella precisamente en el terreno en que es más fuerte".[30] En cambio, planteaba, "agudizar la distancia entre la sociedad y el Estado hasta que ésta llegue a convertirse en un divorcio definitivo, es la llave maestra de la estrategia en que debemos empeñarnos".[31]

---

28 "Una situación de extremo peligro", 1981, 18.
29 En marzo de 1979, un grupo de militantes del MAPU-OC (entre ellos dos miembros del Comité Central, José Sanfuentes y Fránex Vera) emigró al Partido Comunista, convencidos de que para desestabilizar a la dictadura era indispensable desarrollar la lucha armada. "Nosotros veíamos que la dictadura iba para largo y pensábamos: 'Si alguien no se las canta claras al dictador, no hay solución posible, aunque al final la salida sea negociada'. Decíamos: 'Sin fierros [armas] no hay salida'. [En el MAPU-OC] se espantaron", recuerda uno de los emigrados.
30 La política de "todas las formas de lucha" no privilegiaba el enfrentamiento militar con la dictadura. Pero es probable que Correa haya estado al tanto de que el Equipo de Dirección Interior del PC en Chile sí empujaba un viraje hacia la lucha armada, mientras la dirección del PC en el exilio consideraba que no debía alterarse la línea del frente antifascista –que buscaba una alianza con la DC– e incluir el uso de la "violencia aguda" solo como un elemento más del enfrentamiento con la dictadura. Ver los detalles de este debate entre los comunistas en Álvarez, 2003, 269-287.
31 "La necesidad de una nueva corriente popular", 1981, 63.

La CEX, en todo caso, no cerró de inmediato la puerta a "la cuestión militar". En la "Carta a los militantes del partido" divulgada el segundo semestre de 1981, Correa informaba que "se ha estimado indispensable dar pasos concretos para superar esta deficiencia esencial de nuestra política". Y agregaba que se habían establecido "algunos primeros criterios básicos" para "someterlos a la discusión del partido". Un acta interna de los acuerdos alcanzados en julio de 1981 por la CEX en Roma señalaba: "Se designó la comisión de Estudios Militares".

Por último, respecto del PS, Correa sostenía que pretendía ser "una nueva vanguardia" en reemplazo del PC.[32] Aunque no aclaraba a qué facción socialista apuntaba, le preocupaban los esfuerzos del PS-Altamirano por liderar la renovación de la izquierda y la cruzada de su líder por generar una convergencia socialista que *absorbiera* a partidos como el MAPU-Garretón y el MAPU-OC, además de grupos de independientes y personalidades pro-renovación. Correa, como se ha dicho, quería desplazar el centro aglutinador hacia la convergencia alrededor del MAPU-OC, el MAPU-Garretón y la Izquierda Cristiana. De ahí la importancia que le otorgaba a la unidad entre marxistas y cristianos:

"Está en nosotros la posibilidad de convertir en una realidad política y dar cauce orgánico al encuentro que de hecho ha existido entre cristianos y marxistas en múltiples experiencias en estos años y que *constituye el hecho nuevo de mayor envergadura en la lucha antifascista*".[33]

Así, en marzo de 1981, ya como encargado exterior, llamó a un acuerdo amplio, que, sin decirlo, pasaba por que la DC, el PC y el PS cedieran –o, más bien, fuesen superados– en su pretensión de hegemonía:

El punto de partida de este nuevo consenso ha de ser la conciencia de que no es posible repetir en el país ni un nuevo gobierno demócrata cristiano, ni tampoco un nuevo gobierno de la UP, y que solo una perspectiva común que supere la división de las fuerzas democráticas y cree una correlación de fuerzas inéditas en el país, podrá ser

---

32 "Una situación de extremo peligro", 1981, 18.
33 "La necesidad de una nueva corriente popular", 1981, 62. Las cursivas son nuestras.

superior al fascismo y podrá estar en condiciones de derrotarlo para siempre en la vida nacional.[34]

*

Apenas se produjo el quiebre del PS, Carlos Altamirano comenzó a mirar con interés el reordenamiento de la izquierda que, en buena medida, él mismo había provocado.

Pieza fundamental en la formación de la UP, dirigente disruptivo durante el gobierno de Allende, el político encabezaba ahora el PS-Altamirano y era el líder de su núcleo renovado. Al frente tenía al menos dos desafíos: uno era asegurar la conducción de la nueva facción socialista; otro, que ese PS se fortaleciera, absorbiendo otras colectividades. En la carrera por liderar la oposición a Pinochet, Altamirano quería llegar primero.

El primer asunto quedó resuelto en 1980. Al quebrar con el PS-Almeyda, a Altamirano lo habían seguido los renovados pero también un grupo de socialistas radicales. Los primeros eran mayoría en exilio, por lo que en 1979 Jorge Arrate, quien estaba radicado en Holanda y era uno de sus dirigentes más prestigiosos y mejor conectados, asumió, con treinta y siete años, como jefe del PS-Altamirano en el exterior.[35] Como el sector más izquierdista, comandado por Adonis Sepúlveda y Laura Allende, era mayoría en Chile, Altamirano resolvió que su ahijado político, Ricardo Núñez, de cuarenta años, viajara al país desde España a rearticular el PS-Altamirano, mucho más débil que el PS-Almeyda en el interior. La decisión rindió sus frutos: a fines de 1980, a raíz de la realización del XXIV Congreso de la colectividad, consiguió imponer a Núñez como su sucesor en la secretaría general.[36]

Paralelamente, Altamirano se propuso fortalecer su partido sumando al "trío" que Correa veía como el mascarón de proa de su "nueva corriente popular". En un momento, por ejemplo, Altamirano le propuso a Maira que la IC se fusionara con el PS renovado:

34 "Una situación de extremo peligro", 1981, 19-20.
35 Arrate salió al exilio en 1973. Vivió dos años en Roma, otro par de años en la RDA, hasta que en 1977 se radicó en Rotterdam, donde fue director del Instituto Nuevo Chile. Recién en 1987 la dictadura levantó la prohibición que le impedía regresar a Chile. Jorge Arrate, *40 años, 40 historias. Exiliados chilenos y solidaridad en Holanda*, 2015, 92.
36 Arrate y Rojas, II, 2003, 290.

"Usted tiene un barquito y yo un trasatlántico, torpedeado pero un trasatlántico. ¿Por qué no se viene con su tripulación, lo arreglamos y navegamos juntos?".[37] Maira rechazó la oferta.

Los coqueteos de Altamirano incluyeron también al MAPU-Garretón, donde los socialistas renovados tenían mucha sintonía con dirigentes como Eugenio Tironi, que en el exilio había girado a fondo hacia la renovación. Óscar Guillermo Garretón, en tanto, quería fortalecer la corriente marxista-cristiana, pero junto a Altamirano y su grupo. Frente a este cuadro, cada vaivén del MAPU-OC, fruto de su crisis interna, debilitaba su posición en el reacomodo de la izquierda.

El documento de 22 páginas "Una situación de extremo peligro", de marzo de 1981, firmado por Correa en su calidad de encargado exterior, transmitía la exasperación del dirigente ante el estado de las cosas, del que se iba enterando para concluir sobre cuán fratricida era el debate entre sus compañeros en Chile. El I Pleno Extraordinario del Comité Central de su partido, relataba Correa, había llegado a un grado casi enfermizo de ensimismamiento. Enfrascados en debatir sobre "el carácter del partido" y "los contenidos teóricos" que debían orientarlo –que si Marx, Engels y Lenin o también Gramsci–, los mapucistas en Chile estaban "llevando al partido a una situación que amenaza gravemente su unidad y, por tanto, su existencia". Peor, se olvidaban del país que sufría las consecuencias de una dictadura que se había fortalecido.

Un dirigente pro-renovación que participó en Chile en esas discusiones recuerda que eran exasperantes, pues tenían lugar en plena clandestinidad, siempre bajo el peligro de ser detenidos. "Uno empezó a perder el colon por tener unas reuniones de ocho horas, escondidos, con unos discursos súper teóricos... muy de película. Pero Correa nunca fue así, era un tipo culto, tenía sentido político, nunca se le arrancó el país como a otros".

Para Correa, la discusión estaba partiendo "al revés". Hacerlo al derecho requería poner la atención en la sociedad chilena, profundamente transformada por Pinochet. "Es una ceguera no darnos cuenta de que necesitamos un giro drástico que nos sintonice con el país", reclamaba. Para él, lo realmente preocupante era que en Chile había "una sola dirección y esta es la del régimen", mientras que "del lado de la mayoría de la nación, no existe aún una dirección". Y

---

37 Íd., 309.

reparar eso era lo único que tenía importancia: "El asunto principal y ordenador que debemos resolver es el camino para derrocar a la dictadura".

En ese contexto, el 24 y 25 de junio de 1981 los encargados del "trío" en el extranjero se reunieron en Roma para analizar su funcionamiento conjunto. Un documento interno del MAPU-OC registra las dificultades con las que chocaba el sueño de Correa y cómo percibían los mapucistas la competencia con el PS-Altamirano. En la reunión, por ejemplo, los dirigentes del MAPU-Garretón informaron que en el pleno de su Comité Central había perdido la tesis de Tironi, que planteaba una convergencia socialista que superara los partidos existentes, una renovación teórica extrema y liquidar en la práctica al MAPU.[38] La derrota de Tironi suponía que el PS-Altamirano no había logrado convencer al MAPU-Garretón de subirse a su "trasatlántico": punto para el MAPU-OC. Pero el partido de Garretón insistía en sumar a Altamirano a una "convergencia de amplia área que no es PC ni MIR".

En una carta que Correa le envía entonces a Insulza, califica como un problema la insistencia del MAPU-Garretón en "meter al PS Altamirano en el negocio". Al revés, insiste en "que hay que avanzar rápidamente en la concertación a tres, interesando en el proyecto, a través de distintos medios, a un par de los socios de Carlos (Arrate y compañía), a la Izquierda Radical y a los sectores más radicalizados de la DC".

Y es que Correa se había renovado, pero no al punto de abrazar la socialdemocracia. La "nueva corriente popular" que él imaginaba más amplia que la UP superaba la hegemonía PS-PC en el sector (sin marginarlos), unía a marxistas y cristianos, pero no dejaba de ser de izquierda.[39]

---

38 Carta de Lalo a Pepe, 1981, 9. Todo indica que se trata de una carta enviada por Eduardo Rojas a José Vargas, ambos integrantes del Secretariado Regional Europa.
39 Carta de Enrique a José Miguel, 1981, 15. Unos meses más tarde, en un informe del exterior al interior, precisa: "Es necesario reproducir un rebaraje en el naipe de la izquierda. Si creamos entre los tres un sólido punto de referencia, podemos crear un terreno de encuentro para sectores que provengan del PS Altamirano (Arrate y su grupo, por ejemplo), de la Izquierda Radical, y de la propia DC (Yunge y Chascones). No se puede hablar del PS Altamirano en su conjunto. No podemos pensar en un proyecto común con su ala socialdemócrata (Schnake) ni con su ala trotskista (Adonis). Ellos son fuerzas con las que debemos trabajar en el conjunto del movimiento popular, pero no para un proyecto de una nueva corriente".

La IC también vivía un tironeo entre los socialistas renovados y la corriente marxista cristiana. Cuando prevaleció esta última, indica el documento interno mapucista, ese partido hizo un "llamado amplio para organizar un secretariado de la Convergencia [que] funciona con la IC y el MAPU[-Garretón]". En el MAPU-OC no hubo acuerdo sobre qué hacer.

"Nos quedamos afuera, por nuestros problemas", concluía Correa. Indignado, en agosto o septiembre de 1981, en una carta a los militantes, advirtió que el trabajo común con la Izquierda Cristiana y el MAPU-Garretón, tan importante para él y su partido, estaba en jaque:

> Este trabajo se enfrenta a serios peligros en la medida en que nuestra difícil situación interna ha impedido desarrollar iniciativas de este tipo en el país. Ello ha debilitado el trabajo y la disponibilidad del MAPU y la IC para participar en él. Debemos tener claro que los avances y retrocesos, e incluso el eventual fracaso de esta iniciativa, depende en medida principal de nuestra actividad y a la persistencia con que luchemos por llevarla a la práctica. No podemos olvidar que existen otros proyectos de convergencia –la llamada convergencia socialista– y que esta puede ganar terreno en el vacío que deje nuestra ausencia.

Por eso le molestaba que Gazmuri fuera demasiado conciliador con los críticos de la renovación en su partido en Chile. Ya en mayo le había planteado a Insulza que tenía "reservas" con la forma en que aquel enfrentaba el conflicto interno, buscando acercar posiciones con el sector más ortodoxo, liderado por Ávila. En sus memorias, Gazmuri recuerda cuán desgastante fue esa época: "No me gané a los que yo consideraba que estaban en posiciones dogmáticas que había que superar, y perdí, por otro lado, el apoyo, o por lo menos una actividad y un compromiso mayores, de aquellos sectores que efectivamente estaban ya en otra".[40]

El encargado exterior, en todo caso, seguía siendo un aliado de Gazmuri. Pero creía que, en vez de buscar un acuerdo con la "facción" de Ávila había que propinarles "una dura derrota".[41] Por eso Correa consideraba urgente volver a Chile, a cumplir la tarea que a principios

---

40 Gazmuri y Martínez, 2000, 333.
41 Carta de Enrique a José Miguel, 1981, 11.

de 1981 le había anunciado por carta "Joaquín": desarrollar un nuevo "núcleo de dirección".[42]

Antes, eso sí, tenía que asegurar el apoyo para los suyos en Roma y Berlín, y hacer un traspaso ordenado del mando en el exterior. A Insulza, en todo caso, le dejó clara su disposición en una misiva en la que, seguramente por razones de seguridad, se refiere a sí mismo en tercera persona y por su chapa: "Creo que hay que proponerse los retornos. En relación con la propuesta hecha a Manuel, estoy y él está de acuerdo por concretarla cuanto antes, y en esa perspectiva discutir su reemplazo en la próxima CEX. No creo que ayude a nada que él siga en su cargo actual por un tiempo breve".[43]

Dos meses después, en julio de 1981, asistió a una reunión de la CEX en Roma, que acordó "desarrollar el proceso de generación de una nueva Dirección Exterior" a través de elecciones que quedaron fijadas para noviembre. Además, la CEX hacía un llamado "a la democratización partidaria" en todos los niveles a través de un congreso con participación de militantes del interior y el exterior, que eligiera un nuevo Comité Central y Secretariado:

"Cunde en la militancia la sensación, cuando no la opinión ya formada, de que la dirección ha dado graves demostraciones de incapacidad y que, en todo caso, se hace necesario someterla al juicio partidario después de casi una década de 'cheques en blanco'".[44]

Era la forma de medir fuerzas con el grupo de Ávila. Y de, eventualmente, derrotarlo.

*

Con el respaldo de la Unión Soviética, en octubre de 1981 el general Wojciech Jaruzelski asumió como primer secretario del Partido Obrero Unificado Polaco en reemplazo de Stanislaw Kania. Era la primera vez que un militar encabezaba el gobierno de un país socialista. "Nos impresionó mucho porque era un golpe en un país socialista, y un golpe contra un gobierno obrero", recuerda un exdirigente del MAPU-OC. Dos meses después, Jaruzelski declaró la ley marcial y encarceló a los dirigentes de Solidarność. Echó así por la borda el diálogo iniciado con los sindicatos y la Iglesia Católica al asumir su cargo. "La

---

42 Íd., 9.
43 Íd., 14.
44 Enrique Correa, "Carta a los militantes del partido", 1981, 2.

justificación que dio fue que si él no detenía la revuelta obrera iba a ocurrir lo que había pasado en Checoslovaquia", recuerda el mismo mapucista, aludiendo a la invasión soviética de 1968.

Había pasado un año y medio desde el inicio de las protestas en Polonia y catorce meses desde la reunión de la CEX en Varsovia en la que los mapucistas habían sentido esa sensación de liberación colectiva, cuando creyeron que régimen y sindicatos, socialistas y católicos, llegarían a acuerdos y convivirían en paz. Para el MAPU-OC, el autogolpe fue la gota que rebalsó el vaso.

El partido criticó públicamente lo ocurrido en Polonia y pagó un alto costo: en Moscú, el PCUS le comunicó al representante mapucista Carlos Bau que no seguiría entregando apoyo financiero a su partido. La medida fue tan drástica que ni siquiera se concretó el pago de la última cuota de un aporte comprometido. La precariedad económica del MAPU-OC se acentuaría en los meses siguientes.

Con todo, la decisión de viajar a Chile siguió en pie. El partido había dispuesto que Eduardo Rojas se trasladara a la RDA para ser el nuevo encargado exterior, así que Correa ya estaba listo para dejar el país en el que había disfrutado de la música clásica y donde había leído La muerte en Venecia, de Thomas Mann, pero en el que también se había desencantado de los socialismos reales en los que había llegado a creer tan devotamente.

Al finalizar el año aterrizó en Buenos Aires. Había viajado desde Roma acompañado por Silvia Rossi, simpatizante del partido y hermana de Stefano Rossi, un militante que había quedado a cargo de la revista partidaria tras la reestructuración en el exterior.

Una noche, sin aviso, Michele Utard recibió la visita del dirigente. Su amigo, a quien no veía hacía años, le llevaba un regalo. "Súbitamente me lo traen por unos minutos a casa. Se dio el lujo afectuoso de traerme un algo híper apreciado por mí: una lata de 500 gramos de té de la India", recuerda. "Manuel" había pedido que hicieran una excepción a las reglas de compartimentación. "En general, me tenían bien apartada de estos personajes por su seguridad", cuenta la viuda de su gran amigo y mentor.

En los días siguientes, Silvia Rossi y Correa siguieron camino hasta Mendoza. Ahí se encontraron con una cara familiar: Paulina Elissetche, la militante que colaboraba con la estructura clandestina del partido y quien había ayudado a Correa a asilarse en la Embajada de Perú. En esa jornada definieron el lugar de encuentro en el terminal donde, al día siguiente, abordarían un bus hacia Santiago. Correa y Rossi viajaron juntos. Sentada filas atrás, como si no se conocieran, Elissetche hizo las veces de "ángel". No hubo problemas en Policía Internacional al cruzar el paso Los Libertadores.

A diferencia de su primera estadía clandestina, esta vez el MA-PU-OC no contaba con los recursos para destinarle una casa de seguridad o para financiar su seguridad y traslados. Ahora el dinero era dramáticamente escaso, y lo seguiría siendo. A Correa, en todo caso, le bastaba con que sus familias estuviesen resguardadas en Roma y Berlín Oriental. En Chile, él tendría que saber cómo arreglárselas.

En enero de 1982, la "Cuenta del Secretariado Regional Europa al Pleno de secretarios locales" informó veladamente que su ingreso secreto había sido un éxito: "Una parte principal de la tarea que estamos comentando [la comunicación exterior-interior] es el envío a Chile de cuadros de dirección, en operación clandestina. Durante este periodo se ha realizado una operación de este tipo con pleno éxito".

Enrique Correa estaba en Chile.

VIII

"FEDERICO"

A la sala entró un gordito de barba frondosa con una boina a cua-drillé, anteojos y una chaqueta que le quedaba grande. Ante él había un puñado de funcionarios de la Vicaría de la Zona Oeste de Santiago, uno de los territorios más pobres y combativos de la principal arquidiócesis del país. El más sorprendido era Carlos Sottolichio, un exmapucista de entonces treinta años: al recién llegado le halló cara de conocido. Pero guardó prudente silencio.

"Este es mi amigo Federico Martínez y desde ahora va a trabajar con nosotros", lo presentó el sacerdote jesuita Óscar Jiménez, quien presidía la reunión en Estación Central. El visitante saludó y dijo algunas palabras. Sottolichio no tuvo dudas: había escuchado esa voz. Cuando el tipo se marchó, lo comentó con el cura Jiménez y parte de su equipo. "A ese gallo lo conozco". Hubo risas disimuladas. "Ya, oh, te vamos a contar –soltó Jiménez–. Federico es Enrique Correa. Pero es un secreto: entró clandestino y vamos a darle una mano".

Corrían los primeros meses de 1982. A Sottolichio se le vino a la mente la última vez que había visto al segundo hombre del partido en que había militado en su juventud. Había sido en diciembre de 1972, durante el dramático Congreso Nacional del MAPU en el Estadio Nataniel, cuando un preocupado Correa se paseaba por las gradas. Eran las horas en que él, Gazmuri y el "núcleo de dirección" estaban a punto de perder el control de la colectividad. Habían pasado diez años de persecución, exilio, clandestinidad y muerte.

Por esos días la dictadura parecía inquebrantable. En septiembre de 1980 Pinochet había impuesto su nueva Constitución. Según disponía el texto, mantendría la Presidencia de la República hasta 1989, y con facultades extraordinarias, gracias a artículos transitorios que estarían vigentes durante esos ocho años de mandato. Luego, un plebiscito podría extender por ocho años más su poder o el de quien el régimen propusiera para sucederlo.

La única fuerza en el país capaz de desafiar al régimen y exasperar a Pinochet era la Iglesia Católica, liderada por el cardenal

Silva Henríquez. Vigente la Constitución de 1980, la cúpula eclesial puso el acento en promover un retorno rápido a la democracia plena, desafiando el itinerario impuesto por el dictador.[1] El régimen respondió con una campaña de desprestigio e intimidaciones que incluyó la expulsión y relegación de sacerdotes y funcionarios laicos, allanamientos ilegales y hasta ataques a balazos por parte de desconocidos contra dependencias de la Arquidiócesis de Santiago.[2]

Cuando Correa volvió, clandestino y sin recursos, recurrió a esa institución bajo asedio pero en pie. Era la misma Iglesia que lo había inspirado en su infancia y cobijado en su adolescencia, y cuya visión de mundo reemplazó por el marxismo-leninismo, aunque siempre mantuvo con ella lazos personales. Correa rara vez romperá los puentes con los mundos que deja, lo que le permitirá conocer gente en los sectores más disímiles, algo que más tarde transformará en un gran activo político.

"Para la Iglesia, Correa siempre ha sido uno de los suyos, más allá de su conversión al marxismo. Parece que eso no se quita", recalca un exdirigente del MAPU-OC. Algo que refuerza Luis Maira: "Correa nunca dejó de ser un hombre de Iglesia". Así, al arribar a ese Chile gris y opresivo de fines de 1981, las amistades eclesiales del exseminarista lo recibieron como al hijo pródigo.

El apoyo de la Iglesia Católica será el primero de los tres grandes reencuentros que vivirá a su regreso del exilio. Los curas le permitirán el segundo: revincularse con el mundo popular, aquel que tan bien había conocido en Ovalle. Y más tarde vendrá la reunificación con sus excompañeros del MAPU-Garretón.

En el camino, renunciará a su proyecto más personal y perderá viejas amistades.

*

Por entonces de cincuenta años, el jesuita Óscar Jiménez Lazo era un cura comprometido con la lucha antidictatorial. Un par de años antes

---

1 Enrique Correa y José Antonio Viera-Gallo, *Iglesia y dictadura*, 1986, 104.
2 En julio de 1980 fue baleada la Vicaría para la Zona Oeste por desconocidos que también arrojaron una bomba. En mayo las dependencias del Arzobispado de Santiago habían sido violentadas de noche. Poco antes, los vicarios Enrique Alvear, Cristián Precht, Alfonso Baeza y Miguel Ortega fueron retenidos por Carabineros. *Solidaridad*, "Atentado a Vicaría Zona Oeste: ¿Nueva forma de ataque?", y "Represión: La Iglesia bajo sospecha", 1980.

se había instalado en la parroquia Cristo de Emaús, en un sector tan pobre como casi todo Pudahuel Sur, una zona que en 1981 pasó a ser parte de la nueva comuna de Lo Prado. Por su labor en comunidades de base, el obispo auxiliar y vicario de la Zona Oeste capitalina Enrique Alvear le había pedido crear un equipo de educación popular para toda su jurisdicción, que comprendía Estación Central, Cerrillos, Maipú, Quinta Normal, Cerro Navia, Pudahuel y ahora Lo Prado.

Alvear, conocido como el "obispo de los pobres" y muy cercano al cardenal, quería afrontar la creciente falta de liderazgos populares. Gracias a la solidaridad internacional, la Iglesia Católica podía canalizar los recursos económicos para ello. Jiménez aceptó el encargo. Con el nombre de Edupo (Educación Popular), el jesuita armó un equipo que se instaló en las oficinas de la Vicaría Oeste en Estación Central. "Tenía varias divisiones: una se encargaba de los trabajadores y lo sindical, otra de lo poblacional, otra de los jóvenes y otra de los agentes pastorales", contó en entrevista para este libro el sacerdote, que murió en octubre de 2022.

A partir de 1981 Jiménez notó que el MIR y el PC atraían con fuerza a los jóvenes de su zona. Mientras el MIR insistía en un duelo a muerte con la CNI,[3] el PC empezaba a implementar su política insurreccional de "rebelión popular de masas". Producto de la pobreza y la represión, los jóvenes de la parroquia Cristo de Emaús eran en su mayoría antipinochetistas y tenían un creciente interés por la política.

Jiménez también era profesor de Filosofía en un par de liceos. En uno de ellos había conocido a Juan Carlos Correa, a quien casó en 1980.[4] Tiempo después, a nombre de él lo contactó su hermano mayor, quien acababa de regresar. Le dijo que había estudiado Filosofía en la Universidad Católica, que tal vez podría ayudarlo con asesorías o talleres. El jesuita no lo ubicaba personalmente, pero conocía su trayectoria en el MAPU-OC y sus nexos con el clero. Se comprometió a darle una vuelta y a ser discreto.

Con muy pocos recursos para sostener su estructura en el país, el partido había conseguido que Correa fuera alojado por una dirigenta de confianza, una profesora que lo conocía desde sus días en la JEC y que vivía en Macul. Era María Antonieta Saa, quien luego de

---

3   La Central Nacional de Informaciones fue el organismo represor de la dictadura que en 1977 reemplazó a la DINA y que operó hasta el fin del régimen militar.

4   J.C. Correa, 212.

años de labores semiclandestinas había conseguido un trabajo formal y adquirido una vivienda de un piso en un tranquilo pasaje a la sombra de unos nogales.[5] Ahí llegó a instalarse Correa, quien para todos los efectos sería su primo, el sociólogo "Federico Martínez".

Saa recuerda que en la semana su allegado se quedaba solo mientras ella iba a trabajar en su Fiat 1100. El inquieto dirigente se aburría. A veces, cuando Saa volvía muy tarde, entraba al pasaje apagando el motor. "Si Enrique me sentía y se despertaba íbamos a terminar conversando hasta la hora del queso y yo al día siguiente no me iba a poder levantar a trabajar. Así que llegaba con el vuelito".[6]

No pasó mucho tiempo para que Correa se arriesgara a buscar trabajo. Fue entonces cuando contactó al padre Jiménez, quien pronto le respondió: podía ficharlo como asesor externo de Edupo. El religioso había pensado en talleres para jóvenes de su zona sobre marxismo y teología de la liberación. De los primeros podría hacerse cargo Correa; de los segundos, el teólogo laico Fernando Castillo Lagarrigue, quien había coincidido con el ovallino en el Seminario. Eran actividades en zonas periféricas y obviamente clandestinas. Carlos Sottolichio, entonces encargado juvenil de Edupo, recuerda que se hacían en capillas, colegios y sedes vecinales conseguidas bajo cuerda, fundamentalmente en Pudahuel y Lo Prado. Correa aceptó con entusiasmo y los cursos partieron entrado 1982. El padre Jiménez dice que "era muy simpático, muy entrador. Explicaba fantástico; los cabros quedaban encantados".

Las invitaciones se hacían a jóvenes de confianza. Carlos Reyes, entonces un mirista de Pudahuel Sur de sobrenombre "Poroto", dice que él supo de los cursos por el padre Jiménez y que este le dijo que invitara a quien creyera que le podía interesar. Correa, recuerda Reyes, definió su taller como enfocado a una corriente filosófica, sin aterrizarlo en la contingencia. Así, pronto él y otros muchachos se impacientaron. Creían que tanta abstracción era como si les llevaran a la población un árbol grande y frondoso, pero sin las herramientas para plantarlo en

---

5   La compleja situación económica del MAPU-OC había sido advertida en su boletín interno: "La actividad del partido en el país requiere hoy día, de modo extremadamente urgente, no solo del aporte político del exterior, sino del apoyo material militante". *Bandera Verde* 47, 1982.
6   En 1994 Saa fue elegida diputada por el PPD, escaño que mantuvo durante cinco periodos, hasta 2014. Entre agosto de 1997 y marzo de 1998 fue vicepresidenta de la Cámara.

esos tierrales. "Nosotros preguntábamos: '¿Y esta huevá cómo la bajamos? Porque nos fuimos muy arriba'. Y, claro, nosotros no éramos profesionales, éramos de la calle. Y a varios les dio sueño y se fueron".

El expositor debió adecuarse a su audiencia. "Al principio se mantenía en su línea, pero después empezó a entender dónde estábamos nosotros y quiénes éramos. O quizás al principio se quiso hacer el huevón y después ya no", apunta Reyes, quien se fue encantando con la materia. Poco a poco, Correa se fue ganando la confianza de algunos alumnos. Al "Poroto" le contó su verdadero nombre y que venía del exilio. Además, le pidió un favor: necesitaba llegar a la población con la seguridad de que no era seguido por la CNI. "Lo íbamos a buscar nosotros a una esquina, dos o tres personas, a veces caminando y otras veces nos conseguíamos auto".

El cura Jiménez lo convenció de que, junto a los cursos juveniles, se hiciera cargo de los análisis de coyuntura para los monitores de Edupo. Carlos Sottolichio recuerda que las exposiciones de Correa, de no más de media hora, eran una vez a la semana, en la sede de la Vicaría Oeste. Asistían el padre Jiménez y otros del grupo, como el experto en educación Rodrigo Vera, el abogado Fernando Echeverría y la exfuncionaria de la Vicaría de la Solidaridad Luisa Toledo, una activista católica de la Villa Francia que oficiaba como secretaria de Edupo.[7] "'Federico' hacía una intervención que provocaba una conversación entre nosotros y se iba", cuenta Sottolichio.

Cierta vez, el obispo Alvear le comentó a Jiménez que necesitaba un analista de coyuntura para que expusiera en el próximo encuentro de todos los agentes pastorales de la Zona Oeste, más de ochenta invitados. "Le tengo una persona pintada para eso", respondió el jesuita. Cuando llegó el día, lo presentó a Alvear y a la concurrencia como Federico Martínez. Mientras Correa exponía, el sacerdote obrero Mariano Puga, quien lo conocía desde el Seminario, le comentó a Jiménez al oído:

---

7   El 29 de marzo de 1985 una patrulla de Carabineros asesinó a sus hijos Eduardo y Rafael Vergara Toledo, de diecinueve y dieciocho años. Los jóvenes militaban en el MIR y ese día iban a asaltar una panadería. El crimen dio origen al Día del Joven Combatiente y sumió al matrimonio Vergara Toledo en una búsqueda de años para esclarecerlo. Más de dos décadas después, la justicia estableció que los policías actuaron con fuerza desproporcionada al acribillar a Eduardo, y que Rafael fue ejecutado cuando ya estaba malherido y desarmado. Tres carabineros serían condenados por el doble homicidio.

–Este gallo es muy parecido al Gordo Correa.

–¡Baja la voz! Es Correa y está clandestino. Así que se llama Federico Martínez.

El obispo Alvear moriría muy poco después, el 29 de abril de 1982, víctima de un cáncer fulminante. Según Jiménez, nunca supo de la verdadera identidad del expositor de ese día.

*

"He conversado con una infinidad de compañeros (promedio de 2 conversas diarias), de todas las opiniones y de todos los niveles (desde CC [Comité Central] hasta descolgados)", escribió en la primera carta que envió al exterior a fines de 1981, en la que calificaba la situación partidaria como "grave, más bien gravísima".[8]

En paralelo a su reencuentro con el mundo popular católico, Correa, quien de facto asumió como segundo hombre del MAPU-OC en el interior, se dedicó a lo que había venido a hacer: tomar el control de su partido, claramente quebrado en dos.

Por un lado estaban Gazmuri, él y una mayoría proclive a la renovación –con mayores o menores grados de profundidad–, decidida a articular en el país el trabajo con el MAPU-Garretón y la Izquierda Cristiana para construir la "nueva corriente popular" que tanto entusiasmaba a Correa, esa que uniera a marxistas y cristianos. Por otro estaban los detractores, que, según reportaba "Federico", eran varios grupos: el de Fernando Ávila, que se resistía a la renovación y se oponía al "trío"; los dirigentes campesinos que acusaban a Gazmuri y Correa de ser la "pequeña burguesía del movimiento popular" y de fomentar una línea reformista y anticomunista; y un grupo "fraccional" de la juventud mapucista (la UJD) que, según el relato de "Federico", mostraba "plena adhesión a la política de la violencia aguda, han sacado un periódico con el original nombre de 'El estopín',[9] se pronuncian por una línea rupturista interna y por la adhesión a la dirección 'obrero-revolucionaria' compuesta por el PC, el PS[-Almeyda] y el MIR".

En esa oposición, informaba Correa, el grupo de dirigentes comandado por Ávila había "reclutado, por el momento, enteramente

---

8 Carta de "Federico" a la CEX. Por las referencias que contiene, puede fecharse alrededor de noviembre de 1981. A menos que se indique lo contrario, las citas en el resto de esta sección corresponden a este texto.

9 El estopín es un fulminante o carga explosiva menor, prevista para detonar una más grande.

a los campechas [los dirigentes campesinos]". Y en el terreno de la juventud "la situación es aun más compleja".

A esas alturas, y continuando con una incesante ronda de debates de su Comité Central, el MAPU-OC estaba desarrollando el I Pleno Ordinario de la organización y Correa estaba decidido a dar el golpe de timón que impusiera la línea que habían fijado con el secretario general Gazmuri y otros. En febrero de 1982, en una nueva carta a sus compañeros de la CEX, reportaba que habían logrado construir una correlación de fuerzas favorable para triunfar en el Pleno luego de llegar a un acuerdo con los "campechas". "Se ha conjurado, en el plazo próximo, el peligro de una división", escribía en este nuevo informe.[10]

Así las cosas, en los primeros meses de 1982 se dio por finalizado el Pleno, Gazmuri fue ratificado como jefe partidario y con ello el Secretariado quedó mandatado para consolidar el trabajo con el MAPU-Garretón y la Izquierda Cristiana para empujar la renovación de la izquierda creando la "nueva corriente popular". Además el partido definió claramente que su política para derrocar a la dictadura era la movilización social y no la vía insurreccional.

Se trató de un triunfo frágil, fruto de acuerdos coyunturales, y no de uno en que la línea fuera acogida de manera hegemónica. Pero para la historia quedaría como el hito en el que MAPU-OC cambió definitivamente de rumbo. Para Correa, en tanto, era el paso indispensable para concentrarse en lo que realmente quería: superar a la Democracia Cristiana y al Partido Comunista como los ejes articuladores de las fuerzas opositoras y progresistas:

> Mientras las únicas fuerzas que cuenten en el arco democrático chileno sean el PC y la DC no hay posibilidad real de una salida democrática estable para Chile, ni menos aún se puede considerar factible un consenso democrático con toda la riqueza, la diversidad y la solidez que un país que emerge del fascismo requiere.[11]

*

Al iniciarse 1981, el "milagro económico chileno" parecía ir a todo galope. La bonanza se apoyaba en la entrada sin freno de créditos

---

10　Carta de "Federico" a la CEX, 10 de febrero de 1982.
11　Carta de "Federico" a la CEX, sin fecha. Por las referencias, puede afirmarse que es posterior a la de febrero de 1982 y data de ese mismo año.

externos, sumada a un tipo de cambio fijo de 39 pesos por dólar. Esta liquidez y la abundancia de importaciones habían disparado el gasto interno, y con ello el crecimiento y el empleo.[12] Eran los días de la "plata dulce", con las acciones al alza en la bolsa y el boom del whisky y otros productos importados. Pero la rueda comenzó a atascarse a mediados de 1981, cuando los primeros síntomas de una recesión mundial cortaron abruptamente los créditos foráneos.

En el segundo trimestre, la Compañía de Refinería de Azúcar de Viña del Mar (CRAV), la principal productora en su área, quebró y arrastró consigo a su propietario, el grupo empresarial Ross. A principios de noviembre, la autoridad económica intervino cuatro bancos, además de cuatro financieras, por tomar riesgos excesivos. Debido al otorgamiento indiscriminado de préstamos a sociedades relacionadas con sus mismos propietarios, casi la mitad del capital de bancos y financieras estaba en carteras riesgosas. Cuando en junio de 1982 Pinochet ordenó devaluar abruptamente el peso, la crisis ya era imparable. Sería la más grave contracción económica desde la Gran Depresión de los años 30. En agosto el dólar se empinó sobre los 70 pesos, golpeando a cientos de negocios y familias endeudados con la divisa. Si el promedio anual de quiebras entre 1975 y 1981 había sido de 277 compañías, solo en 1982 la cifra se triplicó. En el mismo periodo el Producto Geográfico Bruto se desplomó en un 14,4%.[13]

En enero de 1983, la dictadura realizó la mayor intervención bancaria de la historia: liquidó tres bancos, intervino cinco y se vio obligada a salir al rescate del resto con recursos fiscales. Para entonces, miles de chilenos habían perdido sus trabajos. Al terminar 1983, el desempleo efectivo alcanzaría un pavoroso 30%.[14]

A su Programa de Empleo Mínimo (PEM) creado en 1975, la dictadura sumó en 1982 otro plan de emergencia: el Programa Ocupacional para Jefes de Hogar (POJH). Para 1983 el PEM y el POJH subempleaban en total a más de 502.000 personas.[15] Eran trabajos precarios y sin protección social, que ocupaban en su gran mayoría a obreros parados, aunque también había muchos profesionales. Recibían entre 20 y 40 dólares mensuales, monto insuficiente para cubrir

---

12 Patricio Meller, *Un siglo de economía política chilena. 1890-1990*, 1996, 203.
13 Meller, 1996, 198.
14 Ibíd.
15 Matías Sepúlveda, "¿Intervenir el mercado laboral? La confusión de las instituciones chilenas ante el cambio de paradigma económico 1975-1982", s/f, 3.

sus necesidades más básicas. El pago se hacía en cada municipio, el mismo día del mes, con aglomeraciones de horas que a menudo terminaban en nada, pues no era raro que el dinero se atrasara.[16]

En las zonas más pobres cundió el hambre. Para la segunda mitad de 1982, una encuesta apuntó que en poblaciones como Lo Hermida, en Peñalolén, un 61% de sus vecinos en edad de trabajar estaba cesante.[17] Pese a ello, empresas estatales como Chilectra y la sanitaria Emos cortaban el suministro a los impagos. En lugares como Pudahuel había poblaciones enteras "colgadas" ilegalmente del alumbrado. En mayo de 1983, una organización vecinal de Santiago estableció que casi 140.000 familias de la capital estaban sin agua potable.[18]

De manera espontánea, en algunas de las empresas más golpeadas surgieron huelgas y protestas que eran reprimidas con rapidez y sin mucho ruido. El descontento contra el régimen, que llevaba años incubándose, comenzaba a aflorar. Una vez más, solo la Iglesia Católica tenía la estructura y disposición para montar una red de solidaridad para los desvalidos.[19] Muchas de las decenas de ollas comunes que surgieron a lo largo del país lo hicieron en torno a parroquias y capillas.[20] Con esta realidad se encontró Correa. En su primera carta al exterior escribía: "La crisis económica, vista desde aquí, adquiere niveles de profundidad de gran magnitud. La sensación generalizada es de un gran desastre y nada augura una mejoría de la situación en el corto plazo. La tendencia recesiva de la economía compromete gravemente la situación del país, a lo menos para todo el año 1982".

Sobre el futuro de la dictadura, era cauto. "¿Estamos en vísperas de un colapso? Parece que no, porque difícilmente esta coyuntura económica crítica puede transformarse en una crisis política real". En contraste, señalaba las debilidades de la oposición: inmovilidad y ensimismamiento.

*

---

16 *Solidaridad*, "Trabajadoras del PEM: ¿Qué porvenir tenemos?". 1983.
17 *Solidaridad*, "Pobladores: La Iglesia nos ha abierto las puertas", 1983.
18 *Solidaridad*, "Pobladores: Y se siguen juntando", 1983.
19 "En vista de esta realidad de indiferencia y, algunas veces, menosprecio, los pobladores acuden a las capillas y parroquias de los sectores donde viven". *Solidaridad*, "Pobladores: La Iglesia nos ha abierto las puertas",1983.
20 Solo en la Zona Oriente de la Arquidiócesis de Santiago, una de las menos pobres, funcionaban en 1983 al menos 23 comedores solidarios coordinados con sus decanatos, atendiendo a más de 3.600 personas. *Solidaridad*, "Ollas comunes: Con un poco y otro poquito", 1983.

La Zona Oeste capitalina era uno de los sectores más activos en organización comunitaria.[21] Como colaborador de Edupo, Correa se sumó con entusiasmo a ese trabajo. La clandestinidad lo obligaba a un bajo perfil y era, a decir del padre Jiménez, "pobre como una rata". Sin embargo, estaba en Chile y haciendo algo que le gustaba.

Johnny Carrasco, futuro alcalde de Pudahuel durante siete periodos consecutivos, era entonces un activista de esa comuna. Militaba en la Juventud Socialista y estaba empeñado en formarse como un "agente transformador" para concientizar a sus vecinos. Una de las cosas que más recuerda es que "Federico Martínez" siempre vestía desastrado y que llegaba en micro. "Nosotros lo traíamos acá y él venía con una barba y unos pantalones hasta medio poto". Carlos Reyes dice que en los días fríos Correa vestía poncho y una bufanda larga. El jesuita Jiménez lo recuerda con unos zapatos rotos.

En su carta al exterior de fines de 1981 Correa relataba que había tenido que enfrentar más problemas de los que suponía para su instalación. En otra misiva en febrero de 1982 describía la dramática situación financiera del MAPU-OC en Chile, y pedía gestionar mejor el envío de recursos desde el extranjero: "En estas semanas algunos de nosotros hemos tenido que vivir tomando leche y galletas de agua (no exageramos) y sin plata para micro, viviendo de la generosidad de un grupo reducido de amigos".

A pesar de las privaciones, sentía que había vuelto al país en el momento y lugar indicados. Dos décadas más tarde, en una entrevista recordará esa época como una de las mejores de su vida. "Algo casi parecido a la felicidad", dirá.[22] Y es que en esas barriadas periféricas, donde coincidían inquietos jóvenes antipinochetistas, militantes, sacerdotes progresistas y dirigentes políticos como él, veía hecho carne el origen de su proyecto, ese que uniría dos mundos aparentemente opuestos, pero que a él le resultaban propios y familiares: el de la fe en Dios y el de la búsqueda del socialismo. La "nueva corriente popular" era la síntesis de su propia vida: la del liceo y la parroquia de Ovalle, la Juventud de Estudiantes Católicos, el Seminario y las comunidades cristianas de base con las que ahora convivía, y la de la familia comunista de su madre, las tertulias con Rodrigo Ambrosio, sus mentores en la

---

21 Rodrigo Carrasco, "Guitarra, organización y barricada: canto poblacional y resistencia cultural en la zona oeste de Santiago (1975-1989)", 2017, 4.
22 Stipicic, "El 'Flaco' Correa", 2002.

UP y sus compañeros revolucionarios, que nunca cuestionaron su catolicismo de misa dominical. Esos mismos compañeros con los que ahora
se sentía elegido para tomar la posta en la conducción de la izquierda.

Correa amasaba un proyecto que, como siempre le había ocurrido en la vida, despertaba en él una pasión que lo revitalizaba. Y
esta vez, pese a dirigir un pequeño partido en crisis y en camino
a la irrelevancia, había surgido en él cierta ambición de grandeza
o trascendencia, la que dejó registrada en una de sus cartas de la
época. En Chile, clandestino, lejos de sus hijos y viviendo al tres y al
cuatro, en su imaginario se cruzaban los Pedro Aguirre Cerda y los
Eduardo Frei Montalva:

> Esta fuerza (…) debe proponerse llegar a ser un nuevo eje de la po-
> lítica democrática en el país (al modo como lo fue el PR [Partido Ra-
> dical] en los años 30 y 40, y la DC en los años 60). (…) Si la fuerza
> que nos proponemos construir se transforma en un nuevo centro de
> gravedad de la política chilena y este centro tiene un definido carácter
> socialista (…) habremos sido capaces de producir un giro histórico en
> el cuadro político del país.

Además, no dejaban de impresionarlo las organizaciones de
base. En sus misivas constataba que los partidos de oposición eran incapaces de recoger estas "nuevas realidades orgánicas y políticas" que
surgían aquí y allá. Muy influido por su reencuentro con lo popular, el
otrora guardián del aparato interno advertía que las colectividades políticas tradicionales tendrían que aprender a convivir con estas nuevas
expresiones, en las que cifraba sus esperanzas de cambio. Había que
ir a su encuentro y no a su captura. "[Hay] un movimiento social en
donde existe una disposición muy grande a la agrupación espontánea,
a la creación de nuevos lazos de solidaridad y colaboración, y un clima
de rechazo o indiferencia al actual esquema político", apuntaba.

A eso quería volver. A la casa de su infancia, al liceo y a la parroquia, al local partidario de su juventud. Aunque ahora cargaba con
la experiencia de haber sufrido la más dura y dolorosa de las derrotas
políticas, todavía tenía el tiempo y el anhelo de cambiar el mundo.

*

Al sacerdote Alfonso Baeza todos le decían "Chico" por su baja estatura, pero también por su trato campechano. Hijo de una familia

acomodada de Santiago, le gustaba contar sobre esa vez que, en 1964, aburrido de ser un oficinista con sotana, le dijo al cardenal Silva Henríquez: "Si usted quiere que yo siga de cura, sáqueme de esta cuestión y hágame trabajar con los pobres".[23] El purpurado lo nombró asesor del Movimiento Obrero de Acción Católica. Más tarde, en 1977, en pleno enfrentamiento con la dictadura, lo invistió como el primer vicario de la Pastoral Obrera de Santiago. Un organismo inédito en el mundo eclesiástico y que sería clave para articular la unidad del movimiento sindical, poniendo por primera vez a Pinochet a la defensiva.[24]

Cuando Baeza inició sus nuevas funciones, la CUT llevaba más de tres años clausurada y el sindicalismo luchaba por reagruparse en torno a dos organizaciones. Una era el Grupo de los Diez, con dirigentes radicales y del ala conservadora de la DC, que en un principio apoyaron al régimen para después tomar distancia una vez que este desplegó su política neoliberal. La otra organización era la Coordinadora Nacional Sindical (CNS), formada por democratacristianos progresistas aliados con la izquierda. Mientras el Grupo de los Diez guardaba distancia de socialistas y comunistas, la CNS defendía una conducción sindical unitaria y sin vetos.[25]

La Iglesia Católica se empeñó en revivir el movimiento sindical desde la Pastoral Obrera, por medio de asesorías legales y de formación. "Nosotros queremos servir para que los trabajadores recuperen su caminar propio, el que tenían antes", afirmaba el vicario Baeza en una entrevista en 1980.[26] Baeza protegía sistemáticamente a la dirigencia de la CNS.[27] La máxima figura de la Coordinadora, el democratacristiano Manuel Bustos, era amigo suyo y del cardenal. Contraviniendo la línea oficial de su partido, en la CNS era aliado de los comunistas.

El veto al PC era la piedra de tope que impedía conformar un solo bloque opositor, por lo que Bustos se convertiría en una de las voces más peligrosas para el régimen.

Baeza admiraba el coraje de Bustos y los sindicalistas de la CNS, a cuyas capacitaciones solía asistir, cuenta Juan Manuel Sepúlveda,

---

23 Iglesia de Santiago, "La última entrevista al padre Alfonso Baeza", s/f.
24 *Solidaridad*, "Pastoral Obrera: Signo de liberación", 1980.
25 Rodrigo Araya, "La libertad se conquista luchando. El movimiento sindical chileno contra el régimen de Pinochet", 2019, 425-436.
26 *Solidaridad*, "Pastoral Obrera: Signo de liberación", 1980.
27 Myriam Verdugo y Patricia Mayorga, *Dicen que es Manuel su nombre. Vida y lucha de un sindicalista*, 2009, 54.

entonces encargado de Asuntos Internacionales de la CNS. "Decía: 'Estos gallos son muy valientes'", recuerda la periodista Myriam Verdugo, viuda de Manuel Bustos, y cuenta que el dirigente solía cenar con Baeza y Silva Henríquez en la casa de este último en la avenida Simón Bolívar de Ñuñoa. Los líderes de la CNS usaban una frase que resumía el permanente apoyo eclesial: "Renacimos y crecimos bajo el paraguas de la Iglesia".

En junio de 1981, la CNS lanzó el "Pliego de Chile", un manifiesto aprobado en un encuentro realizado en la tradicional casa de retiros del clero en Punta de Tralca y en el que fueron fundamentales los asesores de la Pastoral Obrera. El "Pliego" había sido firmado por más de dos mil sindicalistas y resumía las principales demandas opositoras, partiendo por el fin de las violaciones a los derechos humanos y la recuperación de la democracia.[28] El régimen se querelló. Antes de ser detenidos, Bustos y su directiva apuraron la formación de un comité que presionara por su liberación.[29] Entre otros, ficharon al expresidente Eduardo Frei Montalva, la más prominente figura opositora.[30]

Una noche de agosto de 1981, cuando Bustos y su secretario general, el comunista Alamiro Guzmán, llevaban semanas presos, Frei Montalva llegó a la sede de la Pastoral Obrera para reunirse con dirigentes sindicales de todos los colores opositores, entre ellos Tucapel Jiménez, presidente de la Asociación Nacional de Empleados Fiscales (ANEF) y fundador del Grupo de los Diez, quien llevaba un tiempo acercando posturas con Bustos y la CNS para levantar un frente común contra el régimen.[31] Una cúpula obrera unida era una de las peores pesadillas de la dictadura: sería la antesala del temido paro nacional.

La asistencia del exgobernante a la sede de la CNS era todo un gesto: por primera vez desde el golpe, el líder indiscutido de la

---

28 Verdugo y Mayorga, 2009, 269-275.

29 Juan Manuel Sepúlveda estaba fuera del país, dando a conocer el "Pliego". El régimen le negó el reingreso y se convirtió en exiliado. En los 70 había sido torturado, encarcelado y relegado por sus actividades sindicales.

30 El abogado DC Jorge Donoso (firmante de la mítica "Carta de los 13" que condenó el golpe de Estado), entonces jefe del Departamento Jurídico de la Vicaría de la Pastoral Obrera, afirma que él y Manuel Bustos se reunieron con Frei Montalva para sumarlo al comité, lo que este aceptó.

31 Una completa descripción del contexto y las implicancias de la reunión en la Vicaría de la Pastoral Obrera esa noche de 1981 la hizo en el Senado la senadora Carmen Frei, hija de Eduardo Frei Montalva, en agosto de 2002. Verdugo y Mayorga, 2009, 86-88.

DC se sentaba a conversar abiertamente con comunistas. Los aparatos represivos acechaban todos esos movimientos. Inmediatamente olieron el peligro.

El sociólogo y por esos días director de Estudios de la Pastoral Obrera Francisco López recuerda que la reunión de esa noche terminó tarde y que Frei Montalva se marchó solo, con su espigada figura caminando por la calle para tomar un taxi. "Era una cuadra larga, muy oscura de noche. Y me pareció raro que se fuera solo, porque la cosa estaba pesada y siempre teníamos autos vigilándonos afuera".

Bustos y Guzmán fueron liberados en diciembre, justo por los días en que Correa llegó a Chile. Menos de un mes después, en enero de 1982, Frei Montalva falleció víctima de una extraña infección después de ser operado por una molestia gástrica sin riesgo vital en la Clínica Santa María.[32] Cuatro semanas más tarde, Tucapel Jiménez fue asesinado por agentes de la Dirección de Inteligencia Nacional del Ejército (DINE) cuando iba a reunirse con Manuel Bustos, con quien seguía planeando la ansiada unidad sindical.[33]

La dictadura no detuvo su embestida. Antes de que terminara ese 1982, el 3 de diciembre, Manuel Bustos y el también dirigente de la CNS Héctor Cuevas, comunista, fueron exiliados.

*

Myriam Verdugo afirma que Enrique Correa comenzó a participar en reuniones con la CNS en algún momento de 1982. Eran encuentros de análisis que se realizaban en la Coordinadora, en su sede de Abdón Cifuentes 67, en una vieja casa de adobe pareada en el barrio República, a media cuadra de la Alameda.

A pesar de que seguía clandestino y solo llevaba meses en el país, Correa se convirtió en un importante asesor político de la Pastoral Obrera gracias a su cercanía con el cura Baeza, a quien conocía

---

32 Tras casi veinte años de investigación el ministro en visita Alejandro Madrid estableció en enero de 2019 que Frei Montalva fue envenenado, víctima de una operación de la CNI, y condenó a seis personas, cuatro médicos y dos agentes. Sin embargo, en agosto de 2023 la Corte Suprema descartó que se tratara de un crimen y confirmó la absolución de todos los condenados.

33 Agentes de la DINE asesinaron a Tucapel Jiménez en su taxi el 25 de febrero de 1982, de cinco balazos en la cabeza y heridas cortopunzantes en el cuello. La justicia establecería que uno de los móviles fue impedir que siguiera avanzando en la unidad sindical opositora y posibilitar un paro nacional.

desde fines de los 60, cuando el sacerdote integraba el movimiento Cristianos por el Socialismo. A Baeza le interesaba contar con un consejero como él para surtir de análisis a la Pastoral y al renaciente movimiento obrero. Así, Correa se hizo parte de uno de los espacios políticos opositores más relevantes en el país y, con el aval de Baeza, se integró a las reuniones de la CNS. Eran encuentros reservados, para tratar de minimizar el acecho de los organismos de seguridad. "Yo, que solo miraba de afuera, lo veía llegar con su pinta desastrada; me acuerdo que usaba una bufanda roja con cuadros negros", afirma Verdugo. Concluidas las reuniones, no era raro que Correa se quedara hablando con el vicepresidente de la Coordinadora, Arturo Martínez, del MAPU-Garretón, dice ella.

El "Chico" Baeza también lo sumó a la Pastoral como consultor externo. A menudo le pedía análisis de coyuntura semanales para sus directivos. Junto con el vicario, el grupo lo conformaban el secretario ejecutivo de la Pastoral y brazo derecho de Baeza, José Aguilera; el director de Estudios, Francisco López, y el sacerdote David Farrell, entre otros. En ocasiones también participaban sindicalistas.

López no recuerda bajo qué identidad apareció Correa en la Pastoral, aunque sí se decía en voz baja que estaba clandestino. Para él era evidente que tanto Baeza como Aguilera le tenían confianza y aprecio. "Correa llegaba y hacía sus interpretaciones políticas, análisis de coyuntura clásicos, y uno notaba que manejaba buena información y que articulaba bien los temas". El socialista Johnny Carrasco, que trabajaba como formador sindical en la Pastoral, no era parte de esos análisis a puertas cerradas. "Después Alfonso Baeza o José Aguilera nos convocaban y ahí se nos socializaba el contenido".

La labor de Correa en la Pastoral, que se extendería por al menos tres años, lo volvió un aliado valioso para la jerarquía eclesiástica. Además, le permitió hacer amistad con algunos de los principales sindicalistas del momento, como Manuel Bustos, Arturo Martínez y otros que emergerían en los meses y años siguientes.

En las reuniones con la Coordinadora solía ajustarse a un guion: escuchaba en silencio y tomaba apuntes hasta hacerse un panorama completo. Solo entonces pedía la palabra para resaltar aspectos relevantes y ayudar a fijar posturas. "Nunca supe qué cresta anotaba, pero de repente decía ¡pum!, ¡pum!, y se acababa la discusión", resume un entrevistado. "Correa fue un gran asesor nuestro en esa época", recalca Miguel Vega, democratacristiano, dirigente de la CNS y presidente de la Confederación Textil a principios de los 80. "En esos años no teníamos nociones de economía y nos ayudaba en la preparación de documentos, en nuestras declaraciones públicas".

Luis Maira cuenta que cuando Correa volvió al país había perdido la relevancia que tuvo antes del golpe. "Pero una vez en Chile recuperó su nombre", dice, porque se hizo "insustituible" para el obispado. "La Iglesia lo llamaba cuando quería tener alguna información y él respondía con una enorme dedicación", afirma. "El cura Baeza se convirtió en el nexo entre la jerarquía de la Iglesia y las operaciones que iba articulando Correa con varios dirigentes católicos de los partidos de oposición".

Según un dirigente del MAPU-OC de esos días, la colaboración de Correa en la Pastoral era mal pagada, pero le dio para comer, "lo que no era poco en ese tiempo" en que a duras penas llegaba a fin de mes. En contraste con su primer ingreso al país en los 70, el MAPU-OC cada vez le proveía de menos recursos. Después de vivir con María Antonieta Saa en Macul se mudó al barrio Bellavista. Llegó de allegado a una vieja casona en Antonia López de Bello habitada por dos correligionarios: el periodista y economista Fernando Villagrán y el expresidente de la Juventud del partido Rafael Guilisasti, quien mucho después llegaría a ser un influyente empresario y dirigente gremial. Correa ocupó una habitación que daba a un patio con árboles.

En diciembre de 1982 la Conferencia Episcopal dio a conocer "El renacer de Chile", documento que marcó un hito en sus fricciones con la Junta Militar. En él los obispos calificaban la situación nacional como "gravísima", daban por agotadas las gestiones privadas con el régimen y pasaban a confrontarlo públicamente. La salida a la crisis, decían, era el retorno urgente a una "plena democracia".[34] Johnny Carrasco no tiene ninguna duda de que Correa fue uno de los asesores detrás del manifiesto. "Correa era consultado en todas esas esferas", sostiene.

Germán Correa cuenta que era común en la izquierda pedir instalaciones eclesiásticas para sus reuniones. En 1982 asistió a uno de esos encuentros, en la Vicaría para la Zona Norte de Santiago, en la avenida Independencia. Cuando volvía del baño se equivocó de puerta y su sorpresa fue grande cuando vio, sentado en una sala, a su primo, a quien suponía en Berlín Oriental. "Nos tenían súper entrenados para no cometer estupideces, así que pedí disculpas y cerré

---

34 Conferencia Episcopal, "El renacer de Chile. Carta a los católicos de Chile", 1982.

rápidamente. Enrique salió detrás mío y nos dimos un gran abrazo". La conversación no duró más de tres minutos. Quedaron en verse. No lo volverían a hacer en años.

*

Rodolfo Seguel Molina tenía veintinueve años, venía de Rancagua y era un completo desconocido cuando en febrero de 1983 asumió la presidencia de la Confederación de Trabajadores del Cobre (CTC). Independiente pero simpatizante de la DC, hacía poco había debutado como dirigente de la Fundición Caletones de El Teniente. Llegó a la cabeza de uno de los sindicatos más poderosos del país, con 22.000 afiliados, gracias a una cadena de azares.

Con un mechón liso que le caía sobre la frente y un inconfundible bigote, apenas asumió el cargo mostró una temeridad que puso de cabeza al régimen. "Rodolfo era muy inexperto, pero tenía una audacia y una desmesura increíbles para esos tiempos", afirma el abogado Eduardo Loyola, entonces militante socialista y asesor legal de la CTC. Así quedó en evidencia el 21 de abril, en su bautismo en las ligas mayores: durante un congreso en Punta de Tralca, la directiva de Seguel llamó a un paro nacional de trabajadores del cobre, el primero convocado por un gremio relevante desde 1973, para el miércoles 11 de mayo de 1983 y con una duración de veinticuatro horas.

La reacción del régimen fue copar con militares los yacimientos de El Salvador, El Teniente, Chuquicamata y Andina, lo que hizo temer una masacre.[35] Las proyecciones de la propia CTC sobre la adhesión al paro no eran muy alentadoras. En Chuquicamata, los dirigentes se reunieron a comer y sacar cuentas en el restorán Quinta América. Sumando a democratacristianos, comunistas, socialistas y radicales, los potenciales huelguistas no daban para parar nada. "Llegaron a la conclusión democrática de que ahí el paro no era viable", cuenta Loyola, presente en esa velada.

Seguel y su equipo iniciaron una ronda de consultas que incluyó al cardenal Silva Henríquez y a la DC, partido donde lo inscribieron a la carrera. Luego de sopesar opiniones, resolvieron cambiar el paro por una protesta nacional pacífica, a la que convocaron a toda la ciudadanía. El instructivo fue redactado por un comité asesor integrado, entre otros, por Jorge Donoso, José Ruiz di Giorgio, Santiago Pereira,

---

35 Francisco Castillo, 2020, 54.

Guillermo PérezVega y Luis Eduardo Thayer, el asesor más cercano de Seguel. Se pedía a la gente no enviar a los hijos al colegio, no hacer compras, manejar a la vuelta de la rueda para crear tacos, retirarse a las dos de la tarde del trabajo y, ya en la noche, hacer sonar cacerolas.[36]

El 11 de mayo partió como un día cualquiera. Esa mañana las movilizaciones en Santiago fueron pocas, con incidentes aislados en las universidades. Pero la producción de Codelco estaba detenida. En Chuquicamata, a primera hora, el abogado Loyola encontró la sede del sindicato minero rodeada de militares. Habían cortado la luz, el agua y el teléfono. "Era una zona de guerra", afirma. El comercio capitalino cerró muy temprano. "Quedó tal nivel de desorden en el centro que se empezaron a cerrar los locales comerciales. Entonces, el paro se produjo como resultado de eso, porque la gente no podía adherir al paro directamente, o iba a perder su trabajo", afirma la socióloga Loreto Hoecker, entonces integrante del Departamento de Asuntos Gremiales de la Federación de Colegios Profesionales, que adhirió a la protesta.

A las ocho de la noche, sorpresivamente, empezó un gigantesco caceroleo que se esparció por el Gran Santiago. Jorge Donoso escuchó el comienzo en unas oficinas en la calle Monjitas, reunido con otros asesores de la CTC. Estaban impactados: "El caceroleo tenía muchas ventajas: la gente lo hacía desde sus casas, algo muy difícil de reprimir, y se iba multiplicando".

Al caer la noche la situación se hizo inmanejable para Carabineros en varios sectores de la ciudad, con barricadas encendidas en comunas como San Miguel y La Granja. En Pudahuel las cacerolas y los apedreos a la policía duraron hasta la madrugada. La jornada dejó dos muertos, 29 heridos y 652 detenidos.

El éxito de la protesta remeció a la dictadura. *El Mercurio* la calificó como "el desafío más importante al gobierno en diez años de régimen militar". Según un miembro del gabinete de la época, el propio Pinochet quedó descolocado. "Ese día emergió un modo de hacer política que él no había experimentado y que no sabía cómo trabajar", dice. Antes de terminar 1983 se convocarían otras cinco protestas nacionales, con un nivel creciente de movilización. La más masiva y violenta duró dos días, el 11 y 12 de agosto. Pinochet ordenó el despliegue de 18.000 militares en las calles y toque de queda a partir de las 18.30. El saldo fue de 26 muertos, doscientos heridos y más de mil detenidos.

---

36 Íd., 67.

Pero el dictador combinó la mano dura con maniobras de aflojamiento. Un día antes de desplegar tropas para esa doble jornada nombró ministro del Interior a Sergio Onofre Jarpa, un viejo político de derecha que abrió un diálogo con la oposición más moderada. El mismo mes autorizó el ingreso de más de mil exiliados y por primera vez en diez años se levantó el estado de emergencia, que restringía los derechos y libertades individuales de reunión, asociación y expresión.

*

El 6 de mayo de 1983, días antes de la primera protesta, se hizo público que el Vaticano había aceptado la renuncia al Arzobispado de Santiago del cardenal Silva Henríquez, tras cumplir setenta y cinco años. Con extraordinaria rapidez, la curia romana pasó a retiro a la figura más influyente del episcopado chileno justo cuando sus llamados a la paz eran más necesarios que nunca. Si bien el decreto conciliar *Ecclesiae Sanctae* fijaba esa edad para que los obispos presentaran su renuncia, no era raro que el Vaticano se tomara su tiempo en nombrar a un reemplazante, extendiendo de facto la labor pastoral del saliente. Este no fue el caso.

Como sucesor fue anunciado el arzobispo de La Serena Juan Francisco Fresno, un conservador de bajo perfil. Hubo alegría en el régimen y desaliento en el clero antidictatorial. No era un secreto que para hombres como el vicario Alfonso Baeza el sucesor ideal era el obispo de Talca, Carlos González, del ala progresista de la Iglesia Católica chilena. Casi con toda seguridad, el mismo deseo debía abrigar Enrique Correa, cercano a González desde sus días en el Seminario, al punto de que lo calificaba como un "segundo padre".[37]

La celeridad vaticana golpeó a Silva Henríquez. Lo confirma Reinaldo Sapag, uno de sus mejores amigos, quien solía acompañarlo los fines de semana, cuando el prelado se escapaba a descansar a la casa del clero en Punta de Tralca. Ahí el cardenal disponía de un pequeño departamento con vista al mar, que Fresno le permitió seguir ocupando tras su retiro. En ese lugar, los sábados cenaba con Sapag, quien tenía una casa de veraneo cerca, y a menudo le pedía a su amigo que invitara a un tercer comensal, alguien a quien el cardenal estimara.[38]

---

37 "Todo el mundo más progresista quería que fuera don Carlos el arzobispo de Santiago, y se la jugó por eso", señala un cercano en esos años al obispo González.

38 Silva Henríquez se refería a Sapag como "el compañero más fiel de mi vejez". En esa calidad, Sapag es autor de *Mi amigo el cardenal I y II* y de *El cardenal Raúl Silva Henríquez y los derechos humanos*. También creó la Corporación Cardenal del Pueblo, a cargo de difundir su legado.

Sapag dice que uno de esos sábados de mediados de 1983 el invitado fue Enrique Correa, quien subió los doce escalones de la entrada de ese departamento costero para cenar con ellos. Atendidos por la hermana Magdalena Astorquiza, los tres conversaron sobre la contingencia. Sapag tuvo la impresión de que ambos tenían una profunda sintonía y que la relación era estrecha. "El cardenal siempre le tuvo un gran respeto intelectual a Enrique, desde su época en el Seminario", comenta.

Una vez retirado, el cardenal se trasladó a vivir a una residencia en la calle Los Pescadores, en Ñuñoa, donde Correa lo siguió visitando. En paralelo, comenzó a acercarse al entorno del arzobispo Fresno, quien sería erigido cardenal en mayo de 1985. Correa seguía viviendo apreturas económicas, aunque sus labores con la Iglesia lo habían ayudado a estabilizarse un poco. Dejó la vieja casa que compartía con Villagrán y Guilisasti en Bellavista para cambiarse a pocas cuadras con su nueva pareja, una actriz de nombre Verónica, madre de un niño que Correa sumó como uno más de sus hijos.

Michele Utard, la viuda de Rodrigo Ambrosio, visitó Chile en 1983. Vivía en Buenos Aires con sus dos hijos preadolescentes, apoyada por sus padres. Cuando fue autorizada para entrar al país, visitó al viejo amigo de su esposo. Correa le comentó que trabajar con la Iglesia le permitía vivir. "Yo tengo que alimentar a mis hijos", fue una de sus frases. Sin embargo, también le dijo algo que ella nunca olvidó: "Michele, si yo me enterara de que tus hijos no hacen estudios universitarios porque no tienes plata, me vas a ofender para toda la vida. Ahora no tengo dinero, pero de ser necesario lo voy a conseguir". Utard añade que años después el dirigente cumplió.

En la primera mitad de 1983 Correa había relajado su vida clandestina. A veces lo pasaban a buscar y a dejar. También se movía en transporte público. Incluso contactó a exmapucistas alejados del partido. Uno de ellos fue el siquiatra Juan Pablo Jiménez, uno de los fundadores de la colectividad en Medicina de la Universidad de Chile. Correa llegó hasta su consulta en Providencia para convencerlo de que volviera a militar. Jiménez lo recibió cordialmente y lo invitó a cenar a su casa, pero no aceptó.[39] También volvió a ver a su madre

---

39 Jiménez se desvinculó de la política tras caer detenido después del golpe. Recuerda que en torno a 1982, cuando tenía su consulta en Providencia, alguien le pidió hora por teléfono. Llegó Correa, que había dado otro nombre. "Me dijo que había vuelto clandestino y que estaba contactando gente del MAPU".

y sus hermanas, que se habían mudado a una casa en Bellavista. Para aminorar el riesgo, solo lo hacía cuando estaban solas. Si no era así, una de ellas colgaba una toalla en una ventana para que él no se acercara.[40]

Sus andanzas en Santiago llegaron a oídos del exilio en la RDA. Se decía que lo habían visto en un concurrido café de la Alameda, en pleno día, rompiendo las reglas de la clandestinidad. Juan Carlos Concha, entonces encargado de las tareas de solidaridad del MAPU-OC en Berlín Oriental, afirmó en entrevista para este libro que el rumor inquietó a los anfitriones. "Parece que alguien en Santiago fue a ese café, se encontró con Correa, se lo contó a otro, y en el exilio los rumores corrían más rápido que las noticias reales. Y eso fue objeto de una crítica bastante grande y de una observación que me hicieron los alemanes, a los que les parecía bastante extraña esa situación". A la larga, el asunto no pasó a mayores.

El viernes 19 de agosto de 1983 el régimen militar autorizó el retorno de 1.200 exiliados, la mayor cifra dada a conocer hasta entonces. La lista incluía al DC Jaime Castillo Velasco, al exsenador de la Izquierda Cristiana Alberto Jerez y a Enrique Correa Ríos. Correa y Verónica celebraron con champaña junto a Jaime Gazmuri y su esposa, Paulina Elissetche, la misma que había ayudado a Correa a ingresar clandestinamente a Chile.

Así dejaría de ser "Federico". El problema era que, para legalizarse, tenía que salir furtivamente del país y reingresar, lo que siempre tenía sus riesgos. Una versión indica que lo hizo justo por esos días. Otra, que la operación se suspendió pues el 30 de agosto un comando del MIR asesinó al general (R) de Ejército e intendente de Santiago Carol Urzúa, y la dirección del MAPU-OC concluyó que simplemente no estaban las condiciones para correr ese riesgo. Por eso, dicen, Correa debió salir de la clandestinidad sobre la marcha, reasumiendo su identidad real, pero sin un carnet en regla que la acreditara. Una cuestión que, en todo caso, de algún modo había resuelto en 1985.[41]

*

---

40 J. C. Correa, 2018, 423.
41 En 1985 Correa aparece en el *Diario Oficial* constituyendo dos ONG junto a otros profesionales. Para esto debió contar con un carnet de identidad.

Con el estallido de las protestas, la demanda por sus análisis se extendió en el mundo ligado a la Iglesia de Santiago. Según Carlos Sottolichio, se transformó en una suerte de gurú de curas y comunidades católicas de base, para ayudar a entender el nuevo escenario.

El Centro Ecuménico Diego de Medellín, una ONG inspirada en la teología de la liberación, comenzó a pedirle charlas en comunas populares como Renca, La Granja, Pedro Aguirre Cerda y Puente Alto. "Enrique aportaba análisis políticos desde una mirada realista, crítica de los socialismos reales, que asumía la UP como una derrota. Entonces, seducía a comunidades que eran muy carentes y que lo único que conocían era el discurso más ultra", dice Claudio Rammsy, entonces parte del centro y militante del MAPU-OC. También siguió con sus cursos de marxismo en la zona oeste capitalina, lo que le permitió reclutar jóvenes para las filas de su partido.

Conoció muy de cerca la rabia juvenil. Varios de los muchachos y muchachas en sus cursos integraban o acabarían en el MIR o el FPMR, el aparato militar del PC que en diciembre de 1983 debutó con varios atentados que dejaron la zona central del país a oscuras. También conoció a jóvenes de la corriente más radical del MAPU-Garretón, que ese mismo año se escindió de ese partido bajo el nombre de Movimiento Juvenil Lautaro (MJL). Los lautaristas abrazaron su propia lucha insurreccional, la que derivaría en violentos ataques armados que no se detendrían hasta que fueron desarticulados en democracia.

Luego de asistir al curso de marxismo financiado por Edupo y dictado por Correa en Pudahuel, el mirista Carlos Reyes, "Poroto", y otros jóvenes del sector querían seguir formándose en materialismo dialéctico. Como ayudistas o militantes, todos estaban hermanados por la "ferretería", el mote con que aludían a las más agudas expresiones de lucha contra la dictadura, que incluían los "fierros" o armas. Pero no tenían financiamiento, así que Reyes apeló a la complicidad que había logrado con el ovallino para que dictara un curso más avanzado, gratis. Correa aceptó.

Los asistentes debían conseguir los lugares para las clases, escuelas y parroquias que por seguridad iban cambiando y se avisaban a última hora. Otros debían llevar materiales gráficos como bastidores y pinturas: en caso de que fueran descubiertos, dirían que el taller era de serigrafía. Los más desconfiados llegaban usando chapas, "porque había gente del MIR, del Frente, del Lautaro", cuenta Reyes. La seguridad para el expositor se hizo más exhaustiva y casi siempre la asumía Ronny Romero, un joven MAPU-OC del sector, conocido por su locuacidad y que consideraba a Correa una suerte de mentor político. "Había que revisar la población, hacer chequeos, ver por dónde él podía llegar, por dónde podía salir", dice Romero.

No todo era marxismo. Reyes recuerda que una vez lo llevó a tomar once a su casa, en un Fiat 600 en el que varios se montaron como pudieron. "Ahí fue una relación casi como de carrete, con nosotros con nuestra responsabilidad de cuidarlo. Y él contaba que había tenido cargos relevantes. Y eso era lo que uno rescataba de él: había sido importante, pero ahora estaba con nosotros, compartiendo".

Sin embargo, Correa también era firme cuando se trataba de defender sus posiciones políticas. En una reunión de Edupo tuvo una fuerte discusión con Luisa Toledo, la activista de la Villa Francia que integraba el equipo. Ella le reprochó que su postura para poner fin a la dictadura era demasiado gradualista. Correa contraargumentó desechando salidas que agudizaran la violencia, a las que se oponía.[42] Indignada, poco después Luisa Toledo se fue de Edupo.

*

Las primeras protestas sorprendieron a Jaime Gazmuri en una casa de Las Condes donde vivía con Paulina Elissetche. El dirigente quedó asombrado por el caceroleo, audible incluso en ese sector acomodado, por lo que se sumó golpeando una olla en la puerta.[43] No era mucho más lo que podía hacer, salvo analizar el nuevo escenario con la dirección de su partido en Chile. Aunque asistía a reuniones y se movía con cierta soltura, continuaba clandestino y usaba otra identidad: "Joaquín Alfaro". A diferencia de Correa, el partido le pagaba un sueldo, por lo que no tenía que depender de otras fuentes laborales, pero seguía siendo el único líder de una tienda de izquierda que se sabía que estaba oculto en el país. Una presa muy apetecible para la CNI.

En 1980 le había pedido a Correa que, pese a los riesgos, regresara a Chile. Se sentía muy aislado en un partido que se resistía a dejar de ser un partido obrero y a generar una amplia convergencia

---

42 En una entrevista concedida en 1991 como ministro de Patricio Aylwin, remarcará la postura contra la violencia política de él y su partido en esos años: "Por haber pertenecido a un grupo político con influencia de Iglesia en los barrios más populares, nosotros nos jugamos siempre y resueltamente en contra del camino armado que, en esos tiempos, tentaba a los jóvenes". De Luigi, 1991.

43 Gazmuri y Martínez, 2000, 328, 338.

alrededor del "trío". Gazmuri era minoría en Chile y se había desgastado en la búsqueda de un acuerdo interno que no dejara heridos, por lo que la llegada de Correa representó un alivio para él: "Federico" no dudó en imponerse en el MAPU-OC y rápidamente forjó los acuerdos necesarios para retomar el control del aparato partidario, aislando al sector liderado por Ávila.

Entonces Gazmuri y Correa estaban muy cerca. Sin embargo, en 1983 las cosas habían cambiado. El secretario general veía que la idea de crear una "nueva corriente popular" que uniera a marxistas y cristianos no germinaba como "Federico" lo había imaginado. En cambio, los socialistas liderados en Chile por Ricardo Núñez –discípulo de Carlos Altamirano–, a los que un año antes Correa veía muy debilitados,[44] ganaban terreno como articuladores del socialismo renovado. Más aun, el grueso de la oposición comenzaba a reorganizarse en dos polos: uno alrededor de la Democracia Cristiana y otro en torno al Partido Comunista, justamente el escenario que Correa había querido evitar.

En marzo, el PS liderado por Ricardo Núñez había suscrito el "Manifiesto democrático", y el 6 de agosto, tres meses después de la primera protesta, fue uno de los partidos fundantes de la Alianza Democrática (AD), integrada por la Democracia Cristiana y partidos de centroizquierda y centroderecha.[45] El socialista Ricardo Lagos fue uno de sus líderes. La Alianza demandaba una restauración democrática pactada, que incluía la renuncia de Pinochet, un gobierno de transición y una nueva Constitución política. En el MAPU-OC y la IC el pacto no convenció, pues la AD les parecía "una alternativa de centro" que "excluía a un importante sector de la izquierda".[46] De hecho, el PC, el PS-Almeyda y el MIR formaron el Movimiento Democrático Popular (MDP).

Los socialistas renovados, sin embargo, siguieron liderando. Justo un mes después, en septiembre, se oficializó el Bloque Socialista (BS), también integrado por los socialistas de Núñez, junto a la IC, el MAPU-OC y el MAPU-Garretón. Pero el Bloque quedó rápidamente en ascuas, pues no hubo acuerdo sobre qué hacer respecto de la Alianza

---

44 En la carta que Correa envía a la CEX en febrero de 1982 señala que "la tesis de la convergencia en torno al PS ha demostrado ya su fracaso".
45 La Alianza Democrática estuvo originalmente integrada por la DC, el PS renovado, el Partido Radical, el Partido Socialdemócrata, la Unión Socialista Popular (Usopo) y el partido Democracia Republicana. Biblioteca del Congreso Nacional, "Partidos, movimientos y coaliciones: Alianza Democrática".
46 Ignacio Walker, *Socialismo y democracia*, 1990, 210.

Democrática: mientras unos eran partidarios de adherir en conjunto, otros consideraban que era mejor delinear una tercera fuerza entre los núcleos liderados por la DC y el PC.[47] Una fuerza de izquierda, renovada y amplia, aunque sobre todo nueva; que no fuese depositaria de los partidos históricos y tradicionales del sector.

Esto era lo que pensaba Correa.

Gazmuri, en cambio, empezaba a convencerse de que el MAPU-OC ya no tenía destino y que difícilmente podría ser el articulador de un nuevo proyecto. Esa era, además, la postura del sector más renovado del mapucismo. En México, donde estaba José Miguel Insulza, el trabajo con el PS renovado alrededor de la "convergencia socialista" ya era un hecho. En la Europa occidental ocurría algo similar. Entonces Correa quedó aislado: a diferencia del MAPU-Garretón y la IC, que siguieron apostando a fortalecer el "trío" para crear una nueva fuerza de izquierda, el MAPU-OC adhirió a la Alianza Democrática. Gazmuri estuvo de acuerdo, plegándose a los dirigentes más renovados de su partido. En los hechos, significaba fortalecer a la DC y al PS-Núñez en desmedro del PS-Almeyda y el PC. Y adherir a un proyecto que, con mucho, sería socialdemócrata.

"Federico", el hombre que sobresalía por su talento para controlar el aparato partidario, el mismo que había vuelto desde el exilio para crear "una nueva corriente popular" y "producir un giro histórico" en Chile, estaba siendo derrotado en su propia tienda.

Gazmuri, además, decidió que era hora de dejar el país. "En la mayoría de las reuniones yo era el único clandestino, lo que complicaba a los demás y era un riesgo para mí. Realmente era una situación insostenible", apunta en sus memorias.[48] Antes, participó en la asamblea plenaria del partido que se realizó en noviembre de 1983, en la casa del clero de Punta de Tralca, donde por primera vez desde el golpe se eligió una nueva directiva.

Aunque Correa triunfó sobre Gazmuri por un voto, el resultado global de la votación le fue muy adverso: los dirigentes más renovados y partidarios de sumarse al PS-Núñez obtuvieron una clara mayoría. Entre ellos destacaban el economista Jaime Estévez, el sociólogo Tomás Moulian, el abogado Jorge Molina –muy cercano a Gazmuri– y el periodista Marcelo Contreras, director de la revista *Apsi*.

---

47 Íd.
48 Gazmuri y Martínez, 2000, 339.

"Enrique, tienes que asumir tú como secretario general", le planteó Gazmuri frente a varios testigos, pues ya estaba zanjado que él saldría a Argentina. Pero Correa se negó y aceptó un cargo ad-hoc: ser el coordinador del MAPU-OC en Chile, para que Gazmuri continuara como secretario general.

Es posible que Correa abrigara la esperanza de que así Gazmuri permaneciera en Chile, aunque fuese por un tiempo, y ayudara a moderar el giro que el partido había acordado para "trabajar desde hoy por la construcción del gran Partido Socialista renovado, popular y nacional". Una decisión que, sin definir plazos, implicaba "disolver nuestra organización una vez que dicha fuerza se constituya", como señalaba un documento interno.[49] Gazmuri, sin embargo, no cejó.

En la primera reunión de la nueva directiva Correa pidió ser excusado de su deber partidario. Nunca, en su vida militante, había rehuido una responsabilidad política. Ahora, dijo, enfrentaba "una difícil situación personal y laboral".[50] Hay dos versiones sobre por qué se marginó de la conducción. Una indica que fue fruto del realismo político. Otra apunta a que estaba resentido porque percibía que el partido nunca le brindó el apoyo material que requería para desarrollar su labor, pues los más renovados –los mismos que ahora lo habían derrotado– no compartían su línea. Como sea, medió en la discusión sobre quién sería su reemplazante. El sucesor natural para encabezar el MAPU-OC en Chile en ese momento era Jaime Estévez, quien había regresado desde México al levantarse su prohibición de ingreso. Había sido de los fundadores del partido y luego uno de sus dirigentes más destacados. Sin embargo, Correa no olvidaba que también había sido el promotor del "Juicio de Varsovia", cuando pidió sancionarlo por cuestiones relativas a su vida privada. Optó entonces por apoyar al periodista Marcelo Contreras como nuevo coordinador en Chile. Estévez quedó como su segundo.

A fines de 1983 Gazmuri realizó su último viaje clandestino a Buenos Aires. Llegó en un momento histórico, cuando los bonaerenses se reunían masivamente para apoyar al radical Raúl Alfonsín, el primer Presidente de la recuperada democracia. En una primera

49 Cuenta de la Comisión Política coordinadora interior del MAPU-OC correspondiente al periodo noviembre de 1983-mayo de 1984, 1.
50 Ibíd.

etapa vivió gracias a un aporte monetario que le hizo el régimen de Fidel Castro.

Su salida le trajo a Correa un alivio indirecto a sus apremios: el partido vendió el Fiat 125 asignado al secretario general y le entregó al ovallino la mitad del dinero. Íntimamente, sin embargo, le costó reponerse del golpe que había sufrido. "Se produce un quiebre entre ellos. A Enrique no le gustó que Gazmuri se fuera", recuerda un exmapucista. Tiempo después, Gazmuri le escribió una larga carta detallando sus argumentos. Correa nunca le respondió. "Yo creo que él quería mucho a Gazmuri y no le gustó que no lo siguiera", comenta un testigo de este quiebre. Y agrega: "Enrique es un personaje controvertido, de enojos. Se fascina con las personas y después…".

Correa podía ser hombre de pasiones, capaz de sentirse largamente herido, en especial si alguien a quien estimaba mucho hacía algo que lo laceraba.

A contar de ese momento, la relación entre ambos será de una sobria gentileza, lejos de la complicidad de antaño.

*

Gracias a su trabajo con comunidades católicas había visto de cerca cómo el péndulo de la lucha antidictatorial había saltado desde los partidos al mundo popular y a los sindicatos, donde él –a diferencia de Contreras, Estévez y otros– se movía con comodidad. Estaba convencido de que la política debía abrir espacios al Chile movilizado y de a pie. Por eso, insistía en crear una nueva colectividad socialista renovada, pero con un fuerte componente popular, que abarcara desde el marxismo a los cristianos de base.

Fue en esas comunidades, particularmente en la zona sur de Santiago, donde se fue encontrando con militantes del MAPU-Garretón, cuya dirección en Chile estaba al mando del economista Víctor Barrueto desde 1980.

Correa se acercó al joven dirigente, pues sabía que en el país el MAPU-Garretón proponía lo mismo que él. "En ese momento Correa era un dirigente de segunda línea y el MAPU-Garretón era un partido que algo influía", explica un exmilitante de esta colectividad. A Barrueto no le costó sintonizar con él. Para entonces, Correa y algunas figuras intermedias del MAPU-OC habían madurado la tesis de fusionarse primero con el MAPU-Garretón, para recién después unirse al Partido Socialista, una vez que este se reunificara con sus principales corrientes. Primero había que lograr "la unidad de toda la familia".[51]

Uno de los objetivos era fortalecer la impronta MAPU para tener más peso adentro del futuro referente. Otro era equilibrar el trato entre el PS renovado (PS-Núñez) y el PS-Almeyda. Sumarse al primero antes de que lo hiciera el segundo "era subestimar a Almeyda, cosa que no se podía hacer", como dice Ismael Llona en sus memorias.

Barrueto visitaba a Correa en el pequeño departamento donde se había cambiado con Verónica, en la calle Rojas, un pasaje sin salida a una cuadra de Vicuña Mackenna con Santa Isabel. O se juntaban en la casa de Barrueto en la Villa Macul Oriente, o en el restaurant Venezia, para pulir la reunificación de los dos MAPU. "Con Enrique nos entendimos muy rápido porque él es un tipo enfocado a la 'solucionática', no a la problemática. Y eso es algo que lo define: ante una situación no va a enredarse mucho en la problemática", afirma Barrueto.

En octubre de 1984 dirigentes de ambos MAPU encabezados por Correa y Barrueto publicaron un inserto en la revista *Apsi*. En él proponían construir una fuerza socialista autónoma y criticaban la subordinación de los almeydistas al PC y de los socialistas renovados a la DC. Era un portazo a la fusión con el PS-Núñez, al que achacaban una distancia con el mundo popular: "No habrá unidad ni integración del socialismo mientras importantes segmentos de él permanezcan como fuerzas subordinadas, en alianzas incapaces de expresar la lucha libertaria de todo nuestro pueblo en toda su amplitud".[52]

Barrueto viajó a Buenos Aires a reunirse con Óscar Guillermo Garretón –el secretario general de su partido, que en 1983 se había trasladado allí– y con Gazmuri, para intentar convencer a este último de sumarse a la fusión. "Me fui una semana a la casa de Garretón, donde todos los días conversábamos con Gazmuri. Y mi argumento era obvio: unidos los dos MAPU íbamos con más fuerza a la reunificación socialista, pero no hubo caso", cuenta Barrueto. El mismo periplo hizo Llona y tampoco obtuvo resultados.[53]

---

51 En sus memorias, Ismael Llona, entonces muy cercano a Correa, señala que ambos tenían la postura de que "todos los mapus debían unirse a los socialistas, en un gran Partido Socialista, cuando se lograra la unidad de toda la familia, no antes". Llona, 2006, 194-195.
52 Enrique Correa, Víctor Barrueto et al., "Por una fuerza socialista autónoma y popular", 1984.
53 Llona, 2006, 213-215.

El destino final del MAPU-OC se zanjó en una conferencia nacional de la colectividad en Punta de Tralca, a mediados de abril de 1985. Los defensores de la tesis de Correa, quien no asistió, llegaron encabezados por Llona, el exdiputado Alejandro Bell y Bernardo Bravo, uno de los mejores organizadores del partido. Propusieron que la colectividad se fusionara con el MAPU-Garretón en el Congreso de la Unidad que se realizaría un mes después, con la idea de "ampliar la oferta unitaria a todo el socialismo y no solo a sus sectores más 'moderados'".[54]

La otra posición, defendida por el encargado del MAPU-OC en Chile, Marcelo Contreras, además de dirigentes como Jorge Molina y Jaime Estévez, planteaba "ir ahora" a la integración con el PS renovado, que en ese momento estaba encabezado por Carlos Briones, que había sido ministro del Interior de la Unidad Popular.[55]

La postura de Correa fue ampliamente derrotada: 33 delegados contra 8.

El ingreso del sector de Gazmuri al PS renovado se selló en agosto de ese año en un acto en el club Audax Italiano.[56] Correa veía partir a su examigo y aliado al partido de Ricardo Núñez, Jorge Arrate y Carlos Altamirano, el grupo al que había querido superar con su proyecto más personal.

Tres meses antes, en el Congreso de la Unidad, realizado también en Punta de Tralca, los mapucistas allegados a Correa se habían sumado al MAPU-Garretón. La generación más joven de Barrueto, quien asumió formalmente la secretaría general, recibió con los brazos abiertos al viejo adversario, el mismo a quien sus mayores habían satanizado por años como el gran *apparatchik* rival, el más prosoviético del gazmurismo. Así lo sintetiza Eugenio Tironi, por entonces de treinta y tres años y quien acababa de dejar el MAPU-Garretón para unirse a los renovados del PS: "Por su reencuentro con el mundo cristiano popular, Correa se había sacudido la imagen de ser la reencarnación de Stalin en este mundo".

Con más de trescientos asistentes, el Congreso de la Unidad de mayo de 1985 estuvo exultante de optimismo. Junto con el grupo del

54 Carta de Jaime Gazmuri, 1985.
55 Ibíd. Gazmuri había planteado una postura intermedia: convencer al MAPU-Garretón de fusionarse para integrarse "en plazos cortos" al PS, "pero para ello no hubo acuerdo en nuestro partido ni condiciones en el MAPU".
56 *Apsi*, "Integración socialista",1985, 3.

MAPU-OC que no ingresó al PS renovado, Correa llegó con jóvenes de la Convergencia Socialista Universitaria. Traía, además, sus vínculos con el sindicalismo, un factor por entonces clave. Y si bien el sector de Barrueto tenía sus propios nexos con la iglesia popular, Correa los complementaba con sus contactos con el obispado. "Correa fue muy funcional a nosotros", apunta un exdirigente del MAPU-Garretón que participó en ese congreso. "Nos aportó los vínculos con la CUT y con la superestructura de la Iglesia, que era lo más potente que había en ese tiempo". "Llegó con mucha sencillez y disposición a colaborar, sin dárselas de estrella", apunta Barrueto.

Luego de años de desavenencias con correligionarios que habían defendido el "avanzar sin transar" durante la UP, tras un quiebre que incluyó golpizas y la toma de inmuebles por la fuerza, Correa oficializaba en ese congreso una nueva reconciliación con su pasado, una que venía trabajando hacía al menos cinco años. Eso amortiguó en algo la aflicción por el quiebre con el antiguo "núcleo de dirección" del MAPU-OC. Ahora, desde el MAPU unificado podía tratar de juntar fuerzas para reanudar su competencia con el PS renovado e insistir en la construcción de una fuerza de izquierda que le diera cauce y expresión al mundo popular marxista y cristiano. Esta vez, eso sí, partía desde atrás.

Esteban Valenzuela, entonces dirigente juvenil del MAPU-Garretón, quien participó en el Congreso de la Unidad, describe así la correlación de fuerzas entre ambos grupos: "El MAPU unificado tiene más militantes jóvenes y líderes sociales que el PS renovado, pero este tiene los contactos internacionales, la marca PS y figuras claves como Jorge Arrate, Ricardo Núñez, Ricardo Lagos y los ingresados ex MAPU-OC".[57]

En pocas semanas la muerte del MAPU Obrero y Campesino había sido certificada dos veces. Pese a eso, con su nombre y bandera seguiría sesionando durante años un núcleo inclaudicable, encabezado por los históricos Fernando Ávila y Samuel Bello. Correa no rompería con ellos.

*

A mediados de 1985 había logrado cierta estabilidad. Con unos amigos había formado el Centro de Investigación y Asesoría Sindical (Ciasi), una sociedad que captaba fondos de cooperación extranjeros, especialmente de la fundación alemana Friedrich Ebert y de la

---

57 Valenzuela, 2014, 295.

holandesa Novid, para asesorar al sindicalismo chileno, lo que estaba prohibido por el régimen militar. Los otros socios de Ciasi eran el dirigente de la IC Luis Eugenio Díaz, quien asumió como su director ejecutivo; el DC Jorge Donoso, la diseñadora Ximena Duque y la socióloga Marcela Noé.

Correa había saltado a la independencia luego de trabajar más de un año en el Centro de Estudios de Asesoría Laboral, una ONG dirigida por el exsacerdote Michel Bourguignat y la socióloga Loreto Hoecker, quienes quedaron impresionados por su sagacidad. "Tenía clarísimo que el poder es una estrategia que se despliega. Correa es foucaultiano hasta la suela del zapato", dice Hoecker, en referencia al pensador francés Michel Foucault.

Correa siguió bajo el amparo de la Iglesia Católica. El Ciasi se instaló en el tercer piso del edificio donde se había trasladado la Vicaría para la Pastoral Obrera, en Alameda 3155, casi frente a la Estación Central, junto a la Iglesia del Sagrado Corazón. Luis Eugenio Díaz afirma que el vicario Baeza les consiguió el inmueble. "El arriendo era muy barato y, si iban a allanarnos, tenían que pasar antes por la Pastoral Obrera, que estaba en el piso de abajo".

Un dirigente democratacristiano de esos días afirma que Correa era el "gran asesor de la Pastoral Obrera", con una relación privilegiada con el Comando Nacional de Trabajadores (CNT), la nueva entidad que a partir de 1983 unificó a las principales organizaciones sindicales. Sus nexos iban desde los DC Manuel Bustos y Rodolfo Seguel hasta los comunistas, pasando por el exmapucista y luego PS Arturo Martínez. "[Correa] tenía una habilidad brutal, porque se entendía con todos", cuenta un democratacristiano consultado. Luis Maira, quien regresó del exilio en 1984, lo define como "el gran cordón umbilical entre la Iglesia y la izquierda". Alguien, añade, "mucho más importante de lo que parecía".

Loreto Hoecker afirma que Marcela Noé, una socióloga eficiente y de bajo perfil que había asesorado a la cúpula de la CUT durante la UP, era crucial para Correa en el Ciasi. "Marcela Noé hacía todos los documentos, todos. Además, ella se definía a sí misma como de segundo plano", señala. Donoso concuerda con que los documentos relevantes de la ONG pasaban por Noé. Díaz recuerda a Correa siempre con jeans a medio caer, sin chaqueta ni corbata, con chalecos que le quedaban grandes y un maletín desvencijado. Los funcionarios más jóvenes de la Pastoral Obrera le decían "Tata

Correa", cuenta John Maulén, en esos días un veinteañero cercano al MIR que trabajaba en Edupo con el jesuita Óscar Jiménez.

Donoso tenía su oficina junto a la del mapucista, de quien se hizo muy amigo. "No era mucho lo que ganábamos, pero podíamos vivir sin problemas", afirma. Otro que se integró al Ciasi fue el economista Ricardo Solari, un almeydista de treinta y tres años, ocho menos que Correa, de quien también se hizo compinche. En el camino, ambos formarían una afiatada dupla política.

Ismael Llona, quien había llegado del exilio en Cuba, necesitaba reinsertarse laboralmente e hizo algunos trabajos esporádicos en el Ciasi. Cuenta en sus memorias que Correa de vez en cuando le pasaba la mitad de su sueldo. En septiembre de 1985 Llona fue detenido en su casa de La Cisterna por la Policía de Investigaciones. Fue liberado doce días después. A la salida lo esperaban familiares y Correa, a quien describe como "un gordito con jockey nervioso que le quedaba chico y pelo crespo que se le escapaba". Pese a que se dedicaba a la política clandestinamente, Llona cuenta que su amigo estaba tan indignado que increpó a los detectives, advirtiéndoles que serían derrotados políticamente, aunque la democracia que vendría sería también buena para ellos. "No entendieron nada", afirma Llona, en alusión a los asombrados policías. "Menos quién era ese gordo mal vestido, que caminaba dando tumbos hacia la izquierda como un bote no calafateado, y que decía palabras sin sentido".

Cuando podía, iba a eventos de la parroquia del jesuita Jiménez o de otras capillas populares donde era conocido, como en Puente Alto. Una de esas actividades eran los vía crucis, peregrinaciones callejeras donde los feligreses, liderados por sacerdotes como Jiménez, recreaban las quince estaciones de la pasión de Jesucristo en lugares emblemáticos de la represión. "Eran protestas sociales y políticas, donde siempre terminábamos peleando por avenida San Pablo contra los pacos", apunta el escritor Juan Pablo Sutherland, entonces militante de las Juventudes Comunistas.

El padre Jiménez recuerda a Correa en los vía crucis de su zona, donde era muy bien recibido por los vecinos, especialmente por los más jóvenes. Claudio Rammsy, del Centro Ecuménico Diego de Medellín, señala que lo vio varias veces en esas procesiones. "Yo recorría muchos lugares de la zona oeste y Correa era muy querido por las comunidades cristianas de base", resalta Sutherland.

*

Luego de tres años de protestas, 1986 sorprendió a la oposición echando sus últimos leños a favor de la movilización social para doblegar a Pinochet. A fines del año anterior, el dictador había desahuciado el Acuerdo Nacional, un entendimiento auspiciado por el cardenal Fresno con partidos de centro, izquierda y derecha moderada, que proponía apurar la democratización, reformar la Constitución y la elección directa del Presidente de la República.[58] La negativa del general reafirmó que no modificaría su itinerario, que establecía que un plebiscito con candidato único zanjaría en torno a 1988 o 1989 la proyección del régimen. El dictador ya estaba embarcado públicamente en forzar su candidatura, mientras la oposición apostaba a una movilización decisiva, con ribetes de paro nacional, fijada para el 2 y 3 de julio de 1986.

En la oposición, moros y cristianos tenían claro que 1986 debía ser el "año decisivo" de las protestas. Pero ese rótulo tenía disímiles lecturas. Mientras la DC ponía el foco en la desobediencia civil, el PC y su aparato militar, el FPMR, apostaban por la insurrección popular, apoyada por una insurgencia armada.

Pinochet resolvió afrontar el desafío del 2 y 3 de julio desplegando a miles de militares con pintura de guerra. En la primera jornada, los jóvenes Rodrigo Rojas de Negri y Carmen Gloria Quintana fueron detenidos por una unidad del Ejército en la avenida General Velásquez, en el poniente de Santiago. Fueron rociados con bencina y quemados vivos. Solo Quintana sobrevivió, con secuelas de por vida. La doble movilización dejó ocho muertos, más de cincuenta baleados y cerca de seiscientos detenidos.

Varios dirigentes opositores comenzaron a cuestionarse las protestas como principal arma de presión.[59] El paro total había estado lejos de alcanzarse. Los disturbios aumentaban en virulencia pero

---

58 Una detallada reconstrucción sobre cómo se tejió el acuerdo puede leerse en el capítulo 43 de *La historia oculta del régimen militar* de Cavallo, Salazar y Sepúlveda, 1989, 456-466.

59 El DC Patricio Aylwin lo explicó así: "El costo en vidas y en sufrimiento de gente humilde e inocente había sido muy alto y el régimen se afirmó brutalmente en su fuerza, sin dar el menor signo de comprensión ni de apertura". *El reencuentro de los demócratas. Del golpe al triunfo del No*, 1998, 309.

decaían en masividad. En contraste, públicamente, entre los militares el efecto era cohesionante.[60]

En agosto, los aparatos represivos detectaron un gigantesco desembarco de armas en el Norte Chico, organizado por el FPMR. En septiembre, el país rozó el abismo cuando el grupo subversivo desató una emboscada de aniquilamiento contra Pinochet y su comitiva en el Cajón del Maipo. Cinco escoltas murieron, pero el general salió ileso. Reapareció esa misma noche dando por confirmada su monserga de que el país estaba "en guerra". Bajo los ecos de la emboscada, un documento comenzó a circular en la izquierda. Lo firmaba el ex-mapucista y ahora socialista renovado José Joaquín Brunner, director de la Flacso, el núcleo intelectual que empujaba la renovación de la izquierda chilena. Públicamente Brunner daba por fracasada la estrategia de la movilización social: "Pinochet ha logrado, parcialmente, redefinir la situación nuevamente en términos de un escenario de guerra, donde las partes en conflicto son las Fuerzas Armadas y la oposición radicalizada tras las posiciones del PC".[61]

A sus sesenta y un años, el DC Edgardo Boeninger era una figura poco conocida en la oposición. Ingeniero, economista y exrector de la Universidad de Chile, hasta principios de los 80 se había mantenido en los lindes de la política. Cuando Gabriel Valdés asumió la presidencia de la DC en 1982, lo convenció para que dirigiera el Centro de Estudios del Desarrollo (CED), uno de los principales cerebros del pensamiento opositor, que comenzó a tender puentes entre la DC y la izquierda.[62] En ese agitado octubre de 1986, Boeninger envió una carta a su partido en la que proyectó la tesis de Brunner sobre el fracaso de las protestas. Sostenía que la salida a la crisis debía ser una negociación con los sectores moderados del régimen, en la cual era "inevitable hacer concesiones". Como estrategia, proponía:

-Ampliar la base del Acuerdo Nacional, sumando a los socialistas de Almeyda, a condición de que cortaran lazos con el PC y el MIR, que quedarían excluidos de las alianzas y negociaciones políticas.

-Aceptar la Constitución de 1980 como un hecho consumado e impulsar reformas mínimas para asegurar el paso a una democracia.

---

60 Ascanio Cavallo, "Patricio Aylwin", 1992, 39-40.
61 José Joaquín Brunner, "Notas para la discusión", 1986.
62 Ascanio Cavallo, "Edgardo Boeninger", en *Los hombres de la transición*, 1992, 197.

-Presionar para garantizar las condiciones básicas para un plebiscito limpio y competitivo, con la oposición vigilando activamente
el proceso.

-Designar pronto un candidato presidencial único de la izquierda, centro y derecha democrática, para convertirlo en alternativa
a Pinochet. Un candidato, decía Boeninger, que debía "inspirar confianza y respeto suficientes en las esferas militares como para fortalecer los criterios no-continuistas al interior de las Fuerzas Armadas".[63]

La propuesta era audaz: entrar al camino electoral del régimen
y cazarlo en su propia red. No solo implicaba un brusco giro en la
apuesta opositora por la movilización social. Además, iba más allá
del plebiscito y sugería las bases de lo que debía ser un programa
de gobierno democrático. En la izquierda, e incluso en la directiva
DC de Gabriel Valdés, la tesis olía a entreguismo. Quien sí la estudió
con detención fue Patricio Aylwin, el primero que se había atrevido
a plantear, en un lejano seminario de junio de 1984, que la Constitución debía ser reconocida "como un hecho", vadeando el atolladero
sobre su ilegitimidad de origen.[64]

La internación de armas por Carrizal Bajo y el atentado contra
Pinochet a manos del FPMR acercaron a Correa a esta tesis. El socialista Ricardo Solari, quien estaba muy cerca de él en ese entonces, lo
recuerda así: "El atentado fue muy importante, y antes el desembarco
de armas. Y eso empezó a marcar las diferencias con el PC. En Enrique, Germán [Correa] y yo se empieza a plasmar una idea de que el
camino del PC conducía a la derrota".

A mediados de 1987 Aylwin decidió competir por la presidencia de la DC. Y adoptó las propuestas de Boeninger como su bitácora
para enfrentar al izquierdista Ricardo Hormazábal, partidario de las
protestas. En la carrera por el control del principal partido opositor
estaba en juego cuál de ambas estrategias prevalecería para confron-
tar a la dictadura. Mientras, Pinochet llevaba meses en campaña por
imponerse como el candidato del plebiscito. El sábado 25 de abril de
1987 se habían abierto los registros electorales. Rodeado de cámaras,

---

63 Edgardo Boeninger, documento político sin título dirigido al Partido Demócrata
    Cristiano. Santiago, 1986.
64 El seminario fue organizado por el Instituto Chileno de Estudios Humanísticos.
    Aylwin desató la molestia de su colectividad, en esos momentos embarcada en
    la tesis de derrocar a Pinochet con las protestas. Rafael Otano, *Crónica de la tran-
    sición*, 1995, 19-22.

el general concurrió hasta las oficinas de su circunscripción en Santiago Centro para anotarse como el ciudadano número 1 en el registro número 1 de la mesa número 1.[65]

Desde sus oficinas en el Ciasi y como una figura senior del MAPU unificado, Correa era partidario de inscribirse en los registros electorales y aceptar el plebiscito. Veía con preocupación el cansador debate sobre el tema. "La argumentación de que es posible pronunciarse por las elecciones libres y en contra de las inscripciones electorales no es seria, ya que de cualquier modo será necesario que la mayoría opositora se exprese en una elección o plebiscito en los próximos 18 meses", planteó Correa en una columna en *Apsi*.[66]

A principios de agosto Aylwin derrotó a Hormazábal. La estrategia de Boeninger pasó a ser la línea oficial de la DC. Cuando habían pasado varios meses del triunfo de Aylwin y el plebiscito aparecía cada vez más cerca, el fundador del MAPU Fernando Ávila se apareció por las oficinas del Ciasi para conversar con Correa. Se había mantenido junto a un núcleo de irreductibles con la bandera y el timbre del MAPU-OC, negándose a cualquier fusión. Pero al igual que Correa era muy crítico de la intransigencia comunista y mantenía con el ovallino su amistad de juventud. Cuando se retiró, cuenta el abogado Luis Eugenio Díaz, entonces dirigente de la Izquierda Cristiana y director ejecutivo del Ciasi, no pudo reprimir su curiosidad:

–¿Qué andaba haciendo el Chico Ávila por acá?

–¿Me vas a creer la locura de este Chico? –respondió sonriendo Correa–. Me vino a decir que el candidato a Presidente de la República no puede ser [Ricardo] Lagos, porque va a provocar la reacción de la derecha. Dice que el candidato tiene que ser Patricio Aylwin. ¿Te das cuenta?

Ambos rieron de buena gana.

---

65 Tres meses después, el 7 de julio, inauguró una nueva etapa en su régimen: la de la "proyección". Al Ministerio del Interior regresó el abogado Sergio Fernández, con la misión de ganar el plebiscito, con el dictador como candidato único. Una detallada reconstrucción sobre la llegada de Fernández y el inicio de la campaña de Pinochet puede leerse en el capítulo 51 de *La historia oculta del régimen militar* de Cavallo, Salazar y Sepúlveda, 543-552.

66 "Elecciones libres: responsabilidad opositora", 1987, 6-7.

LA HORA DEL PRAGMATISMO

Muchos años después, frente a la periodista Margarita Serrano, Correa recordó aquella tarde en que conoció a Edgardo Boeninger. Ocurrió en 1987, durante una jornada organizada por la Pastoral Obrera y el CED, que Boeninger presidía. El entonces almeydista Ricardo Solari, a esas alturas inseparable con Correa, tiene algún recuerdo de que la actividad era sobre la reconstrucción del diálogo social y que incluyó a sindicalistas y a uno que otro empresario. Correa y Boeninger conversaron a la salida y el ovallino quedó impresionado por la claridad del ingeniero y economista, dos décadas mayor que él.[1]

Aunque Correa no precisa la fecha, todo indica que fue antes de que Aylwin ganara las internas de la DC, a principios de agosto de 1987. Después de eso Boeninger dejó la presidencia del CED y se sumó a la nueva directiva democratacristiana. A partir de entonces, todos los esfuerzos de la dupla Aylwin-Boeninger se enfocarían en formar en la oposición un bloque amplio para ganar el plebiscito y consensuar un programa de gobierno democrático. Por cierto, bajo el liderazgo democratacristiano.

Luis Eugenio Díaz agrega otro hito en el inicio de la relación Boeninger-Correa. Díaz tenía buenos contactos con la Friedrich Ebert, la fundación alemana ligada a la socialdemocracia de ese país y que contribuía desde 1974 a financiar a la oposición chilena. Una de sus ayudas era becar a figuras perseguidas por el régimen militar.[2] Él era beneficiario de una de esas becas, y afirma que en algún momento de 1987 visitó a Boeninger en el CED por encargo de la fundación, que quería ofrecerle financiamiento. Boeninger se interesó y Díaz le propuso que cerrara los detalles con Correa. "Le dije que yo lo iba a

---

1   Margarita Serrano, *La igual libertad de Edgardo Boeninger*, 2009, 84.
2   En 2007 la fundación publicó un minucioso informe sobre su rol de apoyo a la oposición y al sindicalismo chileno a partir de noviembre de 1974. Desde 1986 también comenzó a colaborar con el Partido Socialista de Núñez y con el Partido Radical de Enrique Silva Cimma. Andreas Wille, *Hacia la democracia social… Cuatro décadas de la Fundación Friedrich Ebert en Chile*, 2007, 19-41.

traer y que después ellos siguieran. Así que los presenté". Correa le pidió a Díaz incorporar a esas reuniones a Solari, otro becario Ebert. "Correa y Solari andaban siempre juntos y tenían una relación buenísima", apunta Díaz, quien aceptó la idea.

La colaboración alemana y otras fuentes de financiamiento externo serían esenciales para lo que vendría. Además de Aylwin y Boeninger, varios en la oposición comenzaban a decantarse por el plebiscito, lo que implicaba montar una campaña con recursos suficientes para convencer a millones de chilenos de inscribirse en los registros electorales. Había que espantar el derrotismo, recuperar el ímpetu multitudinario de las primeras protestas y transformarlo en un amplio y atemperado torrente electoral. Se trataba de allanar los ánimos para meter a Pinochet en su propia jaula. Y de aminorar la desconfianza opositora de que el dictador los estuviese embarcando en un fraude.

Partió en septiembre de 1987 como el Comando Nacional por las Elecciones Libres. Aunque fue la primera entidad política creada para encarar el plebiscito, su nombre fue una de las últimas salvas en honor a la demanda por una elección abierta. Surgió para coordinar a tres comités pro-elecciones levantados en la centroizquierda que desde hacía unos meses operaban cada uno por su lado, disputándose la solidaridad internacional.[3] Como secretario ejecutivo de este supracomando asumió el DC Genaro Arriagada, un cientista político con estudios en Estados Unidos, reconocido por su lucidez, con pasado radical y agnóstico, que formaba parte del sector de la DC que desde el inicio de la dictadura había sido partidario de consensuar una salida negociada para recuperar la democracia. Algo que en los 70 y principios de los 80 había sido duramente criticado por la izquierda. El propio Correa, tras llegar a Chile en 1981, lo había identificado como uno de los líderes del "sector derechista" de la DC.[4]

En la segunda mitad de 1987, en todo caso, cuando la vía electoral se había convertido en hegemónica, Arriagada daba garantías de ecuanimidad a todos los coordinados. Junto con su segundo, el abogado DC Carlos Figueroa, necesitaban sumar al grueso de la

---

3   El primer comité era de los partidos de la Alianza Democrática y lo encabezaba el DC Andrés Zaldívar. El segundo integraba a personalidades de la centroizquierda y lo presidía el también DC Sergio Molina. El tercer comité representaba a la izquierda moderada y era liderado por el socialista Ricardo Lagos. Aylwin, 1998, 333.

4   Carta de "Federico" a la CEX, sin fecha. Por las referencias, puede afirmarse que es posterior a la de febrero de 1982 y data de ese mismo año.

Izquierda Unida, el bloque que había sucedido al Movimiento Democrático Popular y que integraban los socialistas de Almeyda, el
MAPU unificado, la Izquierda Cristiana, los radicales de Luis Fernando Luengo, el Partido Comunista y el MIR. Comunistas y miristas
denunciaban el plebiscito como un fraude y estaban descartados de
antemano, pero el resto acababa de llamar a inscribirse.[5] Sin embargo, para Arriagada el gesto no era suficiente. Debían desmarcarse del
PC y unir sus huestes a la causa plebiscitaria.

Discretamente reclutó a dos figuras de la Izquierda Unida para
que operaran como sus brazos políticos. Uno era Enrique Correa, con
cuarenta y un años ya dirigente senior del MAPU unificado, a quien
conocía de la JDC y con el que se había reencontrado en la Pastoral
Obrera. Su primer elegido defendía públicamente la vía electoral y
era crítico del PC. Además, había sido democratacristiano y sus nexos
cruzaban todo el arco opositor. Aunque ya no gozaba de la visibilidad
previa al golpe y habían tenido profundas diferencias en el pasado,
seguía siendo un político sobresaliente. "Dependiendo de quién opinaba, era el primer, segundo, tercer o cuarto mejor organizador político", afirma Luis Maira. "A Correa le encargaban cosas y las hacía tan
bien que terminaba siendo el coordinador operativo de lo que fuera".

El mapucista aceptó el ofrecimiento y renunció a su aspiración
política más personal: la "corriente popular" formada entre marxistas y cristianos de base. Esteban Valenzuela, entonces militante del
MAPU, afirma que Correa seguía apoyando esa idea, pero que el llamado a integrar el comando para enfrentar a Pinochet provocó un
cambio en él. O, dicho de otro modo, aceptó su derrota ante la fuerza
de los hechos.

"Lo que es poco conocido es lo que ocurre a fines de 1987,
principios de 1988. En ese entonces el MAPU reunificado tenía una
fuerza importante. (…) Correa era de la corriente más resistente, la
que quería mantener un socialismo popular, renovado, de raíz cristiana. Pero cuando entra al comando del NO se transforma. Sufre una
transformación pragmática", afirma.[6]

---

5   El 3 de septiembre de 1987 cinco partidos de la Izquierda Unida llamaron a ins-
    cribirse en los registros electorales: el MAPU, el PS-Almeyda, los socialistas his-
    tóricos, la Izquierda Cristiana y el Partido Radical de Luengo. Nibaldo Mosciatti,
    "Momento político: la triquiñuela del patadón al tablero", 1987, 4-6.
6   Valenzuela explica que el MAPU tenía entonces tres corrientes: una marxista, enca-
    bezada por Jaime Cataldo, que se suma a la Izquierda Unida; una renovada, liderada

El segundo reclutado fue Ricardo Solari, uno de los cuadros más hábiles del almeydismo. Su trayecto incluía la reorganización del PS clandestino y, ya en la legalidad, la coordinación de varias entidades para cobijar a la izquierda más perseguida. Solari era otro convencido de que la vía insurreccional comunista era un precipicio.

Por entonces, entrado el segundo semestre de 1987, las encuestas arrojaban que un 50% de la gente estaba indecisa sobre inscribirse para el plebiscito. Arriagada, sin embargo, tenía una confianza casi ciega en el triunfo. "Yo estoy seguro de que vamos a ganar", le dijo a Solari.[7]

Arriagada comenzó la coordinación en su oficina de la Editorial Aconcagua, un centro de difusión democratacristiano en un pequeño tercer piso de avenida Providencia, en el barrio Vaticano Chico. Correa y Solari operaban desde el Ciasi, en Estación Central. No había aún recursos para que el equipo, que partió ad honorem, tuviera dependencias propias, lo que ayudó a su bajísimo perfil. Buena parte de la tarea eran incontables reuniones para convencer a la izquierda más reticente de aliarse con la DC y abrazar la vía electoral. Un trabajo de orfebrería para mitigar desconfianzas y viejas cuentas pendientes, además del marcado celo de cada colectividad por preservar su identidad. Los encuentros, a los que Correa dedicaba días y noches, incluso los fines de semana, eran en lugares tan disímiles como la oficina de Arriagada, alguna ONG afín y hasta la sempiterna mesa reservada para él en el Venezia.

Correa era un "reuniólogo" consumado. Según Solari, tenía un gran talento para convencer, además de una paciencia infinita para escuchar y procesar divergencias. "Le dedicaba mucha energía a su buena relación con el PC, la que era muy valiosa, porque ese partido tenía dos almas: una que estaba por la insurrección popular y otra por las alianzas políticas".

Para Arriagada y compañía, el gran objetivo en la Izquierda Unida era sumar a los almeydistas, la fracción más numerosa y con mayor inserción social del PS, que en el mundo estudiantil tenía un peso incluso superior a los comunistas. Como flamante presidente

---

por Guillermo del Valle, que se va al PPD. Y una tercera "en la que éramos partidarios de mantener y vitalizar el MAPU en alianza con la Izquierda Cristiana, con un socialismo distinto, más ético, con más deliberación, integrando a los movimientos socialistas. En muchos sentidos, era una corriente más basista. Correa está ahí".

7   CIS, *La campaña del No vista por sus creadores*, 1989, 170-171.

de la DC, el propio Aylwin estaba empeñado en recomponer su vieja amistad –una que había nacido en los años 40, en la universidad– con Clodomiro Almeyda, líder de esa corriente.[8]

En marzo de 1987 este había regresado ilegalmente a Chile. Desenfundando el artículo 8° de la Constitución, que proscribía ideologías basadas en la lucha de clases, el régimen logró que fuera condenado a 541 días de presidio en la cárcel de Capuchinos, un penal para delitos de cuello y corbata que ahora recibía a presos políticos. En agosto, horas después de ganar la presidencia de la DC, una de las primeras acciones de Aylwin fue visitar a Almeyda en Capuchinos para mostrarle su aprecio y solidaridad, además de "abrir un diálogo franco y directo con el sector socialista que él encabezaba".[9] Apeándose de un Peugeot 404 de los años 70, Aylwin ingresó a un viejo galpón para las visitas, donde cada detenido tenía una mesa y sillas. Ricardo Serrano, un socialista que había trabajado en Naciones Unidas, acompañaba a Almeyda junto a otros correligionarios cuando Aylwin apareció sin aviso. El saludo fue afectuoso; ambos se veían emocionados. Luego de media hora a solas, Aylwin se retiró. Según Serrano, Almeyda les comentó parte de la conversación: "La conclusión que recuerdo de Almeyda es que ambos habían encontrado el armazón central de un acuerdo político que le podía dar gobernabilidad al país".

Aylwin siguió visitando a Almeyda en Capuchinos. Con la ayuda de almeydistas jóvenes como Solari, Germán Correa y Luciano Valle, los tres partidarios de aliarse con la DC y especialmente con Aylwin, ambos caciques irían gestando caminos de entendimiento. Otro que contribuyó a afianzar esta alianza fue Enrique Correa, con quien Aylwin también se reencontró por esos días, cuando el ovallino ya era parte del equipo de Arriagada. Llevaban casi dos décadas de distanciamiento político y personal. Durante una reunión del Comando Nacional por las Elecciones Libres con la jerarquía de la Iglesia Católica, Aylwin se le acercó:

–Yo lo conozco a usted.

–Sí, soy Enrique Correa.

---

8   Aylwin y Almeyda habían sido amigos en la Escuela de Derecho de la Universidad de Chile. La amistad se resintió durante la UP y especialmente con el golpe de 1973, pues Aylwin fue un enconado rival de Allende y Almeyda uno de los dirigentes del PS más leales a su gobierno.

9   Aylwin, *El reencuentro de los demócratas*, 1998, 331.

–Pero si nosotros peleamos tanto –sonrió el DC, dándole un abrazo.[10]

Según palabras del propio Aylwin, tras la reconciliación Correa "me echaba carbón y predisponía a Cloro [Almeyda] para que fuéramos acercando posiciones".[11] El historiador Carlos Bascuñán, yerno y uno de los colaboradores de mayor confianza de Aylwin, afirma que el líder democratacristiano recordaba perfectamente al otrora dirigente rebelde de la JDC, a quien le había llegado a tener cariño antes de que se transformara en su porfiado adversario interno, rompiera el partido y con Rodrigo Ambrosio se llevaran a la flor y nata de la juventud DC para fundar el MAPU en 1969. Según Bascuñán, el brusco divorcio no impidió que hicieran las paces en 1987. Agrega que Aylwin a fin de cuentas era un político "bastante frío" y que en el proceso de maduración política que desembocaría en el plebiscito "se fueron generando estas confianzas y, en el caso concreto de estas dos personas, fue un reencuentro también de una vieja amistad que habían tenido en los años 60".[12]

Un dirigente socialista de esos días afirma que Correa se transformó en un importante vínculo de Aylwin con la Izquierda Unida y Almeyda: "Ahí nació el verdadero Correa, quien se convirtió en un factótum muy importante en esa relación, junto a Germán Correa y Ricardo Solari", dice un alto dirigente socialista de los 80.

Luego de seis años de semiclandestinidad y bajo perfil, con penurias económicas, sobreviviendo gracias a la Iglesia Católica y volcado a las poblaciones y sindicatos, Correa se hizo indispensable en un núcleo político a punto de germinar. En eso fue clave la reanudación de sus lazos con Aylwin. Fue la reconciliación más determinante con su pasado, pues le abriría las puertas de lo que sería la sala de máquinas de la transición política.

Así lo resume Ismael Llona, por esos días muy cercano a Correa: "Enrique Correa ha sido un converso empedernido y reiterativo, y uno de los más importantes políticos del último medio siglo en Chile (…) Perdonó a Aylwin (por el golpe) y Aylwin lo perdonó a

10 Manuel Délano et al., *Los años que dejamos atrás*, 2021.
11 Zalaquett, 2002.
12 Carlos Bascuñán, esposo de Mariana Aylwin, asumió como jefe de gabinete cuando el dirigente DC llegó a La Moneda.

él (por comunista). Es la ventaja que tienen los católicos cuando se juntan como socios".

*

Además de contribuir a levantar la mayor alianza política ideada hasta entonces en Chile, el equipo de Arriagada debía armar un diagnóstico sobre el país, que llevaba quince años sin celebrar un acto electoral serio, transparente y competitivo. Y eso implicaba levantar cuantiosa información sobre los miedos y esperanzas de los chilenos, para ofrecerles una campaña que los entusiasmara. Había que recurrir a expertos en descifrar el ánimo de la gente. Por suerte, en la oposición estaban los mejores. Una red de cientistas políticos y sociales que despuntaban en sus áreas, varios con posgrados en universidades extranjeras. Y todos ávidos por acabar con la larga noche de la dictadura.

Así nació el Comité Técnico, encargado de generar las líneas estratégicas de la campaña. El corazón de este órgano asesor lo formaron investigadores y expertos de tres ONG opositoras: el Centro de Estudios del Desarrollo, el Instituto Latinoamericano de Estudios Transnacionales y el Centro de Estudios Sociales y Educación SUR. Los tres *think tanks* llevaban un tiempo trabajando en una alianza bajo una sigla con sus nombres: CIS.[13] Gracias a una donación de George Soros, sus investigadores fueron capacitados por la consultora norteamericana Sawyer-Miller, lo que les permitió aplicar por primera vez en el país técnicas como grupos focales y encuestas para fines políticos.[14] Especialmente duchos en esta área eran los investigadores de Sur, encabezados por Eugenio Tironi, Javier Martínez y Carlos Vergara.

Entre septiembre y noviembre de 1987, bajo la supervisión de Sawyer-Miller, los expertos del CIS hicieron un estudio en Santiago, Talca, Chillán y Temuco, con grupos focales y luego con una encuesta a más de dos mil personas. Los resultados apuntaron a que

---

13 El CED, creado por el DC Gabriel Valdés, funcionaba en Nueva Los Leones, en Providencia. El ILET, creado en México en 1975, tenía su sede en una casa de tres pisos en Callao con Enrique Foster, en Las Condes. SUR estaba en una casa en Alférez Real, en Providencia.

14 El socialista Juan Gabriel Valdés, quien en 1987 era investigador del ILET, afirma que ese mismo año el millonario y filántropo estadounidense George Soros le entregó personalmente una donación de US$ 60.000, lo que permitió contratar los servicios de Sawyer-Miller, para colaborar en el plebiscito. Manuel Délano, "Las inéditas revelaciones de Juan Gabriel Valdés, una figura clave del plebiscito que ganó el No", 2018.

era posible canalizar el hartazgo hacia Pinochet votando No en el plebiscito sobre la continuidad del régimen. Sin embargo, también cundía un miedo generalizado y paralizante. En los grupos focales había gente que se iba cuando la discusión subía de tono. La conclusión central fue que, para convertir el hartazgo en acciones, el No debía ser una instancia de participación y unidad, sin confrontación ni riesgo.[15] Había que pasar del heroico militante de las protestas al tranquilo votante que marcaría No con un lápiz en una urna secreta.

El Comité Técnico expuso esos y otros hallazgos a lo más granado de la dirigencia opositora en una serie de almuerzos en la sede del CED. En un par de ocasiones viajaron los asesores de Sawyer-Miller para ayudar a convencer a los viejos políticos. La labor de persuasión era a ratos descarnada, pues algunos dirigentes no dimensionaban la profundidad del miedo en algunos sectores y querían una campaña combativa y de denuncia, lo que no era aconsejable.[16] A algunos de esos almuerzos iba Correa, como enlace entre la secretaría ejecutiva y los partidos. Una de sus tareas era socializar en la Izquierda Unida y el mundo sindical las conclusiones de los estudios. Cuando la evidencia no bastaba, blandía el peso del momento histórico. Simplemente, los que no se sumaran quedarían fuera de una epopeya que se narraría por generaciones. Lo resumirá años después en un libro: "Por primera vez no se esperó que todos estuviéramos de acuerdo para cruzar el río".[17]

Resueltos a aprovechar la marejada electoral, en diciembre de 1987 Correa y el MAPU se unieron a la fundación del Partido por la Democracia (PPD), la tienda instrumental de Ricardo Lagos, donde también se cobijaron el PS-Núñez, excomunistas, independientes, liberales y renegados de otros pelajes.

Con unos mil militantes, los mapucistas no tenían cómo lograr las 33.000 firmas legales para inscribirse solos. La unión de fuerzas

---

15 Patricia Moscoso y Mariela Vallejos, "Exclusivo: perfil del consumidor político", 1988, 7-11.

16 Juan Gabriel Valdés afirma que los asesores estadounidenses decían "que debíamos considerar que el miedo es un factor decisivo en el comportamiento de las personas, especialmente en los mayores de 50 años que habían vivido el fin de la democracia y el golpe". Délano, 2018.

17 Dice Enrique Correa en un libro sobre la campaña: "Nosotros jugamos un papel místico, como parte del equipo técnico, pero además cumplimos un papel de intermediación con los políticos a través de la Secretaría Ejecutiva del Comando por el NO". CIS, 1989, 177-178.

para legalizar este partido nuevo, de bajísimo perfil ideológico, permitía acceder a la franja televisiva gratuita y contar con apoderados de mesa para el plebiscito. De esta manera, y después de dieciocho años de vida, la tienda heredera de Rodrigo Ambrosio vivía sus últimos meses. Su destartalada sede de la calle Salvador Sanfuentes, entre las luces navideñas a la venta en el barrio Meiggs, comenzó a despoblarse. Aunque el partido siguió existiendo simbólicamente dos años más, a fines de 1987 adentro solo quedaban algunos palos de coligüe con banderas rojiverdes y un puñado de incondicionales.[18]

Pocas semanas después, en el bohemio barrio Lastarria de Santiago se inauguró la sede de un nuevo espacio político, transversal, boyante y suprapartidista. En esas nuevas dependencias Correa seguiría desplegando una de sus grandes habilidades: volverse imprescindible.

*

La mesa era larga y al medio había una silla vacía. En un salón del Hotel Tupahue, el martes 2 de febrero de 1988 trece partidos de oposición anunciaron formalmente la Concertación de Partidos por el No, un acuerdo para derrotar a Pinochet en el plebiscito de ese año, que todavía no tenía fecha. "No estamos todos los que somos", dijo Aylwin, presidente de la DC, al presentar el acuerdo. A su izquierda, la silla vacía simbolizaba a Clodomiro Almeyda, quien seguía preso.

La coalición que durante más años gobernaría el país había nacido tras meses de negociaciones, con tiras y aflojas hasta minutos antes de su estreno en sociedad. Además de la DC, el PS-Núñez, los radicales de Enrique Silva Cimma, el MAPU-OC de Fernando Ávila, el Partido Humanista y otros referentes menores, se sumaron cuatro tiendas de la Izquierda Unida: el PS-Almeyda, la Izquierda Cristiana, los radicales de Luis Fernando Luengo y el MAPU reunificado al que pertenecía Enrique Correa. Fuera quedaron las tres restantes fuerzas de la Izquierda Unida: los comunistas, el MIR y el grupo socialista de los llamados Históricos. Los comunistas habían resuelto inscribirse en los registros electorales, pero todavía no llamaban a votar No.[19]

Por entonces, la DC y cinco partidos de centro y centroizquierda habían consensuado un programa de gobierno, bajo la guía de Edgardo Boeninger. En materia económica, la propuesta no contemplaba

---

18 Valenzuela, 2014, 220, 227.
19 Nibaldo Mosciatti, "La oposición toma la batuta", 1988.

reformas estructurales y ponía el acento en el crecimiento y en la responsabilidad fiscal. Además, se comprometía a no recurrir a las expropiaciones, ni siquiera de las empresas estatales privatizadas sin los mínimos estándares de probidad por el régimen, como Soquimich y Endesa.[20]

Una semana antes del nacimiento de la Concertación, el lunes 25 de enero de 1988, se abrió el Comando por el No en la Alameda con Lastarria, a solo metros del Edificio Diego Portales, donde sesionaba la Junta Militar. En ese barrio universitario y de fachadas antiguas, en un inmueble de cuatro pisos, Genaro Arriagada fue formalizado como secretario ejecutivo. Luego de meses operando en las sombras, el cientista político DC instaló su oficina en el segundo piso. Lo mismo hicieron Correa y Solari, quienes empezaron a aparecerse cada vez menos en el Ciasi y se volcaron de lleno a la campaña.

En esa sede, que sería conocida como la Casa del No, se terminaron de articular los equipos de campaña. Funcionaban como grupos independientes a cargo de la propaganda, las finanzas, el trabajo territorial, además del control electoral para prevenir un posible fraude de parte del régimen, entre varios otros dispositivos. Uno de estos últimos sería legendario por el impacto y masividad de su trabajo: la franja televisiva del No.

La estructura del Comando semejaba un hongo. Arriba, en el sombrero, estaban los partidos, representados por un comité directivo que integraban Ricardo Lagos (PPD), Andrés Zaldívar (DC), Luis Maira (IC), Enrique Silva Cimma (PR) y José Tomás Sáez (PH). Más abajo venía el tallo o Comando propiamente tal, a cargo de Arriagada y su equipo, al que se sumaron encargados de subestructuras. La tercera línea, en la raíz, era el Comité Técnico, compuesto por los expertos de la tríada CIS.[21]

En lo alto, la dirigencia ventilaba sus discrepancias por los medios. Abajo, silenciosamente, operaba una generación varios años menor, con más espíritu de equipo. Entre estos últimos corría la broma de que todas las mañanas el Comando despertaba en paz, hasta que tipo diez de la mañana algún político abría públicamente el debate y

20 Nibaldo Mosciatti, "Edgardo Boeninger, vicepresidente del PDC: 'Podemos generar las condiciones para ganar el plebiscito'", 1988, 7-8. Los otros cinco partidos eran la Social Democracia, la Unión Socialista Popular, el Partido Democrático Nacional, la Unión Liberal Republicana y el Partido Humanista.
21 CIS, 8-13.

otros le retrucaban, encendiendo la hoguera. A mediodía el Comando estaba reducido a escombros. Pero en la tarde entraban a componer los Arriagada, los Correa y los Solari.[22] Pese a que no tenían ninguna autoridad, antes de que oscureciera el equipo extinguía el foco a punta de mediaciones y el Comando quedaba nuevamente en pie.

Según Luis Maira, este trío fue clave en implementar los acuerdos de las dirigencias. "Les dábamos una idea y ellos eran los que armaban las cosas". El por entonces almeydista Germán Correa dice que el equipo de su primo más otras figuras de la DC y la izquierda fue el germen de lo que luego pasó a llamarse el "partido transversal", "un núcleo que cruzaba los desacuerdos y rigideces de los partidos, y que hacían cosas en conjunto".

Solari afirma que él, Arriagada y Correa se hicieron muy cercanos. "Hablábamos de cultura, cine, de la vida, de todo menos de fútbol". Treinta años después, para un especial de televisión, Arriagada recordará que, a veces, tarde en la noche, iban al Café del Biógrafo, al que llamaban el "Bar del No".[23] También eran habitués del Valle de Oro, una fuente de soda en Portugal con Alameda, a pasos de la casa central de la Universidad Católica. "Conocíamos a los mozos, era barato y funcionaba desde muy temprano hasta tarde", dice Solari. Ahí tomaban desayuno, compraban sándwiches y almorzaban pollo con papas. Los viernes en la noche era el turno del Venezia, aunque para las reuniones políticas más relevantes estaban las casas, como la de Solari en Miguel Claro o el departamento de Enrique Correa en Rojas.

En los almuerzos políticos Correa pedía agua mineral, rara vez vino. Por lo común ignoraba la carta y preguntaba directamente si había osobuco o plateada, acompañada, ojalá, de puré picante. Según un miembro del Comando, si había encuentros más distendidos del equipo de noche era para tomarse un par de tragos y marcharse pronto, salvo cuando había que desatar nudos políticos.

Los cálculos del Comando apuntaban a que si inscribían seis millones y medio de votantes el triunfo estaba asegurado. Un umbral que a fines de mayo de 1988 estaba a punto de alcanzarse, pues se habían inscrito casi seis millones, gracias a un sostenido ritmo de medio

---

22 Más adelante se sumaron a este grupo el socialista Heraldo Muñoz y el DC Belisario Velasco.
23 *Tele13*, "Lastarria: La calle del comando del No", 2018.

millón de nuevos registrados por mes.[24] Por esos días, una encuesta de la consultora Diagnos y el Centro de Estudios de la Realidad Contemporánea entregó sus proyecciones para el Gran Santiago. Ante el muy probable escenario de que Pinochet se impusiera como el candidato único al interior de la Junta Militar –lo que oficialmente ocurriría el 30 de agosto–, el sondeo vaticinaba para el No un 44,5% de las preferencias, frente a solo un 25,7% para el Sí.[25]

A mediados de junio el Comando estrenó su eslogan: "La alegría ya viene". Aylwin había sido designado su vocero oficial, bajo la condición de *primus inter pares*, y hasta los comunistas habían terminado por sumarse, siempre fuera de la Concertación, que ya contaba dieciséis partidos. Además, se afinaba un complejo sistema paralelo de cómputos para prevenir cualquier intento de fraude el miércoles 5 de octubre. Esa era la fecha que había fijado el régimen para el plebiscito, el mismo día en que ungió a Pinochet como candidato.

La gran pregunta era si el dictador estaría dispuesto a aceptar su derrota. El 30 de septiembre, solo seis días antes del día decisivo, el embajador de Estados Unidos, Harry Barnes, envió a su gobierno un cablegrama donde alertaba sobre la "clara posibilidad de un nuevo golpe de Estado" en caso de que Pinochet perdiera.[26]

Por esos mismos días, Correa visitó al líder y fundador de la UDI Jaime Guzmán en su departamento de Plaza Las Lilas, en Providencia. Se conocían por sus refriegas políticas juveniles en la Universidad Católica y no se veían desde entonces. Correa quería mostrarle encuestas opositoras que daban al No una ventaja de diez puntos, y preguntarle cómo asumiría el régimen su derrota. "Yo creo que ellos tienen que aceptarlo", respondió el gremialista, aunque sin descartar un alzamiento militar. Luego de despedirse, cuando Correa iba a subir al ascensor, Guzmán volvió a abrir la puerta para decirle: "Te advierto que no sientas lo que he dicho como una garantía".

El ovallino no olvidará esta última frase. La sintió como un "cuídate".[27]

---

24 Nibaldo Mosciatti, "Gobierno: Estrategia para Pinochet",1988, 4-6.
25 Nibaldo Mosciatti, "Momento político: La voz de las encuestas",1988, 4-6.
26 Peter Kornbluh, "Barnes a Abrams". *Pinochet desclasificado*, 2023, 386. Informe secreto enviado por el embajador Harry Barnes a Elliot Abrams, subordinado inmediato de George Shultz, secretario de Estado del Presidente Ronald Reagan.
27 Manuel Délano et al., 2021.

*

Pasadas las dos de la madrugada del jueves 6 de octubre, Aylwin habló por fin en el Comando del No. Sus palabras iban a abrochar una jornada épica, con una participación electoral tan masiva como pacífica, y que desde los primeros conteos opositores dio amplia ventaja al No. Una jornada que, al caer la noche, estuvo a punto de amagarse con el espectro de un fraude, cuando el régimen comenzó a entregar resultados grotescamente parciales, favorables al Sí, los carabineros en el perímetro de la Casa del No se retiraron y Pinochet habló en la televisión de encapuchados armados merodeando cerca de Plaza Italia. Recién en la madrugada, presionado por todos los flancos, incluyendo a los miembros de la Junta Militar, el dictador dio órdenes de aceptar la derrota. El No había ganado por un 54,7% de los votos escrutados.

Rodeado por dirigentes opositores, observadores internacionales y periodistas chilenos y extranjeros, Aylwin habló en directo por televisión. En contraste con la emoción que lo rodeaba –algunos lloraban–, su tono era sereno. Dijo que las fuerzas democráticas habían recibido un mandato para acordar con las Fuerzas Armadas y de Orden "un camino de transición a una auténtica democracia que nos incluya a todos". Luego, simbolizó la unidad opositora abrazando a Ricardo Lagos. Todos comenzaron a entonar el himno nacional y luego "La alegría ya viene". Al retirarse, el viejo cacique escuchó por primera vez el grito de algunos noctámbulos celebrando en la Alameda: "Se siente, se siente, Aylwin Presidente".[28]

Pocos en la centroizquierda se fueron a dormir en esas horas en que la historia podía palparse. Cumplida la proeza de derrotar a Pinochet, se instalaba la incógnita de quién sería el candidato de unidad en las presidenciales de diciembre de 1989. Como eje moderador de la coalición, además de la tienda más grande y la primera en abrazar el plebiscito, la DC corría con total ventaja. Pero el nuevo desafío sería cualquier cosa menos fácil; incluso pondría a prueba la unidad de ese partido.

Luego de escuchar a Aylwin y en medio de una espontánea celebración en la Alameda, el almeydista Germán Correa se sintió reconfortado. Junto a Ricardo Solari y Luciano Valle habían sido claves en acercar esa vertiente a Aylwin, en una tarea en la que también

---

28 Cavallo, "Patricio Aylwin", en *Los hombres de la transición*, 1992, 37.

había colaborado Enrique Correa. Ahora, cuando despuntaba la definición presidencial, sentían que había que sellar rápidamente la apuesta por el vocero del No. "Era una realidad sociológica más que política: Aylwin tenía que ser el candidato porque personificaba el triunfo de esa tremenda gesta y nosotros habíamos sido los primeros en reconocerlo", señala Germán Correa.

Exhausto, Genaro Arriagada se había retirado a una habitación en el Hotel Crowne Plaza, muy cerca de la Casa del No. Avanzada la madrugada, hasta ahí llegaron Correa, Solari y el abogado de la Izquierda Cristiana Raimundo Valenzuela. Según el detallado relato del periodista Rafael Otano en *Crónica de la transición*, querían tratar con él un asunto urgente. Le dijeron que había que proclamar sin dilaciones a Aylwin y que era preciso hacerlo ese mismo jueves 6. De esta forma, argumentaron, se evitaría un inútil desgaste entre los partidos y sus tendencias. Aylwin, prosiguieron, había logrado encarnar el espíritu unitario del No, dando con el tono justo para alcanzar el triunfo. Así lo acababa de escuchar todo el país.[29]

Arriagada, según Otano, contraatacó. Les dijo que él estaba por la precandidatura del DC Eduardo Frei Ruiz-Tagle, hijo de Frei Montalva, quien a sus cuarenta y seis años representaba, a diferencia de un Aylwin a punto de cumplir setenta, algo nuevo en la política. Correa y Solari se sintieron desconcertados. Arriagada, su compinche y amigo, era una pieza clave en su audaz estrategia. Su rotunda negativa les hizo entender que la lucha por imponer a Aylwin sería durísima. Pero con esa jugada habían ganado un valioso capital: matricularse como los primeros aylwinistas en la izquierda.

Mucho antes que Aylwin, dos figuras se perfilaban como los más claros presidenciables en la DC: Gabriel Valdés y Frei Ruiz-Tagle. Este último estaba mejor posicionado en las encuestas, aunque era un recién llegado en la política. Tampoco contaba con el aplomo ni la experiencia de Valdés, quien como presidente de la colectividad había liderado hasta 1987 la estrategia de las protestas. Por eso, cuando partió la campaña del No, era mejor visto por la izquierda que Aylwin, sobre quien pesaba su enconada oposición a Allende y su defensa del golpe de 1973.

---

29 Otano, 1995, 70. El relato de Rafael Otano no incluye a Valenzuela entre los visitantes, pero sí lo hace Ricardo Solari, entrevistado para este libro.

Pero Aylwin venía arropado por el aura del triunfo y tenía el apoyo de la corriente más poderosa del partido. Y su carta más importante, la que resultaría decisiva, era que contaba con el aval del almeydismo, que sarcásticamente comenzaría a ser llamado "PS Almeylwin".[30] En esta corriente había causado buena impresión su estilo dialogante y ecuánime.[31] En contraste, Valdés, que se había acercado a los socialistas renovados, minusvaloraba el peso de esa vertiente socialista. "Siempre se ha relatado la historia de la apuesta que nosotros tomamos por Aylwin como una decisión lúcida de decir 'nos vamos con él'. Pero eso es parte de la realidad no más. (…) Valdés nunca se dispuso a entender qué éramos nosotros en el almeydismo como fuerza política", explica Solari.

Un exmiembro del Comando afirma que antes del No muchos en la izquierda estaban por Valdés. Pero en las discusiones para encarar la campaña se convencieron de que no era el adecuado. "Valdés llegaba al Comando y exponía; luego todos hablaban y antes de irse Valdés volvía a decir lo mismo que al principio. Aylwin era lo contrario: decía sus cosas, pero también recogía. Tenía más sentido de equipo y eso era lo que se requería para esos tiempos. A pesar de lo mucho que costaba en la izquierda digerir a Aylwin, acabamos haciéndolo", detalla este testigo.

Unas semanas después del triunfo, Correa no tardó en dar a Aylwin su apoyo personal e irrestricto. En una entrevista de 2016, asegurará que todo partió cuando en Capuchinos Almeyda le vaticinó que el timonel DC iba a ser el ungido. Entonces, junto a uno de sus grandes amigos, Raimundo Valenzuela, llegó una noche a la oficina de Aylwin en la DC. "Le dijimos: 'Nosotros pensamos que usted debe ser el Presidente de Chile, y queremos ser parte de ese esfuerzo'. Según he sabido después, por él mismo, fuimos los primeros no DC en decírselo, aunque Almeyda le dijo lo mismo a Solari, al tercerismo, a

---

30 Al día siguiente del plebiscito Aylwin visitó a Almeyda en Capuchinos. Mónica González, "La carrera por el sillón presidencial: Patricio Aylwin", 1988, 33-35.

31 "Nosotros, al apoyarlo, estaríamos reconociendo también su conducta ecuánime y leal como vocero de la Concertación", afirmó Luciano Valle en una entrevista. *Análisis*, "Luciano Valle, dirigente del PS Almeyda: 'Es muy probable que apoyemos a Aylwin'", 1989.

Germán Correa. Pero el autor de la idea no fui yo, sería presuntuoso. Ayudé harto, sí".[32]

Su primo Germán tiene una versión distinta. Afirma que ese apoyo a Aylwin no nació de Almeyda sino de los "terceristas" de esa corriente, concretamente de él, Solari y Luciano Valle. Dice que las conversaciones con la DC partieron en el verano de 1988 para apoyar a un candidato de esa tienda, que al principio no necesariamente debía ser Aylwin, por quien se fueron decantando con los meses. "Almeyda nos criticaba que nos estábamos entregando muy fácilmente a Aylwin y a la DC".[33]

Lo cierto es que, al visitar a Aylwin esa noche en la DC, Correa se convirtió en uno de los primeros izquierdistas en ponerse explícitamente a su disposición, lo que le hizo sumar puntos ante el futuro gobernante. A diferencia del almeydismo, Correa no contaba con una orgánica detrás: con su ingreso al PPD, el MAPU unificado había comenzado a diluirse. Pero el ovallino era eficiente y ofrecía lealtad. Y Aylwin era un especialista en detectar esos rasgos. "Correa era un tipo de pocas lealtades, pero las que construía las respetaba a muerte –afirma Luis Maira–. Correa podía sacrificar a alguien disfuncional a un proyecto, pero al mismo tiempo, con los que conspiraban con él en alguna operación mantenía una completa rigurosidad en el cumplimiento de su palabra. Y Aylwin apreciaba mucho esto".

Correa dirá después que la charla de esa noche con Aylwin fue mucho más que una alianza política. Para él, ese hito abrió un nuevo rumbo en su vida.[34] Lo veía, o creía verlo, como un paso más en la reconciliación entre dos mundos cruzados por los mismos afanes de justicia social. Dos visiones cuyo trágico desencuentro había costado al país un golpe de Estado, muertes y desapariciones durante una larga dictadura que, gracias al entendimiento de ambas corrientes, estaba a punto de concluir.

*

---

32 Guillermo Muñoz, "El origen del apoyo socialista a Aylwin fue Clodomiro Almeyda en la cárcel", 2016. Esta reunión también aparece descrita en *Los hombres de la transición*, de Ascanio Cavallo.

33 Un dato que apoya su versión es que en noviembre de 1988 Clodomiro Almeyda se manifestó públicamente a favor de un candidato independiente. *Análisis*, "Almeyda se inclina por un candidato independiente", 1988, 6.

34 Cavallo, 1992, 123.

Como casi todo gran escándalo político, el "Carmengate" estalló en el peor momento. Era el domingo 27 de noviembre, en el aire seguía flotando la epopeya del No y Aylwin celebraba su septuagésimo cumpleaños en familia. Ese día, cuarenta mil democratacristianos elegían a los delegados de la Junta Nacional que designaría a su abanderado presidencial entre Valdés, Frei Ruiz-Tagle y él. Pero una denuncia de que el aylwinismo había inflado el padrón con adherentes sin derecho a voto, gracias a su control del aparato interno, hizo saltar por los aires la concordia partidista.[35] Aylwin se impuso en los comicios, y Valdés y Frei Ruiz-Tagle exigieron anularlos. Volaron las descalificaciones sobre "deslealtad" y "afanes de poder", ante el estupor y luego enojo del resto de la oposición. Algunos en la DC deslizaron sardónicamente que el proceso había sido menos transparente que el plebiscito de Pinochet.[36] En una declaración pública dirigida a Aylwin, el freísta Genaro Arriagada y otros DC responsabilizaron a su directiva y demandaron anular el proceso.

El papelón abrió el apetito de otros candidatos. A fines de enero de 1989, a dos meses del escándalo, Enrique Silva Cimma fue proclamado como precandidato del PPD, los radicales, los socialistas de Núñez y los humanistas. El almeydismo lo leyó como una cortina de humo para una posible postulación de Ricardo Lagos y no se sumó. Al contrario: movió rápidamente sus piezas a favor de Aylwin. Frei Ruiz-Tagle supo por varios recados que su nombre no prendía en las huestes de Almeyda. En el departamento de Enrique Correa, otro *papabile* DC, Sergio Molina, fue notificado de lo mismo. Invitado a cenar en casa de Gabriel Valdés, Clodomiro Almeyda hizo lo propio con el anfitrión, cuya esposa se retiró indignada de la mesa.[37]

Pero lo de Silva Cimma era también una alerta. La contienda de diciembre de 1989 incluía presentar una fórmula de senadores y diputados, cupos en que la DC también alegaba preeminencia. El surgimiento de otros presidenciables permitía a sus impulsores negociar en mejor pie esos cupos, además de un rol en la futura administración del poder. Todavía no estaba claro si la alianza instrumental de la Concertación se transformaría en bloque de gobierno, o si la DC optaría por la "coalición chica", acotada a radicales, socialdemócratas y

---

35 Nibaldo Mosciatti, "Elecciones internas: Lo que pasó en la DC", 1988, 4-7.
36 Libio Pérez, "Yo renuncio, tú renuncias, él renuncia", 1988.
37 Cavallo, 1992, 123-124.

otros aliados menores. Con la precandidatura de Silva Cimma, más la del independiente Alejandro Hales –quien se sumó después apoyado por el Partido Socialista Histórico–, el mensaje de sus patrocinadores era que alinearse tras un abanderado DC no iba a ser gratis. Si eran arriados, sería a cambio de algo.[38]

Los resultados de la interna DC no se anularon. Luego de declinar y después reponer su precandidatura, Aylwin acabó imponiéndose en una maratónica Junta Nacional en febrero, en un caserón de Talagante. Muy al estilo democratacristiano, su triunfo se selló con un sorpresivo abrazo claudicatorio de Valdés, cuando ya no quedaba madrugada.[39]

El triunfo de Aylwin fue recibido con satisfacción en el almeydismo, pues hacía rato que lo consideraban la mejor alternativa para sus intereses. De triunfar en la presidencial, ellos serían parte del riñón de su gobierno y no meros aliados desde el Congreso y el mundo social. Por lo mismo, apenas Aylwin ganó la nominación DC lo arroparon con guiños, declaraciones conjuntas y el reconocimiento público de Almeyda sobre sus mejores chances.[40]

Volcado a tiempo completo a favor de Aylwin, cuando era necesario Correa alternaba su tradicional persuasión vaticana con toques de rudeza. Una de sus armas era magnificar el peligro de una DC gobernando con la "coalición chica", dejando fuera a todo el socialismo. Esto lo puso en veredas opuestas con Lagos, principal impulsor de Silva Cimma y quien no estaba dispuesto a ceder tan fácilmente. En adelante, la relación entre Correa y Lagos será de distancia.[41]

Gracias al recobrado cariño de Aylwin, en ese movido inicio de 1989 Correa tardó muy pocos meses en saltar a la primera línea. Asumió como el coordinador del Comité Técnico de la Concertación, como pasó a llamarse el excomando del No. Y cuando el aylwinismo le cobró la

38 El 19 de enero de 1989, en una dura reunión del Comité Ejecutivo de la Concertación, los partidos socialistas Núñez y Almeyda, más el PPD, los Humanistas y Verdes advirtieron a Aylwin que estarían dispuestos a levantar un candidato presidencial propio si no había consenso en torno a un candidato único, más un acuerdo programático, un pacto electoral para las parlamentarias y la transformación de la Concertación en una coalición de gobierno. Nibaldo Mosciatti, "Fricciones en la oposición: la amenaza de un candidato de izquierda", 1989.
39 Otano, 1995, 79.
40 APSI, "Documento DC-PS-Almeyda: Pensando en Patricio Aylwin", 1989. APSI, "De vuelta en Chile: Almeyda calladito", 1989.
41 Otano, 1995, 79.

cuenta a Genaro Arriagada por sus críticas durante el Carmengate, Correa se convirtió en su sucesor como secretario ejecutivo de la coalición.[42]

Como líder del único remanente del MAPU-OC que no aceptó fundirse con nadie, Fernando Ávila integraba la asamblea de timoneles de los diecisiete partidos de la Concertación. El viejo compañero de Correa recuerda que cierto día vio en el excomando de Lastarria a la secretaria de Arriagada retirando sus cosas. Entró a su oficina para saber qué ocurría, pero se encontró con Aylwin, quien le informó que Arriagada había renunciado. "Entonces Aylwin me preguntó: '¿Quién cree usted que debe asumir la secretaría ejecutiva?'. Le respondí que lo lógico es que fuera Enrique, porque era el segundo. Y me comentó que él creía lo mismo y si yo estaría dispuesto a respaldarlo en la reunión de los diecisiete. Le dije que sí; nadie se opuso al nombramiento. Y parece que Aylwin le contó de esa conversación a Enrique, porque luego él me agradeció".

Paradojas de la política: Correa, el mismo que en los años previos había hecho lo posible por construir una nueva coalición que no tuviese como eje a la DC; el mismo que había sido derrotado por el PS-Núñez, la facción socialista que en los 80 se había acercado tempranamente a los democratacristianos en la carrera por moldear y liderar la renovación, y el mismo que militaba en un partido de segunda categoría en la Concertación, había sido promovido a la primera línea ni más ni menos que por el líder DC y más probable futuro Presidente de Chile.

Dejando atrás su bajo perfil, su nombre comenzó a aparecer en las secciones políticas de los medios. En enero nació su última hija, Sara, fruto de su relación con Verónica. A esas alturas, sus exparejas Ana María y Maricarmen llevaban años viviendo en Chile con sus hijos. A sus cuarenta y tres años, seguía siendo trabajólico y le era difícil conciliar sus responsabilidades políticas con la vida familiar.

En marzo, la dictadura y la oposición comenzaron oficialmente a negociar una serie de reformas para hacer de la Constitución de 1980 un texto menos antidemocrático. El equipo de juristas opositores lo encabezaba el DC Francisco Cumplido, quien le reportaba al trío compuesto por Aylwin, Boeninger y Correa. El exseminarista era el único no DC en esa tríada a cargo de negociar los bordes en que

---

42 Cavallo, 1992, 123.

se jugaría la transición. Cuando los contactos con el régimen se entramparon, fue el escudero de Aylwin en un decisivo encuentro con RN para destrabarlos. Luego, debió socializar los detalles del pacto final con los diecisiete partidos.[43] Ricardo Lagos, quien estimaba insuficientes las reformas, fue la valla más dura de sortear, pero acabó alineándose.[44] Un paquete de reformas constitucionales fue aprobado por 91% de los votos en un plebiscito nacional, el 30 de julio de 1989.

Un mes antes, el radical Enrique Silva Cimma se había retirado de la carrera presidencial, apoyando a Aylwin a cambio de asumir como su canciller. Poco después, el sector socialista de Lagos hizo lo mismo. Alejandro Hales y el resto de los contendientes caerían tras la deserción en masa de sus partidarios. A los rezagados, en una reunión en la Fundación Ebert, Enrique Correa les había comunicado un ultimátum: "El que no entra ahora, no entra más".[45] Por esos mismos días, en una entrevista a tres páginas en la revista *Apsi*, se lo definió como el "típico personaje que está detrás del trono" y el "hombre de tiempo completo de la Concertación".[46]

Aylwin fue proclamado como candidato único de la alianza el 6 de julio. Sería una carrera sin mayores sobresaltos. Al frente tenía, por un lado, al economista Hernán Büchi, un exministro de Hacienda del régimen carcomido por contradicciones vitales que lo hicieron renunciar a la designación y luego retomarla, sin que nunca prendiera como una amenaza real. Büchi era apoyado por los dos principales partidos de derecha, la Unión Demócrata Independiente (UDI) y Renovación Nacional (RN). Además estaba el independiente Francisco Javier Errázuriz, un empresario apoyado por un sector de la derecha, lo que acabó por dividir a los votantes del Sí. En mayo, antes de asumir como candidato único, el propio Aylwin reconocía que estaba más preocupado de las tareas que tendría como gobernante que de la campaña.[47]

---

43 Cavallo, 1992, 125. Las 56 reformas a la Constitución incluían la eliminación del requisito de aprobación por dos congresos sucesivos para algunos cambios constitucionales, el incremento de 26 a 38 senadores, la facultad presidencial de disolver la Cámara de Diputados y la eliminación del artículo 8 que perseguía ideologías consideradas totalitarias.
44 Cavallo, 1992, 125-128.
45 Íd., 128.
46 Jorge Andrés Richards, "Enrique Correa, secretario ejecutivo de la Concertación: 'Aylwin será candidato de la Concertación, no de la Democracia Cristiana'", 1989.
47 Jorge Andrés Richards, "Patricio Aylwin: 'Espero el retiro voluntario de Pinochet'", 1989.

Con el camino a La Moneda casi despejado, los esfuerzos de la oposición se concentraron en la plantilla parlamentaria y en terminar de afinar un diseño de gobierno. Al primero de esos nudos entró Ricardo Solari, mientras que al segundo pasó Correa, como brazo derecho de Boeninger, el ajedrecista estratégico de Aylwin. "En la presidencial teníamos todo el viento a favor y lo realmente importante eran estos dos procesos", explica Solari.

Boeninger y Correa se instalaron en una casona de dos pisos, recién pintada de blanco, en Almirante Simpson 80, a media cuadra al sur de Plaza Italia. Ahí coordinaron a cerca de cincuenta comisiones político-técnicas con un total de más de mil profesionales que ellos mismos eligieron, para transformar las bases programáticas acordadas por los partidos en políticas ministeriales.[48] En "La Moneda chica", como llegó a ser conocida, se escribiría la carta de navegación del primer gobierno democrático, cuyo norte era privilegiar el crecimiento económico conciliándolo con la democratización del país, el reencuentro nacional y el combate a la pobreza.

De "La Moneda chica" de Almirante Simpson saldrían, pasando por el cedazo de Boeninger y Correa, los cerca de ochocientos cargos públicos de directa designación presidencial.[49] "Aquí se está funcionando, embrionariamente, como si fuéramos gobierno", decía Boeninger a dos meses de la presidencial.[50] Desde un primer momento el ingeniero DC trabajó con Correa como un solo engranaje. Los dos, además, tenían el absoluto respaldo de Aylwin y estaban entre los escasos dirigentes a los que el líder DC invitaba a tomar té a su casa, en la calle Arturo Medina de Providencia, para hablar de política.

Aunque eran ilustrados y buenos lectores, el mapucista era más intuitivo y apasionado que el cerebral Boeninger. Según Luis Maira, la personalidad de Correa era ideal para tener la mejor relación con Aylwin. Primero, dice, porque respetaba las formas y jerarquías. Y también porque era políticamente muy culto. "Correa en cualquier momento entraba contigo en una discusión sobre un capítulo de *El príncipe* de Maquiavelo o tenía una hipótesis sobre el pensamiento de Thomas Hobbes. Y Aylwin valoraba eso, porque él era un gran

---

48   Nibaldo Mosciatti, "La Moneda chica: Así la oposición prepara su gobierno", 1989.
49   Otano, 1995, 98.
50   Mosciatti, 1989.

jurista, un notable profesor de derecho administrativo, que había leído lo esencial de la literatura contemporánea, pero políticamente no era tan versado como Correa". Además, a diferencia de Boeninger, Correa tenía llegada en toda la izquierda, tanto la que estaba dentro de la coalición como la que había quedado al margen.

En contraste con el orondo Correa, que solo medía 1,68, Boeninger era alto y delgado. Por su afiatamiento, en los mentideros opositores les decían "el Gordo y el Flaco", en alusión al clásico dúo cinematográfico de los actores cómicos Stan Laurel y Oliver Hardy.

Correa siguió siendo trabajólico. A la casona de Simpson llegaba muy temprano para sacarle el jugo al teléfono: en una época sin celulares, a esa hora la mayoría de los dirigentes aún no salía de sus camas y podía ubicarlos.[51] Boeninger era más metódico y tenía otras pasiones fuera de la política; respetaba mucho sus fines de semana, para salir a bailar y a comer con su esposa. "[Boeninger] era de la idea de que si uno era eficiente le alcanzaba con trabajar de lunes a viernes", afirma Solari.

Compartían una afinada capacidad para identificar lo esencial de lo accesorio. También eran pragmáticos, aunque el DC podía llegar a descolocar en esa faceta. "En una reunión Boeninger podía partir defendiendo A, pero luego de oír todos los argumentos en contra, decía sin arrugarse que había que irse por B. Tenía una libertad de pensamiento muy admirable, cosa que no tenía Enrique", dice Carlos Bascuñán.

Si por Aylwin Correa guardaba un respeto paternal, por Boeninger sentía admiración intelectual: lo veía varios peldaños arriba suyo, como el trazador de un camino cuya construcción se encaminó a secundar, tal como en los 60 lo había hecho con Rodrigo Ambrosio. Una vez más, Correa no era el conductor, sino más bien un eficientísimo brazo derecho. "Boeninger y Correa se entendieron de mil maravillas, porque Enrique era un táctico, un operador nato. Boeninger, en cambio, era más estructurado, más estratégico. Y, además, hicieron muy buenas migas personales, de confianza", apunta Eugenio Tironi.

Carlos Reyes, el joven mirista que había asistido a los cursos de marxismo de "Federico Martínez", dice habérselo topado por esos días cerca de "La Moneda chica". Habían dejado de verse cuando los

---

51 Felipe Pozo, "Enrique Correa, secretario ejecutivo de la Concertación: 'Nuestra alianza debe mantenerse después de 1994'", 1989.

caminos de ambos se abrieron en 1986. Mientras Correa era crítico de las tesis sobre derrotar a Pinochet por la fuerza, Reyes estaba jugado por "los fierros" para hacer de ese el "año decisivo" de la rebelión popular. "Nosotros a esas alturas estábamos como caballos desbocados, en la locura máxima", recuerda. Pero luego vino el triunfo del No y Reyes sintió el vacío de la derrota. A diferencia de otros compañeros que habían dejado la lucha para estudiar, trabajar o formar familia, "Poroto" había apostado todo por una causa sin destino. "Yo era revolucionario las 24 horas del día, y de la noche a la mañana quedé cesante".

En medio de esas reflexiones fue cuando, afirma, volvió a toparse con Correa. Fue una noche, cerca de Metro Baquedano. Le costó reconocerlo: a diferencia de las chombas y bufandas artesanales de antes, ahora el dirigente iba de terno y usaba la barba y el pelo más cortos. Correa lo identificó enseguida como su amigo de Pudahuel Sur. Luego de un afectuoso saludo, el secretario ejecutivo de la Concertación lo invitó a tomar algo al Venezia. Se ubicaron en una mesa que los mozos alistaron para Correa. Se pusieron al día en las vidas de cada uno. Correa, según Reyes, se notaba feliz de verlo. Le propuso un brindis, que derivó en una conversación que este entrevistado recuerda así:

–Salud, "Poroto". Salud, porque ganamos.

–Perdona, pero… ¿Ganamos? ¿Qué ganamos? Yo siento que no he ganado ni una huevá. Nosotros perdimos.

–No, hombre. Estás mirando el vaso medio vacío. Nosotros ganamos y ahora vamos a ser gobierno.

–Enrique, te juro que no entiendo. Para mí ganó la DC. ¿Qué cresta tenemos que ver nosotros con la DC?

–No, "Poroto", la cosa no funciona así. Ahora el poder lo vamos a tener nosotros, todos los que trabajamos para esto, todos los que nos sacamos la cresta, todos los que sufrimos. Ahora llegó el momento de gobernar. Y tú tienes que reciclarte.

Correa le pidió que lo visitara al día siguiente en "La Moneda chica", cuya dirección le dio en una tarjeta. Recordó que el joven tenía formación en artes gráficas y serigrafía. Quizás, le dijo, no sería difícil encontrarle trabajo en el área cultural de algún municipio. Reyes afirma que incluso le mencionó Ñuñoa, una de las comunas donde el nuevo gobierno democrático tendría que designar alcalde. El joven respondió que no tenía la formación requerida. Pero Correa insistió y Reyes se comprometió a ir a su oficina. "Al otro día desperté y la pensé harto. No fui".

Se lo volvió a encontrar meses después, antes del triunfo de Aylwin. Correa, que ya sonaba como ministro, le reiteró su oferta laboral. "Hay compañeros tuyos que van a estar gustosos de verte", le dijo. Reyes le prometió que ahora sí iría.

Algo se había quebrado.

El exmapucista Claudio Rammsy, quien había trabajado con el futuro ministro en el Centro Ecuménico Diego de Medellín, afirma que estuvo en un vía crucis popular con Correa por ese tiempo. Recuerda que ya era un político que salía en la tele, porque en la procesión los jóvenes más ultra lo miraban con hostilidad y Correa se notaba incómodo. "Lo veían con sospecha, porque empezó a ser una figura importante de la transición".

*

El tramo final de la campaña transcurrió sin sobresaltos para Aylwin, a quien todas las encuestas serias daban como vencedor con amplia ventaja el jueves 14 de diciembre de 1989. Incluso varias auguraban un triunfo en primera vuelta en torno al 55 % de los votos.[52]

El domingo antes, en la concentración final del Parque O'Higgins, el abanderado bajó del podio luego de leer su discurso. Parecía buscar a alguien entre el gentío de colaboradores. Aunque medía 1,80, se puso de puntillas para mejorar su visión. Correa estaba atrás, perdido en el segundo plano. Lo llamó, lo miró fijamente y le dio un abrazo. Luego lo volvió a mirar y le dijo: "Gracias, usted sabe por qué". El exrebelde de la JDC, el constructor de acuerdos, el socialista a tiempo completo del aylwinismo, se emocionó hasta las lágrimas.[53]

Aylwin acabó imponiéndose sobre Büchi y Errázuriz con el 55,17 % de los votos.[54] Solo dos eventos empañaron la noche del triunfador: las derrotas senatoriales de su amigo DC Juan Hamilton en la Quinta Región Costa y de Ricardo Lagos en Santiago Poniente.

Como ministros *in pectore*, Correa, Boeninger y el DC Enrique Krauss integraron el equipo que negoció el traspaso de mando con

---

52 El 11 de diciembre la consultora Gémines pronosticó para Aylwin un 56 %. Lo mismo había previsto el CERC el 24 de noviembre. El CIS le auguró un 56,8 % el 18 de noviembre. *APSI*, "Al tenor de las encuestas", 1989.

53 *Análisis*, "El negociador", 1989.

54 Hernán Büchi obtuvo un 29,40 % y Errázuriz un 15,43 %. La suma de ambos bordeaba el 44 % que alcanzó el Sí en el plebiscito de 1988.

el régimen.[55] Correa estaba en La Moneda, saliendo de una de sus reuniones con el general Jorge Ballerino, secretario general de la Presidencia, y con el último ministro del Interior de Pinochet, Carlos Cáceres, cuando lo rodeó un enjambre de periodistas que lo comenzó a llamar "ministro". Minutos antes, Aylwin había anunciado su gabinete. Pero Correa estaba golpeado por haber vuelto a ese palacio después de catorce años de persecución. "El dolor ha sido más importante que la razón en nuestro cambio político", reflexionó dos días después en una entrevista, en referencia a su reencuentro con la DC y con Aylwin.[56]

Tres semanas antes de esa escena se había producido uno de los hitos más gravitantes en la izquierda: la reunificación del PS, con la unión de renovados, almeydistas, mapucistas unificados e izquierdistas cristianos. El reencuentro se selló solemnemente en un acto en el Hotel Tupahue, el 29 de diciembre de 1989. Entre los matriculados estuvo Correa, quien se despojó así de los colores del MAPU, el destacamento proletario que veinte años antes había fundado con Rodrigo Ambrosio, premuniéndolo de la ambiciosa tarea de renovar a la izquierda.

En sus andanzas por Pudahuel Sur, el exmapucista Ronny Romero fue uno de los jóvenes que más cercanía cultivó con Correa, y muchas veces asumió el resguardo de seguridad cuando llegaba a la población e incluso lo acogió un par de días en su casa.

Dedicado en 2019 al mantenimiento de equipos de climatización y alejado de la política, Romero afirma que cuando Correa asumió como ministro le pidió audiencia en La Moneda. Quería su ayuda para optar a un trabajo en la Dirección de Organizaciones Sociales (DOS), que dependía de su cartera. Según cuenta, se demoró unos 45 días en dársela. Cuando por fin pudo ir a su despacho, Correa lo recibió de entrada con un "¿qué necesitas?", lo que lo desconcertó. "Le dije: 'Enrique, me gustaría trabajar en la DOS. ¿Cómo lo puedo hacer?'. Y me respondió: 'Eso no se conversa aquí, se conversa en el Comité Central del PS'. Y sería todo, porque me habré demorado en la audiencia no más de siete u ocho minutos. Pero antes de irme lo mandé a la cresta".

---

55 Patricia Arancibia, *Carlos E. Cáceres. La transición a la democracia 1988-1990*, 2014, 171-172.
56 María Eugenia Camus, "Enrique Correa, futuro ministro secretario general de Gobierno: 'En este país se acabó la guerra'", 1990.

EL MIEDO AL MIEDO

"Yo creo que voy a tener problemas para aparecer en la televisión", le dijo a Aylwin cuando ya estaba a punto de despedirse, a la salida de la casa del Presidente electo.

Poco antes, mientras conversaban en el jardín, Aylwin le había informado que lo designaría como su vocero, a la cabeza del Ministerio Secretaría General de Gobierno, una de las tres carteras del comité político, el equipo que trabajaría codo a codo con el Presidente en La Moneda. Era la función más alta que un izquierdista tendría en la nueva administración. Correa, acostumbrado a influir desde un segundo plano, a ser el copiloto de quienes ocupaban la primera línea, pasaría a estar de pronto completamente expuesto. Más todavía: él, con su rostro moreno, su baja estatura, su ropa informal, sería la cara del primer gobierno democrático tras el golpe de 1973.

No lo había imaginado así.[1]

Quizás porque no estaba en su naturaleza y realmente lo abrumaba, quizás como un acto reflejo aprendido desde que tenía dificultad para recitar en el liceo, trató de persuadir a Aylwin en ese último instante en que el Presidente electo esperaba para cerrar el portón. "Ya se va a acostumbrar", le respondió este, zanjando el asunto.

"La verdad es que siempre he sido un poquito tímido", explicaba Correa meses después. Y calificaba como "una leyenda" la idea de que él prefería "estar detrás del trono sin brillar",[2] pese a los muchos momentos de su trayectoria en que había optado por esa posición en que se influye sin ser enteramente responsable ante el público por lo obrado.

Como todo político profesional que llega a la cima, lo que hizo entonces fue construir un personaje acorde con esa responsabilidad. Un Enrique Correa ministro que, tal como diría en una entrevista,

---

1 Délano et al., 2021.
2 Mónica González, "Enrique Correa Ríos, ministro secretario general de Gobierno: 'Hay libertad para todos, pero no para la sedición'", 1990.

tenía bastante del Correa en privado, sin ser exactamente el mismo: "En cualquier cargo público uno tiene que construir un personaje para el público, para la gente, que tiene que cumplir la función para la cual ha sido designado. (…) Naturalmente ese personaje tiene mucho de mí. Pero también tiene cosas construidas para cumplir la función. En general, soy bastante más suelto, más liberal que ese personaje".[3]

Para resguardar su privacidad y la de su familia, pero sobre todo para darle vida al cargo, el Correa de las cámaras y declaraciones de palacio iba a ser más circunspecto y tradicional, menos apasionado y siempre atento a vadear los campos minados de la transición a punto de iniciarse.

*

La designación de Fernando Enrique Correa Ríos en el gabinete y, en particular, en el comité político –el corazón del gobierno– produjo sorpresa en el mundo socialista. "Un año antes nadie habría apostado a que sería ministro", resume un militante. Según ha contado Correa, él aspiraba a seguir siendo escudero de Boeninger como subsecretario de la Secretaría General de la Presidencia, la cartera que con toda seguridad lideraría el consejero estratégico de Aylwin.[4] Había buenas razones para eso. Una era la cercanía entre ambos. Otra, que Correa no contaba con un órgano partidario: hasta hacía poco militaba en el declinante MAPU y se había sumado al Partido Socialista recién el 29 de diciembre de 1989, dos semanas después del triunfo de Aylwin, cuando se concretó la reunificación de esa colectividad. Un paso indispensable para integrar el gabinete.

Aylwin, sin embargo, optó por Correa para ministro. Era el izquierdista en el que más confiaba; lo consideraba "el más aylwinista de los socialistas", como comentó por esos días en privado. Le parecía, además, que era una insensatez concentrar a sus dos hombres más eficientes en un mismo ministerio.[5] Y, muy importante, Correa provenía de una corriente que, aunque renovada, se ubicaba en el ala izquierda del PS: era cercano a Clodomiro Almeyda y tenía sintonía política con dirigentes como Germán Correa y Ricardo Solari, arquitectos del

---

3   Eduardo Olivares, "¿Y ahora qué?", 1994.
4   De la Cruz y García, 1990.
5   Germán Correa, quien asumiría en la cartera de Transportes, dice haber escuchado esa versión en esos días, de parte de un testigo directo.

275

acople entre el almeydismo y la DC. Todo eso aumentaba su atractivo. Si uno de los principales desafíos de la nueva administración era consolidar y proyectar a la Concertación de Partidos por la Democracia, la coalición que descansaba en el entonces novedoso eje DC-PS, Correa era el político adecuado. Si ese pacto funcionaba, sería histórico.

"Aylwin y su gente consideraban que era clave conseguir nuestro apoyo, que fuéramos parte estable de la coalición de gobierno", explica un exdirigente del PS-Almeyda. "Ellos entendían que era valorable tener una fuerza política anclada en la izquierda, con influencia en el mundo sindical y en el movimiento estudiantil. Ellos hicieron una lectura muy sofisticada de la realidad y de largo plazo. Y nosotros hicimos un buen acuerdo con ellos".

El nombramiento de Correa, eso sí, descolocó a los socialistas renovados. Un exdirigente de ese sector recuerda que fue recibido como un golpe: "Correa tuvo un ascenso exitoso en el que dejó fuera a los principales competidores. Ninguno de nosotros fue llamado al equipo político". Y agrega que el nuevo vocero obtuvo un doble éxito: se convirtió en el principal articulador entre Aylwin y la izquierda, y marginó de La Moneda al sector renovado del PS, entonces liderado por Ricardo Núñez.

"Teníamos claro que íbamos a entrar a La Moneda Enrique, Gonzalo Martner[6] y yo", rememora el socialista Ricardo Solari. "Lo sabíamos de mucho antes. Era como mantener el mismo equipo". Y agrega: "A Enrique le daba un poco lo mismo ser subsecretario con Boeninger o ser ministro, porque el Ministerio de la Presidencia iba a ser una cosa muy grande. Pero la solución fue virtuosa".

Sorprendido o no, en esos días de enero de 1990 el futuro vocero no alcanzó a comprar ropa adecuada a su nuevo cargo, y en las semanas entre la elección y el cambio de mando siguió usando jeans, zapatillas o pantalones que no combinaban con sus chalecos. Su equipo más cercano lo ayudó a elegir su nueva vestimenta y a encontrar una buena barbería donde se cortó el pelo y recortó la barba.

La mañana del 11 de marzo llegó a los jardines de Cerro Castillo –la residencia oficial de descanso de los presidentes en Chile–

---

6 Militante de la Juventud Socialista y luego del MIR durante la Unidad Popular, después del golpe fue parte de los socialistas que promovieron la renovación. En 1988 integró el Comando por el No y en 1989 se sumó a la campaña de Patricio Aylwin. Entre 1990 y 1994 fue subsecretario de Desarrollo Regional y Administrativo.

vestido con un terno gris oscuro, camisa blanca, corbata azul marino con pequeños cuadrados blancos y zapatos negros, para participar en las actividades previas a la ceremonia de cambio de mando, fijada para las 12:15. Arribó acompañado de Verónica (con quien se casaría un año después, el 13 de marzo de 1992). De espaldas al Pacífico, posó en la foto oficial de Patricio Aylwin con su gabinete.

Más tarde, en el salón de honor del Congreso Nacional, en Valparaíso, se produjo el hito más conmovedor de la jornada: Gabriel Valdés, el flamante presidente del Senado, le tomó juramento como Presidente de la República a Patricio Aylwin; el general Augusto Pinochet se sacó la banda presidencial e instantes después Valdés le terció la faja tricolor a Aylwin, en medio de un contundente y emocionado aplauso.

Pinochet dejó el salón del Congreso pleno y vino la ceremonia de juramento del nuevo gabinete: uno a uno, los ministros caminaron hacia la testera para asumir formalmente sus cargos. Al finalizar, cada uno se acercó para estrechar la mano de Aylwin. Cuando llegó el turno de Correa, el mandatario se inclinó y, con una ancha sonrisa, le dio un fuerte apretón de manos. Además, se permitió un gesto solo para él: le dio un par de palmetazos en el hombro izquierdo. "Fue distinto a los otros. Parecía que quería abrazarlo. Fue un saludo más paternal, muy cercano", describe un asistente a la ceremonia. El nuevo vocero respondió con sonrisa cómplice y ojos achinados.

Al final, los veinte ministros –todos hombres, todos protagonistas de algún pasaje de la historia reciente del país, muchos de ellos antiguos adversarios– formaron una hilera frente al mandatario. A la izquierda de Correa estaba su primo Germán, nuevo ministro de Transportes y Telecomunicaciones. Entonces recordaron las polvorientas calles de Ovalle, el liceo fiscal, la plaza y sus discusiones políticas adolescentes. Los años duros. A sus familias y a sus amigos. A los que seguían vivos y a los que no. "¿Te imaginas qué dirían nuestros padres si nos vieran aquí a los dos juntos?", preguntó Germán.

Pasadas las ocho de la noche, ya en Santiago, Correa y Boeninger dejaron el palacio camino del Teatro Municipal, donde se ofrecería un concierto de gala en honor a las delegaciones extranjeras. Así relató la revista *Apsi* el trayecto a pie de los dos secretarios de Estado:

La gente los reconoce, caen bien. Los aplauden a rabiar, los saludan, los besan. A Boeninger una señora le pasa una guagua y él la saluda rozándole la nariz, un beso esquimal. Correa saluda a la gente y está en eso cuando un hombre, proletario como el que más, sudadísimo, camisa afuera, le grita, a cinco metros de distancia: "¡Guatón!". Correa se da vuelta, lo ve, se le acerca, le da un gran abrazo de oso, y le dice "cómo estái, qué ha sido de tu vida". Luego ambos siguen su marcha.[7]

Del hombre no sabemos más; en cuanto a Correa, a sus cuarenta y cuatro años iba camino al cénit de su carrera.

*

Cuando el 9 de enero de 1990 Patricio Aylwin hizo pública la composición de su gabinete, se insistió mucho en el carácter suprapartidario del equipo. Lo cierto es que consiguió convocar a ministros de su confianza cuidando los equilibrios políticos de la naciente coalición de gobierno. De los veinte integrantes, nueve eran democratacristianos, cinco socialistas, uno PPD, dos radicales, un militante del Partido Alianza de Centro (PAC), otro del Partido Socialdemocracia Chilena (PSD) y un independiente.

Entre los socialistas, además de Enrique Correa, fueron nombrados su primo Germán, uno de los principales dirigentes del PS-Almeyda; Luis Alvarado, del sector renovado, en Bienes Nacionales; Carlos Ominami, ex MIR, también renovado y –muy importante– laguista, quien llegó a la cartera de Economía, Fomento y Reconstrucción, y Jaime Tohá, socialista histórico, ministro de Salvador Allende, a la cabeza de la Comisión Nacional de Energía. Ricardo Lagos, el presidenciable del sector y único representante del PPD en el gabinete, recaló en Educación.

Entre sus camaradas democratacristianos, Aylwin designó a varios pesos pesados en cargos sensibles: a Enrique Krauss en Interior, a Patricio Rojas en la compleja cartera de Defensa y a Francisco Cumplido en el Ministerio de Justicia, que era clave. Con ellos tres compartía una larga historia, marcada por la lealtad política y la amistad. Se sumaba, en la Secretaría General de la Presidencia, Edgardo Boeninger, su principal consejero. De una generación democratacristiana más joven, provenientes de la Corporación de Estudios para Latinoamérica (Cieplan), estaban Alejandro Foxley, ministro de Hacienda y jefe del equipo económico, y René Cortázar, titular de Trabajo. Jorge Jiménez de la Jara en Salud, Sergio Molina

---

7   *APSI*, "Ministros, emociones y televisión", 1990.

en Planificación y Juan Hamilton –otro viejo amigo de Aylwin– en Minería encabezarían carteras sectoriales.

Se añadían los radicales Enrique Silva Cimma en la portentosa Cancillería y Juan Agustín Figueroa en Agricultura, además de Carlos Hurtado (PAC) en Obras Públicas, el independiente Alberto Etchegaray en Vivienda y René Abeliuk (PSD) en la Corporación de Fomento de la Producción (Corfo).

A partir de esta conformación se constituyeron dos núcleos de poder cercanos a Aylwin. El de sus amigos y aliados históricos –Krauss, Rojas, Cumplido– y el tándem Boeninger-Correa, el que había revivido la carrera política de Aylwin, quien llegaba a la Presidencia a los setenta y un años con victorias, derrotas y culpas. Esa dupla, además, tendría mucha sintonía con el equipo económico encabezado por Foxley, otro núcleo de peso (y, en muchos casos, el más influyente).

Desde un inicio, Correa tendría un rol moderador en el gobierno. Uno que, a la larga, desarmaría los prejuicios con que fue recibido por la elite socioeconómica y los militares, aun a costa de chocar con su propio mundo y, en no pocas ocasiones, con el mismo Aylwin. Y es que, en general, el Presidente encarnaba el espíritu de la prudencia. Salvo, claro, cuando él mismo lo subvertía.

El Aylwin que llegó a La Moneda estaba consciente de sus limitaciones y, también, de su historia. Como relata el periodista Rafael Otano, "había cargado durante muchos años con la historia más pesada y culposa de toda la DC".[8] A él le había tocado encabezar ese partido en 1973 como representante del sector más derechista, en un contexto en que el expresidente Frei Montalva, de quien Aylwin era un aliado, estaba convencido de que no había más salida a la crisis que un golpe de Estado que derrocara a Salvador Allende.[9] La DC y el Partido Nacional, además, habían promovido el acuerdo de la Cámara de Diputados que declaró inconstitucional la acción del gobierno de Allende, el que más tarde fue apuntado por los golpistas como un llamado a la sublevación.[10] El hecho es que, según su propio relato,

8 Otano, 1995, 221.
9 Cavallo y Serrano, 2013. Ante esa consulta el propio Aylwin responde: "Creo que [Frei] no veía más, aunque nunca me lo dijo".
10 Aylwin refuta esa interpretación: "Niego que la intención de ese texto haya sido provocar un golpe. (…) En mi mente no estuvo llamarlos [a los ministros militares que entonces integraban el gabinete] en cuanto mandos superiores de las Fuerzas Armadas, sino en cuanto ministros de Estado. Me parecía que lo leal era

el golpe de Estado lo impactó. Y lo afectó la brutal represión que vino después, así como la inacción del Poder Judicial.[11] Otano precisa:

> Todo fue confuso y decepcionante en los siguientes cuatro años. La colaboración que se les permitió a los militantes democratacristianos con el gobierno castrense hasta 1977, no puso freno a los atropellos. Más bien les proporcionó un involuntario aval. La esperanza inicial, en la que llegó a creer Eduardo Frei Montalva, de que el poder fáctico constituyera un corto paréntesis hacia una salida constitucional, demostró ser un espejismo para ingenuos. La dictadura se reforzaba, se espesaba. El PDC dio marcha atrás ante su mayúsculo error de cálculo.[12]

El historiador Nicolás Cruz ha escrito que "el año 1973 permanece en la memoria de Aylwin como el tiempo del quiebre, de la duda y del remordimiento".[13] Tres años después el abogado dejó la presidencia del partido, que funcionaba en los hechos pese a que las colectividades políticas estaban proscritas. Aylwin estaba derrumbado anímicamente. "Entró en una especie de depresión", aventuró Andrés Zaldívar,[14] quien lo sucedió al mando de la DC cuando Aylwin se retiró de la política y se dedicó al ejercicio de la profesión con su hermano Andrés. Aunque en 1978 retomó su actividad en la DC, ni él ni nadie imaginó que diez años después tendría la oportunidad de conducir la campaña que derrotó a Pinochet y, un año más tarde, ganar la Presidencia.

Era su oportunidad de resarcirse. Y ya instalado en La Moneda estaba decidido a reparar, aunque fuese parcialmente, la tragedia del pasado. Así, en su primer mes en La Moneda tomó la decisión más trascendental de su gobierno: crear una comisión para conocer la verdad sobre las violaciones a los derechos humanos con resultado de muerte cometidas entre el 11 de septiembre de 1973 y el 11 de marzo de 1990. Documentar, oficialmente, el horror de la dictadura. Y exponerlo. Quince años después, Correa relataría que fue una decisión personal del Presidente. "La primera vez que la conversó con sus

---

decirle al Presidente: 'Corrija, señor'. Y a los otros: 'Ustedes han entrado para evitar estas cosas'". Cavallo y Serrano, 2013.
11 Cavallo y Serrano, 2013.
12 Otano, 1995, 222.
13 "Prólogo", en Cavallo y Serrano, 2013.
14 Cavallo y Serrano, 2013.

X EL MIEDO AL MIEDO

ministros no lo hizo como una propuesta o a modo de pregunta, sino que lo planteó como una decisión".[15] Lo cierto es que el proceso fue más complejo. Y, en un principio, él y Boeninger se opusieron.

"Tengo muy claro que ésa fue fundamentalmente una iniciativa mía. Yo creí que era necesario y el primer esfuerzo que tuve que hacer fue convencer a mis colaboradores; ni Edgardo Boeninger ni Enrique Correa creían que fuera una buena decisión, pero me entusiasmé y me fui convenciendo que era el camino para abrir puertas", recordaría el mandatario.[16]

Boeninger y Correa contaban con un equipo de asesores con los que se reunían los lunes en la tarde. La creación de la comisión fue uno de los primeros temas en discutirse: "Había mucha discrepancia sobre esto. Correa y Boeninger eran muy escépticos porque creían que era un riesgo gigantesco. Si hay algo que decidió Aylwin con su alma fue eso", recuerda un participante. A esos encuentros asistía la historiadora Mariana Aylwin, la mayor de los cinco hijos del mandatario, y una de las personas que redactaban sus discursos. Al ver que el debate se prolongaba, intervino: "Mariana Aylwin dijo que no sabía por qué seguíamos discutiendo sobre la comisión, si el Presidente ya tenía una decisión tomada", dice un participante de esos encuentros.

El jefe de gabinete de Aylwin, Carlos Bascuñán, señala que Boeninger y Correa creían que la comisión iba a generar tensiones extra con los militares en un momento de mucha inestabilidad. "Pero Aylwin, tal vez muy sensibilizado por José Zalaquett, tenía clarísimo lo que pasaba y se la iba a jugar de todas maneras".[17] Y agrega: "Esa es una de las diferencias que siempre hubo con Edgardo y Enrique, que siempre veían la cuestión desde la perspectiva de lograr una gestión eficiente y exitosa, frente a otros que perseguían lo mismo, pero anteponiendo los principios".

---

15 Daza, 2016.
16 Bitar y Lowenthal, 2010.
17 El abogado José Zalaquett, Premio Nacional de Ciencias Sociales 2003 y Premio Nacional de Derechos Humanos 2016, integró el Comité Pro Paz y la Vicaría de la Solidaridad, donde trabajó en la defensa de los derechos de los perseguidos por la dictadura hasta que en 1975 fue detenido por la DINA y en 1976 fue expulsado del país. En el exilio se sumó a Amnistía Internacional, que llegó a presidir. En 1990 integró la Comisión Verdad y Reconciliación. Falleció en 2020.

Boeninger confirmaría en el futuro que no empujó la iniciativa.[18] "No fui un actor principal de eso", dijo. El estratega le temía demasiado a una regresión autoritaria. Con la derecha, el empresariado y los militares aliados en un bloque opositor de facto, había fijado como prioridad mantener el crecimiento y los equilibrios fiscales, lo que también era una máxima del equipo económico. Boeninger, Foxley, Ominami y otros, entre ellos Correa, estaban marcados por la reciente experiencia del Presidente Raúl Alfonsín, quien en 1983 había conducido en Argentina el primer gobierno democrático tras la dictadura más cruenta de su historia. Alfonsín había creado una comisión para establecer la verdad de los horrores, cuyo trabajo sirvió para condenar a los principales mandos de la dictadura;[19] sin embargo, debió afrontar varios alzamientos castrenses, firmó una ley de punto final para poner fin a los juicios contra exmilitares y, debilitado, dejó el gobierno anticipadamente, en junio de 1989, carcomido por la hiperinflación.

Con el fantasma argentino planeando sobre La Moneda, Aylwin dejó en manos de Boeninger y el equipo económico la conducción en esa área –mucho más liberal que el Presidente–, pero decidió llevar adelante la Comisión de Verdad y Reconciliación. Con los años Boeninger catalogaría esa decisión como "una genialidad" y su resultado como "el mayor logro del gobierno".[20] En el gabinete, además del apoyo y la complicidad del ministro de Justicia, Francisco Cumplido, el Presidente contó con el respaldo de Krauss y Rojas. Y en la intimidad, tuvo el apoyo de su hermano Andrés, abogado defensor de derechos humanos, quien había sido electo diputado en 1989.

¿Por qué Correa, el único ministro del comité político que había sido un perseguido directo de la represión, que provenía de la izquierda que la dictadura se había propuesto aniquilar, que tenía amigos detenidos desaparecidos o ejecutados políticos, como José Weibel o Exequiel Ponce, no compartió desde el principio esta cruzada moral del Presidente?

---

18 Boeninger especificó: "Lo de la Comisión Rettig fue una obra absolutamente de Aylwin, con los consejos de Pancho Cumplido, su ministro de Justicia". Serrano, *La igual libertad de Edgardo Boeninger*, 2009, 180-181.
19 Martín Prieto, "Pasajero de una pesadilla. El juicio de Buenos Aires, en su recta final", 1985.
20 Cavallo y Serrano, 2013.

Así como Aylwin cargaba con culpas y remordimientos, Correa padecía el trauma de haber azuzado una revolución para terminar cayendo de bruces en la más trágica de las derrotas. "Fuimos una generación que fracasó en el propósito de transformar al país de arriba a abajo, que fue lo que nos animó desde que ingresamos a la vida política", afirmaba.[21] El ministro veía la de 1960 como la década de la "utopía celestial" y la "radicalidad", en que "cada uno era dueño de la verdad y en donde cada cual creía tener el cielo al alcance de las manos. Nadie estaba dispuesto a renunciar a algo para conquistar de una vez la utopía celestial. Toda discusión era una batalla y cada batalla una guerra".[22] Sobre el golpe militar, decía: "Precisamente porque no olvido nunca que todo pasó, es que más aprecio la segunda oportunidad que tenemos y más lucho por que no la perdamos".[23]

Con un par de décadas más en el cuerpo, en Correa ya no palpitaba el arrojo, sino la prudencia. Si ahora estaba en el centro del poder era porque se había reconciliado con viejos adversarios. Y porque había contribuido al surgimiento de la coalición política más amplia en la historia nacional, dejando de lado desconfianzas y cuentas pendientes. Además, había sido engranaje de dos campañas que triunfaron apelando a la alegría del reencuentro de un país que para él era "como un cuerpo enfermo que va sanando poco a poco, que no puede tener emociones demasiado fuertes".[24] Hacía ya un rato que Correa había cambiado las utopías por el pragmatismo, algo que, como se verá, se acentuó durante el gobierno.

Eso sí, seguía moviéndolo uno de sus motores vitales: la trascendencia. Y en frente suyo había otro camino para pasar a la historia, uno que debía recorrerse con paso calmo.

Visto así, crear una comisión para investigar los crímenes más graves de la dictadura era pedir más de lo deseable. Afiebrar a un país convaleciente. Mal que mal, el comandante en jefe del Ejército seguía siendo Augusto Pinochet y muchos de los responsables de estos crímenes eran altos oficiales. Eugenio Tironi trabajaba diariamente con Correa y recuerda la oposición del vocero, de Boeninger, Foxley y la suya propia: "Aunque frente a un Presidente uno no dice no de

---

21 Mönckeberg, 1989.
22 Viviana Candia, 1990.
23 M. González, 1990.
24 Ibíd.

frentón, arrastrábamos los pies, éramos renuentes. Sentíamos que teníamos una agenda demasiado recargada: teníamos problemas súper severos con la economía; al Ejército muy activo, intranquilo y nervioso. Y no se veía una amenaza directa por el lado de la exigencia de venganza o de violencia terrorista por parte de las víctimas o los hijos de las víctimas. No nos parecía que tuviese ni la urgencia ni la importancia que Aylwin le daba".

El Presidente convocó personalmente a los integrantes de la instancia, que fue presidida por el abogado Raúl Rettig. Junto a Cumplido, fijó sus objetivos y límites. Y la noche del 24 de abril de 1990, un mes después de asumir, anunció por cadena nacional la creación de la Comisión para la Verdad y la Reconciliación, que en un plazo máximo de nueve meses debía entregar un informe sobre la noche más oscura de la historia de Chile desde la guerra civil de 1891.

*

El staff formal del Ministerio Secretaría General de Gobierno estaba integrado por políticos de fuste y representantes de distintos partidos, respetando los equilibrios políticos. El vicepresidente de la DC, Edgardo Riveros, asumió como subsecretario. Aunque no eran cercanos, Correa y Riveros se conocían desde los 60 –cuando el primero encabezó la JDC– y en el exilio se toparon con alguna frecuencia en Bonn, la capital de la República Federal Alemana, donde Riveros hizo un magíster.

Por sugerencia de Riveros, el DC Enzo Pistacchio fue nombrado a la cabeza de la Dirección de Organizaciones Sociales. Licenciado en Filosofía, tenía una larga trayectoria como dirigente, había sido vicepresidente de la Asamblea de la Civilidad y tenía experiencia en el trabajo territorial. A ellos se sumó Nelson Ávila, entonces militante radical y yerno del canciller Silva Cimma, quien quedó a cargo de la Dirección de Asuntos Administrativos.

Una repartición clave para Correa era la Secretaría de Comunicación y Cultura (Secocu), que reemplazaría a la infame Dinacos, el órgano censurador de la dictadura. A su cargo quedó el sociólogo PPD Eugenio Tironi, quien había sido uno de los cerebros de la campaña del No. Con treinta y ocho años, era un complemento para el vocero: venía de una familia históricamente DC, pertenecía a la clase media alta –había estudiado en el Saint George's College, donde su madre era bibliotecaria, y luego en la Universidad Católica–, como

jefe exterior del MAPU-Garretón se había radicado en París en los 70
(y no detrás del Muro), y después de haber integrado la mitad más
izquierdista de su partido durante la UP había sido un temprano promotor de la renovación socialista. A diferencia de Correa, y aunque
en el pasado había sido más izquierdista que él, Tironi cumplía las
reglas no escritas de pertenencia a la elite en un país clasista.

Desde el primer momento se transformó en un socio clave de
Correa para delinear la estrategia comunicacional de un gobierno
que tenía como tarea primordial consolidar la democracia y subor-
dinar al poder militar. Para esto, un centro neurálgico de la nueva
administración estaría en la Secretaría General de Gobierno, donde
se generarían lazos con los medios –en particular, con los que habían apoyado la dictadura y ahora estaban en la oposición– para que
la voz de la nueva administración fuese escuchada en los circuitos
de toma de decisiones y por la opinión pública en general. Correa y
Tironi se dispusieron a dar batallas comunicacionales en las que enfrentarían a la derecha, el empresariado y, especialmente, al Ejército,
en una suerte de guerra fría en la que el primer gobierno democrático
no podía aparecer debilitado ni horquillado por los poderes fácticos,
pero tampoco podía poner en riesgo la transición.

Respecto del Ejército, en particular, existía una dificultad objeti-
va: según la Constitución, el Presidente no contaba con la facultad de
remover a los comandantes en jefe y Pinochet había dejado claro que
permanecería en el cargo hasta 1998.[25] Correa y Tironi empezaron a
trabajar en el diseño de la Secocu en enero, dos meses antes de asumir.
Y ya en febrero tuvieron que ensayar una primera respuesta a Pinochet,
quien, a sus setenta y cuatro años, comenzaba a delinear los contornos
de la "democracia protegida". Primero en Antofagasta y después en
Coyhaique, el general anunció –como si contara con la autoridad para
hacerlo– que él se entendería directamente con Aylwin y no con el futuro ministro de Defensa. "Son meros secretarios del Presidente", dijo
en el sur sobre los ministros. Sobre Patricio Rojas señaló que "no tiene
grado [militar]" y, por lo tanto, "no tiene mando".[26]

---

25 El 22 de diciembre de 1989, cuando Aylwin visitó a Pinochet en La Moneda tras
    triunfar en las elecciones, le pidió al general que considerara la posibilidad de dar
    un paso al costado. Era una oportunidad única: como aún no asumía el cargo, podía
    enfrentar un rechazo sin debilitar la autoridad presidencial. Pinochet dijo que no.
26 Patricio Rojas, *Tiempos difíciles. Mi testimonio*, 2013, 112.

Ese nombramiento había irritado a las Fuerzas Armadas. De todos los integrantes del gabinete, Rojas era de los pocos que tenía experiencia en altos cargos (en tiempos convulsos, además): había sido ministro del Interior de Frei Montalva, posición desde la que en 1969 enfrentó el "Tacnazo" –la sublevación militar liderada por el general Roberto Viaux– y el asesinato del comandante en jefe del Ejército René Schneider, perpetrado un año después.[27] Además, poseía un carácter fuerte. "Tenía fama de ser un hombre duro y realmente lo es; cuando lo quiere, no es precisamente una persona simpática", graficaba Aylwin.[28] La designación, diría Correa treinta años después, "perteneció a las designaciones propiamente presidenciales". Boeninger y Correa, de hecho, recomendaron al ingeniero Alberto Etchegaray para ese cargo: era especialista en el tema, tenía un carácter firme y era dado a generar consensos. Pero cuando la dupla de consejeros puso ese nombre sobre la mesa, el Presidente electo dijo que no.[29]

"Frente a un acorazado, tenía que poner por lo menos un tanque", resumió Aylwin años después. "Pinochet no lo podía ver".[30]

Rojas se había propuesto hacer valer la institucionalidad sobre los militares. Y dio muestras de aquello desde temprano. En enero de 1990, al reunirse con el almirante Patricio Carvajal, entonces ministro de Defensa, para coordinar el traspaso de mando, el uniformado quiso entregarle ternas para las subsecretarías y Rojas las rechazó. "No las vamos a necesitar. Estos cargos son de exclusiva confianza del Presidente", le explicó.[31] Cuando el gobierno anunció que las cinco subsecretarías de Defensa quedarían en manos de civiles, la irritación se propagó entre los mandos castrenses. Y entre las reacciones de Pinochet estuvo el ninguneo a Rojas en el sur.

El martes 20 de febrero, un día después de que el comandante en jefe del Ejército desafiara al futuro gobierno desde Coyhaique, el equipo de Aylwin entregó una declaración pública.[32] En nueve párrafos se citaba la Constitución de 1980 y el reglamento orgánico del Ministerio de Defensa para enfatizar que "los comandantes en jefe

---

27 Íd., 65-74 y 100-103.
28 Cavallo y Serrano, 2013.
29 Délano et al., 2021.
30 Cavallo y Serrano, 2013.
31 Ibíd.
32 Oficina de prensa del Presidente electo Patricio Aylwin: "La Constitución define a las FFAA como dependientes del Ministerio de Defensa", 1990.

de las Fuerzas Armadas (…) dependerán directamente del Ministerio de Defensa Nacional". El texto, con un título en mayúsculas en dos líneas –imitando un titular– y un primer párrafo como resumen, destacaba en negritas la palabra "directamente". Los firmantes importaban tanto o más que el contenido: Edgardo Boeninger y Enrique Correa, que empezaban a rayarle la cancha a Pinochet.

Eran los primeros embates de una guerrilla que marcaría a la nueva administración, y ante la cual el equipo aylwinista mostró unidad y disposición. En el futuro, estos enfrentamientos serían cada vez más complejos. Y, pese a ser el representante de la izquierda en el comité político, Correa se mostraría muy receptivo ante los alegatos de Pinochet y sus hombres.

*

La noche en que Patricio Aylwin anunció la creación de la Comisión Verdad y Reconciliación, ya sabía que a Pinochet le había disgustado la idea. Este suspendió sus vacaciones en Bucalemu, citó a su alto mando y pidió que el Presidente lo recibiera ese mismo día. Pero en La Moneda le respondieron que el ministro Patricio Rojas podía reunirse con él al día siguiente.[33] Pinochet intentó entonces forzar una reunión del Consejo de Seguridad Nacional (Cosena) –la instancia que abría un espacio de cogobierno entre civiles y militares–, pero no consiguió el apoyo de la Armada, la Fuerza Aérea ni Carabineros.

Luego Aylwin lo recibió en La Moneda. El general se quejó. Un día después, el jefe de Estado almorzó con el resto de los comandantes en jefe (por el Ejército asistió el general Hugo Salas Wenzel) y hubo más reclamos. Raúl Rettig decidió entonces reunirse con el mayor general Jorge Ballerino, jefe del Comité Asesor del comandante en jefe del Ejército, una entidad que en los hechos era el brazo político de Pinochet. La idea del jurista era escuchar y aplacar los temores de los militares: la Comisión no pretendía –ni podía– juzgar a nadie, pero sí tenía la tarea de establecer la verdad histórica sobre las más graves violaciones a los derechos humanos y el Ejército podía colaborar en ello.

Ballerino recibió a Rettig en dos ocasiones: primero en privado, en su casa,[34] y luego en público, en las oficinas del Comité Asesor en

---

33 Cavallo, 1998, 23-24.
34 Ibíd.

Bandera 52. Al terminar, la Comandancia en Jefe del Ejército dio a conocer un texto sobre sus "aprensiones institucionales"respecto de la comisión. Los seis puntos del comunicado entraban, uno tras otro, en el terreno de la deliberación. Era un claro desafío.

Al día siguiente, Aylwin se reunió con Krauss, Boeninger, Correa y Rojas en su casa en Providencia. Dos horas después, el vocero de gobierno respondió: "El gobierno se manifiesta sorprendido del tenor de esta declaración, de clara tonalidad política y que, por tanto, no corresponde hacerla a una institución militar como es el Ejército de Chile". Dos días después Rojas citó a Pinochet a una reunión con el Presidente Aylwin en La Moneda. El general llegó unos minutos antes y entró a pie, entre pifias de los transeúntes. En el despacho presidencial, y frente al ministro Rojas, Aylwin reprendió al general. En privado, le dijo, podía expresarse con franqueza, pero en público el Ejército no estaba autorizado a opinar sobre las decisiones presidenciales.

Al retirarse, Pinochet salió en uno de los Mercedes Benz de su escolta desde el subterráneo del palacio presidencial. Pero antes culpó a Correa de haberle tendido una trampa a su llegada, al hacerlo caminar por la entrada de la calle Moneda, en medio del abucheo de la gente.[35] "Usted y ese de barba son los que organizan estas manifestaciones", le recriminó al jefe de gabinete Carlos Bascuñán. Este recuerda: "Se refirió a Correa con mucho desprecio".

Pinochet no sabía entonces que, de todos los miembros del comité político, el vocero era quien se había mostrado más comprensivo ante la reacción del Ejército, al punto de que a dos meses de inaugurado el gobierno cristalizaron dos enfoques sobre cómo lidiar con el flanco militar: el de Correa y el de Rojas. Mientras el primero consideraba que lo sensato era asumir que la institución tendrá un rol político durante un tiempo aún indeterminado, el segundo estaba convencido de que lo mejor era empujar al Ejército a cumplir su rol institucional. Boeninger se inclinaba hacia la postura de Correa.

En sus memorias, Rojas se detiene en este momento. Señala que a él le pareció que la declaración pública nacida en el Comité Asesor había sido "la primera, temprana e indebida manifestación

---

35 Según *La historia oculta de la transición*, en realidad Pinochet monta una escena: aunque al llegar la guardia de palacio bajó las cadenas para que los vehículos del Ejército pudieran ingresar al subterráneo, el general opta por bajarse y caminar. Cavallo, 1998, 29-30.

institucional del Ejército frente al funcionamiento de la Comisión Rettig". Y, según su recuerdo, en el comité político hubo unanimidad en considerarla deliberante. Pero hubo matices. *La historia oculta de la transición*, de Ascanio Cavallo, detalla la disidencia:

> [Correa] argumenta que es irrealista pensar que el Ejército no tendrá expresiones políticas; lo razonable es tratar de contenerlas, darles un cauce conocido. El ministro no llega a decirlo, pero en su fuero interno piensa que el Comité Asesor es este canal, y que en lugar de ser su enemigo, hay que tenerlo como amigo. No del todo fiable, pero amigo.[36]

Y es que Correa ya había creado una relación con Jorge Ballerino, jefe del Comité Asesor. En enero de 1990, el futuro vocero y Boeninger habían sostenido al menos tres reuniones con el mayor general que en las postrimerías de la dictadura ocupaba el cargo de ministro Secretario General de la Presidencia. Por una cuestión de personalidad, mientras Boeninger lo mantuvo a raya ("el mundo militar me resultaba muy distante; mientras menos milico hubiera, mejor"),[37] Correa conectó rápidamente con el uniformado.

Ballerino era parte de los generales "políticos". O un "hábil lobista del Ejército", como lo describía Cavallo ante funcionarios de la Embajada de Estados Unidos en Santiago.[38] Muy poco después del golpe había integrado el Comité Asesor de la Junta Militar, más tarde había sido edecán de Pinochet y luego jefe de la Casa Militar. A mediados de los 80, Pinochet lo había enviado como agregado militar a España, a vivir una suerte de exilio sin explicación clara. Hasta que después de la derrota en el plebiscito recurrió a él para ocupar el Ministerio que se haría cargo de organizar un repliegue ordenado desde La Moneda.[39]

Es posible que un incidente haya ayudado a que Correa y Ballerino se acercaran: el martes 30 de enero, como parte de las rondas entre los ministros salientes y entrantes, Correa asistió a una reunión con el último vocero de la dictadura, el coronel (R) y exagente de la

---

36 Cavallo, 1998, 32.
37 Serrano, 2009, 173. "Edgardo tenía una distancia completa con los militares. Y Ballerino le cargó", señala el exministro Ricardo Solari.
38 Embajada de Estados Unidos en Chile, "Discussion with 'La Epoca' editor Ascanio Cavallo", 1991.
39 Cavallo, 1992, 156-171.

DINA Cristián Labbé, un pinochetista acérrimo. En esa reunión, sin que el régimen hubiese entregado ninguna pista, Labbé le informó que la agencia de noticias ORBE había sido privatizada. Una sorpresa desagradable. Pero, además, "tuvo problemas graves en el trato con su nombrado sucesor (...) Labbé le hizo sentir a Correa la mala sintonía, lo trató desconsideradamente".[40]

"Él me recibió con particular hostilidad, aunque no peleamos", recordaría Correa. Entonces, el futuro vocero se quejó con Ballerino y tras esa conversación recibió un llamado del subsecretario de la cartera, Jaime García Covarrubias –también exagente de la DINA–, quien sí le entregó información útil para el traspaso de mando en el Ministerio.[41] El socialista no olvidó ese gesto.

Para la derecha, el empresariado y los militares, Correa era en ese momento un "comunista", con toda la carga negativa que el concepto engloba en esos círculos. Se agregaban sus orígenes provincianos, su aspecto y sus modales: era "de los Correa sin tierra" –como él mismo destacaba–, todavía se vestía con "un confuso atuendo de artesa"[42] y pronunciaba la *ch* como *sh*, detalle que en la clase alta se comentaba. Los que en ese mundo tenían alguna idea de su talento político le decían "el pebre". Y explicaban: "Picante, pero bien preparado".

"La mía –describía él– es una típica familia de clase media provinciana. Mi papá era asistente de un abogado, mi tío era contador... Con mis hermanos nos educamos en escuela fiscal".[43] Ballerino, en cambio, era un militar que se camuflaba perfectamente entre los más acomodados: según *Los hombres de la transición*, era socio del Club de Polo, jugaba golf, tenía asientos reservados en el estadio San Carlos de Apoquindo y vestía tweed inglés. "No tenían nada en común –apunta Ricardo Solari–. Ballerino tenía una autoimposición aristocrática, solemne. Y era muy doctrinario. Era un general de extrema derecha en el sentido intelectual, muy influido por la derecha española franquista, nacional y católica". Pese a esa distancia, notó el valor de Correa. Como un peligro ("es de los más renovados y por lo tanto de los más peligrosos", decía Francisco Javier Cuadra),[44] pero

40 Otano, 1995, 102.
41 Délano et al., 2021.
42 Otano, 1995, 102.
43 Raquel Correa, 1990.
44 De la Cruz y García, 1990.

también como un posible aliado. Y tras el desaire de Labbé, relata Otano, "se volcó empáticamente hacia el nuevo ministro".[45]

Correa también vislumbró en Ballerino una oportunidad: la de acercarse a los militares, una tarea en la que puso enorme energía. "Enrique se dedicó al frente militar con mucha pasión", apunta Solari. Boeninger amplió esa apreciación: "Encontró rápidamente una cierta relación con el mundo militar, se esmeró en hacerlo (...) Y Correa cumplió esa labor a la perfección".[46] "Ballerino era el mejor interlocutor que podíamos tener", sentencia el socialista José Antonio Viera-Gallo, el primer presidente de la Cámara de Diputados tras la recuperación de la democracia, quien conoció de cerca al mayor general y era entonces un muy cercano aliado de Correa.

Así, la relación formal con las Fuerzas Armadas quedó en manos del ministro Patricio Rojas. Pero, a través de un canal paralelo e informal, Correa y Ballerino llevarían las conversaciones más políticas durante todo el gobierno. Tras el cambio de mando, de hecho, se reunieron para abordar la postura del Ejército sobre la Comisión Rettig. Según uno de los documentos desclasificados por Estados Unidos sobre Chile, Correa confidenció que en ese encuentro el mayor general le dejó claro cuál era el límite para la institución: "Ballerino le dijo que el gobierno no debía tocar la Ley de Amnistía de 1978. Ballerino agregó, sin embargo, que 'pueden tener a [Manuel] Contreras'".[47]

La relación Correa-Ballerino desataría rencillas en el gabinete y terminaría con un fuerte choque entre Aylwin y el vocero. Pero, también, le otorgaría al ministro un aura de eximio negociador y el reconocimiento de los "poderes fácticos", cuestión que lo convertiría en uno de los hombres más influyentes del gabinete.

Una leyenda. Y como tal, mezcla de mito y realidad.

*

El miércoles 19 de diciembre de 1990, Correa estaba en la sede del Congreso, en Valparaíso, cuando fue alertado de que el Ejército había ordenado un Acuartelamiento Grado 1 de todo su personal.[48] El

---

45 Otano, 1995, 102.
46 Serrano, 2009, 173.
47 Embajada de Estados Unidos en Chile, "Memorandum of Conversation", 1991.
48 La crisis desatada por el "ejercicio de alistamiento y enlace" está relatada en detalle por Ascanio Cavallo en *La historia oculta de la transición* y por Rafael Otano en *Crónica de la transición*. La versión de Pinochet puede deducirse del relato de

gobierno no había cumplido un año y Pinochet lo amenazaba por primera vez con la fuerza militar, a través de un acto de insubordinación que años más tarde Edgardo Boeninger calificaría como "el momento más tenso de la transición".[49]

El origen de la crisis se remontaba a agosto de ese año. Ese mes, Aylwin había recibido un sobre anónimo con la copia de tres cheques por un total de $ 971 millones (US$ 3 millones) girados por el Ejército a nombre de Augusto Pinochet Hiriart, el mayor de los hijos del comandante en jefe. El pago se había hecho dos meses antes del fin de la dictadura, para comprar una empresa en quiebra. Los documentos quedaron al resguardo de Enrique Correa, pero luego pasaron a manos del ministro de Defensa, quien puso al tanto de la situación a un grupo de parlamentarios. Luego los cheques fueron filtrados a la prensa –con Rojas como principal sospechoso– y la Cámara de Diputados resolvió crear una comisión investigadora sobre los "Pinocheques".[50]

En las semanas siguientes, la comisión investigadora empezó a transformarse en una franca amenaza para Pinochet: la instancia citó a Augusto hijo a declarar. ¿Se darían los diputados por satisfechos con eso o, amparados en la nueva institucionalidad, requerirían también la presencia del jefe militar? Nada podía descartarse, pues había antecedentes de que el general Pinochet había estado al tanto de la cuestionada transacción. ¿Y la justicia penal? Difícilmente una causa contra Pinochet llegaría a puerto –la Corte Suprema estaba integrada por jueces afines a la dictadura–, pero si los "pinocheques" eran investigados por los tribunales, al menos en el papel el general podía ser procesado.

Pinochet envió, entonces, un mensaje casi irresistible al Ejecutivo: estaba dispuesto a dejar el mando del Ejército antes del plazo legal, fijado para el 11 de marzo de 1998. "Me lo transmitió Ballerino en el hotel Miramar", recordaría Correa en 2021, en una extensa entrevista con el periodista Óscar Sepúlveda. "Pinochet me mandó a decir a mí que él estaba dispuesto a acortar su mandato, irse de la Comandancia en Jefe, si el asunto de su hijo se resolvía". Ballerino

Gonzalo Vial en el segundo tomo de *Pinochet. La biografía*. También se han referido a ella Patricio Aylwin en varias entrevistas y en *El poder de la paradoja*, de Cavallo y Serrano; Edgardo Boeninger en *La igual libertad de Edgardo Boeninger*, de Margarita Serrano, y Patricio Rojas en su libro de memorias *Tiempos difíciles*.

49 Serrano, 2009, 173.
50 La "Comisión especial investigadora del giro de suma de dineros por el Ejército" se constituyó el 30 de octubre de 1990 y tuvo noventa días para realizar su tarea.

quiso hablar de plazos, pero Correa lo evitó. Dejó en claro que la iniciativa era del Ejército, no una presión del gobierno, que no tenía atribuciones para remover a Pinochet.[51] Según Correa, "le informé al Presidente y le recomendé que el ministro de Defensa llamara a Ballerino para que nos ratificara esas palabras".[52]

Pero la historia tiene más vericuetos: primero, Correa y Aylwin acordaron que el Presidente recibiera a Pinochet en su casa de Providencia, para que este explicitara la oferta.[53] El encuentro se concretó el martes 18 de diciembre de 1990. Entonces Pinochet alegó porque el gobierno no impedía que la prensa ventilara la investigación sobre los "pinocheques".

"Me están presionando demasiado...", se quejó el general. Y se marchó sin decir una palabra sobre su posible renuncia.[54] Desconcertado, Aylwin decidió institucionalizar el diálogo. "Aylwin era muy pillo", dice Eugenio Tironi. "Jugaba con dos trompos y se cambiaba de uno a otro en función de lo que iba ocurriendo". Esos trompos eran Correa, el canal informal con el Ejército, y el ministro Rojas, el interlocutor formal. Con este último se tendría que entender Ballerino desde ese momento en adelante.

¿Creía el gobierno que Pinochet estaba dispuesto a adelantar su salida del Ejército, en circunstancias en que la Comandancia en Jefe era su mayor fuente de poder y garantía de impunidad? Hay antecedentes que indican que un sector de La Moneda, en particular el equipo de asesores de Boeninger y Correa, pronosticaba que Pinochet se retiraría en un plazo no tan lejano. Ese era el análisis que en julio de 1990, cinco meses antes del recado de Pinochet, hacía la División de Estudios de la Secretaría General de la Presidencia, que contemplaba una "posible salida a retiro del Gral. Pinochet en 1994 [1993] para presentarse a la Presidencia de la República".[55]

---

51 Cavallo, 1998, 73.
52 Óscar Sepúlveda, "Enrique Correa: 'Pinochet amenazó con sacar tanques a la calle'", 2021.
53 Cavallo, 1998, 73; Otano, 1995, 153. Ambos autores coinciden en que, además del recado enviado por Pinochet por el canal Ballerino-Correa, el presidente y senador de Renovación Nacional Sergio Onofre Jarpa le transmitió un mensaje similar al Presidente.
54 Ascanio Cavallo y Marco Robledo, "Toda la verdad sobre el acuartelamiento", 1990.
55 "Informe de análisis", 1990. El documento contiene un análisis sobre las relaciones con las Fuerzas Armadas y se refiere a las "pugnas internas" ante esa posible

Tiempo después, según consta en un documento desclasificado por Estados Unidos, el propio Correa le señaló al consejero político estadounidense Alejandro Wolff que "el general Pinochet tenía la intención de permanecer en la Comandancia en jefe por dos años más", es decir, hasta 1993. El memorando sobre la conversación agrega: "Esto irritó al gobierno ya que significaba que dejaría el cargo cuando terminara el mandato del Presidente Aylwin. La coalición gobernante quería que Pinochet se jubilara antes, lo que le permitiría dar vuelta la página simbólicamente sobre la era de Pinochet, así como nombrar a su sucesor".[56]

Otro documento desclasificado indica que Aylwin también creía que Pinochet tenía la intención de postularse en las elecciones de diciembre de 1993, lo que lo obligaba a renunciar antes a la jefatura militar. Eso le transmitió a George H.W. Bush en la reunión que sostuvieron en diciembre de 1990, a raíz de la visita del Presidente de Estados Unidos a Chile. Un memo sobre lo conversado por los jefes de Estado señala: "El Presidente preguntó si Pinochet competirá por la Presidencia en democracia y Aylwin respondió que cree que Pinochet tiene una ligera esperanza de hacerlo".[57]

Si Aylwin, Correa y Boeninger creían que Pinochet podía dejar anticipadamente el Ejército y así renunciar a su mayor escudo para evitar a la justicia, Patricio Rojas tenía serias dudas. Así lo hizo ver en el comité político. "Yo tuve la completa e íntima convicción –escribe en sus memorias– que se trataba de una jugada más de un personaje militar conocido (…). Además, yo había aprendido a esas alturas que, por formación militar, el general Pinochet sabía manejar muy bien la máxima del actuar militar: 'sorpresa y engaño'".[58] Pero Rojas perdió la pulseada y primó el optimismo. Tanto así que ni Correa ni Boeninger siguieron la recomendación de los asesores de la Secretaría General de la Presidencia respecto de qué camino seguir en las relaciones cívico-militares. Un informe de octubre de 1990 de la División de Estudios indicaba explícitamente lo siguiente:

---

salida. El informe distingue tres grupos interesados en sucederlo: los políticos (o edecanes), los DINA-CNI (vinculados a los aparatos represivos de la dictadura) y los profesionales (o institucionales).
56 Embajada de Estados Unidos en Chile, "Memorandum of Conversation", 1991.
57 U.S. Department of State. "Summary of Bush-Aylwin one-on-one during the President's visit to Santiago", 1990.
58 Rojas, 2013, 156.

a. Exclusión del objetivo de desalojar a Pinochet de la Comandancia en Jefe.

Lo que sí hay que obtener es la subordinación institucional de éste y de su rama, de acuerdo con la Constitución y las leyes.[59]

"No íbamos a ir a una confrontación total, pero había unanimidad en explotar el descrédito de Pinochet y el uso de su cargo en beneficio de su familia. Había que hacer eso", explica un cercano a Correa que participaba en las reuniones de cada lunes. "Era una presa muy atractiva. Era la cabeza de Pinochet", enfatiza Eugenio Tironi.

Así, después de recibir el mensaje del militar, el gobierno entró en ese terreno minado. Ballerino y Rojas se reunieron en dos ocasiones el miércoles 19 de diciembre de 1990, en el Ministerio de Defensa. El corazón de un potencial acuerdo era el siguiente, según un documento secreto de Estados Unidos:

> El gobierno intervendría para morigerar las investigaciones sobre (...) un sospechoso negocio del Ejército con el hijo de Pinochet. También actuaría para moderar las conclusiones y el impacto de la Comisión Nacional Verdad y Reconciliación (Rettig) sobre abusos a los derechos humanos durante el régimen militar. A cambio, los intermediarios de Pinochet y quizás el mismo Pinochet, habían indicado la disposición de Pinochet a retirarse en algún momento de 1991 o principios de 1992.[60]

Pero súbitamente el diálogo se descarrió. Según Ballerino, Rojas puso un plazo taxativo e inflexible para la salida del comandante en jefe: el 15 de abril de 1991. Pero Rojas explicaría después que él nunca fijó un plazo, aunque sí quiso "precisar fechas posibles de retiro del general Pinochet" y le señaló al mayor general que "toda renuncia debía tener fecha cierta".[61] Correa secunda la versión de Rojas. Según él, Ballerino le ratificó a Rojas la intención de Pinochet, pero lo que vino fue algo muy extraño: "Cuando el ministro le hizo una pregunta obvia: '¿Y cuándo sería? ¿A qué llama el general Pinochet 'acortar' su

---

59 División de Estudios de la Secretaría General de la Presidencia, "Informe de análisis", 1990.

60 Embajada de Estados Unidos en Chile, "December 19 Army Alert: Political Scorecard", 1990.

61 Rojas, 2013, 158.

mandato?', Ballerino le respondió: 'Usted me está presionando'y salió de la reunión diciendo que el gobierno había presionado por la salida de Pinochet. O fue un invento de él o una trampa del Ejército".[62] Los hechos posteriores reforzarían la tesis de la trampa.

Ballerino telefoneó a Correa, quien seguía en el Congreso. Según este, le entregó una "versión confusa"sobre lo que el Ejército iba a hacer: "Yo no entendí bien si me estaba hablando de 'acuartelamiento' o de 'ejercicio de enlace', mencionó las dos frases a la vez".[63] Pero el ministro no midió la gravedad de lo que escuchaba: esa misma tarde, Pinochet ordenó un acuartelamiento militar.

Mientras el personal del Ejército a lo largo del país se presentaba en sus cuarteles, Correa se comunicó con Boeninger desde el Congreso, para advertirle. Boeninger llamó entonces a Rojas y Ballerino.[64] En el único contacto con el mayor general después de iniciada la movilización, Boeninger le hizo ver su gravedad. Ante las quejas de Ballerino por las presiones en torno a la renuncia de Pinochet, el ministro las descartó.[65] A las nueve de la noche, Correa partió a Santiago. Antes, hizo a la prensa una de esas afirmaciones que se lanzan esperando que sean ciertas: "Cualquiera sea la situación que se haya producido, creo que podemos decir al país con toda tranquilidad que no existe condición política ni social alguna para que el proceso democrático en el que todos los chilenos estamos empeñados sufra interrupción alguna".

Una hora y media después, el ministro llegó a la residencia de Aylwin, a una reunión de emergencia en la que participaban los ministros del comité político y los presidentes de la Cámara de Diputados y el Senado. Pinochet había sorprendido al gobierno con la guardia baja. ¿Qué pretendía? José Antonio Viera-Gallo, presidente de la Cámara, recuerda que esa noche se le reaparecieron los peores fantasmas: "Tuve la sensación de la precariedad completa de la transición".Y agrega: "Me acuerdo como si fuera hoy cuando Aylwin le pide a Patricio Rojas que llamara a la Armada, para saber si también se habían insubordinado.Y entonces él marca y, por suerte, la respuesta fue no". Tampoco la Fuerza Aérea ni Carabineros se habían sumado. Era un alivio. El Ejército estaba solo. Pero, ¿por cuánto tiempo?

62 Sepúlveda, 2021.
63 ÁlvaroValenzuela, "Enrique Correa responde, a fondo, los argumentos de la acusación constitucional", 1998.
64 Serrano, 2009, 173.
65 Cavallo, 1998, 78.

Veinticinco años después, Correa calificaría ese trance como "el día más peligroso" del gobierno de Aylwin.[66] Según Boeninger, pese a todo, hubo acuerdo en que el movimiento "no tenía destino". En el gobierno concordaron en que, aunque el Ejército planteaba muchas demandas, lo central eran los "pinocheques". Pinochet estaba usando al Ejército como un escudo personal.[67]

Tarde esa noche, las partes llegaron a acuerdo. Se consensuó una fórmula para enmascarar la insubordinación: se informaría que esa rama castrense había ordenado un "ejercicio de seguridad, alistamiento y enlace" previsto en su reglamento, tal como comunicó después el ministro Rojas.[68] Segundo, Ballerino y Rojas se juntarían temprano al día siguiente para volver a conversar. La renuncia de Pinochet ya no estaba sobre la mesa. La aparente ventaja del gobierno había sido un espejismo.

*

De lunes a viernes, a las ocho de la mañana, el equipo de Correa se reunía con él, que ya había revisado la prensa y hecho algunos llamados que a veces despertaban a sus interlocutores. En ese encuentro participaban el subsecretario Edgardo Riveros, Eugenio Tironi, la periodista Verónica Ahumada, Enzo Pistacchio, Nelson Ávila, los asesores Jorge Donoso y Eugenio Lahera, la jefa de gabinete Marcela Noé y el asistente del ministro, Nelson Correa, quien usualmente tomaba nota. En esa instancia analizaban la prensa. Ponían especial atención a *El Mercurio, La Tercera* y *La Segunda*, pues ahí encontraban mensajes del Ejército: el director de *La Tercera*, Héctor Olave, por ejemplo, era cercano a los militares, al igual que la columnista de ese periódico María Eugenia Oyarzún, quien hablaba directamente con Pinochet.

Tras detectar cuáles serían los temas del día, el equipo listaba las preguntas que podían surgir y definían los conceptos que buscarían instalar en cada caso. La reunión debía durar una hora, pero solía alargarse hasta las diez de la mañana, cuando oían la marcha de los carabineros que se dirigían al cambio de guardia.

Además de llegar muy temprano, el ministro solía irse tarde de palacio; tenía muy poca vida social, un rasgo que acentuaría con

---

66 Daza, 2016.
67 Serrano, 2009, 173-174.
68 "Inventaron que era un ejercicio de enlace para no violar la ley", diría Correa años después. Daza, 2016.

los años. Correa era trabajólico y muy exigente con su equipo. Fuera de las cámaras seguía siendo un ansioso por la "solucionática", pero sus rabietas rara vez trascendían. En medio de una crisis, Correa y Tironi solían reunirse también con Bascuñán. Y en ocasiones se sumaba Boeninger (o Correa lo consultaba). "Esos eran momentos de extrema tensión, en que le dábamos vuelta al asunto y discutíamos sobre las palabras que íbamos a usar", recuerda Tironi. Al final, agrega, pedían el visto bueno del Presidente.

El 19 de diciembre de 1990, el día del "ejercicio de enlace", partió lo que Tironi define como una "guerra de inteligencia" para influir en la interpretación que los medios harían sobre lo ocurrido. Esa noche el Ejército fue eficiente al filtrar su versión: el ministro Rojas había provocado la crisis al pedir la renuncia de Pinochet, por lo que esperaban su salida, y el acuartelamiento tenía por finalidad "exigir el término de 'una campaña de desprestigio contra la institución y su comandante en jefe'".[69] La Moneda, por su parte, hacía lo posible por transmitir que el país vivía una situación de "normalidad" y, mediante trascendidos, aclaraba que una posible renuncia de Pinochet había surgido desde el Ejército.

En términos comunicacionales, había sido una mala jornada para el gobierno: ante la sorpresa por el alzamiento hubo reacciones sin mayor coordinación. Pero el jueves 20 el Ministerio Secretaría General de Gobierno, la Secocu y Presidencia se habían repuesto y el norte fue reforzar la autoridad presidencial, simbolizada en la permanencia de Rojas en Defensa. Ese día, temprano, el ministro sostuvo una tensa reunión con Ballerino: le informó que Aylwin esperaba a Pinochet a las once de la mañana en La Moneda. El general llegó al palacio presidencial en medio de pifias y gritos de "¡asesino, asesino!". Aylwin lo recibió junto a Rojas. Le pidió explicaciones. Pinochet se ciñó al libreto sobre el "ejercicio de enlace" y a la salida dijo: "Nosotros no tenemos por qué avisar de los ejercicios al gobierno".

En La Moneda sabían que al militar le irritaba sobremanera ser citado por el Presidente. Y lo usaban como arma, aunque con cautela. "Para Pinochet era el máximo castigo que se teatralizara su subordinación a Aylwin. Eso lo negociábamos: la hora, las condiciones, por dónde entraba Pinochet. Y esto lo hacíamos milimétricamente", explica Tironi. Apenas terminaban esos encuentros, continúa, "Aylwin

69 *La Tercera*, "Acuartelado el Ejército", 1990.

informaba a Boeninger y a Correa hasta el más mínimo detalle sobre lo que había pasado". Dónde se había sentado Pinochet, qué había dicho, con qué palabras exactas. "Y Correa corría a su oficina, donde nos juntábamos y elaborábamos rápidamente una declaración, porque el que golpeaba primero golpeaba dos veces. Y el que tenía la sensibilidad sobre esto era Correa".

Ese jueves 20, horas después de terminada la insubordinación, tanto el Ejército como el gobierno entregaron comunicados. El de la institución castrense indicaba que a las diez de la mañana el Alto Mando había puesto fin al "ejercicio de seguridad, alistamiento y enlace (…) el cual alcanzó en plenitud los objetivos perseguidos". Y agregaba que "accediendo a una invitación" de Aylwin, Pinochet le había dado a conocer las conclusiones obtenidas tras el acuartelamiento. Las palabras del comunicado del gobierno eran otras: el Presidente "requirió al comandante en jefe" y el general "explicó" que se trataba de un ejercicio militar "que no tenía ninguna significación extrainstitucional". Además, como parte de estos "juegos de guerra", el gobierno hacía ver que Aylwin había recibido al jefe militar acompañado por el ministro de Defensa.

Tironi describe que en estas escaramuzas comunicacionales tanto La Moneda como el Comité Asesor de Pinochet quedaban pendientes de la reacción de su adversario. "Teníamos un 'teléfono rojo': ustedes nos van a pegar un pencazo, nosotros les vamos a devolver otro pencazo, hagamos una evaluación de daños antes de seguir", explica. En esos casos los interlocutores eran el propio Tironi, por La Moneda, y el brigadier general Jaime Concha, por el Ejército. O Correa y Ballerino, si la crisis escalaba. Las conversaciones eran muy versallescas, muy diplomáticas. "Todo era tácito", cuenta el entonces director de la Secocu. "No es que uno iba a ir a conversar con ellos para decirles 'nos ha parecido completamente impropia la declaración que han emitido', sino que 'mira, estuvo bien, pero quizás tuvo algunos adjetivos de más' o 'produjo algún grado de intranquilidad'. Y de vuelta nos decían 'sí, mira, iba a ir mucho más lejos' o 'quizás nosotros no nos dimos cuenta de'…".

A esto se sumaba el rol de Correa como vocero. Ese jueves, el ministro leyó el comunicado y no aceptó preguntas. Solo dijo: "Lo importante es que la autoridad del Presidente ha quedado firmemente establecida".

Correa era un hábil vocero. Un integrante de su equipo resume así sus capacidades: "Era muy directo en la vocería, entregaba la 'cuña'. Él sabía qué decir para las radios, para la televisión y para la prensa escrita. Lo esencial, para la TV. Algo un poco más elaborado, para la radio. Y la información de contexto, para la prensa escrita. Les hacía fácil el trabajo a los periodistas de cada área". Además, transmitía calma y certidumbre. O eso intentaba. Entre los periodistas de La Moneda circulaba una broma sobre su estilo: "Un periodista le pregunta a Correa: 'Ministro, ¿cuál es su opinión sobre el golpe de Estado registrado ayer?' 'Bueno, eso está dentro de la normalidad'".[70]

La tarea de Correa incluía conversar *off the record* con los periodistas. Y, dependiendo del tema, con editores y directores de medios. Esa labor se la repartía con Tironi –con muy buenos contactos en *El Mercurio*, pues había sido compañero de colegio de Juan Pablo Illanes, hombre de confianza del dueño del diario– y el subsecretario Riveros. Cuando ocurría un choque con el Ejército, como el del "ejercicio de enlace", competían en despliegue con el Comité Asesor dirigido por Ballerino. "Ambas partes conversábamos con los periodistas y editores, y ejercíamos toda nuestra capacidad de persuasión para explicar nuestros argumentos a los medios", recuerda Tironi.

El viernes 21 de diciembre de 1990, Correa dio una conferencia de prensa donde se hizo cargo de los trascendidos que señalaban que, en el marco del "ejercicio de enlace", Pinochet le había pedido a Aylwin que frenara la investigación de los "pinocheques" en la Cámara de Diputados. Sin mediar una pregunta sobre el tema, afirmó:

–El criterio del gobierno es claro: todas las cosas deben seguir su curso constitucional. El gobierno no puede, y si pudiera no lo haría, interrumpir el curso de una investigación en la que está involucrado un poder como es el Parlamento. Nadie le ha pedido eso al gobierno.
–O sea que…
–Ningún político de oposición, ningún senador, ningún diputado, ningún presidente de partido ha planteado la necesidad o siquiera la posibilidad de que la investigación de la Cámara se interrumpa.
–¿Y el Ejército lo ha pedido?
–No creo que el Ejército pudiera pedir nada en relación a un poder del Estado.

---

[70] Nelly Yáñez, "Correa: 'Gobierno mantendrá estabilidad a toda costa'", 1990.

Todo eso era una cortina de humo y contradecía lo que realmente estaba pasando. Aylwin había cambiado de trompo nuevamente.

*

Patricio Rojas quedó desgastado tras el "ejercicio de enlace". *Sotto voce*, el Ejército pedía su salida; lo mismo hacían voceros informales de Pinochet, como el coronel (R) Labbé.[71] Y aunque Aylwin dejó en claro que contaba con su confianza, reservadamente volvió a ordenarle a Correa que se hiciera cargo de la interlocución con el Ejército.

"Rojas llevaba las relaciones formales. Pero las que necesitaban algún grado de negociación, de auscultación, de tensión o de conversación para ver si se podía hacer o no, las llevaba Enrique Correa", explicaría Boeninger.[72] Los dos ministros tenían personalidades y estilos muy distintos. "Rojas era un personaje muy severo, muy seco, muy directo, de pocas palabras. Un poco precipitado para hablar. Bastante autoritario. Enrique era un poeta, un cortesano, una persona mucho más sofisticada", describe Tironi. Bascuñán complementa: "Aylwin tenía, por un lado, a Rojas, que iba con la brutalidad que todos le conocemos, la pesadez que todos hemos sufrido, y por el otro lado estaba Correa, con esta cosa media señorial y palaciega, que se avenía muy bien con Ballerino".

A Rojas los militares lo detestaban porque tenía paralizadas muchas decisiones administrativas en las Fuerzas Armadas, como el gasto militar, que se ejecutaba por la vía de decretos del Ministerio. "Pero a él no le entraban balas. Iba a matrimonios de militares, nadie lo pescaba, pero iba igual", describe un cercano a Correa. "Rojas era *improcesable* para nosotros. Pero no recuerdo que la tensión entre ambos [con Correa] haya sido un incendio que quemó algo demasiado relevante", señala una alta autoridad del gobierno de entonces.

Un alto funcionario de La Moneda de esa época tiene un recuerdo distinto. Señala que a Rojas le molestaba que Correa invadiera sus atribuciones: "Rojas y Correa tuvieron encontrones fuertes por eso. Rojas se quejaba de que Correa daba opiniones a personeros del Ejército que diferían de lo que él estaba haciendo". Un exfuncionario de alto rango en Defensa lo resume así: "Aylwin, que era intuitivo,

---

71 *La Tercera*, "No hay negociación sobre renuncia de Pinochet", 22 de diciembre de 1990.
72 Serrano, 2009, 172.

hizo bien en nombrar a Rojas. Es cierto que era atarantado, pero era valiente. Y era pesado: se le achoraba a Pinochet, que no lo podía gritonear. Por eso al final lo evitaba". Sobre el contraste con Correa, dice: "Correa, en cambio, era un seductor".

Tironi no recuerda choques directos entre Correa y Rojas. Asegura, además, que el vocero nunca trató de minar la autoridad del ministro de Defensa, pues estaba avalada por Aylwin: "Nunca hay que olvidar que Correa es muy institucional y muy presidencial". Pero explica que, además de las diferencias de carácter, había contrapuntos de fondo sobre cómo enfrentar el flanco militar: "Rojas era bastante principista en términos del control civil sobre las Fuerzas Armadas, poco dado a estas relaciones medias grises, a estas negociaciones informales". En ese terreno gris, Correa se movía a sus anchas. El ministro se reconocía como un negociador desde siempre.[73] La misma tarde de diciembre en que comenzaba el "ejercicio de enlace", en una entrevista que dio en su auto mientras viajaba desde Valparaíso a Santiago, definía así su estilo: "Creo que la delicadeza en política es un elemento importante. La política no solo es un asunto de contenido, sino también de forma. La lealtad, la verdad y la delicadeza son virtudes muy importantes y yo quisiera comportarme de acuerdo a esos criterios, y siempre he tenido que hacer un esfuerzo muy grande para ser lo más sutil posible, porque creo que lo más grave en política es apuntar y disparar al bulto".[74]

Más adelante, mencionaba las tres cualidades que reconocía en un buen negociador: "Uno, saber distinguir lo fundamental de lo accesorio. Dos, reconocer siempre que el otro también tiene que ganar, que el negociador que está al frente también es un socio. Y, tres, distinguir la razón de la pasión". Boeninger parecía resumir todo esto en dos rasgos que veía en Correa: "Creo que él tiene una especial capacidad de seducir y de encantar a la gente. Escuchaba muy bien".[75]

En los días posteriores al acuartelamiento Correa se dispuso a escuchar. La petición de Ballerino fue clara: liquidar la investigación de la Cámara sobre los "pinocheques". ¿Qué significaba eso? En lo inmediato, frenar el impulso adquirido por la comisión presidida por el diputado Jorge Schaulsohn hasta antes de la amenaza del Ejército. En *La igual libertad*, Boeninger recuerda que el gobierno decidió

---

73 M. González, 1990.
74 De la Cruz y García, 1990.
75 Serrano, 2009, 173.

pedirle a Schaulsohn, fundador y diputado del PPD, que "desactivara la investigación". No era algo tan sencillo. No solo porque el gobierno estaba pasando a llevar el principio de la independencia entre los poderes del Estado –el mismo que Correa reivindicaba públicamente–, sino porque Schaulsohn era un político peculiar para esa época: en los 70 había realizado sus estudios secundarios y universitarios en Estados Unidos y desde 1980, cuando regresó a Chile, se había revinculado al Partido Radical, colectividad a la que renunció tres años después. Cercano a Ricardo Lagos y Sergio Bitar, ambos con pasado en el radicalismo, había sido fundador del PPD. Por lo mismo, tenía vínculos tenues con los grupos históricos de la Concertación.

"Schaulsohn era un personaje rarísimo. Era un diputado muy importante e influyente, inteligente, rápido, con capacidad de comunicación. En sus manos esto era una bomba", resume un cercano a Correa. "Entonces, ¿quién podía hablar con él? ¿Quién podía amenazarlo y decirle 'si no nos ayudas, tu carrera política llega hasta aquí, me vas a tener de enemigo toda la vida'? Correa, pues".

El vocero habló con Schaulsohn. "Accedió de inmediato y paró la investigación", confidenció Boeninger años después,[76] algo que Correa se ha negado a admitir públicamente.[77] Según *La historia oculta de la transición*, en las semanas siguientes el ministro le dijo al diputado que el Presidente pedía que el informe de la comisión fuese unánime. Para monitorear la redacción del texto, Correa se instaló en el Congreso y usó la oficina del presidente de la Cámara para conversar con los redactores.[78]

Crónica de la transición describe incluso que "los detalles últimos del documento final de la comisión fueron negociados por celular" entre Ballerino y Correa. La investigación concluyó que una posible responsabilidad administrativa –y no penal– recaía en Pinochet Hiriart, algo que, según Viera-Gallo, Ballerino permitió: "La única preocupación que me manifestaba en forma clara y reiterada

---

76 Serrano, 2009, 174.
77 En 1998 y en 2021 dio extensas entrevistas sobre el "ejercicio de enlace" y el "boinazo". En dos de ellas negó haber intervenido y en otra pasó el tema por alto. Álvaro Valenzuela, "Enrique Correa responde, a fondo, los argumentos de la acusación constitucional", 1998. Alejandra Fiabane, "Siempre entendimos que el Estado no iba a enjuiciar a Pinochet", 1998. Óscar Sepúlveda, "Enrique Correa: 'Pinochet amenazó con sacar tanques a la calle'", 2021.
78 María Eugenia Camus, "Rojas vs Correa", 1993.

el general Ballerino era sobre la situación personal del general Pinochet, no así de su hijo Augusto".[79] Y aunque durante la investigación surgieron antecedentes que involucraban a Pinochet padre, la comisión no profundizó en ellos y en el informe no hubo mención a la responsabilidad del comandante en jefe. A cambio, tampoco lo liberó expresamente de responsabilidad.

Ciñéndose a las características que Correa reconocía en una negociación, ¿qué había sido lo fundamental y qué lo accesorio? Siete años después, Boeninger dio esta explicación: "El Ejecutivo optó por pagar el precio de frenar la investigación legítima y necesaria de estos casos para no poner en riesgo su estrategia global de transición y específica en relación a las Fuerzas Armadas". Para Boeninger, fue una renuncia en nombre de la ética de la responsabilidad, que compartió totalmente, "aunque, a diferencia de otras concesiones propias de la construcción de consenso, me resultó extraordinariamente dolorosa por su peculiar naturaleza y abusivas circunstancias".[80] En 2009 agregaría que eso "fue suficiente para que todo lo demás quedara en el tintero, todas las otras exigencias se desvanecieron, y Pinochet se satisfizo con esa banalidad".[81] El jefe militar había asegurado impunidad para él y su familia; no así una ley de punto final para impedir las investigaciones judiciales por casos de violaciones a los derechos humanos y corrupción.

¿Y qué había ganado Correa? Antes incluso de cumplir un año en el gabinete, era una de las estrellas del equipo. "El poder del ministro Correa: para muchos el hombre político del año", titulaba *La Segunda* dos días después del "ejercicio de enlace". "Ministro, ¿cambió usted o cambió el país?", le preguntaba *El Mercurio* tiempo después, en una entrevista dominical. Atrás habían quedado los prejuicios sobre el barbón de provincia "comunista" y "artesa"; ahora era valorado por la derecha y los militares; y, por extensión, por el empresariado, donde el pragmatismo siempre ha sido moneda dura. "Aylwin debería levantarle un monumento, porque Correa es un hombre indispensable en el gobierno", decía el diputado de la UDI Andrés Chadwick, uno de los redactores del informe sobre los "pinocheques". El RN Alberto Espina, que había cumplido el mismo rol, opinaba: "Él maneja muy bien las relaciones humanas (…).

---

79 José Antonio Viera-Gallo, *El compromiso*, 2014.
80 Edgardo Boeninger, *Democracia en Chile. Lecciones para la gobernabilidad*, 1997, 410.
81 Serrano, 2009, 174.

Nunca exacerba las diferencias, es una persona siempre accesible y que plantea las cosas con mucha franqueza". Un senador designado por Pinochet señalaba: "El ministro ha mostrado ser un hombre que respeta su palabra. Y eso es muy importante para los militares".[82]

La valoración que militares y empresarios hacían de Correa se resume en esta apreciación de un exministro de Pinochet: "Por su paso por Filosofía y su paso por el Seminario, Correa es un clásico, no un innovador. Forma parte de una cultura que tiene ciertas reglas básicas sobre cómo es la política: un plano de hechos reales, en los cuales hay que tratar de plasmar las ideas y valores, pero con suficiente tacto como para no romper el sistema".

Se veía que Correa tenía buenas razones para cultivar su vínculo con Ballerino. El gobierno no solo tenía un interlocutor adicional en el Ejército, para tratar aquellas materias más políticas, sino que Correa se volvía indispensable. "Él reforzaba esa relación, porque le daba poder", dice un exdiputado del PS cercano a él. En esta posición de poder, sin embargo, en los hechos el ministro fue por momentos funcional a la estrategia de Pinochet de usar el miedo como arma de presión, tal como quedaría patente más adelante. Al respecto, el exdiputado señala: "Ballerino lo amenazaba y Correa nos asustaba. Y decíamos 'aceptemos lo que nos dice el gobierno'. No estoy diciendo que todo fuera una locura, había base, pero hubo variantes que ni siquiera estudiamos, porque nos daba miedo".

La evaluación privada del gobierno sobre el "ejercicio de enlace", de hecho, no fue halagüeña. El "Informe de análisis" de la División de Estudios del Ministerio Secretaría General de la Presidencia del 21 de diciembre, dos días después de acuartelamiento, planteó lo siguiente:

> Los acontecimientos militares de la semana han puesto de manifiesto que el principal problema político que ha debido enfrentar el gobierno en su primer año ha sido el de la reestructuración de las relaciones con el Ejército, en el contexto más amplio de una transición de suyo compleja. Ellos también son demostrativos de que la permanencia del general Pinochet en la Comandancia en Jefe del Ejército aparece como uno de los principales obstáculos en el proceso de normalización de dichas relaciones.
>
> El problema planteado involucra simultáneamente dos cuestiones:

---

82 Todas las citas del párrafo provienen de De la Cruz y García, 1990.

a. El establecimiento de relaciones de subordinación jerárquica de las FF.AA. respecto del nuevo gobierno y de las demás instituciones democráticas del Estado; y

b. La investigación, y eventual sanción de los actos ilícitos ocurridos bajo el régimen anterior, tanto en lo que se refiere a las violaciones de derechos humanos como a delitos funcionarios o económicos. (…)

En la medida que ambas cuestiones se han mantenido en cuerdas separadas, es el gobierno el que ha ganado, avanzando en su propia estrategia de normalización de relaciones con el Ejército y de reinserción democrática de este último. En cambio, cuando ambas cuestiones tienden a confundirse, es el gobierno el que pierde, contribuyendo, en los hechos, a fortalecer la posición de Pinochet.

Eso era exactamente lo que había ocurrido cuando Aylwin y su equipo, incluido Correa, aceptaron conversar sobre una posible renuncia de Pinochet a la Comandancia en Jefe. Ahí estaba el error, señalaba el informe:

Junto con mantener las dos cuestiones planteadas en cuerdas separadas, debemos mantenernos en el curso prefijado de estricto apego a la Constitución, lo que significa, en el caso de Pinochet, *no insinuar siquiera el tema de su renuncia*.[83] Lo anterior, bajo la premisa de que su desgaste en la comandancia en jefe es inevitable y, en definitiva, una cuestión de tiempo.

(…)

Cada vez que hemos creído que Pinochet está lo suficientemente débil como para precipitar las cosas con miras a un desenlace determinado, hemos retrocedido en vez de avanzar en nuestra estrategia.

¿Quién se había equivocado, entonces? ¿Correa o Rojas? Con el paso del tiempo, Eugenio Tironi piensa que fue correcta la tesis de Rojas respecto de que el gobierno cayó en el juego de Pinochet al creer que su oferta de renuncia era sincera. "Así quedó registrado –dice–. Y creo que Correa también estaría de acuerdo con eso".

*

---

83 El destacado es nuestro.

"Reabren caso cheques del hijo de Pinochet". El titular principal de *La Nación* ese viernes 28 de mayo de 1993 sobresaltó al general, quien interpretó la portada como un ataque –otro más– de La Moneda. La noticia hacía referencia a la apertura de una investigación penal sobre los "pinocheques" a solicitud del presidente del Consejo de Defensa del Estado (CDE), Guillermo Piedrabuena. El abogado había enviado los antecedentes al Quinto Juzgado del Crimen de Santiago, a cargo del juez Alejandro Solís, el 24 de abril, y ya había consecuencias: "Ocho generales citados a declarar", informaba el diario estatal.

Irritado, Pinochet ordenó el acuartelamiento del Ejército por segunda vez desde el retorno a la democracia. Tal como a fines de 1990, esa mañana echó mano del miedo para obligar al gobierno a negociar bajo amenaza.

En La Moneda hubo desconcierto. Apenas unos días antes Correa se había reunido personalmente con Pinochet, quien no había expresado inquietud ni molestia por el asunto.[84] Ese miércoles en la mañana, de hecho, Correa se había embarcado en un avión de la FACh a Calama. Al hacer escala en Antofagasta recibió un llamado urgente del ministro del Interior, Enrique Krauss. "Vas a tener que volver a Santiago".[85]

Seis días antes el Presidente había iniciado una gira de dos semanas por los países nórdicos y Rusia, por lo que Krauss había asumido como vicepresidente. Y esa mañana era el único integrante del comité político en La Moneda: a la ausencia de Correa se sumaba la de Boeninger, quien acompañaba a Aylwin en su gira. Krauss se había enterado del movimiento militar mientras encabezaba una reunión del Comité Consultivo de Inteligencia.[86] Terminado el encuentro recibió a Ballerino –quien a fines de 1992 había sido ascendido a inspector general del Ejército–, acompañado del subsecretario de Guerra, Marcos Sánchez. Mientras esto ocurría, una cuadra al sur de La Moneda partía una reunión del cuerpo de generales, en el edificio de las Fuerzas Armadas en la calle Zenteno. Como habían recibido temprano la orden de acuartelamiento, algunos generales llegaron vestidos con traje de campaña, mientras el edificio era rodeado por comandos con boinas negras, uniformes camuflados, chalecos

84 Cavallo, 1998, 202.
85 Sepúlveda, 2021.
86 Respuesta de Patricio Aylwin al oficio N°54, 1998.

antibalas y armas de guerra como el lanzacohetes LAW. La escena se repetía en otros cuarteles del Ejército en la Región Metropolitana. Partía así el "boinazo", la segunda crisis grave entre el poder civil y el militar bajo el gobierno de Aylwin.[87]

Ballerino le dijo a Krauss que desde fines de 1990, tras el "ejercicio de enlace", existía el compromiso de impedir una investigación sobre los "pinocheques" y eso no se estaba cumpliendo. Peor, el diario gubernamental se jactaba de ello. Según relató Aylwin años más tarde, "en ese encuentro, dicho general requirió, de parte del comandante en jefe, una solución inmediata al problema de los cheques que afectaba a su hijo Augusto Pinochet Hiriart".[88] Además, exigió que *La Nación* se retractara de lo publicado ese día. Krauss se comprometió a solucionar ambas cosas. Y entonces contactó a Correa.

Veintisiete años después, en una extensa entrevista sobre el "boinazo", este recordaría que el vicepresidente no le dio muchas pistas sobre lo que ocurría, pero que él inmediatamente lo relacionó con el almuerzo que tuvo con Krauss, Boeninger y el Presidente antes de la gira presidencial. Según Correa, en esa cita Krauss comentó que el CDE preparaba una querella contra Augusto Pinochet hijo a raíz de los "pinocheques". "Ante eso, el Presidente Aylwin nos había hecho una clara definición de principios: igualdad ante la ley y no tener ninguna consideración al respecto (…). Esa era la única información que yo tenía", recordó Correa.[89]

Según su relato, en el viaje de vuelta a Santiago "venía pensando que después del 'ejercicio de enlace' había quedado claro que la posibilidad de presiones abiertas del Ejército sobre el Ejecutivo estaba muy limitada. Ese era el presupuesto sobre el que trabajábamos tanto el Presidente Aylwin como Krauss, Boeninger y yo. Si bien cuando llegamos al gobierno partimos más con el gobierno que con el poder –porque los militares retenían una cuota importante de este–, ahora nosotros entendíamos que ya habíamos logrado acotar eso".[90] Algunas de esas conclusiones eran certeras. La principal era que no había riesgo de golpe de Estado. Pero lo que encontró Correa al aterrizar en

---

87 Dos libros reconstruyen en detalle este episodio: *Crónica de la transición*, de Rafael Otano (1995) y *La historia oculta de la transición*, de Ascanio Cavallo (1998).
88 Respuesta de Patricio Aylwin al oficio N°54, 1998.
89 Sepúlveda, 2021.
90 Ibíd.

Santiago dejó en evidencia que otras premisas no lo eran: había que sofocar una nueva movilización militar. Y habría varias dificultades.

Tras reunirse con Ballerino, Krauss se comunicó con Aylwin cuando ya oscurecía en Copenhague. "¡Qué se han creído estos imbéciles!", gritó el Presidente, enojado de veras.

A cargo de resolver la crisis, Krauss decidió avanzar en el tema de más rápido despacho: *La Nación* tendría que publicar un informe de la Contraloría General de la República que descartaba irregularidades administrativas en el caso "pinocheques". La Moneda informó de esa decisión al diario. Poco después, el nuevo jefe del Comité Asesor de la Comandancia en Jefe del Ejército, el mayor general Jaime Concha, se comunicó con el subdirector de *La Nación*, Alberto Luengo, para discutir el titular del día siguiente. Luengo recordó el diálogo con el militar en una entrevista que concedió para un informe de Human Rights Watch:

–Y ahora hablemos del titular –le dijo Concha.

–¿Qué titular?

–El titular del diario.

–Pero eso no lo pone usted, lo ponemos nosotros –le respondió Luengo.[91]

"Y el titular que proponía era, no lo recuerdo exactamente, 'Ejército cumplió con la ley en el caso cheques'. El general Concha se despidió diciendo que hablaría con el gobierno y que me llamaría en una media hora", agregó Luengo. Según esta versión, los llamados que siguieron fueron de Krauss y Correa, quienes le indicaron que debía ceder. Pero el periodista respondió que lo que le pedían era inaceptable. "Acéptalo o no, pero ponlo", le dijo Correa. Luengo advirtió que no le quedaría más opción que renunciar. Y agregó que su equipo, integrado entre otros por los periodistas Mónica González y Manuel Salazar, también dimitiría.

Correa recordaría el episodio de un modo más benevolente consigo mismo: "Lo que estaba en cuestión en ese momento –aunque no era todo el problema– fue una llamada directa del Ejército a la dirección del diario *La Nación*, medio al que habíamos dado autonomía, pero que estaba sujeto a la autoridad del gobierno, para dictarle un titular ridículo que decía 'Ejército actúa conforme a la ley

91 Human Rights Watch, *Los límites de la tolerancia. Libertad de expresión y debate público en Chile*, 1998, 207.

en el caso cheques' (…). Hablé con Alberto y le dije que no podía haber ningún factor externo, ni el Ejército ni el gobierno, que influyera siquiera en la redacción de un titular, por lo que le sugerí que no volvieran a atender esas llamadas y que ellos resolvieran de acuerdo con los protocolos del periódico".[92]

Cuando esa tarde volvió a Santiago, se sumó a una reunión con Krauss y Rojas. Estaban, además, los subrogantes Belisario Velasco en Interior y Ricardo Solari en la Secretaría General de la Presidencia, además del subsecretario de Guerra. Ahí, ha dicho, se enteró de la negativa de Luengo y su equipo.[93] Krauss, Rojas y Marcos Sánchez estaban dispuestos a pagar el precio de una renuncia masiva en *La Nación* a cambio de aplacar la sublevación. Pero esa salida no funcionaba para el vocero. Una cuestión era que Luengo atendiera las "razones de Estado"a las que Correa había aludido explícitamente en su conversación. Otra, distinta, era que el gobierno interviniera tan bruscamente en el diario y, peor, que el Ejército escribiera el titular. "Por la misma puerta que se vaya Luengo me iré yo", advirtió.[94]

Al día siguiente, sábado 29 de mayo, la portada de *La Nación* aparecería con una fotografía de los boinas negras frente a La Moneda, un titular neutro ("Informe de Contraloría en caso cheques") y el subtítulo: "Despliegue militar por cita de generales".

*

En esas horas del viernes 28 de mayo, las más difíciles de su carrera política, el vicepresidente Krauss atendió también la petición central de Pinochet: le dio garantías a Ballerino respecto de que la investigación penal sobre los "pinocheques"quedaría en nada. Ese mismo día quedó trazado el trayecto hacia el cementerio donde se sepultaría la causa: la investigación pasaría a manos del juez Jorge Colvin, el caso sería prescrito y el CDE no apelaría. Un paso a paso que se concretó en los meses siguientes.[95] El movimiento militar, sin embargo, no

---

92 Sepúlveda, 2021.

93 Ibíd.

94 Otano, 1995, 314. En *Los límites de la tolerancia*, Luengo confirma la versión.

95 Según *La historia oculta de la transición*, el abogado Alfredo Etcheberry, el entonces director de Gendarmería Isidro Solís y el propio Krauss conversaron con el juez Alejandro Solís, titular del Quinto Juzgado del Crimen, para que se declarara incompetente, de modo de radicar la causa en el Segundo Juzgado del Crimen, a cargo del juez Colvin, más cercano a los militares.

llegó a su fin; al contrario, se prolongó por otros ocho aciagos días, en los que Correa cobró mayor protagonismo.

Entre la tarde del viernes 28 y el sábado 29 de mayo, Pinochet sumó demandas al petitorio inicial, pues ni ante el Ejército podía justificar ese acto de insubordinación solo por los "pinocheques". Pidió, entonces, tramitar una ley de punto final para los casos de violaciones a los derechos humanos –quizás la demanda más sentida entre sus hombres–, agilizar decretos, retirar del Congreso la reforma a la Ley Orgánica de las Fuerzas Armadas y más. Mientras tanto, el Ejército redobló sus demostraciones de fuerza. Algunas fueron públicas: Pinochet visitó unidades militares acuarteladas y helicópteros Puma sobrevolaron la capital. Hubo otras privadas: políticos oficialistas y de oposición transmitieron mensajes alarmantes sobre el ánimo de los generales, que mencionaban incluso las tres palabras más temidas: golpe de Estado.

Algunos militares empezaron a llamar a autoridades y líderes políticos para advertir que la situación era muy delicada.[96] A través de un intermediario, el entonces director de la Academia de Guerra, el coronel Juan Emilio Cheyre, hizo saber a La Moneda que, por órdenes de Pinochet, el Ejército analizaba varios escenarios militares, entre ellos cortar el país en 24 puntos, bloqueando las carreteras.[97]

Nadie en La Moneda pensaba que un golpe propiamente tal fuera una posibilidad cierta, pero sí cundía otra pesada preocupación: "Nosotros teníamos temor del temor. Nos molestaba que se instalara esa sensación en la sociedad chilena, ese sentimiento de extorsión", explica una alta autoridad de entonces.

El domingo 30, de hecho, cuando caía la noche en Lillehammer, Noruega, Boeninger planteó que Aylwin debía suspender su gira y retornar al país. El canciller y el jefe del gabinete se opusieron. "Tuvimos una pelea fuerte con Boeninger –recuerda Carlos Bascuñán–. Silva Cimma y yo teníamos claro que por ningún motivo podía regresar". El golpe a la imagen de la transición chilena sería demoledor.

En Chile, según un entrevistado, Correa coincidió con Boeninger. Pero Krauss y Patricio Rojas consideraron que era un error que la insubordinación militar alterara la gira.[98] Así, desde el extranjero, el

---

96 Sepúlveda, 2021.
97 Andrea Insunza y Javier Ortega, "El desconocido rol de Cheyre en el 'boinazo'", 2003.
98 Rojas, 2013, 215.

Presidente fijó un marco restringido para negociar con los militares. "Aylwin le mandó un mensaje perentorio a Krauss de que no cediera por ningún motivo ni le diera en el gusto en nada [a Pinochet], cosa que tuvo, parece, bastante complicados a Enrique Krauss y a Enrique Correa, que estaban solos en Chile. Porque no es lo mismo vivir la crisis con Aylwin instalado en La Moneda", recordó Boeninger años después.[99]

Krauss tomó la iniciativa: llamó a Pinochet para proponerle una reunión en La Moneda, con el ministro Rojas. Pinochet vetó el lugar y al acompañante. Krauss sugirió entonces a Correa. Pinochet aceptó y planteó reunirse en un regimiento, pero ante la obvia negativa de Krauss propuso la casa de Ballerino. El vicepresidente pidió unos minutos. Llamó a Correa. El vocero no opuso reparos. Y cometió así su error más vistoso como el ministro experto en el Ejército dentro del comité político.

No se trataba solo del simbolismo que implicaba que la mayor autoridad civil concurriera a la casa de un militar, un subalterno, bajo amenaza. También había un mal cálculo de poder: en el propio gobierno tenían claro que Pinochet se había ido debilitando al perder el control que ejercía en el Poder Judicial (vía Corte Suprema), en el Congreso (a través de los senadores de derecha y designados) y en el Cosena (el órgano originalmente considerado en la Constitución para habilitar el cogobierno con las Fuerzas Armadas).[100] Nada parecía justificar que la autoridad actuara tan a la defensiva.

Jorge Donoso, quien inicialmente fue asesor ministerial de Correa, presidía entonces el directorio de Televisión Nacional. Ese fin de semana conversó con el ministro varias veces. Le preguntó dónde se iban a reunir, "y no me quiso contar. Sabía que yo le iba a decir que era un error", recuerda.

"Todo esto le pareció bastante mal a Aylwin", contó Boeninger sobre la molestia del Presidente cuando se enteró de la reunión.[101] Tiempo después, Krauss comentó en privado que había confiado en el juicio de Correa, por la relación que este tenía con Ballerino. En 2016, Correa reconocería el enojo de Aylwin con él y con Krauss. "Nunca le gustó cómo condujimos el asunto. Tuvo mucho de negociación y eso a él lo complicaba".[102]

---

99 Serrano, 2009, 175.
100 División de Estudios de la Secretaría General de la Presidencia, "Informe de análisis", 1993.
101 Serrano, 2009, 174.
102 Daza, 2016.

"En esta coyuntura, Ballerino fue mejor negociador que Correa –resume un exasesor de Aylwin–. Lo hizo caer, lo engañó". Al recordar la tensión que se vivía en este nuevo "juego de guerra", Eugenio Tironi señala: "Aquí la cuestión se vivió con mayor radicalidad y peligro de como lo percibió Aylwin afuera. Fue una lectura atolondrada, de la que yo me hago cargo. Enrique, Boeninger, yo. Y varios más". Y agrega: "Creo que si tú hoy día le preguntaras a Correa, él debe estar arrepentido de esa reunión".

En 2021, en la extensa entrevista sobre el "boinazo", Correa explicaría que, antes que someterse a los deseos de Pinochet, aceptó el lugar de la cita para no seguir extendiendo el miedo en la ciudadanía, lo que consideraba un actuar más responsable. "Más allá de lo que se piense sobre la dictadura –quienes nos opusimos, por supuesto, tenemos un juicio terrible sobre ella–, para la gente común la dictadura fue un horror, un horror, y volver al horror produce pánico. Pinochet trabajaba sobre la base de ese temor, y eso era lo que nosotros teníamos que neutralizar".[103]

A ese encuentro, Pinochet llegó con uniforme de combate, pidiendo una ley de punto final y la salida del ministro Rojas y del subsecretario de Guerra Sánchez. Sobre el primer punto, Krauss señaló que Aylwin había descartado una nueva amnistía; sobre el segundo, que era una prerrogativa presidencial. En lo que sí concordaron fue en crear una mesa de trabajo para abordar otros temas, como las citaciones de militares a tribunales y la agilización de decretos relativos al Ejército. Al discutir quiénes serían los interlocutores, Krauss propuso a Rojas, pero Pinochet lo volvió a vetar. "Ese fue otro momento difícil –recordó Correa–. Pinochet no quiso. No tenía buena relación con Rojas, debido a que este nunca vaciló en su rol como autoridad de las Fuerzas Armadas". Krauss le propuso que Correa se reuniera con Ballerino en La Moneda, a partir de la mañana siguiente, para acercar posiciones.[104]

No era ningún secreto que, entre Rojas y Correa, Pinochet prefería al segundo. Aunque lo miraba con recelo, valoraba su flexibilidad y le reconocía talento político. Un exministro de la dictadura afirma que en las relaciones entre el gobierno y el Ejército había un vacío que Correa fue "hábil" en llenar: "Él ocupó el espacio de las confianzas

---

103 Sepúlveda, 2021.
104 Ibíd.

personales, el de la palabra empeñada, el de la seriedad de análisis, al punto de decirle a su contraparte 'esto es mejor presentarlo de otra manera'o 'esto no lo pueden decir', dando buenas razones".

En septiembre de 1991, de hecho, Pinochet había halagado públicamente al exmapucista: "Si lo hubiera conocido cuando era Presidente, lo habría nombrado ministro de lo que es actualmente: secretario general de Gobierno, porque es bastante hábil, inteligente y muy bueno para la dialéctica. Y da vuelta las cosas... Es muy asequible. Y es diablo. Tiene una facilidad de dialéctica salvaje".[105] Eso sí, nunca dejó de considerarlo un adversario. "No le gustaba porque Enrique y Edgardo habían intentado que dejara el cargo antes", explica un alto funcionario del Ministerio de Defensa de entonces. "Decía que era un pillín".

El domingo 30 de mayo de 1993, en la casa de Ballerino, Pinochet se lo dejó así de claro a Correa: "Cuando nos estábamos yendo, ocurrió un hecho singular, más divertido que dramático: Pinochet me pidió que me detuviera un segundo y me dijo: 'Usted es zorro y yo también. Tengo la pura cara de huevón, no más, así es que no me emboline a Ballerino'", contó el exministro en 2021.[106]

El vocero, por su parte, también había quedado impresionado con Pinochet a poco de iniciado el gobierno. Lo mismo le pasó a Aylwin. "Ellos se sorprendieron de la personalidad del tipo, porque lo vieron mucho más maleable de lo que hubieran sospechado, mucho más astuto y no solamente un milico bruto", contó Boeninger.[107]

Correa, en todo caso, no perdía oportunidad de debilitar a Pinochet. "Siempre tuvo este doble juego: por una parte, era muy cortés con Pinochet, pero si tenía la posibilidad de pegarle un canillazo, se lo pegaba", resume Tironi. Cuando lo elogió, por ejemplo, el vocero respondió: "La verdad es que nunca le he dado importancia a lo que ha dicho el señor comandante en jefe en el tema".[108] Casi diez años después de dejar el gobierno diría: "Siempre mis conversaciones con él fueron institucionales. (...) Nunca entré en intimidades con el general Pinochet. No correspondía".[109]

105 *La Tercera*, "Pinochet de la A a la Z", 2006, 59.
106 Sepúlveda, 2021.
107 Serrano, 2009, 176.
108 Emilio Rojo, "Correa recordó estrategia del NO", 1991.
109 Patricia Arancibia, "Pecamos de ceguera ideológica", 2003.

Así, estos dos hombres que reconocían la astucia del otro y querían doblegarse mutuamente siguieron enfrentándose durante el "boinazo". Hasta que el miércoles 2 de junio, cuando Correa y Ballerino ya habían zanjado varios de los puntos del petitorio –con concesiones relevantes por parte del gobierno–, Pinochet insistió en la salida de Rojas.

"Pinochet nos llamó [a mí y a Krauss] y nos dijo que no estaba de acuerdo con lo que Ballerino había negociado conmigo y que, por lo tanto, iba a tomar la decisión de sacar los tanques a la calle. Sí, ¡tanques a la calle! Como nosotros nos movíamos en el supuesto correcto de que la única capacidad del Ejército era demostrativa, no sustantiva, le dijimos que hiciera lo que estimara conveniente y que nosotros íbamos a tomar las medidas que correspondiera. No salió ningún tanque a la calle", contó Correa.[110]

El Presidente regresó al país el sábado 5 de junio. Esa misma mañana, los cuarteles volvieron a la normalidad.

El lunes, Aylwin citó a Pinochet a La Moneda y le llamó la atención. En privado también dejó clara su molestia con Krauss y Correa por el manejo de la crisis. "Fue un cartillazo", recuerda Tironi. Un testigo de esas conversaciones señala: "Aylwin hizo una recriminación política, diciendo que esto no correspondía. No fue un gritoneo ni una cosa exaltada, pero fue firme". El ministro del Interior asumió la responsabilidad política: "Le dije al Presidente una cosa que la siento realmente: le dije, 'mire, si ha habido errores son míos, los éxitos son de todos los que trabajaron conmigo'".[111] En privado, presentó su renuncia y Aylwin se la rechazó. Con Correa, el Presidente abordó el tema casi tres meses después, a inicios de septiembre, en un encuentro que *La historia oculta de la transición* relata así:

—Bueno –interrumpe Aylwin, de pronto–, si queremos llegar a la médula-médula de nuestras diferencias, Enrique, hay que empezar por decir que usted tiende a la negociación política con los militares, mientras que yo solo creo en la razón jurídica. Y estoy convencido de que si les damos pie para negociaciones políticas con el poder civil, le ocasionamos al país un daño enorme.

---

110 Sepúlveda, 2021.
111 María Irene Soto, "Enrique Krauss: 'Esto se veía venir'", 1993.

Correa está de acuerdo: le parece que esa descripción sintetiza bien la divergencia.

Sobre ese desencuentro con Aylwin, Tironi se detiene en la personalidad del exvocero: "Correa es un viejo y ducho negociador, para él aquí no está el ego involucrado. Para él, el éxito o fracaso de la negociación se prueba en el resultado, no en si después me encontraron la razón o no. Entonces, yo nunca vi a Correa preocupado de cómo salvo la cara, cómo salvo el pellejo".

"Enrique le resolvía problemas al Presidente", afirma Solari. "Él estaba muy agradecido por esa función y, cuando se pasaba de rosca, Aylwin decía 'bueno, ustedes conocen a Enrique'. Lo justificaba. Si al final del día esto funcionó no fue solo por el director de orquesta, sino también por los violines y el que tocaba el piano". Aylwin, de hecho, aceptaría finalmente hacer un cambio en el Ministerio de Defensa: reemplazó al subsecretario Marcos Sánchez por Jorge Burgos, hasta entonces jefe de gabinete de Krauss y quien tenía un perfil más político.

La forma en que se desactivó la crisis fue bien evaluada por el equipo de la Secretaría General de la Presidencia, pues permitió "bajar el perfil del conflicto, desglobalizarlo y acotarlo", según consigna su "Informe de análisis". Más relevante aun, el documento valoraba que "el avance de la transición se ha podido hacer sin una ley de punto final" y que la insurrección militar terminó siendo perjudicial para el Ejército, con lo que "la correlación de fuerzas se ha desplazado de un modo más o menos definitivo a favor del campo democrático".

Correa lo resume así: "Yo siento que los militares más agudos, los menos pasionales, se dieron cuenta después del 'boinazo' que el país ya estaba caminando sin ellos y que ellos ya no tenían mucha posibilidad de influir en los acontecimientos".[112]

En las negociaciones que prosiguieron, Correa y Ballerino buscaron construir una solución al tema más complejo en la relación entre el poder civil y el militar: las investigaciones sobre violaciones a los derechos humanos. En junio de 1993, el vocero afirmó: "Es un propósito de este gobierno no dejar temas pendientes sobre derechos humanos para el próximo gobierno".[113] En privado, el nuevo

112 Sepúlveda, 2021.
113 María Angélica de Luigi, "Correa: 'Esta crisis fue más seria'", 1993.

subsecretario Burgos le advirtió a Krauss que, en las conversaciones entre las partes, el ministro y el inspector general del Ejército "están hablando poco menos que de una Amnistía".[114] Krauss informó a Aylwin y Boeninger tuvo que ponerle atajo a la negociación. La impresión en el oficialismo fue que la amistad entre Correa y Ballerino había llevado al ministro a ceder demasiado.

En esos días de crisis, Correa había percibido, en un detalle, que Ballerino estaba debilitado a los ojos de Pinochet: no había asistido solo a las reuniones posteriores al "boinazo", sino que acompañado del coronel Jaime Lepe.[115] ¿Había tratado Correa de fortalecer a su amigo? Lo claro es que, al finalizar el año, cuando Aylwin discutió con Pinochet la conformación del nuevo alto mando, Correa intercedió en favor de Ballerino, el general que, a su juicio, había ayudado al gobierno a navegar por las turbulentas aguas del tutelaje militar. Pero fracasó. Aylwin rechazó las dos propuestas de Pinochet para ascender a Ballerino a la vicecomandancia en jefe o a la jefatura del Estado Mayor del Ejército.

Enterado del veto, Ballerino renunció, a pesar de que Correa trató de convencerlo de lo contrario. Por esos días le preguntaron si creía que el general Ballerino era más político que militar. "Yo no comparto esa opinión", respondió.[116]

Para Aylwin, sin embargo, había llegado el momento de terminar con la dupla Correa-Ballerino. Ese trompo ya no iba a ser necesario. Como recordaría Correa casi tres décadas después: "Fue el inicio del agotamiento del rol más político de los militares".[117]

114 Otano, 1995, 232-233.
115 Sepúlveda, 2021.
116 *La Segunda*, "Ministro Correa enfoca los últimos meses de La Moneda, el próximo gabinete, el futuro de la Concertación y de… Lagos", 1993.
117 Sepúlveda, 2021.

"LA CAJA" Y EL FLANCO IZQUIERDO

Al anochecer del martes 14 de agosto de 1990, cuando entraba al cementerio Santa Inés de Viña del Mar, Jorge Donoso se sorprendió al divisar en la penumbra a su jefe, el ministro Enrique Correa.

El abogado había llegado recién al camposanto junto al doctor Arturo Jirón –ministro de Allende y su médico personal– con la reservada misión de reconocer los restos del mandatario, quien diecisiete años antes había sido sepultado por uniformados en presencia de su viuda, Hortensia "Tencha" Bussi, en el mausoleo de la familia Grove. Entonces no quisieron mostrarle el cadáver de su marido y el entierro se realizó sin aviso, a escondidas, mientras regía el toque de queda.[1] Patricio Aylwin quería remediar esa deshonra. Poco después de asumir se reunió con Tencha para señalarle que su intención era organizar el funeral que a Allende se le había negado.

En rigor, la idea había surgido de la familia, que desde hacía meses trataba el tema con Correa. El vocero había puesto particular empeño en atender las preocupaciones de Tencha Bussi e Isabel Allende, la menor de las tres hijas del matrimonio, y realizar gestos hacia ellas. Tres días después del triunfo de Aylwin, por ejemplo, el Presidente electo y él visitaron a Bussi en su departamento. Y, temprano en la mañana del día del cambio de mando, Correa y Krauss encabezaron un homenaje en la tumba de Allende junto a la familia y algunos socialistas. Todo con el respaldo del Presidente.[2]

Así, cuando Aylwin la convocó, la viuda de Allende mostró su acuerdo con la idea de un funeral oficial. Y el Presidente dejó esa delicada tarea en manos de su socialista de confianza. Correa ya había dispuesto que un automóvil oficial estuviera atento a cualquier requerimiento de Tencha Bussi, como llevarla al doctor y otros desplazamientos prioritarios. "Una importante cuota del poder de Correa en el gobierno de Aylwin se explica porque fue el puente con

---

1   Jorge Donoso, "Los dos funerales del Presidente Allende", 2021.
2   Délano et al., 2021.

la familia Allende", ilustra un cercano que fue alto funcionario de La Moneda. Para Correa, señala un exasesor presidencial, era central que ese clan apoyara la transición democrática. "Era muy importante para él tener el timbre de aprobación de todo lo que significaba el allendismo, que tenía su parte republicana y su parte revolucionaria procubana", dice un exasesor presidencial.

Por eso estaba en el cementerio esa fría noche de agosto. Aunque en un principio, por su apretada agenda, no iba a participar de la exhumación, bastó que la familia Allende se lo pidiera para que a última hora cambiara sus planes y llegara al lugar incluso antes que Donoso, su asesor legal, y el doctor Jirón. Este último fue quien bajó al sepulcro, subió en silencio y le dijo a Correa al oído: "Es Allende".

Dos semanas después, la mañana del 4 de septiembre, volvería a ese cementerio, ahora junto a Krauss, a una ceremonia privada que realizó la familia. Poco después, el ataúd enfilaría por la carretera que une Viña del Mar y Santiago. "Al borde del recorrido entre el balneario del Pacífico y la capital, de unos 125 kilómetros, grupos de personas saludaban al paso de la comitiva. Había puños en alto y gritos de '¡Adiós, compañero!', '¡Venceremos!', y hasta '¡Te queremos, Chicho!'", describía el corresponsal del diario español *El País*.[3]

Tal como estaba planificado –cada decisión se coordinó con Isabel Allende–, el féretro entró al centro de Santiago por la Alameda y bordeando el palacio presidencial. En la Catedral, el arzobispo de Santiago, Carlos Oviedo, ofició un responso y una homilía ante una audiencia encabezada por autoridades, la familia, políticos y amigos. Solo la derecha y las Fuerzas Armadas se restaron. Cerca del mediodía la comitiva partió al Cementerio General. En la plazoleta delante de la entrada se realizó el acto público de despedida. Hubo discursos del presidente del PS y amigo de Allende Clodomiro Almeyda; del primer ministro de Francia, Michel Rocard; de Tencha Bussi en nombre de la familia y del Presidente Aylwin, que recibió pifias y aplausos. Finalmente el féretro fue trasladado a un mausoleo y se abrieron las puertas a quienes habían esperado casi dos décadas para honrar al estadista.

Así, Aylwin dio un paso significativo para reparar su relación con la izquierda. "Es muy importante que precisamente él haya sido

---

3   José Comas, "El cadáver de Allende recorrió entre vítores las alamedas chilenas", 1990.

el verdadero arquitecto de la unidad de centro e izquierda", diría Correa tras el término del gobierno.[4]

Dos años y tres meses después, Aylwin encabezó el funeral del poeta Pablo Neruda, quien murió en septiembre de 1973, cuando en el país se desataba la más cruenta represión. De nuevo la organización quedó en manos de Correa, y Aylwin encabezó la ceremonia que se realizó en Isla Negra, en el jardín de la casa del Premio Nobel junto al Pacífico. Esta vez el gesto del gobierno fue hacia el Partido Comunista, que se ubicaba en la oposición de izquierda a Aylwin, aunque había llamado a votar por él.

Correa era el eslabón entre ambos mundos. Conocía y tenía el respeto de la nomenclatura del progresismo. Y esa fue otra de las razones por las que tuvo tanta influencia: así como contaba con la confianza del Presidente –el requisito esencial–, despertaba el afecto y el respeto de la izquierda, tanto dentro como fuera de la Concertación. Mariana Aylwin lo tenía tan claro que antes del inicio del gobierno le advirtió a Correa: "Tus ideas no son las que está pensando el Presidente".[5] Pero para el vocero mantener sus lazos con la izquierda era relevante. No solo porque en muchas otras ocasiones oficiaría como embajador de Aylwin en ese mundo, sino porque era la cultura a la que pertenecía y, por entonces, no pensaba quebrar con ella.

*

"Aunque no llueva, que gotee". Ese fue el recado que un dirigente partidario le hizo llegar cuando se retrasó el aporte monetario que su colectividad recibía mensualmente desde el Ministerio Secretaría General de Gobierno.

A principios de los 90, tras vivir casi dos décadas proscritos, los partidos tradicionales iniciaban sus procesos de legalización. Sin patrimonio ni bienes, y en un contexto en que el financiamiento público para la política era una quimera, incluso colectividades como la Democracia Cristiana y el Partido por la Democracia, que se habían inscrito en 1988, vivían una situación económica precaria. Esa escasez era más pronunciada en los partidos pequeños, así como en el movimiento sindical y en organismos de derechos humanos que durante el régimen militar habían contado con apoyo financiero extranjero.

---

4   Antonio Martínez, "Mi consultor favorito", 1996.
5   Délano y otros, 2021.

Correa llegó a un Ministerio que se haría cargo de paliar este déficit.

Desde la dictadura, la Presidencia, la Junta de Gobierno y los ministerios de Interior, Secretaría General de la Presidencia, Secretaría General de Gobierno, Relaciones Exteriores y Defensa contaban con fondos reservados a través de una glosa denominada "Bienes y servicios de consumo", que, según la ley de presupuesto, podían rendirse "en forma global y reservada directamente al contralor general de la República". Esos recursos eran asignados en pesos y dólares.[6]

En 1989, el último año corrido de dictadura, la totalidad de fondos reservados en el presupuesto fue de US$ 25,7 millones de la época, unos US$ 58,7 millones a 2023. Y de esos, un 66% correspondió a los ministerios políticos –Interior, Secretaría General de la Presidencia y Secretaría General de Gobierno–, además de la Presidencia. En ese entonces, la cartera con el monto más abultado de este tipo de fondos era Interior, que manejaba el 46% del total, es decir, casi uno de cada dos pesos de los que podían rendirse de forma global y reservada. En el gobierno de Aylwin esto cambió: la cartera de La Moneda que manejaría el mayor monto de fondos reservados pasaría a ser la Secretaría General de Gobierno, al mando de Correa. Y aunque no llegarían al nivel de los aprobados en dictadura, estos recursos seguirían siendo millonarios.

Hubo, eso sí, una transición: 1990 fue el año con la "caja" menos suculenta, pues el presupuesto había sido aprobado por el régimen de Pinochet. Este le heredó al gobierno de Aylwin un total de US$ 15 millones de la época en gastos reservados (unos US$ 30 millones a 2023), casi la mitad del año anterior.

En los presupuestos aprobados por el Congreso Nacional en los años siguientes, el total de fondos reservados aumentó desde US$ 18 millones en 1991 hasta US$ 26 millones en 1994 (unos US$ 43 millones a 2023). Y el mayor porcentaje se asignó a la Secretaría General de Gobierno (salvo en 1991, cuando fue superada por Defensa).

La cartera liderada por Correa pasó de tener fondos reservados por US$ 4,7 millones en 1991 a US$ 7,6 millones en 1993 (US$ 13,3 millones a 2023). En todos esos años, la "caja" de la Secretaría General de Gobierno bordeó la mitad de los fondos reservados de todos

---

6   En adelante, los montos entregados suman los recursos asignados en pesos y en dólares.

los ministerios de La Moneda más la Presidencia. Y en 1993 el monto alcanzó cerca del 80% del presupuesto de la cartera. Es decir, 8 de 10 pesos del presupuesto de la vocería comandada por Correa podían gastarse en fines no necesariamente relacionados con el funcionamiento del Ministerio. Para comprender la magnitud: ese mismo año, en Interior y la Secretaría General de la Presidencia los fondos reservados no superaron el 10% de su presupuesto.

Más todavía, la administración de Frei Ruiz-Tagle, que sucedió a la de Aylwin en marzo de 1994, redujo drásticamente los fondos reservados de la vocería. Si el presupuesto heredado en 1994 contempló US$ 8 millones para este Ministerio (US$ 13 millones de 2023), en 1995 la cifra se redujo a US$ 2,7 de millones (unos US$ 3,7 millones de 2023). Y en los años siguientes se mantuvo en ese rango.

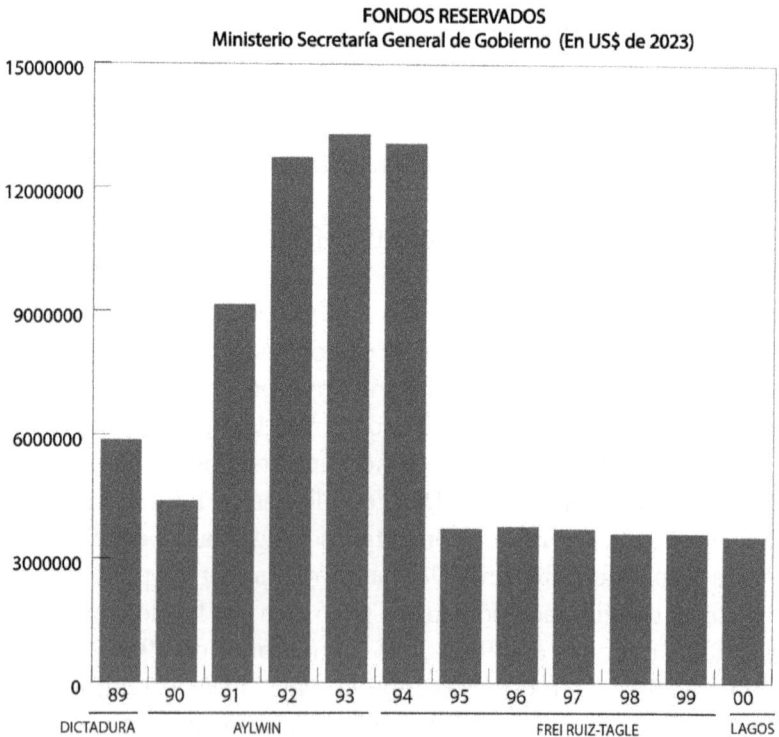

FONDOS RESERVADOS
Ministerio Secretaría General de Gobierno (En US$ de 2023)

Fuente: Elaboración propia en base a datos de las leyes de presupuesto 1989-2000. Dirección de Presupuesto, Ministerio de Hacienda.

Exfuncionarios del Ministerio y altos dirigentes políticos de la época coinciden en que parte de los "gastos reservados" (así los llamaban) se destinaban a apoyar financieramente a partidos de la Concertación, algo que el exvocero niega.[7] "Había un apoyo directo e institucional al PS y al PPD", señala una persona que trabajó allí, detallando que eso se traducía en un aporte monetario mensual. En una ocasión, cuando una de las cuotas se atrasó, un dirigente llamó para recordar el compromiso.

También se realizaban aportes a políticos de la Concertación sin cargos ni representación parlamentaria –Correa entregaba mensualmente recursos a militantes comunistas, entre ellos, a Gladys Marín–, a dirigentes sindicales como el presidente de la CUT, Manuel Bustos, y a dirigentes estudiantiles. Igualmente apoyaba a organismos de derechos humanos.

Si hay una posición desde la que conoció, sin ningún velo, cuán relacionados están el dinero y la política –y cuánto poder confiere el administrar grandes cantidades de recursos–, fue en el Ministerio Secretaría General de Gobierno. De pasar hambre y apreturas a principios de los 80, diez años después era una suerte de gran benefactor en la izquierda. Todos los meses, explica alguien que colaboró con él, el vocero fijaba un monto "para operación política y de solidaridad" y un listado de beneficiarios. Los recursos se guardaban en una caja fuerte –que no estaba en la oficina del vocero– y se entregaban en billetes dentro de sobres cerrados. Para girar estos recursos, el ministro escogía a dos personas que debían autorizar, con su firma, cada pago. "Él designaba poderes y contrapoderes", explica el mismo consultado.

Una persona que trabajó en el Ministerio puntualiza que, en general, los aportes fijos eran transversales entre partidos y

---

7 "No tengo información de que haya habido uso de fondos reservados para financiar a partidos políticos. Las colectividades de gobierno se pueden favorecer porque muchos de sus militantes son funcionarios de gobierno y juegan roles protagónicos en eventos o situaciones puntuales. Eso es parte de un conjunto de hábitos que hay que desterrar, y no me pronuncio sobre ello. Pero de aportes directos yo le digo que no tengo ninguna información", respondió Correa al ser consultado por la periodista Cony Stipicic. En la misma entrevista agregó que era posible que hubiese existido financiamiento "indirecto" a través de organizaciones. "A mí no se me escapa que, en instituciones relacionadas con organizaciones sociales, había una preferencia muy fuerte por contratar a militantes activos de los partidos. Pero no gente que no trabajaba", dijo. "¡Pero por la vía indirecta podemos llegar a tantas cosas!", enfatizó. Cony Stipicic, "Determinamos dar un suplemento", 2002.

organizaciones: "En el Ministerio había gente de confianza de Correa, sin agenda propia, para no beneficiar a determinados lotes".

Los "gastos reservados"también se utilizaron para apuntalar la marcha del gobierno. Como ha contado el propio Correa, se pagaba una "asignación"a los ministros, quienes recibían salarios muy bajos. Este suplemento se cargaba a fondos reservados "porque estos son lo más parecido a fondos de libre disposición". Según el exvocero, el monto era menor a 1 millón de pesos de la época –unos $ 3,5 millones de hoy– y se repartía equitativamente entre los integrantes del gabinete que estaban en una situación similar.[8]

Por otro lado, en la medida en que se fueron creando reparticiones, como el Instituto Nacional de la Juventud, y a la espera de que se legislara sobre ellas, su funcionamiento inicial se financiaba con cargo a estos fondos. Además se destinaban recursos a cubrir operaciones gubernamentales o a fondos para contingencias, como apoyo a exiliados que volvían o financiamiento para tratamientos de salud. En el caso del Partido Comunista, por ejemplo, Correa ha señalado que "tengo recuerdo que en su caso favorecimos una lista de pensiones de gracia para dirigentes del partido que habían cumplido una vida dedicados al PC y que, además, habían sufrido los rigores de la dictadura".[9]

En periodos de elecciones –la municipal en 1992 y la parlamentaria en 1993– se realizaron aportes a algunas campañas. Un excolaborador de Correa recuerda un ejemplo: el de Isabel Allende, de quien Correa se convirtió en una suerte de protector político. Según este exfuncionario, cuando en 1993 ella disputó en el PS la primaria por un cupo senatorial en la Quinta Región Cordillera, la apoyó con "gastos reservados"y un asesor en terreno para hacer frente al postulante con más ventaja, el laguista Carlos Ominami, exministro de Economía del gobierno.[10] Correa, explican quienes conocen esta relación, consideraba reparatorio que un Allende retornara al Senado. Pese a sus esfuerzos, se impuso Ominami. Isabel Allende consiguió un cupo como diputada por Illapel.

---

8   El propio Correa explicó que había ministros, como los de Hacienda o Minería, que recibían un sueldo mayor pues participaban en directorios de empresas públicas. Stipicic, "Determinamos dar un suplemento", 2002.
9   Ibíd.
10 Carlos Ominami recuerda que Correa se jugó "con todo"por ella y la respaldó con recursos monetarios.

"Todos sabíamos que esto ocurría y nos parecía lógico", dice un alto dirigente del PS entonces, que describe que el partido reunía aportes entre sus parlamentarios pero no eran suficientes para financiar el trabajo político. "Tratábamos de evitar que fuesen otros los que financiaran a los dirigentes del partido. En eso Enrique fue muy generoso. Él era el hombre de las platas en La Moneda". Un exfuncionario que trabajó con Correa explica que los aportes no eran a cambio de favores. "Si uno mira esto con lógica política, yo no ayudo a Gladys Marín para cobrársela, sino para que me conteste el teléfono", dice.

En 1976, el periodista neoyorquino Robert A. Caro, biógrafo del expresidente Lyndon Johnson, encontró en unas cajas una serie de documentos que le permitieron explicar por qué en octubre de 1940, en apenas un mes, el entonces congresista pasó de ser uno más de los 256 representantes del Partido Demócrata en la Cámara a alguien reconocido y buscado por los más poderosos dirigentes de la colectividad. Fue durante ese mes, previo a la elección del 5 de noviembre, cuando Johnson logró canalizar aportes realizados por empresarios texanos al Comité de Campaña Demócrata para el Congreso por una magnitud nunca vista y para candidatos específicos. Desde ese momento, explica Caro, los parlamentarios demócratas *necesitaron* a Johnson. No era solamente gratitud; era el interés propio el que, desde entonces, los llevó a entenderse bien con él.

Al calibrar la importancia de su descubrimiento, Caro escribió: "Para alguien interesado, como yo, en las fuentes del poder político, esas cajas (…) contenían evidencia muy clara sobre el uso que se podía dar al poder económico para generar poder político".[11] Eso fue lo que Correa aprendió al manejar la "caja" del gobierno de Aylwin. Y los años demostrarían que no lo olvidaría.

*

Antes de las siete de la mañana, Juan Moreno Olivares llegaba conduciendo hasta la casa de Enrique Correa, cerca del Parque Bustamante, para recogerlo y llevarlo a La Moneda. A fines de los 80, quince años después de que refugiara al dirigente en su casa en los días posteriores al golpe, se encontraron por casualidad. Entonces Correa le pidió a su excorreligionario que comenzara a trabajar como

---

11 Robert A. Caro, *Working,* 2019, 87-97.

chofer en la casona de Almirante Simpson y luego lo fichó como uno de los conductores que lo acompañaron como ministro.

El equipo ministerial estaba integrado por tres grupos: el staff formal de la cartera, un equipo de asesores escogido sustancialmente por Correa y un grupo de colaboradores históricos, con quienes tenía lazos profesionales y afectivos desde los 70 u 80, y a los que había conocido en el MAPU-OC, la iglesia popular o el movimiento sindical. Moreno era parte de este último círculo.

A ese equipo pertenecían también las secretarias Angélica Lema, socialista, su amiga desde la Pastoral Obrera de Puente Alto; Paulina "Pola" Aguirre (ex MAPU-OC y militante del movimiento feminista) y Luz Leiva, con quien Correa había trabajado en la Concertación. Luego estaban los asistentes Jacqueline González y Nelson Arriagada, a quienes también había conocido en la Pastoral Obrera de Puente Alto. Con González, profesora de Historia, había trabajado en el Ciasi; a Arriagada, de veinticinco años, lo había apoyado en proyectos culturales, como su participación en la revista *Trauko*. Comenzaría a trabajar como su secretario personal y en los años siguientes sería adoptado como el mayor de sus hijos. Pasaría a llamarse Nelson Correa Arriagada y era de los pocos que estaba presente en las reuniones del ministro.

La socióloga Marcela Noé llegó desde el Ciasi. Proveniente de una familia de clase alta –estudió en Las Ursulinas y veraneaba en Zapallar–, fue cercana al PC en los 70 y tenía una larga experiencia como asesora sindical: antes del golpe y siendo muy joven había trabajado junto al comunista Luis Figueroa, presidente de la CUT, y más adelante, a mediados de los 80, fue una de las fundadoras del Centro de Investigación y Asesoría Sindical, donde trabajó junto a Correa. Pero lo más relevante era que el vocero la respetaba como a una par, confiaba en su criterio y valoraba su metódico estilo. Ella –una de las personas que se mantendría cerca de Correa a lo largo de su vida– asumiría como jefa de gabinete y asesora del ministro, en una categoría superior al resto, y supervisaría el trabajo de los equipos ministeriales. En el resto del periodo también fueron jefes de gabinete Claudio Rammsy, Ramiro Pizarro y Mauricio Stillman. No era un trabajo fácil por las exigencias propias del cargo y las del ministro. Durante todo el periodo, de hecho, este sufrió de colon irritable y de úlceras.[12]

---

12 Solange García y Daniela Lipari, "Agenda relajada", 1994.

Este primer círculo estaba a cargo de cumplir una de las principales instrucciones de Correa: contestar el teléfono presidencial. Si sonaba, había que responder rápido. Los integrantes de su equipo nunca debían preguntar quién llamaba, sino que reconocerlos por la voz. Y si Correa no estaba y lo llamaba el Presidente o los ministros Krauss, Boeninger o Silva Cimma, debían ubicarlo donde fuese. "Lo de las voces era un problema, porque algunas, como las de Aylwin y Silva Cimma, se parecían", cuenta un testigo del funcionamiento de la cartera.

Al núcleo más íntimo Correa sumó un grupo de asesores para apoyar su trabajo en distintos frentes. Inicialmente se integraron el DC Jorge Donoso como jefe jurídico y asesor político; Eugenio Lahera, doctor en políticas públicas, quien apuntalaría el trabajo en esa área y a veces asumiría el rol de *speechwriter;* Javier Luis Egaña, abogado, primer secretario ejecutivo de la Vicaría de la Solidaridad en dictadura y organizador de la visita de Juan Pablo II a Chile, quien se haría cargo de producir actividades de gran connotación pública, y la periodista Verónica Ahumada, asesora de prensa de Salvador Allende, quien asumió como jefa del área.[13]

Por último, también contó con una "fuerza de tarea" joven, integrada por militantes de la Juventud Socialista y la Juventud PPD. En este grupo sobresalían Marcelo Díaz –vicepresidente de la JS, quien estudiaba Derecho en la Universidad de la República– y Marco Antonio Núñez, estudiante de Medicina, quien en 1989 había encabezado la Federación de Estudiantes de la Universidad de Chile y dos años después fundó la Juventud del PPD, convirtiéndose en su primer presidente. "La idea era apoyar a dirigentes que tuvieran proyección", explica un exfuncionario. Aunque no trabajaba ahí diariamente, en una primera etapa Díaz circulaba por la repartición y tenía una relación directa con Correa; Núñez terminó sus estudios y se sumó al trabajo diario del Ministerio. "Este era un equipo multitarea de

---

13 Correa aceptó también incluir en su equipo al periodista Federico Willoughby, quien se desempeñaría como asesor de Asuntos Especiales del Presidente de la República. Willoughby había apoyado el golpe de Estado y había sido asesor civil de la Junta Militar, hasta que se alejó del régimen y en 1988 apoyó la opción No en el plebiscito. Su nominación provocó una férrea resistencia en el gabinete ministerial, liderada por Verónica Ahumada. La periodista le negó el ingreso y finalmente Willoughby cumplió sus funciones sin integrarse a la cartera. "Verónica Ahumada dijo 'este señor no entra a esta oficina' y no lo dejó entrar. Willoughby se paseó durante quince días por el Patio de los Naranjos sin tener dónde quedarse", recuerda Carlos Bascuñán.

Correa. Eran como unos secretarios personales", apunta un dirigente del PPD.

A todos estos equipos propios se sumaba la primera línea de la Secretaría General de Gobierno: el subsecretario Edgardo Riveros (DC) y los directores de áreas: Enzo Pistacchio (DC), Nelson Ávila (PR) y Eugenio Tironi (PPD). Todos ellos, además de los asesores Donoso, Lahera y Egaña, se encontraban temprano en las reuniones diarias en la oficina de Enrique Correa.

Los lunes, a las tres de la tarde, el vocero participaba en el comité político que Enrique Krauss encabezaba en Interior. A esos encuentros asistían los tres ministros políticos y sus subsecretarios, los ministros de Defensa y de Relaciones Exteriores, los jefes de bancada de la Concertación en el Congreso y los presidentes de las colectividades.

La reunión más relevante de ese día, sin embargo, sucedía más tarde en la Secretaría General de la Presidencia. Ahí se encontraban Boeninger y Correa junto a sus equipos para discutir en confianza. Era algo así como la "sala de control" de La Moneda, donde se preveían escenarios y se discutían cursos de acción, para verterlos después en los informes que elaboraba esa repartición. "Boeninger decía hacia dónde ir, mientras Correa definía cómo", explica un asistente.

Correa llegaba a esa reunión premunido de los análisis de su staff de políticas públicas, encabezado por Lahera. "El rol de este equipo era adelantarse a crisis en diversos ámbitos", explica un exfuncionario.

Los martes en la mañana, Boeninger y Correa, junto a los subsecretarios Ricardo Solari y Edgardo Riveros, además de Eugenio Tironi, sostenían el encuentro más decisivo de todos: una reunión con Aylwin, en su casa, que se mantenía en reserva. En ocasiones invitaban a algunos asesores. "Eran muy entretenidas, porque se hacían análisis políticos totalmente desprejuiciados", explica un asistente. "Ahí se fijaba el curso estratégico del gobierno".

Muchas veces, entre martes y jueves, Correa viajaba al Congreso Nacional, en Valparaíso. Su equipo de políticas públicas realizaba minutas, mientras Jacqueline González incluía breves notas con puntos relevantes sobre los proyectos de ley y lo que pretendía la acción gubernamental. "Correa no tenía tiempo para leer todo y esto le bastaba para conversar con seguridad", agrega una persona que lo vio negociar en el Congreso. "Correa absorbía todo como esponja", dice un alto funcionario del Ministerio en esa época.

"Yo me iba los días martes al Congreso y volvía el jueves. Boeninger era el jefe del estado mayor y yo, el general en combate. Negociábamos toda la agenda con las dos mesas de la Cámara. Él me decía: 'Llámeme solo si tiene una duda muy grande o si en algo piensa que lo que está diciendo va más allá de lo que quiere el Presidente'. Entonces, los parlamentarios sabían que nosotros éramos todo, y eso nos permitió acordar muy bien", ha recordado.[14]

Tanto Boeninger como Krauss dejaron buena parte de la relación con el Congreso en manos de Correa y su equipo. En eso ayudó que los presidentes de la Cámara, José Antonio Viera-Gallo, y el Senado, Gabriel Valdés, fuesen de la coalición de gobierno. Y que, tal como lo había hecho con el Ejército, Correa estableciera un diálogo fluido con la derecha. "Él amplió el espectro de contactos en el Congreso", explica un entrevistado.

En el Senado, se entendió bien con Sergio Onofre Jarpa, exministro de Pinochet ligado al agrarismo, que en sus inicios políticos había sido populista y nacionalista, y que durante la Unidad Popular fue un activo opositor como presidente del Partido Nacional. También trabó una relación de confianza con el senador Beltrán Urenda, un empresario del sector naviero que integraba la bancada de la UDI.

En la Cámara de Diputados tenía "una muy buena comunicación" con los "coroneles" de la UDI, la generación reclutada por Jaime Guzmán en los 80 en la Universidad Católica. Pablo Longueira, presidente de la Comisión de Hacienda –donde Correa tuvo "mucha incidencia"–, Andrés Chadwick y Juan Antonio Coloma serían algunos de sus interlocutores habituales. Con ellos seguiría teniendo una enorme cercanía en las décadas siguientes.

"Lo que más hacía Correa –dice un exasesor– era reunirse con gente y conversar. No era alguien que estuviera leyendo o estudiando". Tenía una política de puertas abiertas. "Correa era un tipo con una gran capacidad de hablar con todo el mundo. Lo iban a ver desde un hombre de derecha inquieto por saber algo del gobierno –e iban muchos– hasta un adherente del FPMR que no fuera un dirigente. Cualquiera podía ir a hablar con él", recuerda Luis Maira, entonces dirigente del Partido Socialista.

Quienes trabajaron con Correa en esa época recuerdan que en sus interacciones era muy consciente de las formas del poder. Era

---

14 Muñoz, 2016.

distinto si contestaba el teléfono de inmediato o si se comprometía a devolver la llamada, y no era casualidad cuánto se demoraba en comunicarse de vuelta. Lo mismo corría para las reuniones: no era casual si recibía a alguien en su oficina o en una sala, y si lo hacía solo o acompañado. También era apegado a los protocolos y a las más diversas formas de deferencia: si enviar a un chofer, si recibir a un invitado personalmente o acompañarlo a la salida. En ocasiones, cuando buscaba impresionar (o intimidar), invitaba a cenar al Palacio de La Moneda y los asistentes se encontraban con dos o tres tipos de cubiertos y tres copas por mesa, atendidos por mozos. "Todos sus despliegues eran simbólicos", explica un excolaborador. Tras dejar el gobierno, el propio Correa describiría el magnetismo que provocaba su posición: "El poder contiene siempre un componente de seducción importante. Hay un elemento que resulta seductor para quien entra en contacto con quien tiene poder. Desde ese punto de vista, el poder tiene un cierto carisma".[15]

"Lo vamos a ver", solía ser su respuesta, cuando en realidad quería decir que no. "Él es como los japoneses: para él no existe la palabra no", resume Luis Eugenio Díaz, su excompañero en el Ciasi y quien alguna vez le pidió apoyo para la asesoría que el organismo prestaba al movimiento sindical. "Ninguna visita era inútil o gratuita, porque él sabía preguntar muy bien y sacaba del arsenal del visitante un conjunto de informaciones que él iba metiendo en un rosario mucho más grande", describe Maira. "Él sabía que su éxito estaba ligado a la amplitud del repertorio de interlocutores que tuviera".

Llegado el momento, ese cúmulo de información daba paso a la acción. "Correa tenía un gran sentido práctico", apunta una persona que trabajó con él. "Lo suyo era dialogar y operar", resume un exasesor.

*

La tarde del 1 de abril de 1991, la novel democracia chilena sufrió un fuerte remezón, esta vez provocado desde la ultraizquierda: la fracción autónoma del Frente Patriótico Manuel Rodríguez (FPMR-A), aquella que se había negado a desmovilizarse cuando lo ordenó el Partido Comunista cuatro años antes,[16] atentó contra el senador Jaime Guzmán,

---

15 Tichauer, 1994.
16 En 1986, luego del descubrimiento de un arsenal enviado desde Cuba para el FPMR, y del fracaso del atentado contra el general Pinochet, el PC ordenó la

fundador y líder de la UDI, el más derechista de los partidos de oposición. El senador recibió dos tiros y murió esa misma noche.

En medio de una crisis interna que tironeaba al FPMR-A entre quienes proponían devenir en una organización política y los que defendían continuar por el camino de las armas –para ellos la transición democrática era una prolongación de la dictadura–, algunos comandantes pusieron a Guzmán en la mira. El fundador del gremialismo había sido uno de los primeros civiles en dar sustento ideológico a la dictadura y fue el cerebro tras la Constitución de 1980. Su asesinato fue el más audaz y bullado acto de terrorismo de la transición democrática. El FPMR-A aniquilaba a un adversario para hacer un punto político.

Correa calibró bien la gravedad de lo ocurrido: "El crimen del senador Jaime Guzmán –diría unos años después– estaba destinado a generar una crisis política que opusiera un obstáculo mayor a la transición".[17]

La noticia atenazó a La Moneda. Por un lado, era evidente que algunos grupos armados de izquierda contaban aún con capacidad operativa y no estaban dispuestos a renunciar a los "fierros"; por otro, el Ejército vio una oportunidad y Pinochet amenazó con involucrarlo activamente en el control de la violencia política, lo que ponía en jaque al poder civil.[18] "Ello habría desnaturalizado el propio Estado de Derecho, porque a las Fuerzas Armadas no les corresponde un papel en la seguridad interior. Eso es privativo de las policías", explicaría Correa.[19]

Para controlar ambas amenazas, el gobierno concluyó que tenía que tomar en sus propias manos la tarea de "desarrollar capacidades represivas y de inteligencia".[20] Para eso, partió por admitir que había equivocado el diagnóstico, al esperar que los grupos armados de izquierda se plegaran a la actividad democrática. Así resume este cambio un documento desclasificado por Estados Unidos: "Las

---

desmovilización de su brazo armado. Pronto se hicieron evidentes sus diferencias con el FPMR: mientras el partido aceptaba que la realidad había cambiado, el FPMR defendía la política de "sublevación nacional". Así, en 1987 se produjo la división: mientras los frentistas ligados al partido pusieron fin a las acciones militares, la mayoría de los comandantes, liderados por Raúl Pellegrín, formaron el FPMR-Autónomo.

17 Alberto Luengo, "La conducta de la UDI es de profunda deslealtad", 1996.
18 Cavallo, 1998, 102.
19 Luengo, 1996.
20 Ministerio Secretaría General de la Presidencia: "Informe de análisis", 1991.

esperanzas del Presidente Aylwin de cooptar a la extrema izquierda han sido sustituidas por la determinación de destruirla".[21]

Para eso, y en línea con la necesidad de ponerle coto a la presión del Ejército, La Moneda concluyó que era necesario perfeccionar, bajo un mando civil, los recursos de inteligencia con que contaba el Estado. Era una de las debilidades objetivas del gobierno: desde 1977 hasta el fin del régimen militar la tarea había recaído en la policía política, la CNI que Aylwin había ordenado disolver. Por esta razón, ni Carabineros ni la Policía de Investigaciones eran duchos en esa área. Y la Dirección de Inteligencia del Ejército, a donde había ido a parar la información de la CNI y varios de sus agentes, no destacaba precisamente por su generosidad para compartir sus hallazgos con un gobierno al que todavía ponía en el casillero de los enemigos.

El Presidente acogió, entonces, una idea surgida en el Ministerio del Interior: crear un organismo, dependiente de esa cartera y con mando civil, para coordinar el trabajo de inteligencia y represivo en el ámbito terrorista. Un día antes de partir de gira a Europa, Aylwin se reunió con Correa para involucrarlo en esa tarea: le anunció que él ocuparía el cargo de ministro del Interior subrogante (por su viaje, Krauss asumiría la vicepresidencia) y ordenó que trabajara en el diseño y puesta en marcha del organismo.

Hay dos versiones sobre por qué Aylwin lo involucró en la conformación del Consejo Coordinador de Seguridad Pública, que más tarde sería conocido como "La Oficina". En *La historia oculta de la transición*, Cavallo relata que Aylwin le explicó al DC Belisario Velasco, entonces subsecretario del Interior y a quien correspondía subrogar a Krauss, que había optado por comprometer a un socialista en la estrategia para que la responsabilidad de esta delicada tarea se repartiera entre los distintos ejes de la coalición y no recayera únicamente en democratacristianos. Rafael Otano, en *Crónica de la transición*, consigna que Aylwin –quien rechazó la renuncia de Krauss tras el asesinato de Guzmán– nombró a Correa como un "interventor" en Interior, cuya labor había quedado en entredicho, para imprimir velocidad y eficiencia a la creación de "La Oficina". De hecho, apenas doce días después de que Aylwin iniciara su gira se firmó el decreto que la creó. "Las características de este Consejo fueron conversadas

21 Embajada de Estados Unidos en Chile, "Terrorism and the Left", 1991.

con todos los líderes políticos chilenos", afirmó Correa cinco años después.[22]

Además de empujar por la pronta creación de "La Oficina", recomendó a Marcelo Schilling, un socialista renovado, para asumir la dirección ejecutiva del organismo.[23] Y facilitó para sus dependencias un departamento perteneciente a su cartera, ubicado en la calle San Antonio, entre Huérfanos y Agustinas.[24] Asimismo, uno de los funcionarios de la cartera de Correa, Antonio Ramos, de la División de Estudios, colaboró periódicamente con el organismo.

"Ese es un misterio", ha dicho Schilling sobre por qué fue elegido.[25] Había sido del GAP, el Grupo de Amigos Personales de Allende, el dispositivo de seguridad del mandatario, con un mínimo entrenamiento militar para ejercer esa función, y no sabía de inteligencia. Todo indica que la elección fue más política que técnica. En el "Informe de análisis" que la Secretaría General de la Presidencia despachó el 12 de abril de 1991, donde aborda la estrategia del gobierno tras el asesinato del senador Guzmán, queda claro que la coalición compartió la decisión de enfrentar decididamente a los grupos armados, involucrando a las policías, persiguiendo a sus integrantes y poniéndolos a disposición de la justicia. Pero hubo diferencias sobre cuán duro debía ser ese enfrentamiento y cuál debía ser su alcance político. En concreto, a un sector del oficialismo le preocupaba el impacto que tendría la acción gubernamental en la izquierda extraparlamentaria, esencialmente en el PC y las organizaciones de derechos humanos.

> Los miembros de la coalición comparten la idea de la necesidad de la respuesta policial para enfrentar el problema. (…) Sin embargo, creemos percibir algunas diferencias respecto de la visión política en que esta respuesta policial se inserta. Por una parte, existiría una actitud que, junto a los aspectos represivos, postula el aislamiento absoluto de los grupos terroristas y aquellos sectores que expresan ambigüedad frente a los hechos terroristas o que, "si bien no los justifican, los entienden". Por otra parte, hay una visión que, sin descuidar los

---

22 Luengo, 1996.
23 Ibíd.
24 Juan Cristóbal Peña, "Los secretos de La Oficina", 2013.
25 Pablo Simón Cornejo, "Nunca más violencia entre hermanos. Violencia política y organismos de seguridad nacional e inteligencia", 2019, 60.

aspectos represivos, postula una mayor flexibilidad, si no hacia los grupos ultraizquierdistas, sí hacia la izquierda extraparlamentaria.

El informe agregaba:

> No parece convincente afirmar que dichos grupos se encuentren totalmente aislados, por más que las encuestas reflejen un rechazo mayoritario a sus acciones. El hecho de que hayan tenido su origen en las actividades de resistencia de la década de los ochenta los dota aún de cierta legitimidad.
>
> Por tanto, el proceso de ruptura con el terrorismo de izquierda por parte de la izquierda política, del mundo de los derechos humanos y de la iglesia popular, no está aún para nada terminado.

Esa era una sensibilidad que Correa ponía sobre la mesa. Y Schilling podía ser receptivo a ella. Como articulador de la renovación socialista, este economista pertenecía a un sector del PS que había rechazado la lucha armada contra la dictadura, pero conocía también a la izquierda que había apoyado "todas las formas de lucha": tras regresar de su exilio en México a mediados de los 80, había estudiado "la historia del movimiento popular, el pensamiento de la doctrina socialista, los procesos revolucionarios".[26] Era una garantía para los dos sectores de la coalición.

"La Oficina", entonces, se dispuso a recoger inteligencia para desarticular a los grupos armados de izquierda. Y tuvo éxitos en un plazo breve, aunque también graves contratiempos. En septiembre de 1991, cinco meses después, el FPMR-A secuestró a Cristián Edwards, uno de los seis hijos de Agustín Edwards, el dueño de *El Mercurio*. Paradójicamente, ese fue el principio del fin del FPMR-A.

Para conseguir sus objetivos, el organismo encabezado por Schilling usó el garrote y también la zanahoria. En 2019 este contó que "La Oficina" comunicó, por diversos medios, que no perseguiría penalmente a los militantes de grupos armados que estuviesen dispuestos a dejar sus organizaciones. "Nosotros sabíamos de gente que había estado en estas cosas, especialmente del Frente, y también sabemos perfectamente que la vida en clandestinidad, en la ilegalidad, es súper agotadora, erosionante... y a los que se quisieron

---

26 Ibíd.

mandar a cambiar y no tenían mayores problemas, bueno, nosotros hicimos la vista gorda, eso es cierto. Que se fueran para sus casas con sus familias, sus señoras, sus hijos. Y claro, eso se estimulaba".[27]

Correa, quien una década antes había sufrido las penurias de la clandestinidad, se involucró en ese esfuerzo. No es claro, eso sí, si es que lo hizo en coordinación con "La Oficina" o si se trató de gestiones personales en la misma dirección. Lo que sí se puede afirmar es que se contactó con exmiembros de grupos armados a los que había conocido en los 80. Les ofreció ayuda, con el argumento de que habían pagado un alto costo al hacer una opción por la lucha armada, pero que ya había llegado la hora de dejarla. A algunos les ofreció trabajo; a otros, apoyo monetario. Unos dijeron que sí y otros no aceptaron.

Cuando tuvo que presionar, también lo hizo. En una ocasión se contactó con un mirista que había dejado las armas. Le pidió información sobre otro militante del MIR, al que Correa conocía y quien seguía activo. El primero le dijo que no sabía nada, que habían perdido el contacto.

—Bueno, en tres días tienes que saber dónde está.

—Pero…

—En tres días, y te voy a pasar plata para que compres tu casa.

No es claro si logró ubicar a quien buscaba, ni si el contactado aceptó o no la oferta. Lo que sí es posible afirmar es que, tiempo después, el mirista al que el ministro quería encontrar se había mudado a una nueva casa en el sector sur de Santiago y recibía ayuda económica. Y que, según él, ambas cosas habían sido gestionadas por Correa. También, que sus excompañeros apuntaron a este hombre como un informante del gobierno para desarticular a grupos armados.

No es el único episodio en que Correa aparece vinculado a acciones para desarticular la subversión. Un exfuncionario de gobierno que conoció de cerca el trabajo de "La Oficina" recuerda que en ocasiones aportaba con su conocimiento sobre miembros de la ultraizquierda que optaron por la vía armada: "Él sabía bastante sobre el MAPU-Lautaro, porque era un movimiento que tuvo mucha conexión con los sectores populares de la Iglesia Católica".

En enero de 1992, cuando fue detenido Bernardo Acevedo Lagos, "el Mexicano", fundador del MAPU-Lautaro, Correa transmitió a

---

27 Cornejo, 2019, 65-66.

"La Oficina"lo que sabía sobre él. El "Mexicano"había sido militante del MAPU-Garretón y había llegado a tener cargos de responsabilidad en la zona sur de la Región Metropolitana. "Este no es un recién llegado, es un huevón de base. Lo conocí personalmente, era cercano a la Iglesia", habría transmitido Correa. Acevedo, de hecho, no solo no era un aparecido: cuando fue detenido era el segundo hombre del movimiento liderado por Guillermo Ossandón, quien había tenido preparación militar en Nicaragua y fue capturado en 1994. Ambos fueron condenados a penas de cárcel.

En abril de 1993, "La Oficina"se transformaría en la Dirección de Seguridad Pública e Informaciones, a cargo del abogado Isidro Solís, militante del Partido Radical.[28] Schilling, quien dejó su puesto en septiembre de 1992, pasaría a ser un paria en algunos sectores de izquierda, que lo tildaban de soplón, mientras la derecha lo acusaría de haber permitido que los asesinos de Jaime Guzmán zafaran de ser detenidos.[29]

Correa ha sido su leal defensor. "El resultado de todo esto es que se desarticuló el FPMR. Se desbarató por completo el Lautaro. Y fue salvada la vida de Cristián Edwards, sin muertos ni torturas", dijo en 1996. "[A Schilling] el país le debe mucho".[30]

*

La tarde del 11 de diciembre de 1991, el exjerarca de la RDA Erich Honecker y su esposa Margot, exministra de Educación de su país, llegaron hasta la residencia de la Embajada de Chile en Moscú, ubicada junto a la legación diplomática. Ahí fueron recibidos por Irma Cáceres, la esposa del embajador Clodomiro Almeyda, quien se había acercado al matrimonio tras su defenestración. Almeyda se encontraba en Chile por razones de salud, aunque seguía trabajando. Cáceres y Almeyda habían vivido su exilio en la RDA, un país que acogió a

---

28 En 2004, la DISPI fue reemplazada por la Agencia Nacional de Inteligencia (ANI).
29 En marzo de 1992, la PDI detectó a varios frentistas en un camping en Colliguay, en la Quinta Región. Paralelamente, en la zona se realizó un operativo antinarcóticos que alertó a los frentistas, que dejaron el lugar. Hubo sospechas de que, para no dañar las relaciones con Cuba, "La Oficina"ayudó al grupo para proteger a Juan Gutiérrez Fischmann, el "Chele", yerno de Raúl Castro. Más tarde serían apresados y condenados los autores del crimen.
30 Luengo, 1996. Guillermo Muñoz, "Enrique Correa y el gobierno de Aylwin en el caso Guzmán:'La Oficina'actuó por completo dentro de la ley", 2000.

miles de chilenos perseguidos por la dictadura y que había apoyado materialmente a los partidos de la Unidad Popular recibiendo a sus principales figuras. En 1979, cuando el PS se dividió, la RDA apoyó al grupo de Almeyda, quien siguió viviendo ahí por ocho años más.

Todo ese mundo se desplomó en noviembre de 1989 con la caída del muro de Berlín. Honecker, quien un mes antes había sido destituido y expulsado del PSUA, y a quien se le detectó un cáncer al riñón, se encontraba entonces refugiado en las afueras de Berlín, en el hospital militar de Beelitz, que estaba bajo el control de la Unión Soviética. Iniciada la reunificación alemana el 3 de octubre de 1990, el exdictador fue acusado por su responsabilidad en los asesinatos de quienes habían intentado cruzar el muro. Para protegerlo, el entonces líder soviético Mijaíl Gorbachov ordenó el traslado de los Honecker a Moscú, lo que provocó una airada reacción de Alemania y la inmediata petición de extradición de quien había sido uno de los hombres más poderosos de la órbita soviética.[31] Apenas tres meses después, un conato de golpe de Estado contra Gorbachov inició la desintegración de la URSS. Y el 10 de diciembre de 1991 la Federación Rusa, encabezada por el excomunista Borís Yeltsin, le comunicó al matrimonio que tenía 72 horas para abandonar el país o serían expulsados a Alemania.

Un día después los Honecker tocarían la puerta de los Almeyda, para ser acogidos por Irma Cáceres.[32] Ella no era cualquier militante en el PS: se había vinculado en los años 40, había dirigido el Centro Cultural Gabriela Mistral durante la UP y fue parte del grupo de mujeres que organizó la solidaridad con los perseguidos de

---

31   Aunque la URSS avisó a Alemania sobre el traslado de Honecker a Moscú con al menos 90 minutos de anticipación, no hubo reacción del gobierno de Helmut Kohl, que más tarde señaló que ese tiempo había sido insuficiente para intervenir. "Pero esa explicación no hizo sino reforzar la impresión de que Kohl pudo aceptar secretamente el viaje". Cavallo, 1998, 149.

32   "[Irma] conoció a [Margot] cuando el matrimonio Honecker estaba en un hospital soviético en Berlín, a fines del 90. Durante los diez años que estuvimos allá, creo que la Irma no conversó ni una palabra con ella. Pero cuando estaban solos, en una situación desmedrada, ella estimó que era un deber ir a saludarlos. De ahí surgió la relación", contó Almeyda (Raquel Correa, "Las memorias de 'don Cloro'", 1992). Otra versión indica que entre Cáceres y Honecker "se había desarrollado la cercanía de las madres: Irma no podía olvidar que su hijo había recibido atención clínica excepcional gracias a la personal preocupación de Margot; para esta, ese interés por los chilenos era natural, dado que su única hija, Sonia, se había casado con un exiliado chileno. En Cavallo, 1998, 145.

la dictadura.[33] En la RDA había trabajado como profesional. Era una mujer política y con autoridad.

Almeyda estaba en una reunión en la Cancillería, en Santiago, cuando recibió un llamado urgente. Tras cortar, soltó con su inconfundible voz rasposa: "Honecker está en la Embajada y se quedará ahí".

Correa se enteró en La Moneda. "Informé al Presidente de inmediato y decidimos muy rápido que le íbamos a dar el carácter de 'huésped' y no de asilado", contó en el documental alemán *Honeckers letzte Reise* ("El último viaje de Honecker"). La figura del huésped evitaba un conflicto directo con Alemania.

En el gobierno chileno existían dos posturas sobre cómo tratar el asunto: mientras el Partido Socialista proponía asilar a Honecker, la Democracia Cristiana apoyaba los esfuerzos del canciller alemán, el también DC Helmut Kohl, uno de sus mayores aliados internacionales, para enjuiciar al exjerarca. Así, el gesto solidario de Cáceres en Moscú generó una situación extremadamente peliaguda en Chile: por primera vez en el gobierno, Aylwin y Almeyda, la DC y el PS, estaban en las antípodas. Por primera vez, también, Enrique Correa privilegiaría su afecto y lealtad hacia Almeyda, y su sentido de pertenencia al socialismo chileno, por sobre su resuelto compromiso con el gobierno.

"Con Aylwin tuvimos un choque grande por lo de Honecker. Es la única vez que nosotros estuvimos al borde de salir del gobierno", revela el entonces vicepresidente del PS, Luis Maira. "Fue un choque grande, que tuvo a la coalición en ascuas. Si esto se llevaba al límite, se rompía la coalición", recuerda Eugenio Tironi.

Desde un principio Correa tuvo claro que el episodio podía transformarse en un *casus belli*. El primer acto de esta historia tuvo entre sus protagonistas al canciller Silva Cimma, quien se sintió traicionado por Almeyda: nunca le creyó que la llegada de los Honecker lo hubiese tomado por sorpresa. A raíz de eso, marginó del "*affaire* Honecker" a las autoridades socialistas de la Cancillería.

Silva Cimma empezó a examinar cada acción y cada palabra del embajador Almeyda, quien regresó a la capital rusa en enero de 1992. Poco después, Honecker sufrió una gripe y lo visitó un equipo médico.[34] En un cable secreto, fechado el 12 de febrero, la Embajada

33 Rafael Ruiz, "Irma Cáceres de Almeyda: Chile en el corazón y en la cabeza", 1988.
34 Cavallo, 1998, 150.

envió a la Cancillería el informe médico, que listaba una serie de hallazgos, entre ellos que el cáncer se había extendido al hígado.[35]

A esas alturas, los socialistas chilenos exponían tres argumentos para que el gobierno le otorgara asilo político: uno, la reunificación familiar, pues en Santiago vivía su hija Sonia; dos, la reciprocidad que Chile debía al desaparecido país socialista, por su solidaridad con los exiliados; y tres, la razón humanitaria, a raíz del cáncer de Honecker. Los dos primeros apenas hacían mella en el resto de la coalición. El tercero era más aceptable y difícil de desdeñar por un partido cristiano como la DC.

A Silva Cimma le pareció que el resultado del informe médico era demasiado conveniente y oportuno para el alemán. Ordenó a Almeyda que Honecker se sometiera a una nueva examinación, pero en un recinto ruso. Correa se opuso: previó –como se comprobaría después– que los resultados serían alterados, pues el gobierno de Yeltsin quería expulsar a Honecker y hacer así un gesto a Alemania. Entonces, según *La historia oculta de la transición*, trató de convencer a Almeyda de no dar ese paso: "No lo haga, don Cloro. No haga ese segundo examen".[36]

Almeyda, sin embargo, estaba debilitado por la forma inconsulta en que los Honecker se habían refugiado y no pudo negarse. El 3 de marzo la clínica Botkin evacuó sus conclusiones, que contradecían de plano el informe previo: Honecker "no presentaba molestias ni dolencias".[37] Aunque los socialistas sospecharon de inmediato que el informe había sido falseado, la "razón humanitaria" quedó sin piso. Vino, entonces, el segundo acto: Silva Cimma, indignado, llamó al embajador a informar a Chile. Y comenzó a preparar su reemplazo. Tenía mucho poder, pues había sido de los primeros en bajar su precandidatura presidencial para apoyar a Aylwin. "Era un canciller muy seguro de que nadie lo iba a sacar", explica Maira. Al interior del Partido Socialista, la respuesta de todas sus sensibilidades fue homogénea: la salida de Almeyda sería considerada un maltrato inaceptable.

El embajador en Moscú había sido uno de los principales líderes del partido en las cinco décadas pasadas. Dirigentes como el

---

35 Embajada de Chile ante la Federación Rusa, "Télex Secreto Urgente No 068:'Informe médico Sr. Honecker'", 12 de febrero, 1992. Citado en Constanza Gajardo Pavez, "La izquierda chilena frente al caso Honecker", 2021, 75.

36 Cavallo, 1998, 151.

37 Gajardo, 2021, 76.

ministro Germán Correa o el subsecretario Ricardo Solari sentían una enorme gratitud hacia él, pues sin estar de acuerdo con ellos los había apoyado en su política de pactar con la DC, ir al plebiscito y dar paso a una transición negociada. Lo mismo pensaba Enrique Correa, quien además era su amigo.

Germán Correa, considerado un "hijo político" de Almeyda, recuerda que, cuando Silva Cimma llamó al viejo socialista a informar a Chile, "entendí que era altamente probable que lo sacaran". Entonces pidió una audiencia con el Presidente y le dijo que Silva Cimma estaba empecinado en atribuirle toda la responsabilidad a Almeyda, y que si lo sacaban le iban a renunciar todos los socialistas del gabinete por lo que consideraban un maltrato injusto. También se reunió con Aylwin el presidente del Partido Socialista, Ricardo Núñez, a quien le preocupaba que hubiese fuerzas de la DC y del PS empujando un choque que necesariamente terminaría con los socialistas fuera del gobierno.

Aylwin quedó preocupado y con los días el nerviosismo aumentó. Krauss y Boeninger estaban a favor de negociar la entrega de Honecker a los alemanes. La misma postura tenía el equipo económico, liderado por Alejandro Foxley. "Fue un momento de tensión con todo el sector más proestadounidense del gobierno", explica Tironi. Correa, en cambio, apoyaba la idea de concederle asilo. En una reunión del comité político con los partidos, Krauss, quien estaba muy molesto por la actitud de los socialistas, explotó: "Si no están conformes, que se vayan".

En un consejo de gabinete la discusión también llegó a ser muy acalorada. Correa y el subsecretario Solari defendieron la posición del PS. Pero quedaron en minoría. Y Silva Cimma fue muy duro. "Correa tuvo que hacer el equilibrio entre estas dos grandes fuerzas", recuerda Maira. "Enrique jugó un papel muy importante ahí, un rol apaciguador también con Boeninger", agrega Tironi.

No está claro si fue a raíz de esa discusión, pero en algún momento Correa conversó con Aylwin y puso su renuncia sobre la mesa: si el canciller destituía a Almeyda, él tendría que irse.[38] "Enrique nunca tuvo una vacilación sobre que esto era un parteaguas. No solamente por el efecto que iba a tener en la Concertación, sino también por una cuestión personal", dice Tironi. El momento más crítico, sin embargo, se produjo en la residencia presidencial. Un domingo, a solas, sin

38 Otano, 1995, 259.

ninguno de sus ministros ni asesores, Aylwin recibió a dirigentes de distintas tendencias del PS. Hubo acuerdo de mantener la reunión y su contenido en total secreto, cuestión que se cumplió. Hasta ahora.

"Fue una discusión seca, pero respetuosa", recuerda Luis Maira, uno de los presentes. Cada dirigente expuso sus argumentos y el Presidente contraargumentó. "Aylwin era un tipo muy elocuente y apasionado –describe Maira–. Era un abogado de esos que se van entusiasmando con su propio alegato. En un cierto momento nos hizo una carga a fondo, pero éramos tantos y respondimos desde distintos frentes". A Aylwin le quedó claro que estaba en riesgo la unidad de la coalición, indispensable para garantizar la gobernabilidad. Solo la suma de las fuerzas concertacionistas lograban balancear en algo el poder que aún tenían la derecha, el Ejército y el empresariado.

"Yo nunca he oído a un grupo más homogéneo para decirle, en buenos términos: 'Presidente, no se confunda con nosotros. Hay una cosa que nadie va a aceptar en el PS y es que usted desautorice a Clodomiro Almeyda y le haga caso a todos los que le piden que lo sacrifique' –rememora Maira–. Y Aylwin entendió".

Fue el momento del desenlace. El 9 de marzo de 1992, el Presidente ratificó a Almeyda en su cargo y declaró: "Si yo hubiera estado en la Embajada en ese momento, habría hecho lo mismo".[39] "Operó la mano bendita de Aylwin", dice Tironi. "Dijo, '¿saben qué más? Por esto no nos vamos a romper'. Y ahí todo empezó a funcionar".

De inmediato, Boeninger y Correa coordinaron los siguientes pasos: el diplomático James Holger fue nombrado enviado especial para manejar el caso ante Rusia y Alemania. Como los exámenes habían descartado que Honecker sufriera una dolencia grave, su primera misión fue negociar la entrega del exjerarca a Alemania. Eso sí, Chile puso condiciones: debía existir una acusación formal en su contra. En paralelo, y en completa reserva, Correa y Boeninger se aseguraron de que, a la larga, Honecker se radicara en Chile. En mayo, aprovechando un encuentro multilateral, llegó a Chile Ulrich Spohn, diplomático alemán entonces encargado de América. Correa lo conocía y lo invitó a cenar a su casa. Lo recibió con Boeninger y le hicieron el siguiente planteamiento: Honecker sería expulsado a Alemania, pero, una vez

---

39 Gajardo, 73.

que los médicos confirmaran que estaba aquejado por un cáncer, ese país le permitiría viajar a Chile.[40]

El 3 de junio de 1992 Alemania acusó formalmente a Honecker. El 22 de julio pidió a Rusia su expulsión y el 29 de julio el alemán abandonó la Embajada de Chile en Moscú, siendo trasladado al aeropuerto Vnukovo en un auto diplomático con bandera chilena. Entonces partió a Berlín para ser juzgado. Allí fue encarcelado y sometido a exámenes que confirmaron un cáncer al hígado. En noviembre se inició el juicio en su contra y en enero de 1993 la justicia alemana ordenó su liberación. Correa –a través de su jefe de gabinete, Ramiro Pizarro– se encargó de coordinar y de apoyar económicamente su instalación en Chile. "Todo el operativo estuvo a cargo de Enrique: desde el auto que lo llevaría desde la cárcel al aeropuerto, el avión que abordaría, su recibimiento, su estadía en Santiago, todo", señala un exdirigente del PS. Un año y cuatro meses después, Erich Honecker dejó de existir.

Sus funerales se realizaron en el Cementerio General. Una vez más, a través de sus asesores, Enrique Correa ayudó en la organización de la ceremonia. Y, en una brumosa mañana santiaguina, asistió a su despedida. La Concertación cerraba así su crisis interna más compleja durante la administración Aylwin.

*

Tres días después del histórico cambio de mando que dio inicio al gobierno democrático, en la sección de humor "Metamorfosis" de la revista *Apsi* 343 –cuatro viñetas en que un personaje se transformaba en otro– apareció un sonriente Patricio Aylwin acompañado de su sonriente esposa, Leonor Oyarzún, la que, al final, se transformaba en un Enrique Correa barbón y con cejas tupidas.

Correa, que recién empezaba a desplegar su personaje público como vocero, se indignó. Llamó a la revista y se quejó. Quizás porque conocía de cerca al equipo directivo –el director, Marcelo Contreras, y el gerente, Fernando Villagrán, habían militado en el MAPU-OC y habían trabajado con él en los años duros–, estalló como solo lo hacía en privado.

"Dicen que usted es muy mal genio, sobre todo en la intimidad", le preguntó en 1990 la periodista Mónica González.

---

40 Cavallo, 1998, 154.

–Así es.

–¿Y terco en algunas ocasiones?

–Así es, soy bastante porfiado.

Toda la delicadeza que Correa mostró en el trato con el Ejército quedó en el tintero en su relación con otros mundos: su propio equipo, políticos oficialistas ("si se enojaba contigo, te castigaba bloqueándote el acceso al resto del gobierno", grafica un dirigente socialista) y los medios progresistas, aquellos que habían asumido el riesgo de hacer periodismo en dictadura. Esta última relación estuvo marcada por diferencias de fondo, como la expectativa de esos medios de obtener apoyo económico gubernamental, algo que chocó con la política de prescindencia en ese ámbito por parte de La Moneda. Pero también influyó la personalidad del vocero: a Correa le disgusta e impacienta no tener el control de aquello que, le parece, debiera estar bajo su dominio.

Al concluir la dictadura quedaban en pie dos diarios opositores, *Fortín Mapocho* y *La Época,* y tres revistas: *Análisis, Apsi* y *Hoy.* La revista *Cauce* había cerrado. Con Pinochet, estos medios habían contado con financiamiento extranjero, pero en la medida en que el régimen llegaba a su fin y se iniciaba la transición esos recursos fueron escaseando. Con el triunfo de Aylwin, los directivos de estos medios tenían altas expectativas: por un lado, daban por hecho que sin represión y censura sería más fácil trabajar; por otro, esperaban que el gobierno legislara para a lo menos regular la repartición del avisaje estatal. Este era relevante porque, como sostuvo más tarde un editorial de *La Época,* los "poderes financieros tienden a preferir o privilegiar los diarios, revistas o radios que sienten más cercanos a sus intereses"y así, era difícil obtener avisaje comercial que permitiera la subsistencia de estos medios.

En La Moneda, sin embargo, Correa y Tironi veían las cosas de otra manera. La prioridad del gobierno estaba en resolver el destino y el marco en el que funcionarían los medios estatales *La Nación,* Radio Nacional y Televisión Nacional de Chile. Además, habían resuelto priorizar la relación con los medios que habían apoyado a la dictadura. Estos –en particular las cadenas de diarios de *El Mercurio* y *La Tercera*– eran los favoritos de los poderes fácticos. *"El Mercurio* era la bisagra de los mundos que podían desestabilizar al gobierno: los militares, los empresarios y la derecha –explica Tironi–. Su crítica era más destructiva, tenía más consecuencias. Entonces, para nosotros establecer una relación civilizada y ojalá seductora con *El Mercurio* o con *La Tercera* era súper importante". Las entrevistas, las primicias, las conversaciones informales, las conseguían primero estos diarios.

En ese cuadro, los diarios y revistas que hasta hacía meses habían sido los predilectos de la Concertación pasaron a un segundo plano. Y eso repercutió en la discusión sobre su financiamiento. Según ha contado el entonces director de *Análisis*, Juan Pablo Cárdenas, La Moneda bloqueó una ayuda "muy cuantiosa" del gobierno holandés, que manifestó su disposición a entregar un último aporte financiero a *Análisis, Apsi, Hoy, La Época* y *Fortín Mapocho*. Cárdenas afirma que el gobierno de Aylwin argumentó que este aporte "sería visto como una injerencia indebida en los asuntos internos de Chile". Entonces, dice, él, Marcelo Contreras y el director de *Hoy*, Marcelo Rozas, fueron a conversar con el ministro Correa. "Él dijo que esto se trataba de un malentendido y que se resolvía con una llamada telefónica", ha afirmado Cárdenas.[41] Y eso no ocurrió.

Quienes conocieron esas conversaciones en La Moneda afirman que esta es la mitad de la historia: el gobierno de Holanda estaba dispuesto a entregar recursos si es que el Estado chileno hacía lo propio. Y, para eso, ni Correa ni Tironi estaban disponibles. El vocero, de hecho, puso sobre la mesa otra solución: un préstamo desde Italia, que además permitiría obtener mayores recursos.[42] Pero eso tampoco se concretó y no hubo ayuda holandesa ni italiana.

Luis Eugenio Díaz –quien se había integrado al *Fortín Mapocho*– se reunió con Correa y Tironi para pedirles que el gobierno, a través de alguna de sus reparticiones, les contratara una decena de avisos. "Nos dimos cuenta de que con cinco o seis avisos el *Fortín* se financiaba, porque requería muy pocas lucas", cuenta.

–Lo vamos a ver –dijo Correa.

–Ninguna posibilidad, Eugenio. Lo siento –intervino Tironi, categórico.

Fortín Mapocho cerró a mediados de 1991.

Cárdenas, Contreras y Rozas comenzaron a explorar otra fórmula: un préstamo del Estado. Contreras tuvo una reunión con el

---

41 Ximena Poo y Felipe Portales, "Entrevista a Juan Pablo Cárdenas: La Concertación exterminó la prensa independiente", 2008.
42 Francisca Araya, "La historia del cierre de la revista *APSI*: El que se ríe se va al cuartel", 2006, 47. Poo y Portales, 2008.

Presidente: le planteó que, tal como las instituciones políticas, los medios opositores requerían hacer su propia transición para financiarse. Si en el pasado la dictadura había socorrido financieramente a *El Mercurio* y *La Tercera*, ellos proponían que el Estado chileno les concediera préstamos blandos. "Mire, qué más quisiera yo, pero sería mal visto", respondió Aylwin.

No está claro si fue antes o después de este encuentro cuando Cárdenas, Contreras y Rozas acudieron al ministro de Hacienda, Alejandro Foxley, quien fue más receptivo. "Le contamos todo lo que habíamos vivido con el bloqueo de las platas del gobierno holandés. Foxley se tomaba la cabeza a dos manos y decía que no podía entender una cosa así. 'Los voy a ayudar', dijo", ha contado Cárdenas sobre ese encuentro.[43] En principio, la idea era que el Banco del Estado realizara un préstamo para que los medios pudiesen cubrir sus deudas de arrastre y salir a competir sin desventajas. Nuevamente, sin embargo, Correa bloqueó la ayuda. Y se indignó con los directores por haber recurrido a Hacienda. Según Cárdenas, el vocero los citó a una reunión. "Nosotros pensamos ingenuamente que era para concretar los anuncios. Para nuestra perplejidad, en cambio, nos retó muchísimo, nos amenazó con las penas del infierno y nos advirtió que así no iba a haber un peso de ayuda a ninguno de los tres medios", contó en 2008.[44]

Aparentemente, a Correa le irritó que los directores de medios buscaran otro interlocutor en un ámbito propio de su cartera. También, que Foxley hubiese accedido a intervenir. El ministro de Hacienda entendió que podía generar un problema político y se restó de las conversaciones, sostiene un entrevistado. Como no pudo seguir adelante, al menos en el caso de una de las revistas, Foxley contrató avisaje e incluso aportó algo de dinero con fondos reservados. Pero nada sustancial. Correa ayudó a *Apsi* con aportes reservados, pero el respaldo se interrumpió.[45] Aunque buena parte del equipo de la revista consideraba que *Apsi* era muy oficialista, el ministro no pensaba igual: solía llamar a Villagrán para quejarse por alguna cobertura. A veces aludía a una nota sobre el gobierno, pero la mayor parte del

---

43 Poo y Portales, 2008.
44 Ibíd.
45 Araya, 2006, 45.

tiempo le molestaba el tono de la revista con el Ejército y Pinochet. "Me parece pésimo que traten esto así", protestaba.

La relación de Correa con *Apsi*, además, estaba cruzada por otros factores. En 1983, Marcelo Contreras había asumido como encargado del MAPU-OC y defendido la tesis de realizar una renovación profunda y rápida para unirse al PS renovado; Correa, en cambio, había sido partidario de fortalecer una fuerza de izquierda que conciliara marxismo y cristianismo, pero perdió en esa votación dramática que lo impulsó a él y a los suyos a fusionarse con el MAPU-Garretón. Este quiebre, como suele suceder con Correa, quedó en su registro. Quienes lo conocen señalan que puede tener enojos muy duraderos cuando se siente pasado a llevar. Su relación con Villagrán, en cambio, era mejor: aunque este respaldó la tesis de Contreras, Correa no olvidaba que cuando estuvo clandestino en Chile lo había acogido en su casa en Bellavista.

Los directores de estos medios no cejaron en buscar una fórmula estable de financiamiento. Desde su punto de vista, era posible regular los criterios con el que se repartía el avisaje estatal. En algún momento, de hecho, Correa armó una comisión, liderada por Tironi, para que estudiara el tema. Pero este estaba convencido de que los medios debían ser capaces de autofinanciarse.

Análisis cerró en 1993. Dos años después fue el turno de *Apsi*.

"Había una cuestión muy principista nuestra", dice Tironi. "Primero, si yo quiero tener libertad para criticar la ayuda de la dictadura a *El Mercurio* y *La Tercera*, no puedo usar la misma fórmula. Segundo, esto conversaba con la política económica del gobierno: no íbamos a usar regulaciones de ninguna especie para intervenir en el mercado. Y, tercero, en general estos medios no tenían un chasís empresarial, no tenían ni siquiera balances".

La realidad del diario *La Época* y la revista *Hoy* fue algo distinta: como eran medios más cercanos a la Democracia Cristiana, contaron con apoyo desde otros ministerios. Y, sobre todo, con las gestiones de algunos ministros ante Anacleto Angelini, entonces el empresario más rico del país, quien al menos en el caso de *La Época* entregó financiamiento para su supervivencia. Además, según recuerda Tironi, desde el propio Ministerio encabezado por Correa hicieron esfuerzos por conseguir inversionistas: "Hicimos todo lo que estuvo en nuestras manos por salvar *La Época*. Buscamos inversionistas extranjeros: recorrimos España y nos reunimos con Jesús de Polanco y Juan Luis

Cebrián, del grupo Prisa. Estuvimos con los dueños de *La Vanguardia*". Nada de eso fructificó. En julio de 1998 *La Época* publicó su última edición. Tres meses después cerró la revista *Hoy*.

*

A principios de 1990, el abogado socialista Raimundo Valenzuela de la Fuente vivía una disyuntiva. A sus cincuenta y cuatro años, luego de haber colaborado con el triunfo de Patricio Aylwin, tenía dos ofertas del nuevo gobierno: asumir como presidente del directorio de Radio Nacional o de la Sociedad Periodística La Nación S.A. Por entonces ambos medios de comunicación estaban bajo control estatal y vivían una situación económica precaria. *La Nación* era parte de la Empresa Periodística La Nación S.A., a la que también pertenecía el *Diario Oficial*, encargado de publicar las normas jurídicas y otras acciones que el Estado exige informar a personas naturales, empresas e instituciones.

"Es mucho más entretenido un diario que una radio", le aconsejaron, y el "Huaso" Valenzuela siguió la recomendación. Se convirtió en el primer presidente del directorio de La Nación S.A. en democracia. En ese puesto debía entenderse con su viejo amigo Enrique Correa, ministro a cargo de las relaciones con los medios estatales. "Raimundo era de la absoluta confianza de Correa, desde los tiempos de la JDC", dice alguien que los conoció a ambos.

Valenzuela también tenía buenas relaciones con Krauss y conocía bien a Aylwin. "Raimundo había sido importante en la campaña del No, en papeles secundarios pero operativos relevantes", señala Eugenio Tironi. En los 70 y 80, además, había sido el hombre de las platas de la Friedrich Ebert, la poderosa fundación socialdemócrata alemana que destinaba recursos para la oposición a Pinochet.

Pocos sabían que La Nación S.A. era una compañía mixta, pues parte de su propiedad estaba en manos privadas. Su estructura societal estaba compuesta en un 70% por acciones ordinarias y en un 30% por acciones preferentes. Las primeras eran de propiedad estatal, lo que le permitía al gobierno de turno nombrar a tres de los cinco miembros del directorio. Las acciones preferentes estaban divididas en dos paquetes, cada uno con derecho a nombrar a un director. En 1990 uno de esos paquetes era propiedad del militante UDI y funcionario de la dictadura Juan Jorge Lazo, gracias a un traspaso bajo cuerda realizado por el régimen militar en los 80. Lazo era un testaferro. El paquete restante de acciones preferentes estaba en manos de

Radio Nacional, cuyo directorio en 1990 lo integraban cuatro representantes de las Fuerzas Armadas y Carabineros –"amarrados" por Pinochet–, además de Eugenio Tironi, quien asumió la presidencia nombrado por Aylwin.

Con el inicio del gobierno, por los tres cupos de las acciones ordinarias asumieron el abogado DC Jorge Donoso, el radical Amador Navarro y Raimundo Valenzuela como presidente. Donoso y Valenzuela eran muy cercanos a Correa, pero también representaban los intereses de la DC y el PS, los dos partidos eje de la Concertación. Como representante de las acciones de Lazo estaba el abogado y hábil empresario UDI Enrique Alcalde Undurraga. Mientras, por las acciones de Radio Nacional asumió el abogado de derecha Juan Irarrázabal, como un gesto de Tironi a los directores uniformados. Una vez que la composición del directorio estuvo clara, Alcalde, experto en gobiernos societales, vio oportunidades de negocio que sabría aprovechar.

En una detallada investigación realizada en 2009 para *El Mostrador*, la periodista Alejandra Matus señala que, cuando las nuevas autoridades tomaron el control, la empresa "arrastraba una enorme deuda tributaria y previsional, que la tenía al borde de la quiebra". El marasmo ni siquiera había logrado revertirse con las millonarias utilidades del *Diario Oficial*, que era la joya de la corona. Según Matus, sus ingresos eran equivalentes a lo que recibía *El Mercurio* en publicidad.[46]

Más desastrosa era la situación que encontró Tironi al asumir la presidencia de Radio Nacional. La emisora tenía antenas repetidoras y terrenos en todo el país, lo que demandaba costos de mantención que no se cubrían. Así lo detalla Tironi en la investigación de Matus: "Estamos hablando de una radio que no solo no podía pagar sueldos. También debíamos el arriendo, agua, luz, teléfono y arrastrábamos una deuda previsional importante". Con una empresa en el suelo y un directorio heredado de Pinochet, Correa impuso la urgencia de privatizar la radio. Pero esto abrió un nuevo dilema: qué hacer con el paquete accionario de la emisora en La Nación S.A. Para evitar que esas acciones quedaran en manos de cualquier comprador, era necesario venderlo a personas de confianza antes de enajenar la empresa.

---

46 Parte relevante de lo expuesto sobre La Nación S.A. en los primeros años de la democracia se basa en tres reportajes de Alejandra Matus: "La Nación Gate I: Cómo se privatizó el diario 'del gobierno'", "La Nación Gate II: El comienzo del club privado" y "La Nación Gate III: Todo el poder de Colliguay", 2009.

XI "LA CAJA" Y EL FLANCO IZQUIERDO

Y como la operación debía contar con el visto bueno de la mayoría militar del directorio de la radio, la solución no era sencilla.

La investigación de *El Mostrador* consigna que, en septiembre de 1991, Alcalde habló con Tironi, a quien no conocía. El representante del único accionista privado de La Nación S.A. le ofreció comprar el paquete de Radio Nacional por solo 12 millones de pesos (algo más de $56,7 millones en 2024). Tomando en cuenta que el diario parecía estar prácticamente quebrado, y la urgencia de la radio por pagar los sueldos, la oferta le pareció atractiva. Más cuando días después Alcalde la subió a 16 millones de pesos (poco más de $75,6 millones en 2024).[47]

En febrero de 1991, el gobierno había promulgado una ley que perdonaba intereses y multas a deudores tributarios y fijaba descuentos a los que se pusieran al día. Muy pocos sabían que, gracias a este perdonazo, la deuda fiscal de *La Nación* se redujo de 1.700 a cerca de 320 millones de pesos, lo que la convirtió de golpe en una compañía económicamente atractiva.[48] ¿Por qué muy pocos lo sabían? Porque la condonación se mantuvo oculta por casi un año, ya que no se incluyó en el acápite "Hechos posteriores" del balance del año 1990 publicado por La Nación S.A., a pesar de que su directorio estaba obligado a comunicarla. Es decir, el impacto positivo en el futuro económico de la compañía debió ser hecho público varios meses antes de que Alcalde hiciera su oferta.

Por su cargo y buenos contactos, de seguro sabía de la condonación el presidente del directorio, Raimundo Valenzuela. Y también debió saberlo Enrique Alcalde, pues solo así se explican sus hábiles movimientos posteriores a la promulgación de la ley. "Valenzuela y Alcalde se hicieron muy amigos", cuenta una persona que trabajó en el diario.

Según la base de datos del *Diario Oficial*, el 7 de septiembre de 1991 Alcalde constituyó la sociedad Colliguay junto a otros dos socios: el ingeniero comercial socialista Juan Cavada, que trabajaba en el Ministerio de Planificación, y el abogado DC Ricardo Halabí, que trabajaba en el Ministerio de Agricultura. Ambos eran cercanos a Valenzuela. "Halabí conocía a Valenzuela de Derecho de la Universidad de Chile y Valenzuela con Cavada eran cercanos cuando ambos

---

47 Matus, 2009.
48 La ley de condonación tributaria o Ley 19.041 le permitió a la empresa obtener utilidades por primera vez en varios años, consigna la investigación de *El Mostrador*. Además, tanto *La Nación* como el *Diario Oficial* habían reducido sus plantas, con lo que rebajaron sus costos.

estaban en la Izquierda Cristiana, antes de irse al PS", acota Jorge Donoso. Además, Cavada conocía al ministro Correa desde la época de la Pastoral Obrera, mientras Halabí contaba con la confianza del ministro Krauss.

A través de Colliguay, ese mes Alcalde adquirió el paquete de acciones preferentes al UDI Juan Jorge Lazo, de quien hasta ese momento era representante en el directorio. Y en paralelo elevó su oferta a la emisora, a pesar de que era el único interesado en acciones que, a simple vista, no valían nada. Consultado para este libro, Tironi afirma que hasta que habló con Alcalde no sabía que existían esas acciones de La Nación S.A. en poder de Radio Nacional. Tampoco que el estado financiero de esa empresa había sido saneado. "Tomando en cuenta la situación de la radio, la oferta de Alcalde nos pareció buena y en el directorio tomamos la decisión de vender", explica.

La primera pregunta que cae de cajón es sobre Alcalde: ¿por qué un hombre de negocios como él decidió aliarse con dos funcionarios concertacionistas, ninguno con experiencia en estas lides, en vez de correr solo y asegurarse así un 30% de las jugosas ganancias del *Diario Oficial*, pagando un precio irrisorio?[49] La respuesta obvia es que nadie en el gobierno hubiera aprobado que un UDI se llevara esa tajada, adquiriendo un paquete accionario que era estatal. La segunda gran duda corre para quienes validaron esta venta en La Moneda: ¿por qué venderle a una sociedad integrada por un opositor como Alcalde, quien además asumió como representante legal de Colliguay? Esta respuesta es menos obvia que la anterior, pero también tiene lógica: porque Alcalde ya tenía un pie en La Nación S.A. y su presencia era un aval para que los militares en Radio Nacional aprobaran la venta.

La investigación de *El Mostrador* y los testimonios de cinco exconcertacionistas consultados para este libro –que pidieron reserva de su identidad– apuntan a que la creación de Colliguay fue craneada por Alcalde, secundada por Valenzuela y apoyada por Correa y Krauss. El objetivo original fue evitar que las acciones en poder de Radio Nacional fueran adquiridas por desconocidos. Que a Colliguay entraran Cavada y Halabí era una fórmula para que los intereses del

---

49 Según un peritaje posterior, ordenado por un juzgado civil, lo que pagó Colliguay por las acciones de Radio Nacional fue once veces inferior al valor de mercado de esas acciones al momento de la compra. Matus, 2009.

gobierno quedaran a salvo.[50] "Era una forma de que la Concertación mantuviera presencia en el diario, incluso si llegaba un gobierno de derecha", explica un dirigente democratacristiano.

Con esas adquisiciones, Colliguay podía elegir a dos de los cinco miembros del directorio, pese a tener solo el 30% de la propiedad. Eso le daba a la recién creada sociedad una importante cuota de poder, pero no le alcanzaba para desafiar el predominio del Fisco ya que este elegía a tres directores, que representaban al 70% de las acciones ordinarias, y las decisiones relevantes para la empresa se zanjaban en el directorio por mayoría simple. El control estatal no estaba en juego. Lo que sí había cambiado es que las utilidades del *Diario Oficial*, lo realmente jugoso en este entramado, ahora irían en un mayor porcentaje a parar en manos privadas.

El problema fue que a poco andar Valenzuela, como presidente del directorio de La Nación S.A., comenzó a impulsar cambios en los estatutos que fueron aumentando el poder de los accionistas preferentes, es decir de Colliguay, a pesar de que el "Huaso" había sido designado para defender los intereses del Fisco. En abril de 1992, gracias a su voto se estableció que para designar y remover al presidente del directorio se requería de al menos un voto preferente. Lo mismo se fijó para los directores y gerentes de *La Nación* y el *Diario Oficial*. Consultado años después respecto de ese cambio estatutario, Valenzuela dijo que no lo recordaba y que tendría que ver las actas. No obstante, en un reportaje de Ximena Pérez Villamil dijo: "En todas las juntas en que me tocó representar al Fisco tuve el visto bueno del gobierno. Se le consultaba a Enrique Correa".[51] En la misma publicación Correa respondió: "Yo no tenía atribuciones dentro del gobierno para aprobar o rechazar la operación".

Dos documentos, desconocidos hasta ahora, parecen dar la razón en esto a Valenzuela. Se trata de un balance sobre su labor que los tres directores nombrados por el Fisco le envían al ministro vocero a principios de 1993. Y de la carta de respuesta de Correa, en marzo de ese año. En el primer texto, los directores Valenzuela, Donoso y Navarro piden al gobierno ayudar a establecer que la autoridad máxima

50 Entrevistado para la investigación de *El Mostrador*, Juan Cavada aseguró que el fin fue político: evitar que *La Nación* se privatizara.
51 Ximena Pérez Villamil, "El fin del lucro para los accionistas privados de *La Nación*", 2012.

de La Nación S.A. es su directorio y que la compañía se rige por su propio estatuto, "que consigna diversas disposiciones que implican un cierto derecho a veto del sector privado (acciones preferentes), en ciertos actos o designaciones de la empresa".

En el segundo documento, junto con felicitarlos por su tarea, Correa les reafirma que el gobierno no interferirá en el funcionamiento de La Nación S.A. "Tal como lo señalan Uds. en su carta, el Gobierno espera que el directorio de esta empresa (…) continúe cumpliendo en plenitud con la obligación legal y estatutaria de administrar la empresa de la manera como lo ha hecho hasta ahora, es decir, de forma independiente y con la mayor eficiencia que les sea posible".

Un año más tarde vino un nuevo cambio estatutario: la prohibición para los dos mayores accionistas, en este caso el Estado y Colliguay, de vender sin antes ofrecer su parte al otro. Algo que solo perjudicaba al Estado, ya que al ser una sociedad Colliguay podía cambiar de propiedad internamente y sin límites. Más tarde se aumentarían los miembros del directorio de cinco a siete, cuatro para el Fisco y tres para Colliguay, añadiéndose que el quórum mínimo para sesionar sería de cinco directores. Es decir, debía estar presente al menos uno de Colliguay para que la sesión fuera válida.

Hay dos versiones sobre qué se buscó con el aumento del poder de los representantes de Colliguay. Una apunta a que con estos cambios, incluso en un gobierno de derecha, la Concertación tendría poder de veto en *La Nación*. Otra, que es complementaria a la anterior, agrega que Colliguay se diseñó como un vehículo para traspasar parte de las utilidades de La Nación S.A., provenientes en lo grueso del *Diario Oficial*, para financiar actividades políticas del PS y la DC.

A mediados de 1993 los rumores sobre Colliguay hervían en los mentideros oficialistas. En momentos en que no existía financiamiento estatal para la política, se la sospechaba como un mecanismo para cubrir gastos electorales de ambos partidos con miras a las elecciones parlamentarias de ese año. Nadie aportaba pruebas, pero que militantes de ambos partidos fueran parte de la sociedad anónima, además de cercanos a Krauss y a Correa, no era visto como un azar. El rol de Valenzuela, también cercano a Correa y con nexos con la DC, aumentaba las suspicacias. Según un testigo, uno de los más molestos con los rumores era el director de Presupuesto, el DC José Pablo Arellano, que "no quería nada con *La Nación*". Un ejemplo: Arellano no autorizó el proyecto para trasladar la imprenta del diario a un terreno de Pudahuel, y luego de varios tiras y aflojas solo dio el pase a la compra del terreno. "Valenzuela estaba indignado", cuenta este consultado.

Otro testigo aporta un dato que muy pocos manejaban por entonces. Dice que, a poco de asumir Aylwin, emisarios de la DC llegaron a La Nación S.A. para solicitar aportes económicos bajo cuerda. Se reunieron con Raimundo Valenzuela, quien negó la ayuda amparándose en que era ilegal que una empresa controlada por el Estado maquillara sus gastos. También mencionó la difícil situación de la compañía. Los enviados se retiraron con las manos vacías. Lo que no era ilegal, sin embargo, era que los aportes para financiar la actividad política vinieran de una sociedad anónima privada. Como Colliguay. Es decir, nada prohibía que las utilidades de la Empresa Periodística La Nación S.A. repartidas a Colliguay fueran destinadas a donaciones para partidos o campañas, en un momento en que no existía regulación alguna sobre la materia.

Si fue ese el mecanismo original, lo cierto es que, a fines de 1992, para varios en el gobierno el "Huaso" Valenzuela estaba yendo demasiado lejos en favorecer a Colliguay, en un esfuerzo que olía cada vez menos a "financiar la democracia" y más a intereses personales. Un consultado sostiene que en algún momento de 1993 el ministro Correa citó a su amigo a La Moneda, indignado. Y que el encontrón fue fuerte. Sin embargo, Valenzuela no cedió. Según un conocedor de la conversación, estaba muy molesto y alguien lo escuchó comentar en privado: "Estos huevones me están pidiendo que yo les rinda cuentas y yo no les voy a dar nada".

"Las relaciones entre ambos estuvieron tirantes un buen tiempo", afirma un exfuncionario del diario. "Yo sé que hubo un distanciamiento entre ambos, pero no recuerdo con precisión", señala un dirigente democratacristiano. Fruto del enojo de Correa contra Valenzuela y Colliguay fue que, justamente a mediados de 1993, los dos directores de la sociedad anónima privada, Enrique Alcalde y Juan Irarrázabal, salieron del directorio. En su lugar asumieron dos concertacionistas fogueados en medios e impuestos por La Moneda: el DC Carlos Figueroa y el socialista Fernando Villagrán. Así, Colliguay se restó de su derecho a elegir representantes. Para un consultado, se trató del último gesto hacia La Moneda de quienes estaban detrás de la sociedad.

En 1994, el nuevo gobierno de Eduardo Frei Ruiz-Tagle se propuso entender qué ocurría en el diario. El reemplazante de Correa como ministro vocero, el PPD Víctor Manuel Rebolledo –cuyo partido no era parte del entramado de Colliguay–, quiso poner a un gerente general de su confianza. Pero Raimundo Valenzuela lo bloqueó. En represalia, en mayo de 1994 el "Huaso" debió dejar la presidencia del directorio. Lo que vino después confirmó los temores de los que creían que Colliguay se había salido de control: en noviembre de 1996 Valenzuela le compró su parte a Juan Cavada, quien salió de la sociedad molesto por lo que consideraba "rumores de café"que ponían en duda su integridad.[52]

En palabras simples, Valenzuela se hizo socio de un negocio privado que, como representante del Estado, había contribuido a apuntalar. "Valenzuela le dio poder a Colliguay en desmedro del Fisco, y con eso se hizo un traje a la medida para un negocio del que se convirtió en socio", apunta un consultado. Como accionista de la sociedad que Enrique Alcalde había creado, en 2000 Valenzuela dio un paso más y regresó al directorio de La Nación S.A. en uno de los tres asientos de la sociedad anónima.

En 2012, los socios de Colliguay eran Valenzuela, Alcalde y el abogado DC Luis Eduardo Thayer, quien a mediados de los 90 había comprado su parte a Ricardo Halabí.[53] La periodista Ximena Pérez calculaba que, desde 1991 y hasta esa fecha, las ganancias de la sociedad anónima privada en La Nación S.A. llegaban a $ 3.160 millones, en buena parte gracias al *Diario Oficial*.[54]

Por entonces, el primer gobierno de Sebastián Piñera impulsaba una batalla legal para disolver la Empresa Periodística La Nación S.A. y separarla del *Diario Oficial*, poniendo fin al negocio de Colliguay.[55] El esfuerzo lo encabezó el ingeniero de Renovación Nacional Daniel Platovsky, quien asumió la presidencia del directorio. "El tema de fondo era recuperar el *Diario Oficial* de la República para el Estado. Obviamente los socios no Estado se oponían a cualquier cambio del *Diario Oficial*, porque era el único ingreso real y rentable que tenía

---

52 Matus, 2009.
53 Íd.
54 Pérez Villamil, 2012. Según este reportaje, las ganancias del Fisco alcanzaron durante el mismo periodo los $ 7.544 millones. Pero la gran diferencia con Colliguay era que buena parte de esos excedentes venían del mismo Fisco, pues está obligado a publicar sus leyes y decretos en el *Diario Oficial*, y a pagar por ello.
55 Felipe Saleh, "La estrategia del gobierno para sacar a los accionistas privados de *La Nación*", 2010.

la sociedad La Nación", recalca Platovsky, quien era muy cercano a Piñera. A su juicio, en 2012 se presentaba una oportunidad: ese año las partes podían renovar o poner fin a la sociedad. Él propuso tomar este último camino.

En septiembre de 2012 Platovsky llegó a la junta extraordinaria de accionistas junto al tesorero general de la República, Sergio Frías, como representante del Estado. Su presencia sorprendió a los hombres de Colliguay, quienes no sabían quién era.[56] "Ahí yo planteo que no se va a renovar la sociedad, que el Estado no está disponible para eso y que por lo tanto esta tiene que entrar en liquidación. Y así me convertí en el primer representante de la centroderecha que nacionaliza una empresa", dice con una carcajada.

Pero los accionistas de Colliguay demandaron al Fisco, acusándolo de disolver ilegalmente la compañía al no contar con su aprobación como accionistas preferentes. En septiembre de 2016, la Corte de Apelaciones de Santiago les dio la razón y avaló el pago de una indemnización total de $ 9.480 millones a Colliguay.[57]

Quedó claro que no incurrieron en ninguna ilegalidad quienes en 1991 habían formado Colliguay e ingresaron a la propiedad de La Nación S.A. mediante la compra de dos paquetes accionarios preferentes. Pero al interior del diario y en algunos círculos concertacionistas sí hubo reproches éticos, pues la compra del paquete que tenía Radio Nacional se hizo con información que el resto del mercado no tenía y a un precio que una investigación posterior e independiente fijó en cerca de once veces inferior al real.[58] Además, Valenzuela, representante del Fisco en la empresa, acabó beneficiando un negocio privado del que terminó siendo parte y que perjudicó al Estado.[59] Así

---

56 *Diario Oficial*, "Extracto de disolución Empresa Periodística La Nación SA.".

57 En mayo de 2016, un juez arbitral obligó al Estado a pagar $ 5.600 millones a los dueños de Colliguay. El monto se sumó a lo que en 2012 la comisión liquidadora de *La Nación* había establecido como pago para la sociedad anónima tras el cierre del medio: $ 3.880 millones. Esto da un total de $ 9.480 millones entregados por el Fisco como compensación a sus accionistas, lo que fue ratificado por la Corte Suprema. *La Tercera*, "La Nación: Suprema rechaza recurso de CDE y obliga al Fisco a pagar $5.600 millones", 4 de octubre de 2016.

58 Se trata de un peritaje ordenado por el Primer Juzgado Civil de Santiago, luego de que el empresario Santiago Agliati Gambino compró Radio Nacional al Fisco y descubrió que el paquete accionario de La Nación S.A. había sido vendido a un precio insignificante. Matus, 2009.

59 A fines de 2004, el directorio de La Nación S.A. aprobó separar la moderna imprenta inaugurada por la compañía en Pudahuel creando una empresa aparte

lo entendió el primer gobierno de Piñera, que en un momento lo amenazó con una querella por fraude al Fisco. "Me tiene sin cuidado, que lo hagan, tengo claros mis derechos y obligaciones; no falté a la ética", respondió el aludido en 2012.[60]

Según un exfuncionario del gobierno de Aylwin, la millonaria indemnización zanjada en 2016 fue el epílogo de un episodio que califica como "escandaloso". Algunos que conocen de cerca el tema creen que Enrique Correa simplemente fue engañado tras aprobar una fórmula para "financiar la política" en tiempos complejos para los partidos, la que en un principio funcionó y que, sin su consentimiento, derivó en un lucrativo negocio entre privados.

Si así fue, su enojo no fue imperecedero. Según los registros del *Diario Oficial*, en agosto de 2002 el exvocero se convirtió en socio de Raimundo Valenzuela y Enrique Alcalde, entrando en la propiedad de la Consultora de Estudios Financieros, Económicos y Sociales Limitada (EFES Ltda).[61] Alcalde y Valenzuela eran los únicos socios de EFES y en esa fecha le vendieron la mitad de su participación a Correa y a Carlos Cruz, ministro de Obras Públicas de Ricardo Lagos. Por lo tanto, cada uno de los cuatro se quedó con el 25%.[62] Esta sociedad duró seis años, desde 2002 hasta diciembre de 2008.[63]

En una entrevista de 2003 a *La Tercera*, Correa señalaría que quien lo invitó a participar en esa sociedad fue el "Huaso" Valenzuela.[64]

*

---

de nombre Puerto Madero Impresores S.A., con la misma estructura societaria que su compañía madre. Es decir, replicando la participación y preferencias para Colliguay. *Diario Oficial*, "Extracto de modificación de sociedad", 2005.

60 Pérez Villamil, 2012.
61 EFES fue creada en 1980 como una ONG que empezó a trabajar con la Fundación Friedrich Ebert. Según una memoria de la Fundación, en sus oficinas comenzó a operar en 1985 el Ciasi, la ONG donde trabajó Correa. Eran los días en que el ovallino comenzaba a dejar atrás sus mayores apreturas económicas.
62 *Diario Oficial*, "Extracto de modificación sociedad Consultora de Estudios Financieros, Económicos y Sociales Limitada", 2002.
63 Correa le vendió su 25% a Raimundo Valenzuela Contreras. Lo mismo hizo Carlos Cruz con Paula Valenzuela Contreras, ambos hijos de Raimundo Valenzuela de la Fuente. *Diario Oficial*, "Extracto de modificación sociedad Consultora de Estudios Financieros, Económicos y Sociales Limitada", 2008.
64 Javier Ortega y Paula Canales, "Enrique Correa y su irreductible defensa de Carlos Cruz: 'Podrán investigar cien veces, pero no hubo platas negras'", 2003.

En los cuatro años de gobierno de Patricio Aylwin, hubo una sola ocasión en que los partidos de la Concertación se enfrentaron en una votación en el Congreso: ocurrió el 18 de agosto de 1993, cuando se tramitaba un proyecto de ley propuesto por el Presidente para acelerar las investigaciones judiciales en casos de violaciones a los derechos humanos.

La propuesta tenía dos ejes principales. El primero facultaba al Presidente a nombrar jueces con dedicación exclusiva para investigar los delitos más graves cometidos entre el 11 de septiembre de 1973 y el 10 de marzo de 1978, es decir, el periodo cubierto por la ley de amnistía de la dictadura. El segundo era garantizar el secreto de las personas que aportaran información, así fuesen testigos o hechores. El propósito, en definitiva, era conocer qué había ocurrido con las víctimas, sin que necesariamente se supiera quiénes eran los culpables de estos hechos que no podían ser castigados. La propuesta del mandatario establecía, además, que la ley tuviese una vigencia de dos años, pero no quedaba claro el alcance de esa medida. ¿Luego no sería posible seguir investigando?

El anuncio de Aylwin aspiraba a generar un punto de intersección entre el Ejército, que se oponía a la investigación judicial de estos delitos, y los familiares de las víctimas, que reclamaban contra la impunidad. El Presidente había liderado una ronda de conversaciones previas con los militares, los familiares, los expertos en la materia, y había intervenido personalmente en las definiciones jurídicas. Aylwin pensaba que acelerar los juicios liberaría al Ejército de la pesada carga de la dictadura, mientras que la verdad consolaría a los deudos. Ni unos ni otros lo vieron así. El Ejército quería una ley de punto final; los familiares, justicia.

Las agrupaciones de familiares de detenidos desaparecidos y ejecutados políticos protestaron. Un grupo de viudas, hermanas e hijas de detenidos desaparecidos inició una huelga de hambre. Desde un principio, el Partido Socialista manifestó su desacuerdo y el ministro Correa, tan apasionado en otros temas, vio "anulada" su capacidad de acción.[65] Así, ese miércoles 18 de agosto, en la Cámara de

---

65 "[Esta ley] no era aceptable para el PS, parte afectada muy importante. Y cuando se buscan leyes que apuntan a la reconciliación y una de las partes se siente afectada por ellas, es muy difícil seguir adelante con la iniciativa. Por eso la percepción que tuve muy temprano de que era una iniciativa que no iba a tener el apoyo del PS anuló mucho mi capacidad de acción", explicó Correa. Mónica González, "Enrique Correa: 'Voy a luchar por modernizar el PS'", 1994.

Diputados, el PS rechazó el artículo que garantizaba el secreto para quienes aportaran información, argumentando que la iniciativa abría las puertas a un "punto final". Era la primera vez que un partido oficialista rechazaba una propuesta del gobierno. El PPD y Andrés Aylwin, el hermano DC del Presidente, se abstuvieron de apoyar el mismo artículo. La Democracia Cristiana votó a favor.

Las críticas de la izquierda amargaron al Presidente. En particular las de los partidarios del gobierno. En un consejo de gabinete realizado el 12 de agosto, al que Correa no asistió, Aylwin abrió la palabra y defendió la iniciativa. Así quedó registrada su queja: "Penoso y sorprendente que sectores que forman parte de la coalición de Gobierno criticaran tan acerbamente el proyecto".[66]

El vocero, sin embargo, no quemó las naves durante el resto del trámite legislativo. El 22 de agosto *El Mercurio* publicó la primera entrevista del ministro sobre el tema. Ahí no hacía un reproche a su partido y, en cambio, remarcaba que *él* había fracasado al tratar de concitar su apoyo:

"En cualquier gobierno una diferencia de este tipo habría provocado la salida de los partidos que votaron en contra del proyecto del Ejecutivo…", le planteó la periodista Raquel Correa. "Y particularmente del ministro político que no pudo reunir el consenso de su partido para respaldar la idea del Presidente", respondió él, riendo.

En el diálogo, Correa pedía comprensión para el PS: "Creo que debe predominar un clima de mutua comprensión a la situación, historia y sensibilidad de cada cual. (…) Yo diría que la aproximación más directa a las víctimas que tiene el Partido Socialista fue muy determinante en este problema".[67] Semanas después, el gobierno retiró el proyecto del Congreso.

¿Por qué Correa exhibía su derrota como un trofeo? ¿Por qué, en vez de llamar al orden a su partido, pedía comprensión? Posiblemente, a siete meses del término del gobierno, el ministro quería acercarse al PS y su mundo de referencia, de los que se había alejado por varias razones: ser ministro antes que militante (una condición propia del cargo) y convertirse en el interlocutor informal y preferido del Ejército (una tarea que él había buscado). Calculaba, entonces,

66 Ministerio Secretaría General de Gobierno: "[Acta] Consejo de Gabinete 12.08.93", 1990.
67 Raquel Correa, "Un resfrío muy complicado", 1993.

que era el momento de disminuir las distancias, y cuando surgió una contingencia en la que tuvo una honda diferencia con Aylwin, encontró una manera de hacer público ese desacuerdo sin decir una palabra.

Todo partió a fines de julio. El jueves 29, Televisión Nacional presentó la nueva temporada de *Informe Especial*, su programa de investigación periodística. Adelantó que debutaría con un tremendo golpe periodístico: una entrevista del periodista Marcelo Araya al exagente de la DINA Michael Townley, condenado en Estados Unidos por haber fabricado la bomba que mató al excanciller Orlando Letelier y a su colega Ronni Moffitt en Washington DC, en la operación más audaz de la DINA en el extranjero. En la entrevista, Townley –que vivía como testigo protegido– apuntaba a Manuel Contreras, el director de la DINA, como quien había dado la orden.

Por esos días, el director ejecutivo de TVN, Jorge Navarrete, le pidió al subsecretario de Guerra, Jorge Burgos, que viera el programa. Eran camaradas en la DC y Navarrete quería conocer sus impresiones. "Esto es jodido, déjame hablarlo", sugirió Burgos.

En el gabinete los primeros en enterarse fueron el ministro de Defensa y el titular de Interior. Rojas y Krauss concordaron que lo mejor era suspender el programa, pues complicaría la agenda que se venía trabajando con los militares desde el "boinazo" y contradecía el espíritu de concordia que Aylwin buscaría transmitir el martes 3, al anunciar por cadena nacional el envío del proyecto para acelerar los procesos en casos de derechos humanos. El lunes 2 el Presidente almorzó con Rojas, Krauss, Correa y Boeninger. Debatieron y, al finalizar, Aylwin le ordenó al vocero que llamara a Jorge Donoso, presidente del directorio de TVN, para pedirle que suspendiera la emisión del programa. Correa contraargumentó: dijo que esa petición sería interpretada como una censura. Aylwin insistió. El ministro anunció, entonces, que *él* no podía dar una instrucción como esa al canal público. Y el Presidente le dijo que llamara en nombre suyo, comunicando que hacía uso de su derecho de petición, es decir, la garantía que otorga la Constitución a cualquier persona para solicitar algo a una autoridad.[68] Sin más alternativa, esa tarde Correa contactó a Donoso.

"El Presidente quiere que suspendan esta transmisión", le dijo. Si Donoso se oponía, Aylwin pedía que lo dejara en libertad de

---

68 Camus, 1993; R. Correa, 1993.

acción. Como la entrevista estaba lista desde hacía meses, Donoso no se complicó. "Yo estuve de acuerdo con postergarla, una semana o quince días", cuenta. Llevó el tema al directorio y solo dos integrantes de siete –María Eugenia Weinstein, del PPD, y el exmapucista Juan Enrique Vega, del PS– se opusieron. Al día siguiente, TVN anunció la postergación del programa.

Hecha la gestión, ese mismo lunes 2 Correa se tomó una licencia médica por una faringitis que lo aquejaba hacía semanas, sin que hasta ese momento considerara necesario hacer reposo. Así, no tuvo que referirse a la petición presidencial ni a la decisión de TVN, cuestión que quedó en manos del subsecretario Edgardo Riveros. El DC, además, tuvo que explicar la ausencia del vocero.

Así, Correa hizo público su desacuerdo.

El vocero se enojó con Jorge Navarrete porque no había tratado con él un tema de su cartera. También se molestó con Krauss y Rojas, pues se habían inmiscuido en su terreno. Y aunque respecto de Rojas él hacía lo propio en la interlocución con los militares, eso no aminoró su irritación. A esto se sumó una diferencia de fondo: lo contrariaba que el Presidente hubiese pasado a llevar la autonomía del canal estatal, la misma que él tan afanosamente se había preocupado de diseñar y negociar en el Congreso. En marzo de 1992 se había promulgado la ley que creaba la empresa pública Televisión Nacional de Chile como una compañía autónoma, con un gobierno corporativo pluralista, que justamente buscaba resguardar su independencia del gobierno. Un año y medio después, Aylwin ponía en riesgo lo construido.

"Para nosotros era muy importante que TVN y *La Nación* actuaran de forma independiente. Y dejar eso definido –explica Eugenio Tironi–. Correa estaba muy indignado".[69]

Lo cierto es que en junio, justo después del "boinazo", TVN había postergado la transmisión de dos reportajes del programa *El Mirador* –uno sobre el 11 de septiembre y otro sobre la objeción de conciencia en el Servicio Militar Obligatorio– a pedido del gobierno.[70] El argumento había sido que aquello ayudaría a descomprimir la tensión con los militares. Y Correa no protestó como lo hacía ahora.

69 El gobierno de Aylwin consiguió legislar respecto de TVN, pero no en el caso de La Nación.
70 Otano, 1995, 329.

Como sea, lo peor para el ministro era que en el caso de la entrevista a Townley Aylwin le había dado la razón a Rojas y Krauss. Y aunque eso podía explicarse por su cercanía con ambos ("Este era el grupo duro, duro, duro…", describe Tironi), en otras ocasiones Correa se había impuesto. Tras el "boinazo", sin embargo, su relación con el Presidente se había enfriado y esta era una muestra concreta de que su poder disminuía. Un declive que se iría pronunciando en la medida que se acercaba el fin del mandato.

En el fondo, el conflicto tenía que ver con el futuro. No había dudas de que Eduardo Frei Ruiz-Tagle, candidato presidencial de la Concertación, sucedería a Aylwin. No era un secreto, además, que las relaciones entre freísmo y aylwinismo se cortaban con cuchillo desde fines de los 80, y que los ministros de la primera administración estarían vetados en el segundo gobierno concertacionista. Aylwin, entonces, terminaría un mandato exitoso que pasaría a los libros de historia, y a sus setenta y seis años podría retirarse honrosamente de la política. Correa, en cambio, a sus cuarenta y ocho años todavía tenía mucha cuerda. La cuestión era con qué combustible seguiría avanzando. Y apagada ya la llama de su interlocución con los militares, le quedaba el calor de su relación con la izquierda. Ese era el fuego que debía animar.

La "protesta" de Correa, tan inédita para el personaje prudente y cauteloso que había construido como vocero, fue toda una performance: su licencia médica se extendió por catorce días.

En La Moneda, sus aliados reaccionaron de forma dispar. Tironi estaba sorprendido: "No estaba en mis registros una reacción como la de Correa", explica. Boeninger consideró que el vocero sobreactuaba, pero de todos modos almorzó con él para asegurarse de que no renunciaría.[71] A esas alturas, el vocero se había separado de su pareja[72] y vivía en un departamento en Bellavista, en las faldas del cerro San Cristóbal. Hasta ahí llegó el subsecretario Solari para solidarizar con su compañero de partido. "Lo fui a ver. Consideré que estaba haciendo lo que tenía que hacer. Me parecía un desorden en las filas en pos de la libertad de expresión", recuerda.

---

71 Cavallo, 1998, 221.
72 Fue una separación de hecho, pues legalmente Enrique y Verónica siguen casados desde marzo de 1992.

Por esos días, el Presidente tuvo un almuerzo en el que se mostró muy molesto con Correa. Mientras se descargaba, golpeaba el borde de la mesa con el dedo, su típico gesto de enojo. Un testigo recuerda que "Aylwin encontró que Correa había sido muy incomprensivo con él". A ojos del mandatario, agrega un exasesor, "Correa estaba haciendo una pataleta". Como dice un exdirigente del PS, "cuando se es ministro y se está en desacuerdo con el Presidente, o uno asume o se va". Correa había creado una opción intermedia: dejar de trabajar dos semanas.

Como era de esperar, las críticas le llovieron a La Moneda, pues la intervención de Aylwin fue considerada una censura. En el consejo de gabinete del 12 de agosto, al que Correa no asistió por su licencia, el Presidente explicó sus motivos: le preocupaba que la entrevista a Townley se transmitiera justo en los días en que el ministro en visita Adolfo Bañados, a cargo de investigar el asesinato de Orlando Letelier, redactaba el fallo que determinaría culpables y penas, y que con toda seguridad condenaría a Manuel Contreras. Aylwin quería evitar que la transmisión se interpretara como una presión indebida de La Moneda al Poder Judicial.[73] Aunque no gustara, "TVN es vista como del gobierno", argumentó el Presidente.

Tanto la discusión sobre su propuesta para acelerar las investigaciones sobre los crímenes como las críticas por lo de TVN golpearon a Aylwin. En el acta del consejo quedó anotado lo siguiente: "Esta ha sido una mala semana. He estado a contrapelo. A lo mejor me he puesto irritable. Les ruego me excusen por ello".

Visto desde afuera, Correa estaba logrando su objetivo. Rafael Otano, que por entonces era redactor de *Apsi*, describe así lo ocurrido: "[Correa] salió del impopular caso por la puerta ancha, como paladín de la libertad de expresión. Sus posibles errores en las negociaciones con Ballerino fueron cubiertos por el eficaz rumor de que él había caído en desgracia, víctima de un alto valor democrático".[74]

Pero con Aylwin las cosas no salieron tan fáciles. Los días pasaron y el Presidente no hizo ningún gesto de abuenamiento. En su entorno dicen que, al revés, "Aylwin demostró que podía funcionar sin Correa y, en la medida en que pasaban y pasaban los días, fue

---

73 Ministerio Secretaría General de Gobierno, "[Acta] Consejo de Gabinete 12.08.93", 1990.

74 Otano, 1995, 330.

Enrique el que se puso nervioso". Al final, el vocero anunció su retorno para el jueves 16, el mismo día en que TVN transmitió la postergada entrevista a Townley. A esas alturas, la molestia del Presidente ya había trascendido a los medios. Tiempo después, la periodista Mónica González le preguntó a Correa por esta relación:

–Su relación con Aylwin se afectó y después ya no se vio ese estrecho lazo entre usted y el Presidente que provocó tantas envidias, incluso entre los DC.

–Puedo decir que mi relación con el Presidente no se afectó.

–Usted no la ha visto afectada, pero ¿y el Presidente?

–Tampoco se afectó por el lado del Presidente.

–¿Está seguro?

–Seguro.

–¿Así de seguro?

–¡Estoy seguro! Mantenemos una estrecha relación. ¡Sin duda! Y quiero seguir colaborando con él cuando deje de ser Presidente. Me gustaría.[75]

Correa y Aylwin se seguirían viendo. Y el socialista lo ayudaría en el futuro. Pero la confianza entre ambos, si es que alguna vez llegó a ser la misma, demoró en recomponerse. Bastante más que lo que duró la gripe.

*

"Voy a luchar por modernizar el PS", anunciaba Correa a principios de 1994, en el ocaso del gobierno de Aylwin.[76] Ad portas de una elección interna, y aunque se identificaba con el sector encabezado por el senador Ricardo Núñez –su viejo adversario en la reconfiguración de la izquierda renovada–, apoyaba que Camilo Escalona, el líder del sector más izquierdista de la colectividad, encabezara una mesa de consenso que incluyera a las principales sensibilidades. "El PS no resiste más ser un partido de tendencias", sentenciaba.[77] Un par de meses después se impuso esta idea.

Tras el término del gobierno se integró a la comisión a cargo de revisar el programa del PS y luego a su Comité Central. Así y todo, el exvocero estaba consciente de que debía intensificar su relación con

---

75 M. González, 1994.
76 Ibíd.
77 Eduardo Olivares, "¿Y ahora qué?", 1994.

un partido al que se había sumado recién a fines de 1989. Su primer paso fue unirse al núcleo socialista del barrio Bellavista. "Hay que hacer trayectoria en el partido. Estoy cierto de que tengo que trabajar mucho más con la base, vivir mucho más la vida interna antes de pensar en postular a cargos unipersonales", declaraba.[78]

Se había propuesto presidir el partido en 1995 y quería competir por un cupo en el Senado en las elecciones de 1997, ya fuese por la Cuarta Región, representando a Ovalle, o por alguna circunscripción de la Metropolitana, si es que en el gobierno de Frei Ruiz-Tagle se aprobaba la reforma al sistema binominal que aumentara los cupos en la zona más populosa del país. "Me interesaría", respondía, cuando le preguntaban si estaba disponible. Poco a poco empezaba a quedar claro por qué el Partido Socialista era tan importante para él.

Ya había asumido como director de la Flacso, un paso por la academia que no era más que una parada en una ruta más larga para volver de lleno a la política. Correa tenía a la vista el poder institucional –los partidos, el Congreso, el gobierno– y defendía con contundencia la política formal: "Hay que hacer coincidir el poder real con el formal, porque en su separación se le puede entregar el poder real a personas capaces, pero que escapan al juicio público y responsabilidades políticas", decía.[79]

Aunque al dejar La Moneda se despedía del principal cargo de su carrera y una muy considerable cuota de poder, se mostraba contento y relajado. Vivía en un departamento en Orrego Luco, en Providencia, y asistía a diario a una modesta oficina en Ñuñoa. Ya no vestía terno ni corbata, y usaba anteojos ópticos de marco delgado. Las horas de trabajo no rebasaban a los sábados y domingos: si como ministro iba al teatro o al cine muy esporádicamente, ahora lo hacía una vez a la semana. También había bajado en algo la guardia y, como pocas veces, se permitía hablar sobre su vida personal: era, entonces, un padre soltero, dedicado –según decía– a sus siete hijos: el mayor, Nelson, de veintiocho años, y la menor, de cinco.

En una sociedad todavía conservadora, que no había legislado sobre el divorcio ni reconocía como iguales a hijos nacidos dentro y fuera del matrimonio, reivindicaba, desde una perspectiva liberal, que había más de un tipo de familia. En una entrevista con la periodista

---

78 M. González, 1994.
79 Tichauer, 1994.

Jacqueline Tichauer decía: "Tengo la impresión de que en Chile este es un tema muy delicado para un político, pero yo lo quiero hablar: no creo que el único modo de familia sea tener una compañera, tener los hijos todos sentados a la mesa como si no ocurriera nada. Ese es un modo muy respetable, muy legítimo y es el de la mayoría. Yo he ensayado, más bien, el modelo de un padre con hijos y así tenemos una vida familiar muy intensa, muy íntima y con grandes valores; estoy seguro de que los chiquillos se están formando bien en ese esquema. Es decir, creo en la familia, pero también que hay distintos modos de concebirla. Afirmar que el valor de la familia reside en la mantención del núcleo familiar clásico es un modo integrista y sectario de entenderla. Y mis relaciones afectivas eventuales las vinculo, a esta altura de mi vida, a que no se destruya ni se desintegre ni se deteriore ese modo de vivir la familia que yo tengo".

Pese a sus esfuerzos, sus planes políticos se descarrilaron. En el PS no encontró espacio para competir por la mesa directiva en 1995 ("uno debe tener una férrea militancia en alguna de las tendencias", explicaba, y no era su caso),[80] ni para postular al Senado en 1997: eran demasiados los candidatos con más historia partidaria que él y muy pocos los cupos.

A fines de ese año, eso sí, se dio por hecho que Frei Ruiz-Tagle los elegiría a él y a Edgardo Boeninger como dos de los tres senadores designados que le correspondía nombrar. La idea de revivir la exitosa dupla de Aylwin la había tenido Boeninger y no le costó convencer a Correa. Pero Frei designó a Boeninger, al excanciller radical Enrique Silva Cimma y al exrector de la Universidad de Concepción Augusto Parra. Según publicó *Qué Pasa*, descartó al socialista "por razones de índole personal".[81]

Entonces circulaban rumores sobre la vida privada de Correa a raíz de su estrecha amistad con el director de teatro Andrés Pérez, reconocidamente homosexual. Se habían conocido en diciembre de 1988 o principios de 1989, después de que Pérez montó por primera vez *La Negra Ester* –la ahora clásica obra de teatro escrita por Roberto Parra y dirigida por el actor– y se hicieron amigos cuando Correa

---

80 María Eugenia Camus, "Enrique Correa, director de Flacso: 'Abandonar el PS sería altamente riesgoso'", 1995.
81 *Qué Pasa*, "Candidato descartado", 1997.

brillaba como vocero, durante la organización del Festival Mundial de Teatro de las Naciones, realizado en 1993.[82]

En un Chile tan tradicional –sin ley de divorcio y con hijos de primera y segunda categoría–, la homofobia era común. La sola idea de que Correa tuviese relaciones afectivas con hombres bastó para que en el entorno de Frei Ruiz-Tagle lo descartaran como senador designado. El tema siguió siendo tan tabú que recién en 2002 le preguntaron en entrevistas sobre su relación con Pérez ("Fuimos solo amigos", respondió)[83] y si era homosexual: "En verdad, mi vida íntima no es un asunto público ni tiene por qué ser una noticia. Es un asunto de mi vida personal y, subrayo de nuevo, íntima", dijo.[84]

Efectivamente, la respuesta a esa pregunta forma parte de su vida privada y por eso no es materia de este libro. Lo que sí cabe consignar es que aquellos rumores bastaron para que lo discriminaran en el corazón del freísmo, y eso dio paso al fin de su carrera política formal. En marzo de 1998 anunció que no volvería a la vida pública. "[El cargo de ministro] fue la culminación de mi carrera política. No quiero trabajar en cargos políticos. Ya estoy en retirada", afirmó.[85]

Con los años, como suele hacerlo, el exvocero construiría un relato positivo para explicar este fracaso, uno que omitía lo que no resultó y resignificaba aquello que sí sucedió: "Yo sentí que lo que habíamos hecho, todo el gobierno, pero particularmente el Presidente y los que éramos más cercanos a él, había sido de tal intensidad, de tal envergadura, de tal importancia, que me costaba pensar que yo pudiera hacer algo tan importante o más importante que eso en la política".[86]

En las siguientes tres décadas, encontraría otro espacio desde donde influir: uno extrainstitucional, sin cargos formales ni responsabilidades políticas, y en el que no tendría que rendirle cuentas a nadie. Precisamente lo que a mediados de los 90 consideraba peligroso.

---

82 Josette Grand, "Mi mundo se parece más al de Andrés Pérez que al del empresariado", Cosas, 11 de enero de 2002.

83 Íd.

84 Zalaquett, 2002.

85 Serrano, 1998.

86 Víctor Cofré, *Ponce Lerou*, 2019, 192.

XII

IL CONSIGLIERE

El primer grupo empresarial que se acercó a Enrique Correa fue el de la familia Luksic. En 1996 el patriarca, Andrónico Luksic Abaroa, lo invitó a trabajar con él. El exministro, que entonces explotaba su talento político como asesor de gobiernos en Latinoamérica, no quiso unirse al holding como un empleado. Fundó su propia consultora, Correa y Correa, y desde esa posición aceptó ser asesor del empresario. Su primera misión fue una consultoría para VTR, compañía de telecomunicaciones que entonces era propiedad del grupo.

Fue el paso que lo acercaría significativamente al empresariado, y el principio del fin de su carrera política tradicional. No así de su influencia. Correa se convertiría en el primer lobista autodeclarado como tal en Chile, y también en el consejero personal de varios empresarios audaces, ascendentes y que no pasaban desapercibidos en el mundo político ni entre la elite tradicional.

Sin más opciones en la política institucional, se aproximaría a este mundo gracias a otros militantes de centroizquierda pioneros en estrechar lazos con la clase empresarial, esa elite que, sin conocerlo y por puro prejuicio, lo había menospreciado. Así inauguró un nuevo ciclo vital, en los márgenes de la política, donde había *poder real*, aunque no necesariamente *formal*, y en un contexto histórico en que el proceso de toma de decisiones incluiría como nunca antes al sector privado.[1] Desde ese terreno, Correa influiría en el devenir de Chile durante las siguientes tres décadas.

Que Luksic Abaroa haya sido el primer gran empresario en acercarse a Correa puede responder a varias razones. La primera es que, a mediados de los 90, el exvocero irradiaba el aura de ministro estrella de la transición, de político talentoso, tolerante y pragmático, de eximio negociador, capaz de encontrar ese esquivo punto donde poner de acuerdo a unos con otros. La segunda es que, como Correa, Luksic no era parte de la elite tradicional: hijo de un inmigrante

1   Ver Antonio Cortés Terzi, *El circuito extrainstitucional del poder*, 2000.

croata y de una boliviana de familia acomodada, había nacido en Antofagasta y construyó su fortuna en la minería. En la UP se volvió un paria ante el empresariado, pues negoció con el gobierno de Allende la venta de algunas de sus empresas. Dos décadas después seguía siendo una excepción entre sus pares, pues creía en ayudar –y no debilitar– al primer gobierno democrático.

La relación de Correa y Luksic Abaroa se traspasó a sus tres hijos hombres, Andrónico, Guillermo y Jean-Paul, quienes encabezarían el que a fines de 2000 llegaría a ser el grupo empresarial más rico del país. También llevó a otros empresarios, como Álvaro Saieh y Julio Ponce Lerou, a contratar a Correa. Al igual que Luksic padre, ellos eran de provincia; Ponce Lerou y Saieh tenían orígenes modestos, y todos se reconocían como "tomadores de riesgos".

Correa les ayudaría de una particular manera: conversando.

*

Entre 1994 y 1997, los años en que Correa estuvo a la espera de retomar su carrera política, trabajó como director de la Facultad Latinoamericana de Ciencias Sociales (Flacso) y como asesor de organismos internacionales –el BID, la ONU– para ayudar a gobiernos latinoamericanos como los de Paraguay y El Salvador, que salían de procesos traumáticos y transitaban hacia la democracia.

En paralelo, los PPD Fernando Flores y Eugenio Tironi, transformados en consultores de empresas privadas, acudieron a él. Flores y Correa se conocían desde la fundación del MAPU y habían sido correligionarios durante la UP. En 1976, tras haber sido prisionero político de la dictadura, Flores, ingeniero civil, se radicó en California, dejó la política, estudió computación en la Universidad de Stanford y luego un doctorado en lenguaje en la Universidad de Berkeley. Coronó esa etapa con el lanzamiento de un software de gestión organizacional que con el tiempo lo transformaría en millonario.[2] Fundó varias compañías y se transformó en consultor de empresarios como Carlos Slim, quien llegó a ser el hombre más rico de México y de Latinoamérica.

A mediados de los 90, después del exitoso cierre del gobierno de Aylwin, quiso trabajar con Correa: según el exvocero, Flores lo invitó a una de sus empresas, Business Design Associates, como consultor

---

2   Luis Alberto Ganderats, "Aventuras del niño maravilla", *Caras*, 9 de mayo de 2014.

asociado.[3] "Estamos trabajando en recomendaciones estratégicas a grandes empresas privadas", señalaba Correa en esos años.[4] Una era Cementos Mexicanos, Cemex, propiedad de Lorenzo Zambrano, que justo en esa época se expandía por Latinoamérica.[5] Mario Valdivia, otro ex MAPU-OC que había dejado la política, trabajaba con Flores desde 1986 y recuerda que la empresa mexicana –entonces una de las más grandes del mundo– necesitaba pasar "de una cultura ingenieril a una más comercial", proceso que fue asesorado por Flores durante varios años. En ese contexto, "entiendo que Fernando contrató una o dos veces a Enrique para hacer una consultoría política, para dar una o dos charlas al *board* de Cemex sobre América Latina".

Lo decisivo, en cualquier caso, fue que Flores le hizo ver a Correa que su comprensión de la política, su manera de procesar la realidad y su capacidad para encontrar vías para influir en ella tenían un valor. Uno concreto, que podía transformar en un negocio. En 2002, al recordar esa época con la periodista Cony Stipicic, Correa lo expresó así: Flores le había mostrado "las posibilidades creativas que tenía como empresario".[6]

Eugenio Tironi, exdirector de la Secretaría de Comunicación y Cultura, también era entonces un consultor de empresas incipiente con su firma Tironi Asociados, y en ese marco influiría en el futuro de Correa. En ocasiones le pidió realizar gestiones ante el gobierno de Eduardo Frei Ruiz-Tagle, en representación de compañías privadas. Ese fue el caso del buque factoría más grande del mundo, el *American Monarch*, propiedad de un consorcio noruego-estadounidense, que había adquirido tres licencias de pesca para operar en Aysén y Magallanes, lo que en teoría le permitiría procesar mil toneladas diarias de merluza de cola y de tres aletas.[7]

El proyecto causó alarma entre pesqueros más pequeños, empresas competidoras y grupos ambientalistas, de modo que cuando la filial local, Yelcho, pidió la autorización del Servicio Nacional de Pesca se topó con resistencias. Según ha contado Correa, la empresa recurrió a Tironi Asociados para que los ayudara a instalar la idea de que el proyecto era sustentable. Y Tironi le pidió a Correa que

3 *El Mercurio*, "Enrique Correa,'Viajo con muy poco'", 1997.
4 Raquel Correa, "Lagos será candidato", *El Mercurio*, 19 de noviembre de 1995.
5 Ana María Pereira, "El mercado no tiene ideología", *El Mercurio*, 1 de diciembre de 1996.
6 Stipicic, "El'Flaco' Correa", 2002.
7 Pablo Camus y Ernst R. Hajek, *Historia ambiental de Chile*, 1998.

mediara ante las autoridades. "Trabajé en ese tema básicamente buscando construir un acuerdo con el objeto de lograr la autorización del funcionamiento del barco y evitar que se convirtiera en un objeto de depredación de nuestros recursos marinos", dijo entonces.[8]

No tuvieron éxito, Yelcho recurrió a los tribunales y a la larga estos le dieron la razón al Ejecutivo.[9] Lo que sí fructificó en esa primera etapa fue la asociación entre Tironi y Correa: mientras el primero asesoraba en comunicación estratégica, el segundo hacía lobby para determinados proyectos. "Mi partida fue con Eugenio Tironi, en Tironi Asociados. Él me fue sugiriendo, recomendando, instalarme con una empresa propia que viera con más precisión el tema de la colaboración pública-privada y políticas públicas que involucraban a privados y finalmente el lobby. Y, bueno, las cosas ocurren así, prácticamente ninguna cosa de la vida tiene objetivos tan predeterminados. A medida que fuimos trabajando con nuestros primeros clientes fue madurando en el grupo fundador la idea de que podíamos echar luz sobre una actividad que había sido por años oscura en Chile, que era el lobby", recordará en 2016.[10]

En 1997 aún dividía su tiempo entre este rol de "mediador" (por entonces evitaba hablar de lobby y prefería el término "mediación"), las asesorías a gobiernos extranjeros y su expectativa de volver a la política: "Creo que voy a regresar en algún momento", decía.[11]

Tironeado entre su vieja pasión y su nueva vida como consultor, el 4 de julio de 1996 constituyó la sociedad de responsabilidad limitada Correa y Correa Consultores junto a un único socio, su hijo adoptivo Nelson Correa Arriagada. Según el *Diario Oficial*, además de "la realización de consultorías, asesorías y estudios diversos a personas naturales, empresas u organismos públicos o privados, nacionales o extranjeros", el giro incluyó la organización de eventos públicos o culturales, así como la preparación y edición de publicaciones y programas de comunicación. En 1997 llegaría un nuevo cliente: Almacenes

---

8   Francisco Artaza, "Enrique Correa: 'Es peligroso que surjan inquisidores por cualquier tema'", 1997.

9   En mayo de 1997 la Segunda Sala de la Corte de Apelaciones de Valparaíso rechazó un recurso de protección interpuesto por la pesquera Yelcho contra la Subsecretaría de Pesca. En noviembre la Corte Suprema ratificó el fallo. Camus y Hajek, 1998.

10   Pablo Basadre, "Enrique Correa: 'El ministro Longueira prestó grandes servicios al país'", *The Clinic*, 24 de marzo de 2016.

11   Pereira, 1996.

París, propiedad de los hermanos Juan Antonio, José Miguel y Luis Alberto Gálmez. Le pidieron acercar posiciones con el gobierno a raíz de las exigencias que incluía la nueva ley del consumidor.[12]

Así, al medio le fue quedando cada vez más claro que al talento de Correa como estratega sumaba un capital escaso en esos días: su conocimiento del Estado y de los centenares de funcionarios a cargo de la segunda línea gubernamental –subsecretarios, jefes de servicio, intendentes, secretarios regionales–, además de a los parlamentarios y alcaldes electos en la nueva democracia. Casi diez años antes, él y Edgardo Boeninger habían escogido a muchos de ellos para asumir funciones en el gobierno de Aylwin. "La agenda telefónica de Correa es muy valiosa", dice un competidor.

Hasta que en marzo de 1998 vino el anuncio sobre su retiro de la política. Dos demandas vitales –una interna y otra externa– pesaron en esta decisión. Por un lado, estaba cansado de viajar. Calculaba que entre sus periódicas visitas a Washington, Nueva York y Ciudad de México, además de a Paraguay, El Salvador y Haití, pasaba dos tercios de los días laborales fuera del país. Estar tanto tiempo fuera de Chile lo desestructuraba. "Antes de irme, vivo momentos trágicos. Siento que me desprendo de algo", explicaba, y aludía a "un cierto reclamo irracional del soma por estabilidad".[13]

Desde 1973 había vivido lejos de su clan familiar. Y recién durante el gobierno de Aylwin había tejido una frágil rutina con sus siete hijos y algunas de sus exparejas, además de sus tres hermanos y su madre, de quien se preocupaba con frecuencia. Volver a estar lejos de Chile, decía, lo acongojaba. "Las certezas reposan en tu rutina, en tus cosas, tu casa, tus trayectos, tus relaciones, tus amistades. Cuando eso se vuelve esporádico, y cambias de caras, de climas, de horas, las propias bases más biológicas de las certezas se ponen en duda", reflexionaba.[14]

También había otro tema: la inquietud de algunos cercanos respecto de la incompatibilidad de sus nuevas funciones con su quehacer político. De hecho, al principio prefirió realizar sus asesorías a gobiernos y empresas en el extranjero. Cuando a fines de 1995 la periodista María Eugenia Camus le preguntó si en Chile el gobierno o los partidos habían recurrido a sus servicios, él respondió que no y

12 Cofré, 2019, 154.
13 *El Mercurio*, "Enrique Correa: 'Viajo con muy poco'", 1997.
14 Íd.

agregó: "No sé si podría trabajar con la misma objetividad con que lo hago en Haití".[15] Dos años después, sin embargo, no solo trabajaba como consultor de empresas en Chile sino que asesoraba a varios ministerios.[16] En un momento, un excolega concertacionista le hizo ver que debía tomar una decisión. "O las empresas o la política", le dijo. Y entonces vino el anuncio sobre su retirada.

A los cincuenta y dos años, se volcó a su consultora y con el tiempo llegó a ser el principal y más prestigioso lobista del país. También el más cuestionado. En 2002, el año en que el nombre de su empresa cambió a Imaginacción, fue también el primer lobista chileno en definirse como tal.[17]

Aunque no volvió a la política formal, nunca la dejaría del todo. Se declaraba adicto a la política, como a "un viejo amor".[18] Una y otra vez entregaría su consejo a ministros, asesores presidenciales, parlamentarios, gobernadores o alcaldes, y en distintas crisis ayudaría a todos los presidentes. "Correa ha asesorado informalmente desde a Frei Ruiz-Tagle hasta Piñera", afirma un exministro del segundo gobierno de la Concertación.

Paralelamente, como constata un competidor, "ha sido asesor de grandes empresarios", aunque estrecharía su relación solo con un puñado de ellos, como un *consigliere*. Ellos recibirían información de primera mano, una visión estructurada de la realidad y sus consejos. Y él cimentaría su influencia construyendo un puente entre su historia pasada y su futuro, entre el poder formal y el poder real.

*

"Correa es un gran seductor. Sabe cómo generar cierta admiración –afirma un exministro que colaboró en los primeros esfuerzos por construir puentes entre la Concertación y los empresarios–. Es un tipo ilustrado, culto, que ha leído a los clásicos. Y eso le impresiona a una clase empresarial como la chilena, menos instruida. Es atractivo para ese mundo porque lleva conocimiento, pensamiento".

---

15 María Eugenia Camus, "Enrique Correa, director de Flacso:'Abandonar el PS sería altamente riesgoso'", 1995.
16 *Qué Pasa*, "El Büchi de la Concertación", 27 de mayo de 1995. María Olivia Mönckeberg, "La Concertación es cada vez más un macropartido", 1996.
17 Javiera Moraga, "Yo hago lobby", *Capital*, 1 al 14 de marzo de 2002.
18 Camus, 1995. Martínez, "Mi consultor favorito", 1996.

El capital de Correa tiene tres componentes: información, redes y perspectiva.

El lobista es, por lejos, uno de los chilenos mejor informados. Su red de contactos es amplia y transversal. Así como está en lo más alto del circuito de toma de decisiones, también está en el llano. En su mejor momento llegó a ser visita habitual en La Moneda, asesor de parlamentarios influyentes, invitado frecuente de los principales directorios de empresas y aliado de los bufetes jurídicos más cotizados del país, sin perder contacto con los márgenes: agrupaciones como el Partido Comunista, sindicatos, ONG. Si es parte del Consejo Consultivo de Paz Ciudadana –organismo fundado por Agustín Edwards– o del "Consejo Asesor" de *La Tercera*, también integra el directorio de la Fundación Arte y Solidaridad, responsable del Museo de la Solidaridad Salvador Allende, y presta servicios ad honorem a organizaciones LGBTQ+ o promigrantes. Si es consultado por la comunidad judía, también lo es por la comunidad palestina. Si ha sido asesor remunerado de la cúpula del Banco Central y consejero ad honorem de instituciones como la Iglesia Católica, también ha cultivado relaciones con dirigentes sociales, incluidos los del mundo mapuche. "Correa toca todas las teclas del piano", grafica un exconcertacionista, hoy consultor de empresas. "Hay mucha gente que le contesta el teléfono", resume un exsenador concertacionista con vínculos en el mundo empresarial. "Es el tipo más contactado de Chile", comenta un exministro y consultor que conoce de cerca su trabajo.

Esa es, quizás, la característica que más lo distingue en su rubro. Y él lo hace notar. Cuando se presenta la oportunidad, menciona que conoce a tal o cual persona. "Somos muy amigos, muy amigos", repite a menudo, aunque la mayoría de las veces el vínculo sea más tenue. "Es un *name dropper* exquisito –cuenta otro consultor–. Hace ver que tiene muchos vínculos, y muchos quedan encandilados".

"Durante un tiempo, si un grupo empresarial no tenía contratado a Correa no era nadie. Era invitado obligado a todos los directorios de empresas importantes", dice un competidor. En su rol de consejero, se relaciona al más alto nivel con sus interlocutores en el mundo empresarial. "La asesoría de Correa a los empresarios es *face to face* –explica un lobista que conoce su trabajo–. Él se relaciona con el dueño, con el presidente de la compañía o con el director clave". Y, como apunta otro lobista, "la relación es como la que tiene un paciente con su médico de cabecera".

A la información de primera mano que maneja y a la capilaridad de su red suma su propia mirada. Un exsenador concertacionista vinculado al empresariado lo resume así: "La elite empresarial chilena conoce menos el país y Correa aporta miradas que ellos no tienen. Entiende nuestro mundo –el progresismo, la izquierda– y el otro. Eso lo hacen muy pocos en el mundo del lobby. Tiene una mirada que interesa". "Más allá de las redes, de la capacidad de moverse –uno puede tener todo eso–, él hace un análisis estratégico muy bueno", recalca uno de sus competidores.

¿Qué es exactamente lo que brinda Correa? "Asesoría política para tomar decisiones de negocios", resume este entrevistado. En el mundo del poder, explica un conocedor, "la pregunta más importante es cómo andan las cosas. Bueno, a Correa vale la pena hacerle esa pregunta". Sus análisis son muy comentados en uno de los directorios a los que asiste un par de veces el año. "Tiene una forma de captar el entorno, quizás porque mezcla análisis político y sociológico, que los asombra", describe otro de sus competidores.

Un empresario que valora sus servicios como lobista va al grano: "El tema con Enrique es hacia dónde van las cosas y cómo eso afecta tus negocios".

Con "capacidad de trato" y "empatía", Correa escucha. No dice lo que hay que hacer, sino que hace preguntas. "Este no es un mundo que lea mucho y Enrique es un gran conversador. Y a él esto le acomoda porque en la conversación construye relaciones. Su asesoría funciona mucho en esa interacción", dice un exdirector de uno de los principales grupos empresariales del país. En esa conversación va delineando un mapa, y ahí identifica actores o procesos que otros no. En privado, Correa ha dicho que le basta con entrar a una reunión para saber quién manda. "El poder para Correa es algo físico, como una taza", dice alguien con quien ha conversado ese tema.

Su capacidad de anticipación también es aguda: detecta oportunidades y amenazas antes que el resto. "Y todo lo hace con un sentido utilitario, en función de cómo el empresario quiere crecer, de lo que quiere comprar, de a quién le quiere ganar…", complementa alguien que lo conoce bien.

A veces se transforma en articulador. Y en ocasiones, incluso, en freno. "El mejor consejero es el que es capaz de mostrarte cuándo es necesario parar", dice un exejecutivo de un grupo asesorado por Correa.

*

Cuando el 23 de agosto de 1973 el general Carlos Prats presentó su renuncia a la Comandancia en Jefe del Ejército, se sentía abrumado. Fernando Flores, ministro Secretario General de Gobierno de la Unidad Popular, acudió al empresario Andrónico Luksic Abaroa para que le facilitara al militar su casa de descanso en Viña del Mar. Luksic aceptó y Prats se refugió, junto a su familia, en la ciudad costera.[19]

Curiosamente, Flores había trabado cierta amistad con Luksic pese a que un par de años antes, como subdirector de la Corfo, había negociado con él la expropiación de sus minas en el marco del proceso de nacionalización y estatización de industrias estratégicas impulsado por la UP. A diferencia de otros empresarios, como los Matte —que hicieron de "¡La Papelera, no!" un emblema de la resistencia a la política expropiatoria de la UP–, Luksic estuvo dispuesto a negociar la venta de sus minas de cobre y carbón, y de algunos paquetes accionarios, a cambio de mantener la propiedad de otras de sus compañías en las áreas forestal y alimenticia, especialmente de Lucchetti.

Cuarenta y dos años después, Flores recordaría: "Me tocó negociar algunas empresas con don Andrónico. Yo tenía 27 años y él 45. Nunca había oído hablar de él. Yo soy un provinciano de Talca; él era uno de Antofagasta. Por lo tanto, nunca nos habíamos encontrado. (…) Este señor me pareció raro y extraordinario. Me correspondió comprarle empresas en situaciones no muy amistosas para él y, sin embargo, nos hicimos muy amigos".[20] Después del golpe, cuando Flores estuvo preso en distintos campos de concentración, Luksic visitó a su esposa, Gloria Letelier. "Muy poca gente se atrevía a hacerlo", destacó Flores en 2005.

Con los años, ese vínculo se renovaría y a mediados de los 90 sería uno de los motores en la cercanía que esta vez Enrique Correa cultivaría con Luksic Abaroa. "Esa fue una relación que Enrique heredó de Flores", dice un exmapucista. A esto contribuiría la amplitud política del antofagastino, que se distinguía entre un empresariado ideologizado y casi homogéneamente identificado con la derecha.[21]

---

19 Manuel Salazar, "Los nexos de los Luksic con la Nueva Mayoría", *The Clinic*, 11 de marzo de 2015.
20 Senado de Chile, "Homenaje en memoria del señor Andrónico Luksic Abaroa", intervención de Fernando Flores, 13 de septiembre de 2005.
21 Ver Genaro Arriagada, *Los empresarios y la política*, 2004, y Cortés Terzi, 2000.

"Luksic había sido tomicista", afirma un exsenador en alusión a Radomiro Tomic, el candidato presidencial de la DC en 1970.

Había sufrido el desprecio de la clase alta chilena y, más concretamente, el castigo de la dictadura, que inicialmente lo vetó como posible nuevo propietario de empresas privatizadas.[22] "Durante la UP, los colegas empresarios nos hicieron la cruz y consideraron que era una traición a la patria que mi papá negociara con el gobierno –dijo su hijo Andrónico Luksic Craig en una entrevista de 2016–. ¿Y cuál fue su pecado? Que en lugar de que nos expropiaran negoció parte de sus compañías para que nos dejaran libre Lucchetti, lo que al poco andar no se cumplió".[23] Luksic Abaroa, en cualquier caso, no fue un opositor al régimen militar; al contrario, valoraba su política económica. Pero no era pinochetista y tampoco lo serían sus hijos. Finalmente, la tensión cedió en 1979, cuando en dictadura el empresario le compró al Estado el ferrocarril Antofagasta-La Paz.

En los 80 se fortalecería gracias a la crisis económica que a principios de la década reconfiguró al empresariado chileno: compró compañías a un precio muy conveniente, lo que más tarde le permitió adquirir acciones de la CCU y del Banco Santiago. Sobre esas bases, en 1996 conformaría el holding Quiñenco, matriz financiera e industrial del grupo. Y en 1997, en el área minera, iniciaría la construcción de Los Pelambres, el corazón del otro brazo del grupo, Antofagasta PLC.[24]

Correa se vinculó con los Luksic en el curso de este proceso. Aunque no es fácil establecer el momento exacto, sí está claro que conoció a Luksic Abaroa y sus hijos mayores, Andrónico y Guillermo, durante el gobierno de Aylwin. Como ministro recibió más de alguna

22 Senado de Chile: "Homenaje en memoria del señor Andrónico Luksic Abaroa", intervención de Evelyn Matthei, Legislatura 353, sesión 35, 13 de septiembre de 2005.
23 *La Tercera*, "Andrónico Luksic: 'El daño por el caso Caval ha sido personal. Ha sido mío'", 3 de septiembre de 2016. Allí afirma que el régimen militar congeló los bonos con los que la Unidad Popular le había pagado a su padre por las empresas estatizadas, que "le abrieron una investigación tributaria, (…) con arraigo nacional, para girarle al final el equivalente a unos $ 500.000 de hoy".
24 "El Grupo Luksic se vio favorecido por la reprivatización de la Compañía de Cervecerías Unidas, CCU, en 1986 cuando esta empresa había sido intervenida y pasado a formar parte del 'área rara'. En ese momento era un holding con alto endeudamiento. Su control permitió al Grupo iniciar su inserción en el Banco de Santiago que, supuestamente, había sido un ejemplo de 'capitalismo popular'". Cámara de Diputados, "Informe Comisión Privatizaciones", resumen ejecutivo, 2004. Ver también Quiñenco S.A., "Memoria anual 1999".

vez a estos últimos, por separado, en La Moneda. Más tarde conocería al menor de los hombres, Jean-Paul.

Con la recuperación de la democracia, los empresarios tuvieron que ajustar sus relaciones con el Estado. "Antes, ellos iban a hablar con el general a cargo de un área. Pero en democracia esto es infinitamente más complejo. Entonces, quedaban deslumbrados con Correa, porque él sugería con quién hablar, a qué asesores contratar, etc.". Luksic Abaroa, curtido en los vaivenes de la política, tasó al alza el valor de un consejero como él. Un exdirector de sus empresas precisa que inicialmente Correa desarrolló "un rol de *consigliere*" y más tarde llegó al lobby propiamente tal. ¿En qué consistía exactamente esa primera función? "Un empresario espera de Correa que le dibuje el mapa del poder. Que le cuente qué actores hay, quién es quién, cuáles son sus intereses y cuánta fuerza tienen", explica.

Esa fue la relación que desarrolló con Luksic padre, justo en los años en que el grupo se expandía. Y en el futuro asesoraría a sus tres hijos hombres, quienes se harían cargo de las distintas áreas de negocios del grupo.

*

La relación más cercana la tuvo con Guillermo Luksic, el menor de los dos hijos del primer matrimonio de Luksic Abaroa con Ena Craig, quien falleció en 1959, cuando el niño tenía tres años y su hermano mayor, Andrónico, cinco.[25] Siendo estudiante de Derecho en la Universidad de Chile, a mediados de los 70 Guillermo había empezado a trabajar con su padre en las oficinas de la compañía en Agustinas 972.[26] En 1977, cuando tenía veintiún años, el patriarca le pidió que se hiciera cargo de Forestal Colcura y, tal como lo había hecho su padre en los 40, dejó los estudios y en adelante se dedicó al negocio familiar. "Mi padre era muy especial y tenía puntos de vista particulares, como que la universidad era una pérdida de tiempo", recordaría.[27] Estuvo en la subgerencia, luego la gerencia y desde 1982 en la presidencia de Quiñenco.

En los 90 el grupo, fundado en 1957, controlaba compañías en los sectores de alimentos, bebidas, manufacturero, telecomunicaciones,

---

25 Fundaciones Familia Luksic, "Nuestra historia".
26 *Diario Financiero*, "Hermanos Luksic recuerdan a su padre como su maestro en los negocios", 2008.
27 Íd.

transporte y hotelero, además de tener intereses en la banca y la minería, dos áreas en las que realizaron fuertes inversiones. En 1996 el holding se reestructuró para dejar bajo el paraguas de Quiñenco sus áreas industrial y financiera, mientras que Antofagasta PLC pasó a ser el brazo minero. Guillermo se hizo cargo del área industrial, Andrónico de la financiera y Jean-Paul de la minera.

Enrique Correa, ya entrado en la cincuentena, se convirtió en consejero personal de Guillermo, una década menor. Con un perfil público más reservado y una red política más acotada que su hermano Andrónico, Guillermo se sentía cómodo conversando con él. "De todos los hermanos, era con el que se entendía más desde el punto de vista humano", cuenta una persona que conoció la relación entre ambos. Aunque con trayectorias muy distintas, los dos eran de provincia. El empresario recordaba que, aunque había nacido en Santiago por la frágil salud de su madre, él se había criado en Antofagasta. Además, Los Pelambres operaba en la Cuarta Región y Guillermo había instalado ahí su viña Tabalí, junto con una casa que le gustaba visitar. Sentía una cercanía especial por esa zona pues su madre había estudiado en Ovalle.

Tampoco eran muy sociables. Mientras a Correa rara vez se lo ve en un matrimonio u otros eventos similares, Guillermo era "menos expansivo socialmente" que su hermano mayor, como dice un exministro que los conoce a ambos. Se sentía más cómodo en círculos relacionados con sus aficiones: el pilotaje, el velerismo y particularmente los caballos y el polo. "Era más campechano, y eso a Correa le gusta", dice un consultor. Otro testigo de la relación entre ambos dice que lo esencial es que "a Guillermo le gustaba tener información y Enrique la tenía". Y agrega que además "le interesaba escucharlo, no solo por los antecedentes que conseguía, sino que por sus puntos de vista".

El mismo entrevistado confirma que Correa se transformó en una especie de formador político del presidente de Quiñenco. "En cierto sentido lo formó sobre el poder y el Estado". Se reunían con periodicidad: "Guillermo le dedicaba tiempo", dice un exejecutivo del grupo. El tema principal eran los negocios. "Estas son personas que no pagan porque alguien les caiga bien, sino que para tomar decisiones de negocios", apunta otro lobista. Guillermo "era analítico [pero] le costaba resolver, porque siempre le faltaba un poquito más de información", describe alguien que lo conoció de cerca. "Era respetuoso y le concedía autoridad a Correa", acota otro. Un empresario señala, además, que de los tres hermanos Guillermo era "el más generoso con la billetera"a la hora de financiar la política.

En la primera década después de recuperada la democracia, la familia, con Luksic Abaroa a la cabeza, financió transversalmente a los partidos. Por años, como reveló *The Clinic* en 2017, la imprenta Trineo –propiedad del grupo– produjo propaganda electoral que benefició desde a la UDI hasta al PS. La práctica comenzó para las parlamentarias de 1993 y terminó en 2001, la última elección antes del cierre de la imprenta en 2004. En esos comicios se imprimió propaganda por un total de $ 578 millones. Los beneficiados fueron la UDI, RN, la DC y el PPD; también hubo apoyo a candidatos, como el socialista Carlos Ominami, cercano a los Andrónicos, quien concentró el principal aporte, aunque no es claro que el material haya sido solo para él.[28] Y aunque este listado no incluye al Partido Comunista, hay testigos que sostienen que al menos Luksic padre en alguna ocasión hizo aportes a esa colectividad.

El método sirve para ilustrar un cambio en el financiamiento de la política por parte de privados, antes y después de su regulación en 2003.[29] Inicialmente los aportes de los empresarios se hacían a los partidos, pero poco a poco empezaron a privilegiar a determinados candidatos. Un expresidente de partido de la Concertación que levantó fondos en los 90 relata que Andrónico Luksic Abaroa y Anacleto Angelini –vinculado históricamente a la DC– hacían donaciones a los partidos, mientras que otros empresarios que se fueron acercando desde la derecha a la Concertación preferían aportar a candidatos específicos, directamente o a través de concertacionistas de su confianza. Un ejemplo en esos años, apunta, fue Álvaro Saieh, quien colaboraba con algunos postulantes a través de Jorge Schaulsohn.

Guillermo Luksic hacía aportes a candidatos. Privilegiaba a la derecha, pero también entregaba financiamiento a abanderados de

---

28 Jorge Rojas y Claudio Pizarro, "Editorial Trineo: la imprenta de los Luksic que financió la política durante más de una década", 2017.

29 En 2003 se aprobó la primera legislación sobre financiamiento electoral, que permitió las donaciones de empresas a campañas, pero reservadas, para evitar que los candidatos supieran quiénes los habían beneficiado. La experiencia demostró que esa ficción del secreto solo se mantenía ante la ciudadanía, porque los candidatos sí sabían quiénes eran sus aportantes, y en 2016 se aprobó una nueva regulación que prohibió el aporte de empresas y solo permitió donaciones de personas naturales y que se publicaran los donantes de más de ciertos montos.

la Concertación, especialmente en las regiones en que el grupo tenía inversiones, como Antofagasta, Coquimbo, La Araucanía y Los Ríos, además de la Metropolitana. En estos casos requería la opinión de Correa. Un empresario que conoce estas discusiones señala que Luksic Craig solía quejarse con Correa por el actuar de la centroizquierda. En una elección parlamentaria, por ejemplo, llegó con el detalle de las votaciones de un candidato del PS al que Correa quería ayudar, pero a quien Luksic no estuvo dispuesto a financiar. En muchos otros casos, no obstante, autorizaba los aportes.

La confianza llegó a tanto que Guillermo Luksic era parte de un puñado de empresarios a los que Correa podía recurrir en busca de recursos más allá de las campañas. En estos casos excepcionales se trataba de socorrer a algún político en una crisis de calibre, que a juicio del lobista podía afectar a un mandatario o poner en riesgo el sistema político, como se puede leer en el capítulo siguiente.

En las dos décadas que siguieron el conglomerado vivió cambios relevantes. Guillermo Luksic inició la institucionalización y profesionalización del grupo que hasta entonces operaba como una "compañía tal vez muy familiar".[30] En 2002, Luksic Abaroa dejó formalmente el manejo de los negocios del grupo en manos de sus hijos. En el área industrial, Quiñenco salió del sector hotelero en Chile con la venta del Hotel Carrera, y del alimenticio al desprenderse de Lucchetti. También dejó ámbitos como las telecomunicaciones. Y realizó fuertes inversiones: mientras la CCU se asoció con Heineken y continuó su expansión en el extranjero, Quiñenco ingresó a la propiedad de la francesa Nexans, a la que vendió la unidad de cables de Madeco. Luego vino la compra de los activos de Shell, hoy Enex, a la Shell Petroleum Company, y la apuesta más arriesgada: la adquisición de la Compañía Sud Americana de Vapores a la familia Claro, con lo que el holding se abrió a los sectores del transporte y los servicios portuarios.[31]

Enrique Correa acompañó parte de este crecimiento, más allá de su rol de consejero. En esos años CCU fue cliente de Imaginacción y contó con sus servicios para frenar alzas de impuestos y regulaciones a alcoholes y bebidas, como se verá más adelante. Después asesoró a la empresa de servicios portuarios SAAM Terminals luego de que en 2014 se produjo un conflicto con los trabajadores portuarios

---

30 *Qué Pasa*, "Una historia personal", 2013.
31 Quiñenco S.A., "Memoria Anual Integrada 2023", 2024.

de todos sus terminales en Chile, que se prolongó por 22 días.[32] A raíz de esa crisis, se legislaron nuevos estándares laborales para el sector y la empresa de Correa representó a la compañía, entonces controlada por los Luksic, en la discusión.

En mayo de 2012 Guillermo Luksic fue diagnosticado de un cáncer fulminante. Murió menos de un año después, el 27 de marzo de 2013. Tenía cincuenta y siete años.

*

Dos décadas antes, ya en el primer gobierno de Aylwin, Correa había hecho su primer intento por establecer un vínculo con el empresariado chileno, aunque enfrentó obstáculos. El ministro revelación quiso sumarlos a sus contactos con la izquierda, la derecha, la Iglesia Católica y los militares, pero, por una parte, fue el equipo económico del gobierno, comandado por el ministro de Hacienda Alejandro Foxley, el que quedó a cargo de llevar esas relaciones, y en particular de construir un acuerdo en materia tributaria, cosa que logró. Por otra, el ministro del Trabajo, René Cortázar, monopolizó la negociación de la reforma laboral con los gremios empresariales y la Central Unitaria de Trabajadores.

La barrera más relevante, sin embargo, fue que el propio Aylwin le pidió a su entonces ministro de Economía, Carlos Ominami, también socialista, que llevara el diálogo con los empresarios. "A Aylwin no le gustaba entenderse con los grupos económicos. Lo encontraba medio pecaminoso", recuerda Ominami. Aunque en un principio la desconfianza del empresariado hacia él fue total, terminó entendiéndose con los dirigentes y expresidentes de la Sofofa (Sociedad de Fomento Fabril) Hernán Briones, Ernesto Ayala y Eugenio Heiremans. Conocidos como "los tres mosqueteros", al inicio de la transición democrática, dice, "eran muy decisivos desde el punto de vista de la opinión política del mundo empresarial". En paralelo se relacionó directamente con los empresarios.

Varios excolaboradores de Correa recuerdan que en esa época buscó formas de acercarse a estos empresarios y que en ese marco tuvo choques con Ominami. El exministro de Economía lo recuerda así: "Creo que era importante para él, que venía del mundo de la política en un sentido más estricto, abrirse al mundo empresarial. Y

32 SM SAAM, "Presentación resultados SMSAAM 1T2014", 2014.

entonces tuvimos una cierta rivalidad". A diferencia de Correa, Ominami había sido parte de la primera ola de socialistas renovados en el exilio. Militante del MIR hasta 1975 y exiliado en Francia, trabajó en centros de estudios y prestó asesorías al primer gobierno del socialista François Mitterrand, hasta que retornó a Chile en 1984. Muy crítico de la política económica de la Unidad Popular y de la izquierda chilena, había dejado esta revisión por escrito. Correa tenía la historia que tenía: antes de ser ministro era un político de bajísimo perfil, proveniente del ala más tradicional de la izquierda, y se había renovado más tarde. Y aunque había adoptado sin matices las posturas más moderadas de la *realpolitik* de Edgardo Boeninger, no tenía una historia documentada que mostrar.

Así, cuando Luksic Abaroa se acercó al gobierno, el que entabló una temprana y estrecha relación con él y sus hijos fue Ominami. En algún momento, y a raíz de la competencia entre ellos, Correa se quejó con su correligionario: "¡Tú no tienes el monopolio con los empresarios!", le soltó en una reunión en que discutieron sobre el tema. "Me dijo algo así", confirma Ominami.

Con los años, sin embargo, Correa no solo se convirtió en consejero de Luksic Abaroa y su hijo Guillermo, sino que también llegó a ser asesor de Andrónico Luksic hijo, pieza clave en el crecimiento del grupo. El mayor de los hermanos terminó su educación escolar en Estados Unidos, en la Dublin Preparatory School, y luego ingresó al Babson College, una escuela privada de negocios. A mediados de los 70 dejó sus estudios ("soy lo que llaman un *college drop-out*", dijo alguna vez),[33] y como su padre se negó a que tomara un "año sabático" comenzó a trabajar en Salta, Argentina, donde la familia era propietaria de la concesionaria de Ford, la primera compañía fundada por su padre. A fines de los 70 volvió a Chile como gerente de la empresa en Antofagasta y luego en Santiago. Hábil para los negocios y más arrojado que el analítico Guillermo, Andrónico hijo fue el encargado de buscar nuevas oportunidades para el grupo. En los 80 propuso la compra inicial de acciones de CCU y trabajó años hasta tomar el control. A principios de los 90 generó una asociación entre el Banco O'Higgins, propiedad de Quiñenco, y el Banco Central Hispano para

---

33 Andrea Lluch, entrevista a Andrónico Luksic Craig, 2008, Creating Emerging Markets Oral History Collection, Baker Library Historical Collections, Harvard Business School.

hacerse con el control del Banco Santiago. Fue su primera gran operación después de la de CCU.[34]

Correa fue también su asesor, pero uno entre varios, pues Andrónico hijo tenía una red más amplia de consejeros. "En el caso de la Concertación –explica un exdirector del grupo–, recurría a personas como René Cortázar, Genaro Arriagada y Carlos Ominami", a quien se consideraba el político más cercano a Ricardo Lagos. Alguien que ha trabajado con él dice que es adicto a la información. "Le gusta escuchar opiniones de personas distintas", señala uno de sus exejecutivos.

Con el lobista compartieron además una pulsión: demostrarle a la elite tradicional que podían ser los primeros en sus rubros. Una lucha reivindicadora sobre todo a ojos de la familia Matte, quizás la más tradicional de las grandes fortunas chilenas. Como cabeza del grupo, más de alguna vez Eliodoro Matte se jactó en privado de que ellos no requerían lobistas, en una época en que eso era sinónimo de no necesitar a Enrique Correa. En el caso de Andrónico Luksic Craig, un empresario que conoció a los hermanos afirma que él era el que más relevancia le daba a la competencia con otras familias empresarias, especialmente con los dueños de la Papelera.

Competitivo, aficionado al montañismo –hizo el circuito de las siete cumbres más altas del mundo–, fue probablemente quien más disfrutó cuando en 2008 la familia ocupó el primer lugar del ránking Forbes de multimillonarios en Chile –una medición bastante imperfecta, pero vistosa–, desplazando, entre otros, al grupo Matte. Andrónico aportaría al crecimiento del grupo desde el sector bancario, y en ese proceso acudiría a Correa para conocer sus opiniones puntuales y sobre el cuadro general del país. En Imaginacción se conocía esta relación, pero no sus detalles: Correa compartimentaba su rol de consejero personal de algunos empresarios, y si en ocasiones pedía insumos a sus equipos para estas conversaciones, el detalle no era revelado al resto de la empresa. "Si Luksic lo llamaba para preguntarle algo, esa era una cuenta de él, no de Imaginacción", explica un entrevistado.

En 1997, los bancos O'Higgins y Santiago se fusionaron. "Estábamos contentos, creciendo, cuando pasó algo que nunca nadie previó: nuestro socio español fue comprado por el Banco Santander en España", recapituló Luksic.[35] En 1999 el grupo tuvo que vender su

---

34 Íd.
35 Id.

participación y la familia quedó temporalmente fuera de la banca, un sector con una fuerte carga simbólica por su exclusividad. Para mantener su presencia, ese mismo año tomaron el control del Banco A. Edwards, un actor menor en el mercado, hasta que en 2001 pagaron un alto precio por el 35% del Banco de Chile: US$ 541 millones. La operación fue cuestionada, sin embargo, pues el Banco del Estado, presidido por el ex MAPU-OC y socialista Jaime Estévez, le concedió al grupo un préstamo por US$ 120 millones para costear parte de la toma de control. Luego, con la autorización de la Superintendencia de Bancos, los Luksic ampliaron su propiedad hasta el 58%. Y finalmente fusionaron el Chile con el Banco A. Edwards, generando más concentración en el mercado bancario.[36] En 2007, seis años después, Estévez –quien entre tanto había sido ministro de Transportes y Telecomunicaciones– se integró al directorio del Banco de Chile, cargo que seguía ejerciendo al cierre de este libro. En 2008, finalmente, los Luksic sellaron una alianza con Citigroup que catapultó su posición en el sector.

Una o dos veces al año Correa asistía como invitado a las reuniones de directorio del Banco de Chile, y además participaba en almuerzos organizados en la casa matriz del histórico edificio de Ahumada 251 a los que Luksic invitaba a distintas personas para conversar sobre la actualidad. En uno de esos encuentros un invitado comentó que los diarios *El Mercurio* y *La Tercera* estaban tratando de desestabilizar al gobierno de Ricardo Lagos. "Lo quieren botar", dijo. Al finalizar, Luksic se acercó a Correa para hacerle ver la gravedad del asunto. El lobista no demoró en hacer llegar esa preocupación a ambos medios.

En esos años, además, Luksic Craig consultó a Correa sobre cómo enfrentar el "caso Lucchetti", una investigación por tráfico de influencias abierta en su contra por la Fiscalía Anticorrupción de Perú, luego de que en 2001 se conociera una serie de videos que registraban encuentros del empresario y ejecutivos del grupo con el jefe de la inteligencia peruana, Vladimiro Montesinos, en 1998.[37] Esas reuniones se habían llevado a cabo cuando la justicia de ese país discutía si autorizar o no la reanudación de las obras de una planta de Lucchetti que habían sido detenidas por la alcaldía de Lima. Según la justicia peruana,

36 Daniel Matamala, *Poderoso caballero. El pe$o del dinero en la política chilena*, 2015, 285-286. Sebastián Caviedes, "Caracterización económica y política grupo Luksic", 2015, 15.
37 Maximiliano Alarcón, "Los casos de corrupción como el de Luksic quedaron en la impunidad", 2019.

Montesinos –brazo derecho del entonces Presidente Alberto Fujimori– intercedió en favor de la empresa. Y mientras en 2005 él fue condenado por los hechos, en el caso de Andrónico hijo –sobre quien llegó a pesar una orden de captura internacional– se aplicó la prescripción un año después. En el camino, eso sí, la planta fue clausurada.

En 2013, después de la muerte de Guillermo, Andrónico asumió la presidencia de Quiñenco, sumando la conducción del área industrial. Tras algunos meses en que se armó un cuadro completo de las inversiones en Chile y el extranjero, y consciente del aumento del malestar ciudadano, decidió internalizar algunos servicios como el lobby y el manejo de crisis. "Vienen tiempos difíciles", resumió entonces. Reclutó a los periodistas Carolina García de la Huerta –socia fundadora de Nexos, empresa de lobby y comunicación estratégica– y Mauricio Lob, director de la Secretaría de Comunicaciones del gobierno de Piñera, para que lideraran el manejo de crisis. Y puso fin a la asesoría de B2O, empresa fundada por Fernanda Otero, quien había sido asesora del Presidente Piñera.

Apenas unos meses después quedaría en el ojo del huracán.

En febrero de 2015 la revista *Qué Pasa* publicó un reportaje que sostenía que en diciembre de 2013, un día después del triunfo de Michelle Bachelet en la segunda vuelta presidencial, el Banco de Chile le había otorgado un crédito de US$ 10 millones a la sociedad Exportadora y de Gestión Caval Limitada, "para comprar tres terrenos en Machalí, que se valorizarían con el cambio del plan regulador", y que al momento de publicarse la noticia ya existía una promesa de compraventa firmada.[38] El problema era que la dueña del 50% de la sociedad era Natalia Compagnon, entonces casada con Sebastián Dávalos, el hijo mayor de Bachelet, y que, sostenía el reportaje, el préstamo del Banco de Chile había sido concedido luego de que otras entidades bancarias se negaran a hacerlo. Las sospechas de tráfico de influencias o de un favoritismo espurio detonaron la crisis.

Dos días después, el Banco de Chile emitió una declaración confirmando la revelación y divulgando un dato que complicaría aun más las cosas: el 6 de noviembre de 2013 Andrónico Luksic Craig había recibido a Compagnon y Dávalos en sus oficinas del banco. En un país que hacía tiempo mostraba una profunda desconfianza hacia sus elites, el hecho consolidó la sensación de que Compagnon había

---

38 Juan Pablo Salaberry, "Un negocio Caval", *Qué Pasa*, 5 de febrero de 2015.

conseguido esa reunión y el millonario crédito solo por ser familiar de Bachelet, y de que el banco había autorizado la operación únicamente por la intervención del mayor de los Luksic.

La crisis fue manejada internamente por García de la Huerta y Lob. Correa no integró el equipo de crisis, pero sí quedó en medio de sus dos mundos: conversaba casi a diario con el ministro del Interior, Rodrigo Peñailillo, y conversaba con Luksic cuando este lo requería.

Ese verano de 2015, cuando estalló el escándalo, la familia Bachelet estaba de vacaciones en Caburgua. Dávalos era entonces la cabeza de la Dirección Sociocultural de La Moneda, un puesto equivalente al de "primera dama". El 13 de febrero, ya de vuelta en la capital, renunció a su cargo. Cuatro días después, por petición de la oposición, el Ministerio Público abrió una investigación.[39]

Luksic se puso a disposición de la justicia y se apartó de la luz pública. Aun así su imagen y prestigio quedaron dañados. En privado, la elite empresarial condenó su conducta. Un empresario escuchó de Eliodoro Matte uno de los reproches más fulminantes. Catorce meses después, el 17 de abril de 2016, cuando la zona central vivía un fuerte temporal, el noticiario de Canal 13 (de su propiedad)[40] recogía opiniones de damnificados cuando uno de ellos comenzó a insultarlo. El diputado Gaspar Rivas, un independiente dado al populismo impugnador de las elites, tuiteó más insultos, incluidos garabatos de grueso calibre. En los días siguientes insistió en sus expresiones, en entrevistas y en la propia Cámara de Diputados.

Entonces Luksic decidió salir del ostracismo. Según contó su hijo mayor, Andrónico Luksic Lederer, él le propuso grabar un video para defenderse. Aunque sus asesores comunicacionales directos trataron de disuadirlo, el empresario optó por entregar su versión a la opinión pública sin intermediarios. El registro, de siete minutos, fue publicado en Twitter y YouTube,[41] y ahí dice que "si algún diputado de este país cree que soy un delincuente de cuello y corbata, lo lógico es que entregue los antecedentes a los tribunales", y entre otros temas se refiere a sus gestiones en favor de Caval.

39 En marzo de 2018 Dávalos fue sobreseído definitivamente, mientras que en julio de 2018 Compagnon fue condenada por delitos tributarios. La pareja estaba separada de hecho desde 2017.
40 En 2010 Luksic Craig compró el 67% de la propiedad de Canal 13 a la Universidad Católica de Chile. En 2017 adquirió el 33% restante.
41 Canal de YouTube de Andrónico Luksic, "Video Testimonio Andrónico Luksic".

A Enrique Correa le envió el video para conocer su opinión. Fue una de las contadas personas consultadas –quizás la única– fuera del holding y la familia. Tras ver el registro, no tuvo reparos. En su intervención, Luksic concede que es "un poderoso, que tengo influencia en muchas cosas", pero que su poder tiene límites. Y hace una autocrítica sobre Caval: "No dimensioné nunca lo que podía traernos una reunión de esta naturaleza, sin duda que fue un error. Hemos pagado un costo súper grande, se nos ha acusado de todo tipo de cosas, todo falso. El error mío fue haberlos recibido, sí. Hoy día no lo haría, de ninguna manera".

En enero de 2017 abrió una cuenta de Twitter y comenzó a intervenir directamente en el debate público. Si en 2015 había llegado a su lugar más bajo en el ránking de líderes empresariales del Monitor Empresarial de Reputación Corporativa (el quinto lugar), en 2019 obtuvo el primer puesto, posición que conservaba al cierre de este libro.[42]

*

Muy temprano, ya en 1996, Correa manifestaba que el empresariado chileno había hecho las paces con la idea de que el socialista Ricardo Lagos llegara a la Presidencia de Chile, y de que eso no frenaría el desarrollo económico.[43] Faltaban más de tres años para las presidenciales en que se elegiría al sucesor de Eduardo Frei Ruiz-Tagle, pero el entonces exministro empezaba a repetir esta idea para mermar el relato que los "fácticos" habían instalado como lugar común: que el mundo de los negocios temía una administración liderada por Lagos, otrora líder de la oposición a Augusto Pinochet y el primer socialista con claras chances de llegar a La Moneda después de Salvador Allende.

Ya estaba cerca de Andrónico Luksic Abaroa y empezaba a recoger la opinión de otros empresarios que no eran parte del mundo tradicional de los negocios, como Álvaro Saieh. En noviembre de 1996, cuando ya había instalado su consultora, decía: "Tengo la impresión de que el empresariado más lúcido, con visión más estratégica y a largo plazo, considera interesante la posibilidad de que un hombre de izquierda pueda ser Presidente y mantener las pautas básicas del modelo económico". Correa transmitía que estaba "muy

42 Monitor Empresarial de Reputación Corporativa, "Merco líderes". El índice contiene información entre los años 2010 y 2023.
43 *El Mercurio*, "Enrique Correa insiste con partido transversal", 2 de junio de 1996.

cerca" de Lagos,[44] entonces ministro de Obras Públicas, y tildaba de "añeja" la idea de que un posible gobierno del socialista sería "el apocalipsis del modelo económico".[45]

Por entonces hablaba del empresariado como si fuese un explorador descubriendo un mundo nuevo. Uno donde "se gana más dinero, pero se corren más riesgos", donde "es uno mismo, individualmente, el que está puesto en riesgo" y en el que "no hay una estructura (...) que represente y que te proteja".[46] A juicio del consultor, a los políticos les faltaba comprender la autoimagen de los empresarios como quienes "generan condiciones para el progreso". Y, al revés, decía, el empresariado carecía de una reflexión sobre el rol del Estado. "Con excepciones –afirmaba–, falta todavía en el empresario medio una visión de país" y una mayor "neutralidad política".[47]

El temor a Lagos persistió en la elite económica y fue explotado por la derecha, agudizándose tras la detención de Pinochet en Londres, en octubre de 1998, y la campaña presidencial de fines de 1999, cuando el socialista enfrentó al alcalde de Las Condes, Joaquín Lavín (UDI). En ese contexto, y en un gesto sin precedentes en el empresariado chileno, Luksic Abaroa decidió usar su influencia e invitó a Lagos a Los Pelambres, el yacimiento más importante de Antofagasta Minerals, al este de la ciudad de Salamanca, en la Cuarta Región. Hay dos versiones sobre la participación de Correa en el episodio, la incursión más política del grupo, que otra vez los situó en las antípodas de su sector. Una apunta a que estuvo involucrado en el plan de principio a fin, y otra, a que solo fue consultado. Alguien que conoció esa relación sostiene que en esa época Correa era un consejero muy cercano del patriarca y que, por ende, es más probable lo primero. En cualquier caso, fue Luksic Abaroa el que tomó la iniciativa y contactó a Carlos Ominami, entonces senador y jefe de la campaña laguista. "Me llamó para que fuéramos a Pelambres –recuerda el exparlamentario–. Y fue divertido porque les avisó muy a último minuto a los hijos, de manera de evitar cualquier posibilidad de bloqueo".

Lagos aceptó y el tema quedó en manos de Jean-Paul Luksic Fontbona, el único hijo hombre del segundo matrimonio de Luksic

---

44 Mönckeberg, 1996.
45 Pereira, 1996.
46 Martínez, 1996.
47 Pereira, 1996.

Abaroa con Iris Fontbona.[48] Jean-Paul era una década menor que sus hermanos y se había graduado en la London School of Economics. Trabajó en la filial inglesa del banco francés BNP Paribas y a su regreso se interesó en la minería, el área favorita de su padre. En 1990 se integró como ejecutivo a Antofagasta PLC y al 2000 ya dirigía esa rama del grupo junto a su padre.

El 8 de noviembre de 1999, un mes antes de la primera vuelta presidencial, Lagos viajó al mineral en un avión privado junto a Luksic Fontbona, entre otros. En la actividad, un reportero abordó a este último: "¿Es efectivo que la posible elección de Lagos como Presidente produce resquemores en algunos empresarios?", preguntó. "Nadie debería tener miedo en invertir en Chile. Los chilenos somos afortunados de tener dos candidatos de la altura de Lagos y Lavín", respondió el anfitrión. "Fue la manera de establecer que había un gran empresario que tenía confianza en Lagos", afirma Ominami.

Años después, cuando el gobierno de Lagos impulsó un royalty a la minería, Luksic Abaroa se molestaría y Correa tendría que apaciguar los ánimos. Pero aún faltaba para eso.

El negocio minero de los Luksic había partido realmente en 1992, con la operación subterránea de Los Pelambres, y un año después con la minera Michilla en Antofagasta. Luego el gran salto vino a fines de la década, con la explotación de Los Pelambres a rajo abierto. Desde que en 1996 Luksic Abaroa reorganizó el conglomerado, Antofagasta PLC quedó a cargo del ferrocarril Antofagasta-La Paz y los proyectos mineros se agruparon bajo el paraguas de Antofagasta Minerals. En 2001 comenzó a operar El Tesoro y en 2011 lo hizo Esperanza, ambas en la Segunda Región (en 2014 se fusionaron en la minera Centinela). En 2012 comenzó a funcionar Antucoya y el grupo compró el 50% de Zaldívar a la canadiense Barrick Gold.

Correa siguió de cerca el proceso hasta que Luksic Abaroa falleció en 2005. En esa época pasó a ser asesor de Antofagasta Minerals, especialmente en el área de manejo de conflictos y crisis. Un exdirector de empresas del grupo explica que, con los años, Correa sumó a su rol

---

48 Andrónico Luksic y su segunda mujer, Iris Fontbona, tuvieron tres hijos: Paola, Jean-Paul y Gabriela. Las dos mujeres nunca asumieron cargos ejecutivos en la empresa familiar. En 2002, cuando le preguntaron por qué, el padre dijo: "La misma pregunta nos hizo a mí y a mi hijo Guillermo Fidel Castro hace cuatro años en una visita que realizamos a Cuba. Guillermo le contestó: 'Porque, aunque me molesta reconocerlo, somos muy machistas'".

de consejero el de articulador. "Cuando tú ya tienes una comprensión del mapa del poder, del quién es quién, de cuáles son las fuerzas que enfrentas, tú le puedes pedir a Correa que articule ciertas cosas", señala. Un exministro coincide: "Correa no buscó ser lobista; aprendió".

Ese rol, que implica hacer gestiones, preguntar, proponer y auscultar voluntades, calza con su naturaleza: la del constructor de soluciones en las sombras. "[Imaginacción] es una empresa de servicios de negociación", ha dicho.[49] El expresidente de la Izquierda Cristiana Luis Maira apunta a que lo excepcional en la carrera de Correa fue que haya sido ministro de Patricio Aylwin: "Correa no tiene hechura ni vocación de líder, nunca tuvo ambiciones de político público. Ha sido, por esencia, el asesor, el que estaba detrás de algo, el que influía en los que mandaban". Y aunque el cargo de ministro fue indispensable para que el empresariado valorara a quien despectivamente algunos llamaban "el pebre", Correa volvió a su naturaleza gracias al lobby. Dice Maira: "Él está hecho para ser parte de la trastienda de algo relevante: para juntar a dos personas importantes, para incidir dando una sugerencia, para entregar un proyecto a otro. De algún modo, si tú ves su trayectoria, él es un tipo muy preparado para esto, porque lo que hace un lobista es lo que ha hecho Correa toda su vida".

De todos los hermanos, con Jean-Paul Luksic es con quien se ha relacionado en un plano más estrictamente profesional. Es más joven y no heredó tan temprano el vínculo de su padre con Correa. Ha delegado las relaciones más políticas en el abogado Ramón Jara Araya, miembro del directorio de Antofagasta PLC y antes muy cercano a Luksic Abaroa, pues su padre, Ramón Jara Mujica, fue abogado del patriarca. Once años mayor que Jean-Paul, su experiencia y conocimiento de la historia del grupo hizo que aquel le concediera autoridad. Correa, de hecho, se entiende más a menudo con Jara que con Luksic Fontbona, con quien de todos modos se reúne con alguna frecuencia. En época de campañas políticas, por ejemplo, le sugería a Jara a qué candidatos apoyar en las regiones donde la familia tiene sus negocios mineros.

"Jara es el consejero que Jean-Paul heredó de su papá –explica una persona que conoce esta relación–. Son muy cercanos y él le tiene mucha confianza. Él es su *consigliere*".

*

---

49 Moraga, 2002.

Una camisa de niño color arena y un par de pequeños zapatos gastados expuestos en unas cajas transparentes decoran la oficina del empresario chileno Álvaro Saieh Bendeck. Son los atuendos que él usaba a principios de los 50, cuando su familia pasaba apreturas. "Mi mamá (…) me regaló una camisa parchada y unos zapatos con hoyos de cuando yo tenía tres años. Los tuvo guardados por 57 años y me los regaló con una tarjeta que decía 'Para que no nos olvidemos de dónde venimos'", contó en 2020.[50]

Hijo del chileno José Saieh y de la colombiana Elena Bendeck, nació en Colombia en 1949 y llegó a vivir a Talca unos años después, donde su familia instaló la Casa Saieh, una tienda que vendía ropa y electrodomésticos, que siempre fue atendida por su madre. Su conciencia sobre sus orígenes humildes es quizás la característica que mejor explica por qué Enrique Correa forjó con él la relación de consejero más cercana, desde el punto de vista humano, que el lobista ha tenido con un gran empresario.

Se conocieron después del fin del gobierno de Aylwin y ya en los últimos años de los 90 el exministro se había convertido en su *consigliere*. Se reunían más o menos una vez a la semana y aunque el tema principal era lo que ocurría en Chile y cómo eso podía afectar los negocios del empresario, en sus conversaciones fueron identificando esa mutua conciencia –o añoranza– de clase. Así descubrieron que tenían en común la admiración y devoción por sus madres y que compartían el haberse criado en provincia. También que estudiaron en liceos fiscales; el Abate Molina, en el caso de Saieh. Y que fueron los primeros de sus familias en estudiar en la universidad –Saieh cursó Ingeniería Comercial en la Universidad de Chile–, para lo que tuvieron que trasladarse a Santiago y vivir al tres y al cuatro en pensiones universitarias. Además, ambos supieron lo que era ser discriminados. Si de Correa subrayaban su origen social, a Saieh lo miraban en menos por sus antepasados palestinos.

En 1986, cuando inició su carrera en los negocios, fue parte de un grupo de empresarios de origen árabe bautizados como "Las diez mezquitas", que compró el Banco Osorno y la Unión por US$ 10

---

50 Constanza Capdevila, "Yo me retiro de los negocios. Ahora mis hijos tienen la llave de todo", 2020.

millones de la época.[51] Veinte años después, en una entrevista al periodista Pablo Vergara en *The Clinic*, recordó una caricatura publicada por *El Mercurio* a raíz de la adquisición: en ella aparecía el entonces empresario textil Carlos Abumohor, el más conocido de los compradores, vestido de beduino y con una bolsa grande de dinero al lado de un huaso con una talega de metálico más pequeña. La caricatura se mofaba del origen árabe del grupo y de que habían pagado más de dos veces el monto ofertado por su competidor chileno. "En Chile, incluso hoy, se discrimina por religión, raza, color y origen social. Es uno de los factores más atrasados de nuestra sociedad", dijo entonces Saieh, aludiendo a la desconfianza que le expresaba la clase empresarial: "Al principio fue porque (…) no pertenecíamos al 'establishment': éramos empresarios pequeños o bastante desconocidos (…). En el mercado había una cierta duda de si íbamos a tener éxito. Y se nos manifestó de distintas formas (…). Fueron bastante explícitos".[52]

Esas barreras sociales fueron palpables: durante décadas, por ejemplo, el grupo de socios que compró el Banco Osorno no era aceptado en los centros sociales de la clase alta: primero fueron vetados en el Club de la Unión, en Santiago, y años más tarde, ni los empresarios árabes ni los judíos podían ser socios del Club de Golf de Cachagua, uno de los balnearios símbolo de la oligarquía, por lo que optaron por el Santa Augusta de Quintay.[53]

"Para Saieh, Correa es como él: alguien que nació en la pobreza y se hizo solo", dice una persona que conoce al empresario. "Correa tiene una relación de hermandad con Saieh. Es una relación de auténtica amistad, más que con otros empresarios", explica un cercano al lobista. Los dos son conscientes de que la elite chilena es muy cerrada y de que nunca los acogerá plenamente, por más talentosos o exitosos que sean. "Saieh siempre sintió que había distintos grupos de personas que lo miraban en menos. Y coincidentemente algunos de esos son los mismos que nunca contrataron a Correa", observa un consultor.

51 Aparte de Saieh integraban el grupo Fernando Abuhadba, Carlos Abumohor, Espir Aguad, Salomón Díaz, Alberto Kassis, Alejandro Kauak, Munir Khamis, Odde Rishmague, además de Juan Rafael Gutiérrez y Jorge Selume como dupla.
52 Pablo Vergara, "Álvaro Saieh, el hombre que desbancó a *El Mercurio*: 'Alguna gente de la Concertación tiene un toque arribista'", *The Clinic*, 1 de diciembre de 2007.
53 Andrés Azócar, Pablo Gazzolo y María Eugenia Larraín, "El peso del dinero", 2000.

Correa suele repetirles a sus empleados en Imaginacción: "Una cosa es que valoren nuestro trabajo, pero no hay que equivocarse: nunca vamos a ser parte del mundo de los clientes". Tampoco le interesa. En 2002 hizo público ese límite: "Con el sector empresarial no tengo otro contacto que los servicios que mi empresa les presta. No es ese mi círculo social".[54]

Otros que supieron de discriminaciones fueron José Said, también empresario de origen árabe, creador del Parque Arauco y banquero fallecido en julio de 2020, y Jorge Awad, expresidente de Lan (hoy Latam) y de la Asociación de Bancos, con vínculos con la DC, amigo de Saieh y Said. Todos ellos sentían que la "aristocracia" chilena, particularmente la familia Matte, los miraba en menos y les vedaba espacios. Y todos trabajaron con Correa. Cuando en 2015 se supo del "cartel del confort" a raíz de una investigación por colusión entre dos empresas, una de ellas propiedad de los Matte (CMPC Tissue), Awad hizo una crítica muy dura: "La familia Matte tiene que dar explicaciones del daño que le ha hecho a Chile", dijo. Con ese hito, explica una persona que conoció esta dinámica, "se acabó la autoridad moral que los Matte sentían para juzgar al resto. Y esto fue sentido como un triunfo por todo este grupo de empresarios. Y por Correa también".[55]

*

Al igual que los Luksic, Álvaro Saieh comenzó a amasar su fortuna en los 90 y los 2000. En 1996, diez años después de la compra del Banco Osorno, los inversionistas originales vendieron el control de la entidad por US$ 495 millones, en lo que constituyó la mayor operación del sistema financiero chileno hasta entonces. Saieh era propietario del 13%,

54 Josette Grand, "Mi mundo se parece más al de Andrés Pérez que al del empresariado", 2002.
55 Paula Molina, "El 'cartel del confort': el papel higiénico que ensucia la imagen empresarial en Chile", 2015. En diciembre de 2017 el Tribunal de Defensa de la Libre Competencia (TDLC) acogió por unanimidad el requerimiento por colusión presentado por la FNE contra CMPC Tissue y SCA Chile. El tribunal dictaminó que ambas empresas ejecutaron acuerdos "con el objeto de asignarse cuotas de participación de mercado y de fijar precios de venta de sus productos tissue desde el año 2000 hasta, a lo menos, diciembre de 2011, afectando el mercado nacional de la comercialización mayorista de tissue en el canal de venta masivo". El TDLC aplicó una multa a SCA por unos US$ 17 millones (a agosto de 2024) y eximió del pago a CMPC, por haber sido la primera de las dos empresas en acogerse al programa de delación compensada. Sin embargo, en enero de 2020 la Corte Suprema revocó este beneficio y ordenó que se aplicara una multa similar a CMPC.

avaluado en US\$ 130 millones de la época.[56] Un año antes, bajo el paraguas de Infinsa, había adquirido el Banco Concepción, al que rebautizó como Corpbanca y con el que se mantuvo en el sector bancario.[57] Desde 1993, además, era el principal accionista de la AFP Provida, a la que sumó AFP el Libertador (1995), AFP Unión (1998) y AFP Protección (1999). Las tres últimas fueron absorbidas por la primera.[58] Y todos los negocios del empresario comenzaron a ordenarse en CorpGroup.

En 2000 tomó el control del grupo Copesa, propietario de *La Tercera* y otros medios de comunicación, y en 2002 lanzó la Corporación CorpArtes, con la que buscó proyectar la identidad que venía construyendo sobre sí mismo: la de un empresario con pasado académico —es doctor en Economía por la Universidad de Chicago y fue director, decano y prorrector en la Universidad de Chile en los 80–, coleccionista de arte y con un perfil más intelectual que el de sus pares.

"Álvaro Saieh es un hombre de poder y es un tipo ilustrado. Dos cuestiones que comparte con Correa", dice un exministro que lo conoce. "El sueño de Saieh era ser el nuevo Agustín Edwards", agrega, en referencia al propietario de *El Mercurio,* su antítesis: heredero de una de las principales fortunas de Chile, educado en una escuela primaria inglesa y luego en el colegio The Grange, y dueño del que fue el medio de comunicación más influyente del país durante décadas. En ese contexto, a fines de los 90, cuando gobernaba Eduardo Frei Ruiz-Tagle, el Saieh empresario consideró importante acudir a algunos políticos para saber qué pasaba realmente en el país y así calcular mejor los riesgos para hacer crecer sus negocios. Con un pasado cercano a la UDI, en la derecha acudió a Jovino Novoa, histórico dirigente de ese partido; en la DC eligió al diputado Gutenberg Martínez, muy cercano a Aylwin; y en la izquierda optó por Enrique Correa.

Sostenía reuniones periódicas con cada uno de ellos, por separado, en sus oficinas. Así recogía información sobre lo que ocurría en cada sector: en qué estaban, qué querían, qué les inquietaba. Carlos Ominami, quien también cultivó una relación cercana con el empresario, dice que "Saieh es alguien que siempre entendió la importancia de la política". "Correa le hablaba del país, de política, de los tres

56 Gigi Zamora, "How This Banking Tycoon Went From Billionaire To Bankruptcy–To Selling His Art At Christie's", 2022.
57 En 1998 sumó el Banco Condell.
58 Superintendencia de Pensiones, "El sistema de pensiones chileno", 2010.

o cuatro grupos que se enfrentaban en el gobierno, de la postura de tal o cual parlamentario. Y en la conversación dejaba claro a quiénes conocía, a quiénes podía acudir", relata un competidor del lobista que conoció esa relación.

Un ejemplo del impacto de estas conversaciones se refleja en decisiones que Saieh tomó en el ámbito de sus inversiones en las AFP, cuando era propietario de Provida. A principios de los 70, en su época universitaria, era percibido como cercano a la DC, pero después del golpe militar se vinculó con los Chicago Boys.[59] Amigo de su profesor Álvaro Bardón –de quien fue ayudante– y de Sergio de Castro, líderes de este núcleo de economistas, se acercó al gremialismo cuando los "Chicago" sellaron una alianza con Jaime Guzmán que liberalizó al extremo la economía chilena.[60] En las décadas siguientes Saieh y de Castro fueron socios en el Banco Osorno y en Copesa.[61] Pero en los 90 Saieh tendió puentes con la Concertación y en el camino fue generando relaciones con políticos como los socialistas Ominami, Jaime Gazmuri y Osvaldo Puccio; el PPD Jorge Schaulsohn y los democratacristianos Jorge Burgos y Edmundo Pérez Yoma, entre otros. En esos años, además, en Estados Unidos gobernaba el demócrata Bill Clinton, a quien el empresario considera uno de los mejores presidentes de esa nación. "Saieh hizo un cierto esfuerzo de despinochetización", afirma Ominami. Así, cuando el gobierno de Frei Ruiz-Tagle estaba en su último tercio, de las conversaciones con Correa el empresario comenzó a recoger una inquietud: la izquierda miraba con desconfianza a las administradoras de fondos de pensiones. Por un lado, eran un símbolo de la política económica de la dictadura, que diseñó un sistema inédito para pagar las jubilaciones de los trabajadores con cuentas individuales de ahorro administradas por estas entidades privadas. Por otro, concentraban un enorme poder al decidir con escasa transparencia dónde invertir esos fondos.

Saieh dio, entonces, un primer paso a inicios de 1998: invitó al socialista renovado Jaime Estévez a integrarse al directorio de

---

59 María Olivia Mönckeberg, *Los magnates de la prensa*, 2009, 147.
60 Álvaro Bardón fue presidente del Banco Central entre 1977 y 1981. Entre 1982 y 1983 fue subsecretario de Economía. Sergio de Castro fue ministro de Economía entre 1975 y 1976 y de Hacienda entre 1976 y 1982.
61 *El Mercurio*, "Fallece Sergio de Castro, el arquitecto de la transformación económica de Chile", 27 de abril de 2024.

Provida.[62] Estévez, que había presidido la Cámara de Diputados, acababa de perder la elección senatorial, por lo que aceptó. Fue el primer centroizquierdista elegido por Saieh para cumplir una función de esa naturaleza. Aunque en 1993, al comprar Provida, se encontró en el directorio con dos concertacionistas –Máximo Pacheco Matte y Andrés Navarro Haeussler–, ambos habían sido nombrados por otros socios.

Para Saieh, la incorporación de Estévez era una forma de mostrarle a la Concertación, desde dentro, cómo funcionaba el sistema privado de pensiones. "Este es el tipo de decisiones que tomas con la información que vas recogiendo", explica un cercano al empresario sobre sus encuentros con Correa. El nombramiento de Estévez, de hecho, no cayó bien en el mundo de los negocios y, según recuerdan en su entorno, fue criticado en privado. En todo caso, la decisión no apaciguó la desconfianza entre los críticos de las AFP, al revés, se entendió como una forma de blindar ese negocio. El socialista, en todo caso, renunció al poco tiempo, pues en marzo de 2000 fue designado presidente del Banco del Estado.

Saieh siguió recogiendo información que apuntaba a un "mar de fondo" contrario al sistema. "Él tuvo claro muy temprano que este era un negocio que iba a cambiar", dice una persona que conoció el proceso y el rol de Correa en él. Entonces optó por vender Provida, la AFP más grande, al Banco Bilbao Vizcaya, en una operación que fue catalogada como "mitológica" en un artículo de *La Nación Domingo*, por el alto precio que cobró, al punto de que "los españoles le pagaron una parte con acciones de su propio banco".[63]

"Si hay un ejemplo de cómo Correa anticipa lo que viene, es este", resume un conocedor.

*

El 17 de julio de 2013, *El Mostrador* publicó un reportaje titulado "Las triangulaciones de Saieh para inyectar fondos a SMU", relatando cómo Corpbanca y Celfin habían creado un Fondo de Inversión Privado (FIP) para capitalizar la cadena supermercadista propiedad

62 Superintendencia de Pensiones, "Boletín Estadístico N° 148, Enero-Febrero 1999". Estévez también asumió como integrante del directorio de la AFP Protección, que en 1999 fue absorbida por Provida.
63 Alejandra Matus y Marcela Ramos, "El ciudadano Saieh", 2002.

de Saieh con US$ 150 millones.[64] El medio informaba que el FIP había partido con US$ 165 millones, de los cuales US$ 115 los había aportado un préstamo de Corpbanca. El artículo agregaba que, aunque la operación era legal, transgredía el espíritu de la ley de bancos, que prohíbe que un banco pueda otorgar créditos por más del 5% de su patrimonio efectivo "a personas naturales o jurídicas vinculadas directa o indirectamente a la propiedad o gestión del banco".[65]

Aunque el 1 de agosto el superintendente de Bancos, Raphael Bergoeing, descartó que Corpbanca hubiese superado ese límite y dijo que la exposición del banco no afectaba su solvencia y liquidez,[66] la superintendenta de Pensiones, Solange Berstein, envió un oficio reservado a las AFP solicitando información sobre sus inversiones en ese banco y sobre qué acciones tomarían para proteger a los afiliados.[67] Esto generó que las AFP comenzaran a desprenderse de parte de las inversiones que tenían en Corpbanca, lo que a fines de julio provocó "un episodio de importante tensión de liquidez".[68]

A raíz de la crisis, el directorio, presidido por Jorge Andrés Saieh –el hijo mayor de Álvaro Saieh–, llegó a reunirse hasta dos veces por semana, mientras el gerente, Fernando Massú, dirigía un Comité de Monitoreo de Liquidez que sesionó diariamente.[69] Según la Memoria 2013 de Corpbanca, en diciembre "la posición de liquidez se encontraba plenamente restablecida".[70] Eso sí, tuvo que buscar un socio: en enero de 2014 comunicó que había acordado una asociación estratégica con el Banco Itaú, lo que en 2016 dio paso a la fusión de ambas entidades financieras.[71]

Aunque en Corpbanca afirman que Enrique Correa no se involucró en el manejo de esta crisis, una versión sostiene que el lobista sí se acercó a Saieh para proponerle una lectura sobre lo ocurrido: podía

64 Iván Weissman y Héctor Cárcamo, "Las triangulaciones de Saieh para inyectar fondos a SMU", 2013.
65 Ley de Bancos, Artículo 84, inciso 2.
66 Nicolás Cáceres, "Exposición de Corpbanca a SMU no afecta su solvencia ni liquidez", 2013.
67 Héctor Cárcamo e Iván Weissman, "La desconocida historia del silencioso rescate con que el primer Gobierno de Piñera evitó el colapso de CorpBanca", *El Mostrador*, 19 de marzo de 2018.
68 Corpbanca, "Memoria y balance anual 2013", 65.
69 Íd., 30 y 114.
70 Íd., 114.
71 "Comunica Hecho Esencial", 29 de enero de 2014.

ser, le dijo, que el gobierno de Sebastián Piñera estuviera tratando de afectar sus negocios. Según sus cercanos, Saieh, quien había sido rival de Piñera en los 80, descartó esa opción. Más tarde se sabría que la administración Piñera buscó formas de ayudar al grupo.[72]

Ese mismo 2013, y pese a las dificultades, el empresario debutó en el ránking Forbes. Entonces tenía sesenta y cuatro años. El grupo siguió creciendo hasta que en 2018 quedó cuarto en la medición, después de la familia Luksic, Horst Paulmann y Julio Ponce Lerou. A esas alturas, tenía intereses en los sectores bancario, supermercadista, inmobiliario y de medios. En los dos primeros se había expandido fuera de Chile. En ese periodo, a través de Corpbanca y SMU el grupo fue uno de los principales clientes de Imaginacción, ocupando un lugar muy relevante en su facturación. El exministro seguía aportando la perspectiva política al explosivo crecimiento del grupo. "Él identificaba cuáles eran los flancos que podían abrirse frente al regulador y al mundo político. Él ve lo que los abogados no", explica una persona que conoció esa relación.

Saieh invitó a Correa a integrarse al "Consejo Asesor" de *La Tercera*, un grupo de políticos de derecha y centroizquierda que se reunía todos los viernes a primera hora en el hotel Hyatt. Ahí Correa hacía gala de la variada información que manejaba. Una vez usó su influencia ante los dueños del periódico y logró detener la publicación de un reportaje que abordaba hechos ocurridos hacía décadas que afectaban a un partido de centroizquierda. Correa quiso, además, integrarse al directorio de la Fundación Centro de Investigación Periodística, Ciper, cuyo trabajo fue financiado por Saieh desde 2007 hasta 2018, pero no lo logró.

En la segunda década de este siglo Saieh enfrentó dos crisis: una personal y otra de negocios. El 29 de agosto de 2017 falleció su hija María Soledad, la segunda de cinco hermanos, cuestión que lo golpeó muy fuertemente. "Me costó mucho –contó tres años después–. Dejé de asistir a casi todos los compromisos profesionales y personales durante dos años".[73] A Correa, Gutenberg Martínez y Jovino Novoa dejó de verlos con regularidad y a la postre puso fin a sus servicios.

---

[72] Un conocedor afirma que el Presidente Piñera estuvo dispuesto a ayudar a Corpbanca, pues sabía que la quiebra de un banco de ese tamaño impactaría al resto del sistema.

[73] Capdevila, 2020.

En el plano de los negocios, el grupo enfrentó una crisis que, en simple, fue una mezcla de sobreendeudamiento e imponderables como el estallido social de octubre de 2019 y la pandemia de 2020: en febrero de 2013, Corp Group Banking S.A. había colocado bonos en los mercados internacionales por US$ 500 millones, pero en septiembre de 2020 no pudo responder a sus compromisos con los bonistas. Meses antes, en mayo, Saieh anunció que dejaba los negocios en manos de dos de sus hijos, Jorge Andrés y Francisca: mientras el primogénito quedó al mando de Itaú-Corpbanca y Copesa, la segunda se hizo cargo de SMU. La crisis de pago obligó a Corpgroup Banking a acogerse al Capítulo XI del código de quiebras de Estados Unidos, en junio de 2021.

En los años siguientes el grupo perdió su participación en el banco Itaú Corpbanca y en VivoCorp, su brazo inmobiliario. Así, redujo su presencia a los sectores supermercadistas, hotelero y de medios. Correa no asesoró a los herederos de su amigo empresario. En el manejo de ese repliegue, Jorge Andrés Saieh eligió a sus propios consejeros.

*

En *Secretos de la Concertación. Memorias para el futuro*, Carlos Ominami relata que, tras asumir en marzo de 1990 como el primer ministro de Economía de la recuperada democracia, le tocó también presidir el Consejo de la Corfo, del que habían dependido las empresas estatales privatizadas por la dictadura. Entonces decidió encargar una auditoría sobre ese proceso: "El programa de privatización se aceleró durante los últimos años del gobierno militar. Desde la oposición se levantaron objeciones de fondo y fuimos muy críticos respecto de los procedimientos empleados para ello. Diversos trabajos probaron que este proceso vulneró normas básicas en materia de transparencia y probidad. De hecho, en muchos casos, estas operaciones se hicieron buscando beneficiar a universos acotados de adeptos al régimen, como los propios funcionarios de las FF.AA. o los administradores ocasionales de esas empresas".[74]

Treinta y cuatro años después, recuerda que convocó a un equipo de abogados de confianza, encabezado por Manuel Valenzuela Béjar y Gustavo Horvitz Vásquez, para redactar un informe que concluyó que "entre 1984 y 1989 se habían privatizado total o parcialmente 32

---

74 Carlos Ominami, *Secretos de la Concertación. Memorias para el futuro*, 2011, 78-79.

empresas, con pérdidas patrimoniales y económicas para el Estado por 2.209 millones de dólares".[75] Entonces, detalla, "identificamos tres casos en que era posible accionar legalmente: CAP, Inacap y Soquimich". La Compañía de Aceros del Pacífico había quedado en manos de Roberto de Andraca, su exgerente; la administración de Inacap fue traspasada a la Confederación de la Producción y el Comercio, y Soquimich quedó bajo el control de Julio Ponce Lerou, yerno del dictador.

En sus memorias Ominami relata que en la Concertación coincidían en que era un asunto "en extremo delicado", y que "la opinión más clara y explícita provino de Edgardo Boeninger", quien lo invitó a conversar sobre el tema: "Fue directo al hueso. Su argumento era simple: teníamos que cumplir con la orientación presidencial de hacer que la economía ayudara a la fluidez del proceso de transición. La apertura de un conflicto en este ámbito traería consigo múltiples problemas".[76] Hoy agrega: "Tengo el recuerdo de Boeninger diciéndome 'aquí cada uno tiene que asumir su responsabilidad', como un 'ten cuidado'".

Pese a esto, él se inclinaba por tomar la vía jurídica. El único ministro socialista en La Moneda, Enrique Correa, en cambio, era partidario de dejar las cosas hasta ahí. Dice Ominami que conversó el tema con el Presidente Aylwin, Boeninger y Correa en una reunión: "Se estimó que el informe era bastante explosivo desde el punto de vista de la relación con el mundo empresarial. Si bien los casos donde se podía ejercer acción legal eran pocos, el reproche ético al conjunto era enorme". Entonces, "yo traté de hacerle ver al Presidente que a mí me parecía que teníamos que, por lo menos, accionar en los casos donde había una base jurídica para hacerlo". El tema quedó abierto. "Nadie me dijo que tenía que enterrar esto", puntualiza, pero sí rememora que "Boeninger y Correa insistieron en que era importante evitar que se coaligaran todos los enemigos que teníamos y que era fundamental tener una relación con el mundo empresarial que fuera más funcional al éxito de la transición".

Al final, Ominami se plegó a esa decisión política: "Creo que en ese momento no era una inmoralidad no hacerse cargo de las irregularidades. Era un juicio estrictamente político sobre cómo hacer que el mundo empresarial no nos hiciera la guerra y la transición funcionara".

---

75 Cofré, 2019, 154.
76 Ominami, 2011, 80.

Paradójicamente, con los años Ominami conocería a Patricio Contesse, gerente general de SQM (ex Soquimich) y brazo derecho de Ponce Lerou. SQM le entregaría recursos a la Fundación Chile 21 –un centro de ideas nacido en 1992, inicialmente ligado a Ricardo Lagos y comandado por Ominami–, y en 2009 traspasaría irregularmente fondos de la compañía a su candidatura senatorial, utilizando boletas o facturas ideológicamente falsas.[77]

En el horizonte de Enrique Correa también aparecería SQM. En 2005 la gigantesca minera no metálica, una de las mayores exportadoras de litio del mundo, acudió a Imaginacción para contratar servicios de lobby y manejo de crisis. El lobista actuó, entonces, con el mismo pragmatismo con que encaró el debate sobre si investigar o no las privatizaciones: no arriscó la nariz por Ponce Lerou. Y esta vez no había una razón de Estado de por medio. Más aun: aunque lo ha negado públicamente, Correa sería un consejero personal del yerno más controvertido de la historia política reciente en Chile.

*

El ingeniero forestal Julio Ponce Lerou se casó en 1969 con María Verónica Pinochet Hiriart, la tercera de los cinco hijos de Augusto Pinochet Ugarte. Según la biografía *Ponce Lerou*, del periodista Víctor Cofré, esa relación se prolongó hasta mediados de los 80. En el camino, en 1987, se transformó en el presidente de Soquimich, empresa de la que terminaría siendo el controlador gracias a las opacas privatizaciones de la dictadura y a un enrevesado esquema de sociedades cascadas.[78]

En los 90 Ponce quiso aproximarse al nuevo oficialismo. Se acercó a Marcelo Rozas, director de la revista *Hoy* y mano derecha del entonces diputado Gutenberg Martínez, vicepresidente (1991-1992) y presidente (1993-1994) de la Democracia Cristiana. Ponce y Rozas conectaron. El empresario puso avisaje de Soquimich en la revista *Hoy* en los años en que el financiamiento para ese tipo de medios escaseaba. Se hicieron amigos y Rozas se transformó en el consejero político de Ponce Lerou y de su mano derecha, el gerente general de la compañía, Patricio Contesse. Tal como recoge *Ponce Lerou*, cuando

---

77 El caso contra Carlos Ominami fue sobreseído por prescripción.
78 Aunque la separación formal de Julio Ponce y Verónica Pinochet se concretó en 1994, son varios los testimonios e hitos que concuerdan en que la relación concluyó en los años 1985-1986. Cofré, 2019, 33 y 182.

más de veinte años después Rozas tuvo que reconstruir esa relación, dijo: "Fui requerido como consultor debido al proceso de adaptación que presentaba la empresa con el retorno de la democracia".[79]

Rozas siguió ejerciendo ese rol, que era remunerado, en las décadas siguientes, incluso cuando fue nombrado en cargos públicos, como director de la Agencia de Cooperación Internacional de Chile (2000-2006), en el gobierno de Lagos, y embajador en la República Checa (2006-2009), en la primera administración de Bachelet.

Un exministro de Frei Ruiz-Tagle afirma que para Ponce este proceso de acercamiento a la centroizquierda tuvo etapas: a principios de los 90 los hombres de confianza del ingeniero forestal eran Contesse y Hernán Büchi, ministro de Hacienda de la dictadura. "Ellos pensaban que Pinochet volvía en cuatro años", señala. Tras el triunfo de Frei Ruiz-Tagle en 1993 empezaron a buscar interlocutores en la Concertación, "y esto se agudizó después de la detención de Pinochet en 1998. Ahí dijeron: 'Se acabó Pinochet. Tenemos que convivir con estos hijos de puta'". En ese marco, al menos desde 2005 Enrique Correa asumió como asesor de SQM.

En una declaración que Rozas prestó como imputado, en mayo de 2016, en la investigación por el caso "platas políticas"–la extendida práctica de financiamiento irregular de partidos y campañas que se aborda en el siguiente capítulo–, contó que Imaginacción asesoraba a SQM. Según él, Patricio Contesse le había pedido su opinión sobre Imaginacción: "Básicamente quería saber en qué ámbitos iban a estar [las] fortalezas de contratar a una empresa como la de Enrique Correa, [que] prestaría servicios como los que prestan las empresas de lobby". Rozas respondió que "iba a ser de mucha utilidad", pues contratarla "blanqueaba una serie de situaciones informales". También dio su juicio sobre Correa "como una persona solvente" y le sugirió entenderse directamente con él.[80]

En su completa investigación, Víctor Cofré reconstruye parte de la relación de la empresa de Correa con SQM:

> [Imaginacción] trabajó para SQM al menos durante diez años. El primer contrato fue suscrito con SQM Nitratos, en 2005. Por parte de

79 Cofré, 2019, 185.
80 Declaración de Marcelo Abraham Rozas López al Ministerio Público, 15 de mayo de 2016.

Correa, tres empresas facturaron para la minera: Imaginacción Asuntos Públicos Correa y Correa Consultores (ICCC), Imaginacción Consultores en Comunicación Estratégica (ICCE) e Imaginacción Consultores en Asuntos Públicos (ICAP), según informó SQM al Ministerio Público cuando se investigaron, en 2015, los pagos irregulares a la política. La primera de ellas, Imaginacción Asuntos Públicos, fue la empresa que más facturó en la segunda mitad de la década en que prestaron servicios. Año a año los montos eran abultados, pero variables. Entre enero de 2008 y diciembre de 2014, Imaginacción Asuntos Públicos emitió 71 facturas y recaudó 919 millones de pesos en total. Pero si en 2011 facturó solo 40 millones de pesos a SQM, al año siguiente la cifra saltó a 116 millones y en 2013 se disparó a 275 millones. En 2014 facturó 225 millones de pesos. Imaginacción Asuntos Públicos fue el mayor proveedor que contabilizó el centro de costos de Patricio Contesse de 2008 a 2014.[81]

En el mismo libro, Correa describe así los servicios prestados a la empresa controlada por el exyerno de Pinochet: "Nosotros cumplimos funciones comunicacionales y de información y asesoría de asuntos públicos con SQM propiamente tal, y también desarrollamos trabajo de asesoría profesional específica, estratégica, al gerente. A la empresa, al gerente y otro contrato de comunicaciones".[82]

Esa no es, sin embargo, toda la historia.

*

El 9 de agosto de 2012, el socialista Osvaldo Puccio Huidobro, quien había sido ministro secretario general de Gobierno de Ricardo Lagos, se integró al directorio de Pampa Calichera, una de las tres sociedades cascadas que le permitían a Ponce Lerou tener el control de SQM. Justo en esa sesión, el gerente general de Pampa Calichera, Aldo Motta, comunicó –bajo reserva– que la Superintendencia de Valores y Seguros (SVS) había requerido información a las otras dos sociedades clave en el esquema: Oro Blanco y Norte Grande.[83]

Desde hacía al menos cuatro meses que Ponce Lerou sabía que las cascadas se habían transformado en un problema. En enero de

---

81 Cofré, 2019, 192-193.
82 Íd., 192.
83 Íd., 299.

2012, el empresario Raimundo Valenzuela Lang,[84] uno de los due-ños de la administradora de activos Moneda Asset Management y quien había invertido en dos de esas sociedades –Norte Grande y Oro Blanco–, hizo circular un documento titulado "Potencial abuso contra accionista minoritario". Valenzuela, quien había visto que sus acciones en las cascadas solo perdían valor, sostenía que esas so-ciedades "vendían barato y compraban caro", lo que contradecía la lógica de los negocios. En paralelo, seguía, en sociedades de Ponce Lerou independientes de las cascadas compraban barato y vendían caro, con lo que este último siempre ganaba.[85] En julio de 2012, en las juntas de accionistas de las sociedades cascadas, un inversionista minoritario, Pablo Echeverría, leyó una carta con cuestionamientos similares, los que formalizaría días después con una denuncia ante la SVS. En ese contexto Ponce Lerou recordó a Puccio.

Según el libro de Víctor Cofré, lo había conocido cuando Puccio fue embajador en Viena (1994-2000) y el empresario organizaba su traslado a ese país, donde vivió hasta finales de 2001. Doce años des-pués le ofrecía integrarse al directorio de una de sus sociedades. ¿Por qué se había acordado del socialista justo cuando la SVS empezaba a pedir información sobre las cascadas?

Fue Enrique Correa quien influyó en su designación en Pampa Calichera, la sociedad que controlaba directamente a SQM. "Puccio llega ahí de la mano de Enrique", dice un testigo. Se conocían desde la Unidad Popular, pues Puccio era hijo de Osvaldo Puccio Giesen, secretario personal del Presidente Allende, con quien estuvo preso en la Isla Dawson después del golpe. Puccio Huidobro, exiliado con su familia en la RDA, estudió Filosofía en la Universidad de Humboldt, y en Berlín Oriental se hizo amigo de Correa, vínculo que retomaron cuando se reencontraron en Chile en los 90. Ambos son cercanos a la familia de Allende y durante el gobierno de Lagos uno de los minis-tros más próximos a Correa fue precisamente Puccio. "Entre Osvaldo y Enrique hay una amistad más allá de lo político", afirma un amigo de ambos.

84 Sin parentesco con Raimundo Valenzuela de la Fuente.
85 Según Valenzuela, ocurría así: una de las sociedades cascadas aprobaba aumen-tos de capital y remataba las acciones con poco tiempo de aviso y a valores bajos. Estas acciones eran compradas por empresas relacionadas con Ponce Lerou y sus cercanos, quienes luego las vendían de vuelta a las cascadas, a un valor más alto. Cofré, 2019, 253.

Su aterrizaje en Pampa Calichera coincidió con dos hechos. Primero, en pleno gobierno del derechista Sebastián Piñera, la SVS, comandada por Fernando Coloma, llevaba a cabo una investigación sobre las cascadas. Y, segundo, a poco más de un año de las elecciones presidenciales, la precampaña de Michelle Bachelet –quien asomaba como clara favorita– empezaba a calentar motores. Algo que muy pocos, entre ellos Ponce Lerou, sabían.

Ponce también creía que difícilmente Sebastián Piñera lo iba a ayudar a frenar la investigación de la SVS, pues era accionista minoritario de las sociedades cascadas. El nombramiento de Puccio, entonces, podía ser interpretado como una apuesta a futuro. El socialista, de hecho, se integró a un directorio cuyos otros cinco integrantes eran de estricta confianza de Ponce Lerou: sus hijos Francisca y Julio, su hermano Luis Eugenio, Patricio Contesse y un asesor que lo acompañaba desde los 80, Patricio Phillips.[86]

Puccio no fue ciego a ese detalle. En 2018, entrevistado para el libro *Ponce Lerou*, señaló: "De repente puedo ser algo pelotudo, pero no soy un pajarito. Y obviamente ahí está mi paso en falso. Un señor que se llama Osvaldo Puccio le da un carácter distinto, arropa de manera distinta a ese directorio". Complicado por el ruido que provocaba su permanencia en Pampa Calichera mientras la SVS investigaba, un año después Puccio optó por renunciar. Tres semanas después la SVS presentó su acusación contra Ponce Lerou por reiteradas infracciones a las leyes de sociedades anónimas y de mercados de capitales. Según el regulador, se había beneficiado gracias a una serie de operaciones bursátiles a costa de los accionistas minoritarios de Norte Grande, Oro Blanco y Pampa Calichera.[87]

Al contraatacar, Ponce acusó a Piñera de estar detrás del caso: planteó que la investigación buscaba presionarlo para fusionar las cascadas, pues eso aumentaría instantáneamente el valor de las acciones y el mandatario era uno de los inversionistas.[88] Correa fue uno de los consejeros que estuvo detrás de esta estrategia. Pero aquí hay que detenerse un momento. Desde que en 2013 estalló el caso Cascadas, Correa ha negado que su empresa haya prestado cualquier tipo de asesoría a Julio Ponce y a estas sociedades, especificando que

---

86 Cofré, 2019, 298.
87 Cofré, 2019, 13-14.
88 Íd.

Imaginacción solo trabajó para SQM. En el entorno de Ponce Lerou transmiten la misma versión.

En noviembre de 2014, cuando la Cámara de Diputados lo citó a declarar a la comisión investigadora sobre el caso, Correa declinó asistir con el siguiente argumento: "Lamento excusarme. No tengo nada que aportar a esa investigación. Como es público, no he sido nunca asesor comunicacional del señor Julio Ponce. De todos modos, agradezco la gentileza de invitarme".[89] La precisión es importante, porque una empresa como SQM, que es una sociedad anónima abierta a la bolsa, no puede contratar un servicio que presta a un solo accionista.

En 2018, cuando Víctor Cofré realizaba su investigación, Correa reiteró que la relación de Imaginacción fue solo con SQM y que él se entendió con Patricio Contesse, de quien dijo que era "una de las grandes personas que he conocido" y que él, al menos, se consideraba su amigo. Puntualizó que no participaba en todos los servicios que Imaginacción prestaba a SQM, "excepto en lo que decía relación con la atención directa al gerente". Y detalló que con Contesse habían creado un "comité estratégico y nos reuníamos cada cierto tiempo a discutir materias de la empresa, desarrollos de la empresa y, por lo tanto, conversábamos muchas cosas".

Sobre la incompatibilidad de haber asesorado a Ponce Lerou, afirmó: "Nosotros tuvimos una observación del propio Patricio Contesse, como gerente de SQM, diciendo que no podía convivir, por si se producía alguna oferta, alguna asesoría nuestra de SQM con alguna asesoría a Julio Ponce o a Cascadas". Aunque los servicios habían partido en 2005, al ser consultado sobre cuándo recibió esa advertencia, respondió: "Tengo la impresión de que esa observación fue hecha ya siendo Presidente Piñera, en el primer periodo, cuando se produjo el conflicto entre Cascadas y el propio Presidente". Es decir, cinco o más años después de iniciada la relación entre Imaginacción y SQM, en 2005.

Fue recién en octubre de 2013, a raíz del caso Cascadas, que Imaginacción hizo la primera precisión pública sobre los servicios que prestaba. El jueves 31, en un debate presidencial transmitido por televisión, la candidata de la derecha, Evelyn Matthei, lanzó un comentario provocador: "Me llama la atención que en el caso Cascadas hayan

89 Comisión Especial Investigadora del conflicto suscitado entre accionistas de la empresa SQM y del rol que habrían tenido en la materia autoridades del gobierno anterior (Caso Cascadas), sesión 12, 5 de noviembre de 2014.

enmudecido todos los parlamentarios de la Concertación. Ni uno ha dicho una sola cosa. Yo me pregunto si tendrá que ver con que, aparentemente, la persona que lleva las relaciones en el caso Cascadas es Enrique Correa". En respuesta, Carlos Correa Bau, hijo de Enrique y entonces gerente del área de Asuntos Públicos –lobby– de la empresa, le dijo a *El Mercurio* que "Imaginacción lleva efectivamente las cuentas de SQM. Pero SQM y Cascadas son empresas distintas".[90]

Hay varias huellas, sin embargo, de que Correa sí asesoró a Ponce Lerou, a quien en 2018 catalogó como "un hombre de gran determinación, de mucha voluntad. Y la determinación y la voluntad dominan su conducta. Eso es lo que puedo decir".[91]

La primera tiene que ver con la naturaleza de la relación entre Ponce Lerou y Contesse: una dupla de amigos y aliados, que trabajó de memoria desde fines de los 70 hasta 2015 y en la que Ponce es el número uno. "Era muy difícil saber dónde estaba la línea en que terminaba Pato y empezaba Ponce Lerou", dice una persona que los conoce. Y agrega que el que eligió a Imaginacción fue Ponce Lerou, quien habría llegado a Correa a través de Rafael Guilisasti, el empresario que en dictadura había liderado la juventud del MAPU-OC por decisión de Correa. Guilisasti, expresidente de la CPC, reemplazó a Ponce Lerou en la presidencia de las cascadas cuando el controlador de SQM no tuvo más remedio que alejarse del liderazgo de sus empresas a raíz del remezón provocado por el caso "platas políticas".

En Imaginacción veían a la dupla Ponce Lerou-Contesse de la misma manera. "SQM, Contesse y Ponce Lerou eran una sola cosa", afirma una persona que conoció la relación de Correa con el empresario. Otro testigo señala que Correa se reunía con Ponce Lerou en las oficinas de la minera. Y le solicitaba a su equipo algunas tareas relacionadas con las cascadas.

En 2015, por otra parte, Ciper publicó un reportaje en el que abordó el asunto:

> Más allá de las formalidades con que Imaginacción buscaba desmarcarse del caso, Ciper pudo confirmar que Enrique Correa jugó un rol clave en el diseño de la estrategia para enfrentar la investigación sobre

90 Fernanda Paul y Guillermo Muñoz, "Consultora de Enrique Correa precisa mención en caso Cascadas y oposición responde a Matthei", 2013.
91 Cofré, 2019, 397.

las Cascadas de SQM. Ha participado, por ejemplo, en reuniones de Ponce Lerou con los abogados que lo han asesorado. "Recomienda cómo enfrentar el tema mediático, dónde apretar o golpear, y tiene mucha ascendencia sobre Ponce", comenta alguien que lo ha visto en acción y que asegura que, junto al abogado Darío Calderón, Correa es una de las personas a las que Ponce Lerou presta más atención.[92]

Otro indicio lo entregó el abogado Mauricio Daza, querellante en el caso "platas políticas", en *Ponce Lerou*:

En el contexto de la revisión de la evidencia del caso SQM por financiamiento irregular a la política, tuve la oportunidad de ver un conjunto de correos electrónicos dirigidos por el entonces gerente de SQM, Patricio Contesse, a Enrique Correa, con copia a Julio Ponce, y que se enviaron en la misma época en que la SVS anunció que iniciaba un proceso sancionatorio por el caso Cascadas. En lo sustantivo, se señalaba la necesidad de desacreditar al entonces superintendente, señor (Fernando) Coloma, y a mí, como abogado querellante de la arista penal. Se sostenía que debían vincular mi actuación con Francisco Javier Errázuriz, y presentar el caso como un simple ajuste de cuentas entre privados, para lo cual también se señalaba la necesidad de presentar la actuación de la superintendencia como una maniobra personal de Sebastián Piñera.[93]

Las versiones recogidas para este libro apuntan a que Correa fue clave en delinear el contraataque de Ponce Lerou que involucró al entonces Presidente Piñera en el caso. Esa estrategia se fundó en algo que el abogado Darío Calderón –un masón con redes transversales en el mundo político y empresarial– le había dicho a Ponce, uno de sus mejores amigos. El controlador de SQM declaró ante la Fiscalía que Calderón le señaló que en 2012 Piñera le había propuesto un trueque: si Ponce fusionaba las cascadas, él intervendría para descarrilar la investigación de la SVS en su contra. Piñera siempre negó esa acusación, tanto en privado como en público.[94]

92 *Ciper*, "Ponce Lerou y el gobierno mueven todas sus piezas para frenar investigación a SQM", 2015.
93 Cofré, 2019, 238-239
94 A principios de junio de 2014, el fiscal José Morales, quien estuvo a cargo de la indagación penal por el caso Cascadas, le dijo al *Diario Financiero* que no existían

Una versión señala que, para apuntalar la acusación de Ponce Lerou, Correa buscó aliados en el empresariado. Cuando en 2013 el grupo Saieh tuvo que enfrentar la "tensión de liquidez" de Corpbanca a raíz de la capitalización de SMU, el lobista se aproximó a Álvaro Saieh para tantear si este creía que Piñera, desde La Moneda, estaba tratando de dañar su negocio. El objetivo era mostrar que Piñera repetía un patrón de comportamiento. Si esa idea cuajaba, la fiscalización contra Ponce y los cuestionamientos a Saieh se debilitaban, pues se explicaban como un abuso de poder de un presidente que nunca había separado apropiadamente la política de los negocios. Saieh, sin embargo, no tomó ese camino.

En el entorno del lobista descartan esta jugada. Sí afirman que Correa estaba convencido de que Piñera tenía una guerra personal con Ponce Lerou, la que era reflejo de un conflicto mayor en la derecha entre el piñerismo y la UDI. Y que en ese marco operó como su *consigliere*. No obstante, Correa ha insistido –y está claro que lo seguirá haciendo– en que nunca asesoró al exyerno de Pinochet. En el sitio web de Imaginacción hay, desde hace algunos años, una sección "Desmentidos". En ella se reproducen dos cartas enviadas a medios de comunicación –*Ciper* y *El Mostrador*– sobre el asunto. La primera, del 12 de diciembre de 2015, titulada "Desmiente Asesoría al Sr. Ponce Lerou", deja claro el mensaje, aunque se refiere erróneamente a las asesorías que Imaginacción y Correa le han prestado al grupo Said. La segunda, del 29 de marzo de 2017, es categórica:

"Respecto de la relación con el señor Ponce Lerou, reiteramos de manera tajante que ni Imaginacción ni Enrique Correa en lo personal son o han sido sus asesores".

*

De todos los empresarios con los que ha trabajado, Ponce Lerou es quizás quien más se parece a Correa. No solo por sus orígenes, sino por la forma en que se relacionan con el poder y con el lujo.

Ponce Lerou se crió en La Calera, una pequeña ciudad al borde de la Ruta 5 Norte en la Región de Valparaíso. Pasó por el liceo de Quillota y el Instituto Nacional Barros Arana de Santiago. Más tarde

---

antecedentes que justificaran abrir una investigación sobre el rol de Piñera en el caso. Jimena Catrón, "Fiscalía descarta que antecedentes permitan abrir investigación sobre rol de Piñera en Cascadas", 2 de junio de 2014.

estudió Ingeniería Forestal en la Universidad de Chile. Aunque en 2014 entró al ránking Forbes como la octava persona más rica de Chile, "amigos y enemigos le reconocen una vida austera en relación a su patrimonio: no posee mansiones, yates ni excentricidades que podría financiar sin problemas", escribe Cofré, su biógrafo no oficial. Guardando las proporciones, es una característica que comparte con Correa, quien nunca ha prestado atención a los "juguetes del poder" que él podría financiar: "A Enrique no le interesan los autos, la ropa o los relojes ni tener una buena casa", dice una persona que lo conoce hace décadas. "Usa corbatas compradas en San Diego", agrega alguien que ha trabajado con él. Vive en un pequeño departamento en Providencia, recibe pocas visitas y uno de sus amigos dice que el lugar está escasamente decorado y que hasta hace un tiempo tenía una bicicleta estática en medio del living-comedor. "Correa es de una sobriedad total", resume un exministro concertacionista que lo conoce bien.

Tampoco son dados a la vida social. "Ponce casi no tiene amigos –dice una persona que lo conoce–. Es un ermitaño". "A Enrique no le gusta perder tiempo con la cosa social", dice un cercano. Son hombres de poder: para ellos el dinero es un medio, no un fin. Una de las pocas diferencias en esa línea es que a Ponce sí le gusta viajar al extranjero y cultiva la equitación, un deporte caro.

Tal como otros empresarios que han buscado el consejo de Correa, Ponce Lerou se siente un *outsider* entre la elite tradicional. Pero mientras los Luksic alcanzaron la cima convirtiéndose en el grupo económico más rico del país, y Saieh optó por reivindicar su historia meritocrática y su interés por el arte y la cultura, Ponce Lerou ni siquiera se ha molestado en tratar de pertenecer a ese mundo. Lo desprecia. A Correa, que también se describe fuera de ese mundo, le importa que lo escuchen. Influir. Y lo tiene claro: "Naturalmente, creo ser consciente del papel que he jugado, del papel que juego, de lo escuchado que soy (…), [pero] no es lo que me moviliza", explicó en una entrevista en 2018.[95] Ninguno de ellos está dispuesto a ceder parte del poder que han alcanzado. De algún modo esa riqueza, en el caso del primero, y esa influencia, en el del segundo, los constituye.

Sus personalidades, eso sí, son muy distintas. Si Ponce Lerou tiene un estilo "acaballado", Correa es un diplomático. Un profesional que los conoce a ambos hace la siguiente observación: "A Julio

---

95 Cofré, 2019, 191.

le gusta escucharse; Correa hace todo lo contrario: te pone atención como si lo que dices fuera lo más importante".

*

Para su libro, Víctor Cofré entrevistó a Osvaldo Puccio y Enrique Correa sobre su relación con las empresas de Ponce Lerou. Puccio consideró que haber integrado el directorio de Pampa Calichera había sido un error. "Esa es la única parte de mi historia personal que yo cambiaría. Es la única. Todas las otras partes de mi historia personal me producen tranquilidad, y algunas, orgullo", confesó. Correa, en cambio, defendió la asesoría de Imaginacción a SQM: "Nosotros no tenemos una lista negra de empresas a las que no vamos a asesorar nunca ni tenemos una lista blanca a la que vamos a asesorar siempre. Lo que es importante es que lo que nos piden sea correcto, legítimo y legal y lo que nosotros hagamos sea también correcto, legítimo y legal. Y eso ha sido siempre así".

En Correa no parece haber remordimiento. Más todavía: por SQM y Julio Ponce Lerou, el lobista iba camino a traspasar un límite que se había preocupado de respetar desde su privatización: no darle la espalda a su mundo político.

XIII

EL REINO DE ESTE MUNDO

"A Dios y a la política no se les cobra", suele decir en privado Enrique Correa, sobre los servicios no remunerados que ha prestado tanto a la cúpula de la Iglesia Católica como a gobernantes y líderes de la centroizquierda.[1] Se trata de tareas que cumple en paralelo a su trabajo como lobista, a menudo como asesor de crisis altamente complejas y en las que se desenvuelve a sus anchas. Alejado de los aparatos partidistas, aunque siempre operando como un "político profesional", como le gusta definirse, su habilidad para aplacar entuertos de presidentes, ministros y cardenales lo convirtió, una vez privatizado y antes de que terminara la década del 90, en una suerte de "bombero del poder".

Quienes lo conocen bien destacan su apego por la institución de la Presidencia de la República, sobre todo cuando ocupa el cargo alguien de centroizquierda. Nunca ha dejado de identificarse con ese sector político, a pesar de que de allí provienen las mayores críticas a su reconversión proempresarial y libremercadista.

Luego de dejar La Moneda en 1994, esa devoción por la figura presidencial la expresaría en distintas operaciones para ir en ayuda de Patricio Aylwin y sus sucesores, siempre ad honorem y comprometiéndose de principio a fin en resolver crisis de gran calibre. En un país marcadamente presidencialista como Chile, estas maniobras también le permitirán mantener su influencia política y capitalizarla como lobista. Si la máxima autoridad del país lo escuchaba a él para solucionar sus trances más graves, en el empresariado los servicios de Correa se cotizaban al alza. Su acceso al despacho presidencial era garantía de que manejaba información valiosa, lo que es sinónimo de poder.

Una vez privatizado también siguió siendo un *consigliere* pro bono de la Iglesia Católica, cuando a contar de 2010 se vio remecida por una serie de escándalos de abusos sexuales cometidos por sacerdotes, lo que acabó derrumbando su autoridad moral. A pesar de haberse

---

1   *Qué Pasa*, "La nueva red de Correa", 22 de mayo de 2015.

separado varias veces –una por nulidad y tres de hecho–, seguía yendo periódicamente a misa y comulgando. "La Iglesia no me va a negar la comunión, con todo lo que me debe", era otro de sus comentarios en privado. A pesar de su afición por la tradición cristiana y la doctrina, sus asesorías a la jerarquía episcopal no pasaban por discutir sobre el "reino de Dios"sino sobre lo que él llamaba "el reino de este mundo": la dura realidad, en la que se imponen las lógicas del poder.

Al servicio de la Presidencia y el episcopado, cúspides del liceo y la parroquia de pueblo que lo marcaron en la infancia, seguiría desplegando su gran adicción: la política. Tomando té sin azúcar y fumando cigarrillos Marlboro, en esos trances el exministro parecía tan a sus anchas como cuando estaba en La Moneda.[2] A favor del gobernante de turno coordinaba estrategias con abogados, fijaba líneas comunicacionales, adelantaba escenarios y operaba ante los medios como vocero. Si era necesario, llamaba a sus contactos empresariales y recaudaba dinero, cuando no echaba mano de su bolsillo, para costear la defensa y contención de los implicados en aprietos graves. Como apagaincendios de la República, hacerse cargo del eslabón más débil de una crisis se convertiría en uno de sus sellos.

Así lo resume un consultado: "Si, por salvar al Estado y a la Iglesia Correa va a tener que perjudicar a uno de sus clientes o a perder plata, bueno, no tiene problemas en irse a la ruina". Otros testigos matizan la idea. A Correa le ha preocupado tener recursos para ayudar a su numerosa familia. Además, desde su época de ministro, cuando manejaba enormes cantidades por concepto de gastos reservados, aprendió que una forma muy eficaz de construir poder político es contar con fondos para ganar aliados y prodigar favores.

*

Partió vetado en el gobierno de Eduardo Frei Ruiz-Tagle. No era cercano al sucesor de Aylwin y en la nueva Moneda inaugurada en marzo de 1994 tenía contactos, pero no acceso a la sala de mando. Si bien su primo Germán Correa había asumido como ministro del Interior, duró solo seis meses en el cargo y nunca logró conectar con

---

2   En una entrevista de 2002 afirma que ha adelgazado porque hace ejercicio y sigue una dieta más sana por un problema al colon, aunque reconoce que no ha dejado de fumar. Stipicic, "El 'Flaco' Correa", 2002. En enero de 2002 debió operarse de urgencia por obstrucción de colon. *El Mercurio*, "Por motivo mayor", 17 de febrero de 2002.

el jefe de Estado. El DC Genaro Arriagada, compinche de Correa en el comando del No, era ministro secretario general de la Presidencia y muy allegado a Frei. Sin embargo, los freístas todavía le cobraban a Correa haber sido uno de los primeros socialistas en decantarse por Aylwin, y porque ya más cerca del final del mandato apoyó la idea de que Alejandro Foxley fuese el candidato concertacionista. Había también minucias, como sus deferencias como ministro hacia Tencha Bussi de Allende, mientras María Ruiz-Tagle, la viuda de Eduardo Frei Montalva, nunca fue atendida ni invitada a palacio.[3]

En privado Correa resentía el perfil ejecutivo y arremangado de "los nuevos tiempos" de Frei. No se le escapaba el obvio contrapunto generacional con el estilo más reposado de Aylwin y su equipo.[4] Atribuía buena parte de ese sello diferenciador (y el veto en su contra) al experto en comunicación política Pablo Halpern, el sucesor de Eugenio Tironi en la Secom (antes Secocu), que era parte del entorno freísta. A pesar de lo anterior, mantuvo una de las reglas básicas de su fe presidencialista: nunca criticar al mandatario en público.

A su obligada lejanía con las grandes decisiones de gobierno se sumó el fin de lo que llamaba su "militancia férrea" en el PS.[5] A fines de 1995 dejó de ser miembro del Comité Central y no volvería a tener ningún cargo partidista.

Con algo más de canas y estrenándose como abuelo, a mediados de noviembre de ese año celebró su medio siglo con un gran asado familiar en su parcela en Santa Rosa de Chena, en la comuna de Padre Hurtado, antes de emprender al día siguiente un viaje a Estados Unidos como consultor internacional.[6] Ubicada a unos 30 kilómetros al suroeste de Santiago, se suponía que esa parcela era parte de su declarado "sueño dorado" tras salir del gobierno: trabajar llevando una

---

3   El castigo a Correa no era otra cosa que una vuelta de mano. Un veto similar había sufrido el núcleo más cercano a Frei durante el mandato de Aylwin: Genaro Arriagada y Edmundo Pérez Yoma no obtuvieron cargos, mientras que Carlos Figueroa fue enviado a la embajada chilena en Buenos Aires. Rafael Otano, "Arreglos de familia", 1995.

4   En sus primeros meses en el cargo, Frei Ruiz-Tagle desplegó un estilo muy centrado en su figura, con gestos como eliminar las entradas gratuitas para él y sus ministros en el estadio y visitas sorpresa a algunas reparticiones. Marcelo Contreras, "Cincuenta días de gobierno: el difícil noviciado de Frei", 1994.

5   "Yo abandoné la militancia férrea y no volveré a ella", sostuvo. María Eugenia Camus, "Enrique Correa: 'Abandonar el PS sería altamente riesgoso'", 1995.

6   R. Correa, 1995.

vida más tranquila, bajo un parrón y al calor de la parrilla. Pero apenas llegó a la Flacso quedó claro que para un trabajólico como él ese plan era una quimera. Salvo que lo fuercen las circunstancias, un adicto a la política no baja el ritmo. Menos se jubila. En adelante, se abría ante él una influencia distinta, lejos de los cargos, en la trastienda.

Cuando estaba en Chile visitaba a Aylwin. "Iba muy seguido a verlo", dice Mariana Aylwin. Tomando té y hablando de política recompusieron la complicidad de sus primeros años en La Moneda.[7] Correa se consideraba un guardián de los logros de "don Patricio", como lo llamaba.

En los primeros meses de la era Frei se contentó con mantener contactos puntuales con algunos ministerios, como asesorías a la Secretaría General de la Presidencia.[8] Poco se demoraría en romper el dique freísta. En septiembre de 1994 tuvo lugar el primer cambio de gabinete, aquel traumático ajuste en que salieron varios ministros, entre ellos Germán Correa. Aterrizaron sus amigos José Miguel Insulza en Relaciones Exteriores y José Joaquín Brunner en la Secretaría General de Gobierno. Ambos exmapucistas se integraron al comité político, lo que le permitió a Correa comenzar a enterarse de lo que ahí se discutía. Según un consultado, era especialmente cercano a Insulza, a quien consideraba brillante y con una personalidad atractiva. Una relación tan estrecha como la que tenía con el diputado socialista José Antonio Viera-Gallo, otro exmapucista.

También se acercó a Ricardo Lagos, ministro de Obras Públicas y líder indiscutido del bloque PS-PPD, quien encabezaba los sondeos presidenciales para un tercer mandato concertacionista. Correa se sumó a su círculo de asesores. "Estoy trabajando muy cerca de Ricardo Lagos, y no en asuntos de infraestructura precisamente, sino que mantenemos conversaciones políticas sobre el futuro", señaló en una entrevista de 1996.[9] Consultado ese mismo año sobre la figura nacional que más admiraba, respondió salomónicamente: "Patricio Aylwin y Ricardo Lagos".[10]

Sus reticencias hacia Halpern se mantuvieron. Cuando su oficina de lobby empezaba a desplegarse en el mundo privado, oyó

7   En una entrevista de 1995, señaló que cada vez que tenía una duda política la conversaba con Patricio Aylwin. Raquel Correa, "Lagos será candidato".
8   Mönckeberg, 1996.
9   Íd.
10 La Segunda, "Ficha personal: Enrique Correa", 1996.

versiones de que el asesor de Frei comentaba con algunos empresarios que no era necesario que usaran de intermediario a Correa para llegar a La Moneda. Según un testigo, Halpern era de las pocas figuras políticas que lo sulfuraban hasta perder su afamada sangre fría. Entonces emergía su mal genio y olvidaba la máxima que tanto repetía, la de que "la política es el reino de la razón".[11]

*

Desde su oficina de lobista en Providencia estuvo pendiente de las negociaciones para la salida de Pinochet de la Comandancia en Jefe del Ejército tras veinticinco años liderando la institución. A fines de octubre de 1997 Frei anunció como sucesor al general Ricardo Izurieta Caffarena. El ungido tenía veintiocho años menos que Pinochet, no ejerció cargos relevantes en dictadura ni aparecía vinculado a violaciones a los derechos humanos. Además, era hijo y sobrino de destacados generales con mando antes del golpe.[12] Un guiño a la vieja tradición militar de los 60.

Pero el recambio más significativo en la cúpula castrense en décadas dejó un sabor repulsivo en la centroizquierda, pues incluyó ostentosas muestras de lealtad del Ejército a Pinochet, quien se negó a adelantar su salida y colgó el uniforme en el plazo tope del 10 de marzo de 1998. Para peor, al día siguiente concretó su anuncio de asumir como senador vitalicio. La imagen del exdictador jurando en el Congreso recorrió el mundo y eclipsó por completo la inauguración del nuevo periodo legislativo.

Además, estaba el mazazo de las parlamentarias de diciembre de 1997, que marcaron un aumento en la abstención electoral y un declive de cinco puntos en el apoyo a la Concertación.[13] En el oficialismo algunos comenzaron a hablar de desafección y hastío

---

11 Una entrevista de 1995 incluye un recuadro titulado precisamente con la cita "Política es el reino de la razón". Vicky Abarca, "Enrique Correa: 'No cabe negociar con el Ejército'", 1995.

12 Era hijo del general de división Pelayo Izurieta Molina y sobrino del general Óscar Izurieta Molina, comandante en jefe del Ejército bajo el gobierno de Jorge Alessandri. El único cargo de gobierno que ejerció durante el régimen militar fue el de subsecretario de Guerra, en 1989, el año de los preparativos del traspaso de mando a Patricio Aylwin. Cavallo, 1998, 349 y 350.

13 Ese año la abstención más los votos nulos y blancos alcanzaron un histórico 31,5%. Además, más de un millón y medio de personas en edad de inscribirse en los registros electorales no lo hicieron. El apoyo a la Concertación descendió

ciudadanos debido a los frenos de la transición. A pesar de haber recuperado la democracia, Pinochet seguía siendo una figura política central y sus amarres autoritarios estaban incólumes desde 1990. Se abrió el famoso debate sobre "las dos almas de la Concertación": por un lado los "autocomplacientes", Correa entre ellos, que valoraban los logros alcanzados y apostaban a superar las inequidades sociales con gradualismo y crecimiento económico, y por otro los "autoflagelantes", que ponían el acento en los pendientes, como la desigualdad y un incipiente malestar ciudadano.[14]

El 16 de marzo, once diputados concertacionistas presentaron una acusación constitucional contra Pinochet en el Congreso, bajo el cargo de haber comprometido gravemente el honor y la seguridad de la nación durante el mandato de Aylwin y los primeros años de Frei, en episodios como el "ejercicio de enlace", el "boinazo" y otros.[15] La ofensiva alarmó a los dos gobernantes. Si Pinochet había burlado la ley, Aylwin y Frei, como sus superiores, tenían la obligación constitucional de tomar medidas en su contra. En el freísmo, pero sobre todo en el aylwinismo, la acusación cayó como un enjuiciamiento a sus gestiones. En realidad Aylwin no podía ser acusado constitucionalmente porque habían expirado los seis meses de plazo legal tras haber dejado el cargo. Respecto de Frei, la Concertación tenía mayoría en la Cámara de Diputados, por lo que podía bloquear una acusación. Lo que ambos gobernantes temían era el juicio político a sus gestiones.[16]

Como protagonista de las relaciones con el Ejército tanto en el "ejercicio de enlace" como en el "boinazo", Correa se hizo enemigo declarado del libelo. Se reunió con Aylwin para analizar los

---

del 55,4% al 50,5% en comparación con 1993. En contraste, la UDI subió de tres a nueve senadores.

14 El debate partió en mayo de 1998 con el manifiesto "Renovar la Concertación. La fuerza de nuestras ideas". Lo firmaron, entre otros, Correa, Edgardo Boeninger, José Joaquín Brunner, José Miguel Insulza, Eugenio Tironi y José Antonio Viera-Gallo. La réplica vino un mes después, con el documento "La gente tiene razón. Reflexiones sobre las responsabilidades de la Concertación en los tiempos presentes", suscrito, entre otros, por Jaime Gazmuri, Isabel Allende, Juan Enrique Vega, Jaime Estévez, Carlos Montes, Ricardo Núñez, Ricardo Solari y Carlos Ominami.

15 Los diputados DC Mario Acuña, Gabriel Ascencio, Zarko Luksic, Tomás Jocelyn-Holt, Andrés Palma y Sergio Elgueta; los PS Sergio Aguiló, Jaime Naranjo, Isabel Allende y Fanny Pollarolo, y el PPD Guido Girardi.

16 Andrea Insunza, "Enemigos aliados. Los 97 días en que la Concertación salvó a Pinochet", 2002, 58-59.

escenarios.[17] Junto al exministro de Justicia Francisco Cumplido fijaron una estrategia de defensa: dejar establecido que el exdictador sí había intentado presionar al Ejecutivo, pero sin llegar a sobrepasar la legalidad. Una delgada línea Maginot para sostener la estantería de la transición y sus pactos implícitos, aunque el costo fuera exculpar a Pinochet.[18] Luego, en un *déjà vu* de sus días de vocero, apuntó en varias entrevistas a que la acusación ponía en entredicho el éxito de la transición y deterioraba "el alma de la Concertación".[19]

Una vez que la comisión especial a cargo de investigar la acusación comenzó a citar a funcionarios de Aylwin, el ovallino tuvo un rol central en coordinar sus testimonios. Los primeros en declarar fueron los DC Mario Fernández y Jorge Burgos. Fernández era el subsecretario de Guerra de Frei y Burgos su antecesor en el cargo. En la corporación de Aylwin, Justicia y Democracia, recibieron las instrucciones de Correa. Él mismo compareció ante la comisión el 3 de abril de 1998 y se ciñó al guion de calificar de anormales el "ejercicio de enlace" y el "boinazo", aunque dentro de la ley. También desmintió cualquier negociación formal con el Ejército. Respecto de este último punto, sin embargo, fue confrontado con un documento con su firma y la del general Jorge Ballerino con los puntos tratados en una reunión entre ambos. Lo había publicado una semana antes la revista *Qué Pasa* como la prueba formal de una negociación.[20]

"No es un documento, son notas, reitero, notas; una redactada por el general Ballerino que me envió a mí y otra redactada por mí que se la envié a Ballerino, pero nada que se parezca a un acta", señaló el exministro.[21]

Pocos días después entregó copia de ese y otros tres textos al vespertino *La Segunda*, demostrando que se trataba de documentos con contenidos distintos de la misma reunión, dos redactados y firmados por él, bajo el título de "Notas", y otras dos por Ballerino, con el encabezado de "Actas". No había, por lo tanto, un acta firmada en conjunto, sino apuntes por cada lado. Así derrumbó el argumento de que los papeles probaban que había existido un pacto formal con el

17 Álvaro Valenzuela, "Andrés Palma me ofendió gratuitamente", 1998.
18 Insunza, 2002, 92.
19 Álvaro Valenzuela, "Enrique Correa responde, a fondo, los argumentos de la acusación constitucional", 1998.
20 *Qué Pasa*, "La dupla de la transición", 1998.
21 *La Tercera*, "Enrique Correa fue enfrentado a su firma", 1998.

Ejército. En el mismo medio calificó como "una irregularidad" que en una de las notas firmadas originalmente solo por él se hubiese incluido a posteriori la rúbrica del general Ballerino, como lo publicó *Qué Pasa*. "Alguien, y espero que no haya sido el general Ballerino, agregó sin nuestro consentimiento la segunda firma", dijo.[22]

Al anochecer del 9 de abril, en una votación secreta, la acusación fue rechazada en la Cámara de Diputados por 52 votos a favor y 62 en contra, 12 de estos últimos de la Concertación: 11 democratacristianos y un radical. Correa había contribuido a aplacar una crisis que puso en la mira los engranajes de la transición. A punto de cumplir cincuenta y tres años, a su condición de factótum de Aylwin sumó el reconocimiento del freísmo.

Además se permitió el gusto de citar a uno de sus filósofos de cabecera. Cuando un periodista le consultó si Pinochet había violado la Constitución "al menos en espíritu" al ordenar el "boinazo", respondió: "Pero ese es un trascendental, como diría Kant, que es inasimilable al conocimiento".[23] Muchos años después ocuparía la misma fórmula para esquivar un bulto aun más complejo.

*

"Lo primero es salir vivos". Algunos atribuyen la frase al socialista Ricardo Núñez, en La Moneda, el 11 de marzo de 2000, la tarde del mismo día en que Ricardo Lagos asumió la Presidencia. Otros van un poco más atrás, a la noche en que el abanderado socialista derrotó en segunda vuelta al UDI Joaquín Lavín, en una reunión del equipo estratégico del nuevo gobernante, compuesto entre otros por Ernesto Ottone, Javier Martínez, Gustavo Villalobos y Guillermo Campero.[24] El caso es que tras el triunfo del primer socialista después de Salvador Allende la frase resumía el objetivo primigenio de la nueva administración: que Lagos terminara su sexenio y saliera caminando de La Moneda en marzo de 2006. Había que conjurar el final de un presidente socialista muerto, casi tres décadas antes, en ese palacio en llamas.

---

22 Álvaro Valenzuela, "Correa revela los cuatro documentos del 'boinazo'", 1998.
23 Álvaro Valenzuela, "Enrique Correa responde, a fondo, los argumentos de la acusación constitucional", 1998.
24 En la primera vuelta presidencial el UDI Joaquín Lavín obtuvo un sorpresivo 47,51% de los votos, solo 31.140 votos menos que Ricardo Lagos, quien logró el 47,96%. En la primera segunda vuelta presidencial de la historia de Chile, Lagos triunfó con el 51,31%, contra el 48,69% de Lavín.

Así como los generales romanos victoriosos tenían un esclavo con la orden de susurrarles que todo triunfo es efímero, esa condición mínima, salir vivos, siguió aleteando entre algunos asesores laguistas.

Hasta que, dos años después, el peligro de que el gobierno capotara se inició como un murmullo desde la derecha. No fue por las dificultades económicas de los dos primeros años, producto de la crisis asiática. Tampoco por el caótico final del gobierno de Fernando de la Rúa en Argentina, que a fines de 2001 lo obligó a dejar la Casa Rosada en helicóptero. Lo que avivó la fantasmagoría de que Lagos no concluyera su mandato fue el estallido del escándalo llamado MOP-Gate, en enero de 2002. Y aunque en La Moneda consideraron que ese riesgo no tenía base en la realidad, sí estaban conscientes de que era un ruido molesto.

Correa no era del grupo de los asesores más estrechos de Lagos, aquel apretado anillo que por años prospectó la plataforma presidencial del nuevo mandatario, encabezado por el sociólogo y cientista político Ernesto Ottone. No se contaba entre sus pocos amigos, como los empresarios Fernando Bustamante y Marco Colodro. Pero sí era un político escuchado por el nuevo Presidente. Se había jugado por calmar los ánimos en el PS tras la detención de Pinochet en Londres, y se había puesto a disposición de Lagos antes de la campaña presidencial.[25] "A Lagos le interesaban sus opiniones y la experiencia del gobierno de Aylwin", apunta un laguista. No era raro que lo invitara a conversar a La Moneda, o que le telefoneara para saber su opinión sobre algún asunto puntual. En esos encuentros, a menudo a solas, Correa partía escuchando y luego, cuando llegaba el momento, entregaba su análisis sin guardarse detalles negativos.

Su influencia en el nuevo gobierno pasaba, además, por su estrecha relación con José Miguel Insulza, quien asumió como un poderoso ministro del Interior, cuyo único contrapeso era el titular de Hacienda, Nicolás Eyzaguirre, miembro del círculo de confianza del Presidente.[26] Ambos de talantes fuertes, tenían miradas distintas.

---

25 A partir de la detención de Pinochet en Londres, Correa dio una serie de entrevistas llamando a la Concertación a alinearse detrás del gobierno de Frei en sus esfuerzos por repatriar al exdictador, y al PS detrás de la candidatura de Lagos. Ver Camus, 1999.
26 Apenas asumió, Eyzaguirre logró imponer la regla del balance estructural del gobierno central, que implica estimar los ingresos fiscales que se obtendrían de manera aislada del ciclo económico y, consecuentemente, autorizar un gasto público

Eyzaguirre era firme partidario de controlar el gasto fiscal, al menos en la primera mitad del mandato, para remontar la crisis asiática. Enfocado en el día a día, Insulza era más proclive a gastar y a resolver promesas de campaña. "Pero era un foco de conflicto blando, sin diferencias de fondo como para que no pudieran trabajar juntos", aclara un cercano de ambos.

Gracias a su confianza con Insulza, Correa aportó para que los dos secretarios de Estado más fuertes sellaran un pacto de apoyo mutuo, enfocado en apretarse el cinturón los primeros años para gastar después. Para el ovallino, una de las reglas de oro del éxito de la administración Aylwin había sido la sincronía entre el equipo político y el económico.[27] La idea de impulsar ese entendimiento había sido de Ottone, jefe de la División de Análisis Estratégico, el grupo de asesores del "segundo piso" de Lagos y aliado de Eyzaguirre en La Moneda.[28] Ottone conocía a Correa desde sus días en la JDC y al reencontrarse en el exilio habían vuelto a ser amigos.[29]

Apoyada bajo cuerda por Correa y Ottone, la alianza Insulza-Eyzaguirre pasó a ser el principal eje de poder en el gabinete de Lagos, un gobernante deseoso de empujar transformaciones y a ratos frustrado por no disponer de recursos.[30] "Y Correa seguramente le decía a Lagos: 'Mire, tienen razón los muchachos'", acota un exfuncionario de esa administración. Correa y Ottone desayunaban todos los martes en La Moneda, en reuniones a las que se sumaba Eugenio Tironi, el único asesor externo que podía acercarse en influencia al exseminarista dentro del gobierno. Correa describía estos encuentros

---

coherente con dichos ingresos. En la práctica permite ahorrar cuando el Fisco tiene superávit y gastar en periodos recesivos. Jorge Rodríguez et al., "Política de balance estructural: Resultados y desafíos tras seis años de aplicación en Chile", 2006, 5.

27 Las otras dos reglas de oro eran la búsqueda de una oposición racional y constructiva y tejer buenas relaciones con el Congreso. *Qué Pasa*, "El Büchi de la Concertación", 1995.

28 Ascanio Cavallo y Rocío Montes, *La historia oculta de la década socialista 2000-2010*, 2022, 90.

29 Ottone ingresó a las Juventudes Comunistas en 1967, luego de renunciar a la JDC. Vivió parte de su exilio en Hungría, donde se convirtió en dirigente de la Federación Mundial de Juventudes Comunistas, lo que le permitía viajar a Moscú, donde se reencontró con Correa. En 1983 renunció al PC y se acercó a la renovación socialista y a Ricardo Lagos.

30 En el primer año de gobierno el crecimiento del PIB fue de un 5%, cifra engañosa, sin embargo, pues el año anterior el crecimiento había sido negativo: -0,4%.

como "minilluvias de ideas", lo que incluía dibujar escenarios probables a mediano y largo plazos.[31]

El 7 de enero de 2002, Lagos realizó su primer ajuste ministerial a fondo. Entre los salientes estaba el ingeniero Carlos Cruz, titular de Obras Públicas y Transportes, quien había sido su brazo derecho cuando el propio Lagos era ministro del MOP bajo Frei.[32] A pesar de la cercanía y confianza que el gobernante le tenía, Cruz había caído sin anestesia, víctima del fuerte gasto de su biministerio, lo que lo puso en la mira de la trenza Insulza-Eyzaguirre-Ottone, empeñada en controlar el gasto fiscal.

Cuando Cruz dejó el MOP, la Contraloría General de la República revisaba dos contratos adjudicados por su Ministerio por unos US$ 2,4 millones de la época (US$ 3,5 millones de hoy) a la consultora Gestión Ambiental y Territorial (Gate), propiedad del socialista Héctor Peña Véliz, exseremi de Transportes. Meses después se conocieron otros contratos con Gate y el caso comenzó a ser investigado por la justicia, que detectó que la consultora era parte de un mecanismo de triangulaciones de dineros públicos y de firmas particulares, con epicentro en el MOP. Los montos fiscales y privados obtenidos por Gate eran destinados a pagar sobresueldos a decenas de funcionarios del Ministerio, quienes emitían boletas de honorarios a cambio de servicios que no prestaban. Los pagos funcionaban como incentivos para sostener un ritmo agresivo en la adjudicación de concesiones de obras públicas a privados, tales como la construcción de autopistas.[33]

Estallaba así el caso MOP-Gate, que terminó con Cruz preso —pues él autorizó el mecanismo— y se transformó en un quebradero de cabeza para el Presidente. Como su lugarteniente en el MOP y luego su continuador, Cruz estuvo a cargo de la iniciativa estrella de su gestión, las concesiones, una prueba de que el progresismo podía trabajar codo a codo con el mundo empresarial. El mismo engranaje

---

31 Rafael Otano, "Enrique, ¿eres parte de una generación fracasada?", 2002.
32 Cruz era un hombre de confianza de Lagos, al punto de que fue uno de los primeros en tener su cargo asegurado como ministro.
33 Los contratos con Gate habían partido en septiembre de 1998, semanas después de que Ricardo Lagos dejó el MOP y fue reemplazado por Jaime Tohá, y cuando Carlos Cruz era el coordinador de concesiones. Los últimos contratos se habían firmado en julio de 2000, cuando Cruz era el ministro. *La Tercera*, "Documentos revelan nuevos contratos del escándalo MOP-Gate", 2002.

XIII EL REINO DE ESTE MUNDO

antes aplaudido ahora quedaba en entredicho. Además, Cruz había sido uno de sus recaudadores de campaña.

Desde el comienzo Enrique Correa –que conocía a Cruz desde los 80– entendió que el caso podía golpear al corazón del gobierno. Según un alto dirigente socialista, captó que la causa judicial duraría años, que quebraría largas amistades y que Cruz iría a la cárcel. Además, apunta un laguista, tenía claro, como varios en el oficialismo, que el gobierno no podía defenderlo. Su propuesta a La Moneda fue que de eso podría encargarse él, de manera gratuita e integral, para no dejar a Cruz abandonado, y así encapsular la crisis. Conversó su ofrecimiento con Insulza, Ottone y con el propio Lagos, quien aceptó. El mandatario comunicó al comité político que la defensa de Cruz la asumiría un equipo externo. Había que seguir gobernando.

En noviembre de 2002 asumieron como abogados de Cruz Alberto Coddou Claramunt, Gonzalo Insunza Figueroa y José Pablo Forteza. Correa se encargaría de mantener informada a La Moneda sobre la causa judicial y de asumir personalmente la vocería del caído. No era necesario explicitar los objetivos de ese despliegue: que Cruz resultara lo menos dañado posible, pero que asumiera solo, operando como fusible para proteger a Lagos. Lo resume un dirigente PPD: "Conciliar la contención del herido con la defensa de la figura presidencial". Un cercano a la defensa complementa: "Carlos era súper leal y no debe haberle costado mucho aceptar ser el fusible".

La coordinación del exmapucista con La Moneda quedó en manos de Insulza y Ottone. Según consultados en el laguismo, los honorarios y la ayuda económica a Cruz y su familia salieron de gastos reservados y de recursos propios de Correa, aunque en su mayor parte se cubrieron con fondos que recaudó entre grandes empresarios amigos. Un hombre de negocios que conoce al lobista añade que entre los colaboradores estuvo Guillermo Luksic. Y no fue el único.

Correa también hizo gestos personales. En agosto de 2002, tres meses y medio antes de que Cruz fuera interrogado por primera vez por la justicia, ambos se hicieron socios, al ingresar juntos a la propiedad de la Consultora de Estudios Financieros, Económicos y Sociales Limitada (EFES Ltda), de Raimundo Valenzuela y Enrique Alcalde, citada en el capítulo XI de este libro.

El 17 de noviembre de 2002, Cruz dio una entrevista a *El Mercurio*. Bajo el título "Creo que se quiere llegar al Presidente", reconoció que como ministro había aprobado los pagos extra "para que los directores del Ministerio destinaran parte de su tiempo adicional al trabajo de Concesiones". Además, afirmó que él y todos los ministros del gobierno recibían, aparte de su sueldo, una suma extra en "gastos de representación".[34]

Para los que dudaban que Cruz estuviera dispuesto a ir al sacrificio, la entrevista fue una señal de que comenzaba a actuar como un neutrón resentido, sin freno para liberar una fisión nuclear. Lagos se enfureció y, de paso, también se molestó con Correa, cuenta un entrevistado. Un mes después, Correa reconoció públicamente que le había propuesto al exministro que dijera "su verdad", y que sus declaraciones permitieron "transparentar lo que había que transparentar", pero aclaró que el contenido de la entrevista había corrido por cuenta de Cruz.[35] El enojo de Lagos no duró mucho. Según varios testigos, entendió que lo que había hecho Correa era abrir una válvula para que Cruz pudiera desahogarse.

La defensa se reunía periódicamente en Imaginacción. Correa siempre estaba tranquilo, con su clásica actitud de escuchar y tomar apuntes antes de intervenir. "Enrique nunca alzaba la voz, parecía un gato agazapado", resume un testigo. Asimilaba con facilidad los argumentos jurídicos y se le veía a gusto ayudando a diseñar estrategias judiciales. Sin embargo, lo suyo era tratar de conciliar el plano legal con la estrategia política y comunicacional. Algo que no siempre era fácil, pues la prioridad de los abogados era su defendido.

Según cercanos a la defensa de Cruz, Correa también recomendó al abogado Samuel Donoso para que asumiera la defensa de Peña Véliz, el dueño de la consultora Gate. Los servicios de Donoso, por entonces un militante del PPD de treinta y siete años y uno de los penalistas más cercanos a Correa, también habrían sido pagados con recursos que consiguió el lobista. Otro cercano al caso desmiente ambas informaciones. Lo que Correa buscó fue que las defensas estuvieran coordinadas. Así, su manejo de crisis abarcó varios flancos, hasta desembocar en La Moneda.

---

34 Cony Stipicic, "Ex ministro Cruz y caso MOP-Gate: 'Creo que se quiere llegar al presidente'", 2002. La entrevista se publicó el domingo después de que Cruz fuera interrogado por el juez Aránguiz. Esa misma semana, un sumario interno del MOP estableció que entre abril y septiembre de 2000, cuando Cruz era ministro, hubo procedimientos irregulares de pagos de remuneraciones complementarias.
35 Juan Andrés Quezada, "En promedio este es un gobierno que aparece débil", 2002.

El peor momento para Carlos Cruz llegó al cumplirse justo un año de su salida del MOP. El 7 de enero de 2003 el juez Carlos Aránguiz lo dejó detenido en el anexo cárcel Capuchinos. Dos días después fue procesado por fraude al Fisco. También quedó detenido Peña Véliz, acusado por estafa residual.

Sacar a Cruz de la cárcel se convirtió en prioridad para sus abogados, lo que abrió diferencias con Correa, enfocado en una estrategia política, con objetivos más complejos y tiempos distintos. El ovallino iba a ver a Cruz día por medio a Capuchinos. También llegaron otros, como el diputado socialista Juan Pablo Letelier. Pero no muchos más. Cruz se sentía solo. "Una de las complicaciones de este caso era tratar de manejar la dualidad entre lealtad y abandono", dice un testigo.

Si bien la crisis no afectó su aprobación por sobre el 50% en los sondeos, el golpe sicológico también fue fuerte para Lagos. El gobernante se frustraba con que se pusiera en entredicho su probidad y la de su equipo. Y que se instalaran las dudas sobre cuándo lo alcanzaría la justicia a él, arriesgando el término de su mandato.[36] Para peor, ocurría justo cuando todos los indicadores económicos mejoraban y sus asesores dibujaban un segundo tiempo expansivo. "Eso fue lo más complejo, gestionar la depresión de Lagos", apunta un inquilino de La Moneda.

Con Cruz cumpliendo su primera semana en Capuchinos, Correa abogó públicamente por un gran acuerdo político que superara las inflexibilidades en el aparato estatal, como las que dieron origen al caso MOP-Gate. Dijo que Cruz era completamente inocente y que en este caso no había corrupción, sino un mecanismo poco transparente para impulsar las grandes concesiones de infraestructuras. Por lo tanto, llamó al Congreso a aprobar una ley que modernizara el Estado.[37]

No pasaron veinte días y el 30 de enero de 2003 el ministro Insulza suscribió con el presidente de la UDI, Pablo Longueira, un entendimiento en esa línea. El proyecto fue anunciado por el Presidente Lagos como un "Acuerdo para la modernización del Estado, la transparencia y la promoción del crecimiento del país". Entre otros puntos, aumentó el sueldo de ministros y subsecretarios, bajó el monto de los gastos reservados, prescribió posibles delitos cometidos

---

36 Uno de los primeros en plantear públicamente la duda de si Lagos terminaría su mandato fue el analista Ascanio Cavallo, en una columna titulada "¿De aquí al 2006?".

37 *El Mercurio*, "Enrique Correa pide acuerdo político para dar mayor flexibilidad al Estado", 2003.

en campañas políticas hasta antes de 2003 y promovió una nueva ley de financiamiento electoral.[38]

¿Tanta era la influencia de Correa para que con una entrevista fuera capaz de abrir un entendimiento inédito entre el oficialismo y el principal partido opositor? No. En realidad, se subía a una liana que sabía que venía: las conversaciones que Insulza trabajaba con Longueira desde hacía un par de semanas. Eran contactos que partieron después de que, a pocos días del final de 2002, Longueira pidiera el apoyo de la Comisión Política de su partido para iniciar conversaciones, como consignan Ascanio Cavallo y Rocío Montes en *La historia oculta de la década socialista 2000-2010*.[39] "Correa estaba informado de que eso venía y pudo haber colaborado en algo. Y quiso dejar sus huellas. Cuando no quiere dejar ninguna marca, no lo hace", explica un excolaborador de La Moneda. Sabía que aciertos de esa magnitud asombraban a los empresarios.

El acuerdo iba en la misma dirección que la defensa judicial de Carlos Cruz: el argumento era que hubo desprolijidad por deficiencias sistémicas, no afán de delinquir. Pero no modificó la situación procesal del exministro, que se fue haciendo más difícil, especialmente luego de que ejecutivos de algunas empresas concesionarias declararon que altas autoridades del MOP les habían pedido los dineros que fueron triangulados a través de la firma de Peña Véliz.[40]

La presión política y mediática tampoco cedía. El 21 de enero de 2003, la Corte Suprema designó por unanimidad a Gloria Ana Chevesich como ministra en visita extraordinaria para el caso MOP-Gate. En menos de un mes, Chevesich negó tres veces a Cruz el beneficio de la libertad provisional. En privado, la defensa le atribuía una actitud hostil, manifestada especialmente en sus interrogatorios al exministro, a quien no le creía nada. "Carlos salía enojado y angustiado", afirma un testigo. La más molesta era su esposa, Ágata Gambardella, quien consideraba injusta la estrategia del sacrificio impulsada por Correa.

Ese verano, Correa se recluyó algunos días en el balneario de El Quisco, en su casa de terraza amplia, con entrada de auto en la primera

---

38 La nueva ley de financiamiento electoral no estableció mecanismos de fiscalización real para el cumplimiento de estas normas. Claudio Fuentes, "Las nuevas reglas del juego político en Chile: partidos, campañas y probidad", 2017.

39 Cavallo y Montes, 2022, 159.

40 *El Mercurio*, "Ministra Chevesich analiza antecedentes recopilados en interrogatorios", 2003.

planta y rodeada por un pequeño muro de piedra. Una residencia sencilla y sin internet, para desconectarse. Aun así estuvo pegado al celular, monitoreando el caso.[41] Por entonces había fijado públicamente un muro de defensa: recalcar que los dineros triangulados por el MOP no fueron ni a enriquecimiento ilícito ni a campañas. "Podrán investigar cien veces, pero no hubo platas negras", recalcó en una entrevista.[42]

El 10 de marzo, luego de 65 días de reclusión, Chevesich concedió la libertad bajo fianza a Cruz, quien abandonó la cárcel con los brazos en alto y vitoreado por familiares y amigos. A principios de abril, la jueza procesó a 22 personas por los delitos de fraude y estafa. Entre los afectados había autoridades del MOP y representantes de nueve consultoras con convenios firmados entre 1998 y 2001, durante la gestión de los exministros Lagos, Jaime Tohá y Cruz. A este último le embargaron la casa. Poco después Chevesich anunció que estudiaba citar a declarar a Lagos como testigo, personalmente o por oficio. El gobernante se mostró dispuesto. Lo hizo por oficio mucho después, el 9 de febrero de 2006, un mes antes de dejar La Moneda, en calidad de testigo.

Cruz fue procesado por otros cargos. Entre medio renunció al PS, para evitar su expulsión. Se cumplía otro de los vaticinios de Correa: la ruptura de amistades de años.

En 2004, Chevesich detectó indicios de que, antes de ser ministro, Cruz habría desviado fondos del MOP posiblemente para la campaña presidencial de Lagos de 1999. El muro levantado por Correa, que negaba la existencia de "platas negras", se comenzó a trizar. El lobista levantó otra valla. Afirmó que los dineros recibidos eran privados. Como en esos momentos no estaba regulado el financiamiento de particulares a los candidatos, Chevesich solo podía pedir la contabilidad si investigaba un desfalco público. "Si la jueza no prueba que son platas fiscales no puede investigar las cuentas políticas", señaló Correa a *La Tercera*.[43] El nuevo muro había sido diseñado en conjunto con los abogados de Cruz. Pero la jueza lo franqueó.

---

41 Boris Bezama, "Enrique Correa: 'En el caso GATE se ha armado una teleserie novelesca que no es cierta'", 2003.

42 Javier Ortega y Paula Canales, "Podrán investigar cien veces, pero no hubo platas negras", 2003.

43 Nancy Castillo, "Enrique Correa, asesor comunicacional y amigo del ex ministro del MOP Carlos Cruz: 'Si la jueza no prueba que son platas fiscales no puede investigar las cuentas políticas'", 2004.

Luego de siete años y medio de investigación, en julio de 2010 Chevesich dictó sentencia. Casi treinta personas, entre exfuncionarios públicos y empresarios, fueron condenadas por estafa o fraude al Fisco. Carlos Cruz recibió tres años por este último delito, configurado en el hecho de haber desviado dineros públicos para pagar honorarios irregulares. El dictamen no contempló para nadie sanciones de cárcel efectiva, sino solo penas remitidas con firma periódica. El desvío de platas fiscales a la campaña laguista no fue probado.[44]

Mucho antes, en diciembre de 2003, Imaginacción había creado la sociedad Imaginacción Diseño de Negocios S.A. Con ella la consultora de Correa inauguró una nueva división de servicios, orientada, entre otras cosas, a efectuar toda clase de inversiones, tanto en Chile como en el extranjero; a elaborar análisis de mercados y realizar asesorías a inversionistas. Como su gerente asumió en agosto de 2004 Carlos Cruz, quien estuvo en la empresa hasta 2018.

"Correa fue bien determinante en este caso. Ahí Enrique mostró una de sus mejores caras, que es ser alguien solidario con la gente en problemas. De Carlos se preocupó e hizo todo lo que pudo por que tuviera una buena defensa, para que no quedara solo", recalca Carlos Ominami, amigo de Cruz y por entonces muy cercano a Lagos. Ese rol crucial de Correa fue muy valorado por el Presidente y su administración. El gobernante lo consideraba un hombre de Estado. Así lo recalcó públicamente en julio de 2004, cuando el ovallino vivía un complejo momento político. Poco antes, Correa había renunciado al PS, que cuestionaba su rol como lobista. Entonces Lagos salió en su defensa: "Él es un gran servidor público. Chile le debe grandes servicios a Enrique".[45]

*

La publicación encendió todas las alertas para Correa. Pocos días después de que Michelle Bachelet se convirtiera en la cuarta gobernante consecutiva de la Concertación al derrotar en segunda vuelta a Sebastián Piñera, uno de sus hombres de confianza dio una entrevista. El abogado y cientista político Francisco Javier Díaz aseguraba que en la nueva administración no habría espacio para los Enrique Correa.

44 El fallo en primera instancia, que también contempló para Cruz y otros la inhabilidad perpetua para ejercer cargos públicos, fue confirmado por la Corte Suprema en 2016.
45 Paula Canales, Gloria Faúndez y Lorena Rubio, "El lobby contra Correa que lo bajó del royalty", 2004.

La afirmación era una mezcla de declaración de principios y ajuste de cuentas. Bachelet venía desde los márgenes de la Concertación y en su mundo no olvidaban que Correa se había jugado a fondo por la DC Soledad Alvear, canciller de Lagos, como la candidata a sucederlo. Pero, contra todo pronóstico, la pediatra socialista se impuso en las encuestas con tanta holgura que acabó obligando a Alvear a bajarse, sin necesidad de primarias. Así, Bachelet quedó con el camino despejado para medirse contra Piñera y Joaquín Lavín en la primera vuelta de diciembre de 2005.[46]

Una vez más Correa se veía enfrentado a un veto presidencial. Aunque esta vez la cancelación era pública, y con nombre y apellido. La cercanía con La Moneda, su gran pasión y base de su prestigio como lobista, estaba seriamente en riesgo. Fue el momento en que sintió mayor peligro para su influencia.

A sus treinta y cuatro años, el socialista Francisco Javier Díaz no era un desconocido para él. Una de las obsesiones de Correa era acercarse a figuras emergentes del oficialismo, para actualizar sus redes de poder. Así lo explica un cercano por esos días: "Es parte de la política saber quién es quién en esos relevos, sus historias, de dónde vienen. Y que ellos sepan quién es Correa y cómo ubicarlo". En el caso de Díaz, Correa había leído sus columnas políticas en el medio digital *Primera línea*. Y, tal como había hecho con otras jóvenes promesas, especialmente del PS, lo llamó y se tomaron un café, sin saber que más tarde la disputa presidencial los pondría en veredas opuestas.

A quien Correa no conocía de cerca era a Bachelet cuando en 2000 fue designada ministra de Salud de Lagos. Con cincuenta y cuatro años, no había ocupado cargos de gobierno ni de elección popular, ni con Aylwin ni con Frei. Mientras Correa había sido parte de la elite que lideró la transición, Bachelet era crítica de ese proceso y desconfiaba de los círculos de poder concertacionistas. Además, era del ala más izquierdista del PS, que recelaba del libre mercado y los empresarios. Por último, Correa había sido asesor de Alvear cuando ella asumió como la canciller de Lagos.

Para Bachelet y el grupo en torno a su precandidatura, los fuertes roces con el equipo de Alvear, antes de que se bajara, convirtieron

---

46   Acabaron pasando a segunda vuelta Bachelet, con el 45,96% de los votos, y Piñera, con el 25,41%. Lavín quedó tercero con el 23,23%, seguido del humanista Tomás Hirsch, con el 5,4%.

esas visiones contrapuestas en franco rechazo hacia el ovallino, el único socialista de peso que había proclamado su apoyo a Alvear cuando ambas presidenciables todavía integraban el gabinete y se disputaban el puesto del personaje público mejor evaluado.[47] Correa dijo en una entrevista que Alvear sería la mejor carta, "porque ha sido una mujer emblemática de los gobiernos de Aylwin, Frei y Lagos".[48] Estaba convencido de que lo mejor era mantener la alternancia entre el PS y la DC en la Presidencia de la República. Sin embargo, un año después Bachelet ya doblaba a su rival en intención de voto.[49]

Cuando ambas salieron del gabinete para apuntalar la elección municipal y levantar sus precandidaturas, en octubre de 2004, Correa estaba comprometido a fondo con Alvear, acompañado por Eugenio Tironi y figuras de la DC como Moisés Valenzuela y Marcelo Trivelli, quien asumió como jefe de campaña, además del marido de Alvear, Gutenberg Martínez. En contraste, el comando de Bachelet, liderado por el socialista Ricardo Solari, era más joven y periférico. "El desafío era construir algo sin Correa y sin la elite tradicional que había manejado campañas desde Lagos hacia atrás", dice un miembro de este equipo.

La contienda fue ruda, hasta que en mayo de 2005, después de que la irrupción de Sebastián Piñera como carta presidencial de RN relegara a la candidata DC al cuarto lugar de los sondeos, Alvear retiró su candidatura y apoyó a su contrincante. Según un consultado, Correa empujó la bajada, pues "entendió que se estaba quedando fuera de juego". Aunque agradeció públicamente el gesto, en su entorno Bachelet dejó en claro que no estaba dispuesta a trabajar con el núcleo duro del alvearismo. Como era considerado uno de los cerebros de la excanciller, el veto alcanzó a Correa, y acabó consagrándose cuando Díaz anunció la exclusión del lobista en el nuevo mandato. "Había una sensación antielite y Correa era parte de esa elite", resume un bacheletista.

---

47 Bachelet irrumpió como personaje público mejor evaluado en la encuesta del Centro de Estudios Públicos de agosto de 2002, con un 66% de evaluación positiva, versus 65% para Alvear. En la siguiente medición del CEP, de diciembre, Alvear marcó un 73 y Bachelet 72%.

48 Paula Pincheira, "Enrique Correa: 'Soledad Alvear es nuestra mejor carta presidencial'", 2003.

49 En el sondeo del CEP de junio-julio de 2004, Bachelet marcó 23% frente a un 12% de Alvear en la pregunta "¿Quién le gustaría a usted que fuera la o el próximo presidente de Chile?".

En la campaña presidencial de 2005-2006 Correa nunca pisó el comando de Bachelet. Según un exmiembro de ese equipo, no ocurrió lo mismo con Tironi, quien hizo llegar algunos textos "muy buenos", que se usaron en la franja televisiva. Cuando Bachelet derrotó a Piñera en segunda vuelta, Correa tuvo nula incidencia en la designación del gabinete, elegido con paridad de género y privilegiando nuevos rostros.[50] Ser cercano al lobista se castigaba con puntos en contra para un ministeriable. "Si se analiza el primer gabinete de Michelle Bachelet, que siempre es la mejor muestra del espíritu de un gobierno, no hay nadie cercano ni a la vecindad de Correa. Y eso él lo resintió", afirma un entrevistado.

Era evidente que la gobernante no tenía buena opinión de él. "La Presidenta veía a Correa como un dique de contención para cambios más profundos", señala un exministro de ese mandato. Incluso había pullas sobre él en el gabinete. Aludiendo a que estaba en todos lados, un miembro del equipo económico bromeaba con que abría su armario para sacar una corbata y que adentro aparecía Correa, extendiéndole la mano.

El veto del nuevo gobierno fue un drama para Correa, pues evidenció que no tenía asegurada la estrella del triunfo. "Cuando apareces públicamente vetado, rayado o cuestionado, el cliente entiende que tu grado de eficacia como lobista se erosionó", explica alguien que conoce bien Imaginacción. Un exmiembro de la empresa reconoce que en los primeros seis meses de Bachelet "lo pasamos mal". Y que eso coincidió con que su dueño y máxima figura prácticamente desapareció de la consultora, al punto de que era difícil hasta ubicarlo por teléfono. "Como que Enrique tomó la decisión de decir: ¿saben qué más?, mejor no molesto".

Cuando alguien de Imaginacción llamaba a algún funcionario gubernamental, costaba que lo atendieran. Más complejo era reunirse con ellos cara a cara. Y si aceptaban hacerlo, pedían que fuera en las oficinas de la empresa en Providencia, para minimizar el peligro de ser vistos. En esos primeros meses de nuevo liderazgo, con paridad de género y recambio de elencos, trabajar con Imaginacción era para subsecretarios, seremis y directores de dependencias estatales algo así como tener lepra. Tanto golpeó a Correa la exclusión que en algún momento

50 Michelle Bachelet derrotó a Sebastián Piñera con el 53,5% de los votos, versus el 46,5%.

de 2006 pidió una reunión con un funcionario de La Moneda, de quien por cierto no era cercano, al que le hizo un amargo reproche:

"Ustedes me tienen vetado".

*

La primera grieta en el cerco presidencial en torno a su persona se abrió en marzo de 2007, a raíz de la desastrosa implementación del Transantiago, el nuevo sistema de transporte público que convirtió a la capital en un caos por varias semanas. La crisis golpeó la popularidad de la gobernante, que se vio obligada a hacer un ajuste ministerial. En la Secretaría General de la Presidencia asumió el PS José Antonio Viera-Gallo, reemplazando a su correligionaria Paulina Veloso, mientras que el DC René Cortázar hizo lo propio en Transportes sustituyendo a Sergio Espejo. El relevo fue leído como un retorno de la vieja guardia concertacionista, luego de un año de ostracismo, y también como la vuelta en gloria y majestad del exseminarista a la sala de mando. Correa era muy cercano a Viera-Gallo, su compañero de ruta desde los días de Rodrigo Ambrosio en el MAPU, y con Cortázar había coincidido en el gabinete de Aylwin.[51]

Poco después, en su clásico estilo vaticano, Correa negó que se sintiera persona non grata en el gobierno, dijo estar comprometido con su éxito y se puso a disposición de Bachelet.[52]

Con el arribo de Viera-Gallo volvió a visitar La Moneda, aunque ahora no lo hacía por los ingresos más visibles.[53] El nuevo ministro recurrió a sus contactos con varios parlamentarios DC, para contar con su apoyo en proyectos de gobierno en momentos en que el senador democratacristiano Adolfo Zaldívar encabezaba una rebelión contra Bachelet que acabaría con su expulsión de la colectividad. Pero Viera-Gallo no era del corazón del bacheletismo y su designación tenía que ver más con su capacidad para "pirquinear" votos en el Congreso, apoyado por Correa. Quien sí era muy cercano a la gobernante era su jefe de gabinete, Rodrigo Peñailillo, un ingeniero comercial PPD de treinta y cuatro años, ambicioso y venido de un liceo de provincia, que

---

51 En 2000, Correa defendió públicamente la gestión de Cortázar como director ejecutivo de TVN. Macarena Lescornez, "No sería comprensible un cambio de director ejecutivo de TVN", 2000.

52 Mauricio Donoso, "Enrique Correa se pone a disposición de Bachelet", 2007.

53 Mauricio Carvallo, "Exministro Enrique Correa: 'La Concertación nunca había vivido un riesgo tan grande'", 2007.

aprendía rápido en política. Correa reparó en Peñailillo y establecieron una buena relación. "Si muy temprano se vinculó con Peñailillo fue porque es lo suficientemente hábil para decir 'tengo que establecer un cablecito, uno que sea'", comenta un cercano a Bachelet.

Tiempo después del cambio de gabinete de marzo de 2007, la Presidenta se convenció de que tenía que hacer un nuevo gesto de paz a los viejos estandartes. En momentos en que por primera vez el rechazo a su gestión superaba la aprobación, en buena parte por el Transantiago, había que refugiarse en la unidad.[54] Así se lo habían planteado Peñailillo, su jefe de asesores en políticas públicas, Francisco Javier Díaz, y el director de la Secom, Juan Carvajal. Bachelet pidió a Díaz y a Carvajal organizar un grupo de reflexión con la vieja guardia, para que se sintieran escuchados y pudieran entregar sus ideas. Un participante recuerda que la lista de correos se llamó "Nuevo progresismo" o algo así. Aceptaron participar los socialistas Gonzalo Martner, Álvaro Díaz, Rodrigo Egaña, Ricardo Solari y Juan Gabriel Valdés, además de los independientes Jorge "Pirincho" Navarrete y Enrique Correa, entre otros. Por el gobierno asistían Viera-Gallo y Díaz. Las reuniones eran mensuales, en la Fundación Friedrich Ebert, en Providencia, o en el Centro de Estudios Sociales (Cesoc) de la calle Esmeralda, en el centro.

La dinámica duró cerca de un año y sirvió para limar asperezas. El temario se anunciaba una semana antes. Un asistente recuerda que Correa se veía entusiasmado, pues era colaborador y llegaba con ideas escritas. En las reuniones tomaba notas e intervenía harto, usando la primera persona en plural: "Lo que tenemos que decir …". Nunca hizo un comentario por el distanciamiento inicial. "Correa es lo más vaticano que hay, sus reproches hay que leerlos entre líneas", dice este participante.

Aunque no surgieron ideas matrices para la conducción del mandato, la distensión se notó, pues varios de los convocados tenían tribuna en los medios y dejaron de criticar al gobierno. Correa estrechó lazos con Juan Carvajal y en La Moneda notaron que se había puesto más bacheletista. "Para la Concertación, anticipar la carrera presidencial es una irresponsabilidad: su primera obligación es con el gobierno de la Presidenta Bachelet", recalcó en mayo de 2008.[55]

---

54 En junio de 2007 la encuesta CEP arrojó que por primera vez la desaprobación de Michelle Bachelet superaba su aprobación (42% y 40%).
55 Cristián Bofill y Sara Valdés, "La Concertación tiene que cambiar su forma de gobernar", 2008.

Eso sí, Bachelet nunca lo recibió en La Moneda. No tenía cómo intuir que al finalizar su gobierno, luego de una tragedia nacional que dejó cientos de muertos, Correa iría en su auxilio.

*

La madrugada del 27 de febrero de 2010 el país disfrutaba del último sábado de vacaciones antes de los ajetreos de marzo. Gracias a su agenda de protección social, Bachelet estaba a punto de cerrar su gobierno con un 78% de aprobación según la encuesta CEP de noviembre de 2009. No obstante, había tenido que resignarse a entregar el poder a la oposición. Sebastián Piñera había derrotado al expresidente DC Eduardo Frei Ruiz-Tagle y se convertía en el primer derechista en llegar democráticamente a La Moneda en cincuenta años.[56]

A las 3:43 de la madrugada de ese sábado, un terremoto de magnitud 8,8 sacudió la zona centro-sur del país. Durante las tres horas siguientes, varios puntos del litoral entre Valparaíso y la Araucanía fueron golpeados por al menos cuatro olas gigantes. El maremoto dejó 156 muertos y 25 desaparecidos. Incluso antes de que el sismo terminara, la central en Santiago de la Oficina Nacional de Emergencia del Ministerio del Interior (Onemi) había recibido una alerta telefónica de que el terremoto en la costa sureña era de gran magnitud. Pese a eso, la Onemi no dio la alerta de tsunami, ya que la ley establecía que solo debía difundirla una vez que la activara el Servicio Hidrográfico y Oceanográfico (SHOA) de la Armada. Solo había una excepción: si la propia Onemi o un organismo como Carabineros o Bomberos detectaba olas destructivas.[57]

La alerta del SHOA fue enviada a la Onemi 17 minutos después del sismo, cuando las primeras olas ya habían golpeado las costas de San Antonio, Pichilemu y Constitución. Sin embargo, los funcionarios de la Onemi dirían que en su llamada el SHOA descartaba un tsunami. Este volvió a enviar la alerta, ahora por fax, 33 minutos después del terremoto, pero en la Onemi no ordenaron la evacuación, pues no consideraron que el mensaje fuera una alerta. A eso de las 4.15 llegó a la Onemi la primera autoridad política, el subsecretario

---

56 En la segunda vuelta de enero de 2010 Piñera obtuvo el 51,61% de los votos, frente al 48,39% de Frei Ruiz-Tagle.
57 Gran parte de lo ocurrido esa trágica madrugada se basa en un completo reportaje publicado por Ciper. Pedro Ramírez y Jorge Aliaga, "Tsunami paso a paso: los escandalosos errores y omisiones del Shoa y la Onemi", 2012.

del Interior, Patricio Rosende, quien fue informado de que según el SHOA no había riesgo de maremoto.

Una hora y 22 minutos después del terremoto, cuando ya había más de cien muertos por las olas, el SHOA canceló su alerta de tsunami. La directora de la Onemi, la periodista Carmen Fernández, llegó a la central del organismo después de esa cancelación. Al rato lo hizo la Presidenta. Todavía faltaba que nuevas olas golpearan Talcahuano y Dichato, causando otras 32 víctimas fatales. Serían esas muertes, ocurridas cuando Bachelet, el subsecretario Rosende y Carmen Fernández estaban en la Onemi, las que abrirían una puerta para que la derecha golpeara judicial y políticamente a la gobernante.

Las dudas se centrarían en si Carmen Fernández tuvo información de que una ola gigante azotó la isla de Juan Fernández a las 4:20 de la madrugada, dos horas y diez minutos antes de la última ola asesina sobre el balneario de Dichato. Y si, de haberlo sabido, lo comunicó a las autoridades en la Onemi, entre ellas a Bachelet, quien a las 6:55 de ese día ofreció una rueda de prensa en la que mencionó que la Armada descartaba un maremoto. En ese momento habían pasado 15 minutos del impacto de la última ola destructiva.

Un par de días más tarde, cuando todavía se calibraba el número de víctimas de esa dramática madrugada, el ministro del Interior Edmundo Pérez Yoma habló con el abogado Luciano Fouillioux, su correligionario y asesor externo en temas legales. Estaba muy preocupado por Carmen Fernández y le pidió que la orientara, porque sentía que lo ocurrido en la Onemi podría desencadenar una crisis política. Fouillioux y Fernández tuvieron sus primeras reuniones en la Onemi. Cuando Piñera asumió, siguieron reuniéndose en otros lugares durante meses. "Necesitaba entender lo ocurrido esa madrugada y las fallas del sistema de alerta, para cotejarlo con eventuales responsabilidades penales", explica el jurista.

El 9 de marzo de 2010, la Cámara de Diputados anunció una comisión especial para investigar la respuesta inmediata del Estado al terremoto. La derecha abrió los fuegos contra Bachelet, quien partió a Nueva York para asumir como la primera directora de ONU Mujeres. El objetivo era minar su popularidad para bloquear una repostulación a La Moneda. Dos años más tarde, en febrero de 2012, la justicia anunció la formalización de Carmen Fernández, Patricio Rosende y otras seis personas por cuasidelito de homicidio, ante su presunta responsabilidad en los errores para alertar del tsunami.

Fouillioux asumió formalmente como abogado de Fernández. La UDI se querelló. Muy preocupada de que la dejaran detenida, la exdirectora de la Onemi fue a pedirle ayuda a Correa, a quien conocía.

El lobista captó enseguida que la crisis parecía hecha a su medida: le permitía ir en defensa de un liderazgo presidencial, tomando un caso judicial con aristas políticas y comunicacionales. Además, estaba su afecto por la periodista, quien se sentía abandonada y era el eslabón más débil de la coraza que podía proteger a Bachelet. Tal como en el caso MOP-Gate, con Carlos Cruz respecto de Lagos.

Correa se reunió con Fouillioux, a quien conocía de sus años en dictadura, para ponerse a su disposición de inmediato. Sobre lo que vino después hay dos versiones. En Imaginacción recuerdan que Rodrigo Peñailillo –quien desde el extranjero trabajaba en preparar el retorno de Bachelet a Chile– contactó a Enrique Correa para pedirle su colaboración. Un testigo, en cambio, sostiene que fue Correa quien lo llamó, pues habían seguido profundizando lazos una vez que este salió del gobierno. Como sea, coincidieron en lo delicado de la situación y en que Correa se hiciera cargo. Por cierto, sin cobrar un peso. Según una fuente que estuvo cerca de él en esos años, en ocasiones como esas el ovallino suele decir "cuenten conmigo" y "los costos no importan".

Peñailillo sería el jefe de estado mayor de esta crisis y el nexo de Correa con el bacheletismo, en varios momentos desde las oficinas de Imaginacción. Contribuyó a esa última tarea el exdirector de la Secom de Bachelet, Juan Carvajal, amigo de Peñailillo y conocido de Correa desde el exilio en Alemania Oriental, quien se había incorporado a Imaginacción una vez que dejó La Moneda. Además, asesoró a Rosende. Si bien el exsubsecretario tomó como representante a Rodrigo Molina, socio de su oficina de abogados, a poco andar su defensa fue potenciada por el penalista Samuel Donoso, quien ya había trabajado con Correa.[58]

En el plano comunicacional, Correa aplicó algunas lecciones del caso MOP-Gate. Una de ellas fue tener el control total de las declaraciones a la prensa de Fernández y Rosende, para que no se abrieran los flancos que había dejado Carlos Cruz en ese plano.

---

[58] Por entonces Donoso ya había renunciado a su militancia en el PPD, partido en el que llegó a ocupar la secretaría general y un puesto en el Tribunal Supremo. Además era cercano al exministro Sergio Bitar y al senador Guido Girardi. *La Tercera*, "Abogado con amplias redes en la oposición asume defensa de ex subsecretario Rosende", 2012.

También asumió la contención emocional de Fernández, quien sentía que se había convertido en el "símbolo de la inoperancia" del Estado para enfrentar el cataclismo.[59] Además, como la periodista tenía pocas fuentes de ingresos, le dio una mano. No solo pagó su defensa, también consiguió recursos con amigos empresarios y le encargó algunas asesorías para su consultora.

La estrategia de defensa liderada por Peñailillo y Correa ayudó a despolitizar el caso y con ello a blindar a Bachelet, aunque nunca la Fiscalía tuvo pruebas de una posible responsabilidad suya como para imputarla. La pediatra socialista retornó como Presidenta a La Moneda en marzo de 2014, cuando el caso judicial seguía abierto.[60] En abril de 2016, los seis imputados aceptaron un acuerdo con la justicia de suspender el juicio oral a cambio de pedir disculpas públicas. El trato también contempló que pagaran una indemnización de $ 235 millones a las víctimas. A Carmen Fernández le correspondió pagar $ 39 millones y a Rosende $ 75 millones. Un cercano a las defensas de ambos sostiene que Correa gestionó la ayuda con empresarios para costear parte de estos montos.

Más adelante, Correa se quejó muy en privado de que Bachelet nunca lo llamó para agradecerle.

*

Como exseminarista, el ovallino era muy aficionado a discutir sobre religión. Podía, por ejemplo, enzarzarse en una animada discusión sobre la doctrina católica y el libre albedrío, o sobre por qué consideraba que Pablo VI era uno de los pontífices más admirables del siglo XX. Pero sus conversaciones con obispos y cardenales versaban más sobre "el reino de este mundo", especialmente cuando los ayudaba a resolver crisis complejas, en las que estaba en riesgo el poder de la Iglesia. Como dice alguien que lo conoce, a sus relaciones con el príncipe (el presidente), la espada (los militares) y los mercaderes (el empresariado), el lobista sumaba su rol de *consigliere* con la cruz (la cúpula eclesial chilena).

Correa ha dicho que se considera "hijo y producto de la Iglesia más que de los partidos políticos".[61] En esa calidad, durante el

---

59 En una entrevista de 2012, Carmen Fernández contó que incluso fue agredida físicamente en la calle por una mujer. *La Tercera*, "Hoy se mueven las lámparas y andamos evacuando a Chile... es un chiste", 2012.

60 En la segunda vuelta de diciembre de 2013, Michelle Bachelet derrotó a Evelyn Matthei con un 62,17% de los votos, versus el 37,83% de la candidata de la derecha.

61 De la Cruz y García, 1990.

gobierno de Aylwin fue uno de los nexos de esa administración con los obispos, especialmente con el sector más progresista, donde tenía inmejorables contactos. Si bien el arzobispo de Santiago, Carlos Oviedo, era del ala conservadora, Correa había conseguido que oficiara un responso y una homilía en el funeral oficial de Salvador Allende, encabezado por Aylwin en septiembre de 1990.[62] No era un detalle, pues Allende era masón y ateo.

Como ministro de Aylwin, el vocero se incomodó con el viraje estratégico que comenzó a dar la Conferencia Episcopal en los primeros años de la transición, cuando abandonó el acento en los temas sociales y de defensa de los débiles para enfocarse en asuntos de moral privada. El toque de diana lo dio el propio Oviedo, cuando en octubre de 1991 publicó su carta pastoral "Moral, juventud y sociedad permisiva", donde criticaba conductas que atribuía al hedonismo, la degradación, el libertinaje sexual y el excesivo pluralismo en que, según él, estaba cayendo la sociedad chilena.[63]

La nueva mirada episcopal estaba lejos de la Iglesia que había insuflado desde su infancia el espíritu de Correa, quien, por lo demás, hacía pocos meses había anulado su matrimonio civil con su primera esposa para casarse con su nueva pareja, Verónica. No obstante, el gobierno de Aylwin no estaba dispuesto a abrir un conflicto con el episcopado. El ministro Correa desautorizó a la subdirectora del Servicio Nacional de la Mujer, Soledad Larraín, cuando esta le respondió a Oviedo en una columna de prensa sutilmente irónica, titulada "El sexo existe". Meses después, Larraín presentó su renuncia.

Algunos concertacionistas criticaban a Correa por no haber previsto este giro conservador de la Iglesia, que acabaría colisionando con varios puntos de la agenda progresista. Era pública la cercanía del ministro vocero con el obispo Carlos González, entonces presidente de la Conferencia Episcopal y a quien consideraba su "segundo padre". Sin embargo, González y Oviedo tenían muy poca sintonía, una evidencia de que los propios obispos estaban profundamente divididos.[64]

Una vez que Correa se privatizó, siguió aportando con sus contactos eclesiales al gobierno de Frei. Uno de los proyectos más

---

62 Donoso, 2021, capítulo "Morandé 80".
63 Un detallado resumen del giro de la Iglesia Católica chilena que inauguró la carta pastoral de Carlos Oviedo se puede leer en Otano, *Crónica de la transición*, 1995, capítulos 15 y 20.
64 Otano, 1995, capítulo 20.

importantes impulsados por la entonces ministra de Justicia, Soledad Alvear, era la ley de filiación, que acababa con la discriminación entre hijos nacidos dentro y fuera del matrimonio. El proyecto fue resistido por parte del episcopado y Alvear le pidió apoyo. Meses antes de que la ley fuera aprobada, en junio de 1998, la Conferencia Episcopal matizó sus reparos y emitió un comunicado en el que pidió a los legisladores equilibrar el bien superior de los niños con "la necesidad de dar solidez a la constitución de la familia".[65]

El mismo año en que se aprobó la emblemática ley de filiación, Oviedo fue reemplazado por Francisco Javier Errázuriz en la Arquidiócesis de Santiago. El nuevo arzobispo, un schoenstattiano de sesenta y cinco años, no tenía grandes redes en el país. Había ocupado cargos eclesiásticos en Europa ininterrumpidamente desde 1974 hasta 1996 y antes de recalar en la capital había tenido una corta escala como obispo de Valparaíso. Además, venía de una familia santiaguina de alcurnia, por lo que era un completo desconocido para alguien como Correa. Errázuriz buscó subsanar su falta de contactos rodeándose de un grupo de asesores con miradas distintas. El círculo lo integraban Joaquín Alliende, miembro de su familia de Schoenstatt, y Andrés Arteaga, cercano del influyente párroco de la parroquia de El Bosque, Fernando Karadima. Más afuera del anillo estaban el jesuita Fernando Montes y el diocesano Cristián Precht, emblema de la lucha por los derechos humanos en dictadura. "Nos dijeron que estos cuatro personajes tenían toda la confianza del arzobispo y que podían hablar como la voz de la Iglesia", señala el periodista Jaime Coiro, quien en 2002 asumió como director de Comunicaciones y Prensa de la Conferencia Episcopal.

Así, Correa no entró en el círculo de decisiones de Errázuriz, quien fue nombrado cardenal en 2001 y enfrentó los primeros escándalos de abuso sexual en la Iglesia con un estilo dubitativo y en constante consulta con su entorno y con algunos asesores externos. "Era un hombre que para llegar a tener una certeza se demoraba un mundo. Era muy inseguro", dice un sacerdote que integró su equipo, quien menciona un apodo en latín que tenía entre los religiosos de Schoenstatt: *Tottus Calculatum* ("Todo calculado"). Además, Errázuriz a menudo caía en sesgos conspirativos al abordar las denuncias

---

65 Comité Permanente de la Conferencia Episcopal, "La Iglesia Católica y la ley de filiación", 1998.

de abuso. En privado sospechaba que eran alentadas por el progresismo, las minorías sexuales o los judíos, cuenta un testigo directo, quien agrega que se volvió una norma pedir las preguntas por anticipado en sus entrevistas, y que no era raro que ordenara informes sobre los periodistas que indagaban los casos de abusos.

Correa ha dicho públicamente que solo conoció a Errázuriz después de 2010 y que antes de eso "nunca lo había visto".[66] Varias fuentes coinciden en que si tuvo algún vínculo con el círculo del cardenal debió ser muy indirecto, más para enterarse de cosas que para influir, a través del jesuita Fernando Montes, a quien conocía y respetaba, y de Cristián Precht, su gran amigo desde el Seminario. "Errázuriz y esa parte de la curia le eran ajenas a Enrique, no eran accesibles para él", cuenta un cercano. Correa logró convertirse en el gran *consigliere* del cardenal solo después del estallido del caso Karadima, el mayor escándalo de abusos sexuales y de poder en la historia de la iglesia chilena. Ese terremoto desnudaría una pesada cultura de encubrimiento e impunidad que partía desde la cúpula.

Fernando Karadima era uno de los sacerdotes favoritos de la elite económica y gobernaba sin contrapesos la emblemática parroquia de El Bosque, en Providencia, gracias a su habilidad para impulsar numerosas vocaciones sacerdotales. En 2010, cinco obispos en ejercicio habían surgido de El Bosque.[67] El escándalo explotó el 26 de abril de 2010, cuando el médico James Hamilton, el periodista Juan Carlos Cruz y el licenciado en Filosofía José Andrés Murillo detallaron en el programa de TVN *Informe Especial* los abusos sexuales y de conciencia que habían sufrido a manos de Karadima. Las revelaciones pronto se extendieron a la responsabilidad de la jerarquía en ocultar los hechos.

El cardenal Errázuriz había recibido siete años antes una primera denuncia. No hizo nada, pese a que el derecho canónico establecía que debía abrirse inmediatamente una investigación interna. Tampoco lo hizo en 2005 el obispo auxiliar de Santiago Ricardo Ezzati cuando recibió la misma denuncia. Errázuriz solo actuó ese año, cuando tuvo en su poder otras dos acusaciones formales contra Karadima. Y aunque se realizó la primera investigación en Chile, recién dio otro

---

66 Juan Nicolás Gamboa y Daniela Riveros, "Ezzati y la mano invisible de Errázuriz", 2019.

67 Andrea Insunza y Javier Ortega, "Los silencios y omisiones que comprometen a la cúpula eclesial en el caso Karadima", 2010.

paso en 2009, cuando un nuevo testimonio, de alguien que era menor de edad al momento del abuso, lo obligó a enviar los antecedentes al Vaticano, como establecían las reglas de la institución.[68]

Errázuriz dejó el arzobispado de Santiago en enero de 2011, completamente golpeado por el caso, sobre el que ya había una investigación criminal en curso. En su reemplazo asumió Ezzati, un salesiano de su absoluta confianza, que había sido colaborador suyo en Roma y a quien promovió como su sucesor. Poco antes, entre la explosión del caso Karadima y su salida, Errázuriz había contactado a Correa, quien aceptó asesorarlo de manera gratuita y personal en esa crisis. Según una publicación de 2014, lo habría recomendado Cristián Precht y el trabajo fue al margen de Imaginacción.[69] En privado, Correa ha dicho que la consultoría fue integral y que de ahí pasó a ser un consejero permanente del purpurado. Una influencia que por extensión abarcó el ejercicio pastoral de Ezzati, pues al interior de la arquidiócesis era evidente que el verdadero poder tras el nuevo arzobispo era su antecesor. "Si Errázuriz no estaba bien de acuerdo con algo, Ezzati no lo hacía", afirma un sacerdote que trabajaba cerca de ambos.

La confianza que depositó en él Errázuriz la sintió como una reivindicación personal, pues lo volvió a situar como una voz relevante en la Iglesia Católica. "Fue emocionalmente importante para él, después de haberse sentido marginado por la alta curia, que alguien como Errázuriz lo reconociera", cuenta un cercano al lobista, y agrega que con personas de confianza Correa sacaba a relucir su vínculo con Errázuriz y cómo este valoraba su ayuda en un trance tan complejo. "Cuando defiende a los curas, le da lo mismo el prestigio y la plata; siempre ha visto a la Iglesia como un actor de poder fundamental", recalca un consultor de empresas que ha seguido su trayectoria. "Es algo que también lo conecta con sus orígenes en Ovalle".

Ya como arzobispo emérito, en abril de 2011 Errázuriz dio su primera entrevista sobre su responsabilidad en las dilaciones del caso, asesorado por Correa. En *El Mercurio*, pidió perdón a las víctimas de Karadima y afirmó estar convencido de la culpabilidad del párroco.

---

68 Juan Andrés Guzmán, Gustavo Villarrubia y Mónica González, *Los secretos del imperio de Karadima*, 2011, 257.
69 Viviana Candia, "El mundo del *lobby* de Enrique Correa: Influencias sin fronteras", 2014.

Dijo que no había pedido perdón antes porque consideró que era su deber asegurarse de que las acusaciones fueran verdaderas.[70]

Correa lo siguió asesorando cuando, en 2012, tres denunciantes de Karadima presentaron una demanda civil contra el Arzobispado de Santiago.[71] Según un testigo, años después seguía contactando a la prensa por encargo del cardenal para transmitir información que ambos consideraban relevante.

El lobista previó que el de Karadima sería el primero de una avalancha de casos similares, y que nada volvería a ser igual. Con curas progresistas amigos fue más preciso. Como conocía bien las lógicas de poder eclesiásticas, plagadas de ajustes de cuentas, les aseguró que el próximo sería uno de ellos, pues el sector más conservador buscaría un desquite. "Yo había dicho en dos charlas ante curas que lo de Karadima no iba a quedar impune y que a nosotros nos iban a buscar un cura por donde fuera", le dijo a la periodista Andrea Lagos.[72] A los jesuitas, congregación donde nunca dejó de tener buena llegada, les advirtió: "No se olviden de que botar a un jesuita vale por dos".

A mediados de 2011, una familia cercana acusó al sacerdote Cristián Precht de haber abusado de uno de sus miembros cuando este era adolescente. La supuesta víctima se había suicidado siendo adulto y la acusación ante la justicia eclesiástica no se pudo probar. Pero pronto surgieron otras denuncias contra Precht durante la investigación interna que se inició sobre su conducta. Se trataba de hombres que lo habían conocido en su adolescencia o juventud y que lo acusaban de traspasar la línea entre el cariño y el abuso, con intentos de besarlos o de tocarlos en la zona genital. A diferencia del caso Karadima, nadie presentó una querella criminal y el caso se mantuvo en la justicia canónica.[73]

Correa sintió que su vaticinio se hacía realidad, y en uno de sus amigos sacerdotes más cercanos. Se convenció de que el caso partió gatillado por una conspiración, en el entendido de que, decía, las casualidades en política no existen. "Se puso un lente de profundidad sobre Cristián y comenzaron a salir asuntos de su vida íntima",

---

70 Juan Eduardo López, "Cardenal Errázuriz a víctimas de caso Karadima: 'Yo, de verdad, les pido perdón'", 2011.
71 En 2019 la Corte de Apelaciones ordenó al Arzobispado pagar $ 441 millones a James Hamilton, José Andrés Murillo y Juan Carlos Cruz.
72 Andrea Lagos, *Precht. Las culpas del vicario*, 2017, 204.
73 Lagos, 2017, 18.

afirmó.[74] Acordaron con Precht que él coordinaría su defensa, sin costo. A sugerencia de Correa, como canonista se sumaría el conocido sacerdote Raúl Hasbún, excompañero de Correa en el Seminario, quien pese a haber sido secretario del cardenal Silva Henríquez después fue uno de los religiosos más proclives a la dictadura. Una vez más, Correa se ocupó también de la contención emocional del acusado, reactivando su círculo de amistades en la Iglesia y buscando apoyo económico entre laicos con recursos.

Las denuncias fueron consideradas verosímiles y enviadas al Vaticano, donde el diocesano fue declarado culpable de "conductas abusivas contra mayores y menores de edad". El arzobispo Ezzati dictó la sanción, aplicando un castigo benévolo: Precht fue suspendido por cinco años de su estado clerical, lo que se comunicó en diciembre de 2012.

En septiembre de 2015, *El Mostrador* publicó correos electrónicos entre Ezzati y Errázuriz, fechados un año antes. En uno de ellos, Ezzati le planteaba su temor de que el jesuita Felipe Berríos fuera nombrado capellán de La Moneda por Bachelet. También se mostraba inquieto porque el periodista Juan Carlos Cruz, una de las víctimas de Karadima, asumiera como miembro de una comisión especial del Vaticano contra el abuso sexual. En su respuesta, también vía correo electrónico, Errázuriz le contó que había llamado a Enrique Correa para que advirtiera al gobierno que no nombrara a Berríos. Según Errázuriz, Correa se había comprometido a transmitir el mensaje y, pese a su cercanía con Bachelet, el jesuita no fue designado en el cargo. Errázuriz también le dijo a Ezzati que él haría personalmente gestiones en Roma para bloquear la designación de Cruz.[75]

La filtración levantó una fuerte polvareda, pues dejaba en evidencia las conspiraciones de ambos cardenales para acallar voces disidentes, incluso si el blanco era una víctima de abuso sexual. Además, desnudaba el cogobierno de Errázuriz en la labor de su sucesor. En un reportaje publicado en 2019 por el sitio *Vergara240*, Correa desmintió que fuera un nexo clave para ambos cardenales. "Él [Errázuriz] había hablado conmigo, yo creo que antes de ese correo. Me dijo que no tenía problemas con que fuera un jesuita el nuevo capellán

74 Íd.
75 Alejandra Carmona, "Los correos secretos entre Ezzati y Errázuriz y el rol clave de Enrique Correa en las operaciones políticas de la Iglesia", 2015.

de La Moneda, aunque no hizo referencia a Berríos. Sin embargo, me contó que La Moneda solo presentó una terna con jesuitas. Yo le dije que era algo habitual que los presidentes designaran gente con la cual se identificaran mejor y punto".[76]

Hasta 2016, mientras cumplía su sanción, Precht seguía en contacto con Errázuriz. Lo mismo que Correa, quien tenía una buena opinión de este último. Su visión era menos benévola con Ezzati, entre otras cosas porque consideró que con Precht no cumplió con el debido proceso. Precht terminó de cumplir su castigo en diciembre de 2017, pero meses después surgieron nuevas denuncias por abuso sexual en su contra. En una carta enviada a *La Tercera*, el sacerdote negó "absolutamente haber participado, en forma alguna, en los hechos que calumniosamente se me imputan". Añadió que se defendería por todos los medios a su alcance.[77]

En abril de 2018 Ezzati dispuso que se abriera una segunda investigación en su contra. Correa le recomendó a Precht que lo representara Luciano Fouillioux ante los tribunales ordinarios. Raúl Hasbún se reactivó como su abogado canonista. La investigación previa consideró los hechos verosímiles, por lo que Ezzati envió los antecedentes a Roma. De acuerdo con un conocedor de ambos expedientes canónicos, tanto el de 2012 como este último exponían relatos "recurrentes y similares" contra el sacerdote,[78] pero según Fouillioux el segundo procedimiento fue totalmente irregular y atentó contra el debido proceso. "Precht declaró, pero nunca le dieron copia de su declaración, ni a él ni a Hasbún. Tampoco le dieron curso a algunas de las diligencias que pedimos, como que declarara el fiscal a cargo de investigar la querella en la justicia", dice.

A la espera del pronunciamiento de Roma, Precht fue informado de que su condición de sacerdote volvía a quedar suspendida y que debía fijar residencia en Santiago, sin poder abandonar la ciudad. Su defensa optó por presentar un recurso de amparo ante la justicia ordinaria. La medida era una abierta rebelión contra la Iglesia y alarmó al Arzobispado, que lo presionó para que se desistiera. Él titubeó, pero Correa y Fouillioux estaban lanzados. "¡Vamos con todo a la

76 Gamboa y Riveros, 2019.
77 Sergio Rodríguez y Sebastián Labrín, "El caso del sacerdote Cristián Precht vuelve a complicar a la Iglesia", 2018.
78 Lagos, 2017, 234.

Suprema!", lo alentaron cuando el recurso fue rechazado por la Corte de Apelaciones de Santiago. Precht se convenció de seguir desafiando a sus superiores. Al final, la Corte Suprema acogió el recurso por cinco votos contra cero.

Seis días después de que el Arzobispado de Santiago fuera notificado de que debía levantarle las restricciones, desde Roma le comunicaron su expulsión del sacerdocio. "Nunca le hicieron un juicio, nunca nos dieron copia ni siquiera de las razones de esa medida. Ahí fue cuando yo dije en una entrevista que esto era una *vendetta* vaticana, porque lo trataron como lo hace la FIFA con un equipo de fútbol", explica Fouillioux.

Correa rompió relaciones con Ezzati. Eso sí, siguió visitando al cardenal Errázuriz, a quien siempre le tuvo afecto, en su casa de retiro de la calle Suecia en Providencia. A esa misma residencia llegó a vivir Ezzati en 2019, cuando renunció al Arzobispado de Santiago, imputado por la justicia como encubridor de varios casos de abuso sexual por parte de clérigos, en una causa donde también estaba acusado Errázuriz. Cuando Correa se topaba allí con Ezzati, el trato era frío y distante.

*

El caso "platas políticas" partió con una escueta nota de *El Mercurio*, perdida en su cuerpo económico, el 25 de septiembre de 2014. Se titulaba "Fiscalía investiga nueva arista de exdirectivo de empresas Penta" y hablaba de la investigación del fiscal Carlos Gajardo por presuntos pagos irregulares a políticos de parte de ese holding, controlado por Carlos Délano y Carlos Eugenio Lavín, empresarios cercanos a la UDI. La nota generó inmediata preocupación en ese partido.

A sus cuarenta y un años, el fiscal Gajardo era jefe de la Fiscalía de Alta Complejidad de la Fiscalía Oriente Metropolitana. Junto a los fiscales Pablo Norambuena y José Villalobos investigaba hacía semanas a Penta por otros delitos, hasta que un exejecutivo de la empresa les reveló que había aportes irregulares a políticos de la derecha. Los fiscales no tardaron en encontrar pruebas que apuntaban a que Penta era una caja pagadora de la UDI. Lo que no sospechaban era que se trataba de una práctica extendida en casi todos los partidos y que involucraba a muchas otras grandes compañías.[79]

---

79 Cofré, 2019, 333-334.

Gajardo sabía que investigar el financiamiento ilegal de la política era casi imposible. La ley electoral permitía desde 2003 los aportes anónimos de empresas, hasta ciertos montos y durante determinados periodos de campaña. Sin embargo, violar esos montos y plazos no era delito y las multas eran ridículas. Por ello, el fiscal y su equipo decidieron apostar a otra carta: tipificar los hechos como fraude tributario. La razón era que los traspasos de dinero se hacían a través de una simulación: cercanos a los candidatos entregaban boletas a Penta por servicios que nunca habían prestado, lo que permitía a la empresa justificar los pagos y cargarlos a sus gastos para generar la renta, con lo que descontaban impuestos. Además, el caso había partido como una causa tributaria.

Como Penta era uno de sus clientes de gran calado, Enrique Correa e Imaginacción tomaron la crisis. Uno de los gerentes de la consultora, el exdirector de la Secom Juan Carvajal, se hizo cargo de la relación con las autoridades: habló con el ministro del Interior, su amigo Rodrigo Peñailillo, y le advirtió que el caso podía extenderse como un incendio forestal por la clase política.[80] Algo similar le dijo a Peñailillo el presidente de la UDI, Ernesto Silva –sobrino de Délano–, quien lo visitó al menos dos veces en La Moneda.[81] ¿Qué podía hacer Peñailillo ante una investigación de la justicia, en un país con separación de poderes?

La estrategia del fiscal Gajardo tenía un talón de Aquiles. Para que la Fiscalía investigara un fraude tributario requería de una querella o una denuncia del Servicio de Impuestos Internos, organismo bajo la jurisdicción del Ministerio de Hacienda cuyo director podía ser nombrado y removido por el gobierno. Así, la investigación podía frenarse presionando al SII, que en vez de optar por la persecución penal podía elegir la vía administrativa y considerar las boletas sin respaldo como simples faltas. Las empresas que rectificaran esos pagos en sus declaraciones de impuestos recibirían una multa y nadie acabaría imputado.

Otro que advirtió al jefe de gabinete que la crisis se extendería fue el subsecretario del Interior, Mahmud Aleuy, con quien Peñailillo tenía una mala relación. Pero el joven ministro creía que el caso podía encapsularse, afectando solo a la UDI, el gran adversario de la oposición.[82]

---

80 Sebastián Labrín y Víctor Cofré, "Los comités semanales", 2019.
81 Sebastián Labrín y Víctor Cofré, "La UDI entra por Morandé 80", 2019.
82 Cofré, 2019, 360.

A esas alturas, Peñailillo era muy cercano a Correa, quien luego del caso Tsunami se había convertido en una suerte de consejero político suyo. Si Correa también advirtió a Peñailillo y este tampoco hizo caso, solo lo saben ellos dos.

Como brazo derecho de Bachelet, Peñailillo había estado a cargo de montar su precampaña presidencial, para preparar su programa de gobierno, cuando la exgobernante era directora ejecutiva de ONU Mujeres en Nueva York. El PS había ofrecido financiar la precampaña, pues contaba con patrimonio. Sin embargo, como Bachelet no quería depender de los partidos, el ingeniero PPD montó un mecanismo propio con el aporte irregular de varias empresas. Se trataba de un sistema parecido al que la justicia investigaba en el caso de Penta y la UDI, pero que hasta ese momento muy pocos conocían. Más secreto aun era que una de las empresas aportantes era SQM, otro gran cliente de Imaginacción.

Peñailillo recién comenzó a inquietarse en noviembre de 2014, cuando el foco del escándalo comenzó a moverse desde Penta y la UDI hacia SQM y la precampaña bacheletista. Los fiscales habían detectado que un proveedor de la frustrada postulación senatorial del UDI Pablo Zalaquett había emitido en 2013 facturas ideológicamente falsas a Penta y que hizo lo mismo con otras tres empresas, entre ellas SQM. La Fiscalía remitió los antecedentes al SII, a la espera de la querella que le permitiera investigar esta nueva arista. Impuestos Internos comenzó a analizar las pistas.[83] El 10 de noviembre la abogada Andrea Palma, jefa de gabinete del ministro de Hacienda, el socialista Alberto Arenas, llamó al director del SII, Michel Jorratt, para manifestarle la preocupación de Peñailillo porque su servicio investigaba a SQM. Jorratt no tenía información sobre ello y se sorprendió de que Interior sí la tuviera.

En enero de 2015 el SII encontró otra hebra que apuntaba a SQM: el UDI Pablo Wagner, subsecretario de Minería del primer gobierno de Sebastián Piñera, había facilitado boletas falsas a Penta y a SQM a través de una cuñada para la campaña senatorial de Joaquín Lavín en 2009.[84] El 9 de enero el SII se querelló contra Wagner y pidió incautar la contabilidad de SQM entre 2009 y 2014. Estaba a punto de

---

83 Cofré, 2019, 334.
84 *Ciper*, "Los nombres y conexiones políticas detrás de las empresas que facturaron a SQM", 2015.

abrirse la caja de Pandora. Ese mismo día Andrea Palma volvió a llamar a Jorratt de parte de Peñailillo y lo citó a una reunión en Hacienda. Jorratt llegó con su subdirector jurídico, Cristián Vargas. Los esperaba el abogado Samuel Donoso, quien fue presentado como asesor del ministro Peñailillo. En tono golpeado, Donoso preguntó por qué habían presentado una querella contra Wagner y mencionado en ella boletas a SQM. Exigió que la acción penal fuera retirada, pues bastaba con implementar la vía administrativa, ya que a su juicio las boletas falsas no eran delito. Vargas respondió que la reunión era improcedente, pues Impuestos Internos tenía autonomía para ejercer sus facultades. El encuentro no duró más de veinte minutos.

Tres días después, Jorratt y Vargas se enteraron de que el abogado "asesor" de Peñailillo había asumido la defensa de Patricio Contesse, brazo derecho de Ponce Lerou en SQM e histórico gerente general de la compañía, quien aparecía visando los pagos fraudulentos a los políticos. Se alarmaron, pues el fichaje develaba una relación estrecha entre funcionarios de gobierno y SQM. Ni Jorratt ni Vargas sabían entonces que Donoso era también uno de los penalistas cercanos a Enrique Correa. Según un conocedor de la investigación, el lobista lo había recomendado a Contesse, cuestión que Donoso habría comentado en privado. Otro cercano al caso niega esta recomendación.

El ovallino ya estaba de cabeza en esta crisis, en la que trabajaba hacía meses su subalterno, Juan Carvajal. Correa tenía incentivos para involucrarse. Además de que Imaginacción asesoraba a Penta y SQM, estaba en juego el futuro de Peñailillo, quien –se sabría después– también había boleteado para SQM durante la precampaña bacheletista. Además, como enlace entre la política y los empresarios, el dueño de Imaginacción sabía muy bien que el financiamiento irregular era endémico y que las querellas podían desestabilizar a todo el sistema.

El inicio de la investigación contra SQM dejó a la clase política en ascuas y las presiones contra el SII se intensificaron. Poco después, el servicio redujo la exigencia de la contabilidad de la compañía de cinco años a solo un mes, julio de 2009.[85] Pero eso bastó para que el incendio alcanzara por primera vez a la Nueva Mayoría, sucesora de la

---

85 Una fuente de Impuestos Internos de la época señala que la reducción del periodo de la contabilidad exigida no se debió a las presiones que estaba sufriendo el servicio, sino a que el SII solo debía remitirse a pedir antecedentes relativos a la querella contra Pablo Wagner, y que correspondía a la Fiscalía decidir si ampliaba la petición de antecedentes, ya que ella tenía a su cargo la investigación penal.

Concertación. El 17 de febrero de 2015 *La Tercera* reveló que la Fiscalía investigaba a 19 personas que habían emitido documentos contables para SQM, entre ellos el diputado DC Roberto León y el exembajador DC Marcelo Rozas, además del senador PS Fulvio Rossi.[86]

Los coletazos vinieron a un ritmo vertiginoso. El fiscal nacional, Sabas Chahuán, asumió personalmente la conducción de las investigaciones por Penta y SQM, dejando como fiscales adjuntos a Carlos Gajardo, Pablo Norambuena y Emiliano Arias. Chahuán pidió a SQM la entrega voluntaria de toda su contabilidad de los últimos seis años. En cuanto al caso Penta, sus controladores Carlos Alberto Délano y Carlos Eugenio Lavín quedaron en prisión preventiva después de una formalización televisada en directo. Para el gran empresariado sonó como una advertencia de que nadie, por poderoso que fuera, parecía intocable.

En La Moneda no todos compartían las presiones de Peñailillo a Impuestos Internos. Así se lo hizo ver a Jorratt un alto funcionario que en esos días se reunió un par de veces con él. Según comentaría posteriormente en privado el entonces director del SII, los encuentros eran para que supiera que la Presidenta Bachelet creía que él "tenía que hacer lo que había que hacer".

Detractores de Peñailillo se reunieron con el subdirector jurídico Vargas. El mensaje era muy similar al que recibió Jorratt: que era un error presionar al SII. Sin embargo, el mensajero agregó que el SII debía tener claro que un "caiga quien caiga" iba a derrumbar todo el sistema político. "Entonces que los políticos se pongan de acuerdo y, de cara al país, propongan una ley de amnistía para resolver esto", respondió Vargas.

El ministro Arenas tampoco estaba de acuerdo con las querellas del SII después de Penta. Pero era más sutil, no brutal como Peñailillo. Como superior jerárquico de Jorratt, se cuidaba de no aparecer lesionando la independencia del servicio y se limitaba a pedirle prudencia. Eso sí, no frenó las presiones del titular de Interior, que siempre pasaron por su jefa de gabinete: a través de ella, Peñailillo ordenó infructuosamente a Jorratt que el SII se adelantara a la Fiscalía en hacerse con la contabilidad de SQM, retirándola "en camiones" si era necesario.[87]

86 Paulina Toro, "Arista SQM del caso Penta: fiscal indaga boleta de honorarios de hijo de diputado DC", 2015. El nombre de Fulvio Rossi fue publicado ese mismo día.
87 Mónica González y Pedro Ramírez, "El detalle de las presiones de Peñailillo sobre el SII para impedir la investigación a SQM", 2015.

A mediados de marzo, la Fiscalía accedió a la contabilidad completa de SQM entre 2009 y 2014. Para Chahuán y sus hombres, el botín sería cuantioso y sus filtraciones alimentarían ríos de tinta periodística durante meses. Con el tiempo se sabría que en todo ese periodo la empresa había distribuido un total de US$ 14 millones en platas políticas irregulares.[88] Las pesquisas salpicarían a Sebastián Piñera, Eduardo Frei y Marco Enríquez-Ominami, los tres principales contendientes de la presidencial de 2009; a seis senadores, entre ellos el UDI Pablo Longueira y el DC Jorge Pizarro, a doce diputados y a la directiva del PPD cuando la encabezaba Carolina Tohá, sin contar a decenas de otros implicados que entregaron boletas ideológicamente falsas.[89]

A diferencia de Penta, que concentró sus aportes bajo la mesa en la UDI, SQM aportó a casi todo el arco político, con excepción del Partido Comunista. Un bufete estadounidense contratado por la propia compañía estableció a fines de 2015 que el 45% de los montos fueron a la UDI, un 11% a RN, otro 11% a la DC, un 10% al Partido Regionalista Independiente, un 8% al PS, un 7% a los radicales y un 3% al PPD.[90]

El 12 de marzo Jorratt anunció que el servicio había detectado a otros 200 grandes contribuyentes con irregularidades similares a Penta y SQM. Añadió que el SII había abierto un plazo de tres meses para que se autodenunciaran y pagaran los perjuicios fiscales. Poco después el servicio aclaró que se reservaba el derecho de querellarse también contra estos infractores.[91] A esas alturas, Jorratt estaba aislado y bajo una presión enorme. Optó por dar esa señal en el entendido de que el efecto ejemplarizador, muy relevante en la persecución de la evasión tributaria, ya estaba cumplido con Penta. Si bien no estaba dispuesto a renunciar a nuevas querellas, su anuncio de abrir la vía administrativa como atenuante lo distanció de su subdirector jurídico, Cristián Vargas, que la consideraba una amnistía encubierta y arbitraria, pues por delitos similares ya estaban querellados los controladores de Penta. El caso es que el anuncio de Jorratt fue recibido con algarabía en Hacienda. Según un testigo directo, al enterarse el ministro Arenas se desahogó de la tensión con una frase: "¡Bien, Michel!".

88 Cofré, 2019, 345.
89 Cofré, 2019, 288 y 350.
90 Cofré, 2019, 288.
91 Andrea Chaparro, "SII: Autodenuncia en casos similares a Penta no significa solo sanción administrativa", 2015.

La gran duda era si, en medio de ese clima, Jorratt se atrevería a presentar una acción penal contra SQM. El 18 de marzo, un reportaje de *Ciper* decía que su cargo dependía de que no lo hiciera. El reportaje añadía que, en su diseño para bloquear la investigación de los fiscales, Ponce Lerou recibía los consejos de Enrique Correa, quien apostaba a presionar al SII. La puerta de entrada de su lobby en La Moneda, decía el artículo, era Peñailillo.[92] Pero el 1 de abril el caso entró como un misil en el palacio: se supo que SQM había financiado parte de la precampaña de Bachelet, encabezada por Peñailillo. Lo había hecho a través de una sociedad, Asesorías y Negocios, creada en 2011 por el geógrafo y recaudador Giorgio Martelli.[93] A Peñailillo y Martelli se les había unido el ingeniero civil, subsecretario de Frei Ruiz-Tagle, con buenos contactos en el empresariado. Rosenblut había conseguido el dinero con el grupo Angelini y con Contesse en SQM. Mientras las empresas del primer conglomerado terminaron aportando $ 218 millones, SQM puso más de $ 245 millones a través de una de sus empresas, SQM Salar, entre enero de 2012 y octubre de 2013. Martelli administró los dineros y Peñailillo definió a quién pagarle.[94]

El 2 de abril el SII presentó finalmente su denuncia contra tres ejecutivos de SQM: Patricio Contesse, Patricio de Solminihac y Ricardo Ramos. Días antes, Contesse había sido removido de la gerencia general.

Por Imaginacción, Juan Carvajal llevaba semanas reuniéndose con Martelli antes de que su nombre estallara en los medios, y con otros excolaboradores de la precampaña. El objetivo era prepararse para lo que sabían que vendría. Intranquilo, Martelli sentía que lo presionaban para que guardara silencio ante los fiscales y no colaborara con ellos, lo que para él era lo mismo que cargar con toda la culpa del mecanismo: era Martelli quien había firmado los documentos. "Si no eres perseguido, ¿por qué te das por perseguido?", le dijo Carvajal en uno de esos encuentros.[95] A otra de esas citas llegó Peñailillo, quien le recomendó unas pastillas para el estrés.

Más adelante, Peñailillo diría que no estaba al tanto de que parte del dinero venía de SQM, una vez que el semanario *The Clinic*

---

92 *Ciper*, "Ponce Lerou y el gobierno mueven todas sus piezas para frenar investigación a SQM", 2015.
93 Giorgio Martelli era hermano de Pablo Martelli, el joven mapucista encargado de trasladar a Correa en la clandestinidad.
94 Cofré, 2019, 346-348.
95 Cofré, 2019, 361.

publicó que él mismo había recibido $ 4 millones mensuales, en los primeros cuatro meses de 2012, de Asesorías y Negocios.[96] Pero Martelli lo desmintió ante la Fiscalía.[97] "Peñailillo al principio no quería a SQM. Hacía un gesto, queriendo decir que le daba dolor de guata", señala un exmiembro de la precampaña.

El subsecretario del Interior, Mahmud Aleuy, hacía rato que tenía un diagnóstico: ya era muy tarde para que Penta y SQM se salvaran, y en el plano político debían rodar cabezas, partiendo por la de su superior, quien tenía que asumir su responsabilidad política por el tinglado armado para financiar la precampaña y por haber aceptado a SQM como aportante. Recién ahí, pensaba Aleuy, se podía fijar una trinchera para sostener la estantería de la República. Se lo dijo personalmente a Peñailillo en el despacho de este último. También se habían convencido de eso miembros del entorno de la Presidenta como Ana Lya Uriarte, su jefa de gabinete. La guerra entre ambos bandos era un secreto a voces en el gobierno. El pequeño jardín interior que separaba las oficinas de Peñailillo y Aleuy pasó a ser conocido como "Kosovo" y "la franja de Gaza".

Otro partidario de sincerar el descalabro era el abogado Juan Pablo Hermosilla, asesor legal de Bachelet, quien incluso iba más allá: a diferencia de Aleuy, no temía un derrumbe generalizado. Hermosilla se reunió con un acongojado Martelli, quien se había convertido en el gran eslabón para vincular las platas negras con La Moneda. Le aconsejó contar todo a los fiscales, colaborar al máximo. Y recomendó como abogado a Miguel Chaves. Sus consejos le costaron a Hermosilla una pelea a gritos con Peñailillo, empeñado en aguantar, mientras maniobraba para lograr un cada vez más improbable acuerdo político que extinguiera el fuego.[98]

Tras la salida de Contesse, SQM rescindió su contrato de asesoría con Imaginacción. Pero Correa y Carvajal siguieron operando, en estrecho contacto con Peñailillo, para ayudar a este último y a su núcleo de la precampaña. El 12 de abril de 2015 el abogado Ricardo Escobar, director del SII durante la primera gestión de Bachelet, dio una entrevista en *La Tercera*. En ella argumentó que los casos de financiamiento

96 Francisco Torrealba, "Rodrigo Peñailillo: 'Como cualquier profesional joven, debía trabajar para ganarme la vida'", 2015.
97 Cofré, 2019, 362.
98 Cofré, 2019, 358.

irregular de la política como el de Penta y SQM no eran delitos tributarios sino infracciones administrativas, y por lo tanto no debían ser perseguidas penalmente.[99] Su análisis no era desinteresado: Escobar era socio de bufete con Jorge Bofill, defensor de Julio Ponce Lerou. El estudio también representaba a ejecutivos de Penta.

La "doctrina Escobar" llevaba días circulando entre abogados, parlamentarios y autoridades en forma de una minuta de tres páginas y veinte puntos. El propio Jorratt la había recibido, enviada por Peñailillo. Personas que trabajaban en el SII aseveran que Escobar visitó las oficinas centrales del servicio para promover sus planteamientos entre algunos funcionarios clave. Tres años más tarde, Escobar le dijo al periodista Víctor Cofré que había escrito la minuta por iniciativa propia y que no fue un encargo pagado.[100] Pero al menos su despliegue en los medios fue digitado desde Imaginacción. En la preparación de sus declaraciones colaboraron Correa y Carvajal.[101]

La "doctrina Escobar" fue una de las últimas ramas a las que se aferró Peñailillo para no ser arrastrado por la corriente. Por teléfono, revisaba en detalle sus declaraciones a la prensa con Correa, quien en sus correcciones demostraba un profundo conocimiento de las aristas del caso. Por su parte, Carvajal no volvió a reunirse con Martelli pues el geógrafo cortó lazos con el bando del ministro del Interior y se dispuso a colaborar. Algunos de los pocos contactos relativos a su defensa serían con Juan Pablo Hermosilla y, paradójicamente, con Samuel Donoso, abogado de Contesse. Cada uno por su lado, Martelli y Contesse serían los únicos en "poner el pecho a las balas".

En uno de los momentos más complejos de la crisis, Jorratt recibió una propuesta de un viejo amigo. Esta persona, militante socialista de años, lo invitó a comer a su casa en La Reina para que pudiera conversar con alguien que podría aconsejarlo en su trance. Esa fue la cena en que el director del SII conoció a Enrique Correa, sin saber que se trataba de uno de los estrategas de las presiones que estaba viviendo.

Un par de días después, Jorratt recibió la llamada de un senador de la Nueva Mayoría, uno de sus escasos contactos políticos. Enterado de la cena, le explicó por qué no era conveniente que volviera

---

99 *La Tercera*, "Ricardo Escobar: 'Los casos de financiamiento a la política no son delitos tributarios'", 2015.
100 Cofré, 2019, 354.
101 Juan Pablo Salaberry y Juan Andrés Quezada, "La nueva red de Enrique Correa", 2015.

a reunirse con Correa. Al director del SII le costó salir de su asombro: la misma persona que esa noche le había ofrecido consejo en realidad quería que fracasara.

A las presiones en varios frentes contra Jorratt se unió la revelación de que él también había boleteado para la sociedad de Giorgio Martelli, como parte del equipo programático que encabezaba el economista Alberto Arenas durante la precampaña.[102] Para inyectar oxígeno en un escándalo que paralizaba a su gobierno, el 28 de abril la Presidenta Bachelet anunció una serie de medidas para combatir la corrupción, emanadas de la Comisión Engel.[103] Una de ellas, que se convertiría en ley, era eliminar cualquier aporte de empresas a la política, incluyendo las donaciones secretas.

El mismo día del anuncio quedó listo un proyecto de ley para ser despachado al Congreso. Establecía como nuevo delito la emisión de boletas y facturas ideológicamente falsas. Es decir, ya no solo serían delitos tributarios sino que quedarían establecidos en el Código Penal. La Comisión Engel no había propuesto nada parecido; según *Ciper*, fue Peñailillo quien ordenó preparar a toda máquina la propuesta legal, que contaba con el apoyo de la UDI.

La iniciativa sonaba bien, pero era una trampa. Se trataba de una amnistía de facto para los casos de platas negras, tanto a los donantes como a los "boleteros", pues al establecer un nuevo tipo de delito se reconocía que antes no existía. Según *Ciper*, uno de los que advirtieron a la Presidenta de la jugada fue su abogado personal, Juan Pablo Hermosilla. Un exfuncionario de La Moneda afirma que en los días siguientes hubo una reunión entre la mandataria y Peñailillo en la que ella le notificó que ese proyecto solo sería enviado al Congreso "sobre mi cadáver". Un colaborador de Bachelet afirma que el entorno más próximo de la gobernante consideró el proyecto una bajeza, e indujo a la mandataria a hacerle "una cruz gigante" a su otrora hijo político.

---

102 Luego anunció que se inhabilitaría de actuar respecto de la empresa creada por Martelli. Sin embargo, postergó la ampliación de la querella contra el operador político, lo que abrió un conflicto con su subdirector jurídico, quien tenía históricamente la potestad de presentar las acciones penales del SII. Bloqueado por Jorratt, Cristián Vargas le pidió formalmente que le revocara la delegación de la facultad. Jorratt aceptó y la potestad quedó en sus manos. Vargas fue apartado de los casos investigados.

103 Presidido por el economista Eduardo Engel, el Consejo Asesor Presidencial Contra los Conflictos de Interés, el Tráfico de Influencias y la Corrupción fue creado en febrero de 2015 a raíz de los casos Penta-SQM y Caval.

La noche del 6 de mayo de 2015, en una dramática entrevista televisiva con Mario Kreutzberger, el popular Don Francisco, Bachelet reveló que había pedido la renuncia a todos sus ministros, para quedar en libertad de acción. En realidad, solo minutos antes su jefa de gabinete, Ana Lya Uriarte, había notificado a cada uno de los aludidos. Peñailillo supo que estaba entre los caídos solo la mañana del lunes 11, cuando el cambio de gabinete se hizo efectivo y la propia gobernante le confirmó que no seguía. "Fue muy impactante, porque Rodrigo lo recibió como si fuera una novedad", afirma un testigo. Un cercano al exministro lo desmiente: "Eso no fue sorpresivo, fue doloroso". También salió Alberto Arenas, a quien sí le tomó por sorpresa convertirse en el primer titular de Hacienda en ser cesado desde 1990.[104]

El quiebre de Peñailillo con Bachelet fue uno de los más dramáticos de la política chilena moderna. El ingeniero quedó anímicamente devastado. Con él sucumbió también la llamada G-90, aquel apretado núcleo de jóvenes pepedeístas liderado por el defenestrado ministro, a varios de los cuales había reclutado para la precampaña y luego promovido en cargos secundarios pero claves en el manejo del Estado. En la G-90 cundió un ánimo de desquite. Según uno de sus miembros, sentían que Peñailillo había caído porque no contaba con "los mecanismos de protección de la elite".

Una vez más, y pro bono, Enrique Correa actuó como contención del caído. Para empezar, lo defendió públicamente. "Es una persona con una honestidad y una probidad a toda prueba, como dijo el ex Presidente Lagos. Rodrigo fue un hombre honesto, colaborador, leal, un amigo fiel y un político con mucho futuro", dijo a *El Mercurio* en julio de 2015.[105] En la misma entrevista reconoció una reunión a fines de mayo en la casa de Peñailillo en La Reina, entre ellos dos más el abogado Gabriel Zaliasnik, para analizar los escenarios judiciales. Correa agregó que la defensa del exministro estaba dirigida "por juristas de primer orden, como Jorge Bofill y Gabriel Zaliasnik". La declaración fue un error, pues desnudó incompatibilidades evidentes: Zaliasnik era abogado de Jorge Rosenblut, otro de los investigados por la precampaña, mientras que Bofill representaba a Ponce Lerou.

---

104 Peñailillo fue reemplazado por el DC Jorge Burgos; Arenas, por el economista PPD Rodrigo Valdés.

105 Guillermo Muñoz, "Probablemente pasemos de un liderato carismático a uno más transaccional", 2015.

Abogados de varios de los investigados comenzaron a reunirse los lunes en las oficinas de Imaginacción, liderados por Juan Carvajal. Eran reuniones de coordinación a las que asistían juristas como Gabriel Zaliasnik, Rodrigo González, abogado de Peñailillo, y Marcelo Torres Duffau, representante de un hijo del diputado DC Roberto León y de la familia del exembajador Marcelo Rozas. Algunas de las defensas las pagaba Correa, afirma una fuente.

Los encuentros duraban cerca de una hora y eran llamados los "lunes de Imaginacción". En ellos se socializaba información procesal, se dibujaban escenarios y se establecían criterios comunes. Según un profesional que conoció estas conversaciones, los requisitos para ser integrado en el grupo eran dos: negarlo todo hasta el final y que no hubiera delaciones entre sí. Es decir, bloquear cualquier colaboración con los fiscales, en la misma línea de lo que infructuosamente Peñailillo, Correa y Carvajal habían intentado con Martelli. Respetando ese acuerdo marco, cada abogado tenía que ver cómo hacerlo para "salir jugando".

En 2018 Correa admitiría estos encuentros, aunque restándoles tintes conspirativos. "Yo siempre estuve interesado (…) en que de los involucrados, por lo menos los que yo conocía, quedara claro que no eran corruptos. Y, por tanto, todo lo que significara contribuir a dar opiniones a los abogados, cuando nos pedían…", explicó.[106] Según el lobista, el financiamiento irregular de la política no era corrupción. Consultado sobre si los pagos de una empresa podrían comprometer implícitamente a un legislador a favorecerla, respondió tal como lo había hecho dos décadas atrás respecto de si Pinochet había violado la Constitución, al menos en espíritu, con el "boinazo": "Es posible, es posible. Que yo te amo, tú me amas; yo te quiero, tú me quieres. Pero eso es un trascendental, como diría Kant: inasible".[107]

En junio de 2015 Peñailillo declaró como imputado ante el fiscal Chahuán. Señaló que todo en Asesorías y Negocios había sido obra de Martelli y que no tenía cómo saber sobre los pagos de SQM. Pero lo más llamativo fue lo que dijo al ser consultado sobre cuánto sabía Bachelet del origen del financiamiento. Martelli había recalcado varias veces que ella no estaba al tanto de nada. Pero Peñailillo optó por otro camino. "A sugerencia de mi abogado, no me voy a referir a este

---

106 Cofré, 2019, 359.
107 Íd., 360.

tema", respondió en cuatro ocasiones.[108] La frase fue leída en La Moneda como la amenaza de alguien "afectado y enardecido". Sin embargo, en el gobierno no creían que Correa fuera partidario de dañar a Bachelet. Gracias a intermediarios, fueron advertidos de que el ovallino estaba conteniendo lo máximo que podía la ira de su nuevo protegido.

Peñailillo declararía tres veces, todas como imputado. En la segunda de ellas negó que hubiera ejercido presiones contra Jorratt, las que en todo caso se había cuidado siempre de dirigir mediante terceros. Nunca llegaría a ser formalizado, ni el SII se querellaría en su contra. A lo largo de todo su ostracismo, Correa fue su gran apoyo. Gracias a gestiones suyas, en noviembre de 2015 el ingeniero asumió como investigador de la Flacso, donde el lobista seguía teniendo mucha influencia.[109] Correa también lo ayudó financieramente, con recursos propios y de otros.[110] Le comentó la delicada situación de su pupilo a algunos empresarios. Uno de ellos, Álvaro Saieh, se reunió con el exministro y aceptó pagar parte de los estudios que el ingeniero inició en 2017 en Estados Unidos.

Peñailillo no volvió a hablar con Bachelet. Uno de sus intentos por regresar a la política, como candidato a senador por el PPD en 2021, fue bloqueado por la directiva de ese partido.

*

Las salidas de Peñailillo y Arenas no marcaron un respiro para Jorratt en Impuestos Internos. Sus fuertes diferencias con Cristián Vargas lo habían llevado a despedirlo. Se sumó la presión de la UDI a raíz de la querella que el servicio presentó contra el exsenador de ese partido Jovino Novoa. Cuando el nuevo ministro del Interior, Jorge Burgos, declaró que su permanencia estaba "siendo evaluada", Jorratt entendió que tenía las horas contadas.[111]

Poco después del cambio de gabinete, en una reunión con el nuevo titular de Hacienda, Rodrigo Valdés, Jorratt le informó que el SII presentaría una querella contra SQM Salar, uno de los brazos de SQM y nada menos que la sociedad que había aportado a la precampaña

---

108 Íd., 366-367.
109 David Muñoz, "Peñailillo a fuego lento", 2015.
110 María José López, "El apoyo económico de Enrique Correa a Rodrigo Peñailillo en Estados Unidos", 2018.
111 El Dínamo, "Alianza solicitará a ministro de Hacienda que explique el conflicto que se vive en el SII", 2015.

de Bachelet, por lo que la acción penal apuntaba directamente a abrir la caja negra que había derrumbado a Peñailillo y Arenas. Meses más tarde, Jorratt comentaría a un cercano que, al oír eso, a Valdés se le escapó una frase: "Bueno, si hacís eso te jodiste". Sin embargo, siempre según el relato en privado de Jorratt, Valdés enseguida se habría retractado: "No, olvídate por favor de lo que acabo de decir".

Una semana después de la caída de Peñailillo, el jefe de asesores de Valdés, Enrique "Poli" Paris, citó a Jorratt al despacho del ministro para despedirlo. Antes de desocupar su oficina el director del SII intentó contactar, por correo electrónico y por teléfono, al jefe de área a cargo de la querella contra SQM Salar, para firmarla y dejarla cursada. Se iría disparando.

Fue inútil. El funcionario nunca le respondió y la querella contra SQM Salar por delitos tributarios quedó para siempre en un cajón.[112]

Impuestos Internos quedó tres meses acéfalo. En agosto de 2015 asumió como director el ingeniero civil industrial Fernando Barraza, quien cumplía con varios de los requisitos fijados por los que querían apagar el incendio. Era un viejo conocido del servicio (había sido diez años subdirector de Informática), lo recomendó el exdirector Javier Etcheberry y, lo más importante, era un secreto a voces que era partidario de privilegiar la vía administrativa, acotando al máximo las acciones penales.[113] Los mismos criterios primaron para la designación del nuevo subdirector jurídico. El elegido fue Bernardo Lara, abogado y experto en temas tributarios, quien ya había ocupado ese cargo entre 1996 y 2006. Como el nuevo hombre a cargo de la potestad de las acciones penales, no solo se alineaba con la vía administrativa, además tenía la convicción de que las querellas debían ser estrictamente nominativas y que debía eliminarse la frase "contra quienes resulten responsables". El cambio no era menor, pues acotaba drásticamente el margen de la Fiscalía para investigar.

A partir de entonces, el SII no volvió a presentar querellas en contra de otras empresas que financiaron irregularmente la política. No lo hizo a pesar de que más de veinte compañías así lo reconocieron en sus rectificaciones tributarias, pues no tenían cómo probar que los servicios descritos en las boletas y facturas cuestionadas se

---

112 Bárbara Osses, "Jorratt insiste en presiones 'supuestamente a nombre de Peñailillo' para no investigar SQM", 2017.

113 Paula Comandari, "La doctrina Barraza en el SII", 2017.

habían realizado. No hubo, por ejemplo, querellas contra las firmas del Grupo Angelini que habían aportado bajo cuerda a la precampaña bacheletista, aunque lo hicieron casi en los mismos montos que SQM, sin contar otros pagos anómalos de estas empresas a campañas de Marco Enríquez-Ominami, la UDI, RN, la DC, el PRI y un senador PPD, Felipe Harboe, entre otros, durante el periodo 2012-2014.[114]

Tampoco se presentaron querellas contra Ripley, que había aportado $ 50 millones directamente a un proveedor de la campaña de Bachelet. Este caso es llamativo, no solo porque los pagos beneficiaron la postulación de quien era Presidenta al momento en que la empresa se autodenunció y corrigió su declaración de impuestos, sino porque, a pesar de que Ripley colaboró y rectificó ese aporte, *Ciper* detectó que el SII no incluyó los $ 50 millones en su denuncia ante los Tribunales Tributarios y Aduaneros (TTA), encargados de dirimir las sanciones administrativas por evadir tributos. La única razón plausible es que el borrón se hizo para no complicar a Bachelet, pues otros dos pagos irregulares de Ripley a otras campañas, por montos mucho menores, sí se incluyeron.[115]

Tampoco hubo querellas contra Aguas Andinas, que entre otros rectificó un pago por $ 76 millones a una empresa de Sebastián Piñera.[116] Aunque otras empresas cometieron irregularidades similares, solo Penta y SQM enfrentaron a la justicia penal por delitos tributarios asociados a platas negras de la política. Para ambas la salvación de la vía administrativa había llegado demasiado tarde. La puerta para rescatar a los políticos imputados por beneficiarse de este mecanismo quedó abierta en marzo de 2018, cuando el Pleno de la Corte Suprema se pronunció de manera definitiva respecto del tema de fondo: si estos pagos irregulares constituían o no un delito tributario. Al dirimir el desafuero del senador Fulvio Rossi, lo rechazó por un "fallo fotográfico"

---

114 En 2015 cinco empresas del Grupo Angelini presentaron rectificaciones tributarias por más de $ 2.250 millones en total. Pedro Ramírez, "Grupo Angelini, Endesa y Aguas Andinas: así se selló la impunidad para tres poderosas fuentes de dinero político ilegal", 2019.

115 Uno de los argumentos que dio el SII para no incluir los $ 50 millones fue que se trataba de una cifra menor. Sin embargo, otros dos pagos de Ripley, por solo $ 15 millones y $ 5 millones, sí fueron denunciados. Nicolás Sepúlveda, "La lista que el mundo político quería enterrar: los involucrados en platas ilegales que figuran en los Tribunales Tributarios", 2020.

116 Nicolás Sepúlveda y Alberto Arellano, "Platas políticas: la generosa billetera de Aguas Andinas", 2016.

de nueve votos contra ocho. "No existe prueba suficiente que permita tener por concurrente en la conducta del imputado el dolo directo del patrimonio fiscal", decía el voto de mayoría.[117]

La mañana del 23 de marzo de 2015, cuando la investigación a su compañía recién partía, Ponce Lerou declaró ante el fiscal Chahuán como imputado. En 172 minutos dijo no saber nada sobre los pagos anómalos y descargó toda la responsabilidad en Patricio Contesse. "Nunca un candidato o alguien de su entorno me ha pedido a mí un aporte para campañas políticas", fue una de las pocas frases relevantes de su testimonio.[118] Jamás volvió a declarar en la causa.

Uno de sus grandes amigos y consejeros era el abogado Darío Calderón. Dos años y tres meses después, este contradijo la versión del controlador de SQM ante el semanario *The Clinic*. "Julio quiso apoyar a la gente de todas las creencias (…) Él quería mantener a la democracia en el país", dijo.[119] Como explica Víctor Cofré, sus palabras lo pusieron "imprudentemente en la línea de las decisiones" del mecanismo irregular.

Quien sí asumió su completa responsabilidad fue el exgerente general Contesse. Y lo hizo desligando de cualquier culpa a Ponce Lerou. Iniciado en febrero de 2023, el juicio oral en su contra seguía abierto a fines de 2024. Desde que fue formalizado por primera vez en abril de 2015, había cumplido un año de arresto domiciliario total y casi seis de arresto domiciliario nocturno. Un reportaje de agosto de 2024 decía que parte de su entereza la debía a sus lecturas religiosas.[120] La investigación no mencionaba si su serenidad también procedía de los casi $ 3.000 millones que recibió como indemnización por años de servicio, en un acuerdo extrajudicial aprobado por el directorio de SQM en marzo de 2017.[121]

SQM había sido imputada en el mismo proceso como persona jurídica, por su responsabilidad penal. A comienzos de 2018 la empresa se acogió a una salida condicional ofrecida por la Fiscalía y aceptó pagar una multa de 4 millones de dólares.[122]

---

117 Cofré, 2019, 356.

118 *T13*, "Julio Ponce: 'Nunca un candidato me ha pedido a mí un aporte para campañas'", 2015.

119 Cofré, 2019, 350.

120 Azucena González, "El juicio sin fin a Patricio Contesse: una década de proceso, $ 2.214 millones en gasto fiscal y 16 meses conectado a diario", 2024.

121 Cofré, 2019, 177.

122 Cofré, 2019, 373.

Giorgio Martelli se mantuvo fiel al consejo que le dio Juan Pablo Hermosilla. Fue el único recaudador de la precampaña bacheletista que aceptó los hechos y llegó a un acuerdo con la Fiscalía. Fue condenado a 800 días de pena remitida, que completó en septiembre de 2019. En su entorno afirman que entre los pocos que se portaron bien con él estuvieron la Presidenta Bachelet y el subsecretario Aleuy. No así Correa, a pesar de que su hermano Pablo Martelli había sido su chofer, arriesgando la vida en los días más duros de la clandestinidad en los 70.

Los "lunes de Imaginacción" siguieron celebrándose hasta por lo menos entrado 2018. A esas alturas estaba claro que Peñailillo y Ponce Lerou habían zafado. La Suprema ya había establecido que las boletas y facturas falsas para financiar la política no eran un delito tributario. Pero SQM tenía otro flanco abierto. En su conflicto con la minera para que pagara más al Estado por explotar el Salar de Atacama, en 2017 la Corfo había logrado que Ponce saliera del mando de la empresa. Hasta que en mayo de 2018 la compañía rompió el acuerdo y anunció que regresaría como "asesor" del directorio. El revuelo fue gigante, incluso entre los empresarios. El exvicepresidente ejecutivo de la Corfo, Eduardo Bitran, contraatacó. En una entrevista de televisión dijo que gente de la Nueva Mayoría lo había presionado para que no fuera tan duro con Ponce Lerou.[123]

Dos días más tarde, excepcionalmente el propio Correa encabezó un "lunes de Imaginacción". Era una reunión de emergencia. El lobista temía que lo de Bitran reactivara el caso por las platas políticas y quería escuchar a los abogados que lidiaban en el proceso. Para los penalistas, uno de los peores escenarios era que la Fiscalía llamara a declarar a Bitran y este dijera quiénes lo habían presionado. Pero la Fiscalía no hizo nada. Desde diciembre de 2015 estaba a cargo de Jorge Abbott, quien antes de ser elegido por el Senado se reunió en privado con varios senadores –uno de ellos implicado en la trama, el DC Jorge Pizarro–, y una vez en el cargo asumió una postura de

---

123 Entrevistado por el periodista Fernando Paulsen en el programa *Última Mirada*, de CNNChile, Bitran sostuvo: "Yo recibí presiones de distinguidos políticos precisamente por este tipo de consideraciones [que Ponce dejara SQM]". Consultado por la identidad de esos políticos, dijo que en su momento la revelaría, pero que eran "de la Nueva Mayoría. No eran personeros del gobierno pero eran parte de la coalición".

extrema prudencia ante el poder, en contraste con su predecesor, Sabas Chahuán.[124]

En los más de cuatro años que duró el caso de las platas políticas, Enrique Correa y su empresa quedaron dos veces expuestos del lado de los acusados. La primera vez fue a raíz de la rectificación que el grupo Said realizó ante Impuestos Internos referida a una de sus sociedades, Inversiones Caburga, por documentos tributarios sin justificar por más de $ 663 millones. Según *Ciper*, la inmensa mayoría de estos pagos fue a figuras políticas, como Sebastián Piñera, Eduardo Frei Ruiz-Tagle, Andrés Zaldívar, Laurence Golborne y Enrique Correa. Caburga rectificó una boleta emitida al lobista en 2013, año de elecciones, por $ 15 millones.[125] José Said, cabeza del grupo hasta poco antes de su muerte en 2020, mantenía una estrecha relación profesional con Correa como su *consigliere*. La segunda vez tuvo que ver con una empresa de nombre Creatika Limitada, que en 2015 era investigada por la Fiscalía en la arista SQM. Su dueño dijo a los fiscales que en 2011 había prestado servicios digitales al PPD y que el partido le pidió emitir la factura a nombre de Imaginacción, por $ 8 millones.[126]

A raíz de Caburga, Impuestos Internos pidió comparecer a Correa. Y a raíz de Creatika, a Imaginacción. Durante meses, Moisés Valenzuela, gerente de Asuntos Públicos de Imaginacción, y Nelson Correa, administrador general de la empresa, estuvieron buscando el respaldo de todos los servicios indagados y, a la larga, el SII dio por comprobados los trabajos. Valenzuela dijo a la prensa que habían entregado la información y sobre el vínculo con Caburga señaló que "se ratificó que efectivamente esos servicios fueron prestados por Enrique Correa y cobrados debidamente". Sobre la relación de Imaginacción y Creatika, indicó que "esa información también fue entregada".[127]

En privado, Correa ha contado con un dejo de satisfacción cómo fue su comparecencia en las oficinas del SII, a las que se presentó de forma voluntaria, probablemente en la Dirección General

124 Dos de los hijos de Jorge Pizarro habían boleteado para SQM. Pizarro fue el único parlamentario activo en ser acusado penalmente por la Fiscalía en 2018, pero la Corte de Apelaciones de Santiago rechazó su desafuero.
125 Nicolás Sepúlveda, "Pagos irregulares del Grupo Said: a Piñera y Frei se suman Enrique Correa y ministro del TC", 2015.
126 Claudia Urquieta, "SQM: testimonio clave revela factura falsa pagada por consultora Imaginacción", 2016.
127 *La Tercera*, "SII requiere a Enrique Correa por rectificación de Caburga", 2016.

Santiago Oriente, en Providencia, a unas trece cuadras de su consultora. Lo hizo solo, prácticamente haciendo la fila, como un contribuyente cualquiera, desplegando su locuacidad y con una actitud de colaboración.

Como uno de los cerebros detrás de los esfuerzos transversales que terminaron acotando el caso, demostró una vez más su habilidad fijando diques de contención en las sombras. Y en esta crisis lo hizo con una gran ventaja, apenas estalló la bola de nieve llamada Penta. Como pocos, el lobista intersectaba los dos mundos arrastrados por la corriente: el de la política y el de los empresarios. Conocía tanto sus funcionamientos como sus vasos comunicantes. Pero pertenecía realmente solo a uno.

A lo largo de toda esta crisis, sin embargo, también había perdido. En privado fue muy crítico del fin de los aportes de las empresas a la política. Argumentaba que ahora los ricos tendrían más ventajas para competir. Trataba de "santón" al presidente de los asesores que propusieron el cambio, el economista Eduardo Engel. No decía que parte de su influencia como *consigliere* del empresariado para realizar estos aportes se esfumaba.

Siempre se había reconocido como un político profesional, un adicto a la cosa pública que moriría con esa pasión. Alguien identificado por lo demás con la centroizquierda, sus amigos, los compañeros de ruta, el sector por el que se desvivía en servicios ad honorem y al cual quería conciliar con el mercado y la modernidad. Los empresarios eran solo sus clientes. En esta crisis, quizás la más amenazante hasta entonces para el mundo del poder, había defendido a políticos y empresarios. Pero a la hora de elegir responsables finales optó por exculpar a los segundos. En 2018, consultado sobre el origen estructural del caso Penta-SQM, apuntó a los políticos. No a unos pocos. A todos: "Fueron los políticos los que iniciaron las rondas con los empresarios, todos, en las campañas presidenciales, en todos lados, esto no era una cosa extraña, y ese es el modo que cambió radicalmente con los juicios a la política".[128]

No había vuelta atrás.

128 Cofré, 2019, 359-360.

XIV

ATENDIDO POR SU PROPIO DUEÑO

El jueves 8 de agosto de 2002 hizo algo que no acostumbraba: invitó a un centenar de personas a disfrutar de un cóctel en las nuevas oficinas de su consultora en el piso 24 del edificio Palladio, una moderna torre con fachada de vidrio en la esquina de La Concepción con Providencia. Fue entonces cuando anunció que su empresa pasaría a llamarse Imaginacción.

Su aventura empresarial, iniciada seis años antes, era un éxito. Desde sus inicios en una pequeña oficina en la calle Fidel Oteíza, la consultora había pasado a ocupar un piso completo, con dos alas separadas. Mirando al poniente quedó el área de Comunicación Estratégica, que nunca daría muchos réditos económicos, pero sí le permitiría intervenir en sus pasiones: crisis políticas, empresariales o de imagen, y campañas políticas. Al frente, en el ala oriente y con la cordillera de fondo, estaban las oficinas de Asuntos Públicos, el motor de la firma, cuya principal actividad era el lobby, y la verdadera fuente de ingresos de lo que con los años llegaría a ser un pequeño grupo de empresas. Ahí estaría también el despacho del flamante presidente de la compañía.

Correa pasaba entonces uno de sus mejores momentos profesionales, algo que lo ayudó a superar una pérdida difícil. Seis meses antes, el 4 de enero, el actor y director de teatro Andrés Pérez había muerto en el Hospital San José, a los cincuenta años, víctima de una insuficiencia respiratoria causada por el VIH. Era un muy cercano amigo. Quince años antes, cuando Correa era un desconocido dirigente del Mapu-OC que vivía al tres y al cuatro, lo había divisado en Bellavista mientras hacía teatro callejero en las afueras de la parroquia Santa Filomena. Se conocieron un par de años después y se hicieron amigos.[1] Como a pocos, Correa invitó a Pérez a su casa en El Quisco, quizás uno de sus espacios más privados. Años después le contó a la periodista Josette Grand cuánto lo admiraba: "Yo le decía que como nunca había podido cenar con Pablo Neruda lo invitaba a él, este genio de fin de siglo".

---

1   Grand, 2002.

Fascinado por el mundo del artista, Correa revivía con él su espíritu bohemio: "Íbamos mucho a locales nocturnos, a restaurantes, a fiestas" y era un "habitué" en su casa. Les gustaba la buena mesa, el vino y el coñac. Y se sentían identificados por la intensidad con que se entregaban a sus trabajos y a sus pasiones.[2]

Durante años el consultor lo ayudaría en sus proyectos. El último fue *Visitando El Principito*, obra que Pérez montó en 2000. En ese marco, contó Correa, se vieron por última vez. El actor enfermó cuando el exministro estaba fuera de Chile, lo internaron y ya no pudo visitarlo. En el velorio, realizado en el Teatro Providencia, el féretro fue ubicado en el escenario, que al fondo lucía la escenografía de *La Negra Ester*, el más emblemático montaje del artista. Correa se sentó solo en la primera fila y permaneció ahí un rato largo. Un testigo lo describiría como "devastado".[3] "Mi mundo se parece más al de Andrés que al del empresariado", explicaba en esos días de duelo.

En un año de emociones fuertes, mientras el Correa público navegaba por las aguas del éxito, el hombre privado vivía una de las pérdidas más significativas de su vida. La muerte estaba ahí, otra vez, como el mar de fondo, interrogándolo.

*

Como le interesa influir antes que acumular poder, Imaginacción no es una empresa que haya creado para que lo sobreviva sino un paraguas para seguir vinculado a la política, entendida como el escenario donde los actores políticos, formales e informales, toman las grandes decisiones que impactan en el país. Y si hay un actor que desde los 80 ha aumentado considerablemente su poder es el empresariado.

En *El circuito extrainstitucional del poder*, Antonio Cortés Terzi describe sus características: "En Chile el empresariado es, sin duda, el grupo social con más autoconciencia de sí", "ha desarrollado una preclara voluntad de liderazgo nacional", "dispone de un discurso globalizador" y prioriza su unidad, al punto de que "los conflictos empresariales se subsumen ante el interés de permanecer como instancia de poder". Según el autor, el empresariado no solo tiene el control sobre la economía del país, sino que "las estrategias económicas (…)

---

2 Íd.
3 Rodrigo Hidalgo, "El día del teatro y Andrés Pérez: El síntoma de un cierto fracaso de la Transición", 2021.

no pueden ser resueltas sin su acuerdo y cooperación", pues su participación en la propiedad en áreas como educación, salud, previsión, energía o sanitarias lo hacen un "copartícipe [de facto] en la decisión o materialización de las políticas públicas"en esos ámbitos.[4]

No siempre fue así. Cortés Terzi explica que, antes del golpe, el Estado era un factótum económico, político y cultural, condición que perdió durante la dictadura, mientras, a la inversa, el empresariado se transformó en "clase dirigente", una calidad que partidos políticos, sindicatos y funcionarios públicos fueron perdiendo.[5] Correa fue testigo de ese proceso por décadas, primero como dirigente político de la Unidad Popular; más tarde, al documentar desde el exilio la reestructuración del poder en Chile, y finalmente durante la transición, cuando el gobierno de Aylwin tomó la decisión política de avanzar de la mano del empresariado, asumiendo que su fuerza era imparable.

Sobre su acercamiento a este nuevo actor político hay dos visiones. Unos lo ven como un pragmático –incluso un oportunista– que cambia de ideario según dónde calcula que tendrá mayor influencia. "Correa es un animal político. No tiene grandes cosmovisiones que guíen su acción", sintetiza un excompañero suyo del MAPU-OC con el que ha seguido en contacto. Otros ven su identificación con el progresismo y su esfuerzo por fortalecerlo como una constante en Correa. "Para él el tema es el poder, sí, pero porque se siente un formador de poder desde la izquierda", apunta un concertacionista que ha trabajado con él. "Él es consciente de que a los empresarios les ayuda a aumentar su influencia, pero dice que eso también es parte de un proyecto político de él: reivindicar que la izquierda puede gobernar con los empresarios y que estos no van a desestabilizar a un gobierno de su sector", explica una persona que lo conoce.

En privado se preocupa de reforzar esto último: transmite que él ha influido en el empresariado chileno con una mirada más progresista, y lo ha acercado a la centroizquierda. Públicamente repite que su domicilio político está en lo que fueron la Concertación y la Nueva Mayoría. Y es un hecho que ayudó a la elección de sus presidentes, desde Aylwin a Bachelet, y a la de muchos de sus parlamentarios. Más todavía: cuando la centroizquierda se dividió de cara al plebiscito sobre la primera propuesta constitucional del 4 de septiembre de

4 Cortés Terzi, 2000, 158-162.
5 Íd., 43-64.

2022, Correa anunció discretamente que votaría por el Apruebo, la minoritaria opción defendida por el gobierno de Gabriel Boric.[6]

Ser este puente entre la centroizquierda y el empresariado tiene un costo que él no suele exponer: en sus décadas como lobista, Correa e Imaginacción han defendido posiciones opuestas a las de los gobiernos con los que él se identifica. Y lo han hecho contratados por clientes que buscan conservar su riqueza y su poder. Visto bajo este prisma, ha pasado a formar parte de lo que algunos, como el politólogo estadounidense Jeffrey Winters, llaman "la industria de la defensa de la riqueza". Un negocio del que el lobby es parte activa.[7] La misión de Imaginacción, por la naturaleza de su función, ha sido representar los intereses de clientes que muchas veces combaten la regulación y las alzas impositivas. Y aunque algunos consultores que trabajan o han trabajado con Correa aseguran que la firma no acepta clientes si estos no están dispuestos a flexibilizar sus posiciones para llegar a acuerdos con el Estado, admiten que eso no significa que las empresas renuncien de antemano al premio mayor: no ceder.

En ese marco, Imaginacción ha sido una fuerza que ha echado abajo alzas de impuestos. Ha liquidado o debilitado regulaciones. Y ha defendido intereses de industrias nacidas al alero de la dictadura, como las AFP o las isapres, tras la privatización de lo que en países desarrollados con Estado de bienestar son pilares de la seguridad social. En el caso de las primeras, ha representado a Hábitat (de la Cámara Chilena de la Construcción, CChC) y Provida (propiedad de MetLife). En el caso de las segundas, ha tenido como clientes a Consalud (también de la CChC),[8] a Colmena y a la Asociación de Isapres.

Un caso emblemático de la fuerza de Imaginacción para repeler alzas de impuestos ocurrió en 2003, durante el gobierno de Lagos, cuando la empresa asesoró a la industria tabacalera y a algunos productores de bebidas alcohólicas. Pero antes de llegar a este punto hay que detenerse en una estación previa. En 1999, Chiletabacos (hoy

---

6 Rocío Latorre, "Enrique Correa: otra figura de la Concertación que se inclina por el Apruebo, pero con 'reformas'", 2022.
7 Juan Andrés Guzmán, "Vivimos en la era de los oligarcas audaces y agresivos; en la era de los oligarcas en tu cara", 2024.
8 La CChC es la controladora de la Sociedad Inversiones La Construcción S.A. (ILC), a través de la cual es parte de la propiedad de AFP Hábitat (en asociación con Prudential Financial Inc.) y controladora de la Isapre Consalud, entre otras empresas de los sectores financiero y de salud.

British American Tobacco), entonces la principal tabacalera en el país con el 98% del mercado, se acercó a la consultora cuando el gobierno de Frei Ruiz-Tagle consideraba la opción de presentar una demanda contra la empresa. La idea había sido esbozada luego de que en Estados Unidos 46 estados demandaran a esa industria por el daño a la salud de la población. Arrinconadas, cuatro tabacaleras se allanaron a pagar en ese país miles de millones de dólares anualmente, y a perpetuidad, para mitigar el costo en salud pública y financiar iniciativas destinadas a prevenir el consumo de tabaco entre menores de dieciocho años.

Cuando la idea comenzó a ser barajada en Chile, dos de los principales estudios de abogados (el del exministro de Agricultura Juan Agustín Figueroa y Carey) le recomendaron a Chiletabacos acudir a Correa. El artículo "Mr. Lobby" de la revista *Qué Pasa* dejó consignado el éxito de su gestión: "Según fuentes gubernamentales, la presencia de Correa fue fundamental para que el gobierno aplazara su decisión y para que el ministro José Miguel Insulza diera públicamente la primera respuesta dilatoria y desdeñosa del gabinete presidencial. 'Veremos la conveniencia de demandar', dijo".[9] No hubo demanda.

Chiletabacos pasó a ser cliente de Imaginacción. En ese entonces Correa abordaba estos temas con su colega de confianza Marcela Noé, con la que había trabajado en los 80 asesorando sindicatos y que había sido su jefa de gabinete en el gobierno de Aylwin. Noé, socióloga, metódica y aplicada, compartía con Correa el talento de aterrizar los problemas en la realidad. "Ellos no son intelectuales, son políticos –explica un consultor que los conoce–. Se aproximan a una situación buscando el nudo del poder que permite desactivar un conflicto o una crisis". Esa dupla fue la que comenzó a hacer lobby, hasta que a principios de 2000 Imaginacción sumó a Carmen Celedón, una economista que había trabajado en Cieplan, el *think tank* que reunía a especialistas vinculados a la Democracia Cristiana.

Representando a Chiletabacos –distribuidora de marcas como Lucky Strike y Hilton–, Correa se enfrentaría al gobierno de Lagos cuando este propuso aumentar el impuesto al tabaco. La iniciativa gubernamental fue enviada al Congreso en junio de 2003 y en ella Lagos explicaba que el Fisco requería recursos para financiar la reforma a la salud –que buscaba asegurar la cobertura universal de ciertas prestaciones– y el programa Chile Solidario, que destinaría recursos a los

---

9   Cindy Rivera y Andrés Azócar, "Mr. Lobby", 1999.

hogares más pobres. El gobierno proponía aumentar temporalmente el IVA –impuesto que afecta en mayor proporción a los más pobres– y subir los impuestos al tabaco, los alcoholes y el diésel.

En el caso del tabaco, los tributos habían aumentado en 1995 y 1999. Y ahora el gobierno proponía subir el impuesto a los puros de 51% a 61%, el de los cigarrillos de 47,9% a 51% y el del tabaco elaborado de 42,9% a 51%. Además, el proyecto consideraba medidas para limitar el contrabando. Correa y su equipo asesoraron al gerente de Asuntos Públicos de la tabacalera, Luis Fernando Laso, quien por esa época explicó que lo habían ayudado a definir los argumentos para oponerse a la medida.[10] No era una tarea fácil, pues, tal como describía un medio de la época, "como el tabaco causa un evidente daño a la salud, genera poco empleo y además no afecta una zona específica, su defensa resulta especialmente complicada".[11]

El diseño de Imaginacción se centró en recordar que el tabaco era el producto más gravado en Chile, que ya había sufrido alzas y que un nuevo aumento incrementaría el valor de una cajetilla, lo que incentivaría el contrabando: Hacienda calculaba el alza en $40 pesos y Chiletabacos entre $100 y $200, una cifra a todas luces exagerada.

Mientras el presidente de Chiletabacos, Michael Hardy, exponía la posición de la empresa ante las comisiones de Hacienda de la Cámara y el Senado, Laso fue el encargado de conversar directamente con diputados y senadores. Noé y Celedón no solían acudir al Congreso pero sí hablaban por teléfono con algunos parlamentarios. Según declaró Laso, Correa no se involucró directamente en el lobby ante los parlamentarios.[12] Rara vez intervendría personalmente en esta etapa, delegando esa tarea en su equipo, que sí recurriría a él para que llegado el momento contactara directamente a algunos parlamentarios. En esos casos, Correa los invitaba a su oficina o los llamaba. "Él prefería esperar que los proyectos de ley avanzaran a instancias más decisivas", explica una persona que conoció esta dinámica.

El lobby fue exitoso. El impuesto al tabaco no sobrevivió a la discusión parlamentaria y no volvería a aumentar en los siguientes siete años, es decir, en dos mandatos gubernamentales: el de Lagos y

---

10 Francisca Skoknic, "Impuestos: lobby contra lobby", 2013.
11 Íd.
12 Íd.

el primero de Michelle Bachelet. Sí aumentó el IVA, el más regresivo de los tributos propuestos.

Durante esos años, en Imaginacción se jactaban de "botar impuestos". Ese 2003, de hecho, el del tabaco no fue el único caso. El mismo proyecto de ley enviado por Lagos proponía subir los tributos a los alcoholes: de 27% a 28% en el caso de los licores, piscos y whisky, y de 15 a 19% para el vino y la cerveza. En este caso, Imaginacción fue contratada por la industria viñatera, encabezada por Rafael Guilisasti, el viejo amigo mapucista de Correa y uno de los dueños de la Viña Concha y Toro, quien ya en democracia había vuelto de lleno al redil empresarial. A los viñateros se sumaron los pisqueros. CCU, de la familia Luksic y otro de los clientes de Imaginacción, tenía intereses en todos los casos, pues poseía cervecerías, viñas y pisqueras.

El impuesto al vino no había subido desde 1971. El pisco había tenido impuestos diferenciados según la graduación alcohólica (entre 27% y 47%), pero desde 2001 había quedado en 27% para todos los casos. El gobierno argumentaba, entonces, que el precio de una botella de pisco aumentaría 10 pesos, el de una cerveza 13 pesos y el de una botella de vino 36 pesos.

En un hecho inédito, viñateros y cerveceros financiaron una campaña publicitaria con spots televisivos, transmitidos en horario *prime*, que anunciaba un alza del desempleo si el Congreso aprobaba el impuesto a los alcoholes. Guilisasti trabajó con Imaginacción y, tal como Laso en el caso del tabaco, expuso la postura de Viñas de Chile ante el Parlamento. Ahí contaron con dos aliados relevantes, representantes de localidades pisqueras y vitivinícolas de la Cuarta Región: el senador Jorge Pizarro y el diputado Patricio Walker. Ambos democratacristianos aseguraron el rechazo de la DC al impuesto a los alcoholes, argumentando que generaría desempleo en la zona. En esa época, la idea de los "impuestos correctivos" no había calado en la opinión pública, de modo que el lobby tuvo escasa resistencia y los parlamentarios rechazaron la propuesta del gobierno. Una nueva alza volvería a discutirse recién once años después, en 2014. Y nuevamente Imaginacción trabajaría con la industria.

En esa segunda oportunidad, la asociación gremial Viñas de Chile se llamaba Vinos de Chile y era presidida por René Araneda, quien más tarde, en un libro sobre el gremio, llamó al proyecto de gravamen "una reforma tributaria devastadora".[13] Una vez más se

---

13 Araneda, *Historia gremial del vino chileno*, 2023.

sumaron los pisqueros. Y la CCU tuvo un rol más activo, pues la propuesta afectaba tanto a sus productos alcohólicos como a las bebidas. El segundo gobierno de Bachelet propuso aumentar el impuesto de la cerveza y el vino en un 18% base, más 0,5% por grado alcohólico. Eso dejaba el impuesto a la cerveza en aproximadamente 20,5% y al vino en alrededor de 27%. Para las bebidas la fórmula era distinta: se proponía un 13% como base, que aumentaba a 18% cuando tenían un alto contenido de azúcar. En todos los casos el lobby surtió efecto.

Aunque Araneda no menciona a Imaginacción, la empresa asesoró a la gremial durante el proceso. Tal como una década antes, la cara del lobby fue Rafael Guilisasti, a quien los consultores le reconocían talento en estas lides, lo mismo que al fiscal de la asociación, el abogado Federico Mekis. En el caso de la CCU también hubo ganancias: en ese frente Imaginacción coordinó el trabajo con el gerente general, Patricio Jottar. Al final el impuesto a la cerveza subió a 20,5%, pero en el de las bebidas la base bajó de 13% a 10%, compensando en parte el alza a 18% de aquellas con alto contenido de azúcar.

Por último, para la defensa de los pisqueros Imaginacción se coordinó con Azerta, otra empresa de lobby, comandada por Cristina Bitar y Gonzalo Cordero,[14] que fue la elegida por la familia Luksic para representar sus intereses en el área. Por entonces Azerta, vinculada a la derecha, recién crecía en este mercado. No es raro que más de una empresa de lobby trabaje para el mismo cliente, sobre todo cuando deben contactar a autoridades de diversos partidos políticos, en los que tienen distinta llegada.

Hasta la segunda mitad de 2010, en todo caso, Correa era el amo y señor de la industria del lobby. Entre 2015 y 2017 la revista *Qué Pasa* realizó una encuesta a líderes de opinión preguntando quiénes eran las personas más poderosas en distintos ámbitos. En el del lobby, Correa ocupó el primer lugar en todas las mediciones. Lo mismo

---

14 A mediados de los 90 Cristina Bitar fundó con Pablo Zalaquett la agencia de comunicaciones y lobby Captiva, que a fines de los 90 se fusionó con la compañía estadounidense Hill & Knowlton, de la que ella fue directora ejecutiva hasta 2008. Bitar ha sido parte del Instituto Libertad y Desarrollo (LyD), el centro de estudios ligado a la UDI, y fue jefa de campaña de Joaquín Lavín en las presidenciales de 2005 y en su campaña senatorial de 2009. Cordero es un histórico militante de la UDI e integra el Consejo de LyD. Fue socio de Azerta hasta 2017, cuando asumió como jefe de comunicaciones de la segunda campaña presidencial de Sebastián Piñera. Desde 2018 integra el directorio de Televisión Nacional de Chile.

ocurrió en 2018, cuando *La Tercera* continuó ese ejercicio. La única diferencia fue que en 2015 obtuvo más del 60% de las menciones y en 2018 el 51%. Y si en las primeras mediciones Eugenio Tironi aparecía en el segundo lugar, en 2018 Cristina Bitar alcanzó esa posición.

Eran los años en que Imaginacción daba cátedra.

*

"Todos llegan queriendo botar una ley", afirma una persona que conoce el trabajo de Imaginacción por dentro. La frase resume la expectativa de los clientes que acuden –o acudían– a la empresa para impedir que una nueva regulación afecte sus negocios. La primera tarea de los consultores es, entonces, aterrizar las expectativas de los clientes. Y explicarles que muchas veces es mejor llegar a un buen acuerdo.

En esa relación con el Parlamento, donde Imaginacción mostró desde temprano su habilidad para negociar, la consultora fue afinando un método para representar a sus clientes. En un principio, por ejemplo, empresas como Chiletabacos enviaban minutas con su posición a la totalidad de los diputados y senadores. Imaginacción, en cambio, empezó a elegir a un grupo de parlamentarios a quienes les hacían llegar los argumentos de sus representados, ya fuese por escrito o en persona. Para eso los consultores –un equipo que creció consistentemente hasta fines de la década de 2010– hacían un seguimiento de los proyectos de ley de interés para sus clientes, por lo que mantenían una fluida relación con los secretarios de comisiones de la Cámara y el Senado. Además, tal como reveló *El Mostrador* en 2014, tenían contratado al menos a un periodista acreditado en el Congreso (primero por cuenta del diario *El Mercurio* y luego por *El Líder* de San Antonio) para conseguir información *in situ*. A diferencia de un ciudadano común e incluso de los lobistas, los periodistas acreditados pueden asistir a las comisiones donde se discuten y negocian en detalle los proyectos de ley sin necesidad de ser invitados por un parlamentario.[15] Así resumía *El Mostrador* el resultado de este trabajo: "Cada una de las sesiones monitoreadas por Imaginacción quedan registradas en informes que envían sus hombres en el Congreso, los que elaboran dos tipos de documentos. Por una parte realizan artículos informativos que dan cuenta de lo tratado en forma general en

---

15 Nicolás Sepúlveda, "Así opera la máquina de lobby de Enrique Correa en el Congreso", 2014.

las instancias parlamentarias, y también unos más pormenorizados con la transcripción textual de lo expresado por cada uno de los parlamentarios en la discusión".

Con ese monitoreo en mano, revisaban qué parlamentarios representaban las zonas del país donde los clientes tenían presencia. En general, cualquier iniciativa legislativa que pudiese afectar un negocio que generaba empleo en localidades específicas era un buen punto de partida. Si además había productores artesanales –como en el caso de la cerveza–, Imaginacción podía construir un argumento que no solo defendiera a la gran industria.

Estudiaban quiénes integraban las comisiones y elegían a quiénes hacer llegar sus puntos de vista. Con el correr de los años hubo parlamentarios que se fueron especializando en ciertos temas, por lo que solían integrar por más de un periodo la misma comisión. Para el lobby en contra del impuesto al tabaco y los alcoholes, por ejemplo, las comisiones de Hacienda, de Salud y de Agricultura fueron clave.

Luego del fracaso del gobierno de Lagos en aumentar esos impuestos específicos vinieron los intentos por regular el consumo. En el caso del tabaco, en 1995 se había discutido una moción parlamentaria que por primera vez buscó prohibir fumar en lugares cerrados y la venta a menores de dieciséis años, además de impedir toda forma de publicidad y la obligación de advertir en los envases sobre el daño a la salud. Lo que se aprobó estuvo muy lejos de eso: se prohibió el consumo en el transporte público, las aulas escolares y los ascensores, y se restringió en recintos de salud, teatros, cines y oficinas públicas. Se limitó la publicidad a menores de dieciocho años y la distribución de tabaco a menores de dieciséis. Sí se aprobó la obligación de advertir sobre el daño a la salud en los envases y en la publicidad, aunque sin alterar sustancialmente el diseño. Por último, las multas propuestas cambiaron desde 10 a 1000 UTM a desde ½ a 25 UTM.

Diez años después, en 2005, el gobierno de Lagos propuso al Parlamento prohibir totalmente el consumo en lugares cerrados. Y, otra vez, el lobby de las tabacaleras –en conjunto con rubros como el comercio– consiguió limitar el alcance de la norma. Tras más de un año de tramitación, la nueva ley aumentó el listado de recintos en los que solo se podría fumar en patios o espacios al aire libre, pero hizo una importante excepción para los "restoranes, bares, pubs, discotecas, cabarés, casinos y otros lugares de juego legalmente autorizados, y demás establecimientos similares", que consiguieron asegurar áreas para fumadores. Fue el gran triunfo de la industria.[16]

Recién en 2013 se prohibió definitivamente el consumo de tabaco en lugares cerrados, así como todo tipo de publicidad. El trámite de la norma tuvo tantas postergaciones que el ministro de Salud Jaime Mañalich acusó un "lobby gigantesco" de la industria tabacalera.[17] En todos estos procesos (lo mismo ocurrió con la ley de etiquetado que afectó a las bebidas), y tras estudiar el escenario que enfrentaban, Imaginacción seleccionó a un grupo de parlamentarios influyentes en cada bancada –no necesariamente cercanos a Correa o a los consultores senior de Imaginacción–, y a algunos con los que la empresa tenía una relación de confianza o podía construirla.

Aunque no hay forma de reconstruir en detalle la relación de Imaginacción con el Congreso desde su fundación en 1996, sí es posible aproximarse a ella desde diciembre de 2014, cuando por mandato legal las reuniones entre lobistas y diputados comenzaron a ser inscritas en un registro público de audiencias. El registro de audiencias del Senado no incluye información sobre los lobistas.[18] El de la Cámara de Diputadas y Diputados, actualizado hasta abril de 2024, menciona 13.337 reuniones sostenidas en casi diez años con lobistas o gestores de intereses.[19] De ellas, 215 corresponden a audiencias entre profesionales de Imaginacción y parlamentarios.[20]

El registro es una mala fotografía. Primero, por la pequeña cantidad de reuniones registradas –21,5 al año aproximadamente, es decir, casi dos al mes–, lo que hace pensar en un subregistro: Enrique

---

16 Biblioteca del Congreso Nacional, "Historia de la Ley 20.105".

17 Víctor Petersen, "Cámara aprobó ley antitabaco. Ministro de Salud criticó lobby de tabacaleras", 2013.

18 El registro de las audiencias del Senado, disponible en la plataforma InfoLobby del Consejo para la Transparencia, está incompleto: en el campo correspondiente a los sujetos activos, es decir, a los lobistas o gestores de intereses, aparece el siguiente mensaje: "Información en proceso de recepción conforme a convenio". Lo llamativo es que a fines de 2024 estos antecedentes no habían sido actualizados para audiencias sostenidas desde fines de 2014.

19 La ley que regula el lobby distingue a los lobistas de los gestores de intereses, pues los primeros reciben una remuneración por representar las posiciones de un tercero, mientras los segundos no.

20 Los autores cruzaron el listado de lobistas de Imaginacción Consultores en Asuntos Públicos, Imaginacción Consultores en Comunicación Estratégica e Imaginacción Diseño de Nuevos Negocios con el registro de audiencias de la Cámara de Diputadas y Diputados facilitado por el Consejo para la Transparencia.

XIV ATENDIDO POR SU PROPIO DUEÑO

Correa, por ejemplo, aparece en una sola audiencia con miembros de la Cámara Baja en casi una década. Segundo, porque la ley no obliga a registrar otro tipo de contactos, como los sostenidos por teléfono, correo electrónico o aplicaciones de mensajería instantánea.

Pese a esto, las 215 audiencias analizadas sí permiten trazar un mapa del trabajo de Imaginacción en el Congreso. En la década en que ha estado vigente la ley que regula el lobby la Cámara ha tenido una composición distinta en tres ocasiones. Así, 306 personas han ejercido como diputadas o diputados y 121 de ellas han sido contactadas por Imaginacción.

La transversalidad con que trabaja la empresa queda clara al analizar el arco de partidos en que han militado los diputados que se han reunido con los lobistas de Correa: hay reuniones con representantes del PC hasta el Partido Republicano.[21] En esta última década, además, la relación es ligeramente más frecuente con la centroderecha (hay audiencias con 63 de sus diputados) que con la centroizquierda (59). Como se observa en la siguiente tabla, la empresa de Correa recurrió a más parlamentarios de RN (26) y la UDI (21) que a los de la DC (16), el PS (15) y el PPD (11). Según los datos, existe una mayor distancia con el Frente Amplio: los lobistas de Imaginacción han inscrito reuniones con apenas 4 representantes de ese sector.

AUDIENCIAS CON IMAGINACCIÓN: N° DE DIPUTADOS POR PARTIDO Diciembre de 2014 - abril de 2024	
RN	26
UDI	21
DC	16
PS	15
PPD	11
PR	6
Evópoli	5

21 Se considera la militancia al momento de la reunión. El resultado supera al total de diputados contactados pues tres de ellos pertenecían a colectividades distintas en las ocasiones en que recibieron a lobistas de Imaginacción.

Republicanos	5
FA	4
IND	3
PC	3
PL	3
FRSV	2
PRI	2
Demócratas	1
PRO	1
*La suma incluye a los diputados independientes vinculados a partidos políticos.	

Según los lobistas y parlamentarios consultados, eso sí, hay un conjunto de representantes en el Congreso con el que Imaginacción ha trabajado más de cerca y sobre el que es posible hacer tres afirmaciones gruesas: la mayoría ha sido de la Concertación o de la Nueva Mayoría; con un primer grupo la confianza llegó al punto de que los lobistas podían exponer la posición de una empresa con total franqueza y sin adornos, buscando puntos de encuentro o negociación; y con un segundo grupo la cercanía era más estrecha, por lo que podían trabajar en conjunto, casi como parte de un mismo equipo.

En el caso del primer grupo, la apuesta era persuadirlos y negociar una salida para que, a la hora de reunir votos, fueran los propios parlamentarios los que influyeran entre sus pares y esa tarea no quedara radicada directamente en los profesionales de Imaginacción. "Eso es mucho más efectivo", explica un lobista. En este segmento se menciona a José Miguel Ortiz o Mariano Ruiz-Esquide en la DC, Ricardo Lagos Weber o Guido Girardi en el PPD, Carlos Montes o Marcelo Schilling en el PS y Pablo Longueira en la UDI.

El registro del Consejo para la Transparencia confirma en parte quiénes han sido los diputados más requeridos por Imaginacción, aunque solo desde fines de 2014. De los 120 diputados identificados, 52 se reunieron con profesionales de la empresa en dos o más ocasiones. Hay anotadas tres o más reuniones con 23 diputados.

RÁNKING DE REUNIONES ENTRE DIPUTADOS E IMAGINACCIÓN Diciembre de 2014 - abril de 2024		
Diputada/o	N° de audiencias	Partido
Marco Antonio Núñez Lozano	11	PPD
Javier Macaya Danús	5	UDI
José Miguel Ortiz Novoa	5	DC
Jorge Sabag Villalobos	4	DC
Marcelo Schilling Rodríguez	4	PS
Joaquín Tuma Zedan	4	PPD
Ernesto Silva Méndez	4	UDI
Rodrigo González Torres	4	PPD
Felipe Letelier Norambuena	4	PPD
Guillermo Ramírez Diez	4	UDI
Miguel Mellado Suazo	4	RN
Alejandro Santana Tirachini	4	RN
Jorge Rathgeb Schifferli	3	RN
Ramón Barros Montero	3	RN
Gastón Saavedra Chandía	3	PS
Manuel Monsalve Benavides	3	PS
Marcela Hernando Pérez	3	PR
Fidel Espinoza Sandoval	3	PS
Alejandra Sepúlveda Orbenes	3	FRVS
Fuad Chahín Valenzuela	3	DC
Joanna Pérez Olea	3	DEM
Claudio Arriagada Macaya	3	DC
Gustavo Hasbún Selume	3	UDI

En el segundo grupo, el más cercano a Correa, parlamentarios y lobistas mencionan a Marco Antonio Núñez como el principal aliado de Imaginacción en el Congreso, cuestión que el registro de audiencias confirma.[22] Los entrevistados también mencionan a Jorge Pizarro,

---

22 Núñez dejó el Congreso en marzo de 2018 tras perder su postulación al Senado.

quien dejó la Cámara Alta en marzo de 2022. Con ellos la relación era de tanta confianza que permitía dar un paso adicional: "alimentarlos" con sugerencias precisas, incluyendo indicaciones parlamentarias. "Cuando el lobby es profesional, inventa una alternativa que concilia el interés de la empresa con el interés público. Y cuando tú diseñas esa solución se la entregas a una o dos personas, para que se luzcan", explica un conocedor del trabajo de Imaginacción. A veces esto también ocurría con parlamentarios que espontáneamente compartían la posición de la empresa.

Al mismo tiempo, Correa tenía algunos límites. Pese a su cercanía, por ejemplo, con Isabel Allende –diputada desde 1994 y senadora a partir de 2010–, a ella la dejaba al margen del trabajo de su empresa. Sus consultores no recurrían a ella como lo hacían con otros conocidos del lobista. Era una forma de mantenerla al margen del escrutinio y de eventuales cuestionamientos sobre el lobby.

Pese a la experiencia de Imaginacción, muchas veces los clientes pensaban que era posible saltarse todo este proceso y acudir directamente a la autoridad, al margen de sus asesores. En una ocasión, por ejemplo, el presidente de una asociación gremial que había trabajado con la empresa de Correa tuvo la oportunidad de acompañar en una gira al exterior a la Presidenta Bachelet. Entonces la abordó para convencerla del negativo impacto que tendría en su industria un alza de impuestos. Bachelet le respondió que entendía el problema y que traspasaría esa inquietud a su equipo. La posición del gobierno, sin embargo, no varió. Y el dirigente cayó en la cuenta de que lo que había escuchado eran palabras de buena crianza.

Un testigo remata: "Ahí entendió por qué necesitaba a Imaginacción".

*

La cuerda que unía al Correa lobista con el Correa socialista se rompió en 2004.

El jueves 1 de julio, Imaginacción recibió una buena noticia: el Consejo Minero, la asociación gremial que reunía a las grandes mineras con presencia en Chile, había elegido a la empresa –en alianza con Hill+Knowlton Captiva– en una licitación abierta para enfrentar una propuesta del gobierno de Ricardo Lagos que las había puesto en pie de guerra: crear un royalty a la minería, es decir, una regalía

XIV ATENDIDO POR SU PROPIO DUEÑO

que las empresas debían pagar al Estado por la explotación de este recurso natural no renovable.[23]

La noticia, sin embargo, complicó a Correa. Esta vez sus gestiones no quedarían tras bambalinas. Él y La Moneda terminarían enfrentados en un tema de alta repercusión pública, que concitaba un apoyo mayoritario en las encuestas y un respaldo abrumador en la izquierda de la coalición, especialmente en el Partido Socialista, su colectividad.

El lunes 5, Correa y el ministro del Interior, José Miguel Insulza, conversaron por teléfono y el jefe de gabinete le hizo ver la complejidad del asunto: como pocas veces, el rol de Correa como asesor informal del gobierno –graficado en su asistencia semanal a las reuniones del segundo piso y su ayuda en el caso MOP-Gate– entraría públicamente en curso de colisión con su labor profesional. Correa decidió dejar la asesoría al Consejo Minero y esa misma tarde Imaginacción le comunicó su decisión a la asociación gremial. Pero la renuncia se mantuvo inicialmente en reserva.

El mismo día Correa experimentó un momento muy difícil: murió sorpresivamente, a los veinticinco años, uno de sus siete hijos, Manuel. Correa se concentró en su familia y en los ritos funerarios.

No hubo tiempo, entonces, para avisarle al gobierno que ni él ni Imaginacción harían lobby en favor del Consejo Minero. Y el jueves 8, cuando ya había trascendido que las grandes mineras lo habían contactado, el titular de Hacienda, Nicolás Eyzaguirre, de gira en el exterior, lanzó una dura crítica al lobby del Consejo Minero desde Brasil: "El Parlamento tiene que actuar con total independencia de los intereses sectoriales. Aquí estamos en un asunto que puede ser espacio de mucha opacidad y, por qué no decirlo, de corrupción".

Sus palabras irritaron a Correa. Ese fin de semana el asunto empeoró: en una reunión del Comité Central del Partido Socialista, el abogado Francisco Fernández –exdirector del Servicio Nacional del Consumidor y exfiscal nacional económico– pidió sancionar a los militantes que rechazaran el royalty. A esas alturas Insulza ya le había transmitido al PS, encabezado por Gonzalo Martner, que Correa no trabajaría para el Consejo Minero. Pero el voto político, que no tuvo oposición, fue interpretado como un reproche a dos militantes con nombre y apellido: Correa y Eduardo Loyola, gerente general

---

23 Canales, Faúndez y Rubio, 2004.

del Consejo Minero. Más todavía, el propio Martner trazó un límite: "Aquel militante que esté en contra de este proyecto y en defensa de las mineras se pone inmediatamente fuera de las filas del partido".

Era la primera vez que quedaba en evidencia cuán incompatible podía ser su rol de lobista con su militancia política y su papel como consejero gubernamental.

El 12 de julio, todavía en medio del duelo, le envió una carta a Martner presentando su renuncia al PS. Al día siguiente el jefe socialista trató de disuadirlo, pero el consultor no echó pie atrás. Según *La Tercera*, Correa le dijo que tarde o temprano surgirían nuevos conflictos.[24] Además, decía estar personalmente en contra del royalty: "Tengo una opinión discrepante acerca del proyecto", estampó en un comunicado en el que dos días más tarde confirmó su renuncia.

Inmediatamente hubo reacciones de apoyo hacia el consultor. Martner lo homenajeó: "Valoramos los muchos e importantes aportes que ha hecho por muchos años a la tarea de nuestra organización, a la lucha contra la dictadura y a la transición a la democracia, aunque en más de una oportunidad hayamos tenido apreciaciones no coincidentes". El ministro Insulza fustigó a sus críticos: "Hubo gente que se apresuró a juzgarlo sin siquiera conversar con él". Y entonces fue cuando el Presidente Lagos se refirió a él como "un gran servidor público (...). Estoy seguro de que va a seguir sirviendo al país".

Afectado, Correa resolvió replegarse y no dar más declaraciones. "Fue un punto de inflexión", dice un cercano.

Sobre el royalty minero, el gobierno había anunciado un proyecto de ley en abril y la reacción del sector fue inmediata: rechazo rotundo. Lagos había defendido la propuesta en la Expomin, la principal feria minera del país: "No estamos buscando postergar la explotación de nuestras riquezas para guardarlas en el subsuelo. Lo que estamos buscando es que, cuando esa riqueza ya no esté, deje algo para Chile", dijo. [25] No parecía, en todo caso, que La Moneda estuviese explorando algún acercamiento con las grandes mineras. Tampoco que esperara aprobar la iniciativa, pues cuando envió el proyecto al Congreso ya sabía que no tenía los votos.

---

24 Waldo Díaz y Paola Riquelme, "Correa renuncia al PS por críticas a su rol como lobbysta antiroyalty", 2004.
25 Archivo Ricardo Lagos, "Inauguración Expomin 2004".

El Ejecutivo proponía cobrar una regalía de 3% sobre las ventas anuales de sustancias metálicas, como el cobre, y de 1% para las no metálicas, como el litio. Como creaba una regalía –y no un impuesto específico–, el proyecto modificaba la Ley Orgánica Constitucional sobre Concesiones Mineras, lo que implicaba que la propuesta debía ser aprobada por un quórum de 4/7, más que la cantidad de parlamentarios de la Concertación. ¿Por qué el gobierno no había optado por el impuesto, que solo requería mayoría simple?

Lo que La Moneda en realidad estaba haciendo era instalar en la discusión pública un proyecto que era popular entre la ciudadanía, a tres meses de las elecciones municipales de 2004.[26] Correa aparecía, entonces, como un obstáculo en la estrategia electoral para poner en aprietos a la derecha. El gobierno, de hecho, empujó el trámite legislativo sin descanso y no buscó espacios de negociación. Así, aunque la propuesta obtuvo mayoría en ambas cámaras, no consiguió el quórum requerido y en agosto de 2004 fue rechazada.

Andrónico Luksic Abaroa, dueño de Pelambres, se molestó muchísimo con Lagos. Ya enfermo de cáncer, se quejó de que el presidente había roto un compromiso que tenía con la industria de no cambiar la regulación ni las políticas impositivas en el área minera.[27]

Luego, cuando en enero de 2005 el gobierno propuso aumentar el impuesto específico a la minería y ya no un royalty, Correa quiso intervenir en la discusión. Y no en contra del gobierno, sino para apaciguar el ánimo de los mineros. Pero todo el episodio previo había tenido un costo y quedó marginado de las negociaciones, que quedaron en manos del ministro Eyzaguirre por el gobierno y del presidente de la CPC, Juan Claro, y Jean-Paul Luksic, de Antofagasta PLC, por los empresarios.

Lo que se discutía de fondo en el caso de Correa era dónde estaba la línea que separaba la actividad política de la privada, y cuánto le servía al Correa lobista su privilegiado acceso a las autoridades de gobierno. Ese año el propio gerente del área de Comunicación Estratégica de Imaginacción, Luis Álvarez, "reconoce que sucede que potenciales clientes se pasen de la raya en lo que esperan de la empresa".

---

26 Enzo Napoli y Patricio Navia, "La segunda es la vencida. El caso del royalty de 2004 y del impuesto específico a la gran minería de 2005 en Chile", 2012, 159.
27 Senado de Chile, "Homenaje en memoria del señor Andrónico Luksic Abaroa", intervención de Carlos Ominami, 2005.

"Todo lo que nos pueda parecer incluso cercano al tráfico de influencias inmediatamente lo desechamos", afirmaba tajante.[28]

Un par de años antes, cuando todavía no se definía derechamente como lobista, Correa había abordado este problema. "Jamás hablo de mis negocios en La Moneda –respondió ante una consulta del periodista Boris Bezama, precisando que colaboraba con el grupo asesor del Presidente, encabezado por Ernesto Ottone–. Esas son reuniones de mi actividad política". Cuando el reportero le retrucó que además asesoraba a varios ministros, el propio Correa enumeró las cinco carteras a las que apoyaba, entre ellas Hacienda y Relaciones Exteriores, e insistió: "Jamás he hablado con ellos de un negocio mío o de un negocio que yo represento. Eso lo sabe todo el mundo: los ministros, los dirigentes políticos y el que siquiera suponga que yo pueda mezclar ambas cosas miente a sabiendas".Y en 2002, cuando dijo "yo hago lobby", trazó una definición: "En cuanto genero negociaciones entre el sector privado y el sector público, diría que sí. En cuanto que hago una llamada telefónica para obtener ventajas o cambiar decisiones públicas, jamás".[29]

A fines de 2003 el lobista número 1 de Chile había buscado una forma de distinguirse: promovió, desde su empresa, la regulación del lobby. El gobierno había enviado al Congreso un proyecto de ley para regular la actividad. La tramitación demoró más de una década e incluyó el envío de un nuevo proyecto en el segundo mandato de Bachelet. Aunque en 2014 se aprobó la ley que rige la actividad hasta hoy, siempre tuvo debilidades. En vez de enfocarse en los lobistas, lo hizo en las autoridades o funcionarios públicos que son objeto de lobby: estos deben dar cuenta de las audiencias sostenidas con lobistas o gestores de intereses, aunque solo cuando se trata de reuniones cara a cara. Más aun, la discusión en el Congreso aniquiló algunas propuestas contenidas en el proyecto original que Correa apoyaba. Una era contar con un registro obligatorio de lobistas. Otra era regular la "puerta giratoria"entre funcionarios públicos y las empresas de lobby, imponiendo dos años de moratoria antes de que una exautoridad pudiera ser contratada en una consultora dedicada a ello.

Correa tenía entre ceja y ceja a los estudios de abogados, cuyo trabajo conocía bien, pues muchas veces formaban parte de la *entente*

28 Francisca Skoknic, "Lobby. El estigma de jugar sin reglas", 2004.
29 Moraga, 2002.

que las empresas contrataban para enfrentar grandes crisis: un equipo legal, otro de lobby y otro de comunicaciones. Los abogados a menudo terminaban haciendo lobby. Para Correa, un registro de lobistas y otras propuestas en el proyecto podían evitar lo que consideraba competencia desleal, y reducir el tráfico de influencias. Nunca se pronunció, eso sí, a favor de otra disposición del proyecto original que también pasó a la historia: la prohibición de que los lobistas pudiesen contribuir al financiamiento de campañas políticas, partidos o coaliciones.

En los hechos, ha aprovechado la mayoría de estos vacíos. Al cierre de este libro, a fines de 2024, su nombre apenas aparecía en el registro de audiencias de la plataforma InfoLobby, pues lo suyo son los llamados telefónicos ("el señor del teléfono", le dicen en Imaginacción) o negociaciones a puertas cerradas que sus contrapartes gubernamentales o parlamentarias no declaran. Y su empresa ha contratado a exfuncionarios públicos apenas semanas después de que dejaran sus puestos. Además, como relata este libro, Correa cumplió un rol como recaudador, consejero y vehículo de donaciones a campañas o políticos.

A diferencia de otras empresas del rubro, además, Imaginacción se niega a informar su listado de clientes ni los temas por los que hace lobby en su nombre, pese a que muchos aparecen en InfoLobby. En 2016, el libro *El lobby feroz*, de Renato Garín, consolidó el siguiente listado a partir de informaciones de prensa: "ADT, Aguas Andinas, Almacenes París, American Monarch, Puerto de Antofagasta, Anatel, Asociación Chilena de Seguridad, Asociación de Isapres, Asociación de Notarios y Conservadores, Asociación de Avisadores A.G. (ANDA), Asociación de Mutuales de Seguridad, Banco del Desarrollo, Banco Santander, BHP Billiton, Blanco y Negro, CAP, CCU, Cemento Melón, Citibank, Claro, Consalud, CTC, Crystal Lagoons, Colbún, Córpora Tres Montes, Clínicas de Chile, CorpGroup, Cruz Blanca, Cruz Verde, Lota Protein, Mall Plaza, Madeco, Nextel, SMU, Soprole, SQM, Tecnorec y Universidad Santo Tomás". Entre las empresas públicas incluyó a TVN.

A ellas se suman, al menos, Agunsa, Antofagasta Minerals, British American Tobacco, la Cámara Chilena de la Construcción, Cencosud, Chilealimentos, Colmena, Concha y Toro, Dreams, Enel, Entel, Equifax, Falabella, Hábitat, Hidronor, Iansa, Inacap, Minera

Vizcachitas, Novojet, Penta, Pharmasan, Ripley, Telefónica, Tianqi, Universidad SEK, la Sofofa y Walmart.[30]

Esa opacidad ha provocado choques con algunos de sus clientes.

*

A inicios de 2010, la pesquera danesa de capitales noruegos Lota Protein, productora de harina y aceite de pescado, decidió presentar una consulta ante el Tribunal de Defensa de la Libre Competencia (TDLC), solicitando que estableciera las condiciones para que "se materialice la efectiva entrada de competencia al mercado de pesca industrial" a través de licitaciones.[31] Para esto contrató al estudio de abogados FerradaNehme y a Imaginacción. La idea era diseñar una estrategia jurídica y político-comunicacional para defender la posición de la empresa, un actor mediano en el mercado que había resuelto desafiar a las grandes pesqueras.

Abierta en 1995 en la comuna de Lota, en la Región del Biobío, Lota Protein topó con una dificultad para crecer: la legislación chilena. Tal como relata el periodista Daniel Matamala en *Poderoso caballero. El pe$o del dinero en la política chilena*, todas las leyes de pesca aprobadas en democracia han premiado a los incumbentes, es decir, a quienes ya tienen participación en la industria, frenando la entrada de nuevos competidores.[32] En 1991, el gobierno de Aylwin promulgó la ley 19.080, que fijaba cuotas globales de pesca para ser explotadas por las pesqueras ya existentes, lo que dio paso a la "carrera olímpica", es decir, al apuro de las empresas por "capturar todo lo que puedan dentro de un periodo limitado".[33] Un solo artículo de esa ley incluía la posibilidad de licitar hasta el 50% de la cuota autorizada para un periodo, cuestión que nunca ocurrió, pues no se fijó como una obligación.

---

30 Este listado se construyó con la información conseguida en entrevistas y en InfoLobby del Consejo para la Transparencia, que contiene un listado de empresas que han sido representadas por Imaginacción en las audiencias que deben ser declaradas por ley. Según este registro, desde fines de 2014 Imaginacción ha tenido, a lo menos, 150 clientes.
31 Presentación de Lota Protein ante el Tribunal de Defensa de la Libre Competencia, marzo de 2011.
32 Matamala, 2015, 305-329.
33 Íd.

En 2001, a raíz de la sobreexplotación de los recursos pesqueros, una nueva ley supuestamente transitoria estableció cuotas individuales de pesca y límites máximos de captura por armador. Una vez más, como explica Matamala, los favorecidos fueron los incumbentes: "El 50% de las cuotas se entregó en base a las 'capturas históricas', y el otro 50% por el tamaño de las bodegas de sus naves".[34] Más aun: la vigencia de la ley, fijada inicialmente en dos años, se extendió hasta 2012.

En ese contexto, y como era un actor relativamente nuevo en la industria pesquera chilena, Lota Protein quería forzar la licitación de cuotas. Es decir, que las capturas fueran adjudicadas sobre la base de criterios competitivos fijados por la autoridad. Por eso, en marzo de 2010 le pidió al TDLC que se pronunciara sobre si el hecho de que la Subsecretaría de Pesca no hubiese abierto procesos de subastas anuales infringía las normas que en Chile protegen la libre competencia. Fue entonces cuando comenzaron a trabajar con Imaginacción, específicamente con su entonces gerente de Asuntos Públicos Carlos Correa y la lobista Marcela Alt. Una vez a la semana, el gerente de Lota Protein Simón Gundelach o alguien de su equipo y un representante de Imaginacción se reunían con los expertos legales en las oficinas de FerradaNehme.

Esa primera etapa de trabajo fue bien evaluada. Se definió el mensaje que se entregaría públicamente. Imaginacción gestionó entrevistas de la encargada de Asuntos Corporativos de Lota Protein, Riola Solano, con diarios como *El Mercurio* y *La Tercera*. Y la empresa pudo instalar su agenda. Aunque en agosto de 2010 el TDLC rechazó el requerimiento por cuestiones de forma, el tribunal decidió entrar al tema de fondo y así entregar su posición con miras a la discusión de una nueva ley de pesca, la que debía discutirse antes de 2013. En enero de 2011, el TDLC señaló que no era "estrictamente necesario" implementar subastas para asignar cuotas de pesca, pero sí constató "un evidente aumento en la concentración en la industria de reducción pesquera", es decir, en la elaboración de aceite y harina de pescado, el rubro de Lota Protein.[35]

---

34 Íd., 315.
35 TDLC, "Proposición N° 12. Sobre Régimen de Acceso a los recursos pesqueros", 27 de enero de 2011. En su recomendación se mostró partidario de liberalizar un mercado de cuotas de pesca.

El trabajo de la pesquera con Imaginacción continuó. Era el momento propicio. El gobierno de Sebastián Piñera, inaugurado el 11 de marzo de 2010, tendría que formular una propuesta y a principios de los 90, siendo senador, el Presidente había promovido las licitaciones de cuotas de pesca. El ministro de Economía, Juan Andrés Fontaine, se inclinaba también por este mecanismo.

En mayo de 2011 Lota Protein invitó a Chile al economista Paul Milgrom, profesor de la Universidad de Stanford y experto en licitaciones o subastas, quien en 2020 obtendría el Premio Nobel de Economía junto a Robert Wilson, justamente por su aporte en este campo. Carlos Correa y Marcela Alt diseñaron su agenda de reuniones y Milgrom hizo una exposición en el *think tank* del empresariado chileno, el Centro de Estudios Públicos; participó en un seminario en la Universidad Adolfo Ibáñez y se reunió con el ministro Fontaine. La propuesta de Milgrom consistía en poner en marcha un sistema mixto, entregando un 50% de las cuotas de pesca en función de las capturas históricas y un 50% vía licitación.

Imaginacción también agendó reuniones entre ejecutivos de Lota Protein y Libertad y Desarrollo, *think tank* ligado a la UDI, y el Instituto Libertad, vinculado a RN. Y los acompañó a una reunión con el subsecretario de Pesca, Pablo Galilea.

La cuenta de Lota Protein en Imaginacción era una rareza, pues era la única compañía relevante en el sector que respaldaba las licitaciones. En un país con un empresariado más identificado con la derecha y con áreas muy concentradas, como el caso de la pesca, las empresas de lobby no pueden representar a clientes únicamente identificados con el ideario de sus dueños. Pero en este caso, al menos en el papel, Enrique Correa podía empujar una agenda que conjugaba su visión del mundo con los intereses de su cliente: por un lado, las licitaciones tenían un componente progresista, pues podían favorecer a los pescadores artesanales y las pequeñas y medianas pesqueras, y por otro lado se trataba de una propuesta liberal, pues, al menos en teoría, el ingreso de nuevos actores aumentaría la competencia. Correa, recuerda un cercano, era firme partidario de las licitaciones. Y, como acostumbraba, participó en una de las primeras reuniones con el equipo de Lota Protein antes de dejar el trabajo en manos de Carlos Correa y Alt.

El hecho es que Lota Protein había llegado a Imaginacción buscando una empresa con prestigio y músculo para hacer lobby en el Congreso, pues se enfrentarían a las grandes pesqueras que en el pasado habían influido decisivamente en la legislación que las regía. En el camino, sin embargo, surgieron algunas dificultades.

Mientras la cita de Milgrom con el ministro Fontaine fue positiva, una serie de reuniones con parlamentarios se vio casi completamente frustrada. Marcela Alt acompañó al economista a la sede del Congreso en Santiago, pero, según cercanos a Lota Protein, se equivocó de dirección y al final solo pudieron reunirse con uno de los parlamentarios, el senador RN Carlos Kuschel. En Lota Protein se molestaron y consideraron que el episodio era inexplicable. Incluso se instaló la sospecha sobre si Alt había intentado boicotearlos. "Hubo una falta grave de servicio", dice un cercano a la compañía. En los meses siguientes continuaron las reuniones con asesores del gobierno y en el Congreso en Valparaíso. Hasta allá llegaban Carlos Correa o Marcela Alt, con Gundelach e integrantes del equipo de la pesquera para entregar sus argumentos.

En uno de esos intercambios, un parlamentario le hizo ver al gerente de Lota Protein que Imaginacción "defendía las licitaciones en la mañana y las cuotas en la noche", aludiendo al proyecto sobre televisión digital terrestre, que había ingresado en noviembre de 2008. En esa discusión, que se había reactivado a inicios de 2010, Imaginacción representaba a la Asociación Nacional de Televisión (Anatel), que agrupa a los canales de televisión abierta, y defendía sus "derechos históricos" para la asignación de nuevas frecuencias. El asunto hizo ruido en Lota Protein y se lo plantearon a Imaginacción, donde la queja cayó mal: en el rubro es común que los lobistas representen intereses contrapuestos, pues defienden las posiciones de sus clientes y no necesariamente las propias. Imaginacción hizo ver, además, que en el caso de Anatel ni las empresas de televisión por cable cuestionaban que los canales de TV abierta mantuvieran sus concesiones.

La relación se tensionó aun más cuando a Lota Protein llegó el rumor de que Imaginacción también estaba representando los intereses de las grandes pesqueras. A principios de noviembre, la senadora socialista Isabel Allende publicó una columna de opinión en la que –más allá del mecanismo utilizado– abogaba por que se aumentara la cuota para los pescadores artesanales y pedía que los industriales pagaran "un precio justo al Estado por la extracción de un recurso que le pertenece a todos los chilenos por el que hoy no pagan".[36] El

---

36 Isabel Allende, "Cuotas de pesca: un debate pendiente", 2011.

texto molestó a las grandes pesqueras y, seguramente por la cercanía de Allende con Correa, se quejaron con... Imaginacción. Por eso en Lota Protein dieron el rumor por cierto.

Acá las versiones se dividen.

Cercanos a Lota Protein señalan que le preguntaron a Imaginacción si era verdad que estaba representando a las grandes pesqueras. En un principio les dijeron que no, pero más tarde admitieron que sí: "Nos dijeron que se habían equivocado al darnos la primera información". Según esta versión, en una reunión en la que al menos habrían estado el gerente Gundelach, la abogada Solano, Alt y Carlos Correa, los lobistas buscaron darle garantías a su cliente y prometieron levantar "una muralla china" entre la defensa de sus intereses y la de las otras pesqueras.

La otra versión, cercana a Imaginacción, sostiene que esto nunca ocurrió y que la empresa de Correa no asesoró a ninguna otra pesquera durante la discusión de la ley de pesca. Lo que nuestra investigación pudo establecer es que más tarde, en 2013, Corpesca, una de las pesqueras grandes, propiedad de la familia Angelini, recurrió a Imaginacción después de que *Ciper* revelara que la diputada Marta Isasi había recibido pagos de la empresa.[37] El manejo de esa crisis quedó en manos de Juan Carvajal.

Lo otro que también está claro es que a fines de 2011 Lota Protein puso fin al contrato con Imaginacción.

Durante todo ese periodo, además, el contenido del proyecto de ley impulsado por Piñera giró del cielo a la tierra. La industria pesquera estaba concentrada entonces en un puñado de empresas en manos de las "siete familias", los Angelini, los Lecaros, los Stengel, los Fernández, los Sarquis, los Yaconi-Santa Cruz y los Izquierdo.[38] En abril de 2011 el ministro Fontaine comenzó a informar a esas grandes pesqueras que el Ejecutivo preparaba un proyecto de ley proponiendo licitar entre el 30% y el 50% de las cuotas de pesca. Pero el 18 de julio Piñera realizó un cambio de gabinete, Fontaine fue reemplazado por el entonces senador UDI Pablo Longueira y este convenció al gobierno de que el proyecto de ley fuera fruto de un acuerdo entre las grandes pesqueras y los pescadores artesanales.

---

37 *Ciper*, "Ex asesor de diputada Marta Isasi revela pagos de Corpesca para financiar campañas políticas", 2013.

38 Matamala, 2015.

La propuesta ingresó al Congreso en diciembre y se aprobó un año después. Más tarde se sabría que al menos dos parlamentarios –la diputada pro-UDI Marta Isasi y el senador UDI Jaime Orpis– habían recibido pagos de Corpesca mientras se tramitaba el proyecto, hechos por los que fueron condenados por la justicia, al igual que la empresa.[39]

Matamala describe así el resultado de la nueva legislación: "La Ley 20.657, despachada en 2012, regaló a las grandes pesqueras cuotas anuales estimadas en US$ 743 millones anuales, de manera indefinida en la práctica. Las licencias son de veinte años renovables, una renovación que es automática, a menos que se hayan cometido infracciones graves a la ley. Las subastas, si llegaran a hacerse (están sometidas a una serie de condiciones), no serán por más del 15% del total. El 85% restante es un regalo de todos los chilenos a un pequeño grupo de magnates".[40]

*

Mario Kreutzberger, Don Francisco, no tenía en su radar a Enrique Correa cuando estalló el trance más complejo de su trayectoria. A fines de 2010, un comerciante de cuarenta y tres años estampó una demanda por paternidad ante un tribunal de familia reclamando ser su hijo, producto de una fugaz relación que el animador habría tenido en 1967. El hombre, de un evidente parecido físico con el aludido, decía que había intentado acercarse a él sin éxito antes de presentar la demanda y exigir que el conductor se hiciera un examen de ADN.[41]

Don Francisco evaluó alternativas de manejo de crisis, la otra especialidad de Imaginacción aparte del lobby. Hasta que alguien le recomendó contratar a Correa. El lobista, quien no lo conocía, se puso a su disposición junto al área de comunicación estratégica de su empresa. "Enrique se dedicó en cuerpo y alma a esto, veinticuatro horas al día", apunta un testigo.

Si Kreutzberger se negaba al examen, el tribunal podía reconocer inmediatamente la paternidad, por lo que esa opción no existía. Alguien que conoce el manejo de este tipo de situaciones explica: "A

---

39 Orpis fue condenado a 5 años y un día de presidio por fraude al Fisco y a 600 días por cohecho, y Marta Isasi fue condenada a 50 días de presidio por cohecho. El gerente general de Corpesca, Francisco Mujica, y la empresa fueron condenados por soborno.
40 Matamala, 2015, 319-320.
41 *La Tercera*, "Don Francisco enfrenta demanda por paternidad", 2011.

los clientes hay que darles un baño de realidad, porque la pulsión del poderoso es arreglar todo de un manotazo. Hay que bajarles la ansiedad y ayudarlos a aceptar la espera". En el caso de Don Francisco, lo que hizo Correa fue convenir con él que esta vez no tenía poder. Lo contuvo para aguardar el trámite en silencio, descartando litigar contra el demandante por los medios.Y lo preparó para los dos posibles desenlaces: si el examen revelaba que el demandante era su hijo, vendría una reconciliación. Si no lo era, como aseguraba el conductor, la crisis estaba resuelta. A principios de marzo de 2011 el animador se hizo el examen de sangre en el Servicio Médico Legal, ciñéndose al libreto de no hablar fijado por Correa. Un día antes, el director del servicio, Patricio Bustos, despachó al Ministerio Público un oficio en el que denunciaba que una de las partes había intentado sobornar a uno de sus funcionarios para que alterara la muestra.[42]

El resultado se hizo público a mediados de mes y arrojó que el animador no era el padre. Dos contramuestras, realizadas semanas después en la Universidad Católica y en un laboratorio privado, dieron el mismo resultado. En junio, la Fiscalía Centro Norte cerró la investigación por intento de soborno, pues no logró reunir suficientes antecedentes contra el hijo del animador, Patricio Kreutzberger, y un amigo de este, el empresario Patricio Farcas, quien habría instruido a un trabajador de su empresa para que contactara al funcionario y le ofreciera un pago.[43]

La demanda de paternidad contra Kreutzberger tuvo una amplia cobertura mediática y su manejo se convirtió en uno de los éxitos más sonados de Correa. Luego la relación entre ambos se hizo muy estrecha. Alguien que la conoce la define como una amistad horizontal, de mutua admiración. Correa se convirtió en asesor permanente del animador y es a uno de los pocos a los que le acepta invitaciones a eventos sociales en sus residencias de Santiago y Miami. "Enrique le da consejos en ámbitos como la Teletón y está muy pendiente de proteger la reputación de Mario", resume un testigo. "Hablan harto y él lo aconseja en todo", dice un conocido empresario.

---

42 *Ciper*, "Denuncian intento de soborno para cambiar muestra de sangre de Don Francisco en el SML", 2011.
43 Sebastián Labrín, "Fiscalía cierra investigación por supuesto soborno en demanda de paternidad contra don Francisco", 2011.

Don Francisco, por su parte, le dio acceso a gente del espectáculo y a empresarios poderosos ligados al directorio de la Teletón, el evento benéfico propiciado por el presentador televisivo desde 1978. Uno de estos últimos es Carlos "Choclo" Délano, del grupo Penta, presidente del directorio de Teletón hasta 2014, a cuyo holding Imaginacción asesoraba cuando explotó el caso "platas políticas". Otro es Ignacio Cueto, gerente general de Latam Airlines y miembro de la familia controladora de la compañía. Kreutzberger también lo vinculó con Lázaro Calderón, gerente general de Ripley y parte del clan que controla ese holding. Y con el empresario Alfredo Moreno, presidente de Teletón entre 2008 y 2010, ligado a Penta y ministro de Desarrollo Social en el segundo gobierno de Piñera. En esa cartera Moreno quedó a cargo del conflicto mapuche, tema en el que Correa lo asesoró, aprovechando que tiene vínculos históricos con comunidades mapuches.[44]

Ahora, a fines de 2024, Correa, de setenta y nueve años, y Kreutzberger, de ochenta y cuatro, comparten otra característica: su resistencia a retirarse de la vida pública.

Cuando Correa e Imaginacción comenzaron a vivir en 2018 una aguda crisis económica, la Teletón fue un balón de oxígeno. En un reportaje que por primera vez sacaba a la luz la contabilidad de esa fundación, *Ciper* reveló que entre 2019 y 2021 la Fundación Teletón pagó al ovallino más de $ 155 millones por asesorías. Los pagos se efectuaron a la sociedad Enrique Correa Asesorías Empresa Individual de Responsabilidad Limitada (EIRL), por lo que no pasaron por el grupo de empresas de Imaginacción.[45]

En sus años de auge, cada área de Imaginacción la encabezaba un gerente de peso, que coordinaba a un equipo de consultores y también tenía cuentas a su cargo. Junto a los socios propietarios, que a su vez eran miembros del directorio, los gerentes integraban el estado mayor de Correa. Si lo estimaba, el presidente de Imaginacción

---

44 En 2001, el Presidente Lagos creó la Comisión de Verdad Histórica y Nuevo Trato para los Pueblos Indígenas. Presidida por Patricio Aylwin, Correa fue uno de sus miembros. La comisión entregó su informe en 2003 y entre otras cosas propuso el reconocimiento constitucional de los pueblos indígenas y la elección de representantes propios en el Congreso.

45 Macarena Segovia, Benjamín Miranda y Nicolás Sepúlveda: "Así se gasta la billetera de la Teletón: millonarios pagos a Enrique Correa y boletas por $156 millones a Ximena Casarejos", 2022.

podía discutir con ellos qué nuevos clientes tomar, bajo qué tarifas y las estrategias para cada caso. No todo lo que hacía Asuntos Públicos se conocía en Comunicación Estratégica, mientras en el área de lobby la información sobre lo que hacía su contraparte era mayor.

Cuando su empresa partió, Correa se involucraba más, especialmente en las cuentas de mayor calado. Durante el gobierno de Frei siempre atendía la primera reunión con un cliente antes de traspasar la tarea al consultor asignado, aunque solía reaparecer periódicamente. Pero a medida que Imaginacción crecía su presencia ante la clientela se hizo más esporádica. No era raro que no llegara a una reunión, al punto de que algunos consultores preferían advertir a los clientes que no dieran por hecho que Correa participaría. "Tuve que pedir disculpas porque no iba", relata un excolaborador.

Su día partía muy temprano. Tal como en sus años como ministro, era común que antes de las 8:00 llamara para instruir a sus gerentes desde su departamento en la calle Galvarino Gallardo. Sus mañanas las pasaba trabajando en su domicilio y colgado al teléfono. Hasta entrada la década de 2010 no usaba computador y cuando respondía correos electrónicos o revisaba documentos le dictaba a un asistente. A eso del mediodía o antes estaba en su oficina, listo para alguna reunión. El almuerzo era en su despacho, con pollo o salmón grillado con mix de verduras, encargado al Tavelli de la calle La Concepción. A menudo lo acompañaba algún invitado para conversar sobre política o actualidad.

Un lugar común de Correa era decir que él trabajaba para la gente humilde, esa que se levantaba temprano en la mañana y tomaba el metro, y a la que le iba mejor con un país estable y con crecimiento, donde los actores políticos y económicos podían conversar y ponerse de acuerdo. Eso, decía, era ser pragmático y realista. El principismo, aseguró más de alguna vez en privado, era para los "progresistas de Hollywood", no para la gente de esfuerzo como él y "la señora que toma el metro temprano", otra de sus frases. A ratos contaba sobre sus orígenes humildes en Ovalle, o sus pellejerías como dirigente clandestino. Por lo general, afirma un exconsultor, eran historias a las que había que poner atención, pues incluían moralejas y distendían almuerzos y reuniones de trabajo.

Pero con el crecimiento del negocio y otros avatares la relación con los empleados que no eran de su total confianza se fue haciendo más impersonal y circunspecta. Los intercambios se fueron limitando al saludo, conversaciones de ascensor y lo que se discutía en encuentros de trabajo. El fundador ya no evocaba tanto su vida como antes. "En la empresa Correa era muy amable, risueño, pero marcando distancias", afirma un consultor que nunca integró su círculo más próximo.

Lo paradójico del éxito de Imaginacción es que dejó al descubierto su gran debilidad: ser un artilugio hecho a imagen y semejanza de su creador. Imaginacción es Enrique Correa y, como tal, cobija sus mayores pasiones y debilidades. Entre ellas colaborar gratuitamente en causas de su interés con cargo a la consultora, como apoyo ad honorem a campañas políticas; dar refugio laboral a amigos y excompañeros de ruta caídos y mezclar el negocio con relaciones de parentesco, pues, desde que en 1996 partió bajo el nombre de Correa y Correa, la firma fue siempre una empresa familiar.

En su página web, Imaginacción expone que desde sus orígenes ha colaborado pro bono con "numerosas organizaciones y actores de la sociedad civil, enfocándose en organizaciones de migrantes, comunidades originarias y de innovación cultural y educativa". Con el fin de potenciar esta acción, agrega la web, ha impulsado la creación de fundaciones como Promigrar, que fue presidida por Carolina Tohá, ministra del Interior de Gabriel Boric.

Antes, cuando Correa dejó el gobierno de Aylwin, por ejemplo, fue un importante respaldo para el Movimiento de Liberación Homosexual (Movilh) y el Movimiento Unificado de Minorías Sexuales (MUMS). Entre otras cosas, en 1997 financió la publicación y fue uno de los presentadores del libro *Sexualidad y homosexualidad: por el derecho a la diferencia*.[46] "Él apoyó mucho al movimiento con apoyos económicos puntuales", recuerda Juan Pablo Sutherland, escritor y exdirigente del Movilh, y agrega: "En ese tiempo un millón de pesos era plata". Correa apoyó públicamente la despenalización de la sodomía, la principal demanda del movimiento, aprobada en 1999. "Nos daba consejos de análisis estratégicos", apunta Sutherland.

También ha respaldado monetariamente a la Corporación Cardenal del Pueblo, en memoria de Raúl Silva Henríquez. "Y de vez en cuando nos invita a almorzar a su oficina", afirma su presidente ejecutivo, Reinaldo Sapag.

---

46 Mauricio Becerra, "Historia del Movilh: La lucha por despenalizar la sodomía", 2022.

Imaginacción además le da a Correa los recursos y el beneficio de la excusa para involucrarse en causas políticas, también gratuitamente, en especial en tiempos de campaña. Como adicto a la política, es por lejos lo que más le entretiene. Y si bien no es posible saber cuán a menudo ha ocupado en este ítem fondos de su consultora, muchas reuniones eran en Imaginacción y en época electoral consumían buena parte de su tiempo.[47] Hasta hace algunos años, al menos, sus consultorías políticas pro bono conformaban una agenda de trabajo paralela y no era extraño que debido a ellas desatendiera los asuntos de la empresa. Así lo resume un exconsultor de Imaginacción: "Enrique atendía a muchos políticos que le iban a pedir consejos: 'Hola, soy candidato a diputado, tengo estas encuestas, ¿qué opinas?'. Llegaban preguntándole por estrategias y a Enrique eso le apasionaba".

Otro exconsultor señala que, cuando tomaba a un potencial candidato, Correa se hacía cargo de todos los eslabones del proceso. "El 50% de una campaña era conseguir el pase del partido o del cacique local, y eso él lo hacía. El 10% era la estrategia de campaña, que él también diseñaba. Y el 40% era el financiamiento, que además Correa conseguía". Un exsenador concertacionista que lo conoce bien lo resume así: "El auto viene con llave en mano, listo para subirse". Lo refrenda un consultor de empresas externo: "Enrique hacía el servicio completo".

Por cierto, en esas carreras tenía sus caballos favoritos. Un exdirigente del PPD recuerda el caso de un postulante al Congreso de esa tienda que a fines de la década de 2000 se quejaba de que el lobista había aportado $ 100 millones para la campaña oficialista en la zona en la que él competía, en el norte del país. De esa cifra solo un 10% había sido para él, mientras que el 90% había ido a su compañero de lista, una figura socialista que sí resultó electa, a diferencia del que contaba la historia. Otra fórmula era regalar encuestas o *focus groups*, que Correa financiaba con cargo a su empresa.

Eran sus tiempos de gloria como el lobista más gravitante del país, lo que cimentó bajo el gobierno de Frei y desplegó por completo durante la administración de Lagos. "Correa ganaba mucha plata. Y empieza a regalar plata y a apadrinar a ciertas personas, o a

---

47 Un indicio de que algunas de estas actividades sí eran financiadas por la contabilidad de Imaginacción surgió en 2015, cuando el dueño de una consultora digital que prestó servicios al PPD señaló a la Fiscalía que en el partido le pidieron emitir la factura por sus servicios a nombre de Imaginacción. Ver página 462.

hacer apuestas a futuro en la política", describe un asesor de empresas que ha seguido de cerca su trayectoria. Durante su apogeo, entre sus apuestas de recambio estaban Marcelo Díaz (entonces PS), Marco Antonio Núñez (PPD), Ricardo Lagos Weber (PPD), Claudio Orrego (entonces DC) y especialmente Carolina Tohá (PPD), quien hasta 2009 fue presidenta de ProyectAmérica, una corporación impulsada en 2006 por Correa y Ricardo Lagos, entre otros, precisamente para estimular la renovación en la centroizquierda. El antecesor de Tohá a la cabeza de ProyectAmérica había sido Correa y varios consultados coinciden en que la promovió como su sucesora.

ProyectAmérica captó importantes recursos del mundo privado antes de entrar en receso en 2013. Un reportaje de *Ciper* de 2016, durante la investigación de la Fiscalía e Impuestos Internos por las "platas políticas", consigna que entre junio de 2010 y junio de 2013 la sanitaria Aguas Andinas pagó a ProyectAmérica $ 66,3 millones. Se trataba de un monto en regla, pues, a diferencia de otros aportes políticos rectificados por esa empresa, sí tenía una contraprestación: los informes de coyuntura periódicos que la corporación distribuía vía suscripciones, una modalidad usada por casi todos los centros de estudios para financiarse.[48]

Según consigna *Ciper*, los pagos de Aguas Andinas a *think tanks* de todo el arco incluían a universidades y entre 2009 y 2014 alcanzaron un total de $ 422,4 millones. Más allá de las suspicacias por la generosidad de una compañía que gozaba de un monopolio otorgado por el Estado y cuyas ganancias dependían de la fijación de la tarifa del agua, llama la atención que en ese mismo periodo el monto entregado por la sanitaria vía informes a Chile 21, el anterior reducto del laguismo, alcanzó apenas algo más de la mitad de ProyectAmérica: $ 34,5 millones.[49] Los aportes seguramente eran un reflejo de cómo la corporación apoyada por Correa era entonces la favorita del ala progresista de la Concertación.

Quienes conocen la trayectoria de Correa saben que Tohá siempre ha sido una de sus grandes apuestas presidenciales. Así lo señala un competidor de Imaginacción: "Todo el mundo de la gran

48 Nicolás Sepúlveda y Alberto Arellano, "Platas políticas: la generosa billetera de Aguas Andinas", 2016.
49 Los pagos de Aguas Andinas a Chile 21 abarcaron entre 2009 y 2014, un periodo dos años más extenso que los de ProyectAmérica. Sepúlveda y Arellano, 2016.

elite sabe de la relación que Correa ha tenido con Tohá y que ella es vista como uno de sus grandes activos".

Tohá vivió uno de los momentos más complejos de su carrera política en 2016, cuando debió declarar ante la Fiscalía por los pagos mensuales de SQM al PPD entre agosto de 2011 y junio de 2012, cuando ella presidía la colectividad. Los aportes irregulares, que fueron triangulados por Patricio Rodrigo, un exasesor de Guido Girardi, y que Tohá siempre negó conocer, llegaron mientras Imaginacción asesoraba a SQM y Correa era *consigliere* de Ponce Lerou. Al prestar su testimonio ante los fiscales, Tohá lo hizo acompañada del penalista Jorge Bofill, el mismo que defendía al exyerno de Pinochet.[50]

Los pagos mensuales de SQM al PPD saltaron de $ 4 millones en 2011 a $ 8 millones en marzo y abril de 2012. El último aporte, en junio de 2012, escaló a $ 13 millones. Ese mismo mes Tohá dejó la presidencia del PPD para desafiar al UDI Pablo Zalaquett en la alcaldía de Santiago. Lo derrotó con el 50,6% de los votos.[51]

Otra práctica de Correa es dar cobijo a políticos caídos en desgracia o en proceso de reinserción laboral. En cuanto a los primeros, con Carlos Cruz, luego del MOP-Gate, se asoció en Imaginacción Diseño de Negocios, y a Carmen Fernández tras el 27-F le encomendó trabajos a honorarios que la ayudaron a mantenerse. A Rodrigo Peñailillo le brindó apoyo económico cuando lo necesitó, y preparó su aterrizaje en la Flacso. Otros dos miembros importantes de la G-90, el ingeniero Flavio Candia y el exadministrador de la Presidencia Cristián Riquelme, trabajaron en su consultora.[52]

Un ejemplo de los segundos es Jorge Burgos, quien en 2016, tras renunciar al Ministerio del Interior de Bachelet, volvió al ejercicio profesional como abogado y entre otros clientes tuvo por un tiempo a Imaginacción.

También es conocido su afán por hacer favores personales, sin una lógica pragmática visible, a familiares o cercanos de políticos,

---

50 Girardi siempre negó conocer estos pagos, pero el dirigente socialista Camilo Escalona puso en duda su versión, atendiendo a que quien recibió los dineros fue Patricio Rodrigo a través de la ONG Chile Ambiente. Patricio Rodrigo, argumentó Escalona, "era asesor durante los cuatro años de la legislatura del senador Girardi". Cofré, 2019, 308-311.

51 Cofré, 2019, 309.

52 Vanessa Azócar, "La carrera al alza del círculo de Peñailillo en Imaginacción", 2018.

cónyuges o hijos de sus amigos. Durante años ha apoyado financieramente a exmilitantes del MAPU-OC que quedaron varados desde el
inicio de la transición, o a hijos de dirigentes o parlamentarios concertacionistas, a quienes les ha pagado estudios o entregado capital
para algún proyecto profesional. Se trata de una faceta que le reconocen incluso algunos de sus más persistentes críticos, y que sus
amigos atribuyen a su formación sacerdotal.

Hasta antes de la crisis económica de Imaginacción en 2018, los
fichajes de políticos o de sus familiares ocurrían sin aviso y caían pésimo en la planta de la empresa. Correa los decidía sin consultarlos con
sus gerentes de área, que además veían encarecidos sus costos en un
ambiente de constante presión por aumentar las ganancias y bajar los
gastos. Lo peor era cuando llegaba alguien sin experiencia y ganando más que consultores veteranos. Nadie reclamaba, pues sabían que
era decisión del fundador, pero el clima laboral se crispaba: muchos
sentían que su trabajo no era reconocido y que, como el único activo
realmente indispensable, Correa hacía y deshacía a su antojo.

Un tercer factor que hacía indisoluble la gestión de Imaginacción de la personalidad de Correa era el carácter familiar de la empresa, lo que dificultaba una administración más profesional. Después
del fundador, la figura más importante era el otro socio fundador, su
hijo adoptivo Nelson Correa Arriagada, de cincuenta y nueve años
en 2024. Como administrador general del grupo de empresas es el
hombre de las finanzas, y, en esa calidad, quien más presionaba por
la eficiencia. Si un gerente quería subirle el sueldo a un subalterno
debía negociarlo con él "y en esas conversaciones era muy duro", señala un testigo. Si se fijaba un bono por desempeño, también pasaba
por Nelson. Cuando abruptamente dejaban de pagarlo, él lo había
decidido. "La persona más cercana a Correa en Imaginacción es Nelson", afirma una persona que los conoce. "La familia de Correa es
Nelson", recalca un exfuncionario de la empresa.

En ocasiones, cuando Correa planteaba algún reparo a un subalterno, lo ponía en boca de Nelson, quien a fines de 2024 trabajaba
externamente e iba solo algunos días a la oficina. La simbiosis entre
ambos hacía imposible confirmar si en realidad el reparo era del lobista en jefe.

Como se ha mencionado, en Imaginacción también trabajó
Carlos Correa Bau, ingeniero civil industrial de la Universidad de
Chile, MBA de la Universidad de Tulane e hijo del primer matrimonio

de Enrique Correa. Llegó en 2008 como consultor y en 2010 asumió la gerencia de Asuntos Públicos. Su padre confiaba en sus capacidades y le encargó una de las cuentas más relevantes: SQM.

Carlos no tenía una buena relación con Nelson, lo que era evidente para el resto del equipo. Una versión indica que el hijo adoptivo sintió el arribo de Correa Bau como una amenaza a su poder interno. "Nunca se los veía juntos", señala un exdependiente.

Carlos Correa y el gerente de Comunicación Estratégica, Claudio Rutllant, impulsaron la profesionalización de la gestión de las cuentas, para despersonalizarlas de su fundador. La idea era compartida por el equipo senior y por la mayoría del directorio, incluido Enrique Correa. Antes, otros lo habían intentado, buscando introducir criterios más técnicos y transparentes para exorcizar la imagen del "hombre del maletín" que los perseguía. En los servicios de lobby había rondado la idea de concentrarse en proveer a los clientes de estrategias y argumentos a favor de sus intereses, dejando en sus manos la negociación con la autoridad. Pero Correa descartó de plano la idea, que implicaba deshacerse de su gran capital político: su agenda telefónica.

Cuando Correa Bau y Rutllant volvieron a la carga con la idea de "despersonalizar" Imaginacción, comenzaba el primer gobierno de Piñera. Veían un gobierno de derecha como una oportunidad antes que una amenaza. Podrían sacudirse el mote de ser la consultora del "señor del teléfono". Y hubo avances. Se profesionalizaron sus gerencias y equipos de trabajo. Y participaron en discusiones de políticas públicas gravitantes. Sin embargo, Imaginacción siguió teniendo un carácter familiar y funcionando como refugio de favores políticos, dos realidades en que los "profesionalizadores" nunca lograron doblarles la mano a su presidente y a Nelson Correa. Los clientes, además, seguían eligiendo a Imaginacción por Enrique Correa.

Carlos Correa dejó la firma en el verano de 2014 para sumarse al segundo mandato de Michelle Bachelet como subdirector de la Secretaría de Comunicaciones (Secom). Al presidente de Imaginacción no le gustó que su hijo se fuera a La Moneda, tanto que, según una persona entrevistada, le pidió que dejara su oficina de inmediato y eso impidió hacer un traspaso ordenado de las cuentas. Cuando Correa Bau dejó el cargo dieciséis meses después, la molestia de su padre no había cedido. Según un cercano, volver a Imaginacción no estaba en los planes del ingeniero, algo que por lo demás consideraba poco prudente debido a su reciente paso por La Moneda, pero de todos modos le hicieron saber que las puertas para él se habían cerrado. Fundó su propia consultora, Qualiz, orientada a la reputación corporativa, y comenzó a escribir columnas de prensa, lo que tampoco agradó al padre, pues consideraba que se exponía. Aunque en sus inicios como consultor él había usado periódicamente la tribuna de *El Mercurio* escribiendo columnas para su sección editorial, y aunque en sus años de gloria exponía su mirada en foros como la Enade, con el tiempo midió sus apariciones y adoptó la costumbre de dar solo dos entrevistas al año. En años más recientes ha usado la página web de Imaginacción.

Como sea, la relación entre padre e hijo se quebró.

Más familiares que han trabajado en Imaginacción son otro de los hijos de Correa, de profesión periodista, y la ingeniera comercial y economista Catalina Bau, madre de Carlos. Con una carrera profesional que incluía la dirección de la Conaf y el Registro Civil, en 2014 llegó como consultora senior del área de lobby. Estuvo hasta 2017, cuando se fue a la Superintendencia de Pensiones, pero regresó en 2018, ahora como gerenta de Asuntos Públicos. Lo hizo para ayudar a enfrentar el trance más grave de la compañía en sus quince años de existencia. La empresa había perdido a algunos de sus mayores clientes y sus gastos se habían disparado. "A finales del año 2018 se encontró que su situación patrimonial distaba de la planificada por parte de la gerencia comercial, resultando en una diferencia relevante entre los ingresos percibidos y los esperados", resume un documento público que describe la situación de la empresa en ese entonces.[53]

Tampoco fue un buen año para Correa en el manejo de crisis, algo que repercutiría negativamente en la imagen de la empresa. Entre sus asesorías ad honorem, desde hacía años apoyaba al excomandante en jefe del Ejército Juan Emilio Cheyre, quien había sido acusado de violar los derechos humanos tras el golpe de Estado de 1973. Aunque las primeras acusaciones se habían descartado, en 2018 fue condenado como encubridor de quince homicidios cometidos por la Caravana de la Muerte, la comitiva militar enviada por Pinochet a distintas localidades del país para ejecutar a prisioneros políticos.[54] Ese mismo año, su amigo Cristián Precht, a quien había

---

53 Segundo Juzgado de Letras del Trabajo de Santiago, causa RUC 1940214603-9.
54 En 2018, en el juicio de primera instancia, Cheyre fue condenado a tres años y un día de libertad vigilada, en calidad de encubridor. Cinco años después, la Corte Suprema recalificó el delito y lo condenó a cinco años y un día de presidio

asesorado tras las denuncias de abuso sexual surgidas en su contra, fue expulsado definitivamente del sacerdocio.

Sea porque los aprietos económicos de Imaginacción así lo requerían, o porque quiso demostrar que su empresa seguía vigente, Correa se aventuró a aceptar el manejo de otro tipo de crisis, que conllevaban grandes riesgos y un nivel de exposición más explosivo.

---

como cómplice de los quince homicidios, aunque le otorgó la pena sustitutiva de libertad vigilada intensiva.

EL OCASO

El 28 de abril de 2018, la revista *Sábado* de *El Mercurio* remeció a la industria televisiva nacional. Su portada anunciaba una investigación realizada durante meses, en la que siete mujeres de la televisión acusaban a Herval Abreu, un exitoso director de teleseries, de acoso sexual y abuso de poder.[1] El reportaje iba en la línea de las investigaciones realizadas un año antes por *The New York Times* y *The New Yorker* sobre el productor de Hollywood Harvey Weinstein, quien durante décadas abusó sexualmente de mujeres de la industria. Las denuncias desencadenaron un movimiento de protesta mundial, conocido como #MeToo.

Abreu se enteró cuando los periodistas reporteaban el tema, por actrices contactadas por la revista. Contrató a Imaginacción, cuya área de Comunicación Estratégica tomó el caso. Su versión apareció publicada en una entrevista que complementaba el reportaje. Una consultora de la firma lo acompañó durante su testimonio, en el que negó haber forzado a nadie.[2]

El reportaje dejó flotando la sospecha de que Abreu no era el único abusador en el mundo audiovisual. No se equivocaba. Paradójicamente, fue alguien de Imaginacción quien confirmó al equipo de *Sábado* que existía un segundo caso, aun más grave. A sus treinta y cinco años, Nicolás López era un director de cine con varios éxitos de taquilla. También era conocido por su humor misógino y egocéntrico. Una vez que se filtró que la revista investigaba a Abreu, el cineasta entró en pánico. La exdiputada y exministra Mariana Aylwin, madre de su amiga Paz Bascuñán, actriz y esposa de su socio, Miguel Asensio, le recomendó los servicios de Correa. Según *La Tercera*, el director contrató a Imaginacción casi al mismo tiempo que lo hizo Abreu, cuando las denuncias contra este último todavía no se publicaban.[3]

---

1   Paula Escobar et al., "Las acusaciones contra Herval Abreu", 2018.
2   Paula Escobar et al., "Se está intentando crear la imagen de un monstruo", 2018.
3   Ivonne Toro y Pablo Basadre, "Nicolás López: el rol de Imaginacción en la crisis del #MeToo", 2018.

El primer error de Imaginacción fue llamar a *Sábado* para preguntar si López también era investigado. No era así, pero eso bastó para que sus periodistas confirmaran un dato que ya manejaban, para un nuevo reportaje. El segundo traspié fue ofrecer al diario de la competencia, *La Tercera*, una entrevista con el cineasta, sin aquilatar la molestia que gatillaría en ese medio el sentirse burdamente manipulado cuando la competencia publicó las denuncias en contra de López. La entrevista, que según el diseño de Imaginacción buscaba marcar la agenda con un mea culpa, remeció también a algunas víctimas, pues López se adelantaba a negar cualquier abuso. El título era: "Como hombres tenemos que hacer nuestro 'Me too' del 'yo también fui un imbécil'".[4]

El reportaje de *Sábado* sobre López se publicó dos semanas después, el 30 de junio. Las denunciantes eran ocho mujeres que describían graves abusos sexuales y de poder. Tres días antes de cerrar el texto los autores contactaron a Imaginacción y a López para que entregara su versión. Como *Sábado* se negó a enviar a la consultora el listado de las denunciantes, no hubo acuerdo. Por consejo de Imaginacción, López contrató a la abogada Paula Vial, exdefensora nacional y autodeclarada feminista, lo que generó un vendaval en ese movimiento. En una de sus primeras entrevistas sobre el caso, la profesional desestimó que su fichaje fuera parte de una estrategia comunicacional montada por la firma de Correa.[5] Quienes conocen la decisión, sin embargo, afirman que sí hubo un cálculo al buscar a una mujer, feminista, que además era cercana al lobista.

La Fiscalía comenzó a investigar de oficio a Abreu y López. Un mes después, *Sábado* publicó otros tres testimonios de mujeres contra López.[6] En 2022, el cineasta sería condenado a dos penas de tres años y un día por dos delitos consumados de abuso sexual, con el beneficio de la libertad vigilada intensiva, luego de un proceso en que su defensa, coordinada por Imaginacción, intentó sistemáticamente desacreditar a las víctimas y el trabajo de la revista.[7] Siguiendo esa línea, López había interpuesto una denuncia contra *Sábado* ante el

---

4 Claudio Vergara, "Nicolás López, cineasta: 'Como hombres tenemos que hacer nuestro 'Me too' del 'yo también fui un imbécil'". 2018.
5 Leslie Ayala, "Paula Vial, abogada de Nicolás López: 'El respeto a la mujer no se puede construir en base a denuncias falsas'", 2018.
6 Andrew Chernin, "Las nuevas denuncias que complican a Nicolás López", 2018.
7 Paula Escobar, "Culpable", 2023.

Consejo de Ética de los Medios de Comunicación, la que coordinó la empresa de Correa. Fue desestimada pues se consideró que el medio no había faltado a la ética periodística.

Una vez que se conoció la sentencia, Carlos Correa –quien había dejado Imaginacción ocho años antes– publicó un mensaje en Twitter, arrobando a la editora de revistas de *El Mercurio* cuando se publicó el reportaje, Paula Escobar: "Tremendo trabajo de investigación del equipo dirigido por @paulaescobarch. Fue ridiculizada en su tiempo y algunos optaron por la estrategia de la descalificación y engaño, pero la verdad se impuso. La justicia dio plena veracidad al reportaje, y a las denunciantes".

Herval Abreu fue sobreseído después de que la Fiscalía determinara no perseverar en la causa. La asesoría que le prestó la consultora de Correa duró algo más de un mes y se acabó cuando el "zar de las teleseries" asumió que su carrera estaba destruida.[8]

En julio de 2018, cuando los testimonios contra Abreu y López recién estaban en la palestra, un artículo de *La Tercera* citaba fuentes al interior de Imaginacción que reconocían que el manejo de ambas crisis había sido "más complejo" de lo que esperaban y que estaban cosechando muchas críticas. La nota, además, asumía que el rol de la consultora había dañado sus relaciones con ese diario y con *El Mercurio*.[9]

No era la primera vez que Enrique Correa o su equipo tomaban el manejo de denuncias de abuso sexual, pues el lobista ya lo había hecho con Cristián Precht. Pero en el caso del sacerdote se trataba de un amigo de años, cuya defensa había asumido en forma gratuita y personal, maniobrando en un terreno que conocía de sobra: la Iglesia Católica y sus pasadas de cuenta, la primera escuela donde había aprendido las lógicas del poder. En contraste, con Abreu y López hubo un servicio remunerado, suscrito por el área de Comunicación Estratégica, en un campo con dinámicas más imprevisibles y expuestas, la industria del espectáculo, un mundo ajeno a la especialidad de Imaginacción. Peor aun, la estrategia incluyó la descalificación de víctimas y periodistas. Todo ello implicó un costo reputacional para Imaginacción.

¿Por qué Correa había dado ese salto tan arriesgado, que puso a su empresa en conflicto con dos medios influyentes y la dejó como nunca a merced del escrutinio masivo?

---

8   Toro y Basadre, 2018.
9   Íd.

Parte de la respuesta es la aguda crisis económica que atravesaba Imaginacción a fines de 2018, la que la obligó a una profunda restructuración que incluyó reducir gastos y despedir a sus consultores más experimentados. El ajuste fue encabezado por Catalina Bau, quien reemplazó al administrador público Moisés Valenzuela, muy cercano a Gutenberg Martínez y Soledad Alvear. Valenzuela había liderado el área desde marzo de 2014.[10]

Según un exempleado, Bau aceptó el cargo porque se lo pidió personalmente Enrique Correa, con quien tenía una relación distante, aunque sin conflictos. Comenzó a poner orden en una crisis que "básicamente consistía en que se gastaba más plata de la que se ganaba", según un exconsultor. El escenario no tenía tanto que ver con la pérdida de cuentas insignes como Penta y SQM tras el caso de las "platas políticas", sino con otros clientes que se marcharon más adelante. Pese a eso, la gestión financiera siguió siendo deficiente. Había una serie de gastos autorizados por Nelson Correa que poco tenían que ver con las funciones de la empresa, como aportes a actividades y causas políticas. Además, dice un entrevistado, "se pagaban sueldos a gente que en realidad no trabajaba y que estaba ahí debido a favores personales de Enrique".

Carlos Cruz, gerente de Diseño de Negocios, había dejado Imaginacción antes de que llegara Bau.[11] Su salida marcó el fin de esa área orientada a asesorar a inversionistas y privó al grupo de otra fuente de ingresos. Para los entendidos fue, quizás, la señal más clara de que la empresa estaba en problemas. Era urgente reducir los altos costos fijos del área de Asuntos Públicos, además de conseguir nuevos clientes y mejorar la rentabilidad de las cuentas existentes. Aunque en un principio se resistió, Nelson Correa se vio obligado a aceptar la autoridad de Bau, quien comenzó a cuestionar hasta los gastos más mínimos que él cargaba. Tuvieron que despedir a los consultores más experimentados y caros, que fueron reemplazados por profesionales más jóvenes. A fines de 2018 dejaron la empresa el abogado Natalio Dorfman –uno de los lobistas más antiguos–, la economista Soledad Hormazábal y varios otros responsables de cuentas como Beatriz Sanhueza y María Soledad Carlini, así como administrativos. Antes lo había hecho el sociólogo Carlos Vergara, gerente de estudios de la

10 Vanessa Azócar, "El año de cambios en Imaginacción", 2019.
11 Íd.

firma. Por orden de Correa, Marcela Alt –con vínculos en la derecha– fue la única consultora senior que continuó en sus funciones.

En mayo de 2019 la economista y socia Carmen Celedón salió de Imaginacción y presentó una demanda por vulneración de derechos fundamentales y despido injustificado ante el Segundo Juzgado de Letras del Trabajo de Santiago. En el escrito alegó que su desvinculación se había producido "después de meses de abusos de poder y malos tratos reiterados", entre los que mencionó la disminución unilateral de su remuneración. Añadió que las relaciones entre ella y su empleador se habían deteriorado debido a "serias diferencias de apreciaciones en los casos de corrupción entre política y dinero, por estimar yo que en la percepción de muchos se traspasaban límites éticos que terminaban afectando a todos los que prestábamos servicios en Imaginacción".[12] La demanda acabó en una conciliación y la empresa aceptó pagar $ 25 millones.[13] El mismo 2019 Ítalo Cornejo dejó la dirección del área de Comunicación Estratégica.

La crisis se profundizó en 2020, en medio de los confinamientos por la pandemia. Para capear la emergencia sanitaria la planta sufrió un recorte de sus remuneraciones, incluidos los gerentes. Ese año también salió Juan Carvajal, pues no aceptó cesar su contrato y pasar a honorarios.[14] La negociación estuvo a cargo de Bau, no de Correa, pese a la amistad que lo unía con Carvajal desde sus años de exilio en Alemania Oriental. Carvajal montó su propia empresa y se llevó con él un importante cliente que había fichado personalmente: Blanco y Negro, la sociedad controladora de Colo-Colo.

Correa debió deshacerse de su parcela de Talagante, donde en la primera mitad de los 2000 había celebrado su cumpleaños con los empleados de su empresa, a quienes sorprendió contratando un espectáculo con un dragón chino. Imaginacción también vendió una oficina aledaña a su sede central, en la calle La Concepción. Una casa a nombre de su presidente en Almirante Riveros, en Providencia, donde vivía cuando era ministro y que era habitada por su expareja

---

12 Segundo Juzgado de Letras de Santiago, causa RUC 1940214603-9, 29 de agosto de 2019.

13 Segundo Juzgado de Letras del Trabajo de Santiago: "Acta de audiencia de juicio procedimiento ordinario", 26 de noviembre de 2020.

14 Eugenia Fernández y Sebastián Minay, "La crisis también golpea a Enrique Correa: Juan Carvajal deja Imaginacción y dice que 'no he tenido ni debiera tener problemas con él'", 2020.

Verónica, tuvo que ser hipotecada. En un momento estuvo a punto de deshacerse de su bien más preciado: el piso 24 del edificio Palladio, propiedad de una de sus sociedades.

Aunque la situación financiera de la consultora mejoró, Bau dejó la empresa a mediados de 2022 por problemas de salud.

Un consultor que ha seguido de cerca el declive de Correa y su firma dice que su negocio se fue "a las pailas", aunque recalca que para él la plata siempre ha sido algo secundario. En ese sentido, plantea que haber defendido a Herval Abreu y a Nicolás López no tiene una lógica económica, pues lo que le pagaron "en sus mejores años era la propina". Su objetivo fue mostrar que seguía vigente, asegura. "Correa está hundido y sabe que necesita visibilidad. Y sabe que en su actividad no hay publicidad mala: pueden hablar bien o mal de ti, pero lo que no puede ocurrir en el negocio de Correa es que nadie hable de ti".

Otro consultor ajeno a Imaginacción concuerda con que la mentalidad de su fundador nunca ha sido de negocios, sino que de influencia. Según dice, a Correa le apasiona mediar en conflictos y es capaz de "dejar todo botado para entrar en una crisis atractiva", pues no tiene ninguna aversión al riesgo y le fascinan las apuestas. "Eso es lo que lo ha hecho ser mal empresario", remacha.

Pero el ocaso de Correa e Imaginacción es también fruto de su tiempo. A las dificultades estructurales de una empresa familiar marcada desde su nacimiento por las obsesiones de su creador se suman los cambios que han vivido el país, la política, el empresariado y la propia industria del lobby.

*

En junio de 2014, Imaginacción confirmó la suscripción de un acuerdo con LCH&H, una sociedad creada por los dirigentes de la UDI y exministros Pablo Longueira y Andrés Chadwick, además del más tarde cuestionado penalista Luis Hermosilla. Según Moisés Valenzuela, entonces gerente de Asuntos Públicos de Imaginacción, la idea era que LCH&H aportara, en proyectos conjuntos, la mediación con las comunidades.[15] Aunque la alianza no prosperó, el anuncio evidenciaba los fuertes nexos que por entonces Correa tenía con dos de los más

---

15 Fernanda Paul, "Confirmado acuerdo de complementariedad entre firmas de Enrique Correa y ex ministros Longueira y Chadwick", 2014.

influyentes "coroneles"de la UDI.[16] Según testigos, Longueira y Chadwick eran visitantes habituales en sus oficinas de Providencia. Lo mismo ocurría con el excandidato presidencial de la UDI Joaquín Lavín.

En contraste, Hermosilla no era parte de los círculos de Correa. Cuando militó en el PC, en los 80, se sumó brevemente como abogado a la Vicaría de la Solidaridad y no se vinculó mayormente con Correa, quien entonces asesoraba a la Pastoral Obrera. Más tarde, cuando Hermosilla se volcó a la derecha, no estuvo entre los abogados predilectos del lobista para tomar casos relevantes. Según alguien que los conoce a ambos, Hermosilla resentía que Correa no lo considerara en las causas en las que asumía como gestor de crisis. Así ocurrió cuando en 2015 Samuel Donoso asumió como defensor de Patricio Contesse en el caso "platas políticas". "A Luis eso le molestó y lo comentó", dice un testigo.[17]

Con el paso de los "coroneles" a un segundo plano y el retiro de Lavín de la política, Correa perdió influencia en el principal partido de la derecha, cuya conducción pasó a manos de una generación más joven. "El problema de Correa hoy es que no tiene llegada en la nueva UDI, con los [Javier] Macaya, con los [Juan Antonio] Coloma hijo, los cabros más jóvenes", dice una exfigura del gremialismo. Algo parecido ocurrió en la centroizquierda, donde compañeros de ruta como José Miguel Insulza y José Antonio Viera-Gallo, o cercanos como la senadora socialista Isabel Allende, han ido cediendo protagonismo, muy a su pesar. "Insulza ya no mueve las fichas de antes en el Senado y Allende nunca prendió", señala un lobista de la competencia.

El recambio quedó en evidencia en 2022 con la llegada a La Moneda de Gabriel Boric y el Frente Amplio (FA). Con treinta y seis años al momento de asumir, Boric es el presidente más joven de la historia de Chile. A sus setenta y siete años, Correa no solo le sacaba más del doble en edad. Para la nueva camada, el lobista resumía todas las impurezas

---

16 El acuerdo no prosperó porque la consultora cerró de manera abrupta a raíz de las críticas que generó su creación, dado que se trataba de dos exministros recién salidos del gobierno de Piñera. Candia, 2014.

17 Luis Hermosilla era un destacado penalista. Durante los dos gobiernos de Piñera fue asesor de su poderoso ministro del Interior, Andrés Chadwick. Desde fines de 2023 una serie de reportajes de *Ciper* sobre sus prácticas profesionales derivó en que en agosto de 2024 fuera formalizado por soborno, lavado de activos y delitos tributarios. Al cierre de este libro el caso era un gigantesco escándalo con varias ramificaciones, pues la incautación de su teléfono descubrió indicios de tráfico de favores con autoridades y varios otros delitos posibles.

de la política que ellos se habían propuesto jubilar. "Para el Frente Amplio, Correa es el símbolo de la componenda y desde un principio marcaron distancia con él", apunta un asesor del gobierno de Boric.

En el FA no hubo el mismo veto hacia Eugenio Tironi, quien comenzó a asesorar la campaña presidencial de Boric una vez que este derrotó al comunista Daniel Jadue en las primarias presidenciales de Apruebo Dignidad, en julio de 2021. Cuando Boric asumió, el sociólogo y ensayista se convirtió en una voz importante para el mandatario. "Tironi tiene conversaciones cada cierto tiempo con el Presidente Boric, y el que lo busca es Boric, porque le interesa tener contextos más amplios", describe un alto funcionario. Sin acceso a ese entorno presidencial, el principal nexo de Correa con el gobierno pasó a ser el ministro de Hacienda, Mario Marcel, a quien conoció en Washington durante sus viajes como consultor internacional, en la segunda mitad de los 90. Allí Marcel fue entre 1997 y principios de 2000 funcionario del BID. En el gobierno de Lagos asumió como director de Presupuesto y desde entonces Correa ha sido para él una suerte de asesor político en las sombras.

Alguien que los conoce bien afirma que no tiene "la menor duda" de que el economista le preguntó su opinión a Correa antes de integrar el gabinete de Boric. El lobista apoyó la idea, no solo porque así lograba acceso al despacho desde donde se dirige la economía chilena, sino porque ve a Marcel como un eventual presidenciable. "Correa siempre ha creído que Marcel tiene que proyectarse más", dice este entrevistado. Así, desde que asumió en Hacienda, una de las letanías de Correa, tanto en público como en privado, ha sido que "hay que apoyar a Marcel con todo", especialmente en su prioridad de mantener el equilibrio fiscal, por encima incluso del crecimiento.

El apoyo de Correa a Marcel para contener el gasto fiscal se mantuvo aun después de que esa postura generara una fuerte pelea con el titular de Vivienda, el también economista Carlos Montes, del PS e histórico cercano a Correa. El choque entre Montes y Marcel fue a gritos durante un consejo de gabinete. Un testigo relata que Montes argumentó que había un margen para aumentar el gasto público en rubros como vivienda, lo que podría ayudar a reactivar la economía. Pero Marcel no se movió de su posición. Molesto, terminó abandonando la sala en medio del estupor de un equipo varios años más joven en promedio, donde –afirman– nadie estaba acostumbrado a ventilar así sus diferencias.

Cuando en septiembre de 2022 Boric efectuó su primer ajuste de gabinete, Correa pareció anotarse una nueva ficha, esta vez en La Moneda. Ocurrió con la llegada de Carolina Tohá a Interior, en reemplazo de la doctora Izkia Siches. A raíz de su cercanía con la dirigenta del PPD, "en el mundo empresarial se comenzó a decir que Correa había vuelto a tener influencia", dice un competidor. "Eso es lo que se dice, porque otra cosa es que así sea realmente". De hecho, un entrevistado con buenos vínculos con el entorno presidencial afirma que, como ministra, la cientista política ha mantenido una prudente distancia con el dueño de Imaginacción. "Ha sido bastante autónoma", dice un alto funcionario del gobierno. Otro consultado agrega que históricamente Tohá ha escuchado más al socialista Ricardo Solari que a Correa.

A mediados de 2024, otro cercano a Correa en el gobierno era el canciller, Alberto van Klaveren.

*

La renovación generacional en el mundo empresarial también ha operado contra Correa, quien en noviembre de 2024 cumplió setenta y nueve años. Con las muertes de Andrónico Luksic Abaroa y de Guillermo Luksic, más el retiro de los negocios de su hermano Andrónico en 2023, la relación de Correa con este grupo perdió intensidad. Se trata de un cambio considerable, pues fue la familia Luksic la que le otorgó su estatus de consejero personal empresarial y lobista de grandes compañías.

En 2024 el área de lobby de Imaginacción ya no tenía un contrato fijo con la CCU, que había internalizado algunos de los servicios contratados a la empresa, como el monitoreo legislativo, y había derivado la gestión ante las autoridades a la gremial Alimentos y Bebidas de Chile, creada en 2014. El único cliente del grupo seguía siendo Antofagasta Minerals. Y aunque Correa mantenía un vínculo con Jean-Paul Luksic, la relación estaba más mediada por el abogado Ramón Jara, entre otras cosas porque en 2022 el empresario se fue a vivir a Suiza.

Herederos de otras fortunas de las que Correa era *consigliere* no mantuvieron sus servicios. Un ejemplo es Jorge Andrés Saieh, hijo mayor de Álvaro Saieh, quien asumió la presidencia del directorio de Corpbanca en 2012 y tomó el control definitivo del holding tras el retiro del patriarca, a partir de 2017 y hasta julio de 2022, cuando el grupo perdió su posición en el banco. Hoy preside Copesa, el conglomerado de medios de la familia. Cuando murió José Said, en julio de 2020, su hijo Salvador Said mantuvo la asesoría de Correa, pero ya no tenía la profundidad y cercanía que había alcanzado con el padre.

También han cambiado la industria del lobby y la comunicación estratégica, que desde los días de gloria de Correa e Imaginacción se han vuelto más competitivas, con nuevos actores y servicios más especializados. El principal activo de Correa –su llegada a las autoridades– ha perdido parte de su atractivo, pues, en un contexto de alta desconfianza hacia la política y las elites, el lobby es visto como una actividad opaca y reprochable. Por eso desde hace unos años las grandes empresas han optado por crear o fortalecer asociaciones gremiales, para canalizar el lobby desde ahí. Además, como explica un ejecutivo de la competencia, el negocio ha evolucionado "enormemente" en los últimos veinte años y Correa e Imaginacción se han quedado en un formato más tradicional: "Ahora el negocio tiene muchas más puntas, como el área de relacionamiento territorial, la parte digital, los temas de permisos".

"Mucho más relevante hoy que el Congreso es la comunidad, tender puentes con el territorio", acota un asesor en asuntos públicos de una gran empresa al explicar por qué la agenda telefónica de Correa –que además se ha achicado– no pesa como antes. Según cuenta, hay varias consultoras más pequeñas que realizan gestión comunitaria, la que también ha empezado a ser internalizada por algunas grandes compañías. El mismo entrevistado recalca que, además, "hoy es más difícil influir entre los congresistas. Entonces, la industria del lobby está desafiada".

"El nivel del producto es mil veces más sofisticado que antes", acota un destacado consultor de empresas, quien ha visto minutas elaboradas por Imaginacción a algunos clientes y las describe como de más baja calidad que antes. "Mucha gente se ha quejado de que Imaginacción valía la pena por Correa y en otros tiempos, no ahora", resume. "Si tú preguntas quiénes son hoy día las grandes empresas del mercado, no está Correa. Y hace cinco años sí estaba". Las compañías líderes en 2024 eran Extend, Azerta y Tironi Asociados, apunta, todas viejas competidoras de Imaginacción.

*

A fines de diciembre de 2023, *Ciper* reveló una reservada reunión de los ministros de Economía, Nicolás Grau, y de Medio Ambiente, Maisa Rojas, con empresarios de la industria salmonera, entre ellos

Rodrigo Sarquis, dueño de Blumar, compañía dedicada a la acuicul-
tura y a la pesca. Se trató de una cena organizada por el lobista y exal-
calde UDI Pablo Zalaquett en su departamento de Lo Barnechea, tres
semanas antes de que el gobierno presentara el proyecto de la nueva
ley de pesca.[18] El encuentro no fue transparentado en el registro de
audiencias y muy pronto se supo que Zalaquett había organizado
una cincuentena de veladas similares, a las que asistieron en total
seis ministros, junto a empresarios de distintos rubros, analistas y
políticos. Ninguno de estos encuentros fue informado.

Aunque Zalaquett y las autoridades involucradas descartaron
un lobby, la polémica duró semanas, al punto de que intervino la
Contraloría General de la República, que tiempo después concluyó
que los ministros no habían transgredido la ley al omitir los encuentros, aunque fijó nuevos criterios para aplicar en adelante.[19]

En Imaginacción las reuniones de Zalaquett cayeron como
un rayo. Que este pretendiera convertirse en el articulador entre el
mundo privado y el gobierno de Boric era demasiado. Como nunca,
Correa acusó el golpe. A través de un comunicado condenó la falta de
publicidad de estos encuentros: "Estamos consternados", rezaba la
declaración: "Siempre hemos abogado por el estricto cumplimiento
de la ley como el estándar mínimo exigible, una norma que, a nuestro
parecer, lamentablemente no se ha cumplido en esta coyuntura".[20]

El pronunciamiento indignó a Zalaquett, quien como lobista
había trabajado con Correa asesorando a algunos clientes puntuales.
"Lamento mucho las palabras de Enrique Correa, a quien estimaba.
No sé con qué autoridad moral ha podido decir estas palabras. De hecho, de acuerdo a todo lo que conozco, no creo que su trayectoria profesional y la de Imaginacción ameriten dar esta cátedra. Y dado que no
hay nada que esconder, como plantean, y como yo lo creo también, no
sé por qué no ha reconocido que vino a mi casa a estos conversatorios
después de ocurrido el estallido social", dijo a *El Mercurio*.[21] Correa

18 Nicolás Sepúlveda, "En la casa de Pablo Zalaquett: la reservada reunión donde los
ministros Grau y Rojas acercaron posiciones con la industria salmonera", 2023.

19 Catalina Batarce, "Contraloría le da la razón a La Moneda y concluye que no
hubo omisiones por no haber registrado reuniones en casa de Zalaquett", 2024.

20 Helen Mora, "Imaginacción por reuniones en casa de Zalaquett: 'Estamos consternados'", 2024.

21 Gabriel Pardo, "Aquí no hubo lobby ni ninguna gestión de intereses. Jamás hubo
una petición a un ministro", 2024.

había asistido a una de esas reuniones acompañando al senador socialista José Miguel Insulza. Y, por lo demás, él mismo organizaba conversaciones de esta naturaleza, sin registrarlas.

Lo cierto es que se sintió amenazado, pues vio en la iniciativa de Zalaquett el germen de un competidor con llegada transversal a la vieja Concertación y a la nueva izquierda. Algo que finalmente le quedó claro que no estaba sobre la mesa. Su reacción, sin embargo, reflejó cuán vulnerable ha llegado a sentirse.

De fondo, la polémica dejó en evidencia otro factor que explica el desgaste de la marca Correa: la creciente demanda por elevar los estándares de transparencia en la gestión de intereses privados ante el mundo político. Una exigencia que entra en tensión con su habilidad de moverse en los márgenes, precisamente uno de sus mayores activos, tal como quedó demostrado en la crisis por las "platas políticas".

Hoy ya no es tan simple tomar el teléfono y hablar con alguna autoridad, aunque se trate de un llamado anodino. Las suspicacias y exigencias de transparencia han aumentado y desde jefes de servicios a ministros deben tenerlo claro si no quieren exponerse. "Lo que ofrecía Correa es que podía llamar a alguien para preguntarle 'qué sabes tú de esto' y que el otro le dijera 'yo averiguo'", señala alguien que ha seguido de cerca su carrera. Por cierto, también ofrecía lecturas del entorno, muy valoradas. Y servicios más convencionales a través de Imaginacción. "Pero eso era el arroz graneado", dice este consultado.

A raíz de este cambio de escenario, son varios los que ubican el inicio del declive de Correa en el caso Penta-SQM, que afectó su sello de no dejar huellas, al verse demasiado asociado con las empresas y algunos políticos investigados. Fue entonces cuando Camilo Escalona lo culpó de haber abierto la puerta al financiamiento irregular de la política.[22] También cuando el analista DC Carlos Huneeus llegó a llamarlo "el Karadima de la política", por defender que las platas irregulares a campañas no eran corrupción.[23] Las fuertes palabras de Huneeus, exembajador de Aylwin, impactaron en Imaginacción. En tanto, antes de morir en abril de 2016, el propio Aylwin comentaba su

---

22 *La Tercera*, "Camilo Escalona: 'Por casos como el de Girardi y Enrique Correa estamos como estamos'", 2016.
23 *El Mostrador*, "Huneeus explica por qué considera a Enrique Correa el Karadima de la política chilena: 'Es un usurpador y mentiroso, que ha custodiado los intereses de Ponce Lerou'", 2017.

pesar porque su exministro, a quien siempre le tuvo cariño, acabara dedicado al lobby.

La crisis Penta-SQM también dejó secuelas en el mundo de sus clientes, pues para los empresarios quedó claro que no siempre serían intocables y que financiar políticos bajo cuerda tenía sus riesgos. Así lo resume un consultor de empresas: "Cada vez que enfrentaba una crisis o la de un cliente, el mayor activo de Correa era que iba a agarrar el teléfono y le iba a contestar un ministro de Estado, a veces incluso el Presidente de la República. Y él iba a poder, si no resolver el problema de manera inmediata, dejarlo encaminado". "Ya no se sostiene tomar el teléfono como forma de hacer lobby", refrenda un exconsultor de Imaginacción. Incluso, dice, algunos de sus encargados de cuentas más jóvenes empezaron a resentir ese estilo de la vieja escuela.

A mediados de 2024, uno de los pocos reductos de poder de Correa que seguía incólume era el circuito en torno a Mario Kreutz-berger y el directorio de la Teletón. "Y eso se va a mantener mientras esté vivo Don Francisco", señala un exconsultor de Imaginacción.

*

En 2022, *Comando Jungle* era un programa de entrevistas y comentarios políticos que se transmitía los miércoles por la plataforma YouTube. Los panelistas, que se conectaban virtualmente, eran el abogado Jorge Navarrete, el experto en campañas de la UDI Gonzalo Müller, el consultor de Azerta Camilo Feres y el ingeniero Carlos Correa Bau. En el capítulo 30, emitido el 24 de noviembre, el invitado era el exconvencional constituyente Renato Garín, quien en un momento destacó la cercanía de la ministra Tohá con Enrique Correa. Luego interpeló directamente a Correa Bau: "Carlos, a mí me sorprende que nadie dice que tu padre es realmente el padre intelectual de Carolina Tohá".

El aludido pidió la palabra. Luego de explicar que no suele hablar públicamente de su familia, aclaró:

—Me crié solo en un internado en Cuba, me fui al exilio solo con mi mamá. Eso es parte de mi historia y no tengo por qué andar dando explicaciones de lo que hace gente con quien tengo vínculos familiares. A mí me molesta mucho que lo digan así como lo dijo Renato y le voy a parar los carros.

Luego, subió el tono y se refirió a su papá sin nombrarlo:

—Renato tiene ciertas obsesiones de ese tipo, y a mí déjame fuera de esa hueá. Si tú tenís problemas con el que mencionaste, que es familiar mío, en la página web está la dirección de la empresa donde trabaja, vái para allá, te parái en la puerta y le decís lo que le querái decir, pero a mí me sacái de una vez por todas de esa cuestión. Basta.

Garín intentó replicar, pero Correa Bau siguió:

—Me sacái a mí, porque yo la verdad es que tengo mi propia vida y no estoy para dar explicaciones de lo que hace mi familia (…) Yo no lo voy a aguantar. No lo vincules a mí.

Segundos después, apagó la cámara y no se volvió a conectar al programa. Su intervención dejó en evidencia el profundo quiebre con su padre, con quien no se hablaba desde 2018.

Quienes han trabajado con Enrique Correa en los últimos años dicen que un rasgo se ha ido acentuando en él: su soledad. En sus memorias, su hermano Juan Carlos describe esta faceta como una "cierta dificultad para demostrar afectos y emociones".[24] A la ruptura con su hijo se sumó el paulatino deterioro de su madre, Loreto Ríos. En 2012, a sus ochenta y nueve años, enfermó de gravedad después de que una influenza deviniera en neumonía, lo que afectó su memoria. Desde entonces los cuatro hermanos se turnaron para acompañarla. Falleció en 2019, postrada en su casa en Macul, con demencia senil. Ya no los reconocía. Según varios testigos, Correa se desvivía por ella, la visitaba con frecuencia y no era extraño que interrumpiera actividades importantes para estar a su lado.[25]

En Imaginacción, su mediación con el equipo está a cargo de Jaime Meza, su asistente personal desde hace más de dos décadas. Meza maneja su agenda y responde sus correos electrónicos. Es su colaborador más cercano después de Nelson Correa. Según un testigo, Jaime y Nelson son los únicos que pueden entrar a su oficina sin permiso y están entre los pocos que conocen su departamento, unas cuadras al sur de Imaginacción. Se trata de un piso pequeño, con una cocina equipada con lo básico, un estante con libros que no alcanza a ser una biblioteca, y cuyo único lujo es una terraza amplia.

Después de Nelson y Jaime viene en cercanía Claudia Miralles, la gerenta de Comunicación Estratégica, quien trabaja con él desde 2012. Alguien que conoce la relación entre ambos afirma que Miralles se preocupa de su vestimenta y de dejarle listo el computador cuando tiene una reunión vía Zoom. "Ella es cariñosa con él, me imagino que

---

24   J.C. Correa, 2018, 43.
25   J.C. Correa, 2018, 611 y 639.

porque lo ve muy solo y rodeado de problemas", afirma un exconsultor, quien recalca que esos asuntos personales del presidente no se comentan en la empresa.

Correa volvió a engordar y a fines de 2024 sufría una dolencia que le inflamaba las articulaciones, especialmente las rodillas. Sus dificultades para caminar son evidentes y cuando se sienta le cuesta incorporarse. Jaime lo suele ayudar a atarse los cordones, como hacían otros cuando era niño. Hace un tiempo, cuando asistía a una actividad empresarial en el emblemático edificio de la Sofofa, en el corazón de Sanhattan, sufrió una aparatosa caída en una puerta giratoria. No tuvo lesiones y le bajó el perfil al incidente, del que culpó a sus zapatos gastados.

Cuando todavía no llegaba a los cincuenta años y estaba en la cima de su carrera política en La Moneda, confesó en algunas entrevistas su deseo de jubilarse en El Quisco, para poner un restaurante.[26] Se definía como un buen cocinero, capaz de preparar carnes y pescados con distintas salsas.[27] Cierta vez puso incluso un tope para su retiro: en 2005, cuando cumpliera sesenta.[28] Había reivindicado de sobra al niño provinciano de Ovalle y quizás su nombre llegaría a trascender más allá de la muerte. No solo en el reino de Dios, como había aprendido en el Seminario, sino también en el de este mundo. Pero, a la larga, esos terminaron siendo los años de su mayor expansión y éxito empresarial. El retiro podía esperar.

A fines de 2024 aún no piensa en salir de escena. Sabe, y lo ha dicho, que ha sido un político toda su vida, desde que era un niño, y que lo será hasta el fin.[29] Siente que todavía puede aportar en la esfera pública, a sus clientes y, como le gusta repetir, a la señora que toma el metro temprano. Pareciera no hacer mella en él que muchos lo vean en declive, incluso en el empresariado. Cuando tuvo que reducir su consultora y vender algunos activos, en su momento de mayor apretura, hubo hombres de negocios que recibieron llamados de amigos suyos pidiéndoles como favor que contrataran a Correa. "Que le pagaran asesorías o un par de charlas", señala un consultor de empresas que supo de esas gestiones.

26 Daniel, 1991.
27 Raquel Correa, "¿Generalísimo de Lagos o de Frei?", 1992.
28 Blanca Arthur, "Cómo navega el gobierno", 1991.
29 En una entrevista en los 2000 dijo esta frase exacta: "He sido un político toda mi vida. Lo soy desde niño y lo seré hasta el fin". Stipicic, "El 'Flaco' Correa", 2002.

A fines de 2023, después de que el grupo terrorista Hamás desencadenó un sangriento ataque contra Israel, que provocó cientos de víctimas y la invasión de la Franja de Gaza por ese país, la que a su vez arrastra miles de muertos un año más tarde, el embajador israelí en Chile, Gil Artzyeli, lo convocó. Quería saber su opinión sobre la crisis y si estaba dispuesto a asesorarlo para mejorar la imagen de su nación entre los chilenos. Al encuentro asistieron varias personas. Según un testigo, el lobista no manejaba el conflicto en profundidad y apostó por resaltar sus buenos contactos con el gobierno de Boric. Mencionó, por ejemplo, que justo esa mañana había conversado con la ministra Tohá y que con el canciller Van Klaveren se comunicaba todas las semanas. Luego de la reunión, envió una propuesta de asesoría de varios meses, la que no fue aceptada por su alto precio.

Con los años, otro rasgo que se ha acentuado en él es mencionar que conoce a personas influyentes, coinciden varios cercanos. Según uno de estos entrevistados, en el fondo lo que lo mueve es una necesidad de reconocimiento que, a diferencia de un empresario cualquiera, no se transfiere a un objeto sino que a la búsqueda de cariño, parte del cual perdió con la muerte de su madre enferma. "Lo que busca Enrique es que lo quieran, punto", dice. Una persona que lo conoce bien sostiene que Correa nunca sabe si lo buscan por su talento, por sus recursos o por afecto.

Todas las mañanas, cuando trabaja al teléfono desde muy temprano en su departamento, escucha las noticias en la radio. Ahí, en completa soledad, rodeado de sus escasos enseres, intenta apagar la ansiedad tomando varias tazas de café y entregándose a lo que hace varios años dejó de hacer cuando está acompañado: fuma un cigarrillo tras otro, soltando largas bocanadas que se desvanecen en el aire.

❀ ❀ ❀

AGRADECIMIENTOS

Queremos agradecer a las casi doscientas personas que aceptaron ser entrevistadas para esta investigación, muchas de las cuales conversaron con nosotros en más de una ocasión a lo largo de estos años. También a las que nos entregaron pistas pero prefirieron no ser mencionadas. Y a quienes contestaron nuestras consultas sin particular entusiasmo, por respeto a nuestro trabajo.

A nuestros ayudantes de investigación Víctor Azócar, Natalia Carrasco y Daniel Meza, exestudiantes en la Escuela de Periodismo de la UDP. Y a nuestro colega Matías Jara por su valioso trabajo construyendo mapas societarios.

A Andrés Azócar, Vanessa Azócar, Pascale Bonnefoy, Yenny Cáceres, Paula Canales, Isabel Caro, Víctor Cofré, Patricio de la Paz, Paula Escobar, Gloria Faúndez, Rodrigo Fluxá, Mónica González Durán, Andrea Lagos, Jorge Pérez, Patricia Politzer, Juan Andrés Quezada, Pedro Ramírez, Jorge Rojas, Miguel Saldivia, José Luis Santa María, Andrés Scherman, Nicolás Sepúlveda, Andrea Vial y Jimena Villegas, por la diversa ayuda que nos prestaron a lo largo de esta investigación, las más de las veces sin tener claro en qué estábamos.

A Carmen Gloria López y Arturo Fontaine, por tomarse el tiempo de leer y comentar este libro.

A María Isabel de Martini, Daniel Matamala, Francisca Skoknic y Fernando Villagrán, por las muchas formas en que aportaron, especialmente por su generosa lectura y pertinentes comentarios a los primeros borradores de esta biografía.

A Cristián Riego, director de las Clínicas Jurídicas de la UDP, por revisar este trabajo.

A Carlos Peña y Cristóbal Marín, rector y prorrector de la Universidad Diego Portales, institución donde partió esta investigación. A Cecilia García-Huidobro, por alentar nuestro trabajo y el periodismo de investigación en general. A Mónica González Mujica, por permitirnos consultar su archivo y entregarnos su mirada sobre esta historia.

Al exdirigente del MAPU-OC que aceptó desempolvar sus papeles y nos dejó fotografiar su completo archivo sobre las discusiones internas de la colectividad, y a la familia del exdirigente del MAPU-OC que guardó su valioso archivo con las comunicaciones entre los dirigentes que estaban en Chile y en el exterior durante la dictadura.

A los funcionarios de la Sala Medina de la Biblioteca Nacional, que posibilitaron nuestro trabajo durante la pandemia. A los trabajadores de las universidades Alberto Hurtado y Diego Portales, y de las fundaciones Patricio Aylwin y Democracia y Desarrollo, por mantener varios de los archivos consultados en esta investigación. También, a los administradores de la plataforma Socialismo Chileno, que han rescatado muchas de las revistas, boletines y documentos que los partidos políticos de la izquierda chilena publicaron o hicieron circular mientras estuvieron proscritos.

A Constanza Bravo y Samuel Salgado, de Cenfoto UDP, por ayudarnos a bucear en el archivo fotográfico de *La Nación*. A Marco Ugarte, por su generosidad al facilitar la fotografía de portada.

A Alberto Arellano y Andrea Palet, nuestros editores y amigos, por su paciente y cuidado trabajo, que contribuyó a mejorar este libro. A Arturo Infante y Verónica Vergara, de la Editorial Catalonia, por confiar en este y otros proyectos conjuntos.

A nuestros padres Reinaldo Ortega y Mercedes Serrano, Rodrigo Insunza y Lily Corvalán, y a nuestros hermanos Marcelo Ortega y Ximena Insunza, por estar siempre cerca y comprender nuestra pasión por este oficio.

Abarca, Vicky. "Enrique Correa: 'No cabe negociar con el Ejército'". LUN, 6 de agosto de 1995.

Acuña, Manuel. *In memoriam. Rodrigo Ambrosio, constructor del MAPU*. Estocolmo: Senda, 2010.

Aguilera Belmar, José. *Viaje al pasado en busca del futuro. Hechos de vida de un trabajador en la Iglesia*. Santiago: Copygraph, 2009.

Ahumada, Eugenio, Rodrigo Atria, Javier Luis Egaña, Augusto Góngora, Carmen Quesney, Gustavo Saball y Gustavo Villalobos. *Chile. La memoria prohibida*, Vol. I. Santiago: Pehuén, 1989.

Alarcón, Maximiliano. "Los casos de corrupción como el de Luksic quedaron en la impunidad", *Interferencia*, 18 de julio de 2019.

Allende, Isabel. "Cuotas de pesca: un debate pendiente". *Cooperativa*, 3 de noviembre de 2011.

Almendras Carrasco, Hernán. "Las comisiones especiales investigadoras en el derecho parlamentario chileno". Tesis para optar al grado de doctor en derecho, Pontificia Universidad Católica de Chile, 2013.

Alonso, Jimena. "Uruguayos en Chile: de la solidaridad al exilio". Universidad Nacional de la Plata, IX Jornadas de Sociología, diciembre de 2016.

Álvarez, Rolando. *Desde las sombras. Una historia de la clandestinidad comunista 1973-1980*. Santiago: Lom, 2003.

Ambrosio, Rodrigo. "Las dos vías de la Revolución en Libertad. Documento político de Rodrigo Ambrosio presentado al Segundo Congreso Nacional del Partido Demócrata Cristiano", agosto de 1966. Repositorio Digital Archivo Patricio Aylwin Azócar.

Análisis. "Almeyda se inclina por un candidato independiente". *Análisis* 255, 28 de noviembre al 4 de diciembre de 1988.

—— "Luciano Valle, dirigente del PS Almeyda: 'Es muy probable que apoyemos a Aylwin'". *Análisis* 273, 3 al 9 de abril de 1989.

—— "El negociador". *Análisis* 310, 18 al 24 de diciembre de 1989.

APSI. "Integración socialista". *APSI* 160, 26 de agosto al 8 de septiembre de 1985.

—— "Documento DC-PS-Almeyda: Pensando en Patricio Aylwin". *APSI* 297, 27 de marzo al 2 de abril de 1989.

—— "De vuelta en Chile: Almeyda calladito". *APSI* 298, 3 al 9 de abril de 1989.

—— "Al tenor de las encuestas". *APSI* 335, 18 al 24 de diciembre de 1989.

—— "Ministros, emociones y televisión". *APSI* 343, 14 de marzo de 1990.

Arancibia, Patricia. "Cita con la historia. Entrevista a Enrique Correa Ríos". Universidad Finis Terrae, Centro de Investigación y Documentación en Historia de Chile Contemporáneo, 24 de agosto de 2003.

—— "Enrique Correa:'Pecamos de ceguera ideológica'". *El Mercurio*, 24 de agosto de 2003.

—— *Carlos E. Cáceres. La transición a la democracia 1988-1990*. Santiago: LyD, 2014.

Araneda, René. *Historia gremial del vino chileno*. Santiago: Vinos de Chile, 2023.

Araya, Francisca. "La historia del cierre de la revista *APSI*: El que se ríe se va al cuartel". Memoria para optar al título de periodista, Universidad de Chile, 2006.

Araya, Rodrigo. "La libertad se conquista luchando. El movimiento sindical chileno contra el régimen de Pinochet". *História Unisinos* 23(3), 2019, 425-436.

Archivo Ricardo Lagos. "Inauguración Expomin 2004". Universidad Diego Portales/Fundación Democracia y Desarrollo.

Ares, Carlos. "Alfonsín presenta su dimisión formal como Presidente de Argentina". *El País*, 1 de julio de 1989.

Arrate, Jorge. *40 años, 40 historias. Exiliados chilenos y solidaridad en Holanda*. Santiago: Lom, 2015.

Arrate, Jorge, y Eduardo Rojas. *Memoria de la izquierda chilena (1850-1970)*, Vol. I. Santiago: Vergara, 2003.

—— *Memoria de la izquierda chilena (1970-2000)*, Vol. II. Santiago: Vergara, 2003.

Arriagada, Genaro. *Los empresarios y la política*. Santiago: Lom, 2004.

Artaza, Francisco. "Enrique Correa:'Es peligroso que surjan inquisidores por cualquier tema'". *La Segunda*, 20 de junio de 1997.

—— "Jaime Gazmuri: 'No necesité escuchar el bando número 10 para saber lo que se vendría para mí'". *La Tercera*, 20 de agosto de 2023.

Artaza, Francisco, Jorge Arellano y Gloria Faúndez. "Los otros decenios: Los complejos aniversarios del Golpe de Estado". *La Tercera*, 9 de septiembre de 2023.

Arthur, Blanca. "Cómo navega el gobierno". *El Mercurio*, 20 de octubre de 1991.

Arzobispado de Santiago, Fundación Documentación y Archivo de la Vicaría de la Solidaridad. "1982-1986: El auge de la movilización social", s/f.

Ávila, Fernando. *Desde el interior. Jorge Arrate y escritos políticos*. Santiago: De Frente, 2021.

Ayala, Leslie. "Paula Vial, abogada de Nicolás López:'El respeto a la mujer no se puede construir en base a denuncias falsas'". *La Tercera*, 7 de julio de 2018.

Aylwin, Mariana, Carlos Bascuñán, Sofía Correa, Cristián Gazmuri, Sol Serrano y Matías Tagle. *Chile en el siglo XX*. Santiago: Emisión, 1986.

Aylwin, Patricio. "Voto político redactado por Patricio Aylwin a ser presentado en la Junta Nacional del Partido Demócrata Cristiano", 3 de mayo de 1969. Repositorio Digital Archivo Patricio Aylwin Azócar.

—— "Respuesta de Patricio Aylwin al oficio N°54 de la comisión de la Cámara de Diputados que estudió la acusación constitucional contra Augusto Pinochet", 7 de abril de 1998.

—— *El reencuentro de los demócratas. Del golpe al triunfo del No*. Santiago: Ediciones B, 1998.

Azócar, Andrés, Pablo Gazzolo y María Eugenia Larraín. "El peso del dinero". *Qué Pasa*, 10 de junio de 2000.

Azócar, Vanessa. "La carrera al alza del círculo de Peñailillo en Imaginacción". *La Tercera*, 12 de octubre de 2018.

—— "El año de cambios en Imaginacción". *La Tercera*, 11 de enero de 2019.

Baraona, Wilfredo. "Chile: La convergencia socialista". *Convergencia. Revista del Socialismo Chileno y Latinoamericano* 1, 1981.

Basadre, Pablo. "Enrique Correa:'El ministro Longueira prestó grandes servicios al país'". *The Clinic*, 24 de marzo de 2016.

Batarce, Catalina. "Contraloría le da la razón a La Moneda y concluye que no hubo omisiones por no haber registrado reuniones en casa de Zalaquett". *La Tercera*, 29 de enero de 2024.

Becerra, Mauricio. "Historia del Movilh: La lucha por despenalizar la sodomía". *Interferencia*, 3 de julio de 2022.

Bezama, Boris. "Enrique Correa:'En el caso GATE se ha armado una teleserie novelesca que no es cierta'". *La Segunda*, 20 de febrero de 2003.

Biblioteca del Congreso Nacional. "Elecciones parlamentarias de 1973". En bcn.cl/historiapolitica/elecciones, s/f.

—— "Reseñas biográficas parlamentarias: Carlos Montes Cisternas". "Reseñas biográficas parlamentarias: Jaime Estévez Valencia". "Reseñas biográficas parlamentarias: Jovino Novoa Vásquez". En bcn.cl/historiapolitica/resenas_parlamentarias, s/f.

—— "Historia de la Ley 20.105", s/f.

—— "Partidos, movimientos y coaliciones: Alianza Democrática", s/f.

Bitar, Sergio, y Abraham Lowenthal. "Entrevista con el Presidente Patricio Aylwin", 23 de enero de 2010. Transcripción en bruto, Fundación Patricio Aylwin, http://fundacionaylwin.cl.

Bitar, Sergio, y Abraham Lowenthal (eds). *Transiciones democráticas: conversaciones con líderes mundiales*. Barcelona: Galaxia Gutenberg, 2016.

Boeninger, Edgardo. "Documento político sin título, dirigido al Partido Demócrata Cristiano", 13 de octubre de 1986. Repositorio Digital Archivo Patricio Aylwin Azócar.

—— *Democracia en Chile. Lecciones para la gobernabilidad*. Santiago: Andrés Bello, 1997.

Bofill, Cristián, y Sara Valdés. "La Concertación tiene que cambiar su forma de gobernar". *La Tercera*, 25 de mayo de 2008.

Cáceres, Nicolás. "Exposición de Corpbanca a SMU no afecta su solvencia ni liquidez". *La Segunda*, 1 de agosto de 2013.

Cámara de Diputados. "Informe Comisión Privatizaciones", 2004.

Cámara de Diputados y Diputadas. Comisión Especial investigadora del conflicto suscitado entre accionistas de la empresa SQM y del rol que habrían tenido en la materia autoridades del gobierno anterior (Caso Cascadas), sesión 12, 5 de noviembre de 2014.

Campaña, Sebastián. "Enrique Correa Ríos: 'Jamás se habló de votar por el PC'". *La Nación*, 5 de agosto de 2001.

Camus, María Eugenia: "Enrique Correa, futuro ministro secretario general de Gobierno: 'En este país se acabó la guerra'". *Análisis* 314, 15 al 21 de enero de 1990.

—— "Rojas vs Correa". *APSI* 446, 9 al 22 de agosto de 1993.

—— "Enrique Correa, director de Flacso: 'Abandonar el PS sería altamente riesgoso'". *La Época*, 17 de diciembre de 1995.

—— "A ciertos socialistas no les importa que Lagos sea Presidente'". *La Tercera*, 19 de mayo de 1999.

Camus, Pablo, y Ernst R. Hajek. *Historia ambiental de Chile*. Santiago: Ediciones UC, 1998.

Canales, Paula, Gloria Faúndez y Lorena Rubio. "El *lobby* contra Correa que lo bajó del royalty". *La Tercera*, 28 de julio de 2004.

Candia, Viviana. "Enrique Correa: 'El socialismo es indispensable en la construcción de este país'". *La Segunda*, 12 de enero de 1990.

—— "El mundo del *lobby* de Enrique Correa: Influencias sin fronteras". *La Segunda*, 18 de julio de 2014.

Capdevila, Constanza. "Yo me retiro de los negocios. Ahora mis hijos tienen la llave de todo". *El Mercurio*, 3 de mayo de 2020.

Cárcamo, Héctor, e Iván Weissman. "La desconocida historia del silencioso rescate con que el primer Gobierno de Piñera evitó el colapso de CorpBanca". *El Mostrador*, 19 de marzo de 2018.

Carmona, Alejandra. "Los correos secretos entre Ezzati y Errázuriz y el rol clave de Enrique Correa en las operaciones políticas de la Iglesia". *El Mostrador*, 9 de septiembre de 2015.

Carmona, Augusto. "Hay una izquierda insatisfecha en la propia DC". *Punto Final* 14, 1966.

Caro, Robert A. *Working*. Nueva York: Knopf, 2019.

Carrasco, Rodrigo. *Guitarra, organización y barricada: Canto poblacional y resistencia cultural en la zona oeste de Santiago (1975-1989)*. Seminario para optar al grado de Magíster en Historia, USACH, 2017.

Carvallo, Mauricio. "Exministro Enrique Correa: 'La Concertación nunca había vivido un riesgo tan grande'". *El Mercurio*, 6 de abril de 2007.

Castañeda, Lina, y Claudia Ramírez. "A 25 años de la intervención bancaria en Chile". *El Mercurio*, 12 de enero de 2008.

Castillo, Francisco. *Seguel. El rebelde*. Santiago: Copygraph, 2020.

Castillo Velasco, Jaime. "Esencia y misión del Partido Demócrata Cristiano". *Política y Espíritu* 218, 15 de marzo de 1959.

—— "Cuenta al Partido. Cuenta política-administrativa del Presidente del Partido Demócrata Cristiano Jaime Castillo V. a la Junta Nacional", 3 de agosto de 1968. Repositorio Digital Archivo Patricio Aylwin Azócar.

Castillo, Nancy. "Enrique Correa, asesor comunicacional y amigo del ex ministro del MOP Carlos Cruz: 'Si la jueza no prueba que son platas fiscales no puede investigar las cuentas políticas'". *La Tercera*, 3 de mayo de 2004.

Catrón, Jimena. "Fiscalía descarta que antecedentes permitan abrir investigación sobre rol de Piñera en Cascadas". *Diario Financiero*, 2 de junio de 2014.

Cavallo, Ascanio. *Los hombres de la transición*. Santiago: Andrés Bello, 1992.

—— *La historia oculta de la transición*. Santiago: Grijalbo, 1998.

—— "¿De aquí al 2006?". *La Tercera*, 12 de diciembre de 2002.

Cavallo, Ascanio, y Marco Robledo. "Toda la verdad sobre el acuartelamiento". *La Época*, 21 de diciembre de 1990.

Cavallo, Ascanio, y Margarita Serrano. *El poder de la paradoja*. Santiago: Uqbar, 2014.

Cavallo, Ascanio, y Rocío Montes. *La historia oculta de la década socialista 2000-2010*. Santiago: Uqbar, 2022.

Cavallo, Ascanio, Manuel Salazar y Óscar Sepúlveda. *La historia oculta del régimen militar*. Santiago: Antártica, 1989.

Caviedes Hamuy, Sebastián. "Caracterización económica y política grupo Luksic". Fundación Nodo XXI, 13 de abril de 2015.

Chaparro, Andrea. "SII: autodenuncia en casos similares a Penta no significa solo sanción administrativa". *El Mercurio*, 16 de marzo de 2015.

Chernin, Andrew. "Las nuevas denuncias que complican a Nicolás López". *Sábado* de *El Mercurio*, 28 de julio de 2018.

Chile-América. "Jorge Arrate: 'La crisis del partido no es una disputa por el poder; existen serias diferencias en aspectos de importancia cardinal'". *Chile-América* 54-55, julio de 1979.

—— "Acta de Ariccia". *Chile-América* 60-61, 13 de enero de 1980, 66-67.

—— "Acerca de una conjunción común y de convergencias políticas entre el MAPU, MAPU-OC y la Izquierda Cristiana. Entrevista a Jaime Gazmuri". *Chile-América* 64-65, junio-septiembre 1980.

Ciper. "Denuncian intento de soborno para cambiar muestra de sangre de Don Francisco en el SML", 14 de marzo de 2011.

—— "Ex asesor de diputada Marta Isasi revela pagos de Corpesca para financiar campañas políticas", 10 de mayo de 2013.

—— "Ponce Lerou y el gobierno mueven todas sus piezas para frenar investigación a SQM", 18 de marzo de 2015.

—— "Los nombres y conexiones políticas detrás de las empresas que facturaron a SQM", 2 de abril de 2015.

—— "Extracto del libro *El Brasil de Pinochet*: autor sostiene que Jarpa pidió recursos para comprar armas contra Allende", 8 de septiembre de 2023.

CIS (CED-ILET-SUR). *La campaña del No vista por sus creadores*. Santiago: Melquíades, 1989.

CNNMoney. "The billionaires", 7 de septiembre de 1992.

Coddou, Paula. "Desde Pinochet no había resucitado esa idea de refundarlo todo". *El Mercurio*, 3 de enero de 2021.

Cofré, Víctor. *Ponce Lerou*. Santiago: Catalonia/Periodismo UDP, 2019.

Comandari, Paula. "La doctrina Barraza en el SII". *T13*, 20 de abril de 2017.

Comas, José. "El cadáver de Allende recorrió entre vítores las alamedas chilenas". *El País*, 4 de septiembre de 1990.

Comité Permanente de la Conferencia Episcopal de Chile. "La Iglesia Católica y la ley de filiación", 30 de junio de 1998.

Conferencia Episcopal de Chile. "El renacer de Chile. Carta a los católicos de Chile". Punta de Tralca, 17 de diciembre de 1982.

Contreras, Marcelo. "Cincuenta días de gobierno: el difícil noviciado de Frei". *APSI* 475, 2 al 15 de mayo de 1994.

Cornejo Núñez, Pablo. "Nunca más violencia entre hermanos. Violencia política y organismos de seguridad nacional e inteligencia". Tesis de Licenciatura en Historia, Universidad de Chile, 2019.

Corpbanca. "Memoria y Balance Anual 2013".

—— "Comunica Hecho Esencial", 29 de enero de 2014. Documento enviado por Fernando Massú Taré, gerente general de Corpbanca, a Raphael Bergoeing Vela, superintendente de Bancos e Instituciones Financieras.

Correa, Enrique. "¡A terminar con los momios estén donde estén!". Informe político presentado al Consejo Plenario Nacional de la JDC, 2 de noviembre de 1968.

—— "La necesidad de una nueva alternativa". *Resistencia Chilena* 20, julio de 1979, 17-43.

—— "Un nuevo punto de partida". *Resistencia Chilena* 23, diciembre de 1980.

—— (Como Federico Martínez). "Intervención al pleno ordinario". Biblioteca Nacional, Fondo Flacso, Caja 14-2244, sin fecha.

—— "La necesidad de una nueva corriente popular". *Chile-América* 68-69, enero-marzo de 1981.

—— "A propósito de 'desajustes ideológicos'". *Chile-América* 72-73, julio-septiembre de 1981.

—— "Elecciones libres: responsabilidad opositora". *APSI* 205, del 15 al 21 de junio de 1987.

—— "Rodrigo Ambrosio". Discurso pronunciado en el Cementerio General, 16 de mayo de 1992. En Alejandro Witker, comp., *Historia documental del PSCH. 1933-1993. Forjadores y signos de renovación*. Concepción: Instituto de Estudios Latinoamericanos de Concepción, 1993, 39-40.

—— "Corvalán y su tiempo". *The Clinic* 354, 29 de julio de 2010.

Correa, Enrique, y José Antonio Viera-Gallo. *Iglesia y dictadura*. Santiago: Centro de Estudios Sociales, 1986.

Correa, Enrique, Víctor Barrueto y otros dirigentes del MAPU y MAPU-OC. "Por una fuerza socialista autónoma y popular". *APSI* 154, segunda quincena de octubre de 1984.

Correa, Juan Carlos. *Para no espantar la lluvia*. Autoedición, 2018.

Correa, Raquel. "Para bajar la adrenalina". *El Mercurio*, 21 de enero de 1990.

—— "¿Generalísimo de Lagos o de Frei?", *El Mercurio*, 2 de febrero de 1992.

—— "Las memorias de 'don Cloro'". *El Mercurio*, 11 de junio de 1992.

—— "Un resfrío muy complicado". *El Mercurio*, 22 de agosto de 1993.

—— "Lagos será candidato", *El Mercurio*, 19 de noviembre de 1995.

Correa, Sofía, Consuelo Figueroa, Alfredo Jocelyn-Holt, Claudio Rolle y Manuel Vicuña. *Historia del siglo XX chileno*. Santiago: Sudamericana, 2001.

Cortés Terzi, Antonio. *El circuito extrainstitucional del poder*. Santiago: Chile América-Cesoc, 2000.

Daniel, Manuel Francisco. "Correa: 'Ningún funcionario de gobierno tiene garantizado su puesto por cuatro años'". *La Nación*, 20 de octubre de 1991.

Daza, Loreto. "Enrique Correa: 'Aprendí de Aylwin, y de nadie más, que el momento supremo de la política es en el acuerdo'". *La Tercera*, 20 de abril de 2016.

De la Cruz, Alicia, y Luisa García. "El poder del ministro Correa, para muchos el hombre político de 1990". *La Segunda*, 21 de diciembre de 1990.

De Luigi, María Angélica. "Ministro: ¿cambió usted o cambió el país?". *El Mercurio*, 12 de mayo de 1991.

—— "Correa: 'Esta crisis fue más seria'", 1993.

Délano, Manuel. "Las inéditas revelaciones de Juan Gabriel Valdés, una figura clave del plebiscito que ganó el No". *La Tercera*, 5 de octubre de 2018.

Délano, Manuel, Sebastián Alaniz, Karen Trajtemberg y Cristián Cuevas. *Los años que dejamos atrás*. Santiago: Catalonia, 2021.

Del Río, Alejandro. "El general Pinochet autoriza a más de mil exiliados a regresar a Chile". *El País*, 20 de agosto de 1983.

Diario Financiero. "Hermanos Luksic recuerdan a su padre como su maestro en los negocios", 8 de octubre de 2008.

Diario Oficial. "Acta de constitución de la Sociedad de Inversiones Colliguay S.A.", 7 de septiembre de 1991.

—— "Sociedad Constitución 1996. Extracto", 27 de marzo de 1996.

—— "Extracto de modificación sociedad Consultora de Estudios Financieros, Económicos y Sociales Limitada", 1 de agosto de 2002.

—— "Sociedad Constitución 2004. Extracto", 2 de enero de 2004.

—— "Extracto de modificación de sociedad", 8 de enero de 2005.

—— "Extracto de modificación sociedad Consultora de Estudios Financieros, Económicos y Sociales Limitada", 28 de diciembre de 2008.

—— "Extracto de disolución Empresa Periodística La Nación S.A.", 19 de octubre de 2012.

Díaz, Waldo, y Paola Riquelme. "Correa renuncia al PS por críticas a su rol como lobbysta antiroyalty". *La Tercera*, 14 de julio de 2004.

Donoso, Jorge. *Los dos funerales del Presidente Allende*. Santiago: Forja, 2021.

Donoso, Mauricio. "Enrique Correa se pone a disposición de Bachelet". *La Tercera*, 1 de abril de 2007.

El Dínamo. "Alianza solicitará a ministro de Hacienda que explique el conflicto que se vive en el SII", 18 de mayo de 2015.

El Mercurio. "Pleno respaldo al gobierno del Presidente", 8 de enero de 1968.

—— "Estrategia de movilización social ha fracasado", 28 de septiembre de 1986.

—— "Objeciones del Ejército a Comisión Rettig", 26 de mayo de 1990.

—— "Gobierno estimó como política la nota del Ejército", 27 de mayo de 1990.

—— "Enrique Correa insiste con partido transversal", 2 de junio de 1996.

—— "Enrique Correa: 'Viajo con muy poco'", 2 de febrero de 1997.

—— "Enrique Correa pide acuerdo político para dar mayor flexibilidad al Estado", 13 de enero de 2003.

—— "Ministra Chevesich analiza antecedentes recopilados en interrogatorios". Emol, 1 de febrero de 2003.

—— "La última entrevista que Guillermo Luksic concedió a *El Mercurio* en marzo de 2011", 31 de marzo de 2013.

—— "Fiscalía investiga nueva arista de exdirectivo de empresas Penta", 25 de septiembre de 2014.

—— "Los niños chilenos que crecieron y se formaron en la Cuba de Fidel Castro", 6 de julio de 2022.

—— "Caso Quemados: Corte Suprema dicta sentencia definitiva con 20 años de presido para cuatro exmilitares". Emol, 6 de enero de 2024.

—— "Fallece Sergio de Castro, el arquitecto de la transformación económica de Chile". 27 de abril de 2024.

El Mostrador. "Huneeus explica por qué considera a Enrique Correa el Karadima de la política chilena: 'Es un usurpador y mentiroso, que ha custodiado los intereses de Ponce Lerou'", 27 de marzo de 2017.

El Ovallino. "Don Óscar Rojas Rojas nos dejó ayer a sus 90 años", 4 de mayo de 2018.

El Siglo. "Gobierno logró anoche control total del PDC", 4 de mayo de 1969.

—— "Ex militantes del PDC formaron nuevo movimiento", 19 de mayo de 1969.

Escobar, Paula. "Culpable". *La Tercera*, 11 de febrero de 2023.

Escobar, Paula, Andrew Chernin, Rodrigo Munizaga y Rodrigo Fluxá. "Las acusaciones contra Herval Abreu". *Sábado* de *El Mercurio*, 28 de abril de 2018.

—— "Se está intentando crear la imagen de un monstruo". *Sábado* de *El Mercurio*, 28 de abril de 2018.

Espinosa, Pedro. "¿Es Chile un país católico? Polémica en torno a un libro del padre Hurtado". *Teología y Vida* 46, 2005, 625-674.

Faiguenbaum, Sergio. *Toda una vida. Historia de Indap y los campesinos (1962-2017)*. Santiago: FAO-INDAP, 2017.

Faúndez, Gloria, Francisco Siderey y Alejandro Trujillo. "A dos años del caso Caval: un golpe en tres actos". *La Tercera*, 4 de febrero de 2017.

Fernández, Eugenia, y Sebastián Minay. "La crisis también golpea a Enrique Correa: Juan Carvajal deja Imaginacción y dice que 'no he tenido ni debiera tener problemas con él'". *La Tercera*, 5 de mayo de 2020.

Fiabane, Alejandra. "Siempre entendimos que el Estado no iba a enjuiciar a Pinochet". *La Hora*, 30 de octubre de 1998.

Fuentes, Claudio. *El fraude*. Santiago: Hueders, 2013.

—— "Las nuevas reglas del juego político en Chile: partidos, campañas y probidad". *Análisis*. Fundación Friedrich Ebert Chile, mayo de 2017.

Fundaciones Familia Luksic. "Nuestra historia". En https://fundacionesfamilialuksic.cl

Gajardo Pavez, Constanza. "La izquierda chilena frente al caso Honecker". Tesis para optar al grado de Magíster en Historia, Universidad de Concepción, 2021.

Gamboa, Juan Nicolás, y Daniela Riveros. "Ezzati y la mano invisible de Errázuriz". *Vergara240*, 25 de marzo de 2019.

Ganderats, Luis Alberto. "Aventuras del niño maravilla". *Caras*, 9 de mayo de 2014.

García Guadilla, Carmen (ed.). *Forjadores y signos de renovación*. Santiago: Instituto de Estudios Latinoamericanos de Concepción, 1993.

García, Solange, y Daniela Lipari. "Agenda relajada". *Qué Pasa*, 23 de abril de 1994.

Garretón, Manuel Antonio, y Carmen Garretón Merino. *Por la fuerza sin la razón. Análisis y textos de los bandos de la dictadura militar*. Santiago: Lom, 1988.

Garretón, Óscar Guillermo. "La crisis del MAPU. Cómo y de qué manera se divide a un partido de izquierda". *Punto Final* 180, suplemento *Documentos*, 27 de marzo de 1973.

—— *Notas de memoria*. Santiago: Catalonia, 2023.

Gazmuri, Jaime. "El MAPU y su papel en la campaña electoral". *Punto Final* 99, 3 de marzo de 1970.

—— "Allende: de la esperanza a la tragedia". En Robert Austin Henry, Joana Salém Vasconcelos y Viviana Canibilo Ramírez (comps.), *La vía chilena al socialismo: 50 años después*, Vol. II. Buenos Aires: CLACSO, 2020.

Gazmuri, Jaime, y Jesús Manuel Martínez. *El sol y la bruma*. Santiago: Ediciones B, 2000.

Giraudier, Élodie. "Los católicos y la política en Chile en la segunda mitad del siglo XX". *Revista del CESLA* 18, 2015, 213-237.

González, Azucena. "El juicio sin fin a Patricio Contesse: una década de proceso, $2.214 millones en gasto fiscal y 16 meses conectado a diario". *Diario Financiero*, 10 de agosto de 2024.

González, Ignacio. *El día en que murió Allende*. Santiago: Catalonia/Periodismo UDP, 2013.

González, Mónica. "La carrera por el sillón presidencial: Patricio Aylwin". *Análisis* 251, 31 de octubre al 6 de noviembre de 1988.

—— "Enrique Correa Ríos, ministro secretario general de Gobierno: 'Hay libertad para todos, pero no para la sedición'". *La Nación*, 15 de julio de 1990.

—— "Enrique Correa: 'Voy a luchar por modernizar el PS'". *La Nación*, 16 de enero de 1994.

—— "Por qué se decidió eliminar a Frei". *Ciper*, 8 de diciembre de 2009.

—— *La conjura. Los mil y un días del golpe.* Santiago: Catalonia-Periodismo UDP, 2012.

—— "Los secretos del proyecto que intentó dejar impune el financiamiento ilegal de la política". *Ciper*, 10 de junio de 2015.

—— "Las armas químicas de Pinochet". En *Los casos de la Vicaría*. CIP-UDP, 2020, https://casosvicaria.udp.cl

González, Mónica, y Pedro Ramírez. "El detalle de las presiones de Peñailillo sobre el SII para impedir la investigación a SQM". *Ciper*, 3 de julio de 2015.

Grand, Josette. "Mi mundo se parece más al de Andrés Pérez que al del empresariado". *Cosas*, 11 de enero de 2002.

Gumucio, Rafael Agustín. "Cuenta política ante la Junta Nacional del PDC". Peñaflor, 6 de enero de 1968. Repositorio Digital Archivo Patricio Aylwin Azócar.

Guzmán, Juan Andrés. "Vivimos en la era de los oligarcas audaces y agresivos; en la era de los oligarcas en tu cara". *Tercera Dosis*, 26 de mayo de 2024.

Guzmán, Juan Andrés, Gustavo Villarrubia y Mónica González. *Los secretos del imperio de Karadima.* Santiago: Catalonia/Periodismo UDP, 2011.

Haslam, Jonathan. *The Nixon Administration and the Death of Allende's Chile: A Case of Assisted Suicide.* Londres: Verso, 2005.

Herrero, Víctor. "Altamirano y los documentos secretos de Honecker sobre Chile". *Interferencia*, 21 de mayo de 2019.

Hidalgo, Rodrigo. "El día del teatro y Andrés Pérez: El síntoma de un cierto fracaso de la Transición". *El Desconcierto*, 12 de mayo de 2021.

Human Rights Watch. *Los límites de la tolerancia. Libertad de expresión y debate público en Chile.* Santiago: Lom, 1998.

Iglesia de Santiago. "La última entrevista al padre Alfonso Baeza", 6 de diciembre de 2013. YouTube.

Insulza, José Miguel. "Crisis y perspectivas de la Unidad Popular". *Resistencia Chilena* 19, primer trimestre de 1979.

Insunza, Andrea. "Enemigos aliados. Los 97 días en que la Concertación salvó a Pinochet". Memoria para optar al título de periodista, Universidad de Chile, 2002.

Insunza, Andrea, y Javier Ortega. "El desconocido rol de Cheyre en el 'boinazo'. *La Tercera*, 1 de junio de 2003.

—— "Los silencios y omisiones que comprometen a la cúpula eclesial en el caso Karadima". *Ciper*, 30 de abril de 2010.

—— *Bachelet. La historia no oficial.* Santiago: Catalonia/Periodismo UDP, 2013.

Juventud Demócrata Cristiana. "Contra viento y marea seguir avanzando". Consejo plenario, 14 de marzo de 1968. Repositorio Digital Archivo Patricio Aylwin Azócar.

—— "Correa visita el norte". *Síntesis Política*. Santiago, diciembre de 1968. Biblioteca del Congreso Nacional de Chile, 134.

—— "¡A romper la ambigüedad para unir al Pueblo!". Declaración de la Junta Nacional de la Juventud Demócrata Cristiana, 25 de julio de 1968. Repositorio Digital Archivo Patricio Aylwin Azócar.

—— "Ante una tragedia". Declaración de la directiva nacional. *Política y Espíritu* 309, febrero-marzo de 1969, 79. Repositorio Digital Archivo Patricio Aylwin Azócar.

—— "¿Qué es la JDC?". *Cuadernos de Formación*, noviembre de 1969.

Koch, Sebastian. *Zufluchtsort DDR? Chilenische Flüchtlinge und die Ausländerpolitik der SED*. Paderborn: Brill, 2016.

Kornbluh, Peter. *Pinochet desclasificado: Los archivos secretos de Estados Unidos sobre Chile*. Santiago: Catalonia, 2023.

Labarca, Eduardo. "La peor crisis de su historia enfrenta la DC chilena". *El Siglo*, 14 de marzo de 1969.

—— "A dos bandas comenzó junta democratacristiana". *El Siglo*, 3 de mayo de 1969.

—— "La Moneda buscaba anoche el control total del PDC". *El Siglo*, 4 de mayo de 1969.

—— "Éxodo rebelde se extiende en la DC". *El Siglo*, 7 de mayo de 1969.

Labrín, Sebastián. "Fiscalía cierra investigación por supuesto soborno en demanda de paternidad contra don Francisco". *La Tercera*, 2 de junio de 2011.

Labrín, Sebastián, y Víctor Cofré. "Los comités semanales". *La Tercera*, 21 de septiembre de 2019.

—— "La UDI entra por Morandé 80". *La Tercera*, 21 de septiembre de 2019.

Lagos, Andrea. *Precht. Las culpas del vicario*. Santiago: Catalonia/Periodismo UDP, 2017.

La Nación. "Murió Rodrigo Ambrosio, joven líder del MAPU". "Interminable desfile ante el féretro de Rodrigo Ambrosio". "A las 15 horas saldrá cortejo desde el regional de San Isidro", 20 de mayo de 1972.

La Segunda. "Pinochet dijo que no fue acuartelamiento: 'No tenemos por qué avisar de ejercicios al gobierno'", 20 de diciembre de 1990.

—— "Ministro Correa enfoca los últimos meses de La Moneda, el próximo gabinete, el futuro de la Concertación y de... Lagos", 10 de diciembre de 1993.

—— "Ficha personal: Enrique Correa". 22 de febrero de 1996.

La Tercera. "¡Acuartelamiento en las unidades del Ejército!". "Acuartelado el Ejército". 20 de diciembre de 1990.

—— "Pinochet dio explicaciones a Aylwin", 21 de diciembre de 1990.

—— "No hay negociación sobre renuncia de Pinochet", 22 de diciembre de 1990.

—— "Así fue el acuartelamiento", 29 de mayo de 1993.

—— "Enrique Correa fue enfrentado a su firma", 4 de abril de 1998.

—— "Documentos revelan nuevos contratos del escándalo MOP-Gate", 1 de noviembre de 2002.

—— "Pinochet de la A a la Z", 11 de diciembre de 2006.

—— "Don Francisco enfrenta demanda por paternidad", 5 de enero de 2011.

—— "El canciller de Perú y sus andanzas con los ex MAPU", 29 de julio de 2011.

—— "Abogado con amplias redes en la oposición asume defensa de ex subsecretario Rosende", 2 de marzo de 2012.

—— "Hoy se mueven las lámparas y andamos evacuando a Chile... es un chiste", 12 de mayo de 2012.

—— "La Unión Soviética: el informe Andropov", 7 de septiembre de 2013.

—— "Ricardo Escobar: 'Los casos de financiamiento a la política no son delitos tributarios'", 12 de abril de 2015.

—— "SII requiere a Enrique Correa por rectificación de Caburga", 7 de abril de 2016.

—— "Camilo Escalona: 'Por casos como el de Girardi y Enrique Correa estamos como estamos'", 28 de mayo de 2016.

—— "Andrónico Luksic: 'El daño por el caso Caval ha sido personal. Ha sido mío'". 3 de septiembre de 2016.

—— "La Nación: Suprema rechaza recurso de CDE y obliga al Fisco a pagar $5.600 millones", 4 de octubre de 2016.

Latorre, Rocío. "Enrique Correa: otra figura de la Concertación que se inclina por el Apruebo, pero con 'reformas'". *La Tercera*, 6 de julio de 2022.

Lescornez, Macarena. "No sería comprensible un cambio de director ejecutivo de TVN". *La Tercera*, 15 de marzo de 2000.

Llona, Ismael. *Los santos están marchando*. Santiago: Off the Record, 2006.

—— "Juan Enrique Vega, chao viejito". *Cooperativa*, 21 de septiembre de 2012.

López, Juan Eduardo. "Cardenal Errázuriz a víctimas de caso Karadima: 'Yo, de verdad, les pido perdón'". *El Mercurio*, 17 de abril de 2011.

López, María José. "El apoyo económico de Enrique Correa a Rodrigo Peñailillo en Estados Unidos". *Capital*, 15 de junio de 2018.

Lluch, Andrea. Entrevista a Andrónico Luksic Craig. Santiago, 3 de septiembre de 2008. Creating Emerging Markets Oral History Collection, Baker Library Historical Collections, Harvard Business School.

Luengo, Alberto. "La conducta de la UDI es de profunda deslealtad". *La Tercera*, 22 de diciembre de 1996.

Luksic Craig, Andrónico. "Video Testimonio Andrónico Luksic". Canal de YouTube.

Magnet, Odette. "Socialistas chilenos: cómo vivieron en la RDA". *APSI* 417, 23 de marzo al 5 de abril de 1995.

Maira, Luis. "¡Adiós, Rodrigo!". *El Clarín*, 19 de mayo de 1972.

MAPU. "MAPU: Conclusiones del primer Congreso Nacional". Octubre-noviembre de 1970.

—— *El carácter de la Revolución chilena. Materiales de educación política*, junio de 1971.

MAPU-OC. "Sobre el carácter democrático de nuestra revolución", noviembre de 1973. Biblioteca Nacional, Fondo Flacso, Caja 7-1459.

—— "Cronología política del partido". *Resistencia Chilena 19. 10° aniversario MAPU Obrero y Campesino*. Primer trimestre de 1979.

—— "Declaración del partido MAPU-OC". Secretariado del CC, enero de 1980. Biblioteca Nacional, Fondo Flacso, Caja 7-1515.

—— *Boletín Informativo Exterior.* Dirección Exterior, febrero-marzo de 1976.

—— *Boletín Informativo Exterior* 8. Dirección Exterior, febrero-marzo de 1977.

—— "La renovación y convergencia en los marcos de una política unitaria". *Resistencia Chilena* 21, marzo de 1980.

—— "Cuenta del Secretariado Regional Europa al pleno de secretarios locales", enero de 1982, Holanda.

—— "Borrador original de boletín *Bandera Verde* N°47". Comité Permanente de la Dirección Exterior, 1982.

—— "Cuenta de la Comisión Política coordinadora interior del MAPU-OC correspondiente al periodo noviembre de 1983-mayo de 1984".

MAPU, Izquierda Cristiana y MAPU-OC. "Declaración pública del MAPU-OC, la Izquierda Cristiana y el MAPU". *Resistencia Chilena* 20, julio de 1979.

—— "Nuestro acuerdo para la lucha. Declaración conjunta del MAPU, Izquierda Cristiana y MAPU-OC". *Chile-América* 64-65, junio-septiembre de 1980.

Martínez, Antonio. "Mi consultor favorito". *Qué Pasa*, 25 de noviembre de 1996.

Matamala, Daniel. *Poderoso caballero. El pe$o del dinero en la política chilena.* Santiago: Catalonia/Periodismo UDP, 2015.

Matus, Alejandra. "La Nación Gate I: Cómo se privatizó el diario 'del gobierno'". *El Mostrador*, 1 de julio de 2009.

—— "La Nación Gate II: El comienzo del club privado". *El Mostrador*, 2 de julio de 2009.

—— "La Nación Gate III: Todo el poder de Colliguay". *El Mostrador*, 3 de julio de 2009.

Matus, Alejandra, y Marcela Ramos. "El ciudadano Saieh". *La Nación Domingo*, 14 de julio de 2002.

Meller, Patricio. *Un siglo de economía política chilena. 1890-1990*. Santiago: Andrés Bello, 1996.

Memoria Chilena. "Las siete modernizaciones". En "Conformación de la ideología neoliberal en Chile (1955-1978)". Biblioteca Nacional de Chile.

Minay, Sebastián. "Denunciantes de Herval Abreu cuestionan vacíos en la legislación chilena tras decisión de la Fiscalía de no perseverar en la investigación". *La Tercera*, 15 de marzo de 2019.

Ministerio del Interior. "Decreto 363 Crea con el carácter de asesor un Consejo Coordinador de Seguridad Pública", 18 de abril de 1991.

Ministerio Secretaría General de Gobierno. "Credenciales de acceso al Palacio de La Moneda". Archivo Patrimonial Universidad Alberto Hurtado, 12 de julio de 1990.

—— "[Acta] Consejo de Gabinete 12.08.93". Santiago, 12 de agosto de 1990. Archivo Patrimonial Universidad Alberto Hurtado.

Ministerio Secretaría General de la Presidencia, División de Estudios. Informes de análisis, 27 de julio de 1990, 5 de octubre de 1990, 21 de diciembre de 1990, 12 de abril de 1991, 5 de junio de 1993.

Molina, Paula. "El 'cartel del confort': el papel higiénico que ensucia la imagen empresarial en Chile". BBC.com, 29 de octubre de 2015.

Mönckeberg, María Olivia. "¿Sabe usted quién es Enrique Correa?". *La Época*, 4 de junio de 1989.

—— "La Concertación es cada vez más un macropartido". *La Nación*, 20 de junio de 1996.

—— *Los magnates de la prensa*. Santiago: Debate, 2009.

Monitor Empresarial de Reputación Corporativa. "Merco líderes", consultado en agosto de 2024.

Monsálvez, Danny, y Nicollet Gómez. "*Chile-América* 1974-1983: una revista del exilio chileno". *Estudios* 39. Universidad Nacional de Córdoba, Centro de Estudios Avanzados, 2018.

Mora, Helen. "Imaginacción por reuniones en casa de Zalaquett: 'Estamos consternados'". *La Tercera*, 11 de enero de 2024.

Mosciatti, Nibaldo. "Proclamación en Santa Juana: Pinochet, o el puro gusto de gobernar". *APSI* 183, 14 al 27 de julio de 1986.

—— "Momento político: la triquiñuela del patadón al tablero". *APSI* 216, 7 al 13 de septiembre de 1987.

—— "La oposición toma la batuta". *APSI* 238, 8 al 14 de febrero de 1988.

—— "Edgardo Boeninger, vicepresidente del PDC: 'Podemos generar las condiciones para ganar el plebiscito'". *APSI* 238, 8 al 14 de febrero de 1988.

—— "Gobierno: Estrategia para Pinochet". *APSI* 255, 6 al 12 de junio de 1988.

—— "Momento político: La voz de las encuestas". *APSI* 256, 13 al 19 de junio de 1988.

—— "Elecciones internas: Lo que pasó en la DC". *APSI* 281, 5 al 11 de diciembre de 1988.

—— "Fricciones en la oposición: la amenaza de un candidato de izquierda". *APSI* 288, 23 al 29 de enero de 1989.

—— "La Moneda chica: Así la oposición prepara su gobierno". *APSI* 328, 30 de octubre al 5 de noviembre de 1989.

Moscoso, Patricia, y Mariela Vallejos. "Exclusivo: perfil del consumidor político". *APSI* 236, 25 al 31 de enero de 1988.

Moulian, Luis, y Gloria Guerra. *Eduardo Frei (1911-1982). Biografía de un estadista utópico*. Santiago: Sudamericana, 2000.

Moyano, Cristina. *El MAPU durante la dictadura*. Santiago: Universidad Alberto Hurtado, 2014.

Muñoz, David. "Peñailillo a fuego lento". *Qué Pasa*, 30 de diciembre de 2015.

Muñoz, Guillermo. "Enrique Correa y el gobierno de Aylwin en el caso Guzmán: 'La Oficina' actuó por completo dentro de la ley". *El Mercurio*, 3 de octubre de 2000.

—— "Probablemente pasemos de un liderato carismático a uno más transaccional". *El Mercurio*, 25 de julio de 2015.

—— "El origen del apoyo socialista a Aylwin fue Clodomiro Almeyda en la cárcel". *El Mercurio*, 20 de abril de 2016.

Napoli, Enzo, y Patricio Navia. "La segunda es la vencida. El caso del royalty de 2004 y del impuesto específico a la gran minería de 2005 en Chile". *Gestión y Política Pública*, vol. XXI, 1, primer semestre de 2012, 141-183.

Oficina de prensa del Presidente electo Patricio Aylwin. "Agencia Orbe fue enajenada a sectores privados", 30 de enero de 1990. Repositorio Digital Archivo Patricio Aylwin.

—— "La Constitución define a las FFAA como dependientes del Ministerio de Defensa", 20 de febrero de 1990. Repositorio Digital Archivo Patricio Aylwin.

Olivares Palma, Eduardo. "¿Y ahora qué?". *La Nación*, 2 de enero de 1994.

Oliveros, Roberto. *Liberación y teología. Génesis y crecimiento de una reflexión (1972-1976)*. México D.F.: Servicios Koinonía, 1977.

Ominami, Carlos. *Secretos de la Concertación. Memorias para el futuro*. Santiago: La Tercera/Planeta, 2011.

Ortega, Eugenio. *Historia de una alianza*. Santiago: CED-CESOC, 1992.

Ortega, Javier, y Paula Canales. "Enrique Correa y su irreductible defensa de Carlos Cruz: 'Podrán investigar cien veces, pero no hubo platas negras'". *La Tercera*, 9 de febrero de 2003.

Osses, Bárbara. "Jorratt insiste en presiones 'supuestamente a nombre de Peñailillo' para no investigar SQM". *La Tercera*, 23 de abril de 2017.

Otano, Rafael. "Arreglos de familia". *APSI* 493, 9 al 22 de enero de 1995.

—— *Crónica de la transición*. Santiago: Planeta, 1995.

—— "Enrique, ¿eres parte de una generación fracasada?". *La Nación*, 11 de agosto de 2002.

Pardo, Gabriel. "Aquí no hubo lobby ni ninguna gestión de intereses. Jamás hubo una petición a un ministro". *El Mercurio*, 13 de enero de 2024.

Partido Demócrata Cristiano. "Acuerdos del 2do Congreso 1966", 28 de agosto de 1966. Repositorio Digital Archivo Patricio Aylwin Azócar.

—— "Proposiciones para una acción política en el periodo 1967-70 de una vía no capitalista de desarrollo. Documento de trabajo para la Junta Nacional del P.D.C.", julio de 1967. Repositorio Digital Archivo Patricio Aylwin Azócar.

—— "Carta al camarada Patricio Aylwin Azócar". Santiago, 7 de diciembre de 1988. Archivo Histórico Gabriel Valdés.

Paul, Fernanda. "Confirmado acuerdo de complementariedad entre firmas de Enrique Correa y ex ministros Longueira y Chadwick". *El Mercurio*, 18 de junio de 2014.

Paul, Fernanda, y Guillermo Muñoz. "Consultora de Enrique Correa precisa mención en caso Cascadas y oposición responde a Matthei". *El Mercurio*, 1 de noviembre de 2013.

Peña, Juan Cristóbal. "Los secretos de La Oficina". *La Tercera*, 19 de mayo de 2013.

Pereira, Ana María. "El mercado no tiene ideología". *El Mercurio*, 1 de diciembre de 1996.

Pérez, Libio. "Yo renuncio, tú renuncias, él renuncia". *Análisis* 258, 19 al 25 de diciembre de 1988.

Pérez Villamil, Ximena. "El fin del lucro para los accionistas privados de *La Nación*". *El Mostrador*, 28 de septiembre de 2012.

Perry Fauré, Mariana. *Exilio y renovación. Transferencia política del socialismo chileno en Europa Occidental (1973-1988)*. Santiago: Ariadna, 2022.

Petersen, Víctor. "Cámara aprobó ley antitabaco. Ministro de Salud criticó lobby de tabacaleras". *La Tercera*, 3 de enero de 2013.

Pincheira, Paula. "Enrique Correa: 'Soledad Alvear es nuestra mejor carta presidencial'". *La Segunda*, 11 de julio de 2003.

—— "Catalina Bau, gerenta de Asuntos Públicos de Imaginaccion: 'No llegué acá por ser ex mujer de Enrique Correa'". *El Mercurio*, 26 de octubre de 2018.

Poo, Ximena, y Felipe Portales. "Entrevista a Juan Pablo Cárdenas: 'La Concertación exterminó la prensa independiente'". Universidad de Chile, Instituto de la Comunicación e Imagen, 26 de marzo de 2008.

Pozo, Felipe. "Enrique Correa, secretario ejecutivo de la Concertación: 'Nuestra alianza debe mantenerse después de 1994'". *Análisis* 304, 6 al 12 de noviembre de 1989.

Prieto, Martín. "Pasajero de una pesadilla. El juicio de Buenos Aires, en su recta final". *El País*, 18 de agosto de 1985.

Puente Alto al Día. "Revolución en la Plaza Bernardo O'Higgins", 2011.

Punto Final. "Enrique Correa. Somos hijos de Vietnam y Cuba". *Punto Final* 60, 30 de julio de 1968.

—— "Los 'Rebeldes' plantean un Frente Revolucionario". *Punto Final* 73, 6 de mayo de 1969.

Qué Pasa. "Muere líder marxista", 25 de mayo de 1972.

—— "El Büchi de la Concertación". 27 de mayo de 1995.

—— "*Qué Pasa*: 25 años. Los principales hechos. Los grandes personajes. Las mejores frases. Los documentos claves", 3 de agosto de 1996.

—— "Candidato descartado", 25 de octubre de 1997.

—— "La dupla de la transición", 28 de marzo de 1998.

—— "Una historia personal", 28 de marzo de 2013.

—— "La nueva red de Correa", 22 de mayo de 2015.

—— "Habla Aylwin", 2 de octubre de 2015.

Quezada, Juan Andrés. "En promedio este es un gobierno que aparece débil". *La Tercera*, 23 de noviembre de 2002.

—— "Creer que la sociedad chilena giró hacia la izquierda puede ser un error fatal". *Qué Pasa*, 28 de noviembre de 2014.

Quiñenco S.A. "Memoria anual 1999". "Memoria Anual 2010". "Memoria anual 2020". "Memoria Anual Integrada 2023".

Ramírez, Pedro. "Grupo Angelini, Endesa y Aguas Andinas: así se selló la impunidad para tres poderosas fuentes de dinero político ilegal". *Ciper*, 31 de enero de 2019.

Ramírez, Pedro, y Jorge Aliaga. "Tsunami paso a paso: los escandalosos errores y omisiones del Shoa y la Onemi". *Ciper*, 18 de enero de 2012.

Rebolledo, Romy. "La crisis económica de 1967". En Rafael Urriola, José Leandro Urbina y Michel Bonnefoy (ed.), *La victoria popular con Allende. 4 de septiembre de 1970*. Santiago: Lom, 2020.

Rebolledo-Rebolledo, Raquel, y Gabriel Reyes-Arriagada. "El exilio chileno en México. Organización y denuncia como resistencia al desarraigo". *Cuhso* 33(2), 2023, 133-149.

Richards, Jorge Andrés. "Las definiciones de Patricio Aylwin". *APSI* 211, 3 al 9 de agosto de 1987.

—— "Patricio Aylwin: 'Espero el retiro voluntario de Pinochet'". *APSI* 302, 1 al 7 de mayo de 1989.

—— "Enrique Correa, secretario ejecutivo de la Concertación: 'Aylwin será candidato de la Concertación, no de la Democracia Cristiana'". *APSI* 310, 26 de junio al 2 de julio de 1989.

Rivera, Cindy, y Andrés Azócar. "Mr. Lobby". *Qué Pasa*, 18 de septiembre de 1999.

Rodríguez, Ana, y Hugo Córdova. "Ochenta y cinco kilos de talento". *Qué Pasa*, 19 de junio de 1993.

Rodríguez, Jorge, Carla Tokman y Alejandra Vega. "Política de Balance Estructural: Resultados y desafíos tras seis años de aplicación en Chile". *Estudios de Finanzas Públicas*, diciembre de 2006.

Rodríguez, Sergio, y Sebastián Labrín. "El caso del sacerdote Cristián Precht vuelve a complicar a la Iglesia". *La Tercera*, 7 de abril de 2018.

Rojas, Eduardo. "Polonia: ¿Esperanza o retroceso?". *Chile-América* 64-65, junio-septiembre de 1980.

—— "Polonia: una crisis en el socialismo". *Resistencia Chilena* 23, diciembre de 1980.

Rojas, Jorge, y Claudio Pizarro. "Editorial Trineo: la imprenta de los Luksic que financió la política durante más de una década". *The Clinic*, 2 de enero de 2017.

Rojas, Lincoyán. *Diccionario biográfico Bicentenario. Provincia de Limarí.* Santiago: Gráfica Génesis, 2011.

Rojas Casimiro, Mauricio. "El faccionalismo en el Partido Socialista de Chile durante los años ochenta". *Izquierdas s/n*, 2020, 4.759-4.792.

Rojas, Patricio. *Tiempos difíciles. Mi testimonio*. Santiago: Aguilar, 2013.

Rojo, Emilio. "A la palestra movimiento de ex militantes del PDC". *El Siglo*, 18 de mayo de 1969.

—— "Correa recordó estrategia del NO". *La Época*, 6 de octubre de 1991.

Ruiz, Rafael. "Irma Cáceres de Almeyda: Chile en el corazón y en la cabeza". *El País*, 26 de septiembre de 1988.

Ruiz, Rodrigo. "Marta Harnecker, sobre sus obras y su evolución política". *Crónica Popular*, 17 de noviembre de 2019.

Salaberry, Juan Pablo. "Un negocio Caval". *Qué Pasa,* 5 de febrero de 2015.

Salaberry, Juan Pablo, y Juan Andrés Quezada. "La nueva red de Enrique Correa". *Qué Pasa,* 22 de mayo de 2015.

Salazar Salvo, Manuel. "Los nexos de los Luksic con la Nueva Mayoría". *The Clinic,* 11 de marzo de 2015.

Saldivia Miguel. "Jueza Chevesich dicta fallo final en caso MOP-Gate, sin penas de cárcel". *La Tercera,* 1 de julio de 2010.

Saleh, Felipe. "La estrategia del gobierno para sacar a los accionistas privados de *La Nación*". *El Mostrador,* 18 de octubre de 2010.

San Francisco, Alejandro. "El quiebre DC al buscar el camino propio". *La Segunda,* 9 de mayo de 2019.

Sanhueza, Ana María. "La Corte Suprema descarta el asesinato de Eduardo Frei Montalva, expresidente de Chile". *El País,* 19 de agosto de 2023.

Segovia, Macarena, Benjamín Miranda y Nicolás Sepúlveda. "Así se gasta la billetera de la Teletón: millonarios pagos a Enrique Correa y boletas por $156 millones a Ximena Casarejos". *Ciper,* 6 de noviembre de 2022.

Senado de Chile. "Homenaje en memoria del señor Andrónico Luksic Abaroa", intervención de Carlos Ominami, Legislatura 353, sesión 35, 13 de septiembre de 2005.

—— "Homenaje en memoria del señor Andrónico Luksic Abaroa", intervención de Fernando Flores, Legislatura 353, sesión 35, 13 de septiembre de 2005.

—— "Homenaje en memoria del señor Andrónico Luksic Abaroa", intervención de Evelyn Matthei, Legislatura 353, sesión 35, 13 de septiembre de 2005.

Sepúlveda, Matías. "Del trabajo protegido al trabajo subsidiado. Intervención, libre mercado y la situación de los trabajadores del PEM y POJH, 1974-1984". *Historia en Perspectiva,* 22 de septiembre de 2014.

—— "¿Intervenir el mercado laboral? La confusión de las instituciones chilenas ante el cambio de paradigma económico 1975-1982". Academia.edu, s/f.

Sepúlveda, Nicolás. "Así opera la máquina de lobby de Enrique Correa en el Congreso". *El Mostrador,* 28 de octubre de 2014.

—— "Pagos irregulares del Grupo Said: a Piñera y Frei se suman Enrique Correa y ministro del TC". *Ciper,* 16 de diciembre de 2015.

—— "La lista que el mundo político quería enterrar: los involucrados en platas ilegales que figuran en los Tribunales Tributarios". *Ciper,* 29 de diciembre de 2020.

—— "En la casa de Pablo Zalaquett: la reservada reunión donde los ministros Grau y Rojas acercaron posiciones con la industria salmonera". *Ciper,* 29 de diciembre de 2023.

Sepúlveda, Nicolás, y Alberto Arellano. "Platas políticas: la generosa billetera de Aguas Andinas". *Ciper*, 4 de enero de 2016.

Sepúlveda, Óscar. "Enrique Correa:'Pinochet amenazó con sacar tanques a la calle'". *La Segunda*, 6 de abril de 2021.

Serrano, Margarita. "Enrique Correa:'La democracia es inseparable del liberalismo'". *La Tercera*, 29 de marzo de 1998.

—— *La igual libertad de Edgardo Boeninger*. Santiago: Uqbar, 2009.

Silva Solar, Julio. "Revista Chile-América". Centro de Documentación Museo de la Memoria, s/f.

Simon, Robert. *El Brasil de Pinochet*. Santiago: Lom, 2023.

Skoknic, Francisca. "Impuestos: lobby contra lobby". *Siete+7*, 16 de junio de 2003.

—— "Lobby. El estigma de jugar sin reglas". *Siete+7*, 16 de julio de 2004.

SM SAAM. "Presentación resultados SMSAAM 1T2014", 27 de mayo de 2014.

Solidaridad. "Pastoral Obrera: Signo de liberación". *Solidaridad* 92, primera quincena de mayo de 1980.

—— "Represión: La Iglesia bajo sospecha". *Solidaridad* 93, segunda quincena de mayo de 1980.

—— "Atentado a Vicaría Zona Oeste: ¿Nueva forma de ataque?". *Solidaridad* 96, primera quincena de julio de 1980.

—— "Pobladores: Y se siguen juntando". *Solidaridad* 155, primera quincena de mayo de 1983.

—— "Ollas comunes: Con un poco y otro poquito". *Solidaridad* 155, primera quincena de mayo de 1983.

—— "Pobladores: La Iglesia nos ha abierto las puertas". *Solidaridad* 159, primera quincena de julio de 1983.

—— "PEM Y POJH: Una tabla de salvación". *Solidaridad* 160, segunda quincena de julio de 1983.

—— "Trabajadoras del PEM: ¿Qué porvenir tenemos?". *Solidaridad* 160, segunda quincena de julio de 1983.

—— "Jornadas del 2 y 3: el derecho a disentir". *Solidaridad* 227, del 18 al 31 de julio de 1986.

Soto, María Irene. "Enrique Krauss:'Esto se veía venir'". *Hoy* 830, 14 al 20 de junio de 1993.

Stipicic, Cony. "El 'Flaco' Correa". *Caras*, 21 de junio de 2002.

—— "Ex ministro Cruz y caso MOP-Gate: 'Creo que se quiere llegar al presidente'". *El Mercurio*, 17 de noviembre de 2002.

—— "Determinamos dar un suplemento". *El Mercurio*, 24 de noviembre de 2002.

Superintendencia de Pensiones. "Boletín Estadístico N° 148", enero-febrero de 1999.

T13. "Julio Ponce: 'Nunca un candidato me ha pedido a mí un aporte para campañas'", 19 de abril de 2015.

—— "Lastarria: La calle del comando del No", 5 de octubre de 2018.

Tichauer, Jacqueline. "Enrique Correa, director de Flacso: 'El poder tiene algo de seducción'". *La Época*, 22 de mayo de 1994.

Toro, Ivonne, y Pablo Basadre. "Nicolás López: el rol de Imaginacción en la crisis del #MeToo". *La Tercera*, 4 de julio de 2018.

Toro, Paulina. "Arista SQM del caso Penta: fiscal indaga boleta de honorarios de hijo de diputado DC". *La Tercera*, 17 de febrero de 2015.

Torrealba, Francisco. "Rodrigo Peñailillo: 'Como cualquier profesional joven, debía trabajar para ganarme la vida'". *La Tercera*, 16 de abril de 2015.

Torrejón, Carolina. "Brumas: el MAPU-OC bajo el autoritarismo y en clandestinidad. Del golpe militar a la extinción de la Unidad Popular (1973-1979)". Tesis de Licenciatura en Historia, Pontificia Universidad Católica de Chile, 2000.

Touraine, Alain. *Vida y muerte del Chile popular*. México D.F.: Siglo XXI, 1974.

Traslaviña, Hugo. "Programa económico de la transición: Algo más que la turbulencia del candidato". *APSI* 286, 9 al 15 de enero de 1989.

Tribunal de Defensa de la Libre Competencia. "Proposición N° 12. Sobre Régimen de Acceso a los recursos pesqueros", 27 de enero de 2011.

Urquieta, Claudia. "SQM: testimonio clave revela factura falsa pagada por consultora Imaginacción". *El Mostrador*, 3 de febrero de 2016.

Valenzuela, Álvaro. "Enrique Correa responde, a fondo, los argumentos de la acusación constitucional". *La Segunda*, 3 de abril de 1998.

—— "Andrés Palma me ofendió gratuitamente". *La Segunda*, 3 de abril de 1998.

—— "Correa revela los cuatro documentos del 'boinazo'". *La Segunda*, 7 de abril de 1998.

Valenzuela, Esteban. *Dios, Marx... y el MAPU*. Santiago: Lom, 2014.

Valenzuela, Raimundo. "La Nación". *La Tercera*, 30 de noviembre de 2010.

Vega, Juan Enrique. "Llamado desde Chile". *De Frente* 9, junio de 1972.

Verdugo, Myriam, y Patricia Mayorga. *Dicen que es Manuel su nombre. Vida y lucha de un sindicalista*. Santiago: Copygraph, 2009.

Vergara, Claudio. "Nicolás López, cineasta: 'Como hombres tenemos que hacer nuestro 'Me too' del 'yo también fui un imbécil'". *La Tercera*, 17 de junio de 2018.

Vergara, Pablo. "Álvaro Saieh, el hombre que desbancó a *El Mercurio*: 'Alguna gente de la Concertación tiene un toque arribista'". *The Clinic*, 1 de diciembre de 2007.

Vial, Gonzalo. *Pinochet. La biografía*, Vols. I y II. Santiago: El Mercurio-Aguilar, 2002.

Viera-Gallo, José Antonio. *El compromiso*. Santiago: Aguilar, 2014.

Villagrán, Fernando. *Disparen a la bandada*. Santiago: Planeta, 2002.

Walker, Ignacio. *Socialismo y democracia. Chile y Europa en perspectiva comparada*. Santiago: Cieplan-Hachette, 1990.

Weissman, Iván, y Héctor Cárcamo. "Las triangulaciones de Saieh para inyectar fondos a SMU". *El Mostrador*, 17 de julio de 2013.

Wille, Andreas. *Hacia la democracia social… Cuatro décadas de la Fundación Friedrich Ebert en Chile*. Santiago: Friedrich-Ebert-Stiftung, 2007.

Witker, Alejandro. *Historia documental del Partido Socialista de Chile 1933-1993. Forjadores y signos de renovación*. Santiago: Instituto de Estudios Latinoamericanos de Concepción, 1993.

Yáñez, Nelly. "Correa: 'Gobierno mantendrá estabilidad a toda costa'". *La Época*, 22 de julio de 1990.

Yañez, Nelly, y Andrea Sierra. "La verdadera vida en la RDA: oportunidades sin libertad". *El Mercurio*, 2 de septiembre de 2007.

Zalaquett, Cherie. "La metamorfosis de Enrique Correa". *Caras*, 13 de diciembre de 2002.

Zamora, Gigi. "How This Banking Tycoon Went From Billionaire To Bankruptcy –To Selling His Art At Christie's". *Forbes*, 17 de junio de 2022.

Zerán, Faride. *O el asilo contra la opresión. 23 historias para recordar*. Santiago: Paradox, 1991.

Documentos privados

Archivo Patrimonial Presidente Patricio Aylwin Azócar (1990-1994). "Agenda de materias a tratar por el jefe del Comité Asesor con el ministro secretario general de Gobierno el 20 de octubre de 1990", 19 de octubre de 1990. Universidad Alberto Hurtado.

Bandera Verde. "Proposiciones de sanciones a miembros del Comité Central", s/f.

———— Boletín interno. *Bandera Verde* 47, 1982.

Correa, Enrique. "Carta a Fernando Ávila", julio de 1976. Biblioteca Nacional, Fondo Flacso, Caja 7-1497.

———— [Carta] 1976 Julio 15, [de] M. [a] H. del 15/VII/76.

———— "Una situación de extremo peligro", marzo de 1981.

———— "Carta de Enrique a José Miguel [Insulza]". Roma, 13 de mayo de 1981.

———— "Carta a los militantes del Partido", agosto-septiembre (?) de 1981.

———— "Carta de Federico a la CEX del MAPU-OC", fines de 1981.

———— "Carta de Federico a la CEX del MAPU-OC", 10 de febrero de 1982.

——— "Carta de Federico a la CEX del MAPU-OC". Sin fecha, pero de 1982, posterior a la de febrero.

——— "Carta de Enrique Correa a 'Don Carlos'". Biblioteca Nacional, Fondo Flacso, Caja 7-1516.

Embajada de Estados Unidos en Chile. "December 19 Army Alert: Political Scorecard". Declassification Project, diciembre de 1990.

——— "Terrorism and the Left". Chile Declassification Project, abril de 1991.

——— "Discussion with 'La Época' editor Ascanio Cavallo". Chile Declassification Project, 2 de julio de 1991.

——— "Memorandum of Conversation". Chile Declassification Project, 17 de octubre de 1991.

Gazmuri, Jaime. "Carta de Jaime Gazmuri". 8 de julio de 1985.

Insulza, José Miguel. "Carta de José Miguel Insulza a Jaime Estévez". Roma, marzo de 1980.

——— "Carta de José Miguel Insulza al Comité Local de Canadá". Roma, 14 de julio de 1980.

Llona, Ismael. Texto de dos páginas sobre la trayectoria política de Enrique Correa, enviado para esta investigación en marzo de 2018.

MAPU-OC. "Proposiciones de sanciones a miembros del Comité Central". *Bandera Verde* [¿1976?], Biblioteca Nacional, Fondo Flacso, Caja 7-1489.

Ministerio Secretaría General de Gobierno. "Carta del ministro Enrique Correa a Raimundo Valenzuela de la Fuente, Jorge Donoso Pacheco y Amador Navarro Novoa". Santiago, 19 de marzo de 1993.

Rojas, Eduardo. "Carta de Lalo a Pepe" [posiblemente una carta enviada por Eduardo Rojas a José Vargas, ambos integrantes del Secretariado Regional Europa del MAPU-OC]. Berlín, 7 de agosto de 1981. Archivo personal de un exdirigente del MAPU-OC.

U.S. Department of State. "Summary of Bush-Aylwin one-on-one during the President's visit to Santiago", 20 de diciembre de 1990.

Valenzuela, Raimundo, Jorge Donoso y Amador Navarro. "Carta de los directores del Fisco en la Empresa Periodística La Nación S.A.". Santiago, 26 de enero de 1993.

ÍNDICE ONOMÁSTICO

A

abate Pierre 38

Abbott, Jorge 461

Abeliuk, René 279

Abrams, Elliot 260

Abreu, Herval 501-503, 506

Abuhadba, Fernando 392

Abumohor, Carlos 392

Acevedo Lagos, Bernardo 335, 336

Acuña, Mario 417

Agliati Gambino, Santiago 355

Aguad, Espir 392

Aguayo, Carmen Gloria 131, 132

Agüero, Felipe 134, 135, 136

Aguilera, Hernaldo 133

Aguilera, José 227

Aguiló, Sergio 417

Aguirre, Bernardita 110

Aguirre, Paulina "Pola" 326

Ahumada, Verónica 297, 327

Alarcón, Luis 129, 130, 134

Alcalde Undurraga, Enrique 348, 349, 350, 353, 354, 356, 423

Alessandri, Jorge 37, 45, 46, 53, 102, 103, 416

Aleuy, Mahmud 446, 452, 461

Alexéiev, Nikolái 148

Alfonsín, Raúl 238, 282

Allende, Beatriz 126

Allende, Isabel 318, 319, 324, 417, 478, 487, 507

Allende, Laura 206

Allende, Salvador 20, 29, 38, 45, 50, 56, 101-127, 131, 144, 148, 164, 175, 202, 206, 253, 262, 278, 279, 318, 319, 368, 387, 404, 438

Alliende, Joaquín 439

Almeyda, Clodomiro 15, 50, 103, 113, 115, 119-122, 140, 163-166, 170, 176, 177, 192, 206, 246, 251-266, 275, 319, 337-341

Altamirano, Carlos 101, 119, 120, 122, 128, 144, 152, 167, 169, 171, 176, 177, 206, 207, 236, 241

Althusser, Louis 63, 81, 82, 108

Alt, Marcela 485, 486, 487, 488, 505

Alvarado, Luis 278

Álvarez, Luis 481

Alvear, Enrique 214, 215, 217, 218

Alvear, Soledad 429, 430, 439, 504

Ambrosio Brieva, Rodrigo 50, 59, 60, 61, 62, 63, 64, 70-90, 93-106, 108-117, 122, 146, 182, 187, 196, 222, 232, 254, 257, 270, 273, 432

Ampuero, Raúl 173, 174

Angelini, Anacleto 346, 379

Angulo, Hernán 133

Aquevedo, Eduardo 114, 116, 122

Arancibia, Patricia 101, 179

Araneda, René 470, 471

Aránguiz, Carlos 424, 425

Aravena, Raúl 198

Araya, Marcelo 359

Araya Peeters, Arturo 123

Arellano, José Pablo 352

Arellano Stark, Sergio 133

Arenas, Alberto 447, 449, 450, 454, 455, 457, 458

Arévalo, Carlos 110

Arias, Emiliano 449

Arrate, Jorge 15, 71, 176, 177, 182, 206, 241, 242

Arriagada, Claudio 477

Arriagada, Genaro 250, 251, 252, 253, 255, 258, 259, 262, 265, 267, 375, 383, 414

Arteaga, Andrés 439

Artzyeli, Gil 516

Ascencio, Gabriel 417

Asensio, Miguel 501

Ávila, Fernando 71, 81-96, 100-102, 109, 111-128, 133, 137, 138, 144, 148, 151, 155, 156, 159-161, 195, 196, 198, 201, 209, 210, 218, 236, 242, 248, 257, 267

Ávila, Nelson 284, 297, 328

Awad, Jorge 393

Axen, Hermann 167

Ayala, Ernesto 381

Aylwin, Andrés 280, 282, 358

Aylwin, Mariana 36, 254, 281, 320, 415, 501

Aylwin, Patricio 14, 20, 21, 37, 38, 50, 68, 85, 87, 88, 91, 143, 245, 247, 250, 253-257, 260-365, 371, 376, 381, 390, 400, 412-438, 466, 468, 484, 491, 493, 512, 513

B

Bachelet, Michelle 17, 22, 385, 386, 402, 405, 428-437, 443, 447, 449, 451, 452, 454-459, 461, 466, 470, 471, 478, 482, 498

Baeza, Alfonso 214, 223, 224, 227, 228, 231

Ballerino, Jorge 273, 287, 289-293, 295-305, 307-310, 312-317, 362, 418, 419

Baltra, Alberto 101, 102

Bañados, Adolfo 362

Bardón, Álvaro 395

Barnes, Harry 260

Barraza, Fernando 458

Barros, Ramón 477

Barros, Ricardo 184

Barrueto, Víctor 239-242

Bascuñán, Carlos 254, 270, 281, 288, 298, 301, 311, 327

Bascuñán, Paz 501

Basso, Lelio 173

Bastías, Juan Bautista 133

Bau, Carlos 71-73, 86, 91, 93, 97, 186, 187, 211

Bau, Catalina 93, 112, 139, 184, 499, 504-506

Beca, Raimundo 81, 82

Bell, Alejandro 93, 120, 131, 133, 241

Bello, Samuel 65, 71, 73, 97, 196, 242

Bendeck, Elena 391

Bergoeing, Raphael 397

Berlinguer, Enrico 172

Berríos, Felipe 443, 444

Berstein, Solange 397

Bezama, Boris 482

Bitar, Cristina 471, 472

Bitar, Sergio 303, 436

Bitran, Eduardo 461

Boeninger, Edgardo 20, 50, 246-250, 257, 258, 267, 269, 270, 272, 275-279, 281-283, 286-289, 291-299, 301, 302, 303, 304, 307, 308, 311-314, 317, 327-329, 340, 341, 359, 361, 365, 371, 382, 400

Bofill, Jorge 453, 455, 496

Bolton, Roberto 34

Bonilla, Óscar 143

Boric, Gabriel 467, 493, 507-509, 511, 516

Bourguignat, Michel 243

Bravo, Bernardo 241

Bréznev, Leonid 147

Briones, Carlos 241

Briones, Hernán 381

Brunner, José Joaquín 82, 186, 193, 246, 415, 417

Büchi, Hernán 268

Burdiles, René 133

Burgos, Jorge 316, 317, 359, 395, 418, 455, 457, 496
Bush, George H.W. 294
Bussi, Hortensia, "Tencha" 318, 319, 414
Bustamante, Fernando 420
Bustos, Manuel 224-227, 243, 323
Bustos, Patricio 490

C
Cáceres, Carlos 273
Cáceres, Irma 336-338
Calderón, Darío 408, 460
Calderón, Lázaro 491
Calderón, Rolando 120
Campero, Guillermo 419
Camus, María Eugenia 371
Candia, Flavio 496
Canteros, Víctor 161
Cárdenas, Juan Pablo 344, 345
Cardijn, José 32
Carlini, María Soledad 504
Caro, Robert A. 325
Carrasco, Johnny 222, 227, 228
Carrera, María Elena 140
Carrillo, Santiago 145, 172
Carvajal, Juan 433, 436, 446, 448, 451-453, 456, 488, 505
Carvajal, Patricio 286
Castellani, Paolo 32, 42-44
Castillo Lagarrigue, Fernando 216
Castillo Velasco, Fernando 84
Castillo Velasco, Jaime 50, 64, 66, 68, 69, 85, 87, 95, 233
Castro, Fidel 88, 103, 111, 185, 239, 389
Castro, Patricio 30-33, 35, 37, 39, 41, 43, 97
Catalán, Carlos 173
Cataldo, Jaime 251
Cavada, Juan 349, 351, 354
Cavallo, Ascanio 15, 148, 179, 181, 289, 308, 425, 426

Cebrián, Juan Luis 346
Celedón, Carmen 468, 469, 505
Cepeda, Horacio 161
Cerda, César 161
Chadwick, Andrés 304, 329, 506, 507
Chahín, Fuad 477
Chahuán, Sabas 449, 450, 456, 460, 462
Chaves, Miguel 452
Chevesich, Gloria Ana 426-428
Cheyre, Juan Emilio 311, 499
Chonchol, Jacques 68, 75, 79, 81, 87, 88, 91, 96-98, 101-106, 109, 183
Cifuentes, Abdón 44
Cifuentes Gómez, Alfredo 44, 45
Cifuentes, Mario 91
Claro, Juan 481
Clinton, Bill 395
Coddou Claramunt, Alberto 423
Cofré, Víctor 15, 401, 402, 404, 406, 410, 411, 453
Coiro, Jaime 439
Colodro, Marco 420
Coloma, Fernando 405, 408
Coloma, Juan Antonio 329, 507
Colvin, Jorge 310
Compagnon, Natalia 385
Concha, Jaime 299, 309
Concha, Juan Carlos 103, 111, 132, 151, 164, 165, 179, 189, 233
Contesse, Patricio 401-403, 405, 406, 408, 448, 451, 460, 507
Contreras Labarca, Carlos 164
Contreras, Manuel 137, 291, 359, 362
Contreras, Marcelo 237-239, 241, 342, 344-346, 414
Cordero, Gonzalo 471
Córdova, José 133
Cornejo, Inés 161
Cornejo, Ítalo 505

Correa Arriagada, Nelson 297, 326, 370, 462, 497, 498, 504, 514

Correa Bau, Carlos 112, 184, 407, 485-488, 497-499, 503, 513, 514

Correa Díaz, Germán 28, 31, 34-38, 50, 51, 59, 170, 228, 247, 253, 254, 259, 261, 262, 264, 275, 277, 278, 340, 413, 415

Correa Padilla, Carlos Enrique 27, 28, 40

Correa, Raquel 180, 358

Correa Ríos, Juan Carlos 15, 27-29, 39, 44, 51, 58, 59, 125, 126, 138, 139, 157, 160, 215, 514

Correa Ríos, Loreto 28

Correa Ríos, Ximena 28

Cortázar, René 278, 381, 383, 432

Cortés, Manuel 27, 31, 40-43

Cortés Terzi, Antonio 465, 466

Corvalán, Luis 144, 188

Cruz, Carlos 356, 422, 425-428, 436, 442, 443, 496, 504

Cruz, Juan Carlos 440, 442, 443

Cruz, Luciano 88

Cruz, Nicolás 280

Cuadra, Francisco Javier 290

Cueto, Ignacio 491

Cuevas, Héctor 226

Cumplido, Francisco 267, 278, 279, 282, 418

D

Dávalos, Sebastián 385, 386

Daza, Mauricio 408

de Andraca, Roberto 400

de Castro, Sergio 395

Délano, Carlos Alberto 17, 445, 449, 491

de la Rúa, Fernando 420

del Canto, Hernán 169, 176

del Valle, Guillermo 252

de Polanco, Jesús 346

de Solminihac, Patricio 451

Díaz, Álvaro 433

Díaz, Francisco Javier 428-430, 433

Díaz Herrera, Eduardo 91-93

Díaz, Lenin 161

Díaz, Luis Eugenio 65, 66, 86, 91, 94, 243, 248-250, 330, 344

Díaz, Marcelo 327, 495

Díaz, Salomón 392

Díaz, Víctor 161

Donaire, Uldarico 161

Donoso, Carlos 86

Donoso Pacheco, Jorge 72, 91-93, 144, 225, 229, 230, 243, 244, 297, 312, 318, 319, 327, 348, 350, 351, 359, 360

Donoso, Samuel 424, 436, 448, 453, 507

Dorfman, Natalio 504

Duque, Ximena 243

Durán, Julio 56

E

Echeverría, Fernando 217

Echeverría, Pablo 404

Edwards, Agustín 334, 373, 394

Edwards, Cristián 334, 336

Edwards, Marcial 137

Egaña, Javier Luis 327, 328

Egaña, Rodrigo 433

Elgueta, Sergio 417

Elissetche, Paulina 141, 211, 212, 233, 235

Engel, Eduardo 454, 463

Enríquez, Miguel 106, 128

Enríquez-Ominami, Marco 450, 459

Errázuriz, Francisco Javier 268, 408, 439-445

Escalona, Camilo 363, 496, 512

Escobar, Elisa 161

Escobar, Paula 503

Escobar, Ricardo 452, 453

Espejo, Sergio 432

Espina, Alberto 304

Espinoza, Eliana 161

Espinoza, Fidel 477

Estévez, Jaime 48, 97, 127, 128, 133, 162, 186, 202, 203, 237, 238, 241, 384, 395, 396, 417

Estévez, Rafael 141

Etcheberry, Alfredo 310

Etcheberry, Javier 458

Etchegaray, Alberto 279, 286

Eyzaguirre, Nicolás 420-422, 479, 481

Ezzati, Ricardo 440, 441, 443-445

F

Farcas, Patricio 490

Farrell, David 227

Feres, Camilo 513

Fernández Aguayo, Sergio 68

Fernández, Carmen 435-437, 496

Fernández Fernández, Sergio 248

Fernández, Francisco 479

Fernández, Mario 418

Figueroa, Carlos 250, 353, 414

Figueroa, Juan Agustín 279, 468

Figueroa, Luis 326

Flisfisch, Ángel 193

Flores, Fernando 103, 121, 127, 131, 152, 368, 369, 375

Fontaine, Juan Andrés 486-488

Forteza, José Pablo 423

Foucault, Michel 243

Fouillioux, Luciano 435, 436, 444, 445

Foxley, Alejandro 278, 279, 282, 283, 340, 345, 381, 414

Frei, Carmen 225

Frei Montalva, Eduardo 19, 37, 45, 46, 48, 50-95, 107, 148, 188, 203, 223, 225, 226, 279, 280, 286, 414

Frei Ruiz-Tagle, Eduardo 21, 262, 265, 322, 353, 361, 364-366, 369, 372,

387, 394, 395, 402, 413, 414, 418, 434, 450, 451, 462, 468, 494

Fresno, Juan Francisco 231, 232, 245

Frías, Sergio 355

Fries, Edgar 167, 169

Fuentealba Moena, Renán 36, 94, 95, 144

Fujimori, Alberto 385

G

Gajardo, Carlos 445, 446, 449

Galilea, Pablo 486

Gallardo, Myriam 26-28, 32-34, 37, 43, 58

Gálmez, José Miguel 371

Gálmez, Juan Antonio 371

Gálmez, Luis Alberto 371

Gambardella, Ágata 426

García Covarrubias, Jaime 290

García de la Huerta, Carolina 385, 386

García-Huidobro, Vicente 113, 144, 155

García y García, Arturo 140, 141

Garín, Renato 483, 513, 514

Garretón, Manuel Antonio 193

Garretón, Óscar Guillermo 116-122, 128, 144, 151, 178, 183, 199-201, 205, 207-209, 214, 218, 219, 227, 234, 236, 237, 239, 240-242, 285, 336, 346

Gazmuri, Jaime 15, 81, 90, 94-98, 101-103, 105, 111-122, 124-138, 140, 144, 145, 147-149, 151-153, 155, 156, 158, 159, 163, 171-173, 176, 177, 180, 183, 185, 193-196, 198, 200, 201, 203, 209, 213, 218, 219, 233, 235-241, 395, 417

Gierek, Edward 180

Gillies, Jorge 169, 179

Girardi, Guido 417, 436, 476, 496

Golborne, Laurence 462

González Cruchaga, Carlos 44, 49, 50, 52, 183, 231, 438

González, Jacqueline 326, 328
González, Mónica 128, 263, 274, 309, 342, 357, 363, 441, 449
González, Rodrigo 456, 477
González Videla, Gabriel 66
Gorbachov, Mijaíl 337
Gouthier, Luis 157
Gramsci, Antonio 172
Grand, Josette 464
Grau, Nicolás 510
Grondona, Gonzalo "Payo" 154
Guerra, Gloria 85
Guilisasti, Rafael 157, 160, 228, 232, 407, 470, 471
Gumucio, Rafael Agustín 68, 75, 77, 84, 91, 94, 96, 98, 99, 102, 106, 109, 183
Gundelach, Simón 485, 487, 488
Gutiérrez, Coke 157
Gutiérrez Fischmann, Juan 336
Gutiérrez, Juan Rafael 392
Guzmán, Alamiro 225, 226
Guzmán, Jaime 88, 189, 260, 329-331, 336, 395

H

Halabí, Ricardo 349, 350, 354
Hales, Alejandro 266
Halpern, Pablo 414-416
Hamilton, James 440, 442
Hamilton, Juan 68, 95, 272, 278
Harboe, Felipe 459
Hardy, Michael 469
Harnecker, Marta 61, 81
Hasbún, Raúl 52, 443, 444
Hasbún, Gustavo 477
Heiremans, Eugenio 381
Hermosilla, Juan Pablo 452-454, 461
Hermosilla, Luis 506, 507
Hernando, Marcela 477

Ho Chi Minh 103
Hoecker, Loreto 230, 243
Holger, James 341
Honecker, Erich 153, 163, 164, 167, 181, 202, 336, 337, 341, 342
Honecker, Margot 336, 337
Honecker, Sonia 339
Hormazábal, Ricardo 247, 248
Hormazábal, Soledad 504
Horvitz Vásquez, Gustavo 399
Hourton, Jorge 52
Huneeus, Carlos 512
Hurtado, Alberto 15, 44, 49
Hurtado, Carlos 279
Hurtado, Cristina 81

I

Illanes, Juan Pablo 300
Insulza, José Miguel 93, 137, 141, 145, 146, 149, 162, 163, 172-176, 183, 186, 187, 191, 193, 196, 197, 200-203, 208-210, 237, 415, 417, 420-423, 425, 426, 468, 479, 480, 507, 512
Insunza Figueroa, Gonzalo 423
Insunza, Jorge 144, 177
Irarrázabal, Juan 348, 353
Isasi, Marta 488, 489
Izurieta Caffarena, Ricardo 416
Izurieta, Óscar 416
Izurieta, Pelayo 416

J

Jadue, Daniel 508
Jara, Alberto 52
Jara Araya, Ramón 390, 509
Jara Mujica, Ramón 390
Jarpa, Sergio Onofre 231, 293, 329
Jaruzelski, Wojciech 210
Jerez, Alberto 68, 75, 91, 96-98, 102, 105, 106, 109, 140, 233

Jerez, Luis 140
Jiménez, Alejandro 52
Jiménez de la Jara, Jorge 278
Jiménez, Juan Pablo 121, 232
Jiménez, Óscar 213-218, 222, 244
Jiménez, Tucapel 225, 226
Jirón, Arturo 318, 319
Jocelyn-Holt, Tomás 417
Johnson, Lyndon 325
Jorratt, Michel 17, 23, 447-451, 453, 454, 457, 458
Jottar, Patricio 471
Juan XXIII 46, 48, 49

K

Kania, Stanislaw 185, 210
Karadima, Fernando 439-443, 512
Kassis, Alberto 392
Kauak, Alejandro 392
Khamis, Munir 392
Kim Il-sung 167
Kohl, Helmut 337, 338
Koolen, Ricardo 137, 145, 154
Krauss, Enrique 272, 278, 279, 282, 288, 307-313, 315-319, 327-329, 332, 340, 347, 350, 352, 359-361
Kreutzberger, Mario 455, 489-491, 513
Kreutzberger, Patricio 490
Kudashkin, Mijail 148, 149
Kuschel, Carlos 487

L

Labbé, Cristián 290, 291, 301
Lagos Ávila, Andrea 15, 442
Lagos Escobar, Ricardo 15, 22, 236, 242, 250, 256, 258, 261, 265, 268, 272, 278, 303, 356, 383, 384, 387, 401, 403, 415, 419, 421, 422, 478, 480, 495
Lagos Salinas, Ricardo 152
Lagos Weber, Ricardo 476, 495

Lahera, Eugenio 297, 327, 328
Lara, Bernardo 458
Larraín Errázuriz, Manuel 36, 45, 46
Larraín, Soledad 438
Laso, Luis Fernando 469, 470
Lavín, Carlos Eugenio 17, 445, 449
Lavín, Joaquín 388, 389, 419, 429, 447, 471, 507
Lazo, Juan Jorge 347, 350
Leigh, Gustavo 189
Leighton, Bernardo 144, 172
Leiva Cabanillas, Jorge 65, 69-85, 91, 92, 96, 98, 109
Leiva, Luz 326
Lema, Angélica 326
León XIII 34
León, Roberto 449, 456
Lepe, Jaime 317
Letelier, Felipe 477
Letelier, Gloria 375
Letelier, Juan Pablo 425
Letelier, Orlando 359, 362
Lisboa, Carmen 53, 54, 56, 58, 59
Lizama, Pablo 52
Lizana, Luis 93
Llona, Ismael 81, 96, 97, 112, 113, 132, 134, 140, 142, 147, 149, 154, 186, 187, 240, 244, 254
Lob, Mauricio 385, 386
Longueira, Pablo 329, 425, 450, 476, 488, 506, 507
López, Francisco 226, 227
López, Nicolás 501, 502, 506
Lorca, Carlos 144, 152
Loyola, Eduardo 229, 230, 479
Luengo, Alberto 309, 310, 331
Luengo, Luis Fernando 251, 257
Luksic Abaroa, Andrónico 22, 367, 368, 375, 376, 379, 380, 382, 387-389, 481, 509

Luksic Craig, Andrónico 376, 379, 383-387, 398, 509

Luksic Craig, Guillermo 376-382, 410, 423

Luksic Fontbona, Gabriela 389

Luksic Fontbona, Jean-Paul 377-379, 388-390, 410, 481, 509

Luksic Fontbona, Paola 389

Luksic Lederer, Andrónico 386

Luksic, Zarko 417

Luna, León 32, 33, 37

M

Macaya, Javier 477, 507

Madrid, Alejandro 226

Maira, Luis 63, 70, 75-81, 83, 88, 94, 98, 106, 107, 109, 165-168, 183, 200, 206, 207, 214, 228, 243, 251, 258, 259, 264, 269, 329, 330, 338-341, 390

Mañalich, Jaime 474

Mao 88

Marcel, Mario 508

Marchais, Georges 172

Marín, Gladys 88, 145, 323, 325

Maritain, Jacques 64, 66

Marshall, Jorge 157

Martelli, Giorgio 451, 454, 461

Martelli, Pablo 158, 159, 160, 161, 162, 451, 461

Martínez, Arturo 227, 243

Martínez, Carlos Alberto 79

Martínez de Videla, Nelly 30, 31

Martínez, Fernando 172, 173, 186, 187

Martínez, Gutenberg 394, 398, 401, 430, 504

Martínez, Javier 255, 419

Martínez, Jesús Manuel 15, 117

Martínez, Rafael 177

Martner, Gonzalo 276, 433, 479, 480

Massú, Fernando 397

Matamala, Daniel 484, 485, 488, 489

Matte, Eliodoro 383, 386

Matthei, Evelyn 376, 406, 437

Matus, Alejandra 348

Maulén, John 244

Maureira Lillo, Sergio 133

Maureira Muñoz, José 133

Maureira Muñoz, Rodolfo 133

Maureira Muñoz, Segundo 133

Maureira Muñoz, Sergio 133

Mekis, Federico 471

Mellado, Miguel 477

Melo, Eugenio 27, 66

Meneses, Luis 176

Meza, Jaime 14, 514, 515

Milgrom, Paul 486, 487

Miquel, Juan Enrique 34, 35, 72, 74, 75, 77, 109

Miralles, Claudia 514

Mitterrand, François 382

Möbus, Karlheinz 167

Moffit, Ronni 359

Molina, Jorge 237, 241

Molina, Ramón 93

Molina, Rodrigo 436

Molina, Sergio 250, 265, 278

Mondaca, Hermann 157

Monsalve, Manuel 477

Montes, Arturo 139

Montes, Carlos 417, 476, 508

Montes, Fernando 439, 440

Montes, Jorge 144

Montes, Rocío 426

Montesinos, Vladimiro 384, 385

Morales, José 408

Moreno, Alfredo 491

Moreno, Antonio 52

Moreno, Juan 129, 130, 325, 326

Morgado, Enrique 28, 30, 31, 39, 41-43, 56

Motta, Aldo 403

Moulian, Luis 85

Moulian, Tomás 81, 82, 113, 123, 124, 193, 194, 237

Moyano, Cristina 15, 174

Mujica, Francisco 489

Mujica, José 134

Mujica, Martín 154

Müller, Gonzalo 513

Muñoz, Heraldo 259

Muñoz, Jorge 161

Murillo, José Andrés 440, 442

N

Naranjo Arias, Óscar 56

Naranjo, Jaime 417

Navarrete, Jorge 359, 360, 513

Navarrete, Jorge "Pirincho" 433

Navarro, Amador 348, 351

Navarro, Fernando 161

Navarro Haeussler, Andrés 396

Neruda, Pablo 101-104, 112, 320, 464

Neuburg, Michael 47, 50, 51

Noé, Marcela 243, 297, 326, 468, 469

Norambuena, Pablo 445, 449

Novoa, Jovino 394, 398, 457

Núñez, Marco Antonio 327, 477, 495

Núñez Palma, Patricio 107

Núñez, Ricardo 177, 206, 236, 241, 242, 265, 276, 340, 363, 417, 419

O

Ojeda, Gonzalo 59, 65, 67, 70, 73, 76, 79, 90, 99, 106, 107, 114, 116, 118, 121, 122

Olavarría, José 33, 36, 59, 65, 71, 76, 103

Olave, Héctor 297

Olmedo, Hugo 30

Ominami, Carlos 278, 282, 324, 379, 381-383, 388, 389, 394, 395, 399-401, 417, 428, 481

Onganía, Juan Carlos 91

Orpis, Jaime 489

Orrego Larraín, Claudio 495

Orrego Vicuña, Claudio 68

Ortega, Miguel 48, 52, 214

Ortiz, Fernando 161

Ortiz, José Miguel 476, 477

Ossandón, Guillermo 336

Otano, Rafael 15, 247, 262, 266, 269, 279, 280, 290, 291, 293, 308, 310, 317, 332, 340, 360, 362, 414, 422, 438

Otero, Fernanda 385

Ottone, Ernesto 90, 419-423, 482

Oviedo, Carlos 319, 438, 439

Oyarzún, Leonor 342

Oyarzún, María Eugenia 297

P

Pablo VI 46, 48, 49, 57, 437

Pacheco Matte, Máximo 396

Pagrioli, Luis 93

Palma, Andrea 447, 448

Palma, Andrés 417

Paris, Enrique "Poli" 458

Parker, Cristián 157

Parra, Augusto 365

Parra, Bosco 68, 75, 109, 183

Paulmann, Horst 398

Paulsen, Fernando 461

Pavez Hidalgo, Claudio 107

Pellegrín, Raúl 331

Peñailillo, Rodrigo 17, 386, 432, 433, 436, 437, 446-449, 451-458, 461, 496

Peña Véliz, Héctor 422, 424-426

Pereira, Santiago 229

Perelli, José 156, 160

Pérez, Andrés 365, 366, 393, 464, 465

Pérez, Joanna 477

Pérez Sánchez, Jorge 91

Pérez Vega, Guillermo 230

Pérez Villamil, Ximena 351, 354

Pérez Yoma, Edmundo 395, 414, 435

Pérez Zujovic, Edmundo 91, 95

Phillips, Patricio 405

Piedrabuena, Guillermo 307

Pincheira, Ricardo "Máximo" 128

Pinochet, Augusto 18, 21, 123, 126, 127, 132, 140, 170, 189, 190, 203, 207, 213, 220, 224, 230, 236, 245-248, 250, 251, 256, 260, 261, 265, 277, 283, 285-289, 291-315, 317, 321, 329-331, 343, 347, 348, 387, 388, 401-403, 416-420, 456, 496, 499

Pinochet Hiriart, Augusto 292, 295, 303, 304, 308

Pinochet Hiriart, M. Verónica 401

Pino, Patricio 86, 91, 94

Piñera, Bernardino 132

Piñera, José 189

Piñera, Sebastián 354-356, 372, 385, 397, 398, 405, 406, 408, 409, 428-431, 434, 435, 447, 450, 459, 462, 471, 486, 488, 491, 498, 507

Pistacchio, Enzo 284, 297, 328

Pizarro, Jorge 450, 461, 462, 470, 477

Pizarro, Ramiro 326, 342

Pizarro, Waldo 161

Platovsky, Daniel 354, 355

Pollarolo, Fanny 417

Polo, María 27, 40

Ponce, Exequiel 143, 144, 152, 282

Ponce Lerou, Julio 15, 22, 23, 366, 368, 398, 400-411, 448, 451, 453, 455, 460, 461, 496, 512

Ponce L., Luis Eugenio 405

Ponce P., Francisca 405

Ponce P., Julio 405

Ponomariov, Borís 148, 152

Portales, Carlos 140, 141

Prats, Carlos 115, 119, 120, 123, 127, 375

Precht Bañados, Cristián 15, 48, 51, 52, 214, 439-445, 499, 503

Puccio Giesen, Osvaldo 131

Puccio Huidobro, Osvaldo 131, 395, 403-405, 411

Puga, Mariano 52, 217

Q

Querol, Vicente 91

Quintana, Carmen Gloria 245

Quinteros, Rabindranath 32, 33, 35

Quoist, Michel 54

R

Ramírez, Guillermo 477

Rammsy, Claudio 234, 244, 272, 326

Ramos, Antonio 333

Ramos, Ricardo 451

Rathgeb, Jorge 477

Ravinet, Jaime 34, 35

Reagan, Ronald 260

Rebolledo, Víctor Manuel 354

Recabarren, Patricio 91

Rettig, Raúl 282, 284, 287, 289, 291, 295

Reyes, Carlos 216, 217, 222, 234, 270, 271

Richards, Eliseo 32, 33, 36-38, 97

Ríos, Loreto 28, 66, 514

Ríos Pacheco, Santiago 25, 41, 42

Riquelme, Cristián 496

Rishmague, Odde 392

Rivas, Gaspar 386

Riveros, Edgardo 284, 297, 300, 328, 360

Rocard, Michel 319

Rocca, Marco Antonio 68

Rodrigo, Patricio 496

Rodríguez, Gabriel 186, 187

Rodríguez, Luis Vicente 32

Rojas, Carlos 30, 39, 40, 56

Rojas de Negri, Rodrigo 245

Rojas, Eduardo 15, 68, 71, 110, 112, 121, 131, 132, 171, 179-182, 208, 211

Rojas, Gastón 121

Rojas, Germán 173

Rojas, Maisa 510

Rojas, Óscar del Carmen 55, 56, 58

Rojas, Patricio 68, 278, 279, 282, 285, 287, 291, 292, 294, 296, 301, 306, 310-313, 315, 359-361

Rojas, Soledad 53-55, 112, 187

Romero, Ronny 235, 273

Rosenblut, Jorge 451, 455, 456

Rosende, Patricio 435-437

Rossi, Fulvio 449, 459

Rossi, Silvia 211, 212

Rossi, Stefano 173, 211

Rozas, Marcelo 344, 345, 401, 402, 449, 456

Ruiz di Giorgio, José 229

Ruiz-Esquide, Mariano 476

Ruiz-Tagle, Eugenio 133, 186

Ruiz-Tagle, María 414

Rutllant, Claudio 498

Rybalkin, Igor 148

S

Saa, María Antonieta 34, 106, 117, 128, 129, 133, 135, 157, 159, 162, 215, 216, 228

Saavedra, Gastón 477

Sabag, Jorge 477

Sáez, José Tomás 258

Sáez, Reinaldo 129

Said, José 393, 409, 462, 509

Said, Salvador 510

Saieh, Álvaro 22, 368, 379, 387, 391-394, 397-399, 409, 410, 457, 509

Saieh, Francisca 399

Saieh, Jorge Andrés 397, 399, 509

Saieh, José 391

Saieh, María Soledad 398

Salas Wenzel, Hugo 287

Salazar, Manuel 15, 309

Salinas, Octavio 25

Sánchez Castellón, Luis 128, 129

Sánchez, Marcos 307, 310, 313, 316

Sanfuentes, José 204

Sanhueza, Beatriz 504

San Martín, Daniel 133, 156, 196

Santana, Alejandro 477

Sapag, Reinaldo 183, 231, 232, 493

Sarquis, Rodrigo 488, 511

Schaulsohn, Jorge 302, 303, 379, 395

Schilling, Marcelo 333-336, 476, 477

Schnake, Erich 176, 208

Schneider, René 286

Schroeder, Juan Pablo 134

Seguel Molina, Rodolfo 229, 230, 243

Selume, Jorge 392

Sepúlveda, Adonis 206, 208

Sepúlveda, Alberto 68

Sepúlveda, Alejandra 477

Sepúlveda, Juan Manuel 224, 225

Sepúlveda, Óscar 15, 292

Serrano, Margarita 15, 29, 38, 179, 249, 292

Serrano, Ricardo 253

Shultz, George 260

Siches, Izkia 509

Silva Cimma, Enrique 249, 257, 258, 265-268, 279, 284, 311, 327, 338-340, 365

Silva, Ernesto 446, 477

Silva Henríquez, Raúl 45, 46, 48-50, 52, 83, 132, 143, 182, 183, 214, 224, 225, 229, 231, 443, 493

Silva, Jorge 136

Silva, Luis Eugenio 52

Silva Santiago, Alfredo 83

Silva Solar, Julio 75, 91, 96-98, 106, 109, 172, 183

Slim, Carlos 368

Solano, Riola 485, 488

Solari, Ricardo 244, 247, 249, 250, 252-254, 258, 259, 261-264, 269, 270, 275, 276, 289-291, 310, 316, 328, 340, 361, 417, 430, 433, 509

Solar, Miguel Ángel 83

Solís, Alejandro 307, 310

Solís, Isidro 310, 336

Soros, George 255

Sota, Vicente 96, 97, 98, 106, 132, 183

Sottolichio, Carlos 116, 118, 123, 213, 216, 217, 234

Spohn, Ulrich 341

Stevens, Sidney 28

Stillman, Mauricio 326

Stipicic, Cony 323, 369

Suárez, Jaime 140, 176

Suslov, Mijaíl 148

Sutherland, Juan Pablo 244, 493

T

Teitelboim, Volodia 148

Thayer, Luis Eduardo 230, 354

Tichauer, Jacqueline 365

Tironi, Eugenio 207, 208, 241, 255, 270, 283-285, 293, 295, 297-302, 306, 313-316, 328, 338, 340, 341, 343, 344, 346-350, 360, 361, 368-370, 414, 417, 421, 430, 431, 472, 508, 510

Tohá, Carolina 450, 493, 495, 496, 509, 513, 516

Tohá, Jaime 278, 422, 427

Toledo, Luisa 217, 235

Tomás de Aquino 108

Tomic, Esteban 172

Tomic, Radomiro 68, 75, 94, 95, 102, 103, 144, 376

Toro, Graciela 54, 55

Torrejón, Carolina 156, 158

Torres Duffau, Marcelo 456

Torres, Óscar 156

Touraine, Alain 63, 71

Townley, Michael 359, 361-363

Trappen, Friedel 167

Trímboli, Juan 202

Trivelli, Marcelo 430

Troncoso, Raúl 68

Tuma, Joaquín 477

U

Urenda, Beltrán 329

Uriarte, Ana Lya 452, 455

Urra Veloso, Pedro 68

Urzúa, Carol 233

Utard, Michele 61, 62, 82, 83, 103, 104, 111, 211, 232

V

Valdés, Gabriel 246, 247, 255, 262, 263, 265, 266, 277, 329

Valdés, Juan Gabriel 255, 256, 433

Valdés, Rodrigo 455, 457, 458

Valdivia, Mario 139, 155-159, 161, 162, 196, 197, 369

Valenzuela Béjar, Manuel 399

Valenzuela Contreras, Paula 356

Valenzuela Contreras, Raimundo 356

Valenzuela de la Fuente, Raimundo 262, 263, 347-349, 353, 354, 356, 423

Valenzuela, Esteban 15, 156, 157, 242, 251

Valenzuela Lang, Raimundo 404

Valenzuela, Moisés 430, 462, 504, 506

Valladares, Óscar 198

Valle, Luciano 253, 261, 263, 264

Van Klaveren, Alberto 509, 516

Varas, Augusto 193

Varas, José Miguel 149

Vargas, Cristián 448-450, 454, 457

Vargas, José 208

Vega, Juan Enrique 59, 66, 67, 69, 70, 77, 81, 82, 86, 90, 93-97, 100-102, 111, 122, 137, 140, 141, 145-147, 149-151, 230, 360, 417

Vega, Miguel 227

Velasco Alvarado, Juan 140

Velasco, Belisario 144, 259, 310, 332

Veloso, Paulina 432

Vera, Fránex 85, 86, 93, 94, 96, 101, 112, 113, 204

Vera, Rodrigo 217

Verdugo, Myriam 225-227

Verdugo, Patricia 133

Vergara, Carlos 255, 504

Vergara, Daniel 131

Vergara, Pablo 392

Vergara Toledo, Eduardo 217

Vergara Toledo, Rafael 217

Vial, Gonzalo 292

Vial, José 132

Vial, Paula 502

Viaux, Roberto 286

Viera-Gallo, José Antonio 123-125, 132, 133, 172, 173, 178, 183, 196, 197, 214, 291, 296, 303, 304, 329, 415, 417, 432, 433, 507

Villagrán, Fernando 15, 134-136, 196, 197, 228, 232, 342, 345, 346, 353

Villalobos, Gustavo 419

Villalobos, José 445

Villalobos, María Filomena 55, 58

Vitar, Marta 37, 40, 53, 57

W

Wagner, Pablo 447, 448

Walesa, Lech 180

Walker, Patricio 470

Weibel, José 144, 160, 282

Weinstein, Harvey 501

Weinstein, María Eugenia 360

Willoughby, Federico 327

Winters, Jeffrey 467

Wolff, Alejandro 294

Y

Yeltsin, Borís 337, 339

Yunge, Guillermo 208

Z

Zalaquett, José 281

Zalaquett, Pablo 447, 471, 496, 511, 512

Zaldívar, Adolfo 432

Zaldívar, Andrés 250, 258, 280, 462

Zaliasnik, Gabriel 455, 456

Zambrano, Lorenzo 369

Zamorano, Mario 161

Zárate, Aurora 37, 38, 53, 57

Zerán, Faride 15

www.ingramcontent.com/pod-product-compliance
Ingram Content Group UK Ltd.
Pitfield, Milton Keynes, MK11 3LW, UK
UKHW020748010725
6644UKWH00067B/623

9 789564 151458